VDE-Schriftenreihe **166**

Zum Autor

Rechtsanwalt Prof. Dr. **Thomas Wilrich** ist tätig rund um die Themen Produktsicherheit, Warenvertrieb und Produkthaftung einschließlich der entsprechenden Betriebsorganisation, Vertragsgestaltung Führungskräftehaftung, Strafverteidigung und Versicherungsfragen. Er ist zugleich Fachanwalt für Verwaltungsrecht mit Schwerpunkt Arbeitsschutz, Baurecht und Umweltrecht. Er ist an der Fakultät Wirtschaftsingenieurwesen der Hochschule München zuständig für Wirtschafts-, Arbeits-, Technik-, Unternehmensorganisationsrecht und „Recht für Ingenieure" sowie Fachbuchautor zu Compliance-Themen.

Webseite: info@rechtsanwalt-wilrich.de
E-Mail: info@rechtsanwalt-wilrich.de und wilrich@hm.edu

VDE-Schriftenreihe Normen verständlich **166**

Praxisleitfaden Betriebssicherheits-verordnung

Verantwortung, Organisation, Pflichtenübertragung, Gefährdungsbeurteilung, Schutzmaßnahmen, Betriebsanweisung, Unterweisung und Aufsicht zur sicheren Verwendung von Arbeitsmitteln nach dem Stand der Technik mit 22 Gerichtsurteilen aus der Rechtsprechungspraxis

Prof. Dr. Thomas Wilrich

3., vollständig neu bearbeitete Auflage

VDE VERLAG GMBH

ICS: 03.160; 13.100; 13.110

Bibliografische Information der Deutschen Nationalbibliothek
Die Deutsche Nationalbibliothek verzeichnet diese Publikation in der Deutschen Nationalbibliografie; detaillierte bibliografische Daten sind im Internet über http://dnb.dnb.de abrufbar.

ISBN 978-3-8007-6070-1 (Buch)
ISBN 978-3-8007-6071-8 (E-Book)
ISSN 0506-6719

Satz: Text- und Software-Service Manuela Treindl, Fürth
Druck: Buch- und Offsetdruckerei H. Heenemann GmbH & Co. KG, Berlin
Printed in Germany 2023-04

Vorwort

Nach einer grundlegenden Neufassung 2015 ist die Betriebssicherheitsverordnung zuletzt im Juli 2021 geändert worden. Die BetrSichV ist eine „zentrale Verordnung für den Arbeitsschutz, die in praktisch jedem Unternehmen gilt“[1]. Sie ist das **Grundgesetz für den technischen Arbeitsschutz**. Sie gilt grundsätzlich für *jede Verwendung eines jeden Arbeitsmittels durch jeden Beschäftigten.*

Diesen Praxisleitfaden hat ein Jurist geschrieben – die technische Betriebssicherheit ist unverkennbar stark juristisch geprägt. Das Buch ist aber insbesondere für die betriebliche Praxis gedacht – es wendet sich an die Zuständigen in Unternehmen, die als Führungskräfte automatisch verantwortlich „geboren“ sind, die durch Pflichtendelegation zu verantwortlichen Personen „gekoren“ werden, oder die als – interne oder externe – Berater mit ihrer Bestellung Sicherheitsaufgaben übernehmen (zu diesen Personen siehe Kapitel 2).

Der Leitfaden will die – nicht wenigen – Pflichten benennen, aber auch realistische Umsetzungs- und Vereinfachungsmöglichkeiten aufzeigen. Wenn man – wie der Verordnungsgeber in der Begründung – behauptet, die BetrSichV *„entfaltet für die Wirtschaft deutliches Entlastungspotenzial“*[2], muss man solche Wege auch benennen, entfalten und (ausreichend) rechtssicher beschreiten können.

Die Verantwortung für die Wege zur Umsetzung der BetrSichV tragen Arbeitgeber und Führungskräfte. Das Verwaltungsgericht Berlin betonte, „dass es mit dem Inkrafttreten der Betriebssicherheitsverordnung zu einem Systemwechsel kommen und an die Stelle der Überwachungsphilosophie im Wesentlichen die Maxime der Betreiberverantwortung treten sollte“[3].

Wird nicht oder nicht ausreichend umgesetzt, können die Verantwortlichen haften. Das Landgericht Stendal[4] hat zu einer Teleskop-Arbeitsbühne gesagt, man sei „zur besonderen Sicherung veranlasst“ und den Mieter nach ihrer Beschädigung haften lassen: „Es fehlt schon eine hinreichende Gefährdungsbeurteilung. Es sind weder hinreichende Schutzmaßnahmen festgelegt noch kontrolliert worden. Die Dokumentation fehlt völlig.“ Diese Aussagen verdeutlichen den Stellenwert der Schutzziele der BetrSichV – und der beiden Grundelemente: Gefährdungsbeurteilung und Schutzmaßnahmen.

---

1 BR-Drs. 400/14 v. 28.08.2014, S. 74.

2 BR-Drs. 400/14 v. 28.06.2014, S. 72.

3 VG Berlin, Urteil vom 12.12.2005 (Az. 35 A 146.03).

4 LG Stendal, Urteil vom 26.01.2012 (Az. 31 O 95/09).

Teil 1 dieses Buches erläutert die entscheidenden Fragen für die Anwendung der BetrSichV und gibt (so hoffe ich) brauchbare Antworten – auch wenn schon hier betont werden muss, dass die entscheidenden Probleme für die betriebliche Praxis nicht selten Abwägungen und Wertungen erfordern, sodass die einzig zutreffende Antwort jene ist, für die Juristen verlacht werden: „Es kommt darauf an." Das sollte nicht kritisiert, sondern akzeptiert werden – und es sollte gesagt werden, worauf es denn ankommt – es müssen seriös die Rahmenbedingungen geschildert werden, die bei der Umsetzung im Vordergrund stehen.

Denn es hat „sich als Illusion erwiesen, dass der Gesetzgeber durch seine Normen im Voraus vollständig und endgültig die Entscheidung jedes Einzelfalles festlegen kann"[5]. Recht ist nur ein „Möglichkeitsraum mit Entscheidungskorridor"[6]. Zur Weimarer Reichsverfassung heißt es, sie ist „ein Möglichkeitsraum politischer Konkretisierung und juristischer Interpretation, die Entscheidungsnotwendigkeiten und Auslegungsmöglichkeiten begründete und begrenzt"[7]. Auch das ArbSchG und die BetrSichV enthalten häufig keine Antworten, sondern sind nur der Rahmen, in dem die Verantwortlichen die Antwort selbst finden müssen, nötige und schwierige Entscheidungen treffen müssen und dabei häufig ungenaue Rechtsvorschriften auslegen – und dann anwenden – müssen. Recht ist ein Rahmen – und enthält nicht immer konkrete Antworten.

Dieser Rechtsrahmen wird in diesem Buch so analysiert:

Kapitel 1: Der Anwendungsbereich der BetrSichV

Kapitel 2: Die innerbetrieblich Verantwortlichen

Kapitel 3: Ziel, Sicherheitsmaßstab und Lösungsformel der BetrSichV

Kapitel 4: Anforderungen an Arbeitsmittel: Produktsicherheit

Kapitel 5: Gefährdungsbeurteilung und ihre Dokumentation

Kapitel 6: Anforderungen an die Arbeitsmittelverwendung: Schutzmaßnahmen

Kapitel 7: Anleitungen der Beschäftigten: Betriebsanweisung

Kapitel 8: Qualifikation der Beschäftigten: Unterweisung

Kapitel 9: Aufsicht Kontrolle/Überwachung/Durchsetzung

Kapitel 10: Prüfungen von Arbeitsmittel

Kapitel 11: Stand der Technik und Technische Regeln als Hilfsmittel

Kapitel 12: Ordnungswidrigkeiten und Bußgelder

Kapitel 13: Strafsanktionen

---

5 *Ingeborg Puppe*, Kleine Schule des juristischen Denkens, 2008, S. 76.

6 So *„Robert Habeck"* – im Singspiel am Nockherberg im März 2023.

7 *Christoph Gusy*, 100 Jahre Weimarer Verfassung. Eine gute Verfassung in schlechter Zeit, 2018, S. 9.

In Teil 2 dieses Buches sind Gerichtsurteile mit Bezug zum technischen Arbeitsschutz aufbereitet. In Teil 1 wird immer wieder auf dieses „verwirklichte Recht“ Bezug genommen. So wird deutlich, dass es nicht um graue Theorie geht, sondern um farbige Rechtsprechungspraxis, die bisweilen auch kunterbunt im Sinne von uneinheitlich ist. Mit der Analyse der Gerichtspraxis kann man auch einschätzen, was im Ernstfall „real“ gefordert wird. Der englische Jurist *Oliver Wendell Holmes* meinte sogar, dass *„Recht nichts anderes ist als die richtige Voraussicht dessen, was die Gerichte sagen werden“*[8].

Aber Vorsicht Nr. 1: Es wurde immer ein konkreter Einzelfall mit all seinen Besonderheiten entschieden – und jeder (Un-)Fall hat einen anderen Hintergrund. Und Vorsicht Nr. 2: Die BetrSichV hat einen präventiven Ansatz – ihr „Ziel ist es, die Sicherheit und den Schutz der Gesundheit von Beschäftigten bei der Verwendung von Arbeitsmitteln zu gewährleisten“ (§ 1 Abs. 1). Es kann also nicht nur um das Mindestmaß gehen, um gerichtliche Verfahren zu „überstehen“, sondern um verantwortungsvolle Betriebssicherheit.

Juristen und Techniker nutzen nicht immer dieselben Begriffe. So spricht das Amtsgericht Tettnang im Strafbefehl zur *„defekten Kabeltrommel“* (Teil 3 Fall 21) an keiner Stelle vom korrekten Begriff „Leitungsroller“ gemäß DIN EN 61242 (**VDE 0620-300**):2008-12; und das Gericht redet umgangssprachlich von „Stromkabeln“ und nicht „elektrischen Leitungen“. Ausgangspunkt des juristischen Denkens sind Rechtsvorschriften – technische Normen lernen Juristen häufig erst in konkreten Fällen kennen, in denen sie einschlägig sind. Jedenfalls sollte aber konsequent die Begrifflichkeit der BetrSichV und der Arbeitsschutzgesetzgebung genutzt werden – denn das ist zwingend umzusetzendes Recht.

„Recht ist zu wichtig, um es allein den Juristen zu überlassen“ – so sagte es der englische Jurist *Herbert Lionel Adolphus Hart.*[9] In diesem Sinne bitte ich Sie, alle meine Aussagen mit technischem Bezug zu prüfen und auch die rechtlichen Aussagen kritisch zu hinterfragen – und ich bitte um Feedback an info@rechtsanwalt-wilrich.de oder wilrich@hm.edu.

Münsing und München, März 2023

Thomas Wilrich
http://www.rechtsanwalt-wilrich.de

8 Zitiert nach *Bernd Rüthers*, Die unbegrenzte Auslegung, 7. Aufl. 2012, S. 7.
9 Zitiert nach *Matthias Mahlmann*, Konkrete Gerechtigkeit, 2014, Rn. 23.

Literatur

Aich, Ursula; *Damberg, Wolfgang*; *Preuße, Christoph*: Die Betriebssicherheitsverordnung – Handlungsinstrument des Arbeitsschutzausschusses, herausgegeben in Zusammenarbeit mit dem Hauptverband der gewerblichen Berufsgenossenschaft (HVBG), 2004. – ISBN 978-3-89869-100-0 [zitiert: *Aich/Damberg/Preuße*, Betriebssicherheitsverordnung]

Ensmann, Ralf (Hrsg.); *Euler, Stefan*; *Eber, Claus*: Anlagenbetreiber, Elektrotechnik und verantwortliche Elektrofachkraft. VDE-Schriftenreihe 135, 2. Aufl. Berlin · Offenbach: VDE VERLAG, 2016. – ISBN 978-3-8007-4162-5 [zitiert: *Ensmann/Euler/Eber*, Anlagenbetreiber]

Hennig, Wilfried: VDE-Prüfung nach BetrSichV, TRBS und DGUV-Vorschrift 3 (BGV A3), VDE-Schriftenreihe 43, 12. Aufl. Berlin · Offenbach: VDE VERLAG, 2019. – ISBN 978-3-8007-4812-9. – ISBN 978-3-8007-4812-9

Kahl, Anke (Hrsg.): Arbeitssicherheit – Fachliche Grundlagen. Berlin: Erich Schmidt Verlag, 2019, Kapitel 6 Arbeitsmittel, S. 251 ff. – ISBN 978-3-503-17120-0 [zitiert: *Kahl*, Arbeitssicherheit]

Kittelmann, Marlies; *Mössner, Thomas*: Überblick über die neue Betriebssicherheitsverordnung 2015, in: maschinenrichtlinie aktuell 8 (2015) H. II, S. 4

Kittner, Michael; *Pieper, Ralf*: Arbeitsschutzrecht. 3. Aufl. Frankfurt am Main: Bund-Verlag, 2008, S. 341 BetrSichV. – ISBN 978-3-7663-3607-1 [zitiert: *Kittner/Pieper*, Arbeitsschutzrecht, BetrSichV]

Klein, Helmut: Arbeitsmittelsicherheit – die Neufassung der Betriebssicherheitsverordnung. sicher ist sicher (sis) 64 (2014) H. 2, S. 68

Kollmer, Norbert: Arbeitsschutzgesetz und -verordnungen – Ein Leitfaden für die betriebliche Praxis. 3. Aufl. München: C. H. Beck, 2008. – ISBN 978-3-406-57823-6 [zitiert: *Kollmer*, Arbeitsschutzgesetz]

Kollmer, Norbert; *Klindt, Thomas*; *Schucht, Carsten*: Arbeitsschutzgesetz (ArbSchG) – Kommentar, 4. Aufl. München: C. H. Beck, 2021. – ISBN 978-3-406-75383-1

Kohte, Wolfhard; *Faber, Ulrich*; *Feldhoff, Kerstin*: Gesamtes Arbeitsschutzrecht – Handkommentar, 2014

Kohte, Wolfhard: Geräte- und Anlagensicherheit, in: Reinhard Richardi; Hellmut Wißmann; Otfried Wlotzke; Hartmut Oetker, Münchener Handbuch zum Arbeitsrecht, Band 2: Individualarbeitsrecht II, 4. Aufl. München: C. H. Beck, 2018. – ISBN 978-3-406-71332-3, § 178 [zitiert: *Kohte*, Geräte- und Anlagensicherheit]

LASI (Länderausschuss für Sicherheitstechnik), Leitlinien zur BetrSichV (LV 35), 2020. – ISBN 978-3-948680-04-6 [zitiert: *LASI*, Leitlinien BetrSichV]

v. Locquenghien, Dirk; *Ostermann, Hans-J.*; *Klindt, Thomas*: Betriebssicherheitsverordnung Band 2. Köln: Bundesanzeiger-Verlag, 2004. – ISBN 978-3-89817-360-5 [zitiert: *v. Locquenghien/Ostermann/Klindt*, Betriebssicherheitsverordnung]

Mattes, Hatto; *Fähnrich, Ralph*: Anlagen- und Betriebssicherheit, laufend ergänzter Kommentar zur Betriebssicherheitsverordnung mit Technischen Regeln und Textsammlung. Loseblattwerk. Berlin: Erich Schmidt Verlag [zitiert: *Mattes/Fähnrich*, BetrSichV]

Mattes, Hatto; *Aich, Ursula*; *Fähnrich, Ralph*: Neu gestaltetes Vorschriften- und Regelwerk zur Anlagen- und Betriebssicherheit, in: Aich, Ursula; Damberg, Wolfgang; Preuße, Christoph: Die Betriebssicherheitsverordnung. Wiesbaden: Universum, 2003. – ISBN 978-3-89869-100-0 [zitiert: *Mattes/Aich/Fähnrich*, Betriebssicherheit]

Neumann, Thorsten: BetrSichV – die verantwortliche Elektrofachkraft in der Pflicht. VDE-Schriftenreihe 121. 5. Aufl. Berlin · Offenbach: VDE VERLAG, 2015. – ISBN 978-3-8007-3919-6 [zitiert: *Neumann*, BetrSichV]

Neumann, Thorsten: Organisation der Prüfung von Arbeitsmitteln. VDE-Schriftenreihe 120. 3. Aufl. Berlin · Offenbach: VDE VERLAG, 2011. – ISBN 978-3-8007-3374-3 [zitiert: *Neumann*, Prüfung von Arbeitsmitteln]

Pauli, Hanns, in: Kohte, Wolfhard; Faber, Ulrich; Feldhoff, Kerstin: Gesamtes Arbeitsschutzrecht – Handkommentar. Baden-Baden: Nomos, 2014, Teil 3 BetrSichV, S. 583. – ISBN 978-3-8329-5428-4 [zitiert: *Pauli*, BetrSichV]

Pieper, Ralf: ArbSchR – Arbeitsschutzrecht. 7. Aufl. Frankfurt am Main: Bund-Verlag, 2022. – ISBN 978-3-7663-6864-5 [zitiert: Pieper, ArbSchR]

Pieper, Ralf: Betriebssicherheitsverordnung. 2. Aufl. Frankfurt am Main: Bund-Verlag, 2015. – ISBN 978-3-7663-6967-3 [zitiert: Pieper, BetrSichV]

Raths, Hans-Peter: Die neue Betriebssicherheitsverordnung (BetrSichV 2015), in: maschinenrichtlinie aktuell 8 (2015) H. II, S. 8

Scheuermann, Klaus; *Schucht, Carsten*: Die neue Betriebssicherheitsverordnung. 2. Aufl. Köln: Bundesanzeiger Verlag, 2017. – ISBN 978-3-8462-0753-6

Schliephacke, Jürgen: Führungswissen Arbeitssicherheit: Aufgaben – Verantwortung – Organisation. 3. Aufl. Berlin: Erich Schmidt Verlag, 2008. – ISBN 978-3-503-11233-3

Schmel, Sascha: Novellierte BetrSichV – was ändert sich für den Betrieb von Aufzügen, in: maschinenrichtlinie aktuell 8 (2015) H. II, S. 20

Schucht, Carsten: Die neue Betriebssicherheitsverordnung im Praxistest – Aufbruch oder Sackgasse?, in: Arbeitsschutz in Recht und Praxis (ARP) 1 (2020) H. 1, S. 13 ff.

Schucht, Carsten: Die neue Betriebssicherheitsverordnung, NZA 32 (2015) H. 6, S. 333–338

Schucht, Carsten: Die Reform des Betriebssicherheitsrechts – Ein Leitfaden zur Sicherstellung arbeitsschutzrechtlicher Compliance, CCZ 8 (2015) H. 1, S. 41–46

Schucht, Carsten: Die Bedeutung des Produktsicherheitsrechts in der neuen Betriebssicherheitsverordnung, BPUVZ 126 (2014) H. 12, S. 551–568

Schucht, Carsten: Das Recht der Instandhaltung und Änderung in der neuen Betriebssicherheitsverordnung (BetrSichV), in: maschinenrichtlinie aktuell 8 (2015) H. II, S. 25

Stürk, Peter: Wegweiser Arbeitsschutzgesetz. Bielefeld: Erich Schmidt Verlag, 1997. – ISBN 978-3-503-04100-8

Tenckhoff, Bernhard; *Siegmann, Silvester*: Vernetztes Betriebssicherheitsmanagement. Heidelberg: Haefner, 2009. – ISBN 978-3-87284-061-5 [zitiert: *Tenckhoff/Siegmann*, Betriebssicherheitsmanagement]

Verband der Chemischen Industrie e. V. (VCI): Leitfaden Betriebssicherheitsverordnung (BetrSichV). 3. Aufl. Frankfurt am Main: Verband der Chemischen Industrie e. V., Februar 2021 [zitiert: *VCI*, Leitfaden BetrSichV]

Wank, Rolf: Kommentar zum technischen Arbeitsschutz. München: C. H. Beck, 1999, Arbeitsmittelbenutzungsverordnung (AMBV), S. 68. – ISBN 978-3-406-44550-7 [zitiert: *Wank*, Technischer Arbeitsschutz, AMBV]

Weber, Ulrich: Auswirkungen für die Praxis, in: Aich u. a., Die Betriebssicherheitsverordnung. Wiesbaden: Universum, 2003, S. 67. – ISBN 978-3-89869-100-0 [zitiert: *Weber*, BetrSichV – Auswirkungen]

Wiebauer, Bernd, in: v. Landmann, Robert; Rohmer, Ernst: Gewerbeordnung, 660a: BetrSichV, Stand: 74. Lieferung Dezember 2016 [zitiert: *Wiebauer*, BetrSichV]

Wiebauer, Bernd: Arbeitsmittelsicherheit – Arbeitgeberpflichten nach der neuen Betriebssicherheitsverordnung (Teil 1), ArbRAktuell 7 (2015), S. 198 und (Teil 2), ArbRAktuell 7 (2015), S. 243

Wiebauer, Bernd: Die neue Betriebssicherheitsverordnung 2015, sicher ist sicher (sis) 65 (2015) H. II, S. 94–96

Wilrich, Thomas: Elektrotechnik und Stromunfälle vor Gericht – 77 Urteilsanalysen zu Gefahren der Elektrizität, Produktsicherheitspflichten der Hersteller, Betreiberverantwortung für elektrische Anlagen, Pflichten bei Elektronikgerätenutzung, Vertrags- und Haftungsrecht, Versicherungsschutz,

Rechtsstellung der VEFK und der Elektroberufe. VDE-Schriftenreihe 199. Berlin · Offenbach: VDE VERLAG, 2023

Wilrich, Thomas: Maschinen- und Anlagensicherheitsrecht im Industrieservice – Beschaffung, Herstellung für den Eigengebrauch, EU-Konformität und CE-Vertrauen, Inbetriebnahme, Probebetrieb, Prüfung, Instandhaltung, Rückbau, Umbau und wesentliche Änderung, fehlende CE-Kennzeichnung, Stand der Technik und Wirkung technischer Regelwerke. VDE-Schriftenreihe 165. Berlin · Offenbach: VDE VERLAG, 2023

Wilrich, Thomas: Pflichtendelegation im Arbeitsschutz – Betriebsorganisation und Personalmanagement durch Übertragung von Unternehmerpflichten auf Führungskräfte, 2023

Wilrich, Thomas: Technik-Verantwortung – Sicherheitspflichten der Ingenieure, Meister und Fachkräfte und Organisation und Aufsicht durch Management und Führungskräfte. VDE-Schriftenreihe 188. Berlin · Offenbach: VDE VERLAG, 2022. – ISBN 978-3-8007-5882-1

Wilrich, Thomas: Sicherheitstechnik vor Gericht – Sicherheitstechnik und Maschinenunfälle vor Gericht: 40 Urteilsanalysen zu Produktsicherheit, Hersteller- und Konstruktionspflichten, Arbeitsschutz, Betreiber- und Organisationspflichten. München: Hanser, 2023. – ISBN 978-3-446-47519-9

Wilrich, Thomas: Verantwortung und Haftung der Sicherheitsingenieure: Unterstützungs-, Beratungs-, Berichts-, Prüfungs-, Warn- und Sorgfaltspflichten der Fachkräfte für Arbeitssicherheit als Stabsstelle und Unternehmerpflichten in der Linie – mit 15 Gerichtsurteilen und Strafverfahren zu Fahrlässigkeit und Schuld nach Arbeitsunfällen. VDE-Schriftenreihe 179. Berlin · Offenbach: VDE VERLAG, 2022. – ISBN 978-3-8007-5694-0

Wilrich, Thomas: Produktsicherheitsrecht und CE-Konformität – Hersteller-, Importeur-, Händler- und Dienstleister-Pflichten für Technik- und Verbraucherprodukte bei Risikobeurteilung, Konstruktion, Import, Vertrieb, Online-Handel als Fernabsatz und Betreiben von Online-Verkaufsplattformen. VDE-Schriftenreihe 178. Berlin · Offenbach: VDE VERLAG, 2021. – ISBN 978-3-8007-5599-8

Wilrich, Thomas: Bausicherheit – Arbeitsschutz, Koordination, Bauüberwachung, Verkehrssicherungspflichten und Haftung der Baubeteiligten. Berlin: Erich-Schmidt-Verlag, 2021. – ISBN 978-3-503-19538-1

Wilrich, Thomas: Arbeitsschutzverantwortung für Sicherheitsbeauftragte: Bestellung, Rechtsstellung, Pflichten und Haftung als Vertrauenspersonen und Beschäftigte – Grundwissen Arbeitssicherheit, Führungspflichten und Unternehmensorganisation. VDE-Schriftenreihe 177. Berlin · Offenbach: VDE VERLAG, 2021. – ISBN 978-3-8007-5405-2

Wilrich, Thomas: Arbeitsschutz-Strafrecht – Haftung für fahrlässige Arbeitsunfälle: Sicherheitsverantwortung, Sorgfaltspflichten und Schuld – mit 33 Gerichtsurteilen. Berlin: Erich Schmidt Verlag, 2020. – ISBN 978-3-503-19420-9

Wilrich, Thomas: Bestandsschutz oder Nachrüstpflicht? Betreiberverantwortung und Sicherheit bei Altanlagen – mit 30 Gerichtsurteilen. 2. Aufl. VDE-Schriftenreihe 172. Berlin · Offenbach: VDE VERLAG, 2019. – ISBN 978-3-8007-4920-1

Wilrich, Thomas: Die rechtliche Bedeutung technischer Normen als Sicherheitsmaßstab – mit 33 Gerichtsurteilen zu anerkannten Regeln und Stand der Technik, Produktsicherheitsrecht und Verkehrssicherungspflichten. Berlin: Beuth, 2017. – ISBN 978-3-410-25763-9

Wilrich, Thomas: Sicherheitsverantwortung – Arbeitsschutzpflichten, Betriebsorganisation und Führungskräftehaftung – mit 25 erläuterten Gerichtsurteilen. Berlin: Erich Schmidt Verlag, 2020. – ISBN 978-3-503-17007-4 [zitiert: *Wilrich*, Sicherheitsverantwortung]

Wilrich, Thomas: Die neue Formel der Betriebssicherheitsverordnung: Sicherheit = Produktkonformität + Gefährdungsbeurteilung + Schutzmaßnahmen ≠ starrer Bestandsschutz, in: CCZ – Corporate Compliance Zeitschrift 8 (2015) H. 4, S. 175–179

Wilrich, Thomas: Die sieben Säulen der Betriebssicherheitsverordnung für Bauunternehmen, in: BauPortal 127 (2015) H. 3, S. 58–61 (Zeitschrift der Berufsgenossenschaft für die Bauwirtschaft)

Wilrich, Thomas; *Wilrich, Cordula*: Gefahrstoffrecht vor Gericht – 40 Urteilsanalysen zum Arbeitsschutz und zur Haftung nach Chemikalien- und Explosionsunfällen, Berlin: Erich Schmidt Verlag, 2021. – ISBN 978-3-503-19118-5

Wink, Friedrich: Erläuterungen zur BetrSichV, in: Kollmer, Norbert; Klindt, Thomas; Schucht, Carsten: Arbeitsschutzgesetz (ArbSchG) – Kommentar. 3. Aufl. München: C. H. Beck, 2016. – ISBN 978-3-406-69582-7 [zitiert: *Wink*, BetrSichV]

Inhalt

Teil 1 Praxisleitfaden Betriebssicherheitsverordnung

1 Der Anwendungsbereich der BetrSichV

Die BetrSichV stellt in ihrem ersten Satz in § 1 unscheinbar, aber unerbittlich fest, sie gilt für die Verwendung von Arbeitsmitteln. Da das ohne jede Einschränkung formuliert ist, gilt die BetrSichV für *jede* Verwendung eines *jeden* Arbeitsmittels durch *jeden* Beschäftigten, soweit sie nicht selbst Ausnahmen regelt, was aber nur sehr begrenzt der Fall ist.[10]

Der Anwendungs- und Wirkbereich der BetrSichV hat folgende Aspekte:

- *persönlicher* Anwendungsbereich – die **Verpflichteten** (dazu Kapitel 1.1),
- *gegenständlicher* Anwendungsbereich – die **Arbeitsmittel** (dazu Kapitel 1.2),
- *tätigkeitsbezogener* Anwendungsbereich – die **Verwendung** (dazu Kapitel 1.3),
- *örtlicher* Anwendungsbereich (dazu Kapitel 1.4),
- *zeitlicher* Anwendungsbereich (dazu Kapitel 1.5),
- *Schutzrichtung* – die **Geschützten** (dazu Kapitel 1.6),
- *Ausnahmen* vom Geltungsbereich (dazu Kapitel 1.7) und
- weitere Arbeitsschutzverordnungen mit Arbeitsmittelbezug (dazu Kapitel 1.8).

Eine zusammenfassende Formel lautet:

> Die Verpflichteten (dazu Kapitel 1.1) dürfen Arbeitsmittel (Kapitel 1.2) durch Beschäftigte (Kapitel 1.6) nur verwenden lassen (Kapitel 1.3), wenn das für die geschützten Personen (Kapitel 1.6) sicher ist (zusammenfassend in Kapitel 3) – egal an welchem Ort der Einsatz erfolgt (Kapitel 1.4) und egal wie alt und gebraucht das Arbeitsmittel ist (Kapitel 1.2.1.2).

Die Grundaussage bzw. Grundanforderung der BetrSichV

Die Verpflichteten dürfen Arbeitsmittel durch Beschäftigte nur verwenden lassen, wenn das für die geschützten Personen sicher ist – egal an welchem Ort der Einsatz erfolgt und egal wie alt und gebraucht das Arbeitsmittel ist.

---

[10] Siehe Kapitel 1.2.1.5 zur Frage, ob und inwieweit „einfache und ungefährliche" (Standard-)Arbeitsmittel – wie Bleistifte oder Kugelschreiber – aus dem Geltungsbereich der BetrSichV ausgeklammert werden können.

Die BetrSichV ist damit eine „zentrale Verordnung für den Arbeitsschutz, die in praktisch jedem Unternehmen gilt“[11]. Sie ist das **Grundgesetz des technischen Arbeitsschutzes**. Sie regelt *„elementare Sicherheitspflichten“*[12].

In Fall 21 „Stromschlag Reinigungsarbeiten Garage“ wirft das Gericht ganz allgemein dem Geschäftsführer vor, er habe es *„pflichtwidrig unterlassen für geeignete und technisch intakte Arbeitsmittel zu sorgen“*.

1.1 Persönlicher Anwendungsbereich: die Verpflichteten

Die BetrSichV verpflichtet[13]

- **Arbeitgeber**, die **Arbeitsmittel** verwenden lassen (zu ihnen Kapitel 1.1.1) und
- **Unternehmer**, die **überwachungsbedürftige Anlagen** *„zu gewerblichen oder wirtschaftlichen Zwecken verwenden“* (zu ihnen Kapitel 1.1.2).

Welche Unternehmensmitarbeiter konkret für was und wie weit innerhalb der Arbeitgeber bzw. Unternehmer – der Normadressaten[14] – persönlich verantwortlich ist, wird geklärt in Kapitel 2 und ausführlich im Buch *Wilrich*, Technik-Verantwortung – Sicherheitspflichten der Ingenieure, Meister und Fachkräfte und Organisation und Aufsicht durch Management und Führungskräfte (VDE-Schriftenreihe 188).

Gemäß ArbSchG hat außerdem – mit Wirkung auch für die BetrSichV – auch jeder **Beschäftigte** Pflichten (dazu Kapitel 2.9).

Die Pflichten der BetrSichV muss der Arbeitgeber bzw. Verwender/Betreiber nicht selbst erfüllen, sondern er kann auch externe Dienstleister einschalten (Outsourcing). Siehe hierzu im einzelnen *Wilrich*, Maschinen- und Anlagensicherheitsrecht im Industrieservice (VDE-Schriftenreihe 165).

1.1.1 Arbeitgeber als Betreiber von Arbeitsmitteln

Die BetrSichV legt ihre Pflichten dem *„Arbeitgeber“* auf. Er muss die Gefährdungsbeurteilung durchführen (§ 3) und die weiteren (Grund-)Pflichten erfüllen (§§ 4 ff.).

Arbeitgeber sind natürliche und juristische Personen und rechtsfähige Personengesellschaften, für die Beschäftigte tätig sind (§ 2 Abs. 3 BetrSichV i. V. m. § 2 Abs. 3

[11] BR-Drs. 400/14 v. 28.08.2014, S. 74.

[12] So das LG Rottweil im Fall 4 „Drehmaschine“.

[13] Ebenfalls verpflichtet sind Auftraggeber und Zwischenmeister bei Heimarbeit.

[14] So nennt sie BR-Drs. 400/14 v. 28.08.2014, S. 77.

ArbSchG). Die BetrSichV gilt daher für alle, die auch nur einen Beschäftigten haben. Erfasst sind daher auch Kleingewerbetreibende, Familienbetriebe und Landwirte.[15] In einem Fall des Amtsgerichts Limburg war der wegen fahrlässiger Tötung verurteilte Kfz-Mechatronikmeister der „einzige Angestellte“ einer Autowerkstatt – ihm „oblagen im Wesentlichen die Werkstattaufgaben des Kleinbetriebs“[16].

Arbeitgeber sind aber erst gemäß BetrSichV verpflichtet, wenn sie Beschäftigte oder ihnen Gleichgestellte (§ 2 Abs. 4 BetrSichV) Arbeitsmittel verwenden lassen (siehe also Kapitel 1.3) – denn die BetrSichV *„gilt für die Verwendung von Arbeitsmitteln“* (§ 1 Abs. 1 Satz 1).

Beschäftigte und ihnen Gleichgestellte (ausführlich siehe bei den gemäß BetrSichV geschützten Personen in Kapitel 1.6) sind

- Arbeitnehmer,
- zu ihrer Berufsbildung Beschäftigte,
- Arbeitnehmerähnliche,
- Beamte,
- Richter,
- Soldaten,
- in Behinderten-Werkstätten Beschäftigte,
- in Heimarbeit Beschäftigte,
- Schülerinnen und Schüler sowie Studierende und
- „sonstige Personen, insbesondere Personen, die in wissenschaftlichen Einrichtungen tätig sind“.

Daher gilt die BetrSichV nicht nur für Arbeitgeber im arbeitsrechtlichen Sinne, sondern auch für

- Dienstherrn bei Beamten, Richtern und Soldaten,
- Vertragspartner bzw. Auftraggeber bei Arbeitnehmerähnlichkeit, Berufsausbildung, Heimarbeit und bei Beschäftigung in Behinderten-Werkstätten,
- Schulen und Hochschulen und andere (Bildungs-)Einrichtungen mit „sonstigen Personen“.

---

15 Vgl. *VCI*, Leitfaden BetrSichV, S. 5 und 7.

16 Besprechung als Fall 26 in *Thomas Wilrich/Cordula Wilrich*, Gefahrstoffrecht vor Gericht – 40 Urteilsanalysen zum Arbeitsschutz und zur Haftung nach Chemikalien- und Explosionsunfällen, 2021, S. 207 ff.

1.1.2 Betreiber bzw. Verwender überwachungsbedürftiger Anlagen

Die BetrSichV verpflichtet auch Unternehmer, die überwachungsbedürftige Anlagen *„zu gewerblichen oder wirtschaftlichen Zwecken verwenden"* – auch *„ohne Arbeitgeber zu sein"* (§ 2 Abs. 3 Satz 2 Nr. 1). Auch diese Unternehmer bezeichnet die BetrSichV als Arbeitgeber.

1.1.2.1 Gewerbliche oder wirtschaftliche Zwecke

Der Begriff des „wirtschaftlichen Zwecks" ist der weitergehende, der auch jede gewerbliche Tätigkeit umfasst. Zum Begriff der „wirtschaftlichen Unternehmung" in § 4 BImSchG sagt die Gesetzesbegründung, er sei „weit auszulegen. Hierzu gehören alle Anlagen, mit denen wirtschaftlich bewertbare Leistungen erbracht werden. Auch Anlagen juristischer Personen des öffentlichen Rechts werden im Rahmen wirtschaftlicher Unternehmungen betrieben, wenn sie der Erbringung wirtschaftlich bewertbarer Leistungen dienen."[17]

Wirtschaftliche Zwecke i. S. d. BetrSichV verfolgen daher auch Vermieter, weil sie „aus der Vermietung der Wohnungen, deren Mieter zur Nutzung des Aufzuges berechtigt sind, Einnahmen erzielen"[18].

Wirtschaftliche Zwecke verfolgen etwa auch kommunale Eigenbetrieb: „Eine wirtschaftliche Unternehmung liegt auch vor, wenn eine ihrer Art nach gewerbliche Tätigkeit im Einzelfall nicht zur Gewinnerzielung, sondern zur öffentlichen Daseinsvorsorge ausgeübt wird, sofern die öffentliche Leistung von einem Entgelt abhängig gemacht wird und die Unternehmung nicht ihrer Art nach vom allgemeinen Wirtschaftsverkehr ausgenommen ist."[19]

Für jeden in diesem Sinne tätigen Verwender von überwachungsbedürftigen Anlagen gilt die ganze BetrSichV – nicht nur der Abschnitt 3 mit „Zusätzlichen Vorschriften für überwachungsbedürftigen Anlagen" und der dazu gehörige Anhang 2 BetrSichV. Wenn also bei den einzelnen Sicherheitspflichten später nur noch vom Arbeitgeber die Rede ist, ist auch der Verwender überwachungsbedürftiger Anlagen gemeint.

1.1.2.2 Verwendung = Betreiben

Wer Verwender einer überwachungsbedürftigen Anlage ist, definiert die BetrSichV nicht. Der Begriff des Verwenders entspricht dem des Betreibers.

[17] BT-Drs. 6/2868, S. 30 – Gesetzesentwurf v. 30.11.1971.

[18] VG Düsseldorf, Urteil v. 28.03.2018 (Az. 3 K 3008/17) – zu diesem Fall siehe auch Kapitel 1.2.1.

[19] VG Ansbach, Beschluss v. 08.11.1994 (Az. AN 4 S 94.00906) – zu einem Schwimmbad.

In der Verordnungsbegründung wird zwar einerseits der Begriff „Betreiber“ bewusst vermieden, um „Verwechslungen zu vermeiden“[20], an anderer Stelle wird aber selbst davon gesprochen, dass überwachungsbedürftige Anlagen „betrieben“ werden.[21] Außerdem gehört zum „Verwenden“ gemäß § 2 Abs. 2 BetrSichV ausdrücklich auch das „Betreiben“. Schließlich wird der „Verwender“ in der Verordnungsbegründung[22] mit Gerichtsurteilen zur „Inhaberstellung“ erläutert[23], und diese Urteile werden in den LASI-Leitlinien[24] bei der Betreiberdefinition erwähnt – und diese LASI-Leitlinien reden auch immer wieder vom „Arbeitgeber (bzw. Betreiber)“[25]. Es ist im Übrigen eine methodische Unzulänglichkeit, wenn man „juristische Erkenntnisse aus Begriffen abzuleiten“ sucht und „juristische Begründungen aus Begriffen abgeleitet werden statt aus dem Gesetzeszweck“[26]. Letztlich geht es der Sache nach doch um Betreiber überwachungsbedürftiger Anlagen.[27] Man sollte den in Bezug auf überwachungsbedürftige Anlage Verpflichteten nicht wegen Verwechslungsrisiken in „Verwender“ umbenennen, sondern ihn gerade wegen der Deckungsgleichheit der Wertungen bewusst „Betreiber“ nennen.

Es wird als Systembruch bezeichnet, Anlagen-(sicherheits-)recht einerseits und Arbeitsmittel-(sicherheits-)recht, also den betrieblichen Arbeitsschutz, in einem Gesetz zu regeln.[28] Wenn schon das Anlagenrecht mitgeregelt wird, sollte man beim üblichen – aber natürlich in komplexen Situationen nicht leichter handhabbaren – Begriff „Betreiber“ bleiben und nicht den „Verwender“ erfinden. Sachlich geht es um Dasselbe. Wer Verwender ist, wird also nach denselben Kriterien bestimmt wie beim Betreiber.

Aber wer ist nun Betreiber/Verwender?

1.1.2.3 Wer ist Betreiber bzw. Verwender?

Der Begriff Betreiber ist in keinem Gesetz vernünftig definiert. Wenn man es versucht, kommt eine Tautologie heraus – wie in § 3 Nr. 7 Gentechnikgesetz (GenTG):

---

[20] BR-Drs. 400/14 v. 28.08.2014, S. 77.

[21] BR-Drs. 400/14 v. 28.08.2014, S. 71.

[22] BR-Drs. 400/14 v. 28.08.2014, S. 78.

[23] Für eine Abfallbeseitigungsanlage VGH Baden-Württemberg, Urteil v. 15.12.1987 (Az. 10 S 240/86).

[24] *LASI*, Leitlinien BetrSichV, 1. überarbeitete Auflage 2020, B 2.1.

[25] *LASI*, Leitlinien BetrSichV, 1. überarbeitete Auflage 2020, A.6.2 und B.3.1 und B.6.1 und D.3.1 und D.3.3.

[26] *Rolf Wank*, Juristische Methodenlehre – Eine Anleitung für Wissenschaft und Praxis, 2020, § 2 Rn. 5 und 6, S. 15 und 16.

[27] *Schmel* will – zutreffend – die Aufmerksamkeit nicht „mit solchen Kleinigkeiten verstellen“ und verwendet den neuen Begriff „Verwender“ erst gar nicht, sondern spricht weiter vom „Betreiber“, in: maschinenrichtlinie aktuell 2015, S. 20.

[28] *Wink*, BetrSichV, Rn. 1; *Schucht*, NZA 2015, 333.

„Betreiber" sei „jede Person, die unter ihrem Namen eine gentechnische Anlage errichtet oder *betreibt*".

Das Bundesverwaltungsgericht hat einmal betont, dass der Gesetzgeber den Betreiber-Begriff „für eindeutig hielt und im Sinne des allgemeinen Sprachgebrauchs verwendet wissen wollte"[29]: Es wird eine „Tätigkeit bezeichnet. Insbesondere wenn vom Betreiben einer Maschine die Rede ist, steht für das allgemeine Sprachempfinden außer Frage, dass der tatsächliche Gebrauch und die Benutzung der Maschine gemeint sind. Betreiber ist danach derjenige, der – selbst oder durch seine Mitarbeiter – die Arbeit der Maschine steuert, sie an- und auch wieder abstellt und sie während des Betriebes überwacht. Entscheidend ist hierfür das Vorhandensein der tatsächlichen Sachherrschaft."

Das ähnelt der Definition des Besitzes i. S. d. § 854 BGB als „Ausübung der tatsächlichen Sachherrschaft" bzw. Verfügungsgewalt. Betreiber ist, „wer die tatsächliche oder rechtliche Möglichkeit hat, die notwendigen Entscheidungen im Hinblick auf die Sicherheit der Anlage zu treffen. Auf die Eigentumsverhältnisse kommt es nicht an."[30] „So kann auch ein Pächter oder Mieter Verwender einer überwachungsbedürftigen Anlage sein" – aber Vorsicht: „Ein Verpächter bleibt Verwender, wenn er allein über die sicherheitstechnischen Vorkehrungen entscheidet."[31]

Hintergrund ist, dass Befugnisse Verantwortung begründen[32]: „Herrschaft hat Verantwortung als Kehrseite"[33], Befugnisse bedeuten Einflussmöglichkeit und „Verantwortung ist das spiegelbildliche Gegengewicht zu diesem Einflussrecht und entsteht uno actu mit der Kompetenzerteilung"[34].

Befugnis = Verantwortung *zu tun* = Sicherheitspflicht

Konsequenz 1:	Befugnisse begründen Verantwortung → keine Befugnis ohne Verantwortung
Konsequenz 2:	Befugnisse begrenzen Verantwortung → keine Verantwortung ohne Befugnisse

29 BVerwG, Urteil v. 16.12.2003 (Az. 3 C 47/02).

30 *LASI*, Leitlinien BetrSichV, B 2.1.

31 BR-Drs. 400/14 v. 28.08.2014, S. 78.

32 Ausführlich *Wilrich*, Technik-Verantwortung – Sicherheitspflichten der Ingenieure, Meister und Fachkräfte und Organisation und Aufsicht durch Management und Führungskräfte, 2022.

33 *Kindhäuser*, Strafrecht – Allgemeiner Teil, 5. Aufl. 2011, § 11 Rn. 22.

34 *Jung/Bruck/Quarg*, Allgemeine Managementlehre, 5. Aufl. 2013, B.III.4., S. 51.

Betreiber ist – so das OVG Münster ausführlich[35] – „derjenige, der unter Berücksichtigung sämtlicher konkreter rechtlicher, wirtschaftlicher und tatsächlicher Gegebenheiten bestimmenden Einfluss auf die Errichtung, die Beschaffenheit und den Betrieb der Anlage ausübt"; es kommt an auf die

- „privatrechtlichen Verhältnisse": „wer nach den zugrunde liegenden Verhältnissen weisungsfrei und selbstständig entscheiden kann" und
- „wirtschaftlichen Verhältnisse": „wer berechtigt ist, aus der Anlage wirtschaftlichen Nutzen zu ziehen und wer das wirtschaftliche Risiko trägt".

Letztlich liegt es nicht an ungenauen *rechtlichen Definitionen*, sondern an den häufig selbst und bewusst gewählten komplexen *tatsächlichen Verhältnissen*, wenn es in einigen Fällen keine eindeutige Antwort auf die Frage gibt, wer Betreiber bzw. Verwender ist. Wenn es komplexe Unternehmensstrukturen gibt, diese aber nicht mit einer konkreten Verteilung und Zuweisung von Betreiberaufgaben verbunden ist, dann kann es auch eine schwierige Wertungsfrage sein, wer den für die Betreiberstellung maßgeblichen Steuerungseinfluss hat.

Die Rechtsprechung drückt sich teilweise vor der exakten Subsumtion unter die Begriffe der BetrSichV und löst Fälle mit der allgemeinen Verkehrssicherungspflicht.[36] Der Bundesgerichtshof[37] sagte zu einem Aufzug: „Nach dem Einbau treffen den Betreiber Pflichten im Hinblick auf die Wartung. Dabei kann dahinstehen, ob die BetrSichV anwendbar ist, und ob die dort geregelten, weitreichenden straf- und bußgeldbewehrten Überprüfungs- und Wartungspflichten einzuhalten sind. Jedenfalls die private Verkehrssicherungspflicht kann im Außenverhältnis zu Dritten Haftungsrisiken auch für die übrigen Wohnungseigentümer mit sich bringen. Primär wäre zwar derjenige verantwortlich, der den Verkehr eröffnet. Wird aber der Aufzug, der sich in dem gemeinschaftlichen Treppenhaus befindet, außenstehenden Dritten zugänglich gemacht, ist jedenfalls nicht auszuschließen, dass Kontroll- und Überwachungspflichten der übrigen Wohnungseigentümer im Hinblick auf die Erfüllung der Betreiberpflichten entstehen."

[35] OVG Münster, Beschluss v. 27.11.2008 (Az. 8 B 1476/08).

[36] Zu ihr *Wilrich*, Die rechtliche Bedeutung technischer Normen als Sicherheitsmaßstab – mit 33 Gerichtsurteilen zu anerkannten Regeln und Stand der Technik, Produktsicherheitsrecht und Verkehrssicherungspflichten, 2017.

[37] BGH, Urteil v. 13.01.2017 (Az. V ZR 96/16).

1.1.2.4 Rechtsstellung und Verantwortung der Betreiber-Mitarbeiter

Betreiber ist immer nur das Unternehmen als Rechtsträger, also wer die Anlage „in eigenem Namen, auf eigene Rechnung und in eigener Verantwortung führt"[38] – also in den meisten Fällen eine juristische Person.

Betreiber sind damit

- nicht vertretungsberechtigte Gesellschafter[39],
- nicht Geschäftsführer[40],
- nicht Betriebsleiter[41],
- nicht Abteilungsleiter[42],
- nicht Anlagennutzer[43],
- selbst nicht „Anlagenverantwortliche"[44],

„da es auf den bestimmenden (weisungsfreien) Einfluss auf Errichtung, Beschaffenheit und Betrieb der Anlage ankommt"[45].

Diese Mitarbeiter handeln zwar für das Unternehmen und den Betreiber. Aber die für die Betreibereigenschaft erforderliche „Verfügungsgewalt muss in eigener Verantwortung ausgeübt werden. Eine rechtsgeschäftliche Vertretungsmacht ist indes allein die Fähigkeit, die Gesellschaft als solche durch Rechtsgeschäft zu berechtigten und zu verpflichten. Dies schließt es aus, Betriebsleiter, Stellvertreter oder andere Erfüllungsgehilfen als Betreiber einzustufen."[46]

Die Frage nach dem Betreiber ist nicht zu verwechseln mit der Klärung, wer als Unternehmensmitarbeiter innerhalb des Betreibers konkret zuständig und verantwortlich ist – also Betreiberfunktionen übernimmt und wahrnimmt (siehe Kapitel 2 zu den verantwortlichen Personen). Zusammengefasst[47]:

---

38 BVerwG, Urteil v. 22.10.1998 (Az. 7 C 38/97) – zum BImSchG.

39 *Jarass*, BImSchG, 13. Aufl. 2020, § 3 Rn. 91.

40 OVG Lüneburg, Urteil v. 25.09.2003 (Az. 1 LC 276/02).

41 *Jarass*, BImSchG, 13. Aufl. 2020, § 3 Rn. 89.

42 *Scheidler*, Zurechenbarkeit umweltdeliktischen Verhaltens bei arbeitsteiligen Betriebsorganisationen, in: Zeitschrift für Umweltrecht (ZUR) 2010, 16, 17.

43 *Jarass*, BImSchG, 12. Aufl. 2017, § 3 Rn. 89 und § 22 Rn. 8.

44 Vgl. OLG Koblenz, Urteil v. 18.11.2014 (Az. 3 U 64/14) – „Technisch Berechtigter und Anlagenverantwortlicher/Anlagenbeauftragter".

45 *Dietlein*, in: Landmann/Rohmer, Umweltrecht, 73. Lieferung August 2014, § 5 BImSchG Rn. 28.

46 VG Düsseldorf, Urteil v. 03.12.2019 (Az. 28 K 984/17).

47 Einzelheiten in *Wilrich*, Technik-Verantwortung – Sicherheitspflichten der Ingenieure, Meister und Fachkräfte und Organisation und Aufsicht durch Management und Führungskräfte, 2022.

Geschäftsführer und andere Unternehmensmitarbeiter „treten in Betreiberfunktion ein“[48], übernehmen die bzw. Ausschnitte der Betreiberpflichten bzw. „nehmen sie wahr“ – so formuliert es § 52b BImSchG für immissionsschutzrechtliche Pflichten: Hat der Betreiber mehrere Vertretungsberechtigte, „ist der Behörde mitzuteilen, wer von ihnen nach den Bestimmungen über die Geschäftsführungsbefugnis für die Gesellschaft die Pflichten des Betreibers der genehmigungsbedürftigen Anlage wahrnimmt“.

- So formuliert das LG Aachen zu einem nach einem Arbeitsunfall verklagten Netzbetriebsmeister, „es ist also die zunächst den Betreiber in vollem Umfang treffende Verkehrssicherungspflicht in diesem Umfang auf ihn übertragen worden“ – und das OLG Köln bestätigt, er ist der „für die öffentlichen Sicherungsvorkehrungen zuständige und verantwortliche Netzbetriebsmeister“[49].
- So formuliert das OLG Koblenz, der nach einem Arbeitsunfall verklagte Mitarbeiter eines von der DB Netz AG als Betreiberin mit der „Sicherheits- und Bauüberwachung“ beauftragten Unternehmens „war bei der GmbH beschäftigt und am Unfalltag vertretungsweise als Technisch Berechtigter und Anlagenverantwortlicher/Anlagenbeauftragter eingesetzt“[50].

1.2 Gegenständlicher Anwendungsbereich: jedes Arbeitsmittel

Die BetrSichV *„gilt für die Verwendung von Arbeitsmitteln“* (§ 1 Abs. 1 BetrSichV). Arbeitsmittel sind nach § 2 Abs. 1 BetrSichV

- Werkzeuge, Geräte, Maschinen oder Anlagen, die für die Arbeit verwendet werden (dazu Kapitel 1.2.1) sowie
- überwachungsbedürftige Anlagen (dazu Kapitel 1.2.1).

1.2.1 Arbeitsmittel

Für Arbeitsmittel, die nicht überwachungsbedürftige Anlagen sind (zu ihnen Kapitel 1.2.1), gilt die ganze BetrSichV außer der Abschnitt 3 – inklusive des Anhangs 1 mit „besonderen Vorschriften für bestimmte Arbeitsmittel“, die als besonders gefährlich eingestuft werden.

48 *Ensmann/Euler/Eber*, Anlagenbetreiber, 2.2.3.3, S. 147.

49 Fall „Stromschlag Malerarbeiten Umspannwerk“, in: *Wilrich*, Sicherheitsverantwortung, 2016, S. 238 ff.

50 OLG Koblenz, Urteil v. 18.11.2014 (Az. 3 U 64/14).

Arbeitsmittel sind *„Werkzeuge, Geräte, Maschinen oder Anlagen, die für die Arbeit verwendet werden“* (§ 2 Abs. 1 BetrSichV).

1.2.1.1 Funktionales Verständnis: „Alles, mit dem gearbeitet wird“

Die Aufzählung in § 2 Abs. 1 BetrSichV ist nur beispielhaft, obwohl dies nicht durch ein einleitendes „insbesondere“ klargestellt ist.[51] Die BetrSichV definiert Arbeitsmittel „umfassend als alle Einrichtungen, die bei der Arbeit verwendet werden“[52]. Zumindest der Begriff des Gerätes ist so weit, dass letztlich alles erfasst ist, was „für die Verrichtung einer Arbeitstätigkeit verwendet“ wird.[53] Die BetrSichV gilt für alles „vom Kugelschreiber bis zur großtechnischen Anlage“[54], vom Bleistift bis zum größten Schaufelradbagger – also etwa auch alle Handwerkzeuge[55], „einfache Handgeräte“[56] oder auch den „Kollegen Roboter“[57]. Die Verordnungsbegründung erwähnt Handsägen, Zangen, Bolzenschneider, Wagenheber, aber auch einfache kraftbetriebene Verbraucherprodukte wie Akkuschrauber und Bohrmaschinen.[58] Die EmpfBS 1113 „Beschaffung von Arbeitsmitteln“ enthält ausführliche Beispiele für Leitern, Lieferwagen, CNC-Fräsmaschinen, Rührwerke, Kompressoranlagen zur Drucklufterzeugung, Druckanlagen und Großwasserraumkesselanlagen.

Auch beim Einsatz eines Fahrzeugs als Arbeitsmaschine gilt die BetrSichV, etwa ein Bagger oder Häcksler an einer landwirtschaftlichen Zugmaschine: Dann fallen übrigens nicht nur die mit dem Fahren des Fahrzeugs verbundenen Gefahren, sondern auch die mit der Arbeitsleistung verbundenen Gefahren, die von dem Arbeitsgerät ausgehen, unter das versicherte Kfz-Risiko – und zwar erstens „wenn das Arbeitsgerät auf Dauer mit der Zugmaschine fest installiert war“ und zweitens „wenn die für das Fahrzeug typischen Arbeitsfunktionen in Tätigkeit gesetzt werden, auch wenn das Fahrzeug zum Zeitpunkt des Schadenseintritts steht“[59].

Fazit: Der Anwendungsbereich der BetrSichV bestimmt sich also weniger gegenständlich („Gerät“), sondern eher funktional („Verwendung“). Art. 2a) der EG-Arbeitsmit-

---

[51] Daher anderer Ansicht *Scheuermann/Schucht*, Betriebssicherheitsverordnung, 1.1.1, S. 40.

[52] So schon BR-Drs. 988/96 v. 19.12.1996, S. 11 zu alten AMBV; vgl. auch *Wank*, Technischer Arbeitsschutz, AMBV, § 2 Rn. 3, S. 70.

[53] BR-Drs. 400/14 v. 28.08.2014, S. 77.

[54] BR-Drs. 301/02 v. 11.04.2002, S. 82 zur alten BetrSichV.

[55] Siehe hierzu ausführlich *Günter Lehder*, Taschenbuch Betriebliche Sicherheitstechnik, 5. Aufl. 2007, 4.4.1, S. 241 ff.

[56] *Mattes/Aich/Fähnrich*, Betriebssicherheit, S. 10.

[57] *Kohte*, Arbeitsschutz in der digitalen Arbeitswelt, NZA 2015, 1417, 1419.

[58] BR-Drs. 400/14 v. 28.08.2014, S. 85.

[59] LG Köln, Urteil v. 22.06.2017 (Az. 24 O 10/17).

telbenutzungsrichtlinie 2009/104 nennt noch den Apparat. Das VG Gelsenkirchen redet bei einer „Füllanlage (Autogas-Tankstelle)“ von einem Arbeitsgerät.[60]

Um den Anwendungsbereich der BetrSichV zu bestimmen, muss also nicht sauber zwischen Werkzeug, Arbeitsgerät, Maschine, Anlage und Apparat unterschieden werden – es kommt auf die „Verwendung“ eines Gegenstands für die Arbeit an (zur Verwendung siehe Kapitel 1.3).

1.2.1.2 Altersunabhängig: „Alle Arbeitsmittel, egal wie alt“

Die BetrSichV gilt für alle Arbeitsmittel unabhängig vom Alter. Die Sicherheitsanforderungen der BetrSichV „gelten für alte und neue Arbeitsmittel gleichermaßen.“[61] Es gibt keine allgemeine Bestandsschutzvorschrift für alte Arbeitsmittel – nur (inzwischen obsolet gewordene) Übergangsvorschriften für Spezialbereiche (§ 24 BetrSichV).

Die Frage ist daher nicht, *ob* auch das Schicksal alter Arbeitsmittel geregelt ist, die schon vor Inkrafttreten der BetrSichV erstmals verwendet wurden, sondern nur, *was* für eine Rechtsfolge die BetrSichV für alte Arbeitsmittel vorsieht – und ob für die Sicherheitsanforderungen Besonderheiten gelten, wenn Arbeitsmittel etwa wegen verschärfter Sicherheitsvorschriften heute nicht mehr dem aktuellen Stand der Technik entsprechen und so nicht mehr in Verkehr gebracht werden dürften.

BetrSichV und Bestandsschutz für alte Anlagen?

Ausdrücklich regelt die BetrSichV keinen Bestandsschutz, aber eben auch keine Nachrüstpflichten auf den aktuellen Stand der Technik. Der Arbeitgeber muss im Rahmen seiner Gefährdungsbeurteilung eigenverantwortlich entscheiden, erstens ob und – wenn ja – zweitens mit welchen Schutzmaßnahmen eine alte Anlage weiterbetreiben darf.

Ausführlich *Wilrich*, Bestandsschutz oder Nachrüstpflicht? Betreiberverantwortung und Sicherheit bei Altanlagen. VDE-Schriftenreihe 172, 2. Aufl. Berlin · Offenbach: VDE VERLAG, 2019.

1.2.1.3 Eigentumsunabhängig: „Auch gemietete oder geleaste Arbeitsmittel“

Die BetrSichV gilt auch, wenn die Arbeitsmittel gemietet, geleast oder geliehen sind[62] – denn die BetrSichV „gilt für die *Verwendung* von Arbeitsmitteln“ (§ 1 Abs. 1

---

[60] VG Gelsenkirchen, Urteil v. 29.04.2016 (Az. 9 K 4716/14).

[61] BR-Drs. 400/14 v. 28.08.2014, S. 69.

[62] *LASI*, Leitlinien BetrSichV, Stand 2018, A 5.3.

BetrSichV). Diese Verwendung hat nichts mit der Eigentumslage zu tun. Verwenden hat eher mit Besitz zu tun, der „tatsächlichen Sachherrschaft“ bzw. „Verfügungsgewalt“ i. S. d. § 854 BGB – wie auch im Zusammenhang mit überwachungsbedürftigen Anlagen (siehe Kapitel 1.1.2.3).

Voraussetzung ist allerdings, dass die „ausschließliche Verfügungsgewalt“ auf den Mieter bzw. Leasingnehmer übergeht.[63] Verpflichtet ist dann nicht der Eigentümer eines Arbeitsmittels, sondern wer es zur Verwendung zur Verfügung stellt. Der Mieterin einer Arbeitsbühne sagte das LG Stendal[64], „im Zusammenhang mit dem Gebrauch der Mietsache treffen sie Obhuts- und Schutzpflichten. Nach dem Mietvertrag hatte sie insbesondere die für den Arbeitseinsatz geltenden Unfallverhütungsvorschriften sowie die Vorschriften für die Bedienung von Arbeitsbühnen einzuhalten, die den Inhalt der von ihr zu treffenden Sicherungspflichten vorgaben.“

1.2.1.4 Herkunftsunabhängig: „Auch mitgebrachte Arbeitsmittel“

Die BetrSichV ist auch anwendbar, wenn Beschäftigte Arbeitsmittel mitbringen, denn *„der Arbeitgeber hat dafür zu sorgen, dass Beschäftigte nur die Arbeitsmittel verwenden, die er ihnen zur Verfügung gestellt hat oder deren Verwendung er ihnen ausdrücklich gestattet hat“* (§ 5 Abs. 4 BetrSichV), z. B. wenn Beschäftigten Geld zur Verfügung gestellt wird, mit denen sie sich Arbeitsmittel selbst kaufen.[65] Denn wer die „Verwendung billigt“, der muss auch „die Verantwortung für den Arbeitsschutz tragen“[66]. Das „Motto BYOD ‚Bring your own device‘ entbindet nicht von den arbeitsmittelbezogenen Schutzvorschriften“[67].

Das ist etwa wichtig für private Laptops oder Privatfahrzeuge. Für sie trägt der Arbeitgeber betriebssicherheitsrechtlich die Verantwortung, wenn der Beschäftigte sie dienstlich nutzt.[68] Für Dienst-Computer und Dienst- bzw. Firmenwagen gilt das schon deshalb, weil der Arbeitgeber sie zur Verfügung stellt.[69]

---

63 So EmpfBS 1113 Beschaffung von Arbeitsmitteln, 6.7, Fall 2.

64 LG Stendal, Urteil v. 26.01.2012 (Az. 31 O 95/09) – Fallbesprechung in *Wilrich*: Maschinen- und Anlagensicherheitsrecht im Industrieservice. VDE-Schriftenreihe 165.

65 *LASI*, Leitlinien BetrSichV, 3. Aufl. 2008, A 1.1.

66 BR-Drs. 400/14 v. 28.08.2014, S. 83.

67 *Kohte*, Arbeitsschutz in der digitalen Arbeitswelt, NZA 2015, 1417, 1421.

68 LASI-Leitlinien, Stand 2018, 2.6 Nr. 1; das war noch anders in der alten BetrSichV, vgl. *LASI*, Leitlinien BetrSichV, A 1.3 Nr. 3.

69 *LASI*, Leitlinien BetrSichV, Stand 2018, E 1.3, insbesondere auch 3. Aufl. 2008, A 1.3 Nr. 1; die EmpfBS 1113 „Beschaffung von Arbeitsmitteln“ enthält in 6.2 ein ausführliches Beispiel für Lieferwagen.

§ 5 Abs. 4 BetrSichV will erreichen, dass die Verwendung von Arbeitsmitteln abhängt entweder von einer

- **Zurverfügungstellung** durch den Arbeitgeber an Beschäftigte oder von der
- **ausdrücklichen Gestattung** der Verwendung durch den Arbeitgeber.

Allzu hohe Anforderungen an die Ausdrücklichkeit der Gestattung sind nicht zu stellen. Das ArbG Iserlohn sah in dem mit der „Anmeldung" durch den Beschäftigten verbundenen „Einverständnis" des Arbeitgebers die Gestattung eines mitgebrachten Kühlschranks.[70]

Die ausdrückliche Gestattung der Arbeitsmittelverwendung durch den Arbeitgeber liegt auch im Interesse des Arbeitnehmers. Nachdem sich ein Beschäftigter an einer mitgebrachten Kaffeemaschine die Hand verbrüht hatte, verneinte das Sozialgericht Duisburg den für das Vorliegen eines Arbeitsunfalls gemäß § 8 Abs. 1 Satz 1 SGB VII geforderten inneren Zusammenhang zwischen den ihm durch sein Beschäftigungsverhältnis als Putzerei-Arbeiter obliegenden versicherten Verrichtungen einerseits und der konkreten unfallbringenden Handlung andererseits, weil die Kaffeemaschine nicht „vonseiten der Arbeitgeberin zum Gebrauch überlassen worden" war.[71]

1.2.1.5 Gefährlichkeits- und größenunabhängig: grundsätzlich „auch alle Kleinstarbeitsmittel"

Die BetrSichV gilt dem Wortlaut ausnahmslos für alle Arbeitsmittel – seien sie noch so klein. Es gibt keine ausdrückliche Ausnahmeregelung für gefahrlose Standardarbeitsmittel – selbst nicht bei nur kurzzeitiger Nutzung (siehe Kapitel 1.3.2 und Kapitel 1.5.4).

Auch wenn jeder „Bleistift oder Kugelschreiber in der konkreten Anwendung zum Beispiel gegen Auge oder Ohren sicher geeignet ist, erhebliche Verletzungen hervorzurufen"[72] und ein „gefährliches Werkzeug" im Sinne des Strafgesetzbuches sein können[73], und auch wenn die sitzungspolizeiliche Gewalt nach § 176 Gerichtsverfassungsgesetz dazu ermächtigt, den Zuhörern die Mitnahme von spitzen Schreibgeräten für die Dauer einer Gerichtsverhandlung zu untersagen[74], macht die Anwendung der BetrSichV auf diese haushaltsüblichen Schreibgeräte und Büromaterialien, auf Notenblätter eines Musikers, auf Pinsel eines Malers oder haushaltsübliche Radiergummis

[70] ArbG Iserlohn, Urteil v. 20.03.2014 (Az. 2 Ca 443/14).

[71] SG Duisburg, Urteil v. 14.06.2002 (Az. S 26 U 2/02).

[72] AG Berlin-Tiergarten im Urteil v. 28.06.2007 – (258) 4 Op Js 686-07 Ls (10/07), BeckRS 2008, 17952

[73] BGH, Beschluss v. 17.09.2003 – (Az. 2 StR 254/03).

[74] OLG Celle, Beschluss vom 08.06.2015 (Az. 2 Ws 92/15, BeckRS 2015, 16252).

allerdings keinen Sinn. Anders mag dies sein bei Duftradierern (fruiteraser), die „bei vorauszusehendem Gebrauch geeignet sind, durch ihre stoffliche Zusammensetzung die Gesundheit zu schädigen", weil sie „in Form, Aussehen und Aroma im Handel befindlichen und von Kindern gern gekauften Süßwarenkomprimaten ‚verblüffend ähnlich' und damit verwechselbar" sind.[75]

„Zu viel Bürokratismus führt nicht unbedingt zu mehr Sicherheit."[76] Und „großer Aufwand allein bedeutet nicht automatisch eine erhöhte Sicherheit oder eine rechtssichere Organisation". Das Bundesverfassungsgericht hat im Zusammenhang mit fast querulatorischen Verfassungsbeschwerde einmal „sinnentleerter Inanspruchnahme seiner Arbeitskapazität" gesprochen und gesagt, die Beschwerde „entbehrt jeglicher inhaltlicher Substanz" und „behindert" das Gericht.[77] Das trifft – aus meiner Sicht auch auf eine Gefährdungsbeurteilung für die Verwendung eines Stücks Papier zu. Diese Gefährdungsbeurteilung würde substanzlos sein, weil nichts drinstehen könnte, was dem Arbeitsschutz dient – und vor allen Dingen lenkt sie Energie von den wichtigen Punkten des Arbeitsschutzes weg (die leider häufig vernachlässigt werden).

Das „Arbeitsschutzrecht soll die Arbeitnehmer vor erhöhten Gefahren schützen, die ihnen durch die Arbeit drohen, nicht aber gegen das allgemeine Lebensrisiko aller Menschen"[78] – und „man darf den Arbeitsschutz nicht so überdehnen, dass er zum Selbstzweck mutiert"[79]. Ich meine daher, kleinste Arbeitsmittel ohne wesentliche Gefährdungen können aus dem Anwendungsbereich der BetrSichV herausgenommen werden. Es ist viel wichtiger, dort seine Energie und Kräfte zu verwenden, wo es Sinn macht.

Rechtlich begründet werden kann diese Ausklammerung von Kleinstarbeitsmitteln mit Aussagen in der BetrSichV selbst und in der Verordnungsbegründung:

- Die Zweckbestimmung der BetrSichV in § 1 Abs. 1 Satz 2 lautet: „Ziel der Verordnung ist es, die Sicherheit und den Schutz der Gesundheit von Beschäftigten bei der Verwendung von Arbeitsmitteln zu gewährleisten." Wenn nichts zu „gewährleisten" ist, weil nichts wirklich Verbesserndes und Zielführendes getan und auch nichts Sinnvolles und den Beschäftigten Unbekanntes mehr unterwiesen werden kann, weil das Arbeitsmittel in der jeweiligen Situation „für sich selbst spricht", dann sollte auch keine Gefährdungsbeurteilung verlangt werden und es sind auch keine arbeitgeberseitige Schutzmaßnahmen nötig.

75 BayObLG im Beschluss v. 24.04.1985 (Az. 4 St 308/84, BayObLGSt 1985, 58).
76 *v. Locquenghien/Ostermann/Klindt*, BetrSichV 2, S. 81.
77 BVerfG, Beschluss v. 03.07.1995 (Az. 2 BvR 1379/95).
78 BAG, Urteil v. 08.05.1996 (Az. 5 AZR 315/95).
79 *Neumann*, BetrSichV, 2.2.1, S. 36.

- Die Generalklausel der BetrSichV in § 5 Abs. 1 Satz 1 lautet: Der Arbeitgeber darf nur solche Arbeitsmittel zur Verfügung stellen und verwenden lassen, die „*unter Berücksichtigung der vorgesehenen Einsatzbedingungen* bei der Verwendung sicher sind". Wenn die Einsatzbedingungen nur Gefährdungen zur Folge haben, die zum „allgemeinen Lebensrisiko" gehören und diese Bedingungen nicht mehr so sinnvoll und zielführend verändert oder gestaltet werden können, dass es noch sicherer wird, dann muss man auch nichts weiter gemäß BetrSichV tun.
- Die BetrSichV fordert auch kein Nullrisiko (siehe Kapitel 3.2).

Der Verordnungsgeber

- behauptet, die BetrSichV *„entfaltet für die Wirtschaft deutliches Entlastungspotenzial"*[80] – dann muss man Arbeitgeber auch wirklich da entlasten, wo es keine relevanten Gefährdungen gibt;
- erkennt die hier vorgeschlagene Auslegung letztlich an, indem er sagt, dass die BetrSichV „in *praktisch* jedem Unternehmen gilt"[81] – also nicht in *ausnahmslos* jedem, was der Fall wäre, wenn man Papier und Stifte erfassen will (an der Nutzung dieser Arbeitsmittel kommt selbst im Computer-Zeitalter kein Unternehmen vorbei);
- bestätigt das schon seit 1996, indem er sagt: „Falls die Sicherheit der Arbeitsmittel bei der Benutzung der Arbeitsmittel nicht allein durch Bereitstellung geeigneter Arbeitsmittel sichergestellt werden kann, ist der Arbeitgeber verpflichtet, weitere Vorkehrungen zu treffen, um eine Gefährdung von Sicherheit und Gesundheit möglichst gering zu halten"[82] – anders herum: Wenn es keine relevanten Gefährdungen gibt, reicht die Bereitstellung eines geeigneten Arbeitsmittels – und produktsichere Büroklammern ohne Besonderheiten sind per se geeignete Arbeitsmittel.
- Die TRBS 1111 bestätigt in Abschnitt 3.3: „Die ermittelten Gefährdungen sind dahin gehend zu bewerten, ob Sicherheit und Gesundheitsschutz der Beschäftigten ohne weitere Maßnahmen gewährleistet sind. Ist dies nicht der Fall, sind die notwendigen zusätzlichen Maßnahmen festzulegen." Umgekehrt muss gelten: Ist das der Fall, sind also Sicherheit und Gesundheitsschutz der Beschäftigten ohne weitere Maßnahmen gewährleistet, müssen keine betrieblichen Schutzmaßnahmen mehr festlegt werden, und das Ergebnis ist, dass „Sicherheit und Gesundheitsschutz der Beschäftigten ohne weitere Maßnahmen gewährleistet sind."

80 BR-Drs. 400/14 v. 28.08.2014, S. 72.
81 BR-Drs. 400/14 v. 28.08.2014, S. 74.
82 BR-Drs. 988/96 v. 19.12.1996, S. 12 f. zur alten AMBV.

- Im Schrifttum heißt es: „Es kann die aufgrund des Binnenmarktrechts ‚mitgebrachte' Sicherheit durchaus ausreichen" – und es werden „verwendungsfertige, einfach zu benutzende Arbeitsmittel, wie z. B. eine Bohrmaschine", genannt.[83] Es gilt dagegen uneingeschränkt die BetrSichV bei größerem Bohrgerät[84] oder einen Druckluftschrauber[85] – auch wenn sie bei strafrechtlichen Sanktionen häufig nicht erwähnt und geprüft wird.

Es gibt aber drei Voraussetzungen der Reduzierung des Anwendungsbereichs der BetrSichV auf die Verwendung von Arbeitsmitteln erst ab einer gewissen Gefährdungsschwelle:

- Erstens: Das Arbeitsmittel ist haushaltsüblich und die – geringen – Gefährdungen sind allgemein bekannt.[86] § 12 BetrSichV bestätigt für die Betriebsanweisung, sie kann entfallen „für einfache Arbeitsmittel, für die eine Gebrauchsanleitung nicht mitgeliefert werden muss". Auch § 6 Abs. 13 GefStoffV enthält Sonderregelungen für „geringe Gefährdung der Beschäftigten" – und konkretisiert das in der TRGS 400 mit Beispielen (siehe Kasten auf der nächsten Seite). Beispiel ist für mich eine Spitzhacke, die in einer Baugrube verwendet wird.[87] Grenzfall ist eine dreistufige Leiter, die für Malerarbeiten verwendet wird.[88]
- Zweitens: Das Arbeitsmittel wird nicht übermäßig (häufig oder intensiv) eingesetzt. Es geht um eine alltägliche – auch privat übliche – Tätigkeit. Wenn ein Schmied 8 Stunden am Tag einen Hammer benutzt, gilt die BetrSichV uneingeschränkt. Wenn die Spitzhacke – was wahrscheinlich ist – nicht nur einmal 5 Minuten, sondern länger und intensiver eingesetzt wird, könnte man die Anwendung der BetrSichV befürworten; aber es wird eher das allgemeine Arbeitsschutzrecht im Vordergrund stehen.
- Drittens: Es besteht keine Sondersituation – aus welchen Gründen auch immer, etwa beim Einsatz eines haushaltsüblichen und sonst ungefährlichen Arbeitsmittels in einen Ex-Bereich.
- Das sollte – viertens – natürlich dokumentiert werden, muss es aber nicht: Es reicht, dass es so ist.

[83] *Klein*, Arbeitsmittelsicherheit, in: sicher ist sicher (sis) 2014, S. 68.
[84] Siehe Fall 20 „Bohrschnecke", in: *Wilrich*, Bausicherheit, 2021, S. 219 ff.
[85] Siehe Fall 19 „Schrauber und Explosion bei Bäckerei in Lehrberg".
[86] Das ist etwa bei Duftradierern nicht mehr der Fall – siehe oben Fußnote 68.
[87] Siehe Fall 11 „Baugrubeneinsturz Tübingen", in: *Wilrich*, Bausicherheit, 2021, S. 184 ff.
[88] Siehe Fall 18 „Stromschlag Umspannwerk", in: *Wilrich*, Arbeitsschutzverantwortung für Sicherheitsbeauftragte, 2021, S. 252 ff.

TRGS 400 Gefährdungsbeurteilung für Tätigkeiten mit Gefahrstoffen Nr. 6.2 Abs. 4

(4) Beispiele für Tätigkeiten mit geringer Gefährdung sind:

1. Verwendung von Gefahrstoffen, die für den privaten Endverbraucher im Einzelhandel in Selbstbedienung erhältlich sind („Haushaltsprodukte"), unter haushaltsüblichen Bedingungen (geringe Menge und kurze Expositionsdauer), wie z. B.
   – Ausbesserung kleiner Lackschäden mit Lackstiften,
   – Klebearbeiten mit haushaltsüblichen Mengen von Klebstoffen,
   – Einlegen von Spülmaschinentabs

Zwei Fälle stützen meine Überlegungen – und gehen letztlich in der Nichtberücksichtigung der BetrSichV sogar darüber hinaus:

- Im Fall „Baugrubeneinsturz Tübingen"[89] wurde ein einfaches Arbeitsmittel – eine Spitzhacke – in einer Baugrube verwendet und dann „löste sich ein Erdbrocken, drückte den Arbeiter gegen die Wand, wodurch er erstickte und verstarb". Niemand würde daran denken und es ernstlich verlangen, dass für die Arbeit mit der Spitzhacke die BetrSichV angewendet wird – obwohl die Nutzung einer Spitzhacke in einer Baugrube nicht als einfache Nutzung, sondern als Sondersituation eingestuft werden könnte. Die Gefahren, die sich hier auch tragisch verwirklicht haben, liegen woanders – und werden mit der BetrSichV nicht sinnvoll abgearbeitet.
- Im Fall „Stromschlag Malerarbeiten Umspannwerk"[90] wurde ein eher einfaches Arbeitsmittel in einer nicht mehr wirklich einfachen und ungefährlichen Situation verwendet – in einem Umspannwerk in der Nähe eines Schaltschranks, der zwar hinter einer 1,92 m hohen Wand, aber nicht freigeschaltet war. Die Leiter ist ein Arbeitsmittel – und die BetrSichV wäre auf ihre Verwendung daher anwendbar. Der Schwerpunkt der Gefahren lag aber auch hier, obwohl es um einen Sturz von einer Leiter geht, nicht beim Arbeitsmittel selbst, sondern in den Umgebungsbedingungen, die freilich nach der BetrSichV zu berücksichtigen sind (§ 3 Abs. 2 Nr. 2 und § 5 Abs. 1 Satz 2 Nr. 2).

Ein juristisches Prinzip, das die Nichtanwendung einer vom Wortlaut her anwendbaren Rechtsvorschrift auf einen Sachverhalt ermöglicht, ist die **teleologische Reduktion**.

[89] Siehe Fall 11 „Baugrubeneinsturz Tübingen", in: *Wilrich*, Bausicherheit, 2021, S. 184 ff.

[90] Siehe Fall 18 „Stromschlag Umspannwerk", in: *Wilrich*, Arbeitsschutzverantwortung für Sicherheitsbeauftragte, 2021, S. 252 ff.

Es ist **Rechtsfortbildung** und an strenge Voraussetzungen gebunden. Ob sie hier bei ungefährlichen Kleinst-Arbeitsmitteln vorliegen, ist zweifelhaft. Trotzdem sollte man so realistisch sein – und zunächst einmal beginnen, die BetrSichV dann anzuwenden, wenn sie klar einschlägig ist, was der Rechtsprechung aber nicht gelingt.[91]

In eine vernünftige Richtung geht auch ein Urteil zu „handelsüblichen Kunststoffstühlen“, die „neuwertig und für den Publikumsverkehr geeignet sind“ und bei denen „es in der Vergangenheit keine Vorfälle gab“[92]: Sie „weisen gerichtsbekannt eine gewisse Stabilität auf, weshalb bei üblicher, sachgerechter Benutzung kein Zusammenbrechen eines nicht bereits vorgeschädigten Stuhles zu besorgen ist. Bei Verwendung neuwertiger, für den Publikumsverkehr geeigneter Stühle ist sichergestellt, dass dieser sich bei normalem, vernünftigem Verhalten in den Räumen sicher bewegen kann und keine versteckten, unerwarteten Gefahren vorhanden sind, denen auch bei Anwendung zumutbarer eigener Vorsicht nicht zuverlässig begegnet werden kann.“ Hier geht es zwar um „Publikum“ und damit die allgemeine Verkehrssicherungspflicht – und nicht um „Beschäftigte“ und damit das Arbeitsschutzrecht. Aber die Wertung müsste ähnlich sein.

In der sozialgerichtlichen Rechtsprechung werden bei der Herausdefinition von Ereignissen aus dem Kreis der versicherten Arbeitsunfälle auch Kriterien wie „Gelegenheitsursache“ und „eine Alltagsbelastung nicht übersteigende Einwirkungsintensität“ verwendet.[93] Eine Alltagsbelastung ist danach zu beurteilen, „welche Verhaltensweisen in der Lebensführung in der Bevölkerung verbreitet vorzufinden sind und nach allgemeiner Anschauung als alltägliche, nur mäßiggradig belastende Verrichtungen gelten“[94].

Letztlich kann man aber den nicht wegzudiskutierenden Ausgangspunkt, dass die BetrSichV dem Wortlaut für alle – auch die klitzekleinsten und ungefährlichsten – Arbeitsmittel gilt, vielleicht so in den Griff bekommen, dass alle Beschäftigten für alle Arbeitsmittel verpflichtet werden zur

- **Sichtprüfung** – was in der Betriebsanweisung (siehe Kapitel 7) und in der Unterweisung (siehe Kapitel 8) erfolgen könnte, und
- **Meldung von Unzulänglichkeiten** – was sich letztlich aus § 15 ArbSchG ergibt (siehe Kapitel 6.2.5).

---

[91] Siehe unten Kapitel 1.2.1.7; eine nicht existierende „ArbSichV“ wendet das LG Kempten im Urteil v. 27.04.2017 (Az. 21 O 1591/16) auf eine Stanzbiegemaschine an.

[92] OLG Saarbrücken, Urteil v. 12.10.2017 (Az. 4 U 149/16).

[93] LSG Baden-Württemberg, Urteil v. 16.08.2019 (Az. L 8 U 81/18).

[94] LSG Baden-Württemberg, Urteil v. 30.06.2017 (Az. L 8 U 2034/14); Urteil v. 18.03.2016 (Az. L 8 U 5111/13); Urteil v. 23.10.2015 (Az. L 8 U 1345/14).

Der US-Pianist *Murray Perahia* schnitt sich zwar mit der messerscharfen Kante eines Blatts Notenpapier in den rechten Daumen – und wegen einer langwierigen Infektion konnte er dreieinhalb Jahre den Daumen nicht mehr fürs Klavierspiel gebrauchen und keine Konzerte geben.[95] Trotzdem ist aus meiner Sicht nicht eine Gefährdungsbeurteilung für Notenblätter bzw. für die Tätigkeit des Umblätterns entscheidend, sondern ein Gespür dafür, wann in einer Arbeitssituation nicht „nur" das allgemeine Lebensrisiko besteht, sondern – etwa wegen Schäden an der Partitur bzw. dem Heft – ein erhöhtes Risiko entstanden ist.

Mit der Sichtprüfung kann dann bei Schraubenziehern z. B. aufgedeckt werden, wenn die Enden abgebrochen sind, und verhindert werden, dass ihre Benutzung zu Gratbildung in dem Schrauben führt.[96] Ein defekter Locher sollte gemeldet werden – so wird berichtet, dass es zwischen einer Prüferin und einer Ministeriumsmitarbeiterin Streit um einen defekten Locher gegeben habe.[97]

1.2.1.6 Abgrenzung zu Arbeitsgegenständen und Werkstücken

Arbeitsmittel werden – so § 2 Abs. 1 BetrSichV – *„für die Arbeit verwendet"*. Dieser Passus ist am Ende des Gesetzgebungsverfahrens noch in die BetrSichV eingefügt worden, um die Abgrenzung zu Arbeitsgegenständen zu verdeutlichen.[98]

Arbeitsmittel sind Gegenstände, die bei der Arbeit *verwendet* werden, *mit* denen also gearbeitet wird, wie

- elektrische Messgeräte[99],
- Bohrmaschinenvorsätze[100] oder
- Krankenhausbetten, die „benutzt werden, um an Kranken Arbeit zu leisten"[101].

Kennzeichnend ist die *Bedienung* bzw. *Betätigung* und der mehrmalige Einsatz.

Keine Arbeitsmittel sind Gegenstände oder Stoffe, die *bearbeitet* oder *verarbeitet* oder *verbraucht* werden, etwa Betriebs-, Hilfs- und Werkstoffe oder Werkstücke, *an* denen gearbeitet wird. Kennzeichnend für diese **Arbeitsgegenstände** sind die *Bearbeitung* und der teilweise einmalige, jedenfalls nicht dauerhafte Gebrauch oder das Aufgehen in einem Endprodukt.

95 *Joachim Kronsbein*, Dialog mit Gott, in: Der Spiegel 27/2001 v. 01.07.2001.

96 Beispiel *Günter Lehder*, Taschenbuch Betriebliche Sicherheitstechnik, 5. Aufl. 2007, 4.4.1, S. 246.

97 Heute im Bundestag (hib) Nr. 507, Neues aus Ausschüssen und aktuelle parlamentarische Initiativen, 15. Mai 2020, https://www.bundestag.de/hib.

98 BR-Drs. 400/14, Beschluss v. 28.11.2014, S. 1.

99 OLG Stuttgart, Urteil v. 07.10.1991 (Az. 7 U 3/91).

100 VGH Mannheim, Beschluss v. 08.12.1995 (Az. 1 S 1789/95).

101 BVerwG, Urteil v. 31.01.1984 (Az. I C 133/80).

Arbeitsmittel ist also eine Gewindeschneidemaschine, nicht Arbeitsmittel, sondern Arbeitsgegenstand ist das zur Bearbeitung einzuführende Rohr.[102] Arbeitsgegenstand ist aber ein Arbeitsmittel, das zur Instandhaltung oder Reinigung an einen Dienstleister übergeben wird[103] oder ein Fahrzeug, an dem ein Mechaniker Reparaturen durchführt[104].

Entscheidend ist die Abgrenzung zwischen Arbeitsmitteln und Arbeitsgegenständen eher nicht. Das zeigen folgende zwei Urteile:

- In Fall 18 „Schrauben und abstürzender Stahlträger" ist klar ein Arbeitsmittel jedenfalls der Schraubenzieher, zu dem aber nichts weiter im Urteil gesagt wird, weil er nicht unfallverursachend war. Aber was ist mit den vermeintlich ungeeigneten Holzschrauben und dem Stahlbalken, der mit ihnen montiert werden sollte und dann herunterfiel? Es ist nicht das Entscheidende, ob in einer bestimmten Situation „nur" das allgemeine ArbSchG anwendbar ist oder auch die spezielle BetrSichV. Streng genommen war auf die Verwendung des Schraubenziehers die BetrSichV anwendbar, denn § 3 Abs. 1 Nr. 3 betont ausdrücklich, dass auch die Gefährdungen einzubeziehen sind, die von den Arbeitsgegenständen ausgehen, an denen Tätigkeiten mit Arbeitsmitteln durchgeführt werden. Wichtiger ist es aber zu erkennen, dass – unabhängig von der Einstufung von Schrauben und Balken als Arbeitsmittel oder Arbeitsgegenstand – eine Gefährdungsbeurteilung für die Tätigkeit (die Schraubarbeit an dem Stahlträger) jedenfalls gemäß ArbSchG erforderlich ist (siehe Kapitel 1.2.1.8): Die BetrSichV kann dabei unterstützen.
- Im Fall „Kraninstandsetzung mit herabstürzender Hubtraverse"[105] war ein Instandhalter an einem Transportwagen tätig, der aus seiner Sicht Arbeitsgegenstand ist. Er nutze eine Fernbedienung – also ein Arbeitsmittel. Jedenfalls ist allgemeines Arbeitsschutzrecht einschlägig, auch das zieht das Gericht aber nicht heran, sondern löst den Fall – wie so häufig – mit der noch allgemeineren Verkehrssicherungspflicht (siehe Kapitel 3.3).

1.2.1.7 Abgrenzung zur Arbeitsstättenverordnung (ArbStättV)

Arbeitsmittel ist alles, *mit dem* gearbeitet wird. Nicht Arbeitsmittel, sondern Arbeitsstätte sind Einrichtungen, *in denen* gearbeitet wird.

[102] BGH, Urteil v. 28.04.1983 (Az. I ZR 202/80).
[103] Beispiel von *v. Locquenghien/Ostermann/Klindt*, Betriebssicherheitsverordnung 2, S. 27.
[104] Beispiel von *Kittelmann/Mössner*, BetrSichV, maschinenrichtlinie aktuell 2015, S. 4, 6.
[105] Besprochen in Fall 22 in *Wilrich*, Arbeitsschutz-Strafrecht, 2020, S. 274 ff.

Die ArbStättV „dient der Sicherheit und dem Gesundheitsschutz der Beschäftigten beim Einrichten und Betreiben von Arbeitsstätten“ (§ 1 Abs. 1). Arbeitsstätten sind (§ 2 Abs. 1)

- „Orte in Gebäuden oder im Freien, die sich auf dem Gelände eines Betriebes oder einer Baustelle befinden und die zur Nutzung für Arbeitsplätze vorgesehen sind“ und
- „andere Orte in Gebäuden oder im Freien, die sich auf dem Gelände eines Betriebes oder einer Baustelle befinden und zu denen Beschäftigte im Rahmen ihrer Arbeit Zugang haben“.

„Orte“ sind nicht nur die nackten Räume. Keine Arbeitsmittel sind, sondern zur Arbeitsstätte gehören „auch Einrichtungen, soweit für diese in dieser Verordnung besondere Anforderungen gestellt werden und sie dem Betrieb der Arbeitsstätte dienen“ (§ 2 Abs. 4 Satz 2 ArbStättV) – etwa Schränke.[106]

Wie bei der Abgrenzung von Arbeitsmitteln und Arbeitsgegenständen (siehe Kapitel 1.2.1.6) gilt auch bei der Abgrenzung der BetrSichV und der ArbStättV: Das Wichtige sind die Gefährdungsbeurteilung und die Umsetzung der erforderlichen Schutzmaßnahmen, nicht aber Überlegungen – ja fast Verrenkungen – welche der Rechtsverordnungen denn nun einschlägig ist. Solche subtilen Abgrenzungen sind nicht entscheidend, „da es nur eine Gefährdungsbeurteilung nach dem ArbSchG gibt und es sich bei den Anforderungen in den Einzelverordnungen nach dem ArbSchG nur um Konkretisierungen zu bestimmten Aspekten handelt. Am Ende muss der Arbeitgeber sichergestellt haben, dass er keine mögliche Gefährdung von Beschäftigten übersehen hat; welche Grundlage er im Einzelfall zur Beurteilung herangezogen hat ist insofern nachrangig.“[107]

Ehe man die Abgrenzungen übertreibt, sollte man sich vergegenwärtigen, dass selbst Gerichte nicht selten und unzutreffend die Unsicherheit einer Maschine mit der ArbStättV begründen und die anwendbare BetrSichV verschweigen, z. B.

- LG Osnabrück im Urteil vom 20.09.2013 zu einer Glasschleifmaschine[108];
- OLG Nürnberg im Urteil vom 17.06.2014 zu einer Pappkartonstanze[109].

In beiden Fällen war das Ergebnis indes zutreffend: Die Maschinen waren klar unsicher.

[106] Vgl. BR-Drs. 400/14 v. 28.08.2014, S. 77; *Kahl*, Arbeitssicherheit, 6.1, S. 251 in Fn. 1.

[107] *Wink*, BetrSichV, § 3 Rn. 2a.

[108] Fallbesprechung in diesem Buch in Teil 2 Fall 12 – Besprechung des strafrechtlichen Ermittlungsverfahrens gegen einen Sicherheitsbeauftragten in Fall 10 in *Wilrich*, Arbeitsschutzverantwortung für Sicherheitsbeauftragte, 2021, S. 211 ff.

[109] Fallbesprechung in *Wilrich*, Verantwortung und Haftung der Sicherheitsingenieure, 2022.

Unzureichend nur § 4 ArbSchG oder § 618 BGB und nicht die BetrSichV wenden an

- OLG Rostock im Urteil vom 10.09.2004 zu einem Schweißgerät[110]
- OLG Frankfurt im Urteil vom 03.02.2017 zu einer Rollenhubbühne[111],

Das LAG Schleswig[112] sagte einmal, ob unter den Begriff des Arbeitsmittels „auch Mobiliar fallen kann, wird nicht einheitlich beantwortet. Einerseits wird die Auffassung vertreten, dass die Gefährdungsbeurteilung für jedes Arbeitsmittel durchzuführen ist, ‚vom Kugelschreiber bis zur technischen Anlage'[113], andererseits besteht auch die Meinung, dass alle technischen Arbeitsmittel erfasst sind, wie sie für die Verrichtung einer Arbeitstätigkeit verwendet werden, nicht hingegen typische Einrichtungsgegenstände wie z. B. Schränke[114]". Das Gericht ließ dann diese Frage offen, entschied sie also nicht, obwohl die Anwendbarkeit nicht der BetrSichV, sondern der ArbStättV bei Schränken eher klar ist.[115]

Bei einigen Einrichtungen in Gebäuden können allerdings sowohl die ArbStättV als auch die BetrSichV gelten, insbesondere bei Mobiliar und technischer Gebäudeausrüstung, etwa

- „Stühle und Tische sowie Regale, die bei der Arbeit von Beschäftigten benutzt (genutzt) werden"[116] und
- „kraftbetriebene Türen, Rolltore, Beleuchtung, lüftungstechnische Anlagen, Elektroinstallation und Heizungsanlagen: Die BetrSichV ist anzuwenden, wenn die Benutzung der Einrichtungen in direktem Zusammenhang mit der Arbeit steht (z. B. Elektroinstallation in explosionsgefährdeten Bereichen)."[117]

Zur „Ausstattung" heißt es in Anhang Nr. 3.3 Abs. 2 der ArbStättV: „Kann die Arbeit ganz oder teilweise sitzend verrichtet werden oder lässt es der Arbeitsablauf zu, sich zeitweise zu setzen, sind den Beschäftigten am Arbeitsplatz Sitzgelegenheiten zur Verfügung zu stellen." Zu Anforderungen an Stühle ist aber nichts gesagt. Die KomNet-Wissensdatenbank sieht Bürostühle als Arbeitsmittel i. S. d. BetrSichV.[118]

---

[110] Fallbesprechung in diesem Buch in Teil 2 Fall 20.

[111] Fallbesprechung *Wilrich*, Maschinen- und Anlagensicherheitsrecht im Industrieservice. VDE-Schriftenreihe 165.

[112] LAG Schleswig-Holstein, Beschluss v. 20.09.2016 (Az. 2 TaBVGa 2/16).

[113] Hier zitiert das Gericht *Wilrich*, in: Der Betrieb (DB) 2015, 981.

[114] Hier zitiert das Gericht *Legerlotz/Schmidt-Richarz*, in: Arbeitsrechtsberater 2015, 285.

[115] Vgl. BR-Drs. 400/14 v. 28.08.2014, S. 77; *Kahl*, Arbeitssicherheit, 6.1, S. 251 in Fn. 1.

[116] KomNet-Wissensdatenbank Dialognummer 2331 Stand: 09.04.2013, http://komnet.nrw.de.

[117] *LASI*, Leitlinien zur BetrSichV, 2018, A 2.1.

[118] *KomNet-Wissensdatenbank*, KomNet-Dialog 15164 (Stand: 24.03.2017).

Früher enthielt die Technische Regel für Arbeitsstätten (ASR) 25/1 „Sitzgelegenheiten“ (Ausgabe Oktober 1985) Anforderungen an Beschaffenheit und Ausführung der Sitzgelegenheiten. Heute gibt es immerhin Art. 14 des ILO-Übereinkommens 120 über den Gesundheitsschutz in Handel und Büros vom 8. Juli 1964 der Internationalen Arbeitsorganisation, das mit Gesetz vom 27. August 1973 in deutsches Recht übernommen wurde (BGBl. II vom 31.08.1973, S. 1255): „Den Arbeitnehmern sind *geeignete* Sitzgelegenheiten in ausreichender Zahl zur Verfügung zu stellen; die Arbeitnehmer müssen in vertretbarem Maße die Möglichkeit haben, diese zu benutzen.“ Etwas konkreter wird die DGUV-Information 215-410 (bisher BGI 650) „Bildschirm- und Büroarbeitsplätze“ in Abschnitt 8.3.2 zum Büroarbeitsstuhl: „Der Büroarbeitsstuhl soll die natürliche Haltung des Menschen im Sitzen unterstützen und im angemessenen Verhältnis zur Arbeitsaufgabe Bewegungen fördern.“[119]

1.2.1.8 Verhältnis zum Arbeitsschutzgesetz (ArbSchG)

Nicht alles, was Beschäftigte tun, ist von der BetrSichV erfasst. Die BetrSichV regelt nicht umfassend die Sicherheit in Betrieb und Unternehmen, sondern nur Gefährdungen bei der Verwendung von Arbeitsmitteln. Selten wird man nur mit der BetrSichV und völlig ohne das ArbSchG auskommen:

- „Ein Dachdecker, der auf dem Dach unter einer Hochspannungsleitung auf einer Baustelle Ziegel verlegt, wird hinsichtlich der Absturzgefahren und auch der Gefährdungen durch Hochspannung nicht von der BetrSichV erfasst, sondern von der ArbStättV und dem ArbSchG.“[120]
- Im Fall „Baggerunfall am Bahnhof Kochel“[121] fuhr der Arbeitnehmer eines Unternehmens einen Bagger, und der Arbeitnehmer eines anderen Unternehmens war mit Bohrungen beschäftigt: Hier ist eher das ArbSchG für den Aspekt der Abstimmung der Arbeiten einschlägig (siehe noch Kapitel 2.5 zum Koordinator). Für die Betriebssicherheit des Baggers gilt dagegen die BetrSichV (gerade dieser Punkt wurde indes im Urteil nicht weiter thematisiert, obwohl Anlass dazu bestanden hätte).
- Im Urteil „Schrauben und abstürzender Stahlträger“ (Fall 18) nahm der Arbeitnehmer ungeeignete Holzschrauben: Die BetrSichV gilt für das Schrauben mit dem Arbeitsmittel Schraubenzieher inklusive der Arbeitsgegenstände, die bearbeitet werden (siehe Kapitel 1.2.1.6) – und für die sichere Tätigkeit allgemein gilt das ArbSchG.

---

[119] Zur Bedeutung solcher Informationen und anderer technischer Regelwerke *Wilrich*, Die rechtliche Bedeutung technischer Normen als Sicherheitsmaßstab – mit 33 Gerichtsurteilen zu anerkannten Regeln und Stand der Technik, Produktsicherheitsrecht und Verkehrssicherungspflichten, 2017.

[120] BR-Drs. 400/14 v. 28.08.2014, S. 75.

[121] Besprechung in *Wilrich*, Arbeitsschutz-Strafrecht, 2020.

1.2.1.9 (Komplexere) Anlagen

Die BetrSichV gilt für alle „Anlagen“ (§ 2 Abs. 1) – nicht nur (einige) „überwachungsbedürftige Anlagen“ (zu ihnen siehe Kapitel 1.2.1).

Die frühere BetrSichV definierte Anlagen: Sie „setzen sich aus mehreren Funktionseinheiten zusammen, die zueinander in Wechselwirkung stehen und deren sicherer Betrieb wesentlich von diesen Wechselwirkungen bestimmt wird“. Heute ist das nicht mehr gesagt. In der Verordnungsbegründung heißt es: „Eine Anlage ist eine Gesamtheit von räumlich und funktional im Zusammenhang stehenden Maschinen oder Geräten, die auch steuerungstechnisch und sicherheitstechnisch eine Einheit bilden.“[122]

Eine Gesamtheit ist keine Anlage i. S. d. BetrSichV, wenn sie nicht diese Einheit bildet.[123] Wann das der Fall ist oder nicht, ist eine – schwierige – Wertungsfrage. Sie ist zu lösen nach den Kriterien der EG-Maschinenrichtlinie für eine Gesamtheit[124]: Die Maschinenrichtlinie gilt auch für „eine Gesamtheit von Maschinen oder von unvollständigen Maschinen, die, damit sie zusammenwirken, so angeordnet sind und betätigt werden, dass sie als Gesamtheit funktionieren“ (Art. 2 a vierter Spiegelstrich). Die EG-Kommission „stellt sich die Frage, ob eine Gesamtheit von Maschinen, die aus neuen und bereits existierenden Maschinen besteht, insgesamt der Maschinenrichtlinie unterliegt“ und gesteht ein: „Es ist nicht möglich, in jedem Einzelfall exakte Kriterien für die Beantwortung dieser Frage anzugeben.“[125]

Wirklich entscheidend ist die Einordnung komplexerer Einheiten als Anlage und damit in der Gesamtheit in den Anwendungsbereich der BetrSichV indes nicht. Selbst wenn etwas keine Anlage im Sinne der BetrSichV ist, so werden die Einzelteile als Maschine oder Gerät erfasst sein. Es kommt nur darauf an, dass sie von den Beschäftigten bei der Arbeit verwendet werden. Ist das der Fall, gilt wegen des weiten tätigkeitsbezogenen Anwendungsbereich die BetrSichV (siehe oben Kapitel 1.2.1.1). Außerdem können und sollten bei vielen komplexen technischen Gegenständen viele Sicherheitsaspekte der BetrSichV auch dann herangezogen werden, wenn sie formal nicht unmittelbar gelten sollten.[126]

---

[122] BR-Drs. 400/14 v. 28.08.2014, S. 77.

[123] *v. Locquenghien/Ostermann/Klindt*, Betriebssicherheitsverordnung 2, S. 26.

[124] *Schucht*, NZA 2015, 333, 334.

[125] *EU-Kommission*, Leitfaden Maschinenrichtlinie 2006, § 39.

[126] Vgl. auch *Schwarz/Müller/Aich/Wilrich*, Industrieanlagen und der Binnenmarkt – Rechtliche Anforderungen und Aspekte der Umsetzung, in: sicher ist sicher (sis) Heft 2/2021.

1.2.1.10 Energieanlagen

Die BetrSichV gilt auch für Energieanlagen i. S. d. Energiewirtschaftsgesetzes (EnWG). Energieanlagen sind nach § 3 Nr. 15 EnWG alle „Anlagen zur Erzeugung, Speicherung, Fortleitung oder Abgabe von Energie, soweit sie nicht lediglich der Übertragung von Signalen dienen, dies schließt die Verteileranlagen der Letztverbraucher sowie bei der Gasversorgung auch die letzte Absperreinrichtung vor der Verbrauchsanlage ein".

Daher ist Rechtsgrundlage für BetrSichV auch die Verordnungsermächtigung in § 49 Abs. 4 Satz 1 Nr. 1 bis 5 EnWG: „Damit wird sichergestellt, dass für Energieanlagen und andere überwachungsbedürftige Anlagen, die in einem räumlichen oder betriebstechnischen Zusammenhang verwendet werden, dieselben Anforderungen gelten."[127] Überwachungsbedürftig sind Energieanlagen allerdings nicht – siehe § 1 Abs. 1 Satz 4 mit § 18 BetrSichV 2 Nr. 30 Satz 2 Halbsatz 2 ProdSG) und das Gesetz über überwachungsbedürftige Anlagen (ÜAnlG).

Die BetrSichV gilt gemäß § 1 Abs. 4 Satz 1 nur nicht für Energieanlagen i. S. d. § 3 Nr. 15 EnWG, soweit sie Druckanlagen im Sinne des Anhangs 2 Abschnitt 4 Nr. 2.1 Buchstabe b, c oder d BetrSichV sind. § 1 Abs. 4 Satz 2 ist dann leider kompliziert formuliert: „Satz 1 gilt nicht" – also gilt die Ausnahmevorschrift nicht und damit ist die BetrSichV anwendbar – „für Gasfüllanlagen, die Energieanlagen i. S. d. § 3 Nr. 15 EnWG sind und nicht auf dem Betriebsgelände von Unternehmen der öffentlichen Gasversorgung von diesen errichtet und betrieben werden".

1.2.1.11 Nicht allein vom Arbeitgeber genutzte Arbeitsmittel

Wenn der Arbeitgeber ein Arbeitsmittel nur selbst nutzt und es keinem Beschäftigten zur Verwendung zur Verfügung stellt, ist die BetrSichV nicht anwendbar.[128] Diese Situation ist nur vorstellbar, wenn der Arbeitgeber eine natürliche Person ist.

Bei überwachungsbedürftigen Anlagen muss es zur Anwendbarkeit der BetrSichV dagegen keine Beschäftigten geben, denn geschützt sind gemäß § 1 Abs. 1 Satz 4 BetrSichV auch andere Personen im Gefahrenbereich, soweit diese anderen Personen aufgrund der Verwendung dieser Anlagen gefährdet werden können (siehe Kapitel 1.6.13).

---

127 BR-Drs. 400/14 v. 28.08.2014, S. 71 und 77.

128 *v. Locquenghien/Ostermann/Klindt*, Betriebssicherheitsverordnung, S. 25; *Neumann*, Prüfung von Arbeitsmitteln, 2.6, S. 29.

1.2.1.12 Nicht persönliche Schutzausrüstungen

Die Verordnung über Sicherheit und Gesundheitsschutz bei der Benutzung persönlicher Schutzausrüstungen bei der Arbeit (PSA-Benutzungsverordnung) gilt für „jede Ausrüstung, die dazu bestimmt ist, von den Beschäftigten benutzt oder getragen zu werden, um sich gegen eine Gefährdung für ihre Sicherheit und Gesundheit zu schützen, sowie jede mit demselben Ziel verwendete und mit der persönlichen Schutzausrüstung verbundene Zusatzausrüstung" (§ 1 Abs. 2 PSA-BV – siehe Kapitel 1.8.1).

Nach den LASI-Leitlinien[129] fallen persönliche Schutzausrüstungen (PSA) „in der Regel" nicht unter die BetrSichV, sondern unter die PSA-BV – „Ausnahmen sind z. B. Flaschen für Atemschutzgeräte" oder „persönliche Schutzausrüstung gegen Absturz bei seilunterstützten Arbeitsverfahren. Ein Schutznetz ist ein Arbeitsmittel, ein Auffanggurt eine PSA.[130]

Zu PSA siehe

- Fall 2 „Backanlage: Brandwunden des Undercoverjournalisten";
- Fall 11: „Gerüststurz Freudenstadt Sägewerk".

1.2.1.13 Nicht Medizinprodukte

Für Medizinprodukte gibt es eine Sonderverordnung: Die Medizinprodukte-Betreiberverordnung (MPBetreibV) gilt „für das Errichten, Betreiben, Anwenden und Instandhalten von Medizinprodukten nach § 3 des Medizinproduktegesetzes mit Ausnahme der Medizinprodukte zur klinischen Prüfung oder zur Leistungsbewertungsprüfung".

Zu einem tödlichen Unfall im Zusammenhang mit einer Wärmematte siehe Fall 33 im Buch „Arbeitsschutz-Strafrecht". Dort war die MPBetreibV indes noch nicht in Kraft.

1.2.2 Überwachungsbedürftige Anlagen

Die BetrSichV gilt auch für (bestimmte) überwachungsbedürftige Anlagen.

- Zunächst gilt das Gesetz über überwachungsbedürftige Anlagen (ÜAnlG).
- Die BetrSichV macht nicht alle überwachungsbedürftigen Anlagen i. S. d. ÜAnlG zu solchen gemäß Betriebssicherheitsrecht, sondern nur die in § 18 und Anhang 2 BetrSichV genannten Anlagen.
- Abschnitt 3 enthält „Zusätzliche Vorschriften für überwachungsbedürftige Anlagen".

---

[129] *LASI*, Leitlinien BetrSichV, A 2.2.

[130] KomNet-Wissensdatenbank Dialognummer 6213 Stand: 04.10.2007 = http://komnet.nrw.de.

- Überwachungsbedürftige Anlagen sind immer Arbeitsmittel – nicht nur dann, wenn sie Beschäftigten zur Verwendung bei der Arbeit gegeben werden.
- Wenn es Beschäftigte gibt, ist immer die gesamte BetrSichV auf überwachungsbedürftige Anlagen anwendbar – nicht nur der Abschnitt 3, der ja auch „*Zusätzliche* Vorschriften für überwachungsbedürftige Anlagen" heißt, und nicht nur Anhang 2 BetrSichV.
- Wenn es keine Beschäftigten gibt, schützt die BetrSichV nur die „anderen Personen" – das sind gemäß § 2 Nr. 15 BetrSichV Personen, die nicht Beschäftigte oder Gleichgestellte nach § 2 Abs. 4 sind und „sich im Gefahrenbereich einer überwachungsbedürftigen Anlage innerhalb oder außerhalb eines Betriebsgeländes befinden" (siehe zu ihnen Kapitel 1.6.13).
- § 1 Abs. 1 Satz 3 BetrSichV regelt den Schutzumfang der BetrSichV: Sie „regelt hinsichtlich der in § 18 und in Anhang 2 genannten überwachungsbedürftigen Anlagen zugleich Maßnahmen zum Schutz anderer Personen im Gefahrenbereich, soweit diese aufgrund der Verwendung dieser Anlagen durch Arbeitgeber im Sinne des § 2 Abs. 3 gefährdet werden können" (siehe Kapitel 1.6.13).

Für den Verwender „ist es nicht immer ganz leicht herauszufinden, ob er eine überwachungsbedürftige Anlage hat"[131], denn es wird auf die europäischen Richtlinien Bezug genommen und es gelten alle dort geregelten zahlreichen Ausnahmen.

Das VG Düsseldorf bestätigte die Anwendbarkeit der BetrSichV auf Vermieter[132] – und ergänzte: „Die Unzufriedenheit mit der von ihm gewählten Überwachungsstelle entbindet ihn nicht von der Erfüllung der ihm obliegenden gesetzlichen Pflichten."

Das VG München[133] kassierte zwar einen Bescheid mit Ausrüstungspflichten für einen Aufzug, weil die Anlage der „Betriebssicherheitsverordnung i. V. m. den technischen Regeln für Betriebssicherheit (TRBS 3121)[134]" widerspreche, aber nur weil der verantwortliche Adressat nicht hinreichend bestimmt war – zur Rechtsgrundlage heißt es: „Aus dem Sinn und Zweck des GPSG[135], Gefahren von solchen Dritten abzuwenden, die keinen Einfluss auf die Gefahrenquelle haben, erschließt sich, dass das … auf Aufzugsanlagen in solchen Wohnhäusern Anwendung findet, in denen zumindest eine Wohnung an einen Dritten, einen Nicht-Eigentümer also, vermietet ist".

---

131 So *Raths*, BetrSichV, maschinenrichtlinie aktuell 2015, S. 8, 9.

132 VG Düsseldorf, Urteil v. 28.03.2018 (Az. 3 K 3008/17).

133 VG München, Urteil v. 18.01.2011 (Az. M 16 S 10.6109).

134 TRBS 3121 Betrieb von Aufzugsanlagen.

135 Das GPSG ist das Vorgängergesetz zum ProdSG – siehe *Wilrich*, Praxiskommentar Geräte- und Produktsicherheitsgesetz (GPSG), 2004; zu den aktuellen Rechtsvorschriften siehe *Wilrich*, Produktsicherheitsrecht und CE-Konformität, 2021.

§ 20 BetrSichV enthält Sonderbestimmungen für überwachungsbedürftige Anlagen des Bundes. Diese Vorschrift ermöglicht das Gesetz über überwachungsbedürftige Anlagen (ÜAnlG): In einer Rechtsverordnung „kann die Aufsicht für überwachungsbedürftige Anlagen der Bundesverwaltung einem Bundesministerium übertragen werden. Das jeweilige Bundesministerium kann die Aufsicht einer von ihm bestimmten Stelle übertragen."

1.2.3 Erlaubnisbedürftige Anlagen

§ 18 enthält Erlaubnispflichten für bestimmte überwachungsbedürftige Anlagen.

- Absätze 1 und 2 regeln, welche überwachungsbedürftigen Anlagen erlaubnispflichtig sind, z. B. Tankstellen[136] und bestimmte Druckgeräte.
- Absätze 3 bis 5 regeln, durch wen und wie die Erlaubnis zu erteilen ist – also das Verwaltungsverfahren.

Die bisherige „Ausnahme zur Vorlage eines Prüfberichts für Lageranlagen, für brennbare Flüssigkeiten in ortsbeweglichen Behältern und für Flugfeldbetankungsanlagen wurde gestrichen, da sie fachlich nicht gerechtfertigt ist"[137].

Die Verordnungsbegründung sagt, „nach Abs. 4 ist es ausreichend, die Kopie einer anderen behördlichen Entscheidung zu übersenden, wenn dabei die Anforderungen zum Erlaubnisverfahren nach Abs. 1 ausreichend berücksichtigt werden. Bei Erfüllung der Voraussetzungen kommen hierfür Genehmigungen nach BImSchG oder gegebenenfalls baurechtliche Verfahren infrage. Damit sollen das Verwaltungshandeln optimiert, Synergien genutzt und der Arbeitgeber entlastet werden."[138]

Häufig ist allerdings – umgekehrt – geregelt, dass die anlagenbezogene Erlaubnis nach § 18 BetrSichV eine Baugenehmigung mit einschließt: z. B. in § 72 Abs. 1 Satz 3 der Brandenburgischen Bauordnung (BbgBO). Hintergrund dieser Konzentrationswirkung der Erlaubnis gemäß BetrSichV ist, dass bei diesen Anlagen der „Verfahrensschwerpunkt ähnlich wie bei immissionsschutzrechtlichen Entscheidungen im Bereich der Anlagentechnik liegt und daher den für den Vollzug dieser Rechtsbereiche zuständigen Behörden die Federführung im Verfahren zugewiesen werden soll. Dann handelt es sich aber nicht mehr um eine bauaufsichtliche Zulassung, sondern um eine Fachgenehmigung."[139]

---

[136] VG Cottbus, Beschluss v. 14.02.2017 (Az. 3 L 340/16); VG Gelsenkirchen, Urteil v. 29.04.2016 (Az. 9 K 4716/14) – Füllanlage (Autogas-Tankstelle).

[137] BR-Drs. 400/14 v. 28.08.2014, S. 91.

[138] BR-Drs. 400/14 v. 28.08.2014, S. 92.

[139] VG Cottbus, Beschluss v. 25.03.2015 (Az. 3 L 358/14) – unter Verweis auf die Gesetzesbegründung in LT-Drs. 3/5160 in Nr. 67 zum alten § 67.

1.3 Tätigkeitsbezogener Anwendungsbereich: Verwendung

Die BetrSichV gilt für jede *„Verwendung"* von Arbeitsmitteln. Statt „benutzen" in der alten BetrSichV heißt es jetzt „verwenden" – und zwar „um eine Angleichung an die anderen Verordnungen zum ArbSchG zu erreichen. Ein inhaltlicher Unterschied besteht nicht[140]".

Erfasst ist – so § 2 Nr. 2 BetrSichV – *„jegliche Tätigkeit"* mit Arbeitsmitteln, insbesondere *„das Montieren und Installieren, Bedienen, An- oder Abschalten oder Einstellen, Gebrauchen, Betreiben, Instandhalten, Reinigen, Prüfen, Umbauen, Erproben, Demontieren, Transportieren und Überwachen"* – kurz: „alle ein Arbeitsmittel betreffenden Tätigkeiten"[141], „alle Lebenszyklen"[142], „alle Stadien des betrieblichen Alltags"[143].

Die Liste gemäß § 2 Nr. 2 Satz 2 BetrSichV enthält „wichtige Beispiele"[144], ist aber nicht abschließend – wie durch das Wort „insbesondere" klargestellt. Der Verordnungsgeber wollte nur einige – ihm wichtig erscheinende – Situationen auflisten.

TRBS 1111 „Gefährdungsbeurteilung"[145] ergänzt noch die Begriffe *„Einrichten, Rüsten, Störungsbeseitigung"*, im Zusammenhang des Umbaus noch *„Ändern"*, im Zusammenhang der Demontage noch *„Außerbetriebnahme"* und schließlich das *„Aufbewahren"*. Das *„Abnehmen"* bzw. die Abnahme sollte hier nicht erwähnt werden: Erstens wird dieser Begriff nichts enthalten, was nicht schon die anderen Begriffe umfassen, zweitens ist die Abnahme ein (schwieriger) zivilrechtlicher Begriff, drittens wird sie in der TRBS dann ohnehin nur an einer (unwesentlichen) Stelle erwähnt.[146]

1.3.1 Verwendung im Arbeits-/Wirtschaftsleben – nicht privat

Die BetrSichV gilt nur für

- Arbeitgeber, die Arbeitsmittel verwenden lassen (siehe Kapitel 1.1.1) und
- Unternehmer, die überwachungsbedürftige Anlagen *„zu gewerblichen oder wirtschaftlichen Zwecken verwenden"* (siehe Kapitel 1.1.2).

---

[140] BR-Drs. 400/14 v. 28.08.2014, S. 77.

[141] *Wank*, Technischer Arbeitsschutz, AMBV, § 2 Rn. 2, S. 70.

[142] *Weber*, BetrSichV – Auswirkungen, S. 73.

[143] *Neumann*, BetrSichV, S. 117; *ders.*, Prüfung von Arbeitsmitteln, 7.5.2, S. 95.

[144] BR-Drs. 400/14 v. 28.08.2014, S. 77.

[145] TRBS 1111 „Gefährdungsbeurteilung", Abschnitt 4.2 Abs. 2.

[146] Anhang 2 Beispiel 3 in VI.

Rein private Nutzung ist also nicht erfasst.[147] Das gilt für alle Arbeitsmittel – auch wenn die wirtschaftliche Nutzung nur bei überwachungsbedürftigen Anlagen erwähnt ist. Die BetrSichV ist kein allgemeines Produktbenutzungsrecht[148] und richtet sich nicht an Verbraucher.

Allerdings kann auch ein Privatgegenstand beruflich bzw. wirtschaftlich genutzt werden –und die (wirtschaftliche) Nutzung von (Verbraucher-)Produkten ist durch die BetrSichV erfasst[149],

- wenn sie von Arbeitgebern ihren Beschäftigten zur Verwendung überlassen werden oder
- wenn Beschäftigte Arbeitsmittel mitbringen, denn *„der Arbeitgeber hat dafür zu sorgen, dass Beschäftigte nur die Arbeitsmittel verwenden, die er ihnen zur Verfügung gestellt hat oder deren Verwendung er ihnen ausdrücklich gestattet hat“* (§ 5 Abs. 4 BetrSichV),

1.3.2 Verwendung, auch nur kurzzeitig

Die BetrSichV gilt selbst nicht bei nur kurzzeitiger Nutzung, da ein *„Risiko nicht dadurch relativiert wird, dass nur für eine verhältnismäßig kurze Zeit ungesichert“* gearbeitet wird.[150] Die Staatsanwaltschaft Tübingen hatte allerdings einmal strafmildernd berücksichtigt, dass *„die Baugrube nur relativ kurz ungesichert gewesen“* war[151] – das ist streng genommen eine Belohnung dafür, dass der Unfall so früh passiert ist (weil es so *sehr* unsicher war?).

1.3.3 Montage, Installation und Erprobung

Wenn die BetrSichV die Montage, Installation und Erprobung erfassen will, kann es nur um entsprechende Tätigkeiten an Arbeitsmittel gehen, die schon vorhanden sind und vom *Arbeitgeber* verwendet werden. Die BetrSichV erfasst nicht Arbeitsmittel während ihrer Herstellung.

---

147 Vgl. z. B. *Neumann*, BetrSichV, 2.2.1, S. 35.

148 *Scheuermann/Schucht*, Betriebssicherheitsverordnung, 4.1, S. 87.

149 Ausdrücklich erwähnt in BR-Drs. 400/14 v. 28.08.2014, S. 85; anders *Scheuermann/Schucht*, Betriebssicherheitsverordnung, 4.1, S. 87.

150 OLG Oldenburg, Urteil v. 23.10.2014 (Az. 14 U 34/14).

151 Fall 11 „Baugrubeneinsturz Tübingen“, in: *Wilrich*, Bausicherheit, 2021, S. 184 ff.

Vor diesem Hintergrund sind zu unterscheiden

- Tätigkeiten des Verkäufers bzw. Herstellers, *bevor er Arbeitsmittel in Verkehr bringt* und die Verantwortung an den Arbeitgeber übergeben hat,
- Tätigkeiten des Käufers bzw. (zukünftigen) Betreibers, *nachdem er die Verantwortung für Arbeitsmittel vom Hersteller übernommen* hat und
- Tätigkeiten zur *Herstellung von Arbeitsmitteln für den Eigengebrauch* komplett auf Arbeitgeberseite.

Für die erste Variante gilt die BetrSichV im Hinblick auf das Hergestellte – aber natürlich für die dabei beim Hersteller eingesetzten Arbeitsmittel. Für die Varianten 2 und 3 gilt die BetrSichV – bei Variante 3 gilt zusätzlich Inverkehrbringensrecht. All das wird besprochen im Buch „Maschinen- und Anlagensicherheitsrecht im Industrieservice" (VDE-Schriftenreihe 165).

1.3.4 An- und Abschalten und Einstellen

Die BetrSichV erfasst ausdrücklich das An- und Abschalten und das Einstellen.

- Soweit das bei der Montage, Installation oder Erprobung im Rahmen der Inbetriebnahme durch den Betreiber geschieht, gilt die BetrSichV (siehe Kapitel 1.3.3).
- Soweit es der Hersteller im Rahmen des Inverkehrbringensprozess tut, gilt die BetrSichV nicht (siehe im Buch „Maschinen- und Anlagensicherheitsrecht im Industrieservice", VDE-Schriftenreihe 165).

Früher war von „Ingangsetzen und Stillsetzen" die Rede – Begriffe, die heute noch in § 8 Abs. 4 und 5 BetrSichV vorkommen.

1.3.5 Arbeitsvorbereitung

Ab welchem Stadium der nirgendwo erwähnten Arbeitsvorbereitung die BetrSichV bzw. das Arbeitsschutzrecht oder UVV anwendbar ist, kann schwierig werden.

- Im Urteil „Sturz: Monteur von Photovoltaikanlage in Niebüll"[152] hatte der Unternehmer argumentiert, eine Absturzsicherung wäre noch nicht nötig, weil „man sich noch in der Phase der Gefährdungsbeurteilung befunden habe". Aber erstens war das nicht glaubhaft, weil die Arbeiten schon mehrere Stunden andauerten und zweitens hielt das Gericht auch „Vorarbeiten" für sicherungsbedürftig.

[152] Besprochen in Fall 43 in *Wilrich*, Bausicherheit, S. 234 ff.

- Im Urteil zur „Kraninstandsetzung mit herabfallender Hubtraverse"[153] rief der Monteur einen Transportwagen mit einer Fernbedienung (ein Arbeitsmittel – siehe Kapitel 1.2.1.6) an sich heran, um ihn zu reparieren. Das Gericht sagte, UVV seien nicht anwendbar, weil „sie erst im Stadium von Instandsetzungsarbeiten Anwendung finden, zu denen es hier noch nicht gekommen ist". Diese Ansicht kann – erstens – bezweifelt werden, aber – zweitens – ist es nicht die allein entscheidende Frage, denn es gilt jedenfalls die allgemeine Verkehrssicherungspflicht, dessen Erfüllung das Gericht auch überprüft, aber nicht verletzt sieht – und so den Monteur freispricht.

1.3.6 Betreiben, bedienen und gebrauchen

Die BetrSichV erfasst jedes Betreiben, Bedienen oder Gebrauchen. Das sind Synonyme, die nur beispielhaft stehen. Früher war von „nutzen" die Rede.

1.3.7 Betriebsstörungen/Störungsbeseitigung

Früher hatte die BetrSichV auch noch „Sicherheitsmaßnahmen bei *Betriebsstörung*" im Anwendungsbereich erwähnt. Auch wenn das heute nicht mehr ausdrücklich gesagt ist, gilt insoweit die BetrSichV selbstverständlich auch:

- nach § 3 Abs. 2 Satz 2 Nr. 4 sind bei der Gefährdungsbeurteilung insbesondere „vorhersehbare Betriebsstörungen und die Gefährdung bei Maßnahmen zu deren Beseitigung" zu berücksichtigen und
- mit § 11 BetrSichV gibt es heute eine ganze Vorschrift für „Besondere Betriebszustände, Betriebsstörungen und Unfälle";
- Abschnitt 4.2 Abs. 2 der TRBS 1111 „Gefährdungsbeurteilung" erwähnt die *„Störungsbeseitigung"*.

1.3.8 Prüfen

Wenn von Prüfung die Rede ist, ist zu differenzieren:

- Nicht von der BetrSichV erfasst – zumindest aus der Sicht des Prüflings, also des geprüften Gegenstands – sind Prüfungen in der Phase der Erprobung während der Herstellung und des in diesem Rahmen erforderlichen Probebetriebs durch den Verkäufer/Hersteller (siehe im Buch „Maschinen- und Anlagensicherheitsrecht im Industrieservice", VDE-Schriftenreihe 165).

[153] Besprochen in Fall 22 in *Wilrich*, Arbeitsschutz-Strafrecht, 2020, S. 274 ff.

- Erfasst von der BetrSichV sind dagegen Prüfungen im Sinne von Erproben durch den Käufer/Betreiber nach Übernahme (siehe Kapitel 1.3.3).
- Die BetrSichV gilt auch für die Prüfung von Arbeitsmitteln nach § 14 ff. BetrSichV (siehe Kapitel 10).

Im Urteil zur „Kraninstandsetzung mit herabfallender Hubtraverse“[154] geschah der Unfall während der Sichtprüfung – zu diesem Zeitpunkt galten nach Auffassung des Amtsgerichts Nordenham noch keine UVV: „Für die Sichtprüfung finden sich keine konkreten Handlungsbestimmungen. Sie finden erst im Stadium von Instandsetzungsarbeiten Anwendung, zu denen es hier noch nicht gekommen ist.“ Zumindest das ArbSchG gilt aber für alle Tätigkeiten – und die BetrSichV gilt auch für das Prüfen und die Störungssuche[155] (siehe Kapitel 5.4.2). Das Gericht konnte allerdings keine (Verkehrssicherungs-)Pflichtverletzung feststellen und sprach den Monteur vom Vorwurf der fahrlässigen Tötung frei.

1.3.9 Instandhalten und Reinigen

Die BetrSichV erfasst jede Instandhaltungsmaßnahme. Instandhaltung ist die *„Gesamtheit aller Maßnahmen zur Erhaltung des sicheren Zustands oder der Rückführung in diesen. Instandhaltung umfasst insbesondere Inspektion, Wartung und Instandsetzung“* (§ 2 Abs. 7 BetrSichV). Wegen des Wortes „insbesondere“ sind die Inspektion, Wartung und Instandsetzung nur als Beispiele zu verstehen.

Die TRBS 1112[156] definiert Instandhaltung als „Kombination aller technischen und administrativen Maßnahmen sowie Maßnahmen des Managements während des Lebenszyklus eines Arbeitsmittels (technischen Einheit einer Anlage) zur Erhaltung des funktionsfähigen Zustands oder der Rückführung in diesen, sodass es die geforderte Funktion erfüllen kann“. Die TRBS 1112 gibt folgende Teildefinitionen[157]:

- **Wartung**: Maßnahmen zur Erhaltung des Sollzustands eines Arbeitsmittels. Hierbei kann der Sollzustand, z. B. durch Reinigung und Schmierung des Arbeitsmittels, sowie Ergänzung oder Austausch von Arbeitsstoffen aufrechterhalten werden.
- **Inspektion**: Maßnahmen zur Feststellung und Beurteilung des Istzustands eines Arbeitsmittels, einschließlich der Bestimmung der Ursachen der Abnutzung oder Schädigung und dem Ableiten der notwendigen Konsequenzen für eine künftige Nutzung.

---

154 Fall 22 in *Wilrich*, Arbeitsschutz-Strafrecht, S. 274 ff.

155 So die alte TRBS 1111 „Gefährdungsbeurteilung“, Abschnitt 3.2.

156 TRBS 1112 „Instandhaltung“, Abschnitt 2.1.

157 TRBS 1112 „Instandhaltung“, Abschnitte 2.2 bis 2.5.

- **Instandsetzung**: Maßnahmen zur Rückführung eines Arbeitsmittels in den Sollzustand, z. B. Austausch von abgenutzten oder defekten Teilen gegen vorgegebene Ersatzteile. Vorgegebene Ersatzteile sind insbesondere diejenigen, die den Herstellerspezifikationen entsprechen.
- **Erprobung**: Jedes Ingangsetzen eines Arbeitsmittels nach einer Instandsetzung zum Zweck der Funktionsprüfung, der Feststellung und Überprüfung von sicherheitstechnisch relevanten Betriebsdaten (z. B. Testläufe) sowie der Vornahme von Einstellungsarbeiten an Arbeitsmitteln und deren Ausrüstungsteilen.

Auch das Reinigen ist erfasst – es gehört zum bestimmungsgemäßen Gebrauch, denn es ist „nach dem Gebrauch zur Sicherstellung wiederholter Nutzung unerlässlich“[158].

Wird ein Arbeitsmittel zur Instandhaltung oder Reinigung an einen Dienstleister übergeben, ist es aus dessen Sicht Arbeitsgegenstand.[159] Die Gefährdungsbeurteilung des Dienstleisters muss allerdings das zu reinigende Objekt miteinbeziehen – das stellt § 3 Abs. 2 Satz 2 Nr. 3 BetrSichV ausdrücklich klar (siehe Kapitel 5.4.2).

Zur Reinigung siehe Fall 21 „Stromschlag bei Reinigungsarbeiten Garage“.

Zur Instandhaltung siehe folgende Fallbesprechungen im Buch „Maschinen- und Anlagensicherheitsrecht im Industrieservice“ (VDE-Schriftenreihe 165):

- Fall „Fertigungsstraße: Unfall bei der Instandhaltung“,
- Fall „Kraninstandsetzung mit herabstürzender Hubtraverse“ und
- Fall „Rasenmäher: Unfall des Zivis bei der Reinigung“.

1.3.10 Umbau, Änderung und Demontage

Die BetrSichV erwähnt nur den Umbau, nicht aber die Änderung von Arbeitsmitteln. Für die Änderung gilt aber ebenfalls die BetrSichV. Für sie gelten die Vorschriften über Instandhaltungsmaßnahmen entsprechend (§ 10 Abs. 5 Satz 1 BetrSichV).

Die Demontage wird in § 6 Abs. 1 Nr. 3 BetrSichV „Abbau“ genannt.

[158] BGH, Urteil v. 28.03.2006 (Az. VI ZR 46/05) – scharfkantige und daher unsichere Tapetenkleistermaschine aus China.

[159] *v. Locquenghien/Ostermann/Klindt*, Betriebssicherheitsverordnung 2, S. 27.

1.3.11 Transport und Aufbewahrung

Wenn die BetrSichV den Transport erfasst, ist zu differenzieren:

- Die BetrSichV gilt nicht für den Transport vom Hersteller zum Händler[160] oder von Betrieb zu Betrieb.
- Die BetrSichV gilt für jeden Transport, der mit den anderen Tätigkeiten zusammenhängt – z. B. der Instandhaltung.[161]

So sagt die BetrSichV im Anhang 1

- In Nr. 1.9 d) der „Besonderen Vorschriften für die Verwendung von mobilen, selbstfahrenden oder nicht selbstfahrenden, Arbeitsmitteln“: Der Arbeitgeber hat dafür zu sorgen, dass „mobile Arbeitsmittel so abgestellt und beim Transport sowie bei der Be- und Entladung so gesichert werden, dass unbeabsichtigte Bewegungen der Arbeitsmittel, die zu Gefährdungen der Beschäftigten führen können, vermieden werden.“
- In Nr. 2.1 der „Besonderen Vorschriften für die Verwendung von Arbeitsmitteln zum Heben von Lasten“: „Der Arbeitgeber hat dafür zu sorgen, dass die Standsicherheit und Festigkeit von Arbeitsmitteln zum Heben von Lasten, ihrer Lastaufnahmeeinrichtungen und gegebenenfalls abnehmbarer Teile jederzeit sichergestellt ist. Hierbei hat er auch besondere Bedingungen wie Witterung, Transport, Auf- und Abbau, mögliche Ausfälle und vorgesehene Prüfungen, auch mit Prüflast, zu berücksichtigen.“

Was beim Transport passieren kann, illustriert Fall 8.

1.3.12 Lagerung

Die BetrSichV gilt – ohne dass es ausdrücklich gesagt ist – auch für das Aufbewahren und die Lagerung von Arbeitsmitteln.[162]

Was bei fehlerhafter Lagerung passieren kann, illustriert das Urteil zum „Elektroschweißgerät“ (besprochen im Buch „Elektrotechnik und Stromunfälle vor Gericht“).

---

[160] BR-Drs. 988/96 v. 19.12.1996, S. 12; *Wank*, Technischer Arbeitsschutz, AMBV, § 2 Rn. 3, S. 70.

[161] BR-Drs. 988/96 v. 19.12.1996, S. 12.

[162] *Mattes/Fähnrich*, BetrSichV, Lieferung 10/2005, § 2 Erläuterung zu Abs. 2.

1.3.13 Herstellung für den Eigengebrauch durch Arbeitgeber

Bei Herstellung eines Arbeitsmittels für den Eigengebrauch durch den Arbeitgeber selbst kommen die Begriffe Montage und Installation i. S. d. § 2 Abs. 2 BetrSichV zum Zuge. Montage ist die „Gesamtheit aller Vorgänge, die dem Zusammenbau von geometrisch bestimmten Körpern dienen“ und „letzte Stufe des Herstellungsprozesses“[163].

Voraussetzung für die Anwendung der BetrSichV ist, dass ein Arbeitsmittel vorhanden ist und nicht erst hergestellt wird. Nicht erfasst sind Arbeitsmittel „während ihrer Herstellung“[164]. Ab wann ist nun so viel vorhanden, dass nicht mehr ein unfertiges Arbeitsmittel vorliegt, für das die BetrSichV noch nicht gilt, sondern man von Erprobungen an einem Arbeitsmittel (i. S. d. § 2 Abs. 2) sprechen kann, für die die BetrSichV dann gilt? Das ist eine schwierige Wertungsfrage. Die Rechtsfolgen nach dieser Entscheidung sind dagegen klar:

Situation 1: Wenn die BetrSichV (noch) nicht anwendbar ist, weil noch nicht genügend vorhanden ist, um es als Arbeitsmittel zu bezeichnen, ist für die beteiligten Beschäftigten eine – tätigkeitsbezogene – Gefährdungsbeurteilung gemäß § 5 ArbSchG durchzuführen und es sind die erforderlichen Schutzmaßnahmen nach allgemeinem Arbeitsschutzrecht zu treffen.

Situation 2: Wenn die BetrSichV anwendbar ist, weil ein Arbeitsmittel schon vorhanden und es z. B. schon bzw. noch erprobt wird, ist die Gefährdungsbeurteilung gemäß § 3 BetrSichV zu erweitern und es sind die erforderlichen Schutzmaßnahmen gemäß BetrSichV treffen. Denn die BetrSichV gilt auch für alles, was der Arbeitgeber nach Herstellung des Arbeitsmittels, aber vor Nutzung durch Beschäftigte tut: Verwendung ist auch „Erprobung“, und es geht um „jegliche Tätigkeit“ (§ 2 Abs. 2 BetrSichV).

Aber d. h. im Umkehrschluss nicht, dass in der Phase der Geltung „nur“ des allgemeinen Arbeitsschutzrechts (Situation 1) – etwa anders als in der Phase der Erprobung und damit der Geltung „schon“ der BetrSichV (Situation 2) – nicht alle relevanten Gefährdungen auch von der noch unfertigen Anlage zu berücksichtigen sind. Wirklich zentral ist die Wertungsfrage, ab wann die BetrSichV gilt, daher nicht.

1.3.14 Überwachen

Die BetrSichV gilt zwar für „überwachungsbedürftige Anlagen“, was aber dann konkret zu tun ist, heißt dann allerdings „Prüfung“ (siehe zu ihnen Kapitel 10).

[163] *Seliger*, in: Dubbel, Taschenbuch für den Maschinenbau, hrsg. von *Karl-Heinrich Grote*; *Beate Bender*; *Dietmar Göhlich*, 25. Aufl. 2018, S. 61 und 6.2.1, S. 121 und S. 123.

[164] *v. Locquenghien/Ostermann/Klindt*, Betriebssicherheitsverordnung 2, S. 27.

Die BetrSichV gilt ausdrücklich auch für sonstige Überwachungsmaßnahmen (siehe zu ihnen Kapitel 9).

1.3.15 Vorhersehbare Fehlanwendung

Auch die vorhersehbare Fehlanwendung muss der Arbeitgeber arbeitsschutzrechtlich berücksichtigen[165] – so wie auch der Hersteller[166].

Zwar heißt es in § 1 Abs. 1 Satz 3 Nr. 2, dass das Ziel der BetrSichV insbesondere erreicht werden soll mit einer für den „*vorgesehenen Verwendungszweck* geeigneten Gestaltung von Arbeits- und Fertigungsverfahren“ (§ 1 Abs. 1 Satz 3 Nr. 2), das „insbesondere“ deutet an, dass es insoweit keine abschließende Festlegung ist und schließt daher nicht die Berücksichtigung nicht vorgesehener Verwendungszwecke aus.

Zwar ist Grundanforderung gemäß § 5 Abs. 1 BetrSichV nur, dass solche Arbeitsmittel zur Verfügung gestellt und zur Verwendung überlassen werden, die unter Berücksichtigung der *„vorgesehenen Einsatzbedingungen“* bei der Verwendung sicher sind und die Arbeitsmittel müssen *„den gegebenen Einsatzbedingungen und den vorhersehbaren Beanspruchungen angepasst sein“*.

Aber die Berücksichtigung der vorhersehbaren Fehlanwendung ist aus zahlreichen Gesichtspunkten Pflicht:

- Erstens verlangt dies letztlich das TOP-Prinzip (siehe Kapitel 6.2.4), nach dem <u>t</u>echnische den <u>o</u>rganisatorischen und diese wiederum den <u>p</u>ersonenbezogenen Schutzmaßnahmen vorgehen (§ 4 Abs. 2 BetrSichV), denn Fehler werden immer am besten vermieden, wenn man sie unabhängig vom vorhersehbaren (persönlichen) Fehlverhalten der Beschäftigten (technisch oder organisatorisch) unmöglich macht;
- zweitens ergibt sich die Pflicht zur Berücksichtigung der vorhersehbaren Fehlanwendung aus einer europarechtskonformen Auslegung der EG-Arbeitsschutzrahmenrichtlinie[167];
- drittens verlangt die TRBS 1201 in Abschnitt 3.2 die Berücksichtigung nicht nur der „vereinbarten Betriebsbedingungen“, sondern auch der „Bedingungen mit definierter Überlast und sonstige Grenzbedingungen“;
- viertens kann nicht bestimmungsgemäße Verwendung außerordentliche Prüfungen gemäß BetrSichV bedeuten (siehe Kapitel 10.3);

---

[165] Anders *v. Locquenghien/Ostermann/Klindt*, Betriebssicherheitsverordnung 2, S. 78.

[166] Siehe hierzu ausführlich *Wilrich*, Produktsicherheitsrecht und CE-Konformität, 2021.

[167] *Kohte*, Geräte- und Anlagensicherheit, § 178 Rn. 36.

- fünftens sind in der Gefährdungsbeurteilung ausdrücklich auch „vorhersehbare Betriebsstörungen“ zu berücksichtigen (§ 3 Abs. 2 Satz 2 Nr. 3 BetrSichV – siehe Kapitel 5.4.3), also letztlich auch „vorhersehbaren Abweichungen“[168];
- sechstens wird jedenfalls im Zivil- und Straf-Haftungsrecht vom Arbeitgeber mehr verlangt – der Arbeitgeber kann nur selten einwenden, der Beschäftigte habe sich „eigenverantwortlich selbst gefährdet“[169] und
- siebtens bringt das die TRBS 1001 in Abschnitt 1.2 so zum Ausdruck: „Die Erfüllung der Anforderungen der BetrSichV ist eine Grundvoraussetzung, um im Haftungsfall ein regelkonformes Handeln nachweisen zu können. Im Haftungsfall ist dies aber ggf. nicht ausreichend. Wenn trotz Einhaltung der sicherheitstechnischen Regeln Gefahren erkennbar sind, haben Arbeitgeber oder Betreiber hierauf zu reagieren und erforderlichenfalls weitere Maßnahmen zu ergreifen“ (siehe auch Kapitel 3.3).

Folgende Fälle illustrieren das:

- In Fall 4 „Drehmaschine“ spricht das LG Rottweil von der „Erfahrungstatsache, dass der Arbeitnehmer an gefährlichen Maschinen gewöhnlich gegen die Gefahr abstumpft und dadurch leichtsinnig wird. Der Unternehmer darf sich nicht darauf verlassen, dass der Arbeitnehmer die nötige Sorgfalt stets beachtet.“
- Das OLG Naumburg betont eine „Einschränkung der Selbstverantwortlichkeit des Arbeitnehmers für seine körperliche Unversehrtheit“ an – „im Hinblick auf die Zwänge, denen ein Arbeitnehmer als abhängig Beschäftigter zur Sicherung seines Arbeitsplatzes – sei es auch nur indirekt und unausgesprochen – unterliegt“[170].
- Das OLG Bamberg betont, der „Arbeitnehmer geht erfahrungsgemäß trotz besserer Einsicht eher ein Risiko ein, als dass er den Verlust seines Arbeitsplatzes riskiert“[171].

All diese Urteile zeigen: Die **Eigenverantwortung der Beschäftigten** und ihre Pflicht, sich arbeitsschutzgerecht zur verhalten (siehe Kapitel 2.9), „kann nicht als Exkulpation für den letztendlich verantwortlichen Arbeitgeber dienen[172], schmälert also nicht die **Fremdverantwortung des Arbeitgebers** und dessen Pflicht, das Arbeitsschutzrecht durchzusetzen. Das OLG Bamberg sah einmal „das entscheidende

---

[168] So *VCI*, Leitfaden BetrSichV, S. 8.

[169] Siehe hierzu *Wilrich*, Arbeitsschutz-Strafrecht, 2020.

[170] OLG Naumburg, Beschluss aus März 1996 – Fall „Atemschutzmaske“, in: *Thomas Wilrich/Cordula Wilrich*, Gefahrstoffrecht vor Gericht, 2021.

[171] OLG Bamberg, Beschluss v. 03.03.2008 (Az. 1 U 207/07).

[172] So *Kollmer*, Arbeitsschutzgesetz, Rn. 211.

Verschulden“ bei der Arbeitgeberin, „die gegenüber dem Verletzten aus ihrer stärkeren überlegeneren Position heraus leichtfertig Schutzmaßnahmen verweigerte“[173].

1.4 Örtlicher Anwendungsbereich: Betriebe

Die BetrSichV gilt

- für alle Betriebe in Deutschland (dazu Kapitel 1.4.1), damit auch
- für alle ausländischen Unternehmen, die in Deutschland Betriebe haben (dazu Kapitel 1.4.2) und
- für alle Beschäftigten, die – vorübergehend – ins Ausland gesendet werden (dazu Kapitel 1.4.3).

1.4.1 Territorialitätsprinzip: Geltung für Betriebe in Deutschland

Ohne dass es die BetrSichV sagt, gilt sie für alle Betriebe in Deutschland. Denn jede deutsche Rechtsvorschrift erstreckt sich im örtlichen Anwendungsbereich auf das Hoheitsgebiet Deutschlands, ist aber auch hierauf beschränkt – das nennt man Territorialitätsgrundsatz. Das Territorialitätsprinzip „verbietet es Staaten, Hoheitsgewalt außerhalb des eigenen Staatsgebietes auszuüben bzw. gebietet, Hoheitsakte nur auf dem eigenen Staatsgebiet zu erlassen“[174].

Für die Sozialversicherung hat das BSG einmal gesagt, „dass nur solche Versicherte in den Genuss dieser Rechtswohltat kommen sollen, die der Kontrolle eines deutschen Arbeitsamts unterlegen haben. Die Möglichkeit dieser Kontrolle endet für die deutschen Arbeitsämter aber an den Grenzen der Bundesrepublik Deutschland.“[175]

Über das Unfallverhütungsrecht kann die BetrSichV allerdings dann doch ins Ausland „strahlen“ (siehe Kapitel 1.4.3).

1.4.2 Geltung auch für Betriebe ausländischer Unternehmen in Deutschland

Das Arbeitsschutzrecht und damit auch die BetrSichV sind aus zwei Gründen auch auf Betriebe ausländischer Unternehmen in Deutschland anzuwenden:

---

[173] OLG Bamberg, Beschluss v. 03.03.2008 (Az. 1 U 207/07) – Fallbesprechung in *Wilrich*, Baustellensicherheit, 2021.

[174] BSG, Urteil v. 28.10.2014 (Az. B 14 AS 65/13 R).

[175] BSG, Urteil v. 10.09.1971 (Az. 5 RKn 71/69).

- Erstens wegen des Territorialitätsprinzips (siehe Kapitel 1.4.1): Die BetrSichV beschränkt den Anwendungsbereich nicht auf deutsche Unternehmen. Auch das Betriebsverfassungsgesetz (BetrVG) „gilt nach dem Territorialitätsprinzip für alle in der Bundesrepublik Deutschland ansässigen Betriebe“[176].
- Zweitens wegen des Unfallverhütungsrechts: Nach § 1 DGUV-Vorschrift 1 gelten die Unfallverhütungsvorschriften „auch für Unternehmer und Beschäftigte von ausländischen Unternehmen, die eine Tätigkeit im Inland ausüben, ohne einem Unfallversicherungsträger anzugehören“. § 2 Abs. 1 DGUV-Vorschrift 1 nimmt dann die BetrSichV in Bezug: „Der Unternehmer hat die erforderlichen Maßnahmen zur Verhütung von Arbeitsunfällen, Berufskrankheiten und arbeitsbedingten Gesundheitsgefahren sowie für eine wirksame Erste Hilfe zu treffen. Die zu treffenden Maßnahmen sind insbesondere in staatlichen Arbeitsschutzvorschriften (Anlage 1), dieser Unfallverhütungsvorschrift und in weiteren Unfallverhütungsvorschriften näher bestimmt.“ Anlage 1 benennt ausdrücklich die BetrSichV und stellt noch einmal klar: „Der gesetzliche Auftrag der Unfallversicherungsträger zur Verhütung von Arbeitsunfällen, Berufskrankheiten und arbeitsbedingten Gesundheitsgefahren gilt auch für Unternehmer und Versicherte, die nicht unmittelbar durch die Anwendungsbereiche der staatlichen Arbeitsschutzvorschriften erfasst sind.“

Die Erstreckung „geschieht, weil die ausländischen Personen mit den deutschen Versicherten gemeinsam in einer Betriebsstätte oder an Arbeitsplätzen, z. B. auf Baustellen, tätig werden. Der Schutz der Versicherten macht es erforderlich, dass auch diese Personen die Vorschriften über Sicherheit und Gesundheitsschutz am Arbeitsplatz, insbesondere bei der Verwendung von Einrichtungen, Arbeitsmitteln und Arbeitsstoffen, einhalten.“[177]

Das Verwaltungsgericht Düsseldorf fasst zusammen: „Für das öffentliche Arbeitsschutzrecht gilt das Territorialitätsprinzip. Demzufolge findet das ArbSchG Anwendung auf alle Tätigkeiten von Beschäftigten auf deutschem Boden ungeachtet ihrer Nationalität oder des Sitzes des Arbeitgebers. Die deutschen Arbeitsschutzbehörden können daher zur Durchsetzung des Arbeitsschutzrechts auch Anordnungen gegen Arbeitgeber mit Sitz im Ausland erlassen, sofern deren Beschäftigte in Deutschland tätig sind.“[178]

---

176 LAG Sachsen-Anhalt, Beschluss v. 02.08.2005 (Az. 8 TaBV 33/04).

177 DGUV-Regel 1, Abschnitt 1.1.1.

178 VG Düsseldorf, Beschluss v. 02.08.2021 (Az. 29 L 1165/21).

1.4.3 Geltung für Beschäftigte im Ausland

Zunächst gilt die BetrSichV nur in Deutschland (siehe Kapitel 1.4.1). Jenseits der Grenze gilt das ausländische Pendant.[179] Schon 1983 stellte das BAG klar[180], „dass die deutschen Gefahrenschutzvorschriften im Ausland nicht gelten, sondern die des Rechts des Arbeitsorts. Dies folgt daraus, dass es sich bei den Gefahrenschutzvorschriften um öffentlich-rechtliche Vorschriften handelt und insoweit das Territorialitätsprinzip gilt. Die deutschen Gefahrenschutzvorschriften können durch deutsche Behörden bei im Ausland tätigen Arbeitnehmern nicht mit hoheitlichen Mitteln durchgesetzt werden."

In drei Situationen kommt die BetrSichV für Beschäftigte im Ausland ins Spiel:

1.4.3.1 Ausstrahlungswirkung gemäß SGB IV

Es gilt deutsches öffentliches Arbeitsrecht, zu dem die BetrSichV gehört, wenn es gemäß SGB IV[181] ausstrahlt. § 3 SGB IV über den „persönlichen und räumlichen Geltungsbereich" stellt zunächst den Grundsatz klar: „Die Vorschriften über die Versicherungspflicht und die Versicherungsberechtigung gelten, soweit sie eine Beschäftigung oder eine selbstständige Tätigkeit voraussetzen, für alle Personen, die im Geltungsbereich dieses Gesetzbuchs beschäftigt oder selbstständig tätig sind." § 4 SGB IV regelt dann die Ausstrahlungswirkung: „Soweit die Vorschriften über die Versicherungspflicht und die Versicherungsberechtigung eine Beschäftigung voraussetzen, gelten sie auch für Personen, die im Rahmen eines im Geltungsbereich dieses Gesetzbuchs bestehenden Beschäftigungsverhältnisses in ein Gebiet außerhalb dieses Geltungsbereichs entsandt werden, wenn die Entsendung infolge der Eigenart der Beschäftigung oder vertraglich im Voraus zeitlich begrenzt ist." Dann gilt deutsches Unfallverhütungsrecht. Denn die „Rechtsetzungsbefugnis ist das Gegenstück zur Entschädigungspflicht" und „reicht so weit wie die Leistungspflicht der Unfallversicherungsträger"[182].

Es gibt „keine festen Zeitgrenzen, sodass sich die Entsendung auch auf einen Zeitraum von mehreren Jahren erstrecken kann"[183]. Entscheidend ist, dass die zeitliche Begrenzung „im Vertrag grundsätzlich durch ein festes Datum, wenigstens aber durch den Eintritt eines vorher zeitlich bestimmten Ereignisses vorgenommen werden muss"[184].

[179] *Scheuermann/Schucht*, Betriebssicherheitsverordnung, 1.1.4, S. 47.
[180] BAG, Urteil v. 23.03.1983 (Az. 7 AZR 526/80).
[181] Sozialgesetzbuch (SGB) IV mit „Gemeinsamen Vorschriften für die Sozialversicherung".
[182] *Hussing*, in: Lauterbach, Unfallversicherung SGB VII, 4. Aufl., 54. Lieferung Juni 2014, § 15 Rn. 13.
[183] *Marschner*, in: Kreikebohm, SGB IV, 2. Aufl. 2014, § 4 Rn. 12.
[184] BSG, Urteil v. 04.05.1994 (Az. 11 RAr 55/93).

Wenn das Unfallverhütungsrecht in das Ausland ausstrahlt, gelten über § 2 DGUV-Vorschrift 1 auch das ArbSchG und die BetrSichV (siehe Kapitel 1.4.2). „Das bedeutet, dass für einen Arbeitnehmer einer deutschen Firma, der z. B. bei Arbeiten in einem Kraftwerk im Ausland Asbestbelastungen ausgesetzt ist, die Regelungen der Gefahrstoffverordnung Anwendung finden."[185] Entsendet der Unternehmer seine Versicherten zu Arbeiten ins Ausland, hat er im Rahmen der Gefährdungsbeurteilung auch zu prüfen, welche Arbeitsschutzvorschriften dort einzuhalten sind und – davon abhängig – in welchem Umfang die deutschen staatlichen Arbeitsschutzvorschriften und Unfallverhütungsvorschriften anzuwenden sind.[186]

Der Arbeitnehmer sollte aber auch auf die Einhaltung der ausländischen Schutzvorschriften verpflichtet werden.[187] Der Auftraggeber sollte zur Ermittlung und Bekanntgabe der einschlägigen Schutzvorschriften verpflichtet werden.

1.4.3.2 (Arbeits-)Vertragliche Pflicht

Die (Arbeits-)Vertragsparteien können zwar bei Auslandsentsendung deutsches Recht vereinbaren. Das bezieht sich dann aber nur auf das *(Arbeits-)Privatrecht*: „Das deutsche *öffentliche Arbeitsrecht* gilt nur, wenn die Arbeit innerhalb des räumlichen Geltungsbereichs der deutschen Gesetze ausgeübt wird. Bestimmungen öffentlich-rechtlicher Natur beruhen auf der Regelungsgewalt des Staates auf seinem Gebiet, dem Gebietsstatut, sie können daher auf Rechtsverhältnisse, die im Ausland wurzeln, im Grundsatz keine Anwendung finden."[188] In diesem Urteil war im Arbeitsvertrag mit einem schwerbehinderten Elektrofachmeister im Bereich Medizintechnik bei einem Auslandsbauvorhaben in Riad (Saudi-Arabien) geregelt: „Auf diesen Vertrag wird deutsches Recht vereinbart." Der Arbeitgeber kündigt ohne Behördenzustimmung nach deutschem Schwerbehindertengesetz (SchwbG). Das BAG hielt die Kündigung trotzdem für wirksam.

1.4.3.3 Fürsorgepflicht

„Die dem Arbeitgeber obliegende privatrechtliche Fürsorgepflicht, die die Beachtung öffentlich-rechtlicher Arbeitsschutzbestimmungen und damit den Schutz der Person, von Gesundheit und Leben des ins Ausland entsandten Arbeitnehmers umfasst, wird

[185] *Institut für Arbeitsschutz der Deutschen Gesetzlichen Unfallversicherung (BGIA) und BG Energie Textil Elektro*, Handlungshilfe zur Beurteilung der Asbestexpositionen bei Arbeiten im Ausland – Rechtliche Situation, Stand: 11.08.2009.

[186] DGUV-Regel 1, Abschnitt 2.1.1.

[187] *Isele*, Auslandsmontage im Arbeitsrecht, in: Murad Ferid (Hrsg.), Festschrift für Hans G. Ficker, 1967, S. 241, 249.

[188] BAG, Urteil v. 30.04.1987 (Az. 2 AZR 192/86).

nicht eingeengt oder in ihren Anforderungen gemindert, wenn das örtliche Gefahrenschutzrecht einen geringeren Gefahrenschutz als das deutsche Recht vorsieht. Vielmehr kann der Arbeitgeber verpflichtet sein, weitergehend solche Maßnahmen zu ergreifen, die einen Schutz gewährleisten, wie es den in Deutschland gewonnenen wissenschaftlichen und praktischen Erkenntnissen entspricht. Diese Verpflichtung ist allerdings nicht unbegrenzt, sondern findet ihre Grenze dort, wo sie für den Arbeitgeber aufgrund der am Arbeitsort gegebenen technischen Möglichkeiten oder durch das Ausmaß der finanziellen Belastung unzumutbar wird."[189]

1.5 Zeitlicher Anwendungsbereich

Der zeitliche Anwendungsbereich der BetrSichV ist unter mehreren Gesichtspunkten zu beleuchten.

1.5.1 *Datum* des Inkrafttretens: Ab wann gilt die BetrSichV generell?

Wann ist die BetrSichV in Kraft getreten? Es ist der 1. Juni 2015.

Bis zum 31. Mai 2015 galt die Vorgängerfassung der BetrSichV von 2002. Davor galt die Arbeitsmittelbenutzungsverordnung.

Die Sicherheitsanforderungen der neuen BetrSichV „gelten für alte und neue Arbeitsmittel gleichermaßen"[190]. Es gibt auch keine ausdrückliche Bestandsschutzvorschrift für alte Arbeitsmittel.[191] Die Frage ist daher nicht, *ob* auch das Schicksal alter Arbeitsmittel geregelt ist, die schon vor Inkrafttreten der BetrSichV erstmals verwendet wurden, sondern nur, *was* für eine Rechtsfolge die BetrSichV für alte Arbeitsmittel vorsieht und ob für die Sicherheitsanforderungen Besonderheiten gelten, wenn Arbeitsmittel etwa wegen verschärfter Sicherheitsvorschriften heute nicht mehr dem aktuellen Stand der Technik entsprechen und so nicht mehr in Verkehr gebracht werden dürften (ausführlich *Wilrich*, Bestandsschutz oder Nachrüstpflicht? Betreiberverantwortung und Sicherheit bei Altanlagen, VDE-Schriftenreihe, 2. Aufl. 2019).

1.5.2 *Installation und Montage*: Ab wann gilt die BetrSichV produktbezogen?

Die BetrSichV gilt für „jegliche Tätigkeit mit Arbeitsmitteln" (§ 2 Abs. 2 BetrSichV), setzt also die Existenz eines Arbeitsmittels voraus. Ab wann ein Arbeitsmittel vorhan-

[189] BAG, Urteil v. 23.03.1983 (Az. 7 AZR 526/80).
[190] BR-Drs. 400/14 v. 28.08.2014, S. 69.
[191] Mit Ausnahme des § 24 Abs. 2 BetrSichV für Aufzugsanlagen.

den ist mit der Folge der Geltung der BetrSichV und bis wann dieses Arbeitsmittel erst noch hergestellt – also zur Existenz gebracht – wird, kann schwierig abzugrenzen sein.

- Wenn der Arbeitgeber beim Hersteller kauft, ist der zeitliche Beginn der Geltung der BetrSichV klar: Sie gilt für alles, was der Arbeitgeber nach Verantwortungsübernahme tut – auch Installation, Montage und Erprobungen (siehe Kapitel 1.3.3).
- Wenn der Arbeitgeber selbst für den Eigengebrauch herstellt, ist der zeitliche Beginn der Geltung der BetrSichV schwieriger zu bestimmen: Irgendwann ist das herzustellende Etwas kein Arbeitsgegenstand mehr, *an* dem man arbeitet, sondern Arbeitsmittel, *mit* dem man arbeitet – wirklich entscheidend ist der Zeitpunkt nicht, weil jedenfalls immer alle relevanten Gefährdungen über das ArbSchG zu ermitteln und zu vermindern sind (siehe Kapitel 1.9) und immer die allgemeine Verkehrssicherungspflicht gilt (siehe Kapitel 2.8).

1.5.3 *Arbeitsvorbereitung*: Ab wann gilt die BetrSichV tätigkeitsbezogen?

Die BetrSichV gilt für „jegliche Tätigkeit mit Arbeitsmitteln" (§ 2 Abs. 2 BetrSichV). Ab wann „mit" Arbeitsmitteln gearbeitet wird und bis wann diese Arbeit nur vorbereitet wird, kann schwierig abzugrenzen sein:

- Im Urteil zur „Kraninstallation mit herabstürzender Hubtraverse"[192] rief der Monteur einen Transportwagen mit einer Fernbedienung (ein Arbeitsmittel – siehe Kapitel 1.2.1.6) an sich heran, um ihn zu reparieren. Das Gericht sagte, UVV seien nicht anwendbar, weil „sie erst im Stadium von Instandsetzungsarbeiten Anwendung finden, zu denen es hier noch nicht gekommen ist". Diese Behauptung kann – erstens – bezweifelt werden, aber – zweitens – ist es nicht die allein entscheidende Frage, denn es gilt jedenfalls die allgemeine Verkehrssicherungspflicht, dessen Erfüllung das Gericht auch überprüft und nicht verletzt sieht – und so den Monteur freispricht. Denn auch nach den Grundsätzen der allgemeinen Verkehrssicherungspflicht „habe der Angeklagte für die erste Besichtigung den Bereich unter dem Transportwagen nicht absperren müssen".
- Im Fall „Sturz: Monteur von Photovoltaikanlage in Niebüll"[193] hatte der Unternehmer argumentiert, eine Absturzsicherung wäre noch nicht nötig, weil „man sich noch in der Phase der Gefährdungsbeurteilung befunden habe". Aber erstens war das nicht glaubhaft, weil die Arbeiten schon mehrere Stunden andauerten und zweitens hielt das Gericht auch „Vorarbeiten" für sicherungsbedürftig. Diese Begründung ist nachvollziehbar.

[192] Besprochen als Fall 22 in *Wilrich*, Arbeitsschutz-Strafrecht, 2020, S. 274 ff.
[193] Besprochen als Fall 43 in *Wilrich*, Bausicherheit, 2021, S. 324 ff.

1.5.4 *Dauer* der Verwendung: Ab wann gilt die BetrSichV bei Kurznutzung?

Die BetrSichV gilt aber der ersten Sekunde der Verwendung. Es gibt rechtlich kein Argument, eine nur kurzzeitige Nutzung aus dem Anwendungsbereich der BetrSichV heraus zu definieren. Denn ein *„Risiko wird nicht dadurch relativiert, dass nur für eine verhältnismäßig kurze Zeit ungesichert"* gearbeitet wird[194]

Die Staatsanwaltschaft Tübingen hatte allerdings einmal strafmildernd berücksichtigt, dass *„die Baugrube nur relativ kurz ungesichert gewesen"* war[195] – das ist streng genommen eine Belohnung dafür, dass der Unfall so früh passiert ist – weil es so *sehr* unsicher war? – man könnte das auch straferhöhend werten!

1.6 Schutzrichtung – die Geschützten

Arbeitsschutzrecht dient nicht der Verhinderung von Sachschäden. Es geht um den „Schutz von Personen, nicht von Sachwerten"[196].

Die von der BetrSichV geschützten Personen ergeben sich

- aus § 2 Abs. 4 BetrSichV,
- aus § 2 Abs. 2 ArbSchG, auf den § 2 Abs. 4 BetrSichV verweist und
- aus weiteren Rechtsvorschriften, die für bestimmte Personengruppen auf Arbeitsschutzbestimmungen verweisen – und damit auch auf die BetrSichV.

Nicht erfasst ist die private Verwendung von Gegenständen zur Arbeit (siehe schon Kapitel 1.3.1). Erfasst ist aber die Verwendung von Arbeitsmitteln durch

- **Arbeitnehmer** (dazu Kapitel 1.6.1),
- zahlreiche andere **Beschäftigte** i. S. d. ArbSchG (dazu ab Kapitel 1.6.2),
- einige durch die BetrSichV den **Beschäftigten Gleichgestellte** (dazu ab Kapitel 1.6.10) und
- geschützt sind sogar **„andere Personen im Gefahrenbereich"** selbst wenn die nicht bei der Verwendung der Arbeitsmittel beteiligt sind (dazu Kapitel 1.6.13).

---

194 OLG Oldenburg, Urteil v. 23.10.2014 (Az. 14 U 34/14).

195 Besprochen als Fall 11 „Baugrubeneinsturz Tübingen", in: *Wilrich*, Bausicherheit, 2021, S. 184 ff.

196 OVG Münster, Beschluss v. 08.09.2020 (Az. 2 B 691/20).

1.6.1 Arbeitnehmer

Die BetrSichV gilt für alle Arbeitnehmer. Wer Arbeitnehmer ist, ist in den meisten Fällen klar dem Vertrag (eben dem ausdrücklich so bezeichneten Arbeitsvertrag) zu entnehmen. In Grenzfällen ist die Bestimmung der Arbeitnehmereigenschaft indes sehr schwierig. § 611a BGB fasst die seit Jahrzehnten zu dieser Frage ergangene Rechtsprechung zusammen:

> „Durch den Arbeitsvertrag wird der Arbeitnehmer im Dienste eines anderen zur Leistung weisungsgebundener, fremdbestimmter Arbeit in persönlicher Abhängigkeit verpflichtet. Das Weisungsrecht kann Inhalt, Durchführung, Zeit und Ort der Tätigkeit betreffen. Weisungsgebunden ist, wer nicht im Wesentlichen frei seine Tätigkeit gestalten und seine Arbeitszeit bestimmen kann. Der Grad der persönlichen Abhängigkeit hängt dabei auch von der Eigenart der jeweiligen Tätigkeit ab. Für die Feststellung, ob ein Arbeitsvertrag vorliegt, ist eine Gesamtbetrachtung aller Umstände vorzunehmen. Zeigt die tatsächliche Durchführung des Vertragsverhältnisses, dass es sich um ein Arbeitsverhältnis handelt, kommt es auf die Bezeichnung im Vertrag nicht an."

Auch folgende Arbeitnehmer sind erfasst:

- Arbeitnehmer im Öffentlichen Dienst – was sich aus § 2 Abs. 5 ArbSchG ergibt[197],
- Kirchenbedienstete – was sich aus § 1 Abs. 4 ArbSchG ergibt[198],
- Teilzeitbeschäftigte – sie waren früher in § 6 Abs. 1 Satz 4 ArbSchG erwähnt[199], und
- befristet und geringfügig Beschäftigte.

1.6.2 Leiharbeitnehmer bei Arbeitnehmerüberlassung

Auch Leiharbeitnehmer sind Arbeitnehmer – und auch für sie gilt die BetrSichV.

- Der Verleiher übernimmt die Durchführung des Arbeitsschutzes (dazu Kapitel 1.6.2.1).
- Der Verleiher behält Aufsichtspflichten (dazu Kapitel 1.6.2.2).

---

197 Zum Öffentlichen Dienst siehe noch in Kapitel 1.6.6 bei Beamten.

198 Siehe auch Fall 28 „Stromschlag bei der Hochzeit", in: *Wilrich*, Arbeitsschutz-Strafrecht, 2020, S. 302 ff.

199 Vgl. *Pieper*, ArbSchR, § 2 ArbSchG Rn. 19.

1.6.2.1 Pflichten des Entleihers

Der Arbeitnehmer wird in den Betrieb des Entleihers eingegliedert. Der Entleiher ist „*faktischer* Arbeitgeber“[200] bzw. „*tatsächlicher* Arbeitgeber“[201].

Daher regelt **§ 11 Abs. 6 AÜG**: „Die Tätigkeit des Leiharbeitnehmers bei dem Entleiher unterliegt den für den Betrieb des Entleihers geltenden öffentlich-rechtlichen Vorschriften des Arbeitsschutzrechts; die hieraus sich ergebenden Pflichten für den Arbeitgeber obliegen dem Entleiher unbeschadet der Pflichten des Verleihers. Insbesondere hat der Entleiher den Leiharbeitnehmer vor Beginn der Beschäftigung und bei Veränderungen in seinem Arbeitsbereich über Gefahren für Sicherheit und Gesundheit, denen er bei der Arbeit ausgesetzt sein kann, sowie über die Maßnahmen und Einrichtungen zur Abwendung dieser Gefahren zu unterrichten. Der Entleiher hat den Leiharbeitnehmer zusätzlich über die Notwendigkeit besonderer Qualifikationen oder beruflicher Fähigkeiten oder einer besonderen ärztlichen Überwachung sowie über erhöhte besondere Gefahren des Arbeitsplatzes zu unterrichten.“

§ 12 Abs. 2 ArbSchG ergänzt speziell zur Unterweisung: „Bei einer Arbeitnehmerüberlassung trifft die Pflicht zur Unterweisung den Entleiher. Er hat die Unterweisung unter Berücksichtigung der Qualifikation und der Erfahrung der Personen, die ihm zur Arbeitsleistung überlassen werden, vorzunehmen. Die sonstigen Arbeitsschutzpflichten des Verleihers bleiben unberührt.“

Auch ohne dass es ausdrücklich gesetzlich klargestellt ist, muss der Entleiher auch die Gefährdungsbeurteilung durch, die Arbeitsschutzmaßnahmen ergreifen und die Betriebsanweisung zur Verfügung stellen.

<u>Fazit</u>: Der Entleiher hat die „normalen“ Arbeitsschutzpflichten gegenüber entliehenen Arbeitnehmern. „Der Entleiher ergreift in seinem Betrieb die praktischen Maßnahmen zur Durchführung des Arbeitsschutzes.“[202] Das mag – etwa bei hoher Fluktuation oder geringerer Fachkunde der Leiharbeitnehmer – faktisch etwas schwieriger sein, rechtlich aber gilt es ohne Abstriche.

Wenn der Entleiher gegen Arbeitsschutzpflichten verstößt, kann dies zur Haftung führen – es gibt rechtlich keinen Unterschied zu im Unternehmen fest angestellten Arbeitnehmern[203] – siehe zwei Fälle im Buch Sicherheitstechnik und Maschinenunfälle vor Gericht[204].

---

[200] BVerwG, Urteil v. 13.12.2001 (Az. 5 C 26/01).

[201] BAG, Beschluss v. 22.03.2000 (Az. 7 ABR 34/98).

[202] *Schüren*, Arbeitnehmerüberlassungsgesetz Kommentar, 4. Aufl. 2010, § 3 Rn. 134.

[203] Weitere Fallbesprechung OLG Stuttgart „Sturz des Leiharbeiters vom Dach der Stahlhalle für ein Weingut“, in: *Wilrich*, Baustellensicherheit, 2021.

[204] Nr. 1 „Abfallförderband“ und Nr. 8 „Flickstation“.

1.6.2.2 Pflichten des Verleihers

Leiharbeitnehmer sind zwar „faktische Arbeitnehmer" des Entleihers, stehen rechtlich in einem Arbeitsverhältnis zum Arbeitnehmerüberlasser. Der **Verleiher** ist weiterhin *„Vertragsarbeitgeber"*[205] und arbeitsschutzverantwortlich, weshalb ihm nach **§ 3 Abs. 1 Nr. 1 AÜG** die Erlaubnis zu versagen ist, wenn Tatsachen die Annahme rechtfertigen, dass er die für die Ausübung der Tätigkeit erforderliche Zuverlässigkeit nicht besitzt, insbesondere weil er „die Vorschriften des Arbeitsschutzrechts oder die arbeitsrechtlichen Pflichten nicht einhält". Der Verleiher kann unzuverlässig sein, wenn er bei Arbeitsschutzverstößen des Entleihers nicht abhilft.[206] Der Verleiher „ist im Wesentlichen auf die Überwachung und Kontrolle des Entleihers beschränkt"[207]. Wenn der Verleiher diese Kontrollpflichten verletzt, kann dies zur Haftung führen.[208]

1.6.3 Fremdfirmenbeschäftigte bei Dienst- und Werkvertrag

Die BetrSichV gilt nur für Arbeitgeber gegenüber eigenen Beschäftigten. Bei fremden Arbeitnehmern gibt es „nur" Unterstützungs- und Kontrollpflichten (dazu Kapitel 1.6.3.1). Die Pflichten ergeben sich vor allen Dingen aus zivilrechtlichen Verkehrssicherungspflichten und strafrechtlichen Garantenpflichten (dazu Kapitel 1.6.3.2).

1.6.3.1 Arbeitsschutzrechtliche Verantwortung

Zur „Zusammenarbeit verschiedener Arbeitgeber" sagt § 13 Abs. 2 Satz 2 BetrSichV: *„Jeder Arbeitgeber ist dafür verantwortlich, dass seine Beschäftigten die gemeinsam festgelegten Schutzmaßnahmen anwenden."* Daher beantworten die LASI-Leitlinien folgende Frage – zunächst – korrekt[209]:

- Frage: Hat ein Arbeitgeber nach BetrSichV bei der Auswahl und Ausrüstung von Arbeitsmitteln auch Maßnahmen für die Sicherheit und den Gesundheitsschutz von Arbeitnehmern anderer Unternehmen (insbesondere für Wartungs-/Servicefirmen) zu ergreifen?

[205] BAG, Beschluss v. 22.03.2000 (Az. 7 ABR 34/98).
[206] *Lorenz*, in: Däubler u. a., Arbeitsrecht, 2008, AÜG, § 3 Rn. 14.
[207] *Schüren*, Arbeitnehmerüberlassungsgesetz Kommentar, 4. Aufl. 2010, § 3 Rn. 134.
[208] Siehe das Urteil des OLG Rostock zum „Sturz des Dachdeckers vom Haus in Ronneburg", in: *Wilrich*, Baustellensicherheit, 2021.
[209] *LASI*, Leitlinien BetrSichV, 2018, A 4.1 zu § 4 Abs. 1 „Sicherheit für Beschäftigte von Auftragnehmern (betriebsfremde Personen)".

- Antwort[210]: „Zunächst hat nach der BetrSichV ein Arbeitgeber jeweils die Verantwortung für *seine* Arbeitnehmer. Insofern hat jeder Arbeitgeber die Maßnahmen zu treffen, die für die sichere Bereitstellung und Benutzung durch *seine* Arbeitnehmer erforderlich sind. Werden Wartungs- oder Reparaturarbeiten (o. Ä.) durchgeführt, ist eine Abstimmung zwischen den Arbeitgebern erforderlich. Wird ein und dasselbe Arbeitsmittel von Beschäftigten mehrerer Arbeitgeber bei der Arbeit benutzt (z. B. Arbeitsgerüste), so hat jeder Arbeitgeber die erforderlichen Maßnahmen i. S. v. § 4 BetrSichV zu treffen, damit Sicherheit und Gesundheitsschutz *seiner* Beschäftigten gewährleistet ist. Die Maßnahmen hierzu (z. B. koordinierte Maßnahmen aller beteiligten Arbeitgeber) hat er im Rahmen der Gefährdungsbeurteilung zu ermitteln."

Ein entscheidendes Wort fällt dreimal: „seine". Also: Jeder Arbeitgeber ist nach Öffentlichem Recht nur für *seine* Arbeitnehmer verantwortlich. Für die Instandhaltung sagt das auch die TRBS 1112[211]: „Grundsätzlich trägt jeder Arbeitgeber die Verantwortung für Sicherheit und Gesundheit *seiner* Beschäftigten und hat auf der Basis der Gefährdungsbeurteilung die notwendigen Maßnahmen festzulegen." Daher forderte das Landgericht Flensburg im Urteil zum „Sturz des Monteurs von Photovoltaikanlage in Niebüll"[212] vom Vorgesetzten auch nur „zwei" Garnituren der Schutzausrüstung (für ihn selbst und einen seiner Beschäftigten), nicht aber eine dritte für einen Fremdfirmenbeschäftigten, der ebenfalls mitarbeitete.

Koordinationspflichten beider Parteien – Auftraggeber und Fremdfirma – sind in § 8 Abs. 1 ArbSchG geregelt. § 13 Abs. 2 Satz 1 BetrSichV ergänzt das. Die TRBS 1112[213] empfiehlt die Vornahme einer „gemeinsamen Beurteilung der Arbeitssituation und ihrer Gefährdungen. Daraus resultierende Schutzmaßnahmen sind abzustimmen." Eventuell ist ein **Koordinator** zu bestellen (siehe zu ihm Kapitel 2.5 und zum SiGeKo in *Wilrich*, **Praxisleitfaden Baustellenverordnung**, VDE-Schriftenreihe 186).

Sehr wichtig ist insbesondere die **ausreichende Information**.

- Die Information von Auftraggeber an Auftragnehmer/Fremdfirma regelt § 13 Abs. 1 Satz 2 BetrSichV und verdeutlichen die Fälle „Baggerunfall am Bahnhof Kochel" und „Kraninstandsetzung mit herabstürzender Hubtraverse"[214]. Bei der Kraninstandsetzung „wäre zwingend erforderlich gewesen, darüber zu infor-

---

210 Hervorhebung des Wortes „seine" nicht im Original, sondern durch mich.

211 TRBS 1112 „Instandhaltung", Abschnitt 3.1 Abs. 1.

212 Besprochen als Fall 43 in *Wilrich*, Bausicherheit, S. 234 ff.

213 TRBS 1112 „Instandhaltung", Abschnitt 3.1 Abs. 2.

214 Fallbesprechungen in *Wilrich*, Maschinen- und Anlagensicherheitsrecht im Industrieservice, 2023 (VDE-Schriftenreihe 165).

mieren, dass wesentliche Sicherheitseinrichtungen des Transportwagens nicht funktionieren". Die TRBS 1201 ergänzt: „Die Unterweisung muss insbesondere Informationen über örtliche Verhältnisse, weiter laufende Arbeiten im Betrieb sowie damit einhergehende Gefährdungen beinhalten."[215] Vorsicht: Die Unterweisung ist ein am Arbeitsverhältnis anknüpfender Begriff. Unterwiesen werden immer nur *eigene* Arbeitnehmer. Wenn *fremde* Arbeitnehmer über Örtlichkeiten informiert werden, sollte dies „**Einweisung**" oder „**Sicherheitsbelehrung**" heißen.

- Die Information von Auftragnehmer/Fremdfirma an seinen Auftraggeber und andere Auftragnehmer/Arbeitgeber über Gefährdungen durch die eigene Tätigkeit regelt § 13 Abs. 1 Satz 3 BetrSichV und wird verdeutlicht durch das Urteil „Arbeitsbühne: Kollision mit einem Kran" – dort warf das OLG Naumburg dem die Arbeitsbühne in einem fremden Betrieb nutzenden Unternehmer wegen unzureichender Information Fahrlässigkeit vor – „indem man nur den Kranführer der ersten Schicht informierte und den Dingen dann ihren Lauf ließ, ohne sich auch des Wissens des Schichtleiters zu vergewissern. Niemand durfte sicher davon ausgehen, der Kranführer werde von sich aus die Information an die sie benötigenden Personen weitergeben."[216]

§ 8 Abs. 2 ArbSchG enthält eine **Anweisungskontrollpflicht**.

1.6.3.2 Verkehrssicherungs- und Garantenpflicht

Arbeitsschutzrechtlich ist zwar der Arbeitgeber primär verantwortlich (siehe Kapitel 1.6.3.1). Aber der Auftraggeber bzw. Dienstberechtigte ist zivilrechtlich und strafrechtlich verantwortlich. Er hat zivilrechtliche Verkehrssicherungspflichten und strafrechtliche Garantenpflichten:

- als „Hausherr" und damit Verantwortlicher für die Räumlichkeiten, in denen, Arbeitsmitteln, mit denen der Fremdfirmenbeschäftigte arbeitet bzw.
- als Auftraggeber und damit Geschäftsherr gemäß § 831 BGB, der für die vom ihm eingeschalteten Verrichtungsgehilfen verantwortlich ist.

Vielleicht kann man die LASI-Leitlinien, dass „zunächst" der jeweilige Arbeitgeber für „seine" Leute verantwortlich ist (siehe Kapitel 1.6.3.1), so interpretieren, dass mit dem Wort „zunächst" angedeutet wird, dass es noch Pflichten aus anderen Rechtsbereichen als dem Arbeitsschutzrecht gibt. Man hätte aber doch mehr die Gesamtrechtsordnung betonen müssen, um Missverständnisse so vermeiden. Pflichten resultieren

---

[215] TRBS 1112 „Instandhaltung", Abschnitt 3.2 Abs. 2.

[216] Fallbesprechung in *Wilrich*, Maschinen- und Anlagensicherheitsrecht im Industrieservice, 2023 (VDE-Schriftenreihe 165).

nicht nur aus dem Öffentlichen Recht – hier der BetrSichV. *„Sobald jemand einen Paragrafen eines Gesetzbuches anwendet, so wendet er das ganze Gesetzbuch an"* – so hat es *Rudolf Stammler* gesagt. Noch schöner ist ein Satz des amerikanischen Juristen *Oliver Wendell Holmes Jr.*: *„Als Juristen haben Sie die Aufgabe, das Verhältnis Ihres speziellen Falls zum ganzen Universum zu sehen."*

Es ist Ziel des Buches zur **Technik-Verantwortung** die persönlichen Pflichten und damit Verantwortungsbereiche der Unternehmensbeschäftigten ganzheitlich darzustellen. Für den Bereich der Baustellen ist die Verkehrssicherungspflicht etwa wichtiger als das Öffentliche Recht in den Landesbauordnungen und der Baustellenverordnung – siehe *Wilrich*, **Bausicherheit** – Arbeitsschutz, Koordination, Bauüberwachung, Verkehrssicherungspflichten und Haftung der Baubeteiligten (2021), aber auch *Wilrich*, **Praxisleitfaden Baustellenverordnung** (2023, VDE-Schriftenreihe 186).

1.6.4 Auszubildende und andere Personen in der Berufsbildung

Die BetrSichV gilt für die zur Berufsbildung Beschäftigten (§ 2 Abs. 4 BetrSichV i. V. m. § 2 Abs. 2 Nr. 2 ArbSchG).

Nach der Definition in § 1 Abs. 1 Berufsbildungsgesetz (BBiG) ist Berufsbildung die Berufsausbildungsvorbereitung, Berufsausbildung, berufliche Fortbildung und berufliche Umschulung. Damit gelten das ArbSchG und die BetrSichV nicht nur für die berufliche Erstausbildung.[217]

Zum Rückgriff der Berufsgenossenschaft nach einem Arbeitsunfall eines Auszubildenden siehe den Fall „Bohrschnecken-Unfall beim Bau des Kaufhofs in Halle"[218].

1.6.5 Arbeitnehmerähnliche

Die BetrSichV gilt für Arbeitnehmerähnliche. Das sind Selbstständige (siehe zu ihnen im Grundsatz Kapitel 1.6.14), die zwar nicht persönlich abhängig und daher keine Arbeitnehmer sind (siehe sonst Kapitel 1.6.1), sondern die **wirtschaftlich abhängig** und vergleichbar einem Arbeitnehmer **sozial schutzbedürftig** sind (so z. B. § 12 Abs. 1 Nr. 1 Tarifvertragsgesetz). Das wird etwa auf Beschäftigte in Behinderten-Werkstätten zutreffen (siehe Kapitel 1.6.9).

---

[217] *Schulze-Doll*, in: Kohte/Faber/Feldhoff, Arbeitsschutzrecht, § 2 ArbSchG Rn. 17.

[218] Siehe Fallbesprechung Nr. 20 in *Wilrich*, Bausicherheit, 2021, S. 219 ff.

1.6.6 Beamte

Für den Bereich des Öffentlichen Dienstes gilt:

- Das Arbeitsschutzrecht (ArbSchG und Arbeitsschutzverordnungen) gilt für alle Arbeitnehmer – auch im Öffentlichen Dienst (siehe Kapitel 1.6.1).
- Das Arbeitsschutzgesetz (ArbSchG) gilt für alle Beamten.
- Die Arbeitsschutzverordnungen gelten für Beamte über § 20 ArbSchG: „Für die Beamten der Länder, Gemeinden und sonstigen Körperschaften, Anstalten und Stiftungen des öffentlichen Rechts regelt das Landesrecht, ob und inwieweit die nach § 18 erlassenen Rechtsverordnungen gelten."

Die Bundesländer regeln z. B.:

- Für Bayern § 2 Arbeitsschutzverordnung (ArbSchV): „Die aufgrund des § 18 ArbSchG in der jeweils geltenden Fassung erlassenen Rechtsverordnungen des Bundes finden Anwendung."[219]
- Für Baden-Württemberg § 77 Landesbeamtengesetz (LBG): „Für Beamte gelten die aufgrund von § 18 des Arbeitsschutzgesetzes erlassenen Rechtsverordnungen entsprechend."

1.6.7 Richter und Soldaten

Die BetrSichV gilt für Richter und Soldaten. Ihre Nennung ist erforderlich, weil sie keinem Beamten sind, sondern in einem besonderen öffentlichen Dienstverhältnis stehen.[220]

1.6.8 Zivildienst und Freiwilliges soziales oder ökologisches Jahr

Das ArbSchG und die BetrSichV gelten auch für Zivildienstleistende und die Zeit des Freiwilligen Sozialen Jahrs und des Freiwilligen Ökologischen Jahrs.

- § 35 Abs. 1 ZDG erwähnt die Fürsorgepflicht.[221] Das Arbeitsschutzrecht ist eine spezielle Ausgestaltung der Fürsorgepflicht. Die Geltung des Arbeitsschutzrechts ergibt sich letztlich auch aus § 30a ZDG über die „Pflichten der Vorgesetzten": „Vorgesetzte sind für die ihnen unterstellten Dienstleistenden verantwortlich."

---

[219] Vgl. auch Richtlinien zum Vollzug des Arbeitsschutzgesetzes im öffentlichen Dienst des Freistaats Bayern 13.10.2002 (Az. 25 – P 2007 – 8/134 – 44 389).

[220] *Preis*, in: Erfurter Kommentar zum Arbeitsrecht, 15. Aufl. 2015, § 611 BGB Rn. 128.

[221] So auch *Pieper*, ArbSchR, § 2 ArbSchG Rn. 26a.

- § 13 Abs. 1 Bundesfreiwilligendienstes (BFDG) sagt: „Für eine Tätigkeit im Rahmen eines Bundesfreiwilligendienstes im Sinne dieses Gesetzes sind die Arbeitsschutzbestimmungen, das Jugendarbeitsschutzgesetz und das Bundesurlaubsgesetz entsprechend anzuwenden."

Zu einem Unfall eines Zivildienstleistenden siehe den Fall „Rasenmäher: Unfall des Zivis bei der Reinigung" im Buch „Maschinen und Anlagensicherheitsrecht im Industrieservice" (VDE-Schriftenreihe 165).

1.6.9 Beschäftigte in Behinderten-Werkstätten

Beschäftigte i. S. d. ArbSchG sind auch die in Werkstätten für Behinderte Beschäftigten. § 138 SGB IX regelt „Rechtsstellung und Arbeitsentgelt behinderter Menschen": „Behinderte Menschen im Arbeitsbereich anerkannter Werkstätten stehen, wenn sie nicht Arbeitnehmer sind, zu den Werkstätten in einem arbeitnehmerähnlichen Rechtsverhältnis, soweit sich aus dem zugrunde liegenden Sozialleistungsverhältnis nichts anderes ergibt."

Wegen der Arbeitnehmerähnlichkeit fällt dieser Personenkreis zumeist auch unter § 2 Abs. 2 Nr. 3 ArbSchG (siehe Kapitel 1.6.5).

§ 8 Abs. 1 Werkstättenverordnung (WVO) regelt: „Die bauliche Gestaltung und die Ausstattung der Werkstatt müssen der Aufgabenstellung der Werkstatt als einer Einrichtung zur Teilhabe behinderter Menschen am Arbeitsleben und zur Eingliederung in das Arbeitsleben Rechnung tragen. Die Erfordernisse des Arbeitsschutzes und der Unfallverhütung sowie zur Vermeidung baulicher und technischer Hindernisse sind zu beachten."

1.6.10 Schüler und Studierende

Die BetrSichV schützt auch Schüler und Studierende *„sofern sie Arbeitsmittel verwenden"* (§ 2 Abs. 4 Nr. 1). Dieser Schutz an Schulen, Hochschulen, Universitäten und anderen Bildungseinrichtungen ist – in Anlehnung an die GefStoffV und die BioStoffV – neu für das Betriebssicherheitsrecht.

Aber Unfallverhütungsvorschriften galten schon zuvor für alle Versicherten – auch Schüler und Studierende.[222] § 2 Abs. 1 DGUV-Vorschrift 1 nimmt dann die BetrSichV in Bezug: „Der Unternehmer hat die erforderlichen Maßnahmen zur Verhütung von

[222] Zum Unfallversicherungsschutz von Schülern gemäß § 2 Nr. 8 b) SGB VII und einem Rückgriff gegen den Lehrer siehe den Fall *„Raketentreibstoff im Schullabor"*, besprochen in *Thomas Wilrich/ Cordula Wilrich*, Gefahrstoffrecht vor Gericht, 2021.

Arbeitsunfällen, Berufskrankheiten und arbeitsbedingten Gesundheitsgefahren sowie für eine wirksame Erste Hilfe zu treffen. Die zu treffenden Maßnahmen sind insbesondere in staatlichen Arbeitsschutzvorschriften (Anlage 1), dieser Unfallverhütungsvorschrift und in weiteren Unfallverhütungsvorschriften näher bestimmt." Anlage 1 benennt ausdrücklich die BetrSichV und stellt noch einmal klar: „Der gesetzliche Auftrag der Unfallversicherungsträger zur Verhütung von Arbeitsunfällen, Berufskrankheiten und arbeitsbedingten Gesundheitsgefahren gilt auch für Unternehmer und Versicherte, die nicht unmittelbar durch die Anwendungsbereiche der staatlichen Arbeitsschutzvorschriften erfasst sind."

Fazit

- Im Fokus der Unfallversicherungsträger waren Schüler und Studierende schon immer, weil die – staatlichen – Arbeitsschutzpflichten über § 2 Abs. 1 DGUV-Vorschrift 1 umgesetzt werden mussten.
- Im Fokus der Schulen und Hochschulen waren Schüler und Studierende schon immer, weil das nach § 2 DGUV-Vorschrift 1 und nach Zivilrecht (Verkehrssicherungspflicht) ohnehin galt.
- In den Fokus der staatlichen Aufsichtsbehörden gerückt sind Schüler und Studierende jetzt durch die neue BetrSichV.

1.6.11 Heimarbeit-Beschäftigte

Die BetrSichV schützt auch in Heimarbeit Beschäftigte (§ 2 Abs. 4 Nr. 2). Heimarbeiter ist, wer in selbst gewählter Arbeitsstätte (eigener Wohnung oder selbst gewählter Betriebsstätte) im Auftrag von Gewerbetreibenden erwerbsmäßig arbeitet, jedoch die Verwertung der Arbeitsergebnisse dem unmittelbar oder mittelbar auftraggebenden Gewerbetreibenden überlässt (§ 2 Abs. 1 HAG).

Heimarbeiter sind – wegen der anders gelagerten Verantwortlichkeit[223] – ausdrücklich vom Anwendungsbereich des ArbSchG ausgenommen (§ 2 Abs. 2 Nr. 3). Nun sagt zwar § 18 Abs. 1 Satz 2 ArbSchG, dass in Rechtsverordnungen wie der BetrSichV „auch bestimmt werden kann, dass bestimmte Vorschriften des Gesetzes zum Schutz anderer als in § 2 Abs. 2 genannter Personen anzuwenden sind". Ob nun der ausdrückliche Ausschluss durch das Arbeitsschutz*gesetz* mit einer nachrangigen Arbeitsschutz*verordnung* quasi wieder aufgehoben werden kann, ist zweifelhaft.[224]

223 BT-Drs. 13/3540 v. 22.01.1996, S. 15.

224 Daher ablehnend *Kollmer*, in: Landmann/Rohmer, GewO, 69. Lieferung März 2015, § 18 ArbSchG Rn. 4; *Doerfert*, in: Kollmer/Klindt, ArbSchG, 3. Aufl. 2016, § 18 Rn. 5; *Schlüter/Janzarik*, in: Kollmer, ArbSchG, 2005, § 18 Rn. 5.

Die Zulässigkeit der Erstreckung der BetrSichV auf Heimarbeiter wird mit § 13 HAG mit der Überschrift „Arbeitsschutz“ gerechtfertigt[225]: „Die Bundesregierung kann mit Zustimmung des Bundesrates für einzelne Gewerbezweige oder bestimmte Arten von Beschäftigungen oder Arbeitsstätten Rechtsverordnungen zur Durchführung des Arbeitsschutzes durch die in Heimarbeit Beschäftigten und ihre Auftraggeber erlassen.“

§ 16 HAG regelt zusätzlich folgende „Durchführungspflicht“:

- „Wer Heimarbeit ausgibt oder weitergibt, hat dafür zu sorgen, dass Leben oder Gesundheit der in der Heimarbeit Beschäftigten durch technische Arbeitsmittel und Arbeitsstoffe, die er ihnen zur Verwendung überlässt, nicht gefährdet werden.“
- „Die zur Durchführung des Gefahrenschutzes erforderlichen Maßnahmen, die sich auf Räume oder Betriebseinrichtungen beziehen, hat der zu treffen, der die Räume und Betriebseinrichtungen unterhält.“

Dabei ist die BetrSichV „zu berücksichtigen“[226].

1.6.12 Sonstige gefährdete Personen

Die BetrSichV schützt auch *„sonstige Personen, insbesondere Personen, die in wissenschaftlichen Einrichtungen tätig sind“* (§ 2 Abs. 4 Satz 2 Nr. 3). Diese Vorschrift ist unglücklich: Was nach dem „insbesondere“ folgt, ist nur ein Beispiel; die Grundaussage ist also schlicht, das „sonstige Personen“ geschützt sind – und das können nach dem Wortlaut letztlich 8 Milliarden Menschen sein.

In anderen Rechtsverordnungen ist der Kreis der geschützten sonstigen Personen immerhin eingeschränkt auf all die Personen,

- „die Tätigkeiten mit Gefahrstoffen ausüben“ (§ 2 Abs. 6 GefStoffV) bzw.
- die „aufgrund des Verwendens von Biostoffen durch Beschäftigte oder durch Unternehmer ohne Beschäftigte gefährdet werden können“ (§ 1 BioStoffV).

Die Begründung zur BioStoffV sagt, „der Schutz anderer Personen, die aufgrund des Umgangs mit Menschen, Tieren, Pflanzen oder Materialien mit Biostoffen in Kontakt kommen und dadurch gefährdet werden können, wird somit in der Verordnung nicht geregelt“[227]. Die LASI-Leitlinien zur GefStoffV erwähnen „Dritte, die z. B.

---

[225] So jetzt *Doerfert*, in: Kollmer/Klindt, ArbSchG, 4. Aufl. 2021, § 18 Rn. 6; *Wiebauer*, in: Landmann/Rohmer, Gewerbeordnung, ArbSchG, 87. Lieferung September 2021, § 18 Rn. 13.

[226] *Ambs*, Erbs/Kohlhaas, Strafrechtliche Nebengesetze, 225. Lieferung März 2019, § 16 HAG Rn. 1.

[227] BR-Drs. 325/13 v. 25.04.2013, S. 52.

aufgrund eines Auftrags oder einer Dienstleistung infolge der genannten Tätigkeit Gefahrstoffen ausgesetzt sein können (z. B. ein Auftragnehmer, dessen Beschäftigte, aber auch Unbeteiligte, z. B. Besucher und Kunden)"[228].

Entscheidend ist das „aktive Verwenden"[229] – im Bereich der BetrSichV also das aktive Verwenden eines Arbeitsmittels. Es ist also „nicht jeglicher Kontakt erfasst"[230]. Auch nach der BetrSichV sollen „nur" alle geschützt sein, die Arbeitsmittel verwenden, auch wenn sie nicht unter die aufgezählten Personengruppen fallen. Es geht um die „gleichwertige Behandlung aller in gleicher Weise gefährdeten Personen"[231]. Sonstige Personen sind z. B. Praktikanten, Doktoranden, Forschungsstipendiaten, Gastwissenschaftler[232]. „Sonstige Personen" gemäß § 2 Abs. 4 Satz 2 Nr. 3 BetrSichV sind aber

- nicht alle „anderen Personen im Gefahrenbereich" gemäß § 1 Abs. 1 Satz 3 BetrSichV (siehe zu ihnen sogleich Kapitel 1.6.13).
- nicht alle Fremdfirmenbeschäftigten. Für sie ist der fremde Arbeitgeber zuständig. Jeder Beschäftigte wird daher arbeitsschutzrechtlich unmittelbar nur durch einen Arbeitgeber geschützt. Andere Arbeitgeber haben „nur" Abstimmungs- und Kontrollpflichten (siehe Kapitel 1.6.3)

Personen, die Arbeitsmittel nicht verwenden, sind zwar *nicht durch die BetrSichV geschützt*, aber dadurch rechtlich nicht (völlig) ungeschützt, denn

- sie werden „durch Maßnahmen des Arbeitsschutzes reflexhaft mit geschützt"[233], weil die Maßnahmen zum Schutz der Beschäftigten immer auch Allen dienen[234] und Sicherheit insoweit „unteilbar" ist[235],
- für sie gilt das Zivilrecht (Verkehrssicherungspflicht – siehe Kapitel 2.8).

1.6.13 Andere Personen im Gefahrenbereich = Dritte

Die BetrSichV – so § 1 Abs. 1 Satz 3 – *„regelt hinsichtlich der überwachungsbedürftigen Anlagen* (siehe Kapitel 1.2.1) *zugleich Maßnahmen zum Schutz anderer*

[228] *LASI*, Leitlinien GefStoffV (LV 45), 2005, Nr. 1.1.1.
[229] So BR-Drs. 325/13 v. 25.04.2013, S. 52 zur BioStoffV.
[230] So BR-Drs. 754/98 v. 25.08.1998, S. 24 zur BioStoffV.
[231] So BR-Drs. 400/14 v. 28.08.2014, S. 78.
[232] BR-Drs. 262/10, S. 20 zur OstrV.
[233] BR-Drs. 325/13 v. 25.04.2013, S. 52.
[234] Zur Reflexwirkung des Arbeitsschutzrechts für den Sachgüterschutz siehe den Fall „Arbeitsbühne", in: *Wilrich*, Maschinen- und Anlagensicherheitsrecht im Industrieservice (VDE-Schriftenreihe 165).
[235] So BR-Drs. 400/14 v. 28.08.2014, S. 75 zum Anlagenschutz.

Personen im Gefahrenbereich, soweit diese aufgrund der Verwendung dieser Anlagen durch Arbeitgeber gefährdet werden können".

Hintergrund dieser Erweiterung des Schutzbereichs der BetrSichV ist ihr „begrenzten Zweck"[236], dass die Verordnung nämlich „in erster Linie dem Arbeitsschutz und der Unfallverhütung dient" und der Schutz anderer Personen – die Gerichte nennen es „Drittschutz" – fraglich ist.[237]

Heute sind „andere Personen" erwähnt und geschützt durch:

- § 1 Abs. 1 Satz 3 mit der Erstreckung der Schutzwirkung der BetrSichV auf andere Personen im Bereich der überwachungsbedürftigen Anlagen,
- § 2 Abs. 10 bei der Definition des Stands der Technik (siehe Kapitel 11),
- § 6 Abs. 1 Satz 4 mit dem Ziel der Verwendungssicherheit von Arbeitsmitteln auch ohne Gefährdungen anderer Personen (siehe Kapitel 9.1.1),
- § 11 Abs. 2 Satz 1 mit der Pflicht dafür zu sorgen, dass nicht nur Beschäftigte, sondern auch andere Personen bei einem Unfall oder bei einem Notfall unverzüglich gerettet und ärztlich versorgt werden können,
- Anhang 1 Nr. 5.2.

Wer eine „andere" Person ist, ist nicht ganz einfach zu ermitteln. Das Anderssein der anderen Personen bezieht sich zunächst darauf, dass sie weder (verpflichte) Arbeitgeber, noch (geschützte) Beschäftigte oder Gleichgestellte sind.

- **Andere Personen** sind alle, die *„sich im Gefahrenbereich einer überwachungsbedürftigen Anlage innerhalb oder außerhalb eines Betriebsgeländes befinden"* (§ 2 Abs. 15 BetrSichV).
- **Gefahrenbereich** ist der *„Bereich innerhalb oder im Umkreis eines Arbeitsmittels, in dem die Sicherheit oder die Gesundheit von Beschäftigten und anderen Personen durch die Verwendung des Arbeitsmittels gefährdet ist"* (§ 2 Abs. 11 BetrSichV).

Zu einer anderen Person kann man also nicht im Zusammenhang mit anderen Arbeitsmitteln als überwachungsbedürftigen Anlagen werden. „Die formelle Einbeziehung anderer Personen gilt **nur** für den Bereich der überwachungsbedürftigen Anlagen, die in Anhang 2 abschließend konkret beschrieben sind."[238]

---

[236] So VGH Mannheim, Urteil v. 20.07.2011 (Az. 10 S 2102/09 – in Rn. 41) – immissionsschutzrechtliche Genehmigung zur Erweiterung eines Steinkohlekraftwerks.

[237] So etwa VG Augsburg, Urteil v. 01.08.2012 (Az. Au 4 K 11.1424).

[238] BR-Drs. 400/14 v. 28.08.2014, S. 76.

Der Begriff „andere Personen“ ist eine andere Beschreibung des Begriffs „Dritte“ – und die Verordnungsbegründung hält sie für „präziser“.[239] „Im Allgemeinen entsprechen die Maßnahmen den üblichen Arbeitsschutzmaßnahmen; es kann aber auch notwendig sein, sie dem speziellen Personenkreis anzupassen.“[240]

Das bedeutet:

- *Verpflichtet* ist bei überwachungsbedürftigen Anlagen jeder, „wer zu gewerblichen oder wirtschaftlichen Zwecken eine überwachungsbedürftige Anlage verwendet“ (siehe oben Kapitel 1.1.2).
- *Geschützt* sind bei überwachungsbedürftigen Anlagen nicht nur Beschäftigte, sondern alle Personen, die „in der Nähe“ eines Arbeitsmittels gefährdet sind.
- Gibt es bei überwachungsbedürftigen Anlagen keine Beschäftigten, ist die Gefährdungsbeurteilung letztlich nur für die „andere Personen“ durchzuführen.

Die BetrSichV „konzentriert die arbeitsschutzrechtlichen Regelungen für die Benutzung von Arbeitsmitteln und den Betrieb überwachungsbedürftiger Anlagen“ und „dient mithin in erster Linie dem Arbeitsschutz und der Unfallverhütung“[241]. Die BetrSichV schützt aber „nicht die Allgemeinheit“, denn bezweckt ist „nicht den Schutz der Bevölkerung oder gar den Schutz der Umwelt; diese Bereiche werden z. B. über das Bundes-Immissionsschutzgesetz geregelt“[242]. „Nachbarn des Betriebs“[243] werden daher eher nicht dazugehören.

Andere Person wird erst, wer durch diese räumliche Anwesenheit auch „gefährdet werden kann“[244]. Erwähnt werden „z. B. Besucher, Kunden, Patienten“[245].

- 2014 tendierte das LG Detmold[246] bei Anwendbarkeit der alten BetrSichV gegen die Einbeziehung eines „Gastes eines Kurheims“ in den „Schutzbereich“ der BetrSichV, als diese nach einem Sturz aus einem Aufzug in der Schadensersatzklage gegen den Betreiber das Fehlen einer Gefährdungsbeurteilung monierte. Nach dem heutigen § 1 Abs. 1 Satz 3 ist ein Gast geschützt.

---

239 BR-Drs. 400/14 v. 28.08.2014, S. 75 – zum alten § 34 ProdSG.

240 BR-Drs. 400/14 v. 28.08.2014, S. 76.

241 So VGH Mannheim, Urteil v. 20.07.2011 (Az. 10 S 2102/09 – in Rn. 315) – immissionsschutzrechtliche Genehmigung zur Erweiterung eines Steinkohlekraftwerks.

242 BR-Drs. 400/14 v. 28.08.2014, S. 75.

243 So *Wiebauer*, BetrSichV, Rn. 35.

244 BR-Drs. 400/14 v. 28.08.2014, S. 79.

245 TRBS 111 Gefährdungsbeurteilung, Abschnitt Abs. 1.

246 Fall „Aufzug im Seniorenheim“, in: *Wilrich*, Maschinen- und Anlagensicherheitsrecht im Industrieservice (VDE-Schriftenreihe 165).

- 2012 wies das VG Augsburg[247] die Klage der Eigentümer eines 100 m entfernt liegenden Einfamilienwohnhauses gegen eine immissionsschutzrechtliche Genehmigung zum Betrieb einer Foliendruckerei ab und sagte: „Die Kläger können keine Verletzung von Vorschriften der Betriebssicherheit oder der Explosionssicherheit geltend machen." § 6 Abs. 1 Nr. 2 BImSchG über die „Genehmigungsvoraussetzungen" regelt zwar, dass die Genehmigung nur zu erteilen, wenn – nicht nur Immissionsschutzrecht, sondern auch – „andere öffentlich-rechtliche Vorschriften und Belange des Arbeitsschutzes der Errichtung und dem Betrieb der Anlage nicht entgegenstehen". Aber das VG sagte: „Ein Drittschutz ist insoweit fraglich, da die maßgeblichen Vorschriften in erster Linie dem Arbeitsschutz und der Unfallverhütung dienen." Heute wäre zu klären, ob i. S. d. § 2 Abs. 11 BetrSichV der Anwohner im Gefahrenbereich ist.

Auch beim Stand der Technik sind andere Personen in Bezug genommen (siehe Kapitel 11): Es geht um den Schutz der Gesundheit und Sicherheit der Beschäftigten oder anderer Personen. Wenn nun der Stand der Technik relevant ist bei allen Gefährdungsbeurteilungen, allen Schutzmaßnahmen und bei der Grundaussage zur Verwendungssicherheit und auch bei allen Instandhaltungsmaßnahmen, könnte hierbei über § 2 Abs. 15 BetrSichV der Kreis der Geschützten auch immer auf andere Personen als Beschäftigte erstreckt werden müssen. Ob das so gemeint ist, ist zweifelhaft. Gemäß § 1 Abs. 1 Satz 3 regelt die BetrSichV jedenfalls ihren Schutz nur bei überwachungsbedürftigen Anlagen.

1.6.14 Nicht Selbstständige

Wenn Selbstständige im Betrieb eines anderen Unternehmens arbeiten, bestehen – wie bei Fremdfirmenbeschäftigten – ihnen gegenüber grundsätzlich keine (öffentlich-rechtlichen) Arbeitsschutzpflichten (siehe Kapitel 1.6.3.1) – aber es gilt die allgemeine Verkehrssicherungspflicht (siehe Kapitel 1.6.3.2).

Arbeitsschutzrecht gilt aber und es sind Arbeitsschutzmaßnahmen zu ihren Gunsten zu ergreifen, wenn die Selbstständigen

- zu Arbeitnehmerähnlichen werden (siehe Kapitel 1.6.5),
- „sonstige Personen" gemäß § 2 Abs. 4 Satz 2 Nr. 3 BetrSichV sind (siehe Kapitel 1.6.12),
- „andere Personen" gemäß § 1 Abs. 1 Satz 3 BetrSichV sind (siehe Kapitel 1.6.13).

[247] Urteil v. 01.08.2012 (Az. Au. 4 K 11.1424).

Immer gilt für Selbstständige zivilrechtlich ein „Pflicht zu Schutzmaßnahmen" gemäß § 618 Abs. 1 BGB: *„Der Dienstberechtigte* [das ist der Auftraggeber] *hat Räume, Vorrichtungen oder Gerätschaften, die er zur Verrichtung der Dienste zu beschaffen hat, so einzurichten und zu unterhalten und Dienstleistungen, die unter seiner Anordnung oder seiner Leitung vorzunehmen sind, so zu regeln, dass der Verpflichtete* [das ist der – selbstständige – Auftragnehmer] *gegen Gefahr für Leben und Gesundheit so weit geschützt ist, als die Natur der Dienstleistung es gestattet."*[248]

1.7 Ausnahmen vom Anwendungsbereich

§ 1 BetrSichV regelt für einzelne Betriebsarten Ausnahmen – zu Energieanlagen siehe schon Kapitel 1.2.1.10.

1.7.1 Ausnahmen für Bergbaubetriebe

§ 1 Abs. 2 BetrSichV nimmt bestimmte Bergbaubetriebe vom Anwendungsbereich aus: Die BetrSichV „gilt nicht in Betrieben, die dem Bundesberggesetz unterliegen, soweit dafür entsprechende Rechtsvorschriften bestehen". Es folgte eine Ausnahme von der Ausnahme, also eine Geltungsanordnung der BetrSichV, für „überwachungsbedürftige Anlagen in Tagesanlagen" – dies wiederum mit Ausnahme bestimmter Rohrleitungen, sodass für diese Rohrleitungsanlagen (gemäß Anhang 2 Nr. 2.1 Satz 1 d) die BetrSichV nicht gilt.

Für Bergbaubetriebe gelten die

- Allgemeine Bundesbergverordnung (ABBergV),
- Gesundheitsschutz-Bergverordnung (GesBergV) und
- Klima-Bergverordnung (KlimaBergV).

1.7.2 Ausnahmen für bestimmte Seeschiffe

Die BetrSichV gilt nicht „auf Seeschiffen unter fremder Flagge und auf Seeschiffen, für die das Bundesministerium für Verkehr und digitale Infrastruktur nach § 10 des Flaggenrechtsgesetzes die Befugnis zur Führung der Bundesflagge lediglich für die erste Überführungsreise in einen anderen Hafen verliehen hat" (§ 1 Abs. 3 BetrSichV).

[248] Viele Beispiele in *Wilrich*, Technik-Verantwortung, 2022; in diesem Buch siehe etwa Fall 20 „Schweißgerät: Explosion am Dümmersee".

Für Seeschiffe unter deutscher Flagge gilt die dagegen BetrSichV – aber nur soweit keine anderen, gleichwertigen Regelungen bestehen (§ 1 Abs. 2 Satz 2 ArbSchG). Das Bundesministerium für Verkehr und digitale Infrastruktur schreibt auf der Internetseite https://www.deutsche-flagge.de[249]: „Verletzungen bei Arbeiten in der Maschine oder an der Elektrik des Schiffes können häufig nur an Bord laienhaft behandelt werden, weil auf Hoher See keine medizinische Notfallversorgung von Land möglich ist. Kurzum: Gute Arbeitssicherheit an Bord ist eine absolute Notwendigkeit!"

§ 114 des Seearbeitsgesetzes (SeeArbG) regelt den „Allgemeinen Schutz gegen Betriebsgefahren"[250]:

- Abs. 1: „Der Reeder ist verpflichtet, den gesamten Schiffsbetrieb und alle Arbeitsmittel, Geräte und Anlagen an Bord so einzurichten und zu unterhalten sowie die Beschäftigung und den Ablauf der Arbeit so zu regeln, dass die Besatzungsmitglieder gegen See- und Feuergefahren, arbeitsbedingte Gesundheitsgefahren sowie gegen sonstige Gefahren für Leben, Gesundheit und Sittlichkeit so weit geschützt sind, wie die Art des Schiffsbetriebs es gestattet. Insbesondere hat der Reeder sicherzustellen, dass dem Kapitän die erforderlichen Mittel zur Verfügung gestellt werden, um eine ausreichende Besatzungsstärke des Schiffes und die Einhaltung der gesetzlichen Arbeitsschutz- und Arbeitszeitbestimmungen zu gewährleisten. Die Pflichten zur Unterhaltung und zum sicheren Betrieb des Schiffes und der Arbeitsbereiche, Anlagen und Geräte an Bord sowie zur Regelung der Beschäftigung und des Ablaufs der Arbeit treffen auch den Kapitän."
- Abs. 2: „Die Besatzungsmitglieder haben die Arbeitsschutzmaßnahmen zu befolgen."

Hinter dem SeeArbG steht das Seearbeitsübereinkommen der Internationalen Arbeitsorganisation (IAO) aus dem Jahr 2006 mit dessen Regel 4.3 über den „Schutz der Gesundheit und Sicherheit und Unfallverhütung"[251]. Dort ist von Risikobewertung die Rede.

Das SeeArbG dient der Umsetzung der europäischen Richtlinie 2009/13/EG zur Durchführung der Vereinbarung zwischen dem Verband der Reeder in der Europäischen Gemeinschaft (ECSA) und der Europäischen Transportarbeiter-Föderation (ETF) über das Seearbeitsübereinkommen 2006. In Regel 4.3 dieser Vereinbarung zum „Schutz der Gesundheit und Sicherheit sowie Unfallverhütung" heißt es:

---

[249] https://www.deutsche-flagge.de/de/sicherheit/arbeitssicherheit.

[250] Aus Herstellersicht siehe den Fall 17 „Hitzeschutzkleidung für Schiffsausrüstung" im Buch *Wilrich*, Die rechtliche Bedeutung technischer Normen als Sicherheitsmaßstab – mit 33 Gerichtsurteilen zu anerkannten Regeln und Stand der Technik, Produktsicherheitsrecht und Verkehrssicherungspflichten, 2017.

[251] Maritime Labour Convention of the International Labour Organization (ILO).

„Jeder Mitgliedstaat stellt sicher, dass Seeleute auf Schiffen unter seiner Flagge einem Arbeitsschutzsystem unterliegen und dass die Seeleute an Bord in sicheren und hygienischen Verhältnissen leben, arbeiten und ausgebildet werden."

Auf der Seite der BG Verkehr[252] ist das „Handbuch See – Arbeitssicherheit und Gesundheitsschutz in der Seeschifffahrt und Fischerei" abrufbar.

1.7.3 Ausnahmen im Verteidigungsbereich

§ 1 Abs. 5 gewährt dem Bundesministerium der Verteidigung Ausnahmemöglichkeiten: Es „kann Ausnahmen von den Vorschriften der BetrSichV zulassen, wenn zwingende Gründe der Verteidigung oder die Erfüllung zwischenstaatlicher Verpflichtungen der Bundesrepublik Deutschland dies erfordern und die Sicherheit auf andere Weise gewährleistet ist". Soweit das Ministerium nicht von der Ausnahmeregelung Gebrauch macht, gilt die BetrSichV.

1.8 Weitere Arbeitsschutzverordnung für die Arbeitsmittelbenutzung

Die BetrSichV ist[253]

- „bei Arbeitsmitteln nicht die alleine geltende Verordnung",
- „gilt als übergreifende Verordnung zu Arbeitsmitteln überall dort, wo es keine speziellen Regelungen zur Beherrschung bestimmter Gefährdungen gibt",
- „sodass z. B. für biologische Arbeitsstoffe, zu Lärm und Vibrationen oder zu optischer Strahlung für die Erreichung der dort verfolgten Schutzziele gemäß den dafür geltenden Verordnungen immer auch Maßnahmen an Arbeitsmitteln zu treffen" sind.

Folgende weitere Arbeitsschutzverordnungen gibt es:

1.8.1 PSA-Benutzungsverordnung

Die Verordnung über Sicherheit und Gesundheitsschutz bei der Benutzung persönlicher Schutzausrüstungen bei der Arbeit (PSA-Benutzungsverordnung) gilt für „jede

---

252 https://kompendium.bg-verkehr.de/bgverkehr/xhtml/document.jsf?docId=BGVERKEHR-Documents/!html/bgverkehr_hbsee_.html&alias=bgverkehr_hbsee_&anchor=&event=navigation.

253 BR-Drs. 400/14 v. 28.08.2014, S. 87.

Ausrüstung, die dazu bestimmt ist, von den Beschäftigten benutzt oder getragen zu werden, um sich gegen eine Gefährdung für ihre Sicherheit und Gesundheit zu schützen, sowie jede mit demselben Ziel verwendete und mit der persönlichen Schutzausrüstung verbundene Zusatzausrüstung" (§ 1 Abs. 2).

Die PSA-Benutzungsverordnung geht in der Regel der BetrSichV vor (siehe Kapitel 1.2.1.12).

Zu PSA siehe den Fall 2 „Backanlage".

1.8.2 GefStoffV

Die Gefahrstoffverordnung (GefStoffV) gilt „für Tätigkeiten, bei denen Beschäftigte Gefährdungen ihrer Gesundheit und Sicherheit durch Stoffe, Zubereitungen oder Erzeugnisse ausgesetzt sein können" (§ 1 Abs. 3). Ausführlich *Cordula Wilrich/Thomas Wilrich*, **Gefahrstoffrecht vor Gericht** (2021).

1.8.3 BioStoffV

Die Biostoffverordnung (BioStoffV) gilt für

- „Tätigkeiten mit Biologischen Arbeitsstoffen (Biostoffen)" (§ 1 Abs. 1) und
- „Tätigkeiten, die dem Gentechnikrecht unterliegen, sofern dort keine gleichwertigen oder strengeren Regelungen zum Schutz der Beschäftigten bestehen" (§ 1 Abs. 2).

1.8.4 LasthandhabV

Die Lastenhandhabungsverordnung „gilt für die manuelle Handhabung von Lasten, die aufgrund ihrer Merkmale oder ungünstiger ergonomischer Bedingungen für die Beschäftigten eine Gefährdung für Sicherheit und Gesundheit, insbesondere der Lendenwirbelsäule, mit sich bringt" (§ 1 Abs. 1).

„Manuelle Handhabung im Sinne dieser Verordnung ist jedes Befördern oder Abstützen einer Last durch menschliche Kraft, unter anderem das Heben, Absetzen, Schieben, Ziehen, Tragen oder Bewegen einer Last" (§ 1 Abs. 2).

1.8.5 LärmVibrationsArbSchV

Die Lärm- und Vibrations-Arbeitsschutzverordnung (LärmVibrationsArbSchV) „gilt zum Schutz der Beschäftigten vor tatsächlichen oder möglichen Gefährdungen ihrer Gesundheit und Sicherheit durch Lärm oder Vibrationen bei der Arbeit" (§ 1 Abs. 1).

1.8.6 OStrV

Die Arbeitsschutzverordnung zu künstlicher optischer Strahlung (OStrV) „gilt zum Schutz der Beschäftigten bei der Arbeit vor tatsächlichen oder möglichen Gefährdungen ihrer Gesundheit und Sicherheit durch optische Strahlung aus künstlichen Strahlungsquellen. Sie betrifft insbesondere die Gefährdungen der Augen und der Haut" (§ 1 Abs. 1).

1.9 Arbeitsschutzgesetz und DGUV-Vorschrift 1

Die „Basispflichten" in Form von „Generalklauseln" sind

- § 3 ArbSchG mit „Grundpflichten der Arbeitgeber",
- § 21 SGB VII über die „Verantwortung des Unternehmers" und
- § 2 DGUV-Vorschrift 1 mit „Grundpflichten der Unternehmer".

> Die **„goldene Regel"** für Arbeitssicherheit, Gesundheitsschutz und Unfallverhütung:
>
> Es sind alle erforderlichen Arbeitsschutzmaßnahmen zu ergreifen, um ausreichende Sicherheit und angemessenen Gesundheitsschutz zu erreichen.
>
> Das entspricht den goldenen Regeln in § 1 Straßenverkehrs-Ordnung (StVO):
>
> (1) Die Teilnahme am Straßenverkehr erfordert ständige Vorsicht und gegenseitige Rücksicht.
>
> (2) Wer am Verkehr teilnimmt hat sich so zu verhalten, dass kein anderer geschädigt, gefährdet oder mehr, als nach den Umständen unvermeidbar, behindert oder belästigt wird.

Es sind alle „erforderlichen Maßnahmen des Arbeitsschutzes" (§ 3 ArbSchG) bzw. alle „erforderlichen Maßnahmen zur Verhütung von Arbeitsunfällen, Berufskrankheiten und arbeitsbedingten Gesundheitsgefahren" umzusetzen (§ 21 SGB VII und § 2 DGUV-Vorschrift 2).

Aber welche Schutzmaßnahmen sind „erforderlich"? Das muss der Arbeitgeber in seiner Gefährdungsbeurteilung entscheiden (siehe Kapitel 5).

1.10 Unfallverhütungsvorschriften

Es gibt zahlreiche Unfallverhütungsvorschriften, die Bezug zur Arbeitsmittelverwendung und damit zur BetrSichV haben.

Die BetrSichV erfasst etwa elektrischen Gefährdungen, die bei der Verwendung von Arbeitsmitteln auftreten. Daneben gilt dann die DGUV-Vorschrift 3 „Elektrische Anlagen und Betriebsmittel".

2 Die innerbetrieblich Verantwortlichen

Der Arbeitgeber bzw. der Unternehmer hat die Organisationspflicht und wird in den meisten Fällen eine juristische Person sein (ein „gedankliches Konstrukt"). Doch welche natürliche Personen („echte Menschen") sind konkret verantwortlich?

Das wird ausführlich geschildert in *Wilrich*, **Technik-Verantwortung** – Sicherheitspflichten der Ingenieure, Meister und Fachkräfte und Organisation und Aufsicht durch Management und Führungskräfte (VDE-Schriftenreihe 188).

Es sind für das Gebiet der Arbeitsmittelnutzung gemäß ArbSchG, ASiG und BetrSichV:

- verantwortliche Personen gemäß § 13 ArbSchG[254] (dazu Kapitel 2.1),
- fachkundige Personen (§ 2 Abs. 5 BetrSichV – dazu Kapitel 2.2),
- befähigte Personen (§ 2 Abs. 6 BetrSichV – dazu Kapitel 2.3),
- beauftragte Beschäftigte (§ 12 Abs. 3 BetrSichV – dazu Kapitel 2.4),
- Koordinatoren[255] (§ 13 Abs. 3 BetrSichV – dazu Kapitel 2.5),
- Betriebsärzte und Fachkräfte für Arbeitssicherheit[256] (zu ihnen Kapitel 2.6),
- Sicherheitsbeauftragte[257] (zu ihnen Kapitel 2.7).

2.1 Verantwortliche Personen (§ 13 ArbSchG)

§ 13 ArbSchG benennt – *„neben dem Arbeitgeber"*, der also immer auch verantwortlich bleibt – folgende Personen als arbeitsschutzverantwortlich und damit auch verantwortlich gemäß der auf dem ArbSchG beruhenden BetrSichV.

1. sein gesetzlicher Vertreter,
2. das vertretungsberechtigte Organ einer juristischen Person – also die Unternehmensleitung (Geschäftsführer und Vorstände),

---

[254] Ausführlich *Wilrich*, Pflichtendelegation im Arbeitsschutz – Betriebsorganisation und Personalmanagement durch Übertragung von Unternehmerpflichten auf Führungskräfte (2023).

[255] Zum SiGeKo siehe *Wilrich*, Praxisleitfaden Baustellenverordnung, 2021 – VDE-Schriftenreihe 186.

[256] Ausführlich *Wilrich*, Verantwortung und Haftung der Sicherheitsingenieure, 2022 – VDE-Schriftenreihe 179.

[257] Ausführlich *Wilrich*, Arbeitsschutzverantwortung für Sicherheitsbeauftragte, 2021 – VDE-Schriftenreihe 177.

3. der vertretungsberechtigte Gesellschafter einer Personenhandelsgesellschaft,
4. Personen, die mit der Leitung eines Unternehmens oder eines Betriebes beauftragt sind, im Rahmen der ihnen übertragenen Aufgaben und Befugnisse,
5. sonstige nach einer aufgrund dieses Gesetzes erlassenen Rechtsverordnung oder nach einer Unfallverhütungsvorschrift verpflichtete Personen im Rahmen ihrer Aufgaben und Befugnisse.

   Abs. 2: „Der Arbeitgeber kann zuverlässige und fachkundige Personen schriftlich damit beauftragen, ihm obliegende Aufgaben nach diesem Gesetz in eigener Verantwortung wahrzunehmen."

Sehr wichtig ist zu betonen, dass § 13 ArbSchG nur die öffentlich-rechtliche bzw. verwaltungsrechtliche Verantwortung gegenüber den staatlichen Aufsichtsbehörden regelt und nur eine „Erweiterung des Adressatenkreises zur Erleichterung behördlicher Überwachung und Vollzugsanordnungen" bewirkt.[258] Die Verantwortung im Haftungsrecht geht ***sehr*** viel weiter (siehe Kapitel 2.8).

> Ausführlich zu § 13 ArbSchG *Wilrich*, **Pflichtendelegation im Arbeitsschutz** – Betriebsorganisation und Personalmanagement durch Übertragung von Unternehmerpflichten auf Führungskräfte (2023)

2.2 Fachkundige Person

Die fachkundige Person gemäß § 2 Abs. 5 BetrSichV ist abzugrenzen von einer befähigten Person, die Prüfungen von Arbeitsmitteln vornehmen darf (siehe Kapitel 2.3), wobei jemand sowohl fachkundig und befähigt sein kann.[259]

2.2.1 Aufgaben

Folgende Maßnahmen nach BetrSichV sind von fachkundigen Personen durchzuführen:

- Gefährdungsbeurteilungen (§ 3 Abs. 3 Satz 3),
- Instandhaltungsmaßnahmen (§ 10 Abs. 2 Satz 2),
- Rüst-, Einrichtungs- und Erprobungsarbeiten oder vergleichbare Arbeiten an Arbeitsmitteln (§ 11 Abs. 4) und

---

[258] So das VG Augsburg, Fallbesprechung „Der haftungsscheue Professor", in: *Wilrich*, Sicherheitsverantwortung (2016).

[259] Vgl. *Ensmann/Euler/Eber*, Anlagenbetreiber, 1.1.6.2, S. 33.

- Auf-, Ab- und Umbau von Gerüsten gemäß Anhang I Nr. 3.2.6.
- Die Mitglieder des Ausschusses für Betriebssicherheit (ABS) sollen fachkundige Personen sein (§ 21 Abs. 1 BetrSichV).

2.2.2 Anforderungen und Auswahl

Fachkundig sind Personen, die für die konkrete Aufgabe „über die erforderlichen Fachkenntnisse verfügen", wobei die Anforderungen abhängen von „Berufsausbildung, Berufserfahrung oder eine zeitnah ausgeübte entsprechende berufliche Tätigkeit" (§ 2 Abs. 5 BetrSichV). Die „sorgfältige Auswahl"[260] ist ein allgemeines Prinzip jeder Delegation von Aufgaben:

- Die entscheidende Grundaussage zur Definition der Fachkunde ist in § 2 Abs. 5 Satz 1: Die Person muss zur Ausübung einer in der BetrSichV der übertragenen Aufgabe über die erforderlichen Fachkenntnisse verfügen.
- § 2 Abs. 5 Satz 2 sagt letztlich nur aus: „Es kommt darauf an." Die erforderliche Fachkunde ist selbstverständlich nicht absolut für jede Person in jedem Bereich einheitlich (möglich), sondern eine relative Größe und damit abhängig von der jeweiligen Art der Aufgabe.
- § 2 Abs. 5 Satz 3 ist nur noch eine – beispielhafte und nicht abschließende („insbesondere") – Liste mit Umständen, die zu den erforderlichen Anforderungen an die Fachkunde gehören. Erstens können andere Umstände auch relevant sein. Zweitens muss auch nicht immer jeder beispielhaft genannte Umstand eins-zu-eins und vollständig bei jeder Person vorliegen („oder"), denn es geht um eine Gesamteinschätzung und -wertung.
- § 2 Abs. 5 Satz 4 bringt zum Ausdruck, dass einmal vorhandene Fachkunde nicht ewig bleibt, sondern auch verloren werden kann. Es besteht eine Fortbildungspflicht. Wie die fachkundigen Personen ihr Wissen erhalten, regelt die BetrSichV nicht. „Schulungen können auch firmenintern erfolgen."[261]

Trotz der detaillierten Liste gemäß § 2 Abs. 5 Satz 3 BetrSichV muss betont werden, dass es letztlich „nur" auf die – verantwortungsvolle – Wertung ankommt, ob die beauftragte Person „es kann". Es wäre aber eine methodische Unzulänglichkeit, wenn man „juristische Erkenntnisse aus Begriffen abzuleiten" sucht und „juristische Begründungen aus Begriffen abgeleitet werden statt aus dem Gesetzeszweck"[262].

[260] So die Formulierung in § 130 Ordnungswidrigkeitengesetz (OWiG).

[261] BR-Drs. 400/14 v. 28.08.2014, S. 78.

[262] *Rolf Wank*, Juristische Methodenlehre – Eine Anleitung für Wissenschaft und Praxis, 2020, § 2 Rn. 5 und 6, S. 15 und 16.

Ein Zweck der BetrSichV ist die „Qualifikation“ (§ 1 Abs. 1 Satz 3 Nr. 3). Man sollte die Einzelheiten der Spezialregelungen nicht zu subtil diskutieren, sondern akzeptieren, dass es selbst mit diesen Konkretisierungen eine – streitbare – Einschätzung ist und bleibt, ob eine Person „qualifiziert“ genug ist.

- Als fachkundige Personen kommen etwa auch Betriebsärzte und Fachkräfte für Arbeitssicherheit in Betracht (siehe zu ihnen Kapitel 2.6).[263] Ausführlich *Wilrich*, Verantwortung und Haftung der Sicherheitsingenieure (VDE-Schriftenreihe 179).
- Es können auch externe Dienstleister als fachkundige Personen beauftragt werden. Für Instandhaltungsmaßnahmen ist das klargestellt in § 10 Abs. 2 Satz 2 BetrSichV, wonach neben Beschäftigten auch „sonstige für die Durchführung der Instandhaltungsarbeiten geeignete Auftragnehmer mit vergleichbarer Qualifikation“ eingeschaltet werden können. Ausführlich zur externen Delegation und zum Outsourcing *Wilrich*, Maschinen- und Anlagensicherheitsrecht im Industrieservice (VDE-Schriftenreihe 165). Es kann auch die Pflicht zur Erstellung einer Gefährdungsbeurteilung auf Externe übertragen werden.[264]

2.2.3 Beauftragung

Nur bei den Instandhaltungsmaßnahmen sagt die BetrSichV, dass fachkundige Personen „beauftragt“ (und unterwiesen) werden müssen (§ 10 Abs. 2 Satz 2). Ob dieser Rechtsakt wirklich Beauftragung genannt wird oder – wie beim Koordinator (siehe Kapitel 2.5.2) – Bestellung oder z. B. Ernennung, Benennung oder Berufung, ist unerheblich. Es geht um die Übertragung der Plicht – um ein „Ins-Amt-Setzen“ – und die entsprechende Amtsübernahme.

Ich hätte auch nichts gegen den Begriff der Weihe – es ist in den christlichen Kirchen ein „Standessakrament“[265]. Durch einen Weihakt wird Priestern „religiöse Kraft übertragen“[266]. Geweiht werden Menschen mit einer besonderen religiösen Berufung – auch fachkundige Personen haben eine besondere Verantwortung.

Die Form der Beauftragung ist nicht geregelt. Die Verpflichtung von fachkundigen Personen könnte auch mündlich geschehen – zu empfehlen ist allerdings die Schriftlichkeit.

---

[263] So auch *Wink*, BetrSichV, § 3 Rn. 3a.

[264] So war es im Fall „Pappkartonstanze“, in: *Wilrich*, Verantwortung und Haftung der Sicherheitsingenieure, 2022.

[265] *Theo Mang*, Messbücher – 2000 Jahre Liturgie- und Kirchengeschichte, 2021, 2.7.8, S. 171.

[266] *Krech*, Dimensionen des Religiösen, in: Detlef Pollack; Volkhard Krech; Olaf Müller; Markus Hero (Hrsg.), Handbuch Religionssoziologie, 2018, S. 51, 74.

2.2.4 Verantwortung

Wie alle anderen Unternehmensmitarbeiter haben auch fachkundige Personen eine Verantwortung für die vollständige und richtige Erledigung ihrer Aufgaben – das nennt man **Fachverantwortung**.[267]

Einer fachkundigen Person kann nicht „nur“ konkret eine bestimmte Aufgabe übertragen werden – das nennt man **Anweisung**. Ihr kann auch generell und langfristig die Pflicht übertragen, für die erforderlichen Gefährdungsbeurteilungen bzw. Instandhaltungsmaßnahmen zu sorgen – das nennt man **Delegation**. Dann haben sie **Entscheidungs- und Durchführungsverantwortung**.

> Ausführlich *Wilrich*, **Technik-Verantwortung** – Sicherheitspflichten der Ingenieure, Meister und Fachkräfte und Organisation und Aufsicht durch Management und Führungskräfte (VDE-Schriftenreihe 188)

2.3 Befähigte Person

Die für Prüfungen von Arbeitsmitteln zuständige befähigte Person gemäß § 2 Abs. 6 BetrSichV ist abzugrenzen von der fachkundigen Person, die insbesondere Gefährdungsbeurteilungen und Instandhaltungsmaßnahmen durchführt (siehe Kapitel 2.2), wobei jemand sowohl fachkundig und befähigt sein kann.[268]

2.3.1 Aufgaben

Die BetrSichV regelt die erstmalige, die regelmäßig zu wiederholende und die außerordentliche Prüfung von Arbeitsmitteln durch befähigte Personen (siehe Kapitel 10).

2.3.2 Anforderungen und Auswahl

Die BetrSichV will „qualifizierte Prüfer“[269]. Prüfen müssen daher befähigte Personen, die „durch ihre Berufsausbildung, ihre Berufserfahrung und ihre zeitnahe berufliche Tätigkeit über die erforderlichen Kenntnisse zur Prüfung von Arbeitsmitteln verfügen“ (§ 2 Abs. 6 BetrSichV).

---

[267] Ausführlich *Wilrich*, Technik-Verantwortung, 2022.

[268] Vgl. *Ensmann/Euler/Eber*, Verantwortliche Elektrofachkraft, 1.1.6.2, S. 33.

[269] BR-Drs. 400/14 v. 28.08.2014, S. 78 und 81.

Der Arbeitgeber muss in der Gefährdungsbeurteilung entscheiden, „welche Voraussetzungen die zur Prüfung befähigten Personen erfüllen müssen, die von ihm mit den Prüfungen von Arbeitsmitteln zu beauftragen sind“ (§ 3 Abs. 6 Satz 6 BetrSichV).

Befähigte Personen können auch sein:

- Fachkräfte für Arbeitssicherheit (siehe zu ihnen Kapitel 2.6)[270];
- (verantwortliche) Elektrofachkräfte[271];
- externe Dienstleister sein, etwa Hersteller[272], wenn sie die Anforderungen erfüllen[273]. Das bestätigt die TRBS 1203 im „Beispiel Flurförderzeug“ des Anhangs: Die Anforderungen „dieser TRBS erfüllen z. B. erfahrenes Instandhaltungspersonal der Herstellerfirmen oder von diesen oder anderen Ausbildungsträgern gleichwertig qualifizierte zur Prüfung befähigte Personen“.

Bei der konkreten Auswahl hilft dem Arbeitgeber die Technische Regel Betriebssicherheit (TRBS) 1203 „Befähigte Personen“. Sie stellt eine Selbstverständlichkeit fest, die aber häufig vergessen oder verdrängt wird: „Der Arbeitgeber hat zu gewährleisten, dass die Befähigung der Schwierigkeit bzw. Komplexität der Prüfaufgabe angemessen ist, sodass die Prüfung sachgerecht durchgeführt werden kann.“ In einer alten TRBS hieß es: In „Abhängigkeit von der Komplexität der Prüfaufgabe (Prüfumfang, Prüfart, Nutzung bestimmter Messgeräte) können die erforderlichen Fachkenntnisse variieren“. Es kommt also – wieder einmal – darauf an.

2.3.3 Beauftragung

Befähigte Personen sind „zu beauftragen“ (§ 3 Abs. 6 Satz 6 BetrSichV). Ob dieser Rechtsakt wirklich Beauftragung genannt wird oder – wie beim Koordinator (siehe Kapitel 2.5) – Bestellung oder z. B. Ernennung, Benennung oder Berufung, ist unerheblich. Es geht um die Übertragung der Plicht – um ein „Ins-Amt-Setzen“ – und die entsprechende Amtsübernahme.

Die Form der Beauftragung ist nicht geregelt. Die Verpflichtung von fachkundigen Personen könnte auch mündlich geschehen – zu empfehlen ist allerdings die Schriftlichkeit.

---

[270] *Pieper*, Arbeitsschutzrecht, BetrSichV, § 2 Rn. 24.

[271] *Hennig*, VDE-Prüfung nach BetrSichV, TRBS und DGUV-Vorschrift 3, 2.1 und 2.1.5, S. 33 und 41; *Neumann*, BetrSichV, 2.4.2.1 und 2.4.2.32, S. 61.

[272] Ausführlich *Wilrich*, Produktsicherheitsrecht und CE-Konformität, 2021.

[273] *LASI*, Leitlinien BetrSichV, A 3.2.

2.3.4 Rechtsstellung

Befähigte Personen

- „unterliegen bei der Durchführung der Prüfungen keinen fachlichen Weisungen" (§ 14 Abs. 6 Satz 1) und
- „dürfen wegen ihrer Prüftätigkeit nicht benachteiligt werden" (§ 14 Abs. 6 Satz 2 BetrSichV).

2.3.5 Verantwortung

Wie alle anderen Unternehmensmitarbeiter haben auch befähigte Personen eine Verantwortung für die vollständige und richtige Erledigung ihrer Aufgaben – das nennt man **Fachverantwortung**. Die befähigte Person ist also verantwortlich für die ordnungsgemäße Prüfung der Arbeitsmittel gemäß § 14 BetrSichV – insbesondere gemäß Abs. 1 Satz 2 – für

1. die Kontrolle der vorschriftsmäßigen Montage oder Installation und der sicheren Funktion dieser Arbeitsmittel,
2. die rechtzeitige Feststellung von Schäden,
3. die Feststellung, ob die getroffenen sicherheitstechnischen Maßnahmen geeignet und funktionsfähig sind.

Ausführlich *Wilrich*, **Technik-Verantwortung** – Sicherheitspflichten der Ingenieure, Meister und Fachkräfte und Organisation und Aufsicht durch Management und Führungskräfte (VDE-Schriftenreihe 188)

2.4 Beauftragte Beschäftigte (§ 12 Abs. 3 BetrSichV)

§ 12 Abs. 3 BetrSichV ist keine gelungene Vorschrift, obwohl sie der Umsetzung des Art. 6 der Arbeitsschutzrahmen-Richtlinie 2009/104/EG dient. Es heißt: „Ist die Verwendung von Arbeitsmitteln mit besonderen Gefährdungen verbunden, hat der Arbeitgeber dafür zu sorgen, dass diese nur von hierzu beauftragten Beschäftigten verwendet werden."

- Erstens sollten immer nur beauftragte Beschäftigte für den Arbeitgeber tätig werden, nicht nur bei „besonderen" Gefährdungen, sondern auch bei „normalen" Gefährdungen.

- Zweitens kann die Beauftragung auch stillschweigend/konkludent erfolgen, sie muss nicht ausdrücklich oder gar schriftlich erfolgen. Das fordert auch § 12 Abs. 3 BetrSichV nicht, obwohl Ausdrücklichkeit bei besonderen Gefährdungen natürlich zu empfehlen ist.
- Drittens liegt das Entscheidende des § 12 Abs. 3 nicht in der Beauftragung bestimmter Beschäftigter, sondern im Ausschluss der nicht Beauftragten – die zentrale Aussage ist also das „nur". So forderte das Gericht im Fall 9 „Gabelstapler Arbeitsunfall Wanderzirkus" gerade eine *„Betriebsanweisung, in der anderen Unternehmensmitarbeitern das Führen des Staplers untersagt"* sei.

  Gerade dieses Verbot wird aber schon durch § 5 Abs. 4 BetrSichV erreicht: „Der Arbeitgeber hat dafür zu sorgen, dass Beschäftigte nur die Arbeitsmittel verwenden, die er ihnen zur Verfügung gestellt hat oder deren Verwendung er ihnen ausdrücklich gestattet hat." Wenn das eingehalten wird, also Arbeitsmittel entweder übergeben oder deren Nutzung gestattet wird, ist das eine Beauftragung i. S. d. § 12 Abs. 3 BetrSichV.
- Viertens ist in Spezialvorschriften die Beauftragung häufig weitergehend geregelt. Nach § 7 Abs. 1 DGUV-Vorschrift 68 Flurförderzeuge muss Auftrag zum Steuern von Flurförderzeugen schriftlich erteilt werden. Nach der Verletzung eines Vorarbeiters durch einen Teleskopstapler warf das LG Münster der Bauunternehmerin und Eigentümerin vor, dass „die Anweisung an den Fahrer mündlich ohne weitere Einweisungen erfolgte"[274].

Folgende Gerichtsurteile aus Teil 2 gehören in diesen Zusammenhang:

- In Fall 9 „Gabelstapler Arbeitsunfall Wanderzirkus" arbeitete das Landgericht Ansbach die „Verpflichtung" heraus, „dafür zu sorgen, dass der Stapler ausschließlich von dazu geeigneten und ausgebildeten Personen betrieben wird", die „sich generell aus § 5 ArbSchG ergibt, wonach der Arbeitgeber die für die Beschäftigten mit ihrer Arbeit verbundene Gefährdung – insbesondere eine solche, die aus dem Einsatz von Maschinen und/oder unzureichender Qualifikation und Unterweisung der Beschäftigten resultiert – zu ermitteln und zu beurteilen hat, welche Maßnahmen zum Schutz vor diesen Gefahren erforderlich sind". Nach der UVV Flurförderzeuge „hätte der Angeklagte mit dem Führen des Gabelstaplers bestimmte Personen beauftragen (lassen) müssen, die dafür ausgebildet sind und ihre Befähigung nachgewiesen haben".

[274] Fallbesprechung Nr. 49 „Teleskoplader", in: *Wilrich*, Baustellensicherheit, 2021.

- Im Fall „Rollenschneidemaschine" wertete das Landgericht Gießen die Pflichtverletzungen des Arbeitgebers u. a. nicht als grob fahrlässig, weil „es sich bei dem Verunglückten um eine beruflich ausreichend qualifizierte Fachkraft handelte und nicht etwa eine ungeeignete Hilfskraft, der man den Umgang mit gefahrträchtigen Großmaschinen nicht zumuten durfte, denn er war seit Jahrzehnten als Rollmaschinenführer tätig und mit dem Umgang der Rollenschneidemaschine vertraut"[275].

2.5 Koordinator (§ 13 Abs. 3 BetrSichV)

In § 13 Abs. 3 BetrSichV ist ein Koordinator geregelt, der bei *„Zusammenarbeit verschiedener Arbeitgeber"* zu bestellen ist, wenn *„bei der Verwendung von Arbeitsmitteln eine erhöhte Gefährdung von Beschäftigten anderer Arbeitgeber"* besteht.

Ausführlich zu den Koordinationspflichten aller Baubeteiligten und zur Parallele des Sicherheits- und Gesundheitsschutzkoordinators (SiGeKo) *Wilrich*, **Bausicherheit** – Arbeitsschutz, Baustellenverordnung, Koordination, Bauüberwachung, Verkehrssicherungspflichten und Haftung der Baubeteiligten (2021).

2.5.1 Auswahl

Wenn es schon einen Koordinator nach anderen Rechtsvorschriften gibt – insbesondere einen Koordinator nach den „Grundsätzen der Prävention" gemäß § 6 DGUV-Vorschrift 1 (früher BGV A1) oder einen Sicherheits- und Gesundheitsschutzkoordinator (SiGeKo) gemäß Baustellenverordnung (BaustellV) – kann er die Aufgaben nach BetrSichV mit *„übernehmen"*.

2.5.2 Bestellung

Koordinatoren sind zu bestellen

- *„schriftlich"* (der Beauftragende muss also gemäß § 126 BGB die Bestellung unterzeichnen, eine Gegenzeichnung ist zwar nicht erforderlich, aber zu empfehlen),
- durch die *„beteiligten Arbeitgeber"* (es also eine Pflicht beider Seiten – sowohl des Auftraggebers als auch des Auftragnehmers).

[275] Fallbesprechung Nr. 32 „Rollenhubbühne", in: *Wilrich*, Sicherheitstechnik und Maschinenunfälle vor Gericht, 2022.

2.5.3 Aufgaben

Der Koordinator hat die Aufgabe der *„Abstimmung der jeweils erforderlichen Schutzmaßnahmen durch die beteiligten Arbeitgeber“* (§ 13 Abs. 3 BetrSichV). Er ist nicht für die konkreten Schutzmaßnahmen in den einzelnen Verantwortungsbereichen bzw. Gewerken zuständig, sondern für ihre Abstimmung – also das möglichst gefahrlose Ineinandergreifen.

Die Verordnungsbegründung hält „bei der Zusammenarbeit mehrerer Gewerke die Bestellung einer über die jeweiligen Gewerke hinweg weisungsbefugten Person als sehr hilfreich, um die durch gleichzeitige Tätigkeiten mehrerer Unternehmen erfahrungsgemäß erhöhten Unfallmöglichkeiten zu reduzieren“[276].

2.5.4 Verantwortung

Der Koordinator *„entbindet die Arbeitgeber nicht von ihren Pflichten nach BetrSichV“* (§ 13 Abs. 3 Satz 4 BetrSichV) – und auch die anderen Verantwortlichen im Unternehmen verlieren ihre Pflichten nicht. Ob und inwieweit sich bei ihnen durch Einsetzung eines Koordinators die straf- und zivilrechtliche Verantwortung reduziert, hängt vom Unternehmensaufbau ab – insbesondere von den Befugnissen des Koordinators.

> Ausführlich zum Sicherheits- und Gesundheitsschutzkoordinator siehe *Wilrich*, **Praxisleitfaden Baustellenverordnung** – Handbuch für Elektrofachkräfte und Bauunternehmer, Architekten und Bauleiter, SiGeKo und Koordinatoren, HSE-Manager und Projektsteuerer, Sicherheitsingenieure und Sicherheitsbeauftragte, 2023, VDE-Schriftenreihe 186

2.5.5 Weisungsbefugnis?

Im Entwurf der BetrSichV aus dem Sommer 2014 war der Koordinator automatisch „hinsichtlich der zu treffenden Schutzmaßnahmen weisungsbefugt“. Das ist mit den Argumenten gestrichen worden, es sei ein „Systembruch“ und es sei „bei einer mehrfachen Weisungsbefugnis durch den jeweiligen Arbeitgeber und den Koordinator weniger eine Verbesserung des Arbeitsschutzes, sondern eher ein Abgrenzungsproblem in der Kompetenz zu erwarten“[277]. Beides ist unzutreffend:

[276] BR-Drs. 400/14 v. 28.08.2014, S. 89.
[277] BR-Drs. 400/14 (Beschluss) v. 28.11.2014, S. 10.

- Erstens ist – gerade bei Fremdfirmenbeschäftigung – kaum eine Situation vorstellbar, in der nicht Weisungsbefugnisse mehrerer Personen zusammenkommen.
- Zweitens ist die Ausstattung des (Fremdfirmen-)Koordinators gemäß § 6 DGUV-Vorschrift 1 „zur Abwehr besonderer Gefahren" sogar Pflicht.
- Drittens[278] wird im Bereich der BaustellV spätestens in der Ausführungsphase die Weisungsbefugnis für den Sicherheits- und Gesundheitsschutz-Koordinator (SiGeKo) empfohlen[279] – und es wird sogar die Auffassung vertreten, dass der Baustellenkoordinator auch ohne ausdrückliche Regelung „in schlüssiger Vertragsauslegung" weisungsbefugt ist.[280] Auch die Überwachung durch einen Aufsichtsführenden gemäß § 5 Abs. 3 DGUV-Vorschrift 1 „setzt in der Regel dessen Anwesenheit vor Ort sowie Weisungsbefugnis voraus"[281].

Trotzdem ist die Streichung der automatischen Weisungsbefugnis für den Koordinator richtig, denn die Entscheidung über seine Stellung und Wirkung sollte den Arbeitgebern vorbehalten sein.

Es wäre ohnehin besser gewesen, den Koordinator übergreifend für alle Bereiche des Arbeitsschutzes im Arbeitsschutzgesetz (ArbSchG) zu regeln. Denn in den meisten Fällen werden auch die Koordinationsanforderungen nicht nur aus der Verwendung von Arbeitsmitteln folgen, um die allein es in der BetrSichV geht. Arbeiten Beschäftigte mehrerer Unternehmen zusammen, muss eine Koordination auch in anderen Bereichen – etwa Gefahrstoffe – stattfinden. Wenn etwa der Arbeitnehmer eines Unternehmens einen Bagger fährt und der Arbeitnehmer eines anderen Unternehmens mit Bohrungen beschäftigt ist, so ist eher das ArbSchG für den Aspekt der Abstimmung der Arbeiten einschlägig; für die Betriebssicherheit des Baggers gilt dagegen die BetrSichV.[282]

Aber durch die Aufnahme in die BetrSichV wird eine „weitere Konkretisierung" durch den Ausschuss für Betriebssicherheit ermöglicht.[283]

---

278 Ausführlich hierzu *Wilrich*, Praxisleitfaden Baustellenverordnung, 2023.

279 So *Norbert Kollmer*, BaustellV, 2. Aufl. 2004, § 3 Rn. 59; *Jürgen Schliephacke*, Organisation des Arbeits- und Gesundheitsschutzes, in: Voss (Hrsg.), Handbuch Arbeitsschutz 2004, S. 125, 132; *Rainer Tepasse*, Handbuch Sicherheits- und Gesundheitsschutz auf Baustellen, 3. Aufl., 3.4, S. 187.

280 So *Norbert Kollmer*, BaustellV, 2. Aufl. 2004, § 3 Rn. 60; dagegen *Bremer*, in: Kohte/Faber/Feldhoff, Arbeitsschutzrecht, BaustellV, Rn. 33 in Fn. 69; unklar *Beck*, in: Rainer Tepasse, Handbuch Sicherheits- und Gesundheitsschutz auf Baustellen, 3. Aufl., der einerseits – in 4.4.1, S. 216 – automatische Weisungsbefugnisse annimmt, und anderseits – in 4.6.2, S. 219 – eine Vertragsregelung fordert.

281 DGUV-Regel 100-011, Abschnitt 2.4.3.

282 Siehe das Urteil „Baggerunfall am Bahnhof Kochel", in: *Wilrich*, Bausicherheit, 2021.

283 BR-Drs. 400/14 v. 28.08.2014, S. 89.

2.6 Fachkraft für Arbeitssicherheit

Der Arbeitgeber hat sich „fachkundig beraten zu lassen", wenn er „nicht selbst über die entsprechenden Kenntnisse verfügt" (§ 3 Abs. 3 Satz 4 BetrSichV). Gemeint sind hier insbesondere Fachkräfte für Arbeitssicherheit.

Diese Sicherheitsfachkräfte bekleiden eine Stabsstelle mit Beratungsfunktion und haben die Aufgabe – und Verantwortung – den Arbeitgeber beim Arbeitsschutz und bei der Unfallverhütung in allen Fragen der Arbeitssicherheit einschließlich der menschengerechten Gestaltung der Arbeit zu unterstützen (§ 6 Abs. 1 Satz 1 ASiG). Nicht selten erfüllen sie den Arbeitsschutz und setzen ihn durch und um – und übernehmen insoweit auch Pflichten und Verantwortung „in der Linie". In Fall 2 „Backanlage" war die Pflicht zur Erstellung der Gefährdungsbeurteilung der Sicherheitsfachkraft übertragen.

Diese über § 6 ASiG hinausgehende Aufgabenübernahme ist auch zulässig. Das OLG Nürnberg betonte zwar im Fall „Pappkartonstanze", dass „eine den Arbeitgeber exkulpierende Übertragung der Sicherheitsverantwortung auf die Fachkraft für Arbeitssicherheit nicht erfolgen kann", da § 6 ASiG „ausdrücklich die den Arbeitgeber lediglich unterstützende und beratende Funktion der Fachkraft für Arbeitssicherheit hervorhebt"[284]. Diese Aussage gilt aber so strikt nur für das *öffentlich-rechtliche bzw. verwaltungsrechtliche Arbeitsschutzrecht* und der Verantwortung gegenüber Aufsichtsbehörden für die *zukünftige* Einhaltung des Arbeitsschutzrechts (die „Windschutzscheibe"). Für das *zivil- und strafrechtliche Haftungsrecht* und die Verantwortung gemäß Haftungsrecht, *nachdem* ein Arbeitsunfall geschehen ist (den „Rückspiegel") gilt „nur", dass es keine *vollständig* befreiende Pflichtenübertragung gibt – aber ein (nicht geringes) Stück weit ist sie befreiend – nämlich wenn die verbleibenden Aufsichtspflichten erfüllt werden – insbesondere die Auswahl- und Überwachungspflicht. Daher betonte das LG Nürnberg-Fürth im Urteil „Pappkartonstanze", die Sicherheitsfachkraft hatte die Auskunft gegeben, „bei der Begehung traten keine arbeitssicherheitstechnischen Aspekte auf" und hierauf „konnte und durfte sich die Arbeitgeberin auch verlassen, da sie gerade im Interesse der Arbeitssicherheit ihre diesbezüglichen Überwachungspflichten auf einen externen Dienstleister übertragen hatte"[285].

Die Nichteinschaltung einer Fachkraft für Arbeitssicherheit vor Ausführung einer gefährlichen Tätigkeit kann fahrlässig sein – eventuell auch grob fahrlässig. Einem Baustellen- und Projektleiter warf das OLG Oldenburg vor: „Schließlich hätte er sich dazu veranlasst sehen müssen, die Fachkraft für Arbeitssicherheit hinzuzuziehen, da

[284] Fallbesprechung in *Wilrich*, Verantwortung und Haftung der Sicherheitsingenieure, 2022.
[285] Fallbesprechung in *Wilrich*, Verantwortung und Haftung der Sicherheitsingenieure, 2022.

er erstmalig einen solchen Auftrag übernahm und ihm nicht bekannt war, ob UVV einzuhalten und welche Sicherungsmaßnahmen ggf. vorzunehmen seien."[286]

> Siehe umfassend *Wilrich*, **Verantwortung und Haftung der Sicherheitsingenieure**: Unterstützungs-, Beratungs-, Berichts-, Prüfungs-, Warn- und Sorgfaltspflichten der Fachkräfte für Arbeitssicherheit als Stabsstelle und Unternehmerpflichten in der Linie – mit 15 Gerichtsurteilen und Strafverfahren zu Fahrlässigkeit und Schuld nach Arbeitsunfällen (VDE-Schriftenreihe 179).

2.7 Sicherheitsbeauftragte

Mit § 6 ASiG (siehe Kapitel 2.6) vergleichbar formuliert § 22 SGB VII eine Unterstützungsaufgabe der Sicherheitsbeauftragten.[287]

> Siehe umfassend *Wilrich*, **Arbeitsschutzverantwortung für Sicherheitsbeauftragte**: Bestellung, Rechtsstellung, Pflichten und Haftung als Vertrauenspersonen und Beschäftigte – Grundwissen Arbeitssicherheit, Führungspflichten und Unternehmensorganisation (VDE Schriftenreihe 177).

Man könnte bei der Sicherheitsfachkräften von „Expertenkontrolle von oben" reden und beim Sicherheitsbeauftragten von „Erfahrungswissen von unten"[288] – wenn das „Oben" nicht hierarchisch oder gar elitär gedacht ist, sondern die fundierte Ausbildung der Fachkraft für Arbeitssicherheit gemeint ist (*„Experte"*), während der Sicherheitsbeauftragte zwar die Arbeitsprozesse gut kennen sollte (*„Erfahrung"*), aber formal keine bestimmte Fachqualifikation benötigt. Sicherheitsfachkräfte sind „Arbeitsschutz-Profi"[289], während Sicherheitsbeauftragte – trotz ihrer Ausbildung – „Arbeitsschutz-Laien" bleiben, aber natürlich trotzdem sehr gute Arbeitsschutz-Kenntnisse haben können. Es geht also nicht um ein „doppelt hält besser"[290] oder um „eins drauf setzen", sondern um „zwei sich ergänzende Sichtweisen" – einmal „fachkundige Berater" und einmal „betriebspraktische Berater"[291] – einmal eher

286 Fallbesprechung „Baumfällung", in: *Wilrich*, Bausicherheit, 2021.

287 Abdruck in Teil 3 in Kapitel 3.8 dieses Buchs.

288 *Oetker*, zitiert nach Kohte, Die Sicherheitsbeauftragten, in: Anzinger/Wank (Hrsg.), Festschrift für Otfried Wlotzke, 1996, S. 563, 577 f.

289 *Berufsgenossenschaft für Gesundheitsdienst und Wohlfahrtspflege* (BGW), Sicherheitsbeauftragte im Betrieb, Stand 04/2019, S. 7 und S. 12.

290 So zutreffend *Petermann/Miyanyedi*, Der Betrieb braucht Sicherheitsbeauftragte für Arbeitssicherheit (hrsg. von BG ETEM), 2012, S. 11.

291 So *Ulrich Faber*, Die arbeitsschutzrechtlichen Grundpflichten des § 3 ArbSchG, 2004, S. 315 und 323.

Expertise (hoffentlich auch mit Erfahrung) und einmal eher Erfahrung (hoffentlich auch ein wenig Expertise). Sicherheitsbeauftragte sind auch kein „verlängerter Arm“ der Fachkraft für Arbeitssicherheit oder gar „Lückenfüller“[292].

Sicherheitsbeauftragte können – als solche (!) – nicht haften und „rücken nicht im geringsten, was die Verantwortlichkeit für die Betriebssicherheit betrifft, an die Stelle des Unternehmers“[293]. Bei einer „Doppelfunktion“ des Sicherheitsbeauftragten „leitet sich seine Weisungsbefugnis aus seiner Funktion als Vorgesetzter und nicht aus seiner Funktion als Sicherheitsbeauftragter her“[294]. Es kann bei Sicherheitsbeauftragten zu krassen Fehlurteilen kommen:

Das Amtsgericht Heilbronn hat nach einem Unfall mit einem Gabelstapler die Position des Sicherheitsbeauftragten fundamental und fulminant missverstanden. Es heißt dort allen Ernstes zur Begründung der Verurteilung eines Sicherheitsbeauftragten wegen fahrlässiger Tötung: „Der Angeklagte hat in seiner Eigenschaft als Sicherheitsbeauftragter des Unternehmens nicht dafür Sorge getragen, dass im Betrieb regelmäßige Unterweisungen im Umgang mit allen zur Verfügung stehenden Betriebsmitteln auf der Grundlage schriftlicher Betriebsanweisungen durchgeführt werden. Dem Angeklagten ist zur Last zu legen, dass er die Einhaltung der Durchführung der regelmäßigen Unterweisungen nicht überwacht hat.“ Es ist zwar ganz am Anfang des Sachverhalts kurz erwähnt, er sei „Schichtleiter und Sicherheitsbeauftragter“ – und als Schichtleiter kann er durchaus die erwähnten Führungspflichten verletzt haben. Aber das Amtsgericht Heilbronn stellte bei seiner Verurteilung allein auf diese Position des Sicherheitsbeauftragten ab. Das wird schon zu Beginn der Aussagen zu ihm deutlich: „Zunächst ist festzustellen, dass der Angeklagte in seiner Position als Sicherheitsbeauftragter für die Einhaltung der Sicherheitsbestimmungen und damit grundsätzlich für die Durchführung von Unterweisungen verantwortlich ist.“ Das Gericht setzt seinen rechtlich unzutreffenden Weg sogar noch konsequent und kontraproduktiv bei der Strafzumessung fort und berücksichtigt strafschärfend bei seiner Verurteilung wegen fahrlässiger Tötung, dass „der Angeklagte die Funktion des Sicherheitsbeauftragten innehatte“.

Alles Weitere zu diesem Fehlurteil in *Wilrich*, Arbeitsschutzverantwortung für Sicherheitsbeauftragte, 2021

---

[292] Dagegen zutreffend auch *Siegmann/von Kiparkski*, Sicherheitsbeauftragte – Beauftragte für Sicherheit und Gesundheit bei der Arbeit, 2017, S. 33.

[293] BVerwG, Beschluss v. 18.05.1994 (Az. 6 P 27.92).

[294] So treffend *Jürgen Spinnarke*, Sicherheitstechnik, Arbeitsmedizin, Arbeitsplatzgestaltung, 2. Aufl. 1990, 5.7, S. 108.

Am besten wäre die Bezeichnung als **Sicherheitsvertrauensperson** – wie in Österreich in § 10 des ArbeitnehmerInnenschutzgesetzes (ASchG). Der historische Begriff der „Unfallvertrauensmann“ ist also im Hinblick auf die Betonung des Vertrauens nicht schlecht gewesen. 1963 ist dann – begrüßenswert – der Negatives verheißende „Unfall“ durch die Positives signalisierende „Sicherheit“ ersetzt worden. Dass es nicht „Mann“, sondern „Person“ heißen sollte, versteht sich heute von selbst. Sicherheitsbeauftragte sind „Vertrauenspersonen“[295]. Auch der Begriff **Sicherheitsbotschafterin** trifft eher, um was es geht.

2.8 Die allgemeine Sicherheitsverantwortung jeder Führungskraft

§ 13 ArbSchG zu den „verantwortlichen Personen“ regelt nur die *öffentlich-rechtlichen* bzw. *verwaltungsrechtlichen* Zugriffsmöglichkeiten der Aufsichtsbehörden (siehe Kapitel 2.1). Es ist ein (großes, aber weitverbreitetes) Missverständnis, dass nur die dort genannten Personen arbeitsschutzverantwortlich sind.

Unabhängig von § 13 ArbSchG besteht für jeden Unternehmensmitarbeiter eine zivil- und strafrechtliche Pflicht, alles Mögliche und Zumutbare zu tun, um Schäden und Unfälle zu vermeiden. Zivilrechtlich heißt das Verkehrssicherungspflicht, strafrechtlich ist es die Garantenpflicht.[296] Diese Pflicht besteht für Unternehmensleiter (dazu Kapitel 2.8.1), alle weiteren Führungskräfte (dazu Kapitel 2.8.2) und alle „einfachen“ Beschäftigten (dazu Kapitel 2.9).

> Ausführlich *Wilrich*, **Technik-Verantwortung** – Sicherheitspflichten der Ingenieure, Meister und Fachkräfte und Organisation und Aufsicht durch Management und Führungskräfte (VDE-Schriftenreihe 188)

2.8.1 Unternehmensleiter

Die Rechtsprechung betont, der *„vom Gesetz vorgesehenen Allzuständigkeit des Geschäftsführers“* entspricht eine *„umfassende Verantwortung für die Belange der Gesellschaft“*[297].

Folgende Gerichtsurteile in Teil 2 dieses Buches illustrieren die Arbeitsschutzverantwortung der Unternehmensleiter:

---

295 *Kittner*, Arbeitsschutzrecht, SGB VII Rn. 31, S. 1613.

296 Ausführlich *Wilrich*, Arbeitsschutz-Strafrecht – Verantwortlichkeiten, Sorgfaltspflichtverletzungen, Verschulden und Rechtsprechungspraxis mit Analyse von 33 Gerichtsurteilen, 2020.

297 BGH, Urteil v. 15.10.1996 (Az. VI ZR 319/95).

- Das Amtsgericht Heilbronn spricht in Fall 8 schlicht von einem *„verantwortlichen Geschäftsführer"*.
- Das Landgericht Ansbach bezeichnet in Fall 9 den Gesellschafter einer Gesellschaft bürgerlichen Rechts (GbR) schlicht als *„auch für den Arbeitsschutz verantwortlich"* – das Gericht ergänzte noch, er sei *„sich seiner ihn als Leiter des Unternehmens treffenden Informationspflicht über arbeitsschutzrechtliche Maßnahmen durchaus bewusst"*.
- Das Amtsgericht Freudenstadt spricht in Fall 11 schlicht von einem *„verantwortlicher Unternehmer"*.
- In Fall 21 „Stromschlag Reinigungsarbeiten Garage" hält das Amtsgericht Tettnang einen Geschäftsführer vor: *„Sie sind verantwortlich sowohl für die Sicherheit und Geeignetheit der benutzten Gerätschaften dieser Firma als auch für die Bekanntmachung der Unfallverhütungsvorschriften an die Angestellten bzw. Arbeiter Ihrer Firma und ferner für die Überprüfung der Einhaltung dieser Vorschriften."*
- Im Fall „Flickstation: Unfall wegen fehlender Schutzeinrichtung" belehrte das Amtsgericht einen Geschäftsführer: *„Als Geschäftsführer sind Sie dafür verantwortlich, dass die Benutzung der Flickstation mit Trommelwender mit den geltenden öffentlich-rechtlichen Vorschriften in Einklang steht."*[298]

2.8.2 Weitere Führungskräfte

Aus Schadensersatz- und strafrechtlicher Sicht muss jeder Vorgesetzte aus dieser Position heraus und jeder, der Weisungen erteilt, aufgrund der Ausübung dieser Weisungen für ausreichend sichere Arbeitsmittel für seine „Schützlinge" bzw. für ausreichend sichere Arbeit (im Zusammenhang mit Arbeitsmitteln) auch dann sorgen, wenn die Pflichten öffentlich-rechtlich bzw. schriftlich nicht übertragen wurde.

Leider ist folgende hervorragende Zusammenfassung in der zurückgezogenen DGUV-Information 211-001 „Übertragung von Unternehmerpflichten" gestrichen, aber selbstverständlich weiterhin goldrichtig: Die Pflichtenübertragung gemäß § 13 ArbSchG (siehe Kapitel 2.1) „erübrigt sich", so heißt es dort, „soweit" sie „bereits aus einem anderen Rechtsgrund eigenständige Pflichten auf dem Gebiet der Unfallverhütung haben" – z. B. „betriebliche Führungskräfte und Vorgesetzte, z. B. Meister. Denn die Verantwortung dieser Personen, für die Sicherheit und den Gesundheitsschutz am Arbeitsplatz und damit für die Gefahrenabwehr in ihrem Bereich zu sorgen, ergibt sich bereits im Wesentlichen aus den ihnen durch den Arbeitsvertrag übertragenen Aufgaben, also aus der Stellung, die sie im Betrieb einnehmen. Einer gesonderten Übertragung dieser mit der Stellung des Vorgesetzten ohnehin verbundenen Pflichten

[298] Fallbesprechung Nr. 8 in *Wilrich*, Sicherheitstechnik und Maschinenunfälle vor Gericht, S. 60 ff.

bedarf es nicht." Noch deutlicher heißt es dann: „Vorgesetzte ohne Verantwortung gibt es nicht. Wer es ablehnt, Verantwortung zu tragen, kann nicht Vorgesetzter sein." Insoweit sind formelle Pflichtenübertragungen also nicht rechtsbegründend = konstitutiv, sondern „nur" deklaratorisch = sie deklarieren nur das nach außen, was ohnehin gilt. Die alten Durchführungsanweisungen von 2001 zu § 12 GUV-V A1 fassten hervorragend zusammen: „Vorgesetzte und Aufsichtführende sind aufgrund ihres Arbeitsvertrages verpflichtet, im Rahmen ihrer Befugnis die zur Verhütung von Arbeitsunfällen, Berufskrankheiten und arbeitsbedingten Gesundheitsgefahren erforderlichen Anordnungen und Maßnahmen zu treffen und dafür zu sorgen, dass sie befolgt werden. Insoweit trifft sie eine zivilrechtliche und strafrechtliche Verantwortlichkeit; diese besteht unabhängig von einer Verantwortung aus" Sondervorschriften.

Folgende Gerichtsurteile illustrieren die automatische Sicherheitsverantwortung der Führungskräfte für ihren Zuständigkeitsbereich:

- In Fall 2 sagte der Produktionsleiter als Zeuge, *„dass alle neu eingestellten Arbeitnehmer durch ihn oder den Schichtführer eingewiesen worden seien"*, und das Gericht schlussfolgert, *„hiernach steht fest, dass Einweisung und Belehrung auf den Produktionsleiter übertragen waren"*: Aus der tatsächlichen Handhabung und der Erfüllung einer Pflicht wird also rechtlich auf die Pflichtenübertragung geschlossen.
- In Fall 8 sagt das Amtsgericht Heilbronn, ein Abteilungsleiter sei *„für die Einhaltung der Arbeitssicherheit in seiner Abteilung zuständig"* – ebenfalls verurteilt wurde ein Lagerleiter, der die konkrete Anweisung gegeben hatte.
- In Fall 10 leitet das Gericht die Verantwortung eines Maurers daraus ab, dass er *„eine sog. faktische Kapo-Stellung innehatte. Aufgrund seiner langjährigen Tätigkeit und seiner Erfahrung im Bau, gab er den anderen Bauarbeitern Anweisungen und kontrollierte deren Arbeit wie auch am Tattag."*
- In Fall 21 hält das Amtsgericht Tettnang einem Vorarbeiter vor: *„Sie waren mitverantwortlich für die Sicherheit und Geeignetheit der benutzten Gerätschaften sowie für die Einhaltung der Unfallverhütungsvorschriften."*
- Im Fall „Flickstation: Unfall wegen fehlender Schutzeinrichtung" belehrte das Amtsgericht einen Abteilungsleiter: *„Als Abteilungsleiter des Abteilungszweiges Produktion ‚Trockenkammer' sind sie dafür verantwortlich, dass die Sicherheits- und Maschinenunterweisung vollständig und umfassend durchgeführt wird."*[299]

[299] Fallbesprechung Nr. 8 in *Wilrich*, Sicherheitstechnik und Maschinenunfälle vor Gericht, S. 60 ff.

Sehr lückenhaft und daher unzutreffend beantwortet der KomNet-Dialog 42805[300] diese Frage: „Ist es richtig, dass, falls keine Pflichtenübertragung an z. B. einen Abteilungsleiter stattgefunden hat, dieser auch keine Unterweisungen durchführen braucht?“: „Die Pflicht zur Unterweisung ergibt sich aus § 12 ArbSchG. Ist keine Pflichtenübertragung erfolgt, dann obliegt diese Pflicht weiterhin dem Arbeitgeber und die Unterweisung muss nicht durch z. B. den Abteilungsleiter durchgeführt werden“ – und dabei stützt man sich auf § 13 ArbSchG mit der Überschrift „Verantwortliche Personen“ – und es wird ergänzt, „diese Beauftragung muss schriftlich erfolgen“[301].

In § 13 ArbSchG geht es indes *nur* um die verwaltungsrechtliche Verantwortung gegenüber den Aufsichtsbehörden (siehe Kapitel 2.1). Der KomNet-Dialog verschweigt, dass wir eine Gesamtrechtsordnung haben: *„Sobald jemand einen Paragrafen eines Gesetzbuches anwendet, so wendet er das ganze Gesetzbuch an“* – so hat es *Rudolf Stammler* gesagt. Noch schöner ist ein Satz des amerikanischen Juristen *Oliver Wendell Holmes Jr.*: *„Als Juristen haben Sie die Aufgabe, das Verhältnis Ihres speziellen Falls zum ganzen Universum zu sehen.“*

Der KomNet-Dialog unterschlägt, dass es nicht nur eine gegenüber dem Staat bestehende verwaltungsrechtliche/öffentlich-rechtliche Verantwortung der Beschäftigten gibt, sondern – nach Arbeitsunfällen – auch eine zivil- und strafrechtliche Verantwortung nach den allgemeinen Rechtsvorschriften: Jedenfalls nach der Zahl der Gerichtsurteile sind diese Schadensersatzansprüche oder Strafsanktionen der entscheidende Bereich des Rechts-Universums. Dort gilt die einfache Regel: Jeder Mitarbeiter (jeder Mensch) ist automatisch und ohne schriftliche Pflichtenübertragung für die übernommenen (Leitungs-)Aufgaben aus seiner Position heraus im Rahmen seiner Befugnisse verantwortlich. Die DGUV-Information 211-006 „Sicherheit und Gesundheitsschutz durch Koordinieren“[302] drückt es so aus: *„Vorgesetzte ohne Verantwortung gibt es nicht. Wer es ablehnt, Verantwortung zu tragen, kann nicht Vorgesetzter sein.“* Das muss in einer ganzheitlichen Antwort auch betont werden.

---

[300] *KomNet-Wissensdatenbank*, KomNet-Dialog 42805, Stand: 21.8.2019 (abgerufen am 12.2.2020 – inzwischen gelöscht, archivierte Version verfügbar unter https://web.archive.org/web/2020090152745/https://www.komnet.nrw.de/_sitetools/dialog/42805).

[301] Zu diesem § 13 ArbSchG siehe *Wilrich*, Pflichtendelegation im Arbeitsschutz – Betriebsorganisation und Personalmanagement durch Übertragung von Unternehmerpflichten auf Führungskräfte, 2023.

[302] Zur Wirkung solcher Regelwerke siehe *Wilrich*, Die rechtliche Bedeutung technischer Normen als Sicherheitsmaßstab – mit 33 Gerichtsurteilen zu anerkannten Regeln und Stand der Technik, Produktsicherheitsrecht und Verkehrssicherungspflichten, 2017.

2.9 Beschäftigte

Den Beschäftigten legt die BetrSichV unmittelbar keine Pflichten auf – auch wenn das Amtsgericht Dillingen behauptet, „nach der Betriebssicherheitsverordnung tragen alle Arbeiter auf der Baustelle eine Mitwirkungspflicht für die Sicherheit und den Gesundheitsschutz am Arbeitsplatz" (Fall 10 „Gerüststurz").

Dass alle Beschäftigte für Sicherheit und Gesundheitsschutz (mit-)verantwortlich sind, ergibt sich zwar nicht aus der BetrSichV, aber

- indem das (Arbeitsschutz-)Gesetz ihnen Pflichten auferlegt (dazu Kapitel 2.9.1),
- indem das Unfallverhütungsrecht ihnen Pflichten auferlegt (dazu Kapitel 2.9.2),
- indem der (Arbeits-)Vertrag auch diese Pflichten beinhaltet (dazu Kapitel 2.9.3) und
- indem die allgemeine Verkehrssicherungspflicht auch jeden einzelnen Mitarbeiter trifft (dazu Kapitel 2.9.4).

2.9.1 Pflichten der Beschäftigten gemäß ArbSchG

Auch für den Bereich der BetrSichV und die Verwendung von Arbeitsmitteln gelten die §§ 15 und 16 ArbSchG. Beschäftigte haben auch „insbesondere Maschinen, Geräte, Werkzeuge, Arbeitsstoffe, Transportmittel und sonstige Arbeitsmittel sowie Schutzvorrichtungen und die ihnen zur Verfügung gestellte persönliche Schutzausrüstung bestimmungsgemäß zu verwenden".

Zu diesem letzten Punkt der sorgfältigen Arbeitsmittel- und Schutzausrüstungsverwendung gibt es zahlreiche Gerichtsurteile:

- Fall 2: Das Gericht hielt einem „lebenserfahrenen Undercoverjournalisten", der unter falschem Namen in einer Großbäckerei arbeitete, vor, ihm sei „sicherlich auch bekannt, dass man sich an einem aus dem Backofen kommenden Backblech verbrennen kann" und es daher für „wenig nachvollziehbar" hielt, „dass er mit bloßen Händen die Backbleche angefasst haben will".
- Fall 8: Hier warf das Gericht einem Gabelstaplerfahrer vor, der Unfall wäre „bei Einhaltung seiner Sorgfaltspflichten vorhersehbar und vermeidbar gewesen, nämlich wenn er die Last nach dem Abladen vom Lastwagen und vor der weiteren Rückwärtsfahrt bis kurz über den Boden abgelassen und den Hofraum bergseitig mit zurückgeneigtem Hubmast befahren hätte".
- Fall 9 „Gabelstaplerunfall Wanderzirkus": Hier warf das Gericht einem Gabelstaplerfahrer vor, er „beging den zum Tode seines Arbeitskollegen führenden

Fehler, den Stapler mit nach vorne unten abgesenkten Gabelzinken zum Entladen abgestellt zu haben, weil er mangels Ausbildung im Umgang mit Gabelstaplern die davon für seine Arbeitskollegen aber auch sich selbst ausgehende Gefahr unterschätzt hat".

- Fall 10: Hier warf das Gericht einem Maurer vor: „In Missachtung" seiner Sicherheitspflichten „transportierte er unter Ausnutzung gerade des Umstandes, dass die Gerüststangen entfernt wurden, mit seinem Kran die Palette auf die Gerüstebene", aber „grundsätzlich darf nur der Gerüsthersteller Veränderungen am Gerüst vornehmen".
- Nach Aufzugsfällenbetonen die Gerichte die „Pflicht eines jeden Fahrstuhlbenutzers, bei Verlassen des Fahrstuhls darauf zu achten, ob dieser korrekt, insbesondere bündig mit dem Stockwerksboden angehalten hat" und einer „Obliegenheit, auf den Boden zu achten": Es könne „von jedem Benutzer erwartet werden, dass er darauf achtet, ob die Kabine korrekt – insbesondere also bündig mit dem Bodenniveau – angehalten hat"[303].
- Nach einem Unfall an einer Maschine ohne Schutzeinrichtung" warf das Gericht einem Maschinenbediener vor, dass er „in die Maschine hineingegriffen hat, obwohl er ausdrücklich angewiesen war, dies nicht zu tun"[304].
- Nach dem Amtsgericht Wolfratshausen war es Pflicht des Baggerfahrers, „bei jeder Rückwärtsfahrt die Rückfahrkamera installiert und betriebsbereit zu haben und im dazugehörigen Monitor in der Fahrerkabine die Fahrtstrecke auf Hindernisse, insbesondere Personen, zu überprüfen"[305].
- Das Finanzgericht Baden-Württemberg folgert aus § 15 ArbSchG sogar eine „Obliegenheit des Arbeitnehmers, gegebenenfalls auf eigene Kosten eine Bildschirmarbeitsbrille anzuschaffen, wenn der Arbeitgeber diese nicht zur Verfügung stellt, obwohl dies nach dem Ergebnis einer augenärztlichen Untersuchung erforderlich erscheint"[306] – obwohl der Arbeitgeber gemäß § 3 Abs. 3 ArbSchG die Kosten für Arbeitsschutzmaßnahmen tragen muss. Damit wollte das Gericht dem klagenden Professor aber nur die Geltendmachung einer selbst beschafften Brille als Werbungskosten ermöglichen.

---

[303] Fall „Aufzug im Kurheim" und Fall „Aufzug im Parkhaus", in: *Wilrich*, Maschinen- und Anlagensicherheitsrecht im Industrieservice, 2023 (VDE-Schriftenreihe 165).

[304] Fallbesprechung Nr. 32 „Rollenhubbühne", in: *Wilrich*, Sicherheitstechnik und Maschinenunfälle vor Gericht, 2022.

[305] Fallbesprechung Nr. 8 „Baggerunfall Kochel", in: *Wilrich*, Bausicherheit, 2021.

[306] FG Baden-Württemberg, Urteil v. 26.06.2003 (Az. 13 K 261/97).

2.9.2 Pflichten gemäß Unfallverhütungsrecht

Auch § 21 Abs. 3 des 7. Sozialgesetzbuches über die Gesetzliche Unfallversicherung (SGB VII) regelt Mitarbeiterpflichten: „Die Versicherten haben nach ihren Möglichkeiten alle Maßnahmen zur Verhütung von Arbeitsunfällen, Berufskrankheiten und arbeitsbedingten Gesundheitsgefahren sowie für eine wirksame Erste Hilfe zu unterstützen und die entsprechenden Anweisungen des Unternehmers zu befolgen."

Auch stellt § 1 DGUV-Vorschrift 1 klar: „Unfallverhütungsvorschriften gelten für Unternehmer und Versicherte":

- Zur Verpflichtung eines Obermonteurs gemäß BGV A3 (heute DGUV-Vorschrift 3) siehe das Urteil zum „Stromschlag im Umspannwerk"[307] und
- Zur Verpflichtung eines Ausbilders gemäß UVV „Kraftbetriebene Arbeitsmittel" siehe das Urteil „Bohrschneckenunfall beim Bau des Kaufhofs in Halle"[308].

2.9.3 Pflichten der Beschäftigten gemäß Arbeitsvertrag

Jedes Schuldverhältnis kann nach seinem Inhalt jeden Teil zur Rücksicht auf die Rechte, Rechtsgüter und Interessen des anderen Teils verpflichten (§ 241 Abs. 2 BGB). Das dient dem Schutz und der Förderung des Vertragszwecks[309] – und es gilt auch für das Arbeitsverhältnis.

Das bedeutet, „der Arbeitnehmer ist arbeitsvertraglich zu einem den Arbeitsschutzvorschriften korrespondierenden Verhalten verpflichtet"[310]. Daher verpflichten die §§ 15 und 16 ArbSchG die Beschäftigten auch arbeitsvertraglich – auch wenn das nicht im Arbeitsvertrag ausdrücklich gesagt ist.

Folgende Gerichtsurteile setzen das um:

- In Fall 22 betont das LAG Hamm die *„arbeitsvertragliche Nebenpflicht, Sicherheitsvorschriften zu beachten"*.
- In Fall 6 betont das BAG, der Arbeitnehmer *„hat die arbeitsvertragliche (Neben-) Pflicht, das ihm als Arbeitsmittel anvertraute Eigentum des Arbeitgebers nicht zu beschädigen"*.
- Zur Fürsorgepflicht gemäß Zivildienstleistungsgesetz (ZDG) siehe den Fall „Rasenmäher: Unfall des Zivis bei der Reinigung"[311].

---

[307] Fallbesprechung in *Wilrich*, Elektrotechnik und Stromunfälle vor Gericht, 2023 (VDE-Schriftenreihe 199).

[308] Fallbesprechung in *Wilrich*, Bausicherheit, 2021, S. 219 ff.

[309] BAG, Urteil v. 27.05.2015 (Az. 5 AZR 88/14).

[310] LAG Hamm, Fall 22 in diesem Buch.

[311] Fallbesprechung in *Wilrich*, Maschinen- und Anlagensicherheitsrecht im Industrieservice, 2023 (VDE-Schriftenreihe 165).

2.9.4 Allgemeine Verkehrssicherungspflichten

Jeder Beschäftigte hat – so sagt es die Rechtsprechung in (aber-)tausenden Urteilen – immer die Pflicht, alles Mögliche und Zumutbare zu tun, um Schäden (für sich und andere) zu vermeiden.

- Erstens „bedeutet jeder Arbeitsauftrag automatisch Handlungsverantwortung“[312], sodass nicht nur eine Pflicht zur „Eigenvorsorge“, sondern auch zur „Fremdvorsorge“[313] besteht.
- Zweitens hat jeder Mitarbeiter für seine Aufgabe Entscheidungsbefugnis – und damit „Sacheinwirkungsbefugnis“[314] und damit eine Sicherheitspflicht, denn – so sagt es Reinhard Sprenger – „die Freiheit, entscheiden zu können, beinhaltet auch den Zwang, entscheiden zu müssen“. Siehe zu diesem – häufig nicht wahrgenommenen oder sogar verschwiegenem – Aspekt der automatischen Arbeitsschutzverantwortung kraft „gelebter Organisation“ ausführlich

Ausführlich *Wilrich*, **Technik-Verantwortung** – Sicherheitspflichten der Ingenieure, Meister und Fachkräfte und Organisation und Aufsicht durch Management und Führungskräfte (VDE-Schriftenreihe 188)

[312] *Hartmut Laufer*, Grundlagen erfolgreicher Mitarbeiterführung, 11. Aufl. 2011, S. 105.

[313] DGUV-Regel 100-001, Abschnitt 3.1.1.

[314] *Vahs/Schäfer-Kunz*, Einführung in die BWL, 5. Aufl. 2007, 8.5.2.1.1.1, S. 318.

3 Ziel, Sicherheitsmaßstab und Lösungsformel der BetrSichV

Ziel der BetrSichV ist es, *„die Sicherheit und den Schutz der Gesundheit von Beschäftigten bei der Verwendung von Arbeitsmitteln zu gewährleisten“* (§ 1 Abs. 1 Satz 2 BetrSichV) – dass eine *„Gefährdung“* durch Verwendung von Arbeitsmitteln *„so gering wie möglich gehalten wird“* (§ 5 Abs. 1 Satz 2 BetrSichV).

- Ziel ist also Betriebssicherheit (dazu Kapitel 3.1).
- Das Schutzniveau ist nicht „Nullrisiko“, sondern „Sicherheit so weit wie möglich“ (dazu Kapitel 3.2).
- Genauso wenig wie es eine absolut sichere Verwendung von Arbeitsmitteln geben kann, kann es auch eine absolute Rechtssicherheit bei der – zuweilen schwierigen – Wertungsfrage geben, was – ausreichend – betriebssicher ist (dazu Kapitel 3.3).
- Was betriebssicher ist, ergibt sich erst aus der Gesamtschau der Grundanforderungen der BetrSichV: Sie zusammen ergeben die Grundformel der BetrSichV (dazu Kapitel 3.4).
- Die BetrSichV regelt noch den Umkehrschluss im Sinne eines Stopp-Prinzips: Unsichere Arbeitsmittel darf der Arbeitgeber nicht verwenden lassen (dazu Kapitel 3.5).

3.1 Betriebssicherheit

Arbeitsmittel müssen

- erstens *„den für sie geltenden Rechtsvorschriften über Sicherheit und Gesundheitsschutz entsprechen“* (§ 5 Abs. 3 BetrSichV) und
- zweitens in *„den vorgesehenen Einsatzbedingungen bei der Verwendung sicher“* sein (§ 5 Abs. 1 Satz 1 BetrSichV) – und die Verwendung der Arbeitsmittel muss *„nach dem Stand der Technik sicher“* sein (§ 4 Abs. 1 Satz 3 BetrSichV).

Es geht um Sicherheit

- sowohl des **Arbeitsmittels an sich** (die ***Produkt*sicherheit** bzw. den ***Zustand***),
- als auch der **konkreten Verwendung des Arbeitsmittels** (die ***Betrieb*ssicherheit** bzw. die ***Handhabung***).

Also: „Die sichere Verwendung des Arbeitsmittels ergibt sich aus der mitgelieferten Sicherheit des Arbeitsmittels, ergänzt um die Maßnahmen, die sich aus der Gefährdungsbeurteilung für die Verwendung ergeben."[315]

Kurz: **(Betriebs-)Sicherheit = Produktsicherheit** (Kapitel 4)
+ Gefährdungsbeurteilung (Kapitel 5)
+ betriebliche Schutzmaßnahmen (Kapitel 6).

3.2 Das Ausmaß der geschuldeten Sicherheit

Die Grundpflicht der BetrSichV ist § 5 Abs. 1 Satz 1: *„Der Arbeitgeber darf nur solche Arbeitsmittel zur Verfügung stellen und verwenden lassen, die unter Berücksichtigung der vorgesehenen Einsatzbedingungen bei der Verwendung sicher sind."* Man kann noch § 4 Abs. 1 Satz 3 BetrSichV hinzunehmen: Die Verwendung der Arbeitsmittel muss *„nach dem Stand der Technik sicher"* sein. Die Verordnungsbegründung spricht von einem „elementaren Grundsatz"[316], Juristen sagen hierzu **Generalklausel**.

Was sicher ist, definiert zwar nicht die grundlegende Zielbestimmung der BetrSichV in § 1 Abs. 1 Satz 2: *„Ziel dieser Verordnung ist es, die Sicherheit und den Schutz der Gesundheit von Beschäftigten bei der Verwendung von Arbeitsmitteln zu gewährleisten."* Aber immerhin werden in § 1 Abs. 1 Satz 3 BetrSichV drei Beispiele genannt, wie das Ziel *„insbesondere erreicht werden soll"*. Die Gewährleistung soll erfolgen durch

- *„die Auswahl geeigneter Arbeitsmittel und deren sichere Verwendung"*,
- *„die für den vorgesehenen Verwendungszweck geeignete Gestaltung von Arbeits- und Fertigungsverfahren"* sowie
- *„die Qualifikation und Unterweisung der Beschäftigten"*.

Was ist nun „sicher"? Welche Arbeitsmittel sind „geeignet"? Wann ist eine „Verfahrensgestaltung geeignet"? Welche Qualifikation ist ausreichend? Wann hat der Arbeitgeber all das „gewährleistet"?

315 BR-Drs. 400/14 v. 28.08.2014, S. 83.
316 BR-Drs. 400/14 v. 28.08.2014, S. 83.

3.2.1 Stand der Technik – nicht Nullrisiko

Ein entscheidender Grundbegriff ist der **Stand der Technik**. Die Verwendung der Arbeitsmittel muss *„nach dem Stand der Technik sicher"* sein (§ 4 Abs. 1 Satz 3 BetrSichV). Zu diesem Schlüsselbegriff der BetrSichV siehe Kapitel 11 und ausführlich *Wilrich*, Die rechtliche Bedeutung technischer Normen als Sicherheitsmaßstab – mit 33 Gerichtsurteilen zu anerkannten Regeln und Stand der Technik, Produktsicherheitsrecht und Verkehrssicherungspflichten (2017).

Die BetrSichV fordert **nicht Nullrisiko.**[317] Die alte BetrSichV hatte offen die Situation angesprochen, dass „es nicht möglich ist, Sicherheit und Gesundheitsschutz der Beschäftigten in vollem Umfang zu gewährleisten" – und heute erkennt § 5 Abs. 1 Satz 3 BetrSichV Situationen an, in denen durch bestimmte Maßnahmen *„die Sicherheit und Gesundheit nicht gewährleistet werden"*.

3.2.2 Gefährdungsminimierung

Die Gefährdung muss „minimiert" werden.[318] Das zentrale Gebot der BetrSichV ist Gefährdungsminimierung. Ziel ist, dass eine „Gefährdung" durch Verwendung von Arbeitsmitteln **„so gering wie möglich** gehalten wird". So sagt es § 5 Abs. 1 Satz 2 BetrSichV und ergänzt dies durch folgende drei – auch wieder eher beispielhaften – Aussagen: Arbeitsmittel müssen

- *„für die Art der auszuführenden Arbeiten geeignet sein"*,
- *„den gegebenen Einsatzbedingungen und den vorhersehbaren Beanspruchungen angepasst sein"* und
- *„über die erforderlichen sicherheitsrelevanten Ausrüstungen verfügen"*.

§ 5 Abs. 1 Satz 3 BetrSichV bringt dann noch einmal den – einerseits realistischen und anderseits unkonkreten – Ansatz der BetrSichV zum Ausdruck: Kann durch diese Maßnahmen *„die Sicherheit und Gesundheit nicht gewährleistet werden, so hat der Arbeitgeber andere geeignete Schutzmaßnahmen zu treffen, um die Gefährdung so weit wie möglich zu reduzieren"*.

Aber wie weit muss man „minimieren"? Wann ist etwas „so weit wie möglich" reduziert und die Gefährdung „so gering wie möglich"? Was sind „andere geeignete Schutzmaßnahmen" – und wann hat man mit welchen Maßnahmen das Schutzziel ausreichend erreicht?

---

317 So auch *Neumann*, BetrSichV, 4.2.3.5, S. 120; *Scheuermann/Schucht*, Betriebssicherheitsverordnung, 4.2.4, S. 107.

318 BR-Drs. 400/14 v. 28.08.2014, S. 83.

Jedenfalls ist – wie im Produktsicherheitsrecht[319] – auch die **vorhersehbare Fehlanwendung** von Arbeitsmitteln zu berücksichtigen (siehe ausführlich Kapitel 1.3.15). Ansonsten kann es keine allgemeingültigen Antworten und abstrakten Definitionen geben – es kommt immer auf den Einzelfall an (siehe noch Kapitel 3.3).

3.2.3 Immer und zentral: Verhältnismäßigkeitsgrundsatz

Der Ausschuss für Betriebssicherheit (ABS) betont den Verhältnismäßigkeitsgrundsatz.[320]

EmpfBS 1114 Anpassung an den Stand der Technik bei der Verwendung von Arbeitsmitteln Abschnitt 3.5 (Ausgabe: März 2018)

3.5 Hinweise zur Bewertung von Ausnahmefällen

(1) In besonderen Ausnahmefällen kann ein Missverhältnis zwischen dem präventiven Nutzen der Maßnahme und dem mit den Maßnahmen verbundenen Aufwand entstehen (Grundsatz der Verhältnismäßigkeit).

(2) Wenn ein Arbeitgeber im Rahmen der Gefährdungsbeurteilung zu ermitteln und festzulegen hat, ob vorhandene Maßnahmen an den Stand der Technik angepasst werden müssen, kann eine ausnahmsweise erforderliche Ermittlung des Verhältnisses von Aufwand und Nutzen der Maßnahmen analog zum Verwaltungsverfahrensrecht vorgenommen werden (Grundsatz der Verhältnismäßigkeit).

(3) Fragen zur Verhältnismäßigkeit sind in den Rechtsgrundlagen zum Arbeitsschutz nicht explizit enthalten. Eine zum Verwaltungsverfahrensrecht analoge Betrachtung der Frage der Verhältnismäßigkeit ist jedoch zulässig, wenn ein Arbeitgeber im Rahmen der Gefährdungsbeurteilung zu ermitteln und festzulegen hat, ob vorhandene Maßnahmen ausreichend sind oder angepasst werden müssen.

(4) Demnach ist eine Maßnahme dann verhältnismäßig, wenn sie

- geeignet ist,
- erforderlich ist, diesen Zweck zu erreichen, und
- sich als angemessen darstellt.

a) Geeignetheit
Eine Maßnahme ist dann geeignet, wenn mit ihr der Zweck (die sichere Verwendung des Arbeitsmittels) erreicht oder gefördert werden kann.

---

319 Siehe hierzu *Wilrich*, Produktsicherheitsrecht und CE-Konformität, 2021.

320 EmpfBS 1114 Anpassung an den Stand der Technik bei der Verwendung von Arbeitsmitteln, Abschnitt 3.5.

b) Erforderlichkeit
Es steht zur Erreichung des angestrebten Ziels kein anderes gleich wirksames Mittel zur Verfügung, das den Arbeitgeber weniger belastet (geringstmöglicher Eingriff).

c) Angemessenheit
Die Maßnahme darf nicht zu einem Nachteil führen, der erkennbar zu dem angestrebten Erfolg außer Verhältnis steht. Dies setzt stets eine genaue Betrachtung des Einzelfalls sowie eine Abwägung der Vor- und Nachteile der Maßnahme voraus.

(5) Im Einzelfall kann eine Bewertung einer Maßnahme im Hinblick auf die damit verbundenen Vor- und Nachteile sowie den Aufwand zu der Einschätzung führen, dass die Verhältnismäßigkeit nicht gegeben ist. In einem solchen Einzelfall ist eine Entscheidung zu treffen, ob und ggf. unter welchen Voraussetzungen ein Arbeitsmittel weiter verwendet werden kann.

Ich würde nur – anders als die Überschrift von Abschnitt 3.5 der EmpfBS suggeriert – nicht von einem Ausnahmefall reden. Der Verhältnismäßigkeitsgrundsatz[321] ist ein Verfassungsgrundsatz. Er ist einer der wichtigsten „Rechtsgrundsätze, der das Verwaltungshandeln inhaltlich bestimmt“[322] und *„**stets** zu beachten“*[323]. Er wird auch Übermaßverbot bzw. Gebot des geringstmöglichen Eingriffs bzw. des mildesten Mittels genannt.

3.2.4 Selten und schwierig: Wirtschaftliche Erwägungen

Wirtschaftliche Erwägungen können eine Rolle spielen.[324] „Übergroße finanzielle Belastungen können Sicherungsmaßnahmen unzumutbar machen.“[325] Zur Produkthaftung sagt der BGH: „Maßgeblich für die **Zumutbarkeit** sind darüber hinaus die wirtschaftlichen Auswirkungen der Sicherungsmaßnahme, im Rahmen derer auch die **Kosten-Nutzen-Relation** (vgl. auch den sog. Risk-utility-Test nach US-amerikanischem Recht)“ eine Rolle spielt.[326]

---

321 Ausführlich gewürdigt z. B. im Urteil des Bayerischer Verwaltungsgerichtshof (BayVGH) v. 29.01.2018 (Az. 22 BV 16.2046) – Rasenmäher.

322 *Jörn Ipsen*, Allgemeines Verwaltungsrecht, 10. Aufl. 2017, Rn. 1183.

323 *Hartmut Maurer*, Allgemeines Verwaltungsrecht, 15. Aufl. 2004, § 10 Rn. 17.

324 So für die Anwendung des TOP-Prinzips auch *Aich/Damberg/Preuße*, Betriebssicherheitsverordnung, 4.3.1, S. 77; streng dagegen *Mattes/Aich/Fähnrich*, Betriebssicherheit, S. 13.

325 BGB-Reichsgerichtsrätekommentar (RGRK)/*Steffen*, Bd. II, 5. Teil §§ 812–831, 12. Aufl. 1989, § 823 Rn. 149.

326 BGH, Urteil v. 16.06.2009 (Az. VI ZR 107/08) – Airbag.

Es ist aber leicht erkennbar, wie schwierig die Argumentation mit der finanziellen Belastung und Abwägung von Geld mit Sicherheit und Gesundheitsschutz ist. Die plumpe Aussage, „Geld darf bei Sicherheit keine Rolle spielen", ist zwar unzutreffend (denn dann müssten wir – so meine ich 75 % unseres Landes stilllegen, denn es geht an vielen Stellen und Orten auch technisch sicherer).

Sieben Argumente sprechen häufig gegen die Durchschlagskraft des Wirtschaftlichkeitsaspekts[327]:

- Erstens kann immer mehr getan werden, denn „Unterlassen als bloßes Nichtstun ist unendlich"[328]. Dadurch entsteht ein entsprechender Druck, auch tatsächlich mehr zu tun.
- Zweitens sind „Kosten einer möglichen Katastrophe unkalkulierbar"[329].
- Drittens werden nach einen (schlimmen) Arbeitsunfall häufig die Kosten der Schutzmaßnahme mit der Folge, also dem Personenschaden verglichen – das ist aber falsch und ein Rückschaufehler[330]: Es müssen die Sicherheitskosten mit dem (mehr oder weniger geringen) Risiko von Schäden verglichen werden.
- Viertens ist der (finanzielle) Aufwand für die erforderliche Schutzmaßnahme häufig gering: Das OLG Saarbrücken sagte einmal, der Sicherungspflichtige „hätte nur das Geländer zusätzlich an den Seiten verankern müssen oder die Geländerpfosten und die Bodeneinspannung verzinken und vor Korrosion sichern oder auf das Kiesbett verzichten, um so eine geeignete regelmäßige Kontrolle und ein sofortiges Entdecken jeder Korrosion zu ermöglichen"[331].
- Fünftens hat der finanzielle Aspekt aber – auch bei größeren Kosten – eine eher geringe Bedeutung: Das OLG Saarbrücken sagte auch, „dem Schutz von Leben und Gesundheit kommt höchste Priorität zu und der Beklagte muss die ihm zur Verfügung stehenden Mittel deshalb zunächst hierfür verwenden, bevor er anderweitige Ausgaben tätigt". Die „finanziellen Belastbarkeit" hat eine „gewisse, wenn auch untergeordnete Bedeutung"[332]. Das liegt natürlich auch an dem Schutz von Leben und Gesundheit durch Art. 2 Abs. 2 des Grundgesetzes: „Jeder hat das

[327] Ausführlich auch *Wilrich*, Technik-Verantwortung, 2022; und *Wilrich*, Bestandsschutz oder Nachrüstpflicht, 2. Aufl. 2019.

[328] *Teichmann*, in: Jauernig, BGB, 15. Aufl. 2014, § 823 Rn. 29.

[329] *Mankiv/Taylor/Ashwin*, Volkswirtschaftslehre für Schule, Studium und Beruf, 2015 in 2.2 Unternehmerische Entscheidungen, S. 23.

[330] Zum Rückschaufehler siehe *Wilrich*, Sicherheitsverantwortung, 2016, Kapitel 11, S. 67 ff. und hier im Buch Fall 18: „Schrauben und abstürzender Stahlträger".

[331] Fall 15 „Geländer in der Schule", in: *Wilrich*, Bestandsschutz oder Nachrüstpflicht, S. 197 ff.

[332] BGH, Urteil v. 29.11.1983 (Az. VI ZR 137/82) – Sicherung der Längsseiten eines Eishockey-Stadions gegen verirrten Puck, besprochen in Fall 10 in *Wilrich*, Die rechtliche Bedeutung technischer Normen als Sicherheitsmaßstab, 2017, S. 226 ff.

Recht auf Leben und körperliche Unversehrtheit.“ Die BetrSichV regelt daher *„elementare Sicherheitspflichten“*[333].

- Sechstens werden nach einem Unfall die Unfälle verhindernden Schutzmaßnahmen meistens sehr schnell umgesetzt. So betont in Fall 4 „Drehmaschine“ das Landgericht Rottweil, „dass sich der Aufwand in Anbetracht der erheblichen Gefahren in durchaus verhältnismäßigem Umfang hielt, zeigt nicht zuletzt der Umstand, dass der Schutzmechanismus der Drehmaschine nicht einmal 2 Monate nach dem Unfall instand gesetzt war“. Das OLG Düsseldorf warf im Fall „Rollenschneidemaschine“ der Betreiberin vor, „dass eine Anwendbarkeit der strengen Kriterien für ihr Unternehmen wirtschaftlich nicht zu verkraften sei, hat sie nicht ansatzweise dargetan, vielmehr hat sie nach dem Unfall auf jeder Seite der Maschine bewegliche Schutzgitter angebracht“[334].
- Siebtens ist immer auch eine Schließung/Stilllegung/Sperrung/ein Stopp zu bedenken (siehe noch Kapitel 3.5).

In der Rechtsprechung finden sich zahlreiche Urteile, die teilweise so verstanden werden, dass das Gericht hier gnädig Augen zudrückt, die aber letztlich das (immer schwierige) Ergebnis einer (immer umstrittenen) **Interessenabwägung** zwischen Sicherheit und vernünftigem Aufwand sind:

- Das Urteil des LG Frankfurt zum „Aufzug im Parkhaus“[335] ist sehr ausführlich: *„Der Verkehrssicherungspflichtige muss lediglich diejenigen Vorkehrungen treffen, die erforderlich und für ihn wirtschaftlich zumutbar sind. Der Betreiber einer Aufzugsanlage ist nicht von vornherein gehalten, die Fahrstuhltechnik auszutauschen und dem neuesten technischen Stand anzupassen, solange der Fahrstuhl noch den technischen Anforderungen der Aufzugsverordnung (mittlerweile BetrSichV) entspricht. Dabei ist insbesondere auf den Zeitpunkt des Einbaus der Anlage abzustellen.*[336] *Wollte man verlangen, dass stets der neuste Sicherheitsstandard geboten werden muss, müsste der Betreiber seine Anlagen ständig erneuern, ohne seine kostspieligen Investitionen amortisieren zu können. Bei einer älteren Fahrstuhlanlage muss deshalb auch nur diejenige Verkehrssicherheit geboten werden, die bei Ausnutzung der vorhandenen technischen Einrichtungen in einwandfrei funktionierenden Zustand geboten werden kann.“*

---

[333] So das LG Rottweil in Fall 4 „Drehmaschine“.

[334] Fallbesprechung in *Wilrich*, Sicherheitstechnik und Maschinenunfälle vor Gericht, 2022.

[335] Fallbesprechung in *Wilrich*, Maschinen- und Anlagensicherheitsrecht im Industrieservice, 2023 (VDE-Schriftenreihe 165).

[336] Zur Problematik alter Arbeitsmittel siehe Kapitel 11.1.3 und ausführlich in *Wilrich*, Bestandsschutz oder Nachrüstpflicht?, 2. Aufl. 2019. VDE-Schriftenreihe 172.

- Das OVG Lüneburg[337] konterte den Verweis auf „das hohe Gut der menschlichen Gesundheit“ im Rahmen der Verhältnismäßigkeitsprüfung einmal mit dem Argument, dass er „für sich genommen nicht trägt“: Denn *„dieses Gut kann wegen der Unsicherheiten in Bezug auf die Gefahren nicht mit seinem gesamten Gewicht in die anzustellende Prüfung der Verhältnismäßigkeit zwischen Aufwand und Nutzen eingestellt werden“.*
- Das LAG Köln äußerte – trotz Verstoßes gegen eine Betriebsanweisung (siehe Kapitel 7) – Verständnis, es „entspricht dem natürlichen Interesse des Unternehmens, einen möglichst reibungslosen und zügigen Maschinenlauf zu gewährleisten“ und es dürfe „auch nicht verkannt werden, dass sich das Interesse des Unternehmens an möglichst ungestörten Maschinenlaufzeiten im vorliegenden Bereich durchaus mit dem Interesse der Belegschaft deckt. Schließlich war es der (geschädigte) Arbeitnehmer selbst, der in seiner polizeilichen Vernehmung einen Zusammenhang hergestellt hat zwischen dem Unmut des Vorarbeiters, den man sich einhandele, wenn man die Maschine auf Not-Aus herstelle, und dem Umstand, dass ‚wir auf Akkord arbeiten nach produzierten Stückzahlen‘(!).“[338]

Auch im Rahmen des TOP-Prinzips geht es übrigens um einen „Vorrang“ bestimmter Maßnahmen (z. B. **t**echnischer) gegenüber anderen Maßnahmen (z. B. **o**rganisatorischer und **p**ersonenbezogener). Das ist aber kein absoluter Vorrang der höherwertigen gegenüber der nachrangigen Maßnahme, sondern es ist eine verantwortungsvolle Abwägung vorzunehmen und (Wert-)Entscheidung zu treffen (siehe Kapitel 6.2.4).

Fazit: Die BetrSichV verlangt kein Nullrisiko, sondern dass die Gefährdungen nach dem Stand der Technik und unter verantwortungsvoller Abwägung der Sicherheitsinteressen und der Wirtschaftlichkeit so gering wie möglich sind. Es geht also nicht um die **Gewährleistung *absoluter*, sondern *ausreichender* Sicherheit**. Was ausreicht, ist (und bleibt) eine schwierige Wertungs- und Abwägungsfrage.

3.3 „Grausames“ und „Goldenes“ zur Rechtssicherheit bei der Betriebssicherheit

Aber ist der Arbeitgeber bzw. Verwender von Arbeitsmitteln nicht zu sehr im Stich gelassen durch die unkonkrete Aussage, dass ausreichende Sicherheit erreicht werden muss? Der frühere Bundespräsident Horst Köhler hat diesen Kritikpunkt einmal so

337 OVG Lüneburg, Beschluss v. 13.03.2012 (Az. 12 ME 270/11) – zu von Bioaerosolen ausgehenden Gefahren.

338 LAG Köln, Urteil v. 23.02.2012 (Az. 7 Sa 719/11) – Ausrufezeichen im Urteil!

ausgedrückt: *„Gesetze sind keine Bananen; sie dürfen nicht erst beim Abnehmer reifen."*[339]

Techniker und Ingenieure erwarten von technischen Normen einen ausreichenden Reifegrad und stellen recht häufig die Frage, ob sie mit der Normumsetzung „auf der sicheren Seite" sind. Aber es hat *„sich als Illusion erwiesen, dass der Gesetzgeber durch seine Normen im Voraus vollständig und endgültig die Entscheidung jedes Einzelfalles festlegen kann"*[340]. Diese Aussage für Gesetze gilt auch für technische Normen: Auch ihre vollständige Erfüllung gibt keine absolute Sicherheit.[341] Reinhard Sprenger fordert, *„wir müssen Abschied nehmen von der Schein-Sicherheit. Führung ist immer Arbeit durch den Zweifel."*[342] Auch durch – noch – mehr Detailregelungen schaffen und erhalten wir nicht mehr Sicherheit. Ein anderer früherer Bundespräsident Roman Herzog kritisiert[343]: *„Die Deutschen machen gerne Vorschriften. Dazu kommt noch der Fimmel, möglichst immer bis auf die siebente Stelle hinter dem Komma Einzelfallgerechtigkeit zu schaffen. Das ist der Fluch unserer Rechtsordnung"*: *„Man sollte bisweilen wirklich nur bis zu einem bestimmten Grad auf die sog. Fachleute hören, die alles bis ins Kleinste differenzieren wollen und dabei alles fürchterlich kompliziert machen."*

Man muss eben selbst den Mut zur Entscheidung haben. *„Jede Management-Entscheidung ist wertgetränkt."*[344] Auch jede sicherheitsbezogene Entscheidung ist eine Abwägung zwischen den Polen Handlungsfreiheit und Sicherheitsbedürfnis. Reinhard Sprenger schlussfolgert: *„Menschliche Handlungsbedingungen sind durch Widersprüchlichkeiten, Ungereimtheiten und Unsicherheit gekennzeichnet"*[345] – und daraus folgt zweierlei[346]:

- Erstens *„steigert der Verlust von Gewissheit die Bedeutung der Person"* – gemeint ist der Entscheider – jeder, der eine Frage mit Sicherheitsbezug entscheidet.
- Zweitens benötigen die entscheidenden („bedeutenden") Personen eine gewisse *„Unsicherheitstoleranz"* – nicht in dem Sinne, dass sie bei den zu treffenden Entscheidungen Unsicherheit einfach tolerieren müssen, sondern dass sie (Rechts-) Unsicherheit nach den getroffenen Entscheidungen akzeptieren müssen.

---

339 Zitiert nach *Jobst Hubertus Bauer*, Recht kurios – Amüsantes und Trauriges, 2012, S. 9.

340 *Ingeborg Puppe*, Kleine Schule des juristischen Denkens, 2008, S. 76.

341 Ausführlich *Wilrich*, Die rechtliche Bedeutung technischer Normen als Sicherheitsmaßstab – mit 33 Gerichtsurteilen zu anerkannten Regeln und Stand der Technik, Produktsicherheitsrecht und Verkehrssicherungspflichten, 2017.

342 *Reinhard K. Sprenger*, Gut aufgestellt – Fußballstrategien für Manager, 2008, S. 34 f.

343 *Roman Herzog*, Der Spiegel 3/2005 v. 17.01.2005, S. 30, 31.

344 *Reinhard K. Sprenger*, Gut aufgestellt – Fußballstrategien für Manager, 2008, S. 211.

345 *Reinhard K. Sprenger*, Aufstand des Individuums – Warum wir Führung komplett neu denken müssen, 2005, S. 266.

346 *Reinhard K. Sprenger*, ebd., S. 37 und 214.

Dass technische Normen und sogar Spezialgesetze die Unsicherheit nicht beseitigen und nicht immer und nicht allein entscheidend sind, verdeutlicht eindrucksvoll das Urteil des OLG Nürnberg zu einem Unfall an einer Pappkartonstanze[347]: Das Gericht wendet auf die betriebsunsichere Maschine fehlerhaft die Arbeitsstättenverordnung (ArbStättV) an und nicht die einschlägige Betriebssicherheitsverordnung (BetrSichV).[348] Man kann unter Verweis auf dieses Urteil – noch nicht einmal überspitzt – sagen: Viel wichtiger als die Heranziehung der korrekten (gesetzlichen) Vorschriften ist die Begründung einer korrekten (gerechten) Entscheidung. Das Ergebnis war im Fall der Pappkartonstanze zutreffend, denn die Maschine entsprach wegen „Fehlens gesetzlich vorgeschriebener Sicherheitsvorkehrungen nicht der Maschinenrichtlinie"; insbesondere hatte sie „keine Lichtschranke, die bei einem Hineingreifen in die Walzen zu einer automatischen Abschaltung geführt hätte" und „der Notschalter der Maschine befand sich seitlich an der Maschine und konnte vom Geschädigten nicht erreicht werden". Zur Feststellung der Maschinenunsicherheit braucht man letztlich keine konkreten Gesetzes- oder Normvorgaben – jedenfalls kommt das OLG Nürnberg zu diesem im Ergebnis überzeugenden Schluss nicht *durch* Subsumtion unter die korrekten Rechtsvorschriften, sondern *trotz* Heranziehung der unzutreffenden rechtlichen Ausgangspunkte.

Ähnlich war es im Urteil des Landgerichts Osnabrück zu einer Glasschleifmaschine – auch begründet das Gericht die Unsicherheit der Maschine im Ergebnis zutreffend mit der nicht einschlägigen ArbStättV (Fall 12).

Daraus folgt: Es *„ist niemals nur das Vorschriftsmäßige geboten, sondern vielmehr immer das Richtige"*[349]. Richtig und geboten ist nicht immer „nur" das – nicht an den konkreten Fall angepasste – „Normgemäße", sondern das – nicht unbedingt normierte – „Fallangemessene". Das Richtige in diesem Sinne entspricht übrigens dem Erforderlichen im Sinne des § 3 ArbSchG. Das Landgericht Düsseldorf stellte klar, *„der Umfang der Verkehrssicherungspflicht wird nicht nur durch die gesetzlichen UVV bestimmt. Der Unternehmer hat vielmehr die Pflicht, die Betriebssicherheit weitestmöglich sicherzustellen."*[350]

Alle **Spezialvorschriften** sind trotz ihrer – mehr oder weniger großen – Detailliertheit grobe Werkzeuge, die den Feinheiten einer konkreten Lebenswirklichkeit nicht immer gerecht werden. Die Rechtsordnung bietet nicht die konkrete Lösung für alle Streitfälle, sondern ist ein Rahmen, innerhalb dessen die Rechtslage gesucht und gefunden werden muss.

---

347 Fall „Pappkartonstanze", in: *Wilrich*, Verantwortung und Haftung der Sicherheitsingenieure, 2022.

348 Zur Abgrenzung Kapitel 1.2.1.7.

349 So treffend *Duttge*, in: Dölling/Duttge/Rössner, Gesamtes Strafrecht, 2008, StGB, § 15 Rn. 38; ähnlich *Sternberg-Lieben/Schuster*, in: Schönke/Schröder, Strafgesetzbuch, 29. Aufl. 2014, § 15 Rn. 135.

350 Fall „Rollenschneidemaschine", in: *Wilrich*, Sicherheitstechnik und Maschinenunfälle vor Gericht, 2022.

Der Sturz in den Brunnen Kump

Nach dem Sturz eines 7-jährigen Jungen in den baurechtskonformen Brunnen Kump in Steinheim betonte das BVerfG, *„allein die Einhaltung der Unfallverhütungsvorschriften eine Sorgfaltspflichtverletzung nicht entfallen lässt“*. Im Strafurteil des Landgerichts Paderborn gegen den Stadtdirektor hieß es zu dem immer und zusätzlich und neben Spezialvorschriften geltenden **allgemeinen Grundsatz der (Verkehrs-)Sicherungspflicht**:

„Grundsätzlich ist derjenige, der eine Gefahrenlage schafft, jedem Dritten gegenüber verpflichtet, die zur Abwendung eines Schadens von Personen und Sachen erforderlichen Sicherheitsvorkehrungen zu treffen. Dabei richtet sich der Grad der anzuwendenden Sorgfalt nach der Stärke der Gefahrenquelle. Es ist diejenige Sicherheit zu verlangen, die nach Treu und Glauben mit Rücksicht auf die Verkehrssitte erwartet werden darf.“

Ausführlich zu diesen Urteilen *Wilrich*, Sicherheitsverantwortung: Arbeitsschutzpflichten, Betriebsorganisation und Führungskräftehaftung – mit 25 erläuterten Gerichtsurteilen, 2016, Fall 6, S. 129 ff.

Die Worte des Landgerichts Paderborn im Urteil „Brunnen Kump“ sind angelehnt an § 241 Abs. 2 BGB, der allerdings zunächst nur für Vertragsverhältnisse gilt: „Das Schuldverhältnis kann nach seinem Inhalt jeden Teil zur Rücksicht auf die Rechte, Rechtsgüter und Interessen des anderen Teils verpflichten.“ Die allgemeine Verkehrssicherungspflicht hat ihre Grundlage insbesondere in § 823 BGB – die allgemeine Schadensersatzvorschrift, deren Vorläufer im römischen Recht schon vor mehreren 1000 Jahren lautete: „neminem laedere“ = „(Bitte) **schädige niemanden**“. Auch der BGH spricht gelegentlich vom „Verstoß gegen das Gebot des Neminem laedere“[351].

So warnt auch die TRBS 1001[352]: „Öffentlich-rechtliche Sicherheitsvorschriften wie die BetrSichV und das Haftungsrecht sind getrennte Rechtsgebiete. Die Erfüllung der Anforderungen der BetrSichV ist eine Grundvoraussetzung, um im Haftungsfall ein regelkonformes Handeln nachweisen zu können. Im Haftungsfall ist dies aber ggf. nicht ausreichend. Wenn trotz Einhaltung der sicherheitstechnischen Regeln Gefahren erkennbar sind, hat der Arbeitgeber hierauf zu reagieren und *erforderlichenfalls* weitere Maßnahmen zu ergreifen.“ Die BetrSichV legt als ausführliche bereichsspezifische Sicherheitsvorschrift die entscheidende Frage nach dem „Erforderlichenfalls“ und dem Ausmaß der Sicherheit nicht fest – sondern verweist auf eine **Gefährdungsbeurteilung**, in der das Erforderliche ermittelt werden muss.

351 BGH, Urteil v. 22.10.2004 (Az. V ZR 310/03).
352 TRBS 1001, Abschnitt 4 *Rechtlicher Hinweis*.

Aber noch einmal: Was ist wann wie weit „erforderlich" und was ist „weitestmöglich"? Was ist das „Richtige" und dem Fall Angemessene?

Man könnte immer weiter fragen – es kann aber keine allgemeingültigen Antworten und abstrakten Definitionen geben. *„Fragen erhalten Antworten. Aber Antworten führen immer zu neuen Fragen."*[353] Juristen wird immer vorgeworfen, sie würden auf konkrete Fragen unkonkret antworten: „**Es kommt darauf an.**" Aber genau das ist die einzige richtige Antwort, wenn es um einen konkreten Fall – und nicht die Darlegung der rechtlichen Grundsätze – geht. Es muss ja ein Einzelfall gelöst und kein abstraktes Prinzip umrissen werden. Es sind – so steht es in Hunderten Gerichtsurteilen – „**alle Umstände des Einzelfalles zu berücksichtigen**". So sagt das Bundesverfassungsgericht: *„Das Maß der anzuwendenden Sorgfalt bestimmt sich nach den konkreten Umständen des Einzelfalles."*[354] Im Gegensatz zu der bei uns bekannten Justitia, deren Augen verbunden sind, um Unparteilichkeit zu symbolisieren, hat die entsprechende japanische Göttin unverbundene Augen, um scharfes Hinsehen zu symbolisieren, damit die Elemente der Einzelfallgerechtigkeit wahrgenommen werden.[355]

Der BGH hat das Sichtfahrgebot auf Autobahnen einmal als „**goldene Regel**" bezeichnet, und gesagt: *„Keinesfalls ist die zulässige Geschwindigkeit in Absehung dieser mehreren konkreten Faktoren sozusagen ‚abstrakt' allein durch die Reichweite des Abblendlichtes festgelegt, vielmehr ist sie dem erleuchteten Sichtfeld, wie auch das Gesetz sagt, ‚anzupassen'. Für die zutreffende Beurteilung der konkreten Umstände und die richtige Wahl der danach zulässigen Geschwindigkeit ist jeder Kraftfahrer selbst verantwortlich."*[356]

Auch die BetrSichV hat solche goldenen Regeln – etwa die Sicherheit *„unter Berücksichtigung der vorgesehenen Einsatzbedingungen"* (§ 5 Abs. 1 Satz 1) und *„nach dem Stand der Technik sicher"* (§ 4 Abs. 1 Nr. 3) und die Gefährdungsminimierung (§ 5 Abs. 1 Satz 2). Wie für das Sichtfahrgebot gilt auch hier das **Entscheidungs- und Eigenverantwortungsprinzip**: Niemals kann man sich auf „abstrakte" Aussagen in technischen Normen verlassen, sondern man muss das „Sichtfeld" auf die Einzelfallumstände „erweitern" und vielleicht seine Sicherheitslösungen „anpassen". Und man ist „für die zutreffende Beurteilung der konkreten Umstände und die richtige Wahl der Sicherheitsmittel bzw. Sicherheitsmaßnahmen selbst verantwortlich".

---

353 *Henning Mankell*, Treibsand – Was es heißt, ein Mensch zu sein, 2015, Kapitel 11, S. 63.

354 So das LG Paderborn im Urteil zum „Brunnen Kump" (siehe im Kasten S. 125).

355 *Guntram Rahn*, Dori, Jori, Joshiki – Außerrechtliche Rechtsquellen in der Edo-Zeit und danach, in: Zeitschrift für japanisches Recht, Bd. 24 Nr. 48 (2019), S. 127, 139.

356 BGH, Urteil v. 15.05.1984 (Az. VI ZR 161/82).

Schauen wir der Wahrheit ins Auge: Eine große „Risikoquelle“ für rechtmäßiges Handeln ist, „dass **unterschiedliche Auffassungen vertretbar** sind“[357]. Das Dilemma, in dem wir stecken, wenn es um Sicherheit geht, verdeutlicht ein Wortwechsel zwischen Karl Valentin und Liesl Karlstadt über einen „Hausverkauf“: Valentin erklärt, warum er nun beabsichtige, sich ein Bergwerk zu kaufen – die Sicherheit vor „Meteorsteinen“ wäre das Motiv, und auf den Einwand seines Gesprächspartners, dass so ein Ereignis doch so selten wäre, meint Valentin eben: „Schon, aber bei mir geht *Sicherheit vor Seltenheit*.“

3.4 Die Lösungsformel der BetrSichV

Die BetrSichV enthält insgesamt folgende Grund-Formel:

Betriebssicherheit
= Produktkonformität (dazu Kapitel 4)
+ Gefährdungsbeurteilung (dazu Kapitel 5)
+ betriebliche Schutzmaßnahmen (dazu Kapitel 6)
+ Betriebsanweisung (dazu Kapitel 7)
+ Unterweisung (dazu Kapitel 8)
+ Aufsicht (dazu Kapitel 9)
+ Prüfung der Arbeitsmittel (dazu Kapitel 10)
+ Instandhaltung des Arbeitsmittels[358]
nach dem Stand der Technik (dazu Kapitel 11[359])
≠ starrer Bestandsschutz (dazu knapp 11.1.3[360]).

So ist im Folgenden dieser Praxisleitfaden auch gegliedert. Im zweiten Teil werden die Grundaussagen und Grundpflichten der BetrSichV durch Aufbereitung und Analyse von 22 Gerichtsurteilen für bestimmte – jedenfalls in der juristischen Praxis relevante – Situationen konkretisiert.

[357] *Lemhöfer*, in: Plog/Wiedow, Bundesbeamtengesetz (BBG 2009) Bd. 1, Lieferung Juni 2014, § 63 Rn. 6.
[358] Ausführlich *Wilrich*, Maschinen- und Anlagensicherheitsrecht im Industrieservice, 2023 (VDE-Schriftenreihe 165).
[359] Ausführlich *Wilrich*, Die rechtliche Bedeutung technischer Normen als Sicherheitsmaßstab, 2017.
[360] Ausführlich *Wilrich*, Bestandsschutz oder Nachrüstpflicht? Betreiberverantwortung und Sicherheit bei Altanlagen, 2. Aufl. 2019.

3.5 Stopp-Prinzip (§ 5 Abs. 2 BetrSichV)

§ 5 Abs. 2 BetrSichV regelt ein Verwendungsverbot: Der „Arbeitgeber darf Arbeitsmittel nicht zur Verfügung stellen und verwenden lassen, wenn sie Mängel aufweisen, welche die sichere Verwendung beeinträchtigen". Das ist letztlich – aufgesattelt auf das TOP-Prinzip (siehe Kapitel 6.2.4) – ein Stopp-Prinzip.

Die Pflicht zur Schließung, Stilllegung oder Sperrung bzw. zum Stopp kommt in zahlreichen Gerichtsurteilen zum Ausdruck:

- Das OLG Naumburg verurteilte einen Ausbilder wegen fahrlässiger Körperverletzung, weil er sicherheitswidrige Arbeiten an einem Bohrgerät nicht hat einstellen lassen.[361]
- Das LG Detmold überlegte, ob ein (externer) Monteur hätte „zu einer Stilllegung des Fahrstuhls raten müssen, z. B. bis zu einer noch auszuführenden weiteren Reparatur", verneinte es aber.[362]
- Nachdem sich ein Schüler an einem 26 cm aus dem Parkettboden hochstehenden Holzsplitter in einer Schul-Turnhalle verletzt hatte, setzte das AG Leipzig eine Geldstrafe wegen fahrlässiger Körperverletzung gegen die Schulleiterin fest, weil sie es „unterließ, die Turnhalle für den Sportunterricht zu sperren"; sie hätte die „Sperrung der Turnhalle anordnen müssen"[363].
- In Fall 15 „Laborwalzwerk" warf die Staatsanwaltschaft dem Geschäftsführer den fehlenden Austausch einer jahrzehntealten und unsicheren Anlage vor – das bedeutet Ersetzung der alten Anlage durch eine neue und damit natürlich Stilllegung der alten Anlage.

---

361 Fall 4 in *Wilrich*, Sicherheitsverantwortung, 2016, S. 110 ff.

362 Fallbesprechung und weitere Aufzugsfälle und auch ausführlich zur externen Delegation (Outsourcing), in: *Wilrich*, Maschinen- und Anlagensicherheitsrecht im Industrieservice, 2023 (VDE-Schriftenreihe 165).

363 Fall 18 in *Wilrich*, Arbeitsschutz-Strafrecht, S. 255 ff.

4 Anforderungen an Arbeitsmittel: Produktsicherheit

Arbeitsmittel müssen gemäß § 5 Abs. 3 Satz 1 BetrSichV *„den für sie geltenden Rechtsvorschriften über Sicherheit und Gesundheitsschutz entsprechen“*. Das hat Bedeutung

- für den **Einkauf** von Arbeitsmitteln (dazu Kapitel 4.1), wobei die – am besten vertraglich abgesicherte (dazu Kapitel 4.2) – mitgelieferte Sicherheit erhebliche Vorteile für den Arbeitgeber haben kann (dazu Kapitel 4.3 und Kapitel 4.4) und
- für die **Eigenherstellung** von Arbeitsmitteln (dazu Kapitel 4.5).

4.1 Vorgelagerter Arbeitsschutz durch mitgelieferte Sicherheit

§ 5 Abs. 3 BetrSichV nimmt in Bezug insbesondere

- das Produktsicherheitsgesetz (ProdSG)[364] und
- die einschlägigen europäischen Harmonisierungsrechtsvorschriften, z. B. die EG-Maschinenrichtlinie.[365]

Letztlich kommt es selten vor, dass es für neue Produkte keine einschlägigen „geltenden Rechtsvorschriften“ gibt. Das liegt am weiten Produktbegriff des ProdSG. Produkt ist jede „Ware, ein Stoff oder ein Gemisch, das durch einen Fertigungsprozess hergestellt worden ist“ (§ 1 Nr. 21 ProdSG) – also letztlich jeder bewegliche Gegenstand.[366] Je älter das Arbeitsmittel ist, desto eher kommt es vor, dass es noch kein einschlägiges Produktsicherheitsrecht gab. Aber bei einer Drehmaschine (Fall 4 in Teil 2) aus dem Jahre 1987 findet das Gericht VBG 5 „Kraftbetriebene Arbeitsmittel“. Bei einer Presse mit unbekanntem Herstellungsdatum wendet das Gericht VBG 7n5.2 an.[367] Bei einer Pappkartonstanze aus dem Jahre 1974 stellte sich die Frage nach dem

[364] Vgl. *Wilrich*, Produktsicherheitsrecht und CE-Konformität, 2021.

[365] Vgl. *Wilrich*, Sicherheitstechnik und Maschinenunfälle vor Gericht – 40 Urteilsanalysen zu Produktsicherheit, Hersteller- und Konstruktionspflichten, Arbeitsschutz, Betreiber- und Organisationspflichten, 2022.

[366] Vgl. *Wilrich*, Produktsicherheitsrecht und CE-Konformität, 2021, 2.1.2, S. 106 ff.

[367] Fall „Presse: Unfall beim ‚Probebetrieb‘“, in: *Wilrich*, Maschinen- und Anlagensicherheitsrecht im Industrieservice, 2023 (VDE-Schriftenreihe 165).

seinerzeit anwendbaren Recht nicht, denn sie wurde nach 1995 wesentlich geändert und war CE-gekennzeichnet.[368]

Die BetrSichV gilt aber auch für uralte Arbeitsmittel. Dann sind die in der Gefährdungsbeurteilung ermittelten erforderlichen betrieblichen Schutzmaßnahmen besonders wichtig.[369]

Die Rechtskonformität durch Produktsicherheit ist die Grundanforderung an jedes Arbeitsmittel. Es ist „vorgelagerter Arbeitsschutz“[370], bzw. „vorgreifender produktbezogener Schutz“[371]. Häufig kommen die auf Basis der Gefährdungsbeurteilung (Kapitel 5) erforderlichen betrieblichen Schutzmaßnahmen hinzu (siehe Kapitel 6) – aber nicht immer (dazu unten Kapitel 4.4). Insoweit kann man dann von „additivem Arbeitsschutz“ sprechen.[372]

Das ProdSG und die europäischen Harmonisierungsrechtsvorschriften gelten unmittelbar zwar zunächst nur für die Wirtschaftsakteure – insbesondere Hersteller, Importeure und Händler. Aber § 5 Abs. 3 BetrSichV verlangt letztlich vom Arbeitgeber die Ermittlung der für das Produkt „geltenden Rechtsvorschriften über Sicherheit und Gesundheitsschutz“, denn nur dann kann er die „Entsprechung“ sicherstellen. Der Arbeitgeber muss also auch aus Sicht des Produktsicherheitsrechts denken. Selbst umsetzen muss der Arbeitgeber das Inverkerbringensrecht als Betreiber – und damit nicht Wirtschaftsakteur – dagegen nicht, weshalb er selbst bei rechtswidrig ohne EG-Konformitätserklärung und ohne CE-Kennzeichnung gelieferten Arbeitsmitteln nicht zur Nachholung dieser Formalien verpflichtet ist: Es gibt keine Pflicht zur nachträglichen Konformitätsbewertung.[373] Der kaufende und betreibende Arbeitgeber kann aber bei fehlendem CE kaufrechtliche Sachmängel-Gewährleistungsansprüche gegen den verkaufenden und inverkehrbringenden Hersteller haben.[374]

Das ProdSG gilt für neue und gebrauchte Produkte. Damit ist § 5 Abs. 3 BetrSichV auch anwendbar, wenn sich der Arbeitgeber ein gebrauchtes Arbeitsmittel kauft.

---

[368] Fall „Pappkartonstanze“, in: *Wilrich*, Verantwortung und Haftung der Sicherheitsingenieure, 2022; zur wesentlichen Änderung *Wilrich*, Maschinen- und Anlagensicherheitsrecht im Industrieservice, 2023 (VDE-Schriftenreihe 165).

[369] Ausführlich *Wilrich*, Bestandsschutz oder Nachrüstpflicht – Betreiberverantwortung und Sicherheit bei Altanlagen, 2. Aufl. 2019.

[370] BR-Drs. 400/14 v. 28.08.2014, S. 79 f. und 83.

[371] *Henssler*, in: Münchener Kommentar zum BGB, 8. Aufl. 2020, § 618 Rn. 22; *Kohte*, in: Münchener Handbuch zum Arbeitsrecht, Bd. 2: Individualarbeitsrecht II, 4. Aufl. 2018 § 172 Einführung Rn. 1; *Doerfert*, in: Kollmer/Klindt/Schucht, ArbSchG, 3. Aufl. 2016, § 19 Rn. 5.

[372] *Kahl*, Arbeitssicherheit, 6.4.2, S. 260.

[373] Ausführlich *Wilrich*, Maschinen- und Anlagensicherheitsrecht im Industrieservice, 2023 (VDE-Schriftenreihe 165).

[374] Fall „Radlader“, in: *Wilrich*, Maschinen- und Anlagensicherheitsrecht im Industrieservice, 2023 (VDE-Schriftenreihe 165).

Dann stellt sich die Frage nach dem maßgeblichen Zeitpunkt für die „Entsprechung" des Arbeitsmittels mit dem Produktsicherheitsrecht: Gilt die Rechtslage bei erstmaligem Bereitstellen (= Inverkehrbringen) oder ist der aktuelle Zeitpunkt relevant – ist also ggf. nachzurüsten? Ausführlich hierzu *Wilrich*, Maschinen- und Anlagensicherheitsrecht im Industrieservice, VDE-Schriftenreihe 165.

4.2 Vertragliche Absicherung durch Sicherheitsklauseln

Die mitgelieferte Sicherheit durch vorgelagerten Arbeitsschutz (siehe Kapitel 4.1) sollte vereinbart werden. Der kaufende Arbeitgeber kann dem verkaufenden Hersteller Sicherheitsanforderungen vorschreiben:

- § 5 Abs. 2 DGUV-Vorschrift 1 fordert das: „Erteilt der Unternehmer einen Auftrag, Arbeitsmittel zu liefern, so hat er dem Auftragnehmer schriftlich aufzugeben, im Rahmen seines Auftrags die für Sicherheit und Gesundheitsschutz einschlägigen Anforderungen einzuhalten." Hier geht es vor allem um die **Einhaltung des Produktsicherheitsrechts**, an das der Verkäufer in seiner Eigenschaft als Wirtschaftsakteur i. S. d. des ProdSG[375] ohnehin schon gebunden ist.
- Die DGUV-Regel 100-001 ergänzt in Abschnitt 2.2.2: „In den Vertrag ist auch aufzunehmen, dass die zu liefernden Produkte den Arbeitsschutzanforderungen entsprechen müssen." Hier geht es allgemein um die **Erfüllung des Betriebssicherheitsrechts**, das dem Verkäufer aber vertraglich auferlegt werden muss, denn er ist nicht Arbeitgeber und nicht daran gebunden.
- Die TRBS 1111 empfiehlt in Abschnitt 3.1: „Bei komplexen Arbeitsmitteln sind Vorgaben für die Herstellung (Einsatz bestimmter Werkstoffe, Berücksichtigung sich anschließender fertigungstechnischer Einheiten) im Hinblick auf die sichere Benutzung und den sicheren Betrieb sinnvoll, z. B. in Form eines Pflichtenheftes." Hier geht es – das ist die beste Vorgehensweise – um die **Vorgabe konkreter Beschaffenheiten und Funktionen**.

Sinnvolles vereinbaren kann man nur, wenn es Gedanken zum Beschaffungsgegenstand gibt. Das führt zur Regelung gemäß § 3 Abs. 3 BetrSichV, dass mit der „Gefährdungsbeurteilung bereits vor der Auswahl und der Beschaffung der Arbeitsmittel begonnen werden soll" (siehe Kapitel 5.2.1).

[375] Vgl. *Wilrich*, Produktsicherheitsrecht und CE-Konformität, 2021, 2.3.3, S. 149 ff.

4.3 Vertrauensschutz bei CE-Kennzeichnung

Auf die mitgelieferte Sicherheit durch vorgelagerten Arbeitsschutz (siehe Kapitel 4.1) kann man im Grundsatz vertrauen (dazu Kapitel 4.3), wenn das Vertrauen nicht erschüttert ist (dazu Kapitel 4.3.2) – und die gelieferte Produktsicherheit kann sogar ausreichen, um betriebssichere Arbeitsmittel zu haben (dazu Kapitel 4.4).

4.3.1 Grundlage des Vertrauensschutzes

Im Ausgangspunkt kann sich der Arbeitgeber auf die mitgelieferte Sicherheit verlassen. Es besteht ein Vertrauensschutz bei CE-Kennzeichnung, der aber auch „getrübt" werden und entfallen kann (dazu Kapitel 4.3.2).

Das Landgericht Gießen hat zwar einmal gesagt, „der Arbeitgeber muss neu angeschaffte Arbeitsmittel darauf untersuchen, ob sie den einschlägigen Sicherheitsanforderungen entsprechen"[376]. Aber die BetrSichV regelt eine solche Untersuchungspflicht nicht. § 377 HGB sagt zwar, das beim Handelskauf der „Käufer die Ware unverzüglich nach der Ablieferung durch den Verkäufer, soweit dies nach ordnungsmäßigem Geschäftsgange tunlich ist, zu untersuchen hat". Aber das ist keine Rechtspflicht, sondern nur eine Obliegenheit und bedeutet Rechtsnachteile, wenn man es nicht tut – nämlich den Verlust der Sachmängelansprüche gemäß Gewährleistungsrecht (§§ 434 ff. BGB).

Den Vertrauensschutz bestätigt die Verordnungsbegründung: Weil „Arbeitsmittel, die neu in Verkehr gebracht werden, nach dem ProdSG bzw. dem Binnenmarktrecht sicher sein müssen", „kann sich darauf der Arbeitgeber verlassen"[377]. Die Bundesrats-Drucksache betont zwar die Verlässlichkeit von CE, benennt aber – leider – nicht die Grenzen des Vertrauensschutzes, die aber dringend zu berücksichtigen sind (dazu Kapitel 4.3.2). Ähnlich schützt § 3 Abs. 4 BetrSichV das Vertrauen des Arbeitgebers auf die Güte von TRBS (siehe Kapitel 11.4.3.1) und § 3 Abs. 5 BetrSichV das Vertrauen auf die Güte der mitgelieferten Herstellerinformationen (siehe Kapitel 5.5.1).

Jedenfalls ist die Aussage zu streng, dass die CE-Kennzeichnung „mangels produktsicherheitsrechtlich belastbarer Aussage im Betriebssicherheitsrecht unbeachtlich bleiben" soll[378] oder wenn es als „Trugschluss" bezeichnet wird, CE sei „ein Auswahlkriterium gemäß BetrSichV"[379], oder wenn es heißt, das „Anbringen der

[376] Fallbesprechung Nr. 32 „Rollenhubbühne", in: *Wilrich*, Sicherheitstechnik und Maschinenunfälle vor Gericht, 2022.

[377] So ausdrücklich der Verordnungsgeber in BR-Drs. 400/14 v. 28.08.2014, S. 90.

[378] So *Schucht*, BPUVZ 2014, S. 554.

[379] So *v. Locquenghien/Ostermann/Klindt*, BetrSichV, S. 49.

CE-Kennzeichnung" gerade „keine Hinweise auf die tatsächliche Sicherheit des Produktes" geben soll[380]. Das Gegenteil ist richtig: CE ist sogar ein wichtiges Auswahlkriterium und ein zentraler Hinweisgeber beim Einkauf – es ist nur nicht das einzige Kriterium und der einzige zu berücksichtigende Hinweis. Dass ein Produkt allein durch CE nicht tatsächlich sicher ist und wird, ist zwar klar. Aber CE ist doch ein erster Hinweis[381], sogar ein „wesentlicher Hinweis" – und enthält eine „wesentliche Information" nicht nur für Marktüberwachungsbehörden, sondern „auch für andere maßgebliche Betroffene (z. B. Händler)"[382]. Auch die EU-Kommission betont: „Die CE-Kennzeichnung ist der erste Hinweis darauf, dass davon ausgegangen werden kann, dass vor dem Inverkehrbringen des betreffenden Produkts alle erforderlichen Kontrollen durchgeführt wurden, um seine Konformität mit den Anforderungen aufgrund von Rechtsvorschriften zu gewährleisten."[383]

Sehr lehrreich in diesem Zusammenhang ist das Urteil des OLG Nürnberg zu einem Unfall an einer Pappkartonstanze[384]:

- Das Gericht betont, CE „signalisiert weder Sicherheit noch Qualität des Produkts" und habe „keine besondere Verlässlichkeit": Das kann zwar im konkreten Fall so sein, und es war auch bei der konkreten Unfallmaschine so, aber als allgemeiner Ausgangspunkt und Grundsatz ist diese Aussage zu streng.
- Das Gericht behauptet, „dem CE-Zeichen kommt keine Vermutungswirkung für die Einhaltung der anerkannten Regeln der Technik bzw. des in der Europäischen Gemeinschaft geltenden Sicherheitsstandards zu": Das mag zwar beweisrechtlich zutreffend sein, aber nicht im Sinne eines tatsächlichen Ausgangspunkts.
- Auch die Berufsgenossenschaft hatte sich entschieden, den Hersteller und die externe Fachkraft für Arbeitssicherheit wegen der Unfallfolgekosten in Regress zu nehmen, aber nicht den Arbeitgeber, weil dieser „auf die CE-Kennzeichnung vertraut habe".

Zu weit geht es aber, wenn eine Berufsgenossenschaft nach einem Arbeitsunfall an einer Rollenhubbühne argumentiert, „die Herstellerin – und nicht etwa die Arbeitgeberin – sei allein für die Einhaltung der durch die Maschinenrichtlinie vorgegebenen Sicherheitsstandards verantwortlich" und die „konstruktiven Vorschriften über die Sicherheitsanforderungen" an Maschinen „verlagerten die Verantwortung für die Beschaffenheit eines technischen Arbeitsmittels vom Arbeitgeber auf den Hersteller".

---

380 So aber *Wende*, in: Klindt, ProdSG, 3. Aufl. 2021, § 7 Rn. 6; *Bauer*, Recht des technischen Produkts, S. 556.

381 So auch *Bauer*, Recht des technischen Produkts, S. 556.

382 *Kommission*, Blue Guide, 4.5.1.1, S. 59.

383 *Kommission*, Blue Guide, 4.5.1.8, S. 64.

384 Fall „Pappkartonstanze", in: *Wilrich*, Verantwortung und Haftung der Sicherheitsingenieure, 2022.

Das OLG Frankfurt korrigierte und belehrte die BG, „die Verantwortung des Herstellers für die Beschaffenheit eines technischen Arbeitsmittels überlagert diejenige des Arbeitgebers nicht, dass der Arbeitgeber von seinen Schutzverpflichtungen gegenüber dem Arbeitnehmer frei wird“, und es besteht auch „die Verpflichtung, dafür Sorge zu tragen, dass die vom Hersteller vorgeschlagenen Schutzmaßnahmen alle getroffen und sodann aufrechterhalten werden“[385].

4.3.2 Grenzen des Vertrauensschutzes

Das Vertrauen auf CE ist in zwei Situationen getrübt. Vertrauen auf die CE-Kennzeichnung ist nicht (mehr) möglich

- wenn die sichere Verwendung des Arbeitsmittels nicht nur von der mitgelieferten Sicherheit abhängt, sondern das Arbeitsmittel in die betriebliche Infrastruktur eingebettet werden muss (dazu Kapitel 4.3.2.1) und
- wenn Anlass zu Zweifeln an der Sicherheit des Arbeitsmittels besteht (dazu Kapitel 4.3.2.2).

Das Vertrauen auf CE hat in verschiedenen Rechtsbereichen unterschiedliche Auswirkungen:

- Die BetrSichV ist Öffentliches Recht mit objektiven Anforderungen – und Aspekte der Fahrlässigkeit und Schuld und damit der Erkennbarkeit (und damit auch Vertrauensgesichtspunkte) sind keine unmittelbaren Maßstäbe (dazu Kapitel 4.3.2.3).
- Die BetrSichV ist Öffentliches Recht mit Pflichten des Arbeitgebers gegenüber dem Staat – wenn es aber um die zivil- oder strafrechtliche Haftung nach einem Arbeitsunfall geht, kommt es im Rahmen der Haftungsfrage einerseits auf subjektive Aspekte wie das Verschulden (und damit eine mögliche Entlastung durch Vertrauen) an, andererseits kann sogar ein strengerer Sicherheitsmaßstab gelten als gemäß BetrSichV (dazu Kapitel 4.3.2.4).

4.3.2.1 Erfordernis der Einbettung in die betriebliche Infrastruktur

Auf CE vertrauen ist *zu wenig*, wenn die sichere Verwendung nicht nur von der mitgelieferten Sicherheit abhängt:

„Wird das Arbeitsmittel zusätzlich einer Montage unterzogen, z. B. in eine betriebliche Infrastruktur eingebettet, die für das Arbeitsmittel sicherheitsrelevant ist, so ist dieser

---

385 Fallbesprechung Nr. 32 „Rollenhubbühne“, in: *Wilrich*, Sicherheitstechnik und Maschinenunfälle vor Gericht, 2023.

Aspekt Gegenstand einer Prüfung vor der ersten Inbetriebnahme“[386] und zuvor müssen die entsprechenden Schutzmaßnahmen in der Gefährdungsbeurteilung ermittelt und getroffen werden. „Falls die Sicherheit der Arbeitsmittel bei der Benutzung der Arbeitsmittel nicht allein durch Bereitstellung geeigneter Arbeitsmittel sichergestellt werden kann, ist der Arbeitgeber verpflichtet, weitere Vorkehrungen zu treffen, um eine Gefährdung von Sicherheit und Gesundheit möglichst gering zu halten.“[387]

In anderen Worten: **CE signalisiert Produktsicherheit** – und nur insoweit kann überhaupt Vertrauensschutz bestehen. Die BetrSichV will aber nicht nur produktsichere, sondern **verwendungssichere Arbeitsmittel**. Mit dieser Betriebssicherheit des Arbeitsmittels in der konkreten Verwendungssituation hat CE nichts zu tun.

4.3.2.2 Anlass zu Zweifeln an der Sicherheit

Das Vertrauen auf CE ist *erschüttert*, wenn Anlass zu Zweifeln an der Sicherheit des Arbeitsmittels besteht.

Wann Anlass zu Zweifeln bestehen bzw. bestehen muss, kann eine (schwierige) Wertungsfrage sein. Vertrauen auf die Sicherheit darf man jedenfalls nur, wenn man über „keine anderen Erkenntnisse verfügt“[388], die etwa aus der in § 4 Abs. 5 Satz 2 BetrSichV geforderten Kontrolle durch Inaugenscheinnahme vor der Verwendung folgen können. Auf CE kann man also „nicht blind vertrauen“[389] – und „der Betreiber darf sich nicht auf die seinerzeit im Zeitpunkt des Inverkehrbringens vergebene CE-Kennzeichnung auf ewig verlassen“[390], weil die Arbeitsmittel altern.

Nach einem Unfall an einer Pappkartonstanze konnte sich der Arbeitgeber „nicht damit entlasten, er habe wegen des auf der Maschine aufgebrachten ‚CE-Zeichen‘ auf deren Verkehrssicherheit vertrauen dürfen“, denn es „bedurfte keiner Fachkenntnisse“, um „offen zutage liegenden“ und „erheblichen augenscheinlichen“ Sicherheitsdefizite zu erkennen.[391] Wegen dieser Offensichtlichkeit war die Grundaussage des Gerichts nicht nötig, CE „signalisiert weder Sicherheit noch Qualität des Produkts“. Die Berufsgenossenschaft hatte in diesem Fall auch gerade anders herum argumentiert und wollte dem Arbeitgeber Vertrauensschutz gewähren (siehe Kapitel 4.3.1).

Ob auch die Herkunft der Arbeitsmittel bei der Reichweite des Vertrauensschutzes eine Rolle spielt, kann nicht generell beantwortet werden. Jedenfalls „kann den

[386] BR-Drs. 400/14 v. 28.08.2014, S. 90.

[387] BR-Drs. 988/96 v. 19.12.1996, S. 12 f. zur alten AMBV.

[388] So z. B. § 3 Abs. 4 BetrSichV für Herstellerinformationen und Österreich in § 33 Abs. 4 ArbeitnehmerInnenschutzgesetz für CE und andere Produktkennzeichnungen.

[389] *v. Locquenghien/Ostermann/Klindt*, BetrSichV 2, S. 51.

[390] OLG Karlsruhe, Urteil v. 24.06.2022 (Az. 4 U 83/19) – medizinisches Hörgerät.

[391] Fall „Pappkartonstanze“, in: *Wilrich*, Verantwortung und Haftung der Sicherheitsingenieure, 2022.

Importeur bei Importen aus dem außereuropäischen Bereich eine besondere Verantwortung treffen" – so der BGH in einem Produkthaftungsfall zu einer aus China stammenden (unsicheren) Maschine.[392]

Wenn sich die Zweifel an der Sicherheit bestätigen und Arbeitsmittel „Mängel aufweisen, welche die sichere Verwendung beeinträchtigen", zieht § 5 Abs. 2 BetrSichV die Schlussfolgerung, dass der Arbeitgeber Arbeitsmittel nicht zur Verfügung stellen und verwenden lassen darf.

4.3.2.3 BetrSichV „denkt objektiv" und kennt keine „Schuld"

Klarzustellen ist, dass die in Kapitel 4.3.1 erwähnten Urteile des OLG Nürnberg und OLG Frankfurt zur zivilrechtlichen Schadensersatzhaftung ergangen sind, wo auch die Frage der Schuld und Fahrlässigkeitrelevant ist.[393] Die BetrSichV aber ist Öffentliches Recht bzw. Verwaltungsrecht – und hier ist Verschulden keine Kategorie. Arbeitsmittel müssen gemäß § 5 Abs. 3 BetrSichV „objektiv" den für sie geltenden Rechtsvorschriften über Sicherheit und Gesundheitsschutz entsprechen – und das verträgt sich etwas weniger mit Vertrauensschutz.[394] Behördliche Aufsichtsmaßnahmen bei Unsicherheit können nicht bei „Gutgläubigkeit" vermieden werden.

Allerdings bezieht sich die Gefährdungsbeurteilung auf Zustand und Handhabung (siehe Kapitel 5.4.1) – und was den produktsicheren Zustand des Arbeitsmittels angeht, kann eben das Vertrauen auf CE zu Vereinfachungen bei der Gefährdungsbeurteilung führen (siehe Kapitel 5.5.2). Der „vorgelagerte Arbeitsschutz" durch die mitgelieferte Produktsicherheit ist gerade „bei der Gefährdungsbeurteilung hinsichtlich Auswahl und Beschaffung von Arbeitsmitteln von erheblicher Bedeutung"[395].

4.3.2.4 Haftungsrecht kennt zwar Schuld, kann aber streng sein

Die Argumentation mit Vertrauen auf die CE-Kennzeichnung kann andere Nuancen erhalten, wenn es nicht mehr nur um Öffentliches Recht bzw. Verwaltungsrecht geht, zu dem die BetrSichV gehört, sondern um zivilrechtliche Schadensersatzansprüche oder strafrechtliche Sanktionen. Die TRBS 1001 warnt[396]:

„Öffentlich-rechtliche Sicherheitsvorschriften wie die BetrSichV und das Haftungsrecht sind getrennte Rechtsgebiete. Die Erfüllung der Anforderungen der BetrSichV ist eine Grundvoraussetzung, um im Haftungsfall ein regelkonformes Handeln

[392] BGH, Urteil v. 28.03.2006 (Az. VI ZR 46/05) – Tapetenkleistermaschine.

[393] Aus strafrechtlicher Sicht siehe *Wilrich*, Arbeitsschutz-Strafrecht – Haftung für fahrlässige Arbeitsunfälle: Sicherheitsverantwortung, Sorgfaltspflichten und Schuld – mit 33 Gerichtsurteilen, 2020.

[394] So *Schucht*, ARP 2020, 13, 14.

[395] BR-Drs. 400/14 v. 28.08.2014, S. 79.

[396] TRBS 1001, Abschnitt 4 *Rechtlicher Hinweis*.

nachweisen zu können. Im Haftungsfall ist dies aber ggf. nicht ausreichend. Wenn trotz Einhaltung der sicherheitstechnischen Regeln Gefahren erkennbar sind, hat der Arbeitgeber hierauf zu reagieren und *erforderlichenfalls* weitere Maßnahmen zu ergreifen."

Das klingt wachsweich und ungenau – diese Feststellung ist aber wichtig, goldrichtig und unvermeidbar (zur Notwendigkeit von „goldenen Regeln" siehe Kapitel 3.3).

- Es ist nun einmal nach Zivilrecht und Strafrecht *erforderlich*, alle Maßnahmen zu ergreifen, die die „im Verkehr erforderliche Sorgfalt" fordert (§ 276 BGB) – alles andere wäre Fahrlässigkeit.
- Es ist – so die Rechtsprechung in abertausenden Urteilen – gesetzlich geboten, alles in der der konkreten Situation Mögliche und Zumutbare zu tun, um Schaden zu vermeiden. Das Mögliche und Zumutbare in diesem Sinne ist das Erforderliche i. S. d. der TRBS 1001. Wer dieses Erforderliche nicht tut, verletzt seine Verkehrssicherungspflichtverletzung (siehe Kapitel 3.2)

Andererseits kann das straf- oder zivilrechtliche Haftungsrecht im Vergleich zum Öffentlichen Recht bzw. Verwaltungsrecht auch weniger streng wirken:

- Erstens ist es nicht absolut zwingend, die BetrSichV immer eins-zu-eins umgesetzt zu haben: Auch eine „falsche Auslegung der BetrSichV" könnte „sicherheitstechnisch ausreichend" sein.[397]
- Zweitens kommt es im Haftungsrecht immer auch auf das Verschulden, also insbesondere die Fahrlässigkeit an – und dabei dann auch auf die Erkennbarkeit einer Gefahr. Und es kann sein, dass trotz eines Arbeitsunfalls wegen ausreichend sorgfältiger Beurteilungen der Gefährdungen kein haftungsrelevanter Vorwurf begründet werden kann. Das ist der Grund, warum Berufsgenossenschaften – in den Fällen des OLG Frankfurt und OLG Nürnberg (siehe Kapitel 4.3.1) – immer wieder argumentierte, der Arbeitgeber habe „auf die CE-Kennzeichnung vertraut".

Zum Haftungsrecht siehe

- *Wilrich*, Arbeitsschutz-Strafrecht – Haftung für fahrlässige Arbeitsunfälle: Sicherheitsverantwortung, Sorgfaltspflichten und Schuld – mit 33 Gerichtsurteilen (2020)
- *Wilrich*, Sicherheitstechnik und Maschinenunfälle vor Gericht – 40 Urteilsanalysen zu Produktsicherheit, Hersteller- und Konstruktionspflichten, Arbeitsschutz, Betreiber- und Organisationspflichten (2022)

[397] So der Verordnungsgeber zum früheren Prüfkonzept im Explosionsschutz in BR-Drs. 400/14 v. 28.08.2014, S. 73.

4.4 Verkäufer-Produktsicherheit als (alleiniges?) Fundament

„Es kann die aufgrund des Binnenmarktrechts ‚mitgebrachte' Sicherheit durchaus ausreichen"[398] – z. B. bei „einfachem Werkzeug"[399] oder „verwendungsfertigen, einfach zu benutzenden Arbeitsmitteln wie z. B. einer Bohrmaschine"[400]. Zum Inverkehrbringensrecht siehe ausführlich *Wilrich*, Produktsicherheitsrecht und CE-Konformität, VDE-Schriftenreihe 178.

Der „Arbeitgeber muss die durch den Hersteller durchgeführte Risikobeurteilung für das Arbeitsmittel nicht wiederholen"[401]. Nur bei komplexeren Arbeitsmitteln oder bei ihrer Einbettung in die betriebliche Infrastruktur, die der Verkäufer nicht abschließend berücksichtigen kann (siehe Kapitel 4.3.2.1), kommen betriebliche Schutzmaßnahmen hinzu (siehe Kapitel 6), die in der Gefährdungsbeurteilung ermittelt werden (siehe Kapitel 5). § 5 Abs. 3 BetrSichV bietet also kein „Rundum-sorglos-Paket"[402]. Es gibt auch noch – zahlreiche – weitere Paragrafen und Pflichten in der BetrSichV und nicht nur den § 5 Abs. 3.

Das bestätigte die TRBS 1111 zur Gefährdungsbeurteilung[403]: „Die ermittelten Gefährdungen sind dahin gehend zu bewerten, ob bei der vorgesehenen Verwendung des Arbeitsmittels Sicherheit und Gesundheitsschutz der Beschäftigten gewährleistet sind. Ist dies nicht der Fall, hat der Arbeitgeber Schutzmaßnahmen festzulegen." Umgekehrt muss gelten: Ist das der Fall, müssen keine betrieblichen Schutzmaßnahmen mehr festlegt werden. Das sollte dokumentiert werden, muss es aber nicht – es reicht, dass es so ist.

Ob und inwieweit einfachen Arbeitsmittel die BetrSichV vollständig außer Betracht bleiben kann, sie also noch nicht einmal in der Gefährdungsbeurteilung betrachtet werden müssen, wird in Kapitel 1.2.1.5 und Kapitel 5.1.3 besprochen.

398 *Klein*, Arbeitsmittelsicherheit, sis 2014, S. 68.

399 *Weber*, BetrSichV – Auswirkungen, S. 74.

400 *Klein*, Arbeitsmittelsicherheit, sis 2014, S. 68; zu einem Haftungsfall mit einem größeren Bohrgerät siehe Fall 20 „Bohrschnecke", in: *Wilrich*, Bausicherheit, 2021, S. 219 ff.

401 BR-Drs. 400/14 v. 28.08.2014, S. 81.

402 Vgl. *Ensmann/Euler/Eber*, Anlagenbetreiber, 1.1.6, S. 30.

403 TRBS 1111 „Gefährdungsbeurteilung", Fassung 2006, Abschnitt 5.4 Abs. 1.

4.5 Verpflichtung gemäß Produktsicherheitsrecht auch bei Herstellung für Eigengebrauch

Auch *„Arbeitsmittel, die der Arbeitgeber für eigene Zwecke selbst hergestellt hat"* (Herstellung für den Eigengebrauch) *„müssen den **grundlegenden Sicherheitsanforderungen** der anzuwendenden Gemeinschaftsrichtlinien entsprechen"* (§ 5 Abs. 3 Satz 3 BetrSichV).

Die „**formalen Anforderungen**" – wie CE-Kennzeichnung und EG-Konformitätserklärung – müssen indes nur umgesetzt werden, wenn die Richtlinien die Herstellung für den Eigengebrauch erfassen (§ 5 Abs. 3 Satz 4 BetrSichV). Dann muss „derjenige, der das Produkt in Betrieb nimmt, die Verantwortung des Herstellers übernehmen" und er muss die entsprechende Konformitätsbewertung durchführen[404], sodass hier die „Pflichten des Herstellers hinsichtlich des Inverkehrbringens und der Inbetriebnahme der Maschine identisch" sind[405]. Er „muss sicherstellen, dass das Produkt den Harmonisierungsrechtsvorschriften der Union entspricht und dass das entsprechende Konformitätsbewertungsverfahren durchgeführt worden ist" und „dieselben Verpflichtungen erfüllen wie ein Hersteller, der ein Produkt in Verkehr bringt"[406].

Fazit: Bei Herstellung für den Eigengebrauch

- gelten die **materiellen Anforderungen** des Produktsicherheitsrechts über § 5 Abs. 3 Satz 3 BetrSichV immer und
- gelten die **formellen Anforderungen** des Produktsicherheitsrechts nur dann, wenn es die Herstellung für den Eigengebrauch erfasst, was § 5 Abs. 3 Satz 4 BetrSichV – deklaratorisch – klarstellt.

Beispiele zur Rechtslage bei der Herstellung für den Eigengebrauch:

- Bei **Elektroprodukten** gelten die Sicherheitsanforderungen der EG-Niederspannungsrichtlinie nicht schon produktsicherheitsrechtlich, sondern *erst* arbeitsschutzrechtlich (gemäß § 5 Abs. 3 BetrSichV) – und die formellen Anforderungen sind nicht einschlägig, denn die Niederspannungsrichtlinie erfasst nicht die Herstellung für den Eigengebrauch.[407]

---

[404] *Kommission*, Leitfaden Neues Konzept und Gesamtkonzept (Blue Guide 2000), 3.1.1, S. 23.

[405] *Kommission*, Anwender-Leitfaden Maschinenrichtlinie, Auflage 2.2, 2019, § 86.

[406] *Kommission*, Leitfaden für die Umsetzung der Produktvorschriften der EU 2016 („Blue Guide"), 3.1, S. 31.

[407] *Kommission*, Leitfaden Neues Konzept und Gesamtkonzept (Blue Guide 2000), 3.1.1, S. 24 in Fn. 53.

- Bei **Maschinen** gelten die Sicherheitsanforderungen der EG-Maschinenrichtlinie *schon* produktsicherheitsrechtlich (gemäß Art. 5) und nicht erst arbeitsschutzrechtlich – und die formellen Anforderungen sind umzusetzen.
- Bei **Druckgeräten** gelten die Sicherheitsanforderungen der neuen EG-Druckgeräterichtlinie *schon* produktsicherheitsrechtlich (gemäß Art. 3) und nicht erst arbeitsschutzrechtlich – und die formellen Anforderungen sind umzusetzen.

Alle Details zur Herstellung für den Eigengebrauch in *Wilrich*, Maschinen- und Anlagensicherheitsrecht im Industrieservice, VDE-Schriftenreihe 165.

5 Gefährdungsbeurteilung und ihre Dokumentation

Die Gefährdungsbeurteilung ist das „zentrale Element für die Festlegung von Schutzmaßnahmen“[408]. Denn „ohne Diagnose keine Therapie“[409]. Die Gefährdungsbeurteilung hat in der BetrSichV eine „Schlüsselrolle“[410].

In der Gefährdungsbeurteilung gemäß ArbSchG „sind die spezielleren Verordnungen bei der Ableitung von Maßnahmen für die entsprechenden Gefährdungen mit abzuarbeiten“[411] – also auch die BetrSichV. Es geht also nicht um eine „Komponenten-Betrachtung“[412], sondern um eine ganzheitliche Betrachtung von (gefährlichen) Tätigkeiten.

5.1 Gegenstand der Gefährdungsbeurteilung

Die Gefährdungsbeurteilung ist letztlich für jedes Arbeitsmittel durchzuführen – genauer: jede Arbeitstätigkeit mit einem Arbeitsmittel. Das ergibt sich aus dem weiten Begriff des Arbeitsmittels (siehe Kapitel 1.2.1).

5.1.1 für Arbeitstätigkeit

„Damit die Verpflichtung des Arbeitgebers im Zusammenhang mit der Gefährdung nicht ‚uferlos‘ wird, hat der Gesetzgeber die Pflicht auf Gefährdungen begrenzt, die mit der Arbeit verbunden sind.“[413]

[408] BR-Drs. 400/14 v. 29.08.2014, S. 69.
[409] *Aich/Damberg/Preuße*, Betriebssicherheitsverordnung, 5.1, S. 137.
[410] BAG, Urteil v. 12.08.2008 (Az. 9 AZR 1117/06).
[411] BR-Drs. 400/14 v. 28.08.2014, S. 75.
[412] *Mattes/Aich/Fähnrich*, Betriebssicherheit, S. 13.
[413] VG Frankfurt a. M., Urteil v. 13.05.2009 (Az. 7 K 1462/08).

5.1.2 für alle Arbeitsmittel

Die Gefährdungsbeurteilung ist also z. B. durchzuführen auch für

- CE-gekennzeichnete Arbeitsmittel[414],
- gemietete und geleaste Arbeitsmittel[415],
- überwachungsbedürftige Anlagen bei jeder gewerblichen Verwendung, auch wenn es keine Beschäftigten gibt, mit Ausnahme der Aufzüge (dazu sogleich Kapitel 5.1.3): Wenn es keine Beschäftigten gibt, bezieht sich die Gefährdungsbeurteilung auf „andere Personen" (zu ihnen siehe Kapitel 1.6.13). Hier gilt auch das Gesetz über überwachungsbedürftige Anlagen (ÜAnlG).

5.1.3 außer für Aufzüge ohne Beschäftigte

Aufzugsanlagen sind zwar überwachungsbedürftige Anlagen, für sie ist gemäß § 3 Abs. 1 Satz 3 BetrSichV eine Gefährdungsbeurteilung aber nur durchzuführen, wenn sie von Arbeitgebern i. S. d. § 2 Abs. 3 Satz 1 (siehe Kapitel 1.1.2) verwendet werden – also nicht, wenn es keine Beschäftigten gibt. Also ist „die Gefährdungsbeurteilung bei Aufzugsanlagen rein arbeitsschutzbezogen"[416].

Aber Vorsicht: Das dispensiert nur von der verwaltungsrechtlichen Pflicht gemäß ArbSchG, nicht aber von der zivil- und strafrechtlichen Verantwortlichkeit (siehe auch Kapitel 2.8), dass Aufzüge ausreichend sicher sein müssen. Das Buch „Maschinen- und Anlagensicherheitsrecht im Industrieservice" (VDE-Schriftenreihe 165) bespricht mehrere Gerichtsurteile nach Aufzugsunfällen, in denen es um diese Verkehrssicherungspflicht geht.

Hintergrund der Ausnahmevorschrift für Gefährdungsbeurteilungen bei Aufzügen ist, dass ohne Beschäftigte die Ermächtigungsgrundlagen für Rechtsverordnungen gemäß §§ 18 und 19 ArbSchG nicht einschlägig sind – und die Ermächtigungsgrundlage § 19 ChemG für Aufzüge nicht gilt.[417] Nach der Verordnungsbegründung „kann dies hingenommen werden, weil diese Aufzüge durch den Hersteller abschließend montiert und erstmalig in Betrieb genommen werden, sodass bis zu diesem Zeitpunkt für auf einer Gefährdungsbeurteilung beruhende Maßnahmen kein Raum bleibt.

[414] Das wird klargestellt in § 3 Abs. 1 Satz 2 BetrSichV – zum „CE-Recht" siehe *Wilrich*, Produktsicherheitsrecht und CE-Konformität, 2021.

[415] Siehe den Fall „Arbeitsbühne" zu einer fehlenden Gefährdungsbeurteilung bei einem gemieteten Arbeitsmittel *Wilrich*, Maschinen- und Anlagensicherheitsrecht im Industrieservice, 2023 (VDE-Schriftenreihe 165).

[416] *Wiebauer*, BetrSichV, Rn. 38.

[417] BR-Drs. 400/14 v. 28.08.2014, S. 71.

Dem Betreiber solcher Anlagen obliegt dann nur noch die Pflicht zu wiederkehrenden Prüfungen sowie ggf. ergänzender Maßnahmen."[418]

5.1.4 außer für Kleinst-Arbeitsmittel ohne Gefährdungen

Von der Gefährdungsbeurteilung kann nach der hier vertretenen Auffassung – unter bestimmten Voraussetzungen – bei gefahrlosen Arbeitsmitteln abgesehen werden (zum gegenständlichen Anwendungsbereich der BetrSichV siehe Kapitel 1.2.1.5).

5.2 Zeitpunkt der Durchführung und Aktualisierung

Die Gefährdungsbeurteilung

- *„soll"* der Arbeitgeber vor der Beschaffung des Arbeitsmittels durchführen (dazu Kapitel 5.2.1),
- *„muss"* der Arbeitgeber vor der Auswahl des geeigneten Arbeitsmittels durchführen (dazu Kapitel 5.2.2),
- *„hat"* der Arbeitgeber vor der Verwendung des Arbeitsmittels durchzuführen (dazu Kapitel 5.2.3) und
- *„ist"* regelmäßig zu überprüfen und erforderlichenfalls zu aktualisieren (dazu Kapitel 5.2.4).

5.2.1 Empfehlung: vor der Beschaffung

„Begonnen" werden *„soll"* die Gefährdungsbeurteilung schon *„vor Beschaffung der Arbeitsmittel"* (§ 3 Abs. 3 BetrSichV) – also vor bzw. mit Abschluss des Kaufvertrages oder auch nach Vertragsabschluss vor der Lieferung. Ein Sollvorschrift ist zwar keine zwingende Pflicht, sondern eine „abgeschwächte Vorschrift"[419], aber es bedeutet Druck in Richtung des Gesollten und Rechtfertigungszwang bei Abweichung – es ist ein Müssen, außer man gute Gründe davon abzuweichen.

Im vorliegenden Zusammenhang ist das weiche *Sollen* statt *Müssen* allerdings eher ein (rechtlich schwacher) Appell – es ist fast nur eine Empfehlung bzw. ein Wunsch des Verordnungsgebers. Denn erstens ist es nicht verboten, ohne vorherige Gefährdungsbeurteilung einzukaufen. Zweitens ist die Nichterfüllung dieses „Sollens" auch nicht bußgeldbewehrt. Und drittens besteht noch nicht einmal eine Dokumentations-

[418] BR-Drs. 400/14 v. 28.08.2014, S. 79.

[419] So das BAG im Fall 6 „Gabelstapler".

pflicht (siehe Kapitel 5.6). Aber wenn die Gefährdungsbeurteilung ergibt, dass in der konkreten Situation das „blind" eingekaufte Arbeitsmittel nicht sicher (genug) ist, hat man zwei unwirtschaftliche Alternativen: Nichtverwendung des Arbeitsmittels (siehe Kapitel 3.5) oder ergänzende Schutzmaßnahmen bis hin zu Nach- bzw. Umrüstung.

In diesem Sinne soll mit dem „Sollens-Appell" letztlich zu einem präventiven Denken und gelenkt und gedrängt werden, „sodass keine oder möglichst wenige zusätzliche ergänzende Schutzmaßnahmen getroffen werden müssen"[420] und so „falsche Beschaffungsentscheidungen vermieden werden"[421] und so die Arbeitsmittel „bestmöglich geeignet" sind[422]. Denn „grundlegende Eigenschaften können durch nachträglich getroffene Schutzmaßnahmen nur eingeschränkt beeinflusst werden" und „bei nachträglich getroffenen Schutzmaßnahmen kann eine nachteilige Auswirkung auf die Gebrauchstauglichkeit nicht immer ausgeschlossen werden, was z. B. zu erschwerter Handhabbarkeit und zu Manipulationsanreizen führen kann"[423].

Es wird geraten, eine „vorläufige Gefährdungsbeurteilung" auch dem Einkauf zur Verfügung zu stellen ist, damit er diese Aspekte bei der Auswahlentscheidung berücksichtigen kann.[424] Es wird empfohlen, „im Rahmen der Gefährdungsbeurteilung bereits vor Beginn des Beschaffungsprozesses eindeutige Schnittstellen für den Liefer- und Leistungsumfang der einzelnen Auftragnehmer zu definieren"[425].

Es wäre besser gewesen, den Beginn der Gefährdungsbeurteilung vor der Beschaffung nicht in den zwingenden Verordnungstext zu schreiben, sondern in die Verordnungsbegründung. Denn durch Aufsichtsbehörden vollziehbar ist § 3 Abs. 3 Satz 1 BetrSichV ohnehin nicht – was und wann soll denn der „Beginn" von Überlegungen zur Gefährdungsbeurteilung sein, der ja auch nicht dokumentiert werden muss?

5.2.2 „Müssen" und nicht nur „Sollen": bei der Auswahl

Durchgeführt werden *„soll"* die Gefährdungsbeurteilung schon *„vor Auswahl der Arbeitsmittel"* (§ 3 Abs. 3 BetrSichV).

Beim Aspekt der Arbeitsmittelauswahl ist eine Sollvorschrift als „abgeschwächte Vorschrift"[426] zu weich und zu wenig, denn die „Auswahl geeigneter Arbeitsmittel" ist sogar in der Zielbestimmung der BetrSichV ausdrücklich hervorgehoben (§ 1 Abs. 2 Satz 2 Nr. 1). Mit „Auswahl" kann nicht der Beschaffungsprozess gemeint

420 BR-Drs. 400/14 v. 28.08.2014, S. 80 f.

421 So die alte BekBS 1113 Beschaffung von Arbeitsmitteln, Abschnitt 4 Abs. 2.

422 *Pieper*, Arbeitsschutzrecht, § 3 BetrSichV Rn. 39.

423 So TRBS 1111 „Gefährdungsbeurteilung", Nr. 4.1 (1).

424 *Kohte*, Geräte- und Anlagensicherheit, § 178 Rn. 35.

425 EmpfBS 1113 „Beschaffung von Arbeitsmitteln", Anhang 2 Beschaffungsprozess und Schutzkonzept von Anlagen Nr. 3 (5).

426 So das BAG im Fall 6 „Gabelstapler".

sein, denn das ist separat geregelt (siehe Kapitel 5.2.1). Es muss also die konkrete Ergreifung des Arbeitsmittels in der Verwendungssituation gemeint sein – dass zu diesem Zeitpunkt die Gefährdungsbeurteilung durchgeführt sein muss, zeigt Fall 19:

Nach einer Gasexplosion bei einer Bäckerei in Lehrberg wird ein Monteur zu 9 Monaten auf Bewährung wegen fahrlässig fahrlässiger Tötung verurteilt wegen fahrlässig „falscher Verwendung (versehentlich verstellte Drehrichtung) eines unzulässigen Werkzeugs (mit Druckluft betriebener Schrauber statt händisch eingesetzter Knarre)" – also auch wegen Auswahl eines ungeeigneten Arbeitsmittels.

5.2.3 Spätestens: vor der Verwendung

Spätestens ist die Gefährdungsbeurteilung durchzuführen, bevor das Arbeitsmittel verwendet wird. Denn nach

- § 3 Abs. 1 Satz 1 BetrSichV *„hat"* der Arbeitgeber *„vor der Verwendung von Arbeitsmitteln die auftretenden Gefährdungen zu beurteilen (Gefährdungsbeurteilung) und daraus notwendige und geeignete Schutzmaßnahmen abzuleiten"* und nach
- § 4 Abs. 1 Nr. 1 BetrSichV *„dürfen Arbeitsmittel erst verwendet werden, nachdem der Arbeitgeber eine Gefährdungsbeurteilung durchgeführt hat"*.

Daraus folgt im „Umkehrschluss", dass Arbeitsmittel nicht verwendet werden dürfen ohne vorherige Gefährdungsbeurteilung.[427] „Die Beurteilung der auftretenden Gefährdungen muss abgeschlossen sein, bevor das Arbeitsmittel eingesetzt werden kann."[428] Ein Unternehmer hatte einmal argumentiert, eine Absturzsicherung war noch nicht nötig, weil „man sich noch in der Phase der Gefährdungsbeurteilung befunden habe". Aber erstens war das nicht glaubhaft, weil die Arbeiten schon mehrere Stunden andauerten und zweitens – so das Gericht – sind auch „Vorarbeiten" sicherungsbedürftig.[429]

Nachdem ein Unfall während einer Sichtprüfung geschah, sagte das Amtsgericht Nordenham, es galten noch keine UVV: „Sie finden erst im Stadium von Instandsetzungsarbeiten Anwendung, zu denen es hier noch nicht gekommen ist." Das ArbSchG und die BetrSichV gelten aber für alle Tätigkeiten – und auch das Prüfen (§ 2 Abs. 2 BetrSichV und Kapitel 1.3.8). Das Gericht konnte indes keine (Verkehrssicherungs-) Pflichtverletzung des Beschäftigten feststellen.[430]

---

[427] *Pieper*, Arbeitsschutzrecht, BetrSichV § 4 Rn. 4.

[428] *Pauli*, BetrSichV Rn. 19.

[429] Fall „Absturzsicherung", in: *Wilrich*, Sicherheitsverantwortung, 2016, S. 91 ff.

[430] Fall „Kraninstandsetzung mit herabstürzender Hubtraverse", in: *Wilrich*, Maschinen- und Anlagensicherheitsrecht im Industrieservice, 2023 (VDE-Schriftenreihe 165).

5.2.4 Dauerhaft: Regelmäßige Überprüfung und Aktualisierung

Die Gefährdungsbeurteilung muss nach § 3 Abs. 7 BetrSichV *„regelmäßig überprüft"* werden.

In welcher Regelmäßigkeit überprüft werden soll, ist nicht definiert. „Für die Überprüfung der Gefährdungsbeurteilung sind keine Zeitintervalle vorgegeben, der Arbeitgeber legt diese jeweils eigenverantwortlich fest."[431] Der Arbeitgeber und die bei ihm verantwortlichen Personen[432] müssen die Frist seriös überlegen und entscheiden. § 3 Abs. 7 Satz 2 BetrSichV deutet an, um was es geht: Bei der regelmäßigen Überprüfung *„ist der Stand der Technik zu berücksichtigen. Soweit erforderlich, sind die Schutzmaßnahmen bei der Verwendung von Arbeitsmitteln entsprechend anzupassen."* Ziel der regelmäßigen Überprüfung ist also die Anpassung an fortschreitenden Stand der Technik.[433] Hier hilft die EmpfBS 1114 Anpassung an den Stand der Technik bei der Verwendung von Arbeitsmitteln.

Daher ist die Gefährdungsbeurteilung ein **kontinuierlicher Verbesserungsprozess (KVP)**. Sie ist eine **dynamische Pflicht**. Es geht um

- **Plan** (durch die Gefährdungsbeurteilung),
- **Do** (durch die Umsetzung der betrieblichen Schutzmaßnahmen),
- **Check** (durch die regelmäßige Überprüfung der Gefährdungsbeurteilung),
- **Act** (durch die „Anpassung" der Schutzmaßnahmen gemäß § 3 Abs. 7 Satz 3).

Der Verordnungsgeber nimmt den KVP ernst: Wenn eine Gefährdungsbeurteilung nicht oder nicht rechtzeitig aktualisiert wird, ist das eine Ordnungswidrigkeit (§ 22 Abs. 1 Nr. 5 BetrSichV).

Wenn die Überprüfung der Gefährdungsbeurteilung ergibt, dass keine Aktualisierung erforderlich ist, so hat der Arbeitgeber dies unter Angabe des Datums der Überprüfung in der Dokumentation zu vermerken (§ 3 Abs. 7 Satz 5 BetrSichV). Das soll erstens den Arbeitgeber disziplinieren und zweitens den Aufsichtsbehörden die Überwachung erleichtern. Versäumt man diese Dokumentation, ist das nicht bußgeldbewehrt, denn nur Satz 4 des § 3 Abs. 7 BetrSichV ist in der Ordnungswidrigkeitenvorschrift § 22 BetrSichV genannt, nicht aber Satz 5.

---

[431] TRBS 1111 „Gefährdungsbeurteilung", Nr. 4.1 (3).

[432] Zuständigkeiten werden erläutert in Kapitel 2 und in *Wilrich*, Technik-Verantwortung: Sicherheitspflichten der Ingenieure, Meister und Fachkräfte – Organisation und Aufsicht durch Management und Führungskräfte, 2022.

[433] Siehe hierzu *Wilrich*, Die rechtliche Bedeutung technischer Normen als Sicherheitsmaßstab – mit 33 Gerichtsurteilen zu anerkannten Regeln und Stand der Technik, Produktsicherheitsrecht und Verkehrssicherungspflichten, 2017.

5.2.5 Pflicht: Unverzügliche Aktualisierung bei Erforderlichkeit

Die Gefährdungsbeurteilung muss nach § 3 Abs. 7 BetrSichV *„unverzüglich aktualisiert"* werden, wenn es *„erforderlich"* ist.

Was Erforderlichkeit ist, kann nicht definiert werden. Es ist klar, was gemeint ist: Wenn die Gefährdungslage sich geändert hat, muss erneut nachgedacht werden.

Die Definition der Unverzüglichkeit in § 121 BGB – mit den Worten „ohne schuldhaftes Zögern" – hilft nicht wirklich weiter, sondern nutzt nur andere schwierige Wertungsbegriffe. Gemeint ist natürlich, dass die Gefährdungsbeurteilung umso schneller aktualisiert werden muss desto größer die Gefährdungen sind. § 3 Abs. 7 Satz 4 BetrSichV nennt drei Beispiele, wann eine Aktualisierung notwendig ist – nämlich wenn

- *„sicherheitsrelevante Veränderungen der Arbeitsbedingungen einschließlich der Änderung von Arbeitsmitteln dies erfordern"*,
- *„neue Informationen, insbesondere Erkenntnisse aus dem Unfallgeschehen*[434] *oder aus der arbeitsmedizinischen Vorsorge, vorliegen"* oder
- *„die Prüfung der Wirksamkeit der Schutzmaßnahmen ergeben hat, dass die festgelegten Schutzmaßnahmen nicht wirksam oder nicht ausreichend sind"*.

5.3 Zuständigkeit für die Durchführung

Zuständig für die Durchführung der Gefährdungsbeurteilung ist laut § 3 BetrSichV der Arbeitgeber. Eine Übertragung der Pflicht auf Dienstleister – etwa eine externe Fachkraft für Arbeitssicherheit[435] – ist möglich, muss aber auch vereinbart werden[436]. In Fall 2 „Backanlage" hatte der Geschäftsführer eine externe Firma *„mit einer Gefahrenanalyse beauftragt"* (dieses Dokument tauchte im Strafgerichtsverfahren dann aber nicht auf).

Der Arbeitgeber ist meistens eine juristische Person, innerhalb der organisiert werden muss:

- Durchgeführt werden müssen Gefährdungsbeurteilung gemäß § 3 Abs. 3 Satz 3 BetrSichV durch fachkundige Personen (zu ihnen siehe Kapitel 2.2).

[434] Siehe auch 5.5.6.

[435] So war es im Fall „Pappkartonstanze", besprochen in *Wilrich*, Verantwortung und Haftung der Sicherheitsingenieure, 2023.

[436] So war es nicht im Fall „Parkhaus im Kurheim", in: *Wilrich*, Maschinen- und Anlagensicherheitsrecht im Industrieservice, 2023 (VDE-Schriftenreihe 165).

- Hilfe kann erfolgen – und muss gemäß § 3 Abs. 3 Satz 4 BetrSichV erfolgen, wenn der Arbeitgeber nicht selbst über die entsprechenden Kenntnisse verfügt – durch fachkundige Berater, die auch externe Dienstleister sein können.

Wird eine Gefährdungsbeurteilung von nicht fachkundigen Personen durchgeführt, ist das eine Ordnungswidrigkeit (§ 22 Abs. 1 Nr. 2 BetrSichV).

Letztlich gibt es auch – ohne dass sie ausdrücklich so heißen – „Gefährdungsbeurteilungen" im Zivil- und Strafrecht. Jede Führungskraft muss alles Mögliche und Zumutbare tun, um Schäden zu vermeiden (siehe Kapitel 2.8). Daher hat sie in ihrem (Zuständigkeits-)Bereich ihre „Schützlinge" von Gefährdungen (möglichst) freizuhalten – und dazu hat müssen diese im Vorfeld natürlich auch beurteilt werden. In diesem Bereich gibt es (auch in Teil 2 dieses Buches) zahlreiche Urteile – siehe ausführlich *Wilrich*, Technik-Verantwortung – Sicherheitspflichten der Ingenieure, Meister und Fachkräfte und Organisation und Aufsicht durch Management und Führungskräfte (VDE-Schriftenreihe 188). In Fall 5 „Flickstation" argumentiert das Gericht fehlerhaft mit den Rechtsgrundlagen zur Risikobeurteilung gemäß EG-Maschinenrichtlinie.

5.4 Inhalte der Gefährdungsbeurteilung

In der Gefährdungsbeurteilung sind *„die auftretenden Gefährdungen zu beurteilen und daraus notwendige und geeignete Schutzmaßnahmen abzuleiten"* (§ 3 Abs. 1 BetrSichV). Werden in der Gefährdungsbeurteilung *„die auftretenden Gefährdungen nicht oder nicht richtig beurteilt"*, ist das eine Ordnungswidrigkeit (§ 22 Abs. 1 Nr. 1 BetrSichV). Was die „auftretenden Gefährdungen" konkret sind, hängt natürlich vom jeweiligen Arbeitsumfeld und der Arbeitstätigkeit ab, aber Anhaltspunkte geben § 3 Abs. 2 und die §§ 4 ff. BetrSichV.

Es geht um konkrete Maßnahmen zur Sicherheit an den einzelnen Arbeitsplätzen, nicht allgemeine Listen, was alles zu berücksichtigen ist. Die fehlende Konkretheit einer Gefährdungsbeurteilung hatte das OLG Nürnberg einmal so kritisiert: Ein *„allgemeiner Hinweis auf eine erhöhte Gefährdung beim Umgang mit unkontrolliert bewegten/rotierenden Teilen, ohne Hinweis auf konkrete Sicherheitsmängel und ohne Vorschläge, wie die Sicherheit an den einzelnen Arbeitsplätzen verbessert werden könnte"*, reiche *„nicht ansatzweise"* aus.[437]

[437] Fallbesprechung Nr. 8 „Pappkartonstanze", in: *Wilrich*, Verantwortung und Haftung der Sicherheitsingenieure, 2022.

5.4.1 Zustand und Handhabung

Die Gefährdungsbeurteilung bezieht sich auf „Zustand und Handhabung des Arbeitsmittels“[438]. *Zustand* meint Rechtskonformität (*Produkt*sicherheit) und *Handhabung* meint sichere Verwendbarkeit (*Betriebs*sicherheit) in den vorgesehenen Einsatzbedingungen.

- Was den Zustand angeht, sagt z. B. das Landgericht Gießen[439], dass *„der Arbeitgeber neu angeschaffte Arbeitsmittel darauf untersuchen muss, ob sie den einschlägigen Sicherheitsanforderungen entsprechen“* (siehe aber 4.3).
- Was die Handhabung angeht, kritisiert z. B. das Amtsgericht Freudenstadt[440] einen Unternehmer, dass er in einer Gefährdungsbeurteilung *„hätte erkennen können und müssen, dass eine solche wie von Ihnen am Unfalltag vorgenommene Reihenfolge der einzelnen Arbeitsschritte nicht sachgerecht war“*.

5.4.2 „Alle“ Gefährdungen

Zu berücksichtigen sind *„alle* Gefährdungen einzubeziehen, die bei der Verwendung von Arbeitsmitteln ausgehen“ (§ 3 Abs. 2 BetrSichV).

Der Umfang wird noch einmal betont durch die Auflistung von drei Bezugspunkten – es geht um Gefährdungen „von den Arbeitsmitteln selbst, der Arbeitsumgebung und den Arbeitsgegenständen, an denen Tätigkeiten mit Arbeitsmitteln durchgeführt werden“, also die „Wechselwirkungen“[441]. „Gegenstand der Ermittlung und Bewertung sind die Gefährdungen, die von der Benutzung des Arbeitsmittels selbst ausgehen (z. B. durch Funkenflug bei einem Handschleifgerät) wie auch Gefährdungen, die durch Wechselwirkungen mit anderen Arbeitsmitteln, mit Arbeitsstoffen oder der Arbeitsumgebung (z. B. durch Lichtbögen beim Schweißen) hervorgerufen werden.“[442]

In Fall 21 „Stromschlag Reinigungsarbeiten Garage“ war die Nutzung eines Hochdruckreinigers aus drei Gründen unzulässig:

- Es gab einen *„sichtbaren Defekt an der Isolierung des Stromkabels des Hochdruckreinigers“* (allgemeiner Zustand des Arbeitsmittels).
- Es wurde *„im Freien mit einer hierzu nicht zulässigen Kabeltrommel gearbeitet“* (konkrete Handhabung des Arbeitsmittels).

---

[438] BR-Drucks. 400/14 S. 80.

[439] Fallbesprechung Nr. 32 „Rollenhubbühne“, in: *Wilrich*, Sicherheitstechnik und Maschinenunfälle vor Gericht, 2022.

[440] In diesem Buch Fall 11 „Gerüststurz Freudenstadt Sägewerk“.

[441] So § 3 Abs. 1 Satz 2 der früheren BetrSichV und TRBS 1111, Abschnitt 3.1.

[442] So die alte TRBS 1111 „Gefährdungsbeurteilung“, Abschnitt 3.2.

- Es erfolgte *„der Stromanschluss für den Hochdruckreiniger nicht an einer mit einem FI-Schalter abgesicherten Steckdose"* (Arbeitsumgebung).

Die Gefährdungsbeurteilung muss sich auf alle Verwendungsarten beziehen (siehe Kapitel 1.3) – einschließlich der vorhersehbaren Fehlanwendungen (siehe Kapitel 1.3.15).

5.4.3 Liste mit Gefährdungen

Insbesondere sind gemäß § 3 Abs. 2 Satz 2 BetrSichV in der Gefährdungsbeurteilung zu berücksichtigen:

- die *„Gebrauchstauglichkeit von Arbeitsmitteln, einschließlich der ergonomischen, alters- und alternsgerechten Gestaltung"*,
- die *„sicherheitsrelevanten einschließlich der ergonomischen Zusammenhänge zwischen Arbeitsplatz, Arbeitsmittel, Arbeitsverfahren, Arbeitsorganisation, Arbeitsablauf, Arbeitszeit und Arbeitsaufgabe"*,
- die *„physischen und psychischen Belastungen der Beschäftigten"* und
- *„vorhersehbare Betriebsstörungen und die Gefährdung bei Maßnahmen zu deren Beseitigung"* – einschließlich der Gefährdungen bei der Störungssuche.[443]

5.4.4 Elektrische Gefährdungen

In der Gefährdungsbeurteilung zu berücksichtigen sind auch „elektrische Gefährdungen, die bei Tätigkeiten mit Arbeitsmitteln unmittelbar oder mittelbar auftreten können" – aber „elektrische Gefährdungen und Gefährdungen durch andere Energien werden nur erfasst, wenn sie vom Arbeitsmittel selbst oder von der Arbeitsumgebung bei der Verwendung eines Arbeitsmittels ausgehen"[444].

§ 8 Abs. 1 BetrSichV regelt allgemeine Grundsätze zur Gefährdungsvermeidung bei Energien (siehe Kapitel 6.4.1). Ansonsten gilt die DGUV-Vorschrift 3 „Elektrische Anlagen und Betriebsmittel" (früher BGV A3) – siehe hierzu Fall 21 „Stromschlag Reinigungsarbeiten Garage" (siehe auch schon Kapitel 5.4.3) und weitere Urteilsbesprechungen in *Wilrich*, **Maschinen- und Anlagensicherheitsrecht im Industrieservice** (VDE-Schriftenreihe 165) und in *Wilrich*, **Elektrotechnik und Stromunfälle vor Gericht** (VDE-Schriftenreihe 199).

[443] So die alte TRBS 1111 „Gefährdungsbeurteilung", Abschnitt 3.2.
[444] So BR-Drs. 400/14 v. 28.08.2014, S. 75.

5.4.5 Explosionsschutz

Mit der neuen BetrSichV ist der Explosionsschutz in die GefStoffV „verlegt" und so Doppelregelung reduziert worden. Da die Explosionsgefährdung primär vom Gefahrstoff ausgeht, erfolgen die Gefährdungsbeurteilung und die Festlegung von Schutzmaßnahmen zum Explosionsschutz nunmehr ausschließlich nach der Gefahrstoffverordnung.[445] Siehe hierzu ausführlich *Cordula Wilrich/Thomas Wilrich*, **Gefahrstoffrecht vor Gericht** (2021).

5.4.6 Prüfungen

Der Arbeitgeber hat in der Gefährdungsbeurteilung gemäß § 3 Abs. 6 BetrSichV auch – soweit die BetrSichV es nicht schon konkret(er) vorschreibt – zu ermitteln und festzulegen

- Art und Umfang erforderlicher Prüfungen von Arbeitsmitteln sowie
- die Fristen von wiederkehrenden Prüfungen
- die befähigten Personen, die prüfen (siehe zu ihnen Kapitel 2.3).

„Die Fristen für die wiederkehrenden Prüfungen sind so festzulegen, dass die Arbeitsmittel bis zur nächsten festgelegten Prüfung sicher verwendet werden können" (§ 3 Abs. 6 Satz 3 BetrSichV). Wenn nichts konkret festgelegt ist, gilt wie immer: aus Sicherheitsgründen „lieber eine kürzere Frist"[446]. Aber diese unbestreitbare Aussage ist abzuwägen mit dem Verhältnismäßigkeitsgrundsatz (zu ihm siehe Kapitel 3.2.3).

5.5 Hilfen und Vereinfachungen

Neben den TRBS (siehe Kapitel 11.3) gibt es folgende Hilfen und Erleichterungen bei der Durchführung der Gefährdungsbeurteilung:

- erstens (dazu Kapitel 5.5.1) durch eine **Richtigkeitsvermutung** und Übernahmemöglichkeiten in Bezug auf Vorarbeiten des Herstellers,
- zweitens (dazu Kapitel 5.5.2) durch **Vertrauensschutz bei CE-Kennzeichnung**,
- drittens (dazu Kapitel 5.5.3) in **einfachen Fällen**,
- viertens (dazu Kapitel 5.5.4) bei **gleichartigen Arbeitsbedingungen**,

[445] BR-Drs. 400/14 v. 28.08.2014, S. 70.
[446] *Wink*, BetrSichV, § 3 Rn. 6d.

- fünftens (dazu Kapitel 5.5.5) durch **Aufbau auf eigene Vorarbeiten des Arbeitgebers**,
- sechstens (dazu Kapitel 5.5.6) durch **Analyse des Unfallgeschehens**.

Ungefährliche Kleinst-Arbeitsmittel sind meines Erachtens schon gar nicht weiter nach der BetrSichV zu berücksichtigen bzw. zu betrachten, sodass die allein zu empfehlende Maßnahme die Vorgabe der täglichen Sichtprüfung durch die Beschäftigten, die entsprechende Unterweisung und die Meldung von Unzulänglichkeiten wäre (siehe Kapitel 1.2.1.5).

Der Verordnungsgeber sieht in § 7 BetrSichV eine „vereinfachte Vorgehensweise bei der Verwendung von Arbeitsmitteln“ vor, die aber – meines Erachtens – zu kompliziert und zu unsicher ist, sodass von ihr abzuraten ist (siehe Kapitel 6.4).

5.5.1 Richtigkeitsvermutung und Übernahmevereinfachung bei Herstellerinformationen

Die vom Hersteller „mitgelieferte Sicherheit“ (siehe Kapitel 4.1) kann „geringeren Aufwand bei der Gefährdungsbeurteilung und deren Dokumentation“ bedeuten.[447] Denn der *„Arbeitgeber darf davon ausgehen, dass die vom Hersteller mitgelieferten Informationen zutreffend sind, es sei denn, dass er über andere Erkenntnisse verfügt“* (§ 3 Abs. 4 BetrSichV). Gemeint mit diesen Informationen sind insbesondere

- die Betriebs- bzw. Gebrauchsanleitung, die zwingend beigefügt werden muss[448] und deren Fehlen einen Sachmangel nach kaufrechtlichen Gewährleistungsrecht begründet[449] und
- die Risikobeurteilung, auf die der Käufer zwar keinen Anspruch hat[450], die er aber im Kaufvertrag fordern kann[451].

Mit § 3 Abs. 4 BetrSichV ist das Vertrauen des Arbeitgebers auf die Güte der Herstellerinformationen geschützt – so wie § 3 Abs. 4 BetrSichV das Vertrauen auf die Güte von TRBS schützt (siehe Kapitel 11.4.3.1).

Nach § 3 Abs. 5 BetrSichV kann der Arbeitgeber bei der Festlegung der Schutzmaßnahmen *„gleichwertige Unterlagen, die ihm der Hersteller oder Inverkehrbringer*

[447] So BR-Drucks. 400/14 v. 28.08.2014, S. 73.

[448] Vgl. z. B. Art. 5 Abs. 1 c) EG-Maschinenrichtlinie 2006/42/EG.

[449] § 434 Abs. 3 Satz 1 Nr. 4 BGB – Abdruck in Teil 3 in Kapitel 3.2.

[450] Vgl. *EU-Kommission*, Anwender-Leitfaden Maschinenrichtlinie, § 393.

[451] Ausführlich zum Inverkehrbringensrecht *Wilrich*, Produktsicherheitsrecht und CE-Konformität, 2021 (VDE-Schriftenreihe 178).

mitgeliefert hat, übernehmen, sofern die Angaben und Festlegungen in dieser Gefährdungsbeurteilung den Arbeitsmitteln einschließlich der Arbeitsbedingungen und -verfahren, im eigenen Betrieb entsprechen":

- das gilt für Anleitungen, die sich der Arbeitgeber „nach einer Plausibilitätsprüfung zu eigen machen und seine Gefährdungsbeurteilung darauf aufbauen" kann[452];
- es muss auch „die durch den Hersteller durchgeführte Risikobeurteilung für das Arbeitsmittel nicht wiederholt" werden.[453]

Mit Vorsicht ist vorzugehen, wenn es heißt, zulässig ist die Verwendung von Standard-Gefährdungsbeurteilungen, die beispielsweise der Hersteller eines Arbeitsmittels dem Arbeitgeber zur Verfügung stellt"[454] – mehr als ein Ausgangspunkt für die eigene Gefährdungsbeurteilung des Arbeitgebers bzw. eine Hilfe bei ihrer Erstellung kann das nicht sein.

Im Fall „Rasenmäher: Unfall des Zivis bei der Reinigung"[455] sind Vorarbeiten des Herstellers nicht ausreichend berücksichtigt worden – und es wurde gegen zwei Sicherheitsgebote verstoßen, die beide in der Betriebsanleitung standen: erstens „die Reinigungsarbeiten nie bei aufgebocktem Mäher auszuführen, damit die Möglichkeit, in die Messer zu geraten, nahezu ausgeschlossen bzw. zumindest extrem erschwert ist", und zweitens, „dass immer nur eine einzelne Person mit dem Mäher arbeiten soll, um damit eine Verletzung auszuschließen, denn solange keine Person auf dem Mäher sitzt, kann dieser nicht gestartet werden". Das ist ein Gebot der Alleinarbeit – andersherum sind gerade bei Alleinarbeit Schutzmaßnahmen zu ergreifen bis hin zum Verbot (vgl. § 8 Abs. 2 DGUV-Vorschrift 1[456]).

5.5.2 Vereinfachung bei CE-Kennzeichnung

Bei ordnungsgemäßer CE-Kennzeichnung bezieht sich die Gefährdungsbeurteilung im Ausgangspunkt vor allen Dingen auf die *Handhabung* – die „Einbettung in die betriebliche Infrastruktur". Auf den *Zustand*, also die Sicherheit des Produkts selbst, „kann sich der Arbeitgeber verlassen"[457] – im Ausgangspunkt (siehe Kapitel 4.3).

[452] BR-Drs. 400/14 v. 28.08.2014, S. 81; vgl. auch *Kahl*, Arbeitssicherheit, 6.4.2, S. 259 f.
[453] BR-Drs. 400/14 v. 28.08.2014, S. 81.
[454] *Wiebauer*, in: Landmann/Rohmer, Gewerbeordnung, 84. Lieferung September 2020, 660a Einführung Rn. 13.
[455] Fallbesprechung in *Wilrich*, Maschinen- und Anlagensicherheitsrecht im Industrieservice, 2023 (VDE-Schriftenreihe 165).
[456] Siehe auch DGUV-Regel 112-139 Einsatz von Personen-Notsignal-Anlagen.
[457] BR-Drs. 400/14 v. 28.08.2014, S. 90.

Der „vorgelagerte Arbeitsschutz" durch die mitgelieferte Produktsicherheit[458] ist „bei der Gefährdungsbeurteilung hinsichtlich Auswahl und Beschaffung von Arbeitsmitteln von erheblicher Bedeutung"[459].

So ist der Ausgangspunkt. Es heißt dann auch schon mal, *„der Arbeitgeber muss neu angeschaffte Arbeitsmittel darauf untersuchen, ob sie den einschlägigen Sicherheitsanforderungen entsprechen"*[460]. Das ist als Grundsatz übertrieben. Es wird naturgemäß vor allen Dingen betont, wenn es eben (teilweise mehr als) genügenden Anlass gab, die Aussagekraft von CE zu hinterfragen, was den Vertrauensschutz selbstverständlich entfallen lässt. Die BetrSichV fordert allein eine Gefährdungsbeurteilung, nicht aber eine Untersuchung, ob Herstellervorschriften eingehalten sind – auch § 5 Abs. 3 BetrSichV fordert das nicht (siehe Kapitel 4).

5.5.3 Vereinfachung in einfachen Fällen

In einfachen Fällen sollte die Gefährdungsbeurteilung auch einfach sein. Dann kann Ergebnis der Gefährdungsbeurteilung sein, dass „Sicherheit und Gesundheitsschutz der Beschäftigten ohne weitere Maßnahmen gewährleistet sind"[461]. So „kann bei verwendungsfertigen, einfach zu benutzenden Arbeitsmitteln wie z. B. einer Bohrmaschine, die aufgrund des Binnenmarktrechts ‚mitgebrachte' Sicherheit durchaus ausreichen"[462] – und als Beispiel wird ausdrücklich eine Bohrmaschine genannt[463].

Aber anders als bei gefahrlosen Kleinst-Arbeitsmitteln, für die nach der hier vertretenen Auffassung schon die BetrSichV nicht gilt (siehe hierzu Kapitel 1.2.1.5), ist das kein Verzicht auf die Gefährdungsbeurteilung – auch wenn der Verordnungsgeber sagt, der „Arbeitgeber muss die durch den Hersteller durchgeführte Risikobeurteilung für das Arbeitsmittel nicht wiederholen"[464]. Ja: Er muss die *Risikobeurteilung* nicht *wiederholen*, aber er muss *seine* Gefährdungsbeurteilung durchführen, was durch *Übernahme* der Vorarbeiten des Herstellers, etwa aus dessen Anleitung (siehe Kapitel 5.5.1), geschehen kann: „Im Falle von Maschinen, wo die Gefahr durch konstruktive Maßnahmen gebannt ist, muss sehr wohl dieses Arbeitsmittel in der Gefährdungsbeurteilung betrachtet werden. Hinsichtlich der Schutzmaßnahmen wäre

---

458 Hierzu und zu den Grenzen des Vertrauensschutzes siehe Kapitel 4.3.

459 BR-Drs. 400/14 v. 28.08.2014, S. 79.

460 So das LG Gießen im Fall Nr. 32 „Rollenhubbühne", in: *Wilrich*, Sicherheitstechnik und Maschinenunfälle vor Gericht, 2022.

461 So die alte TRBS 1111 „Gefährdungsbeurteilung", Abschnitt 3.3.4.

462 *Klein*, Arbeitsmittelsicherheit, sis 2014, S. 68.

463 Zu einem größeren Bohrgerät siehe Fall 20 „Bohrschnecke", in: *Wilrich*, Bausicherheit, 2021, S. 219 ff.

464 BR-Drs. 400/14 v. 28.08.2014, S. 81.

z. B. nichts weiter festzulegen. Lediglich die Wirksamkeit der Schutzmaßnahme müsste überprüft und beurteilt werden."[465]

5.5.4 Vereinfachung bei gleich gelagerten Gefährdungen

Eine wesentliche Vereinfachung liegt darin, dass *„bei gleichartigen Arbeitsbedingungen ist die Beurteilung eines Arbeitsplatzes oder einer Tätigkeit ausreichend"* ist (§ 5 Abs. 2 Satz 2 ArbSchG). Das wiederholt die TRBS 1111 konkret für Gefährdungsbeurteilungen: „Bei der gleichartigen Verwendung von Arbeitsmitteln kann die Gefährdungsbeurteilung zusammengefasst werden" und es ist von „gleichartigen Arbeitsmitteln" die Rede.[466]

„Wie man dieses in der Praxis durchführt und lebt, liegt im Verantwortungsbereich des Arbeitgebers": „Man muss nicht unbedingt jedes einzelne Arbeitsmittel, z. B. jede im Betrieb vorhandene Bohrmaschine, in der Gefährdungsbeurteilung aufführen. Hier reicht es aus, z. B. eine Arbeitsmittelgruppe zu definieren. Gehen von gleichartigen elektrischen Betriebsmitteln die gleichen Gefahren aus, dann reicht es aus, für die Gruppe der elektrischen Betriebsmittel die Gefährdungsbeurteilung durchzuführen."[467]

5.5.5 Aufbau auf vorhandene Gefährdungsbeurteilungen

Nach § 3 Abs. 5 BetrSichV kann der Arbeitgeber bei der Festlegung der Schutzmaßnahmen *„bereits vorhandene Gefährdungsbeurteilungen übernehmen, sofern die Angaben und Festlegungen in dieser Gefährdungsbeurteilung den Arbeitsmitteln einschließlich der Arbeitsbedingungen und -verfahren, im eigenen Betrieb entsprechen"*.

Für die Instandhaltung warnt – allgemeingültig – die TRBS 1112[468]: „Vor Aufnahme der Arbeiten ist jedoch zu prüfen, ob die in der vorliegenden Gefährdungsbeurteilung getroffenen und dokumentierten Festlegungen auch ausreichend und anwendbar sind. Ansonsten ist die Gefährdungsbeurteilung zu aktualisieren."

---

465 KomNet-Wissensdatenbank Dialognummer 6180, Stand: 29.08.2019 = https://www.komnet.nrw.de/_sitetools/dialog/6180.

466 TRBS 1111 „Gefährdungsbeurteilung", Abschnitt 4.2 Abs. 4 und Abschnitt 5.3 Abs. 1 und 5.8 Abs. 4.

467 KomNet-Wissensdatenbank Dialognummer 6180, Stand: 29.08.2019 = https://www.komnet.nrw.de/_sitetools/dialog/6180.

468 TRBS 1112 „Instandhaltung", Abschnitt 4.2.

5.5.6 Analyse des Unfallgeschehens

Auch Unfallgeschehen kann Anhaltspunkte für die Gefährdungsbeurteilung bieten.[469]

Man könnte ein Arbeitsschutzbuch mit dem Titel *„Der Anlass“* schreiben. Die Rechtsprechung leitet sehr häufig die Erforderlichkeit für (bessere) Schutzmaßnahmen und dann auch den Vorwurf der Unsorgfältigkeit und damit Fahrlässigkeit aus Anhaltspunkte für Gefährdungen ab.[470]

- Das Amtsgericht Mühldorf erwähnt in einem Strafbefehl einen Unfall an einer Sandaufbereitungsanlage ein halbes Jahr vor dem tödlichen Unglück an einer Formanlage – und das *„hätte Veranlassung sein müssen, sich auch über die Arbeitsabläufe bei Reparatur und Instandhaltung der Formanlage näher zu informieren und diese im Hinblick auf die Anforderungen des Arbeitsschutzes und der Unfallverhütung zu überprüfen“*[471].
- Das Landgericht Gießen berücksichtigte indes einen vorherigen Unfall an der „Papiermaschine 3“ nicht, denn „es handelt sich hierbei nicht um die streitgegenständliche Papiermaschine 4“ – also die Unfallmaschine.[472]

5.6 Dokumentation der Gefährdungsbeurteilung

§ 3 Abs. 8 BetrSichV fordert die Dokumentation der Ergebnisse der Gefährdungsbeurteilung

- *„vor der erstmaligen Verwendung der Arbeitsmittel“* und
- *„auch in elektronischer Form“* – was heißt: alternativ, nicht zusätzlich „auch“ so.

Die Dokumentationspflicht knüpft also an die erstmalige Verwendung. Die Beginn der Gefährdungsbeurteilung bei Beschaffung des Arbeitsmittels ist nicht dokumentationspflichtig (siehe Kapitel 5.2.1).

469 Zur Wichtigkeit vgl. *Kahl*, Arbeitssicherheit, 6.4.2, S. 260.

470 Dutzende Beispiele in *Wilrich*, Arbeitsschutz-Strafrecht, 2020.

471 Urteilsbesprechung Nr.5 „Instandhaltungsunfall“, in: *Wilrich*, Verantwortung und Haftung der Sicherheitsingenieure, 2022.

472 Urteilsbesprechung Nr. 32 „Rollenhubbühne“, in: *Wilrich*, Sicherheitstechnik und Maschinenunfälle vor Gericht, 2022.

Die Dokumentation hat nach § 3 Abs. 8 BetrSichV folgende Mindestinhalte:

- das *„Ergebnis der Gefährdungsbeurteilung"*,
- die *„Gefährdungen, die bei der Verwendung der Arbeitsmittel auftreten"*, wobei es „bei gleichartigen Arbeitsmitteln und Gefährdungen" (siehe Kapitel 5.5.4) ausreichend ist, wenn „die Unterlagen zusammengefasste Angaben enthalten"[473],
- die zu ergreifenden betriebliche Schutzmaßnahmen (siehe Kapitel 6),
- Maßnahmen zur Erfüllung der BetrSichV bei Abweichung von technischen Regeln (TRBS – siehe Kapitel 11.4.1),
- Art und Umfang der erforderlichen Prüfungen sowie Fristen der wiederkehrenden Prüfungen (siehe Kapitel 10),
- das Ergebnis der Überprüfung der Wirksamkeit der Gefährdungsbeurteilung gemäß § 3 Abs. 7 BetrSichV – auch wenn *„die Überprüfung der Gefährdungsbeurteilung ergibt, dass keine Aktualisierung erforderlich ist, so hat der Arbeitgeber dies unter Angabe des Datums der Überprüfung in der Dokumentation zu vermerken"* (siehe Kapitel 5.2.4) und
- das Ergebnis der Überprüfung der Wirksamkeit Schutzmaßnahmen gemäß § 4 Abs. 5 BetrSichV.

Wird das Ergebnis der Gefährdungsbeurteilung „nicht oder nicht rechtzeitig dokumentiert", ist das eine Ordnungswidrigkeit (§ 22 Abs. 1 Nr. 6 BetrSichV). Aber man muss ein vernünftiges Ausmaß der Dokumentation finden: „Zu viel Bürokratismus führt nicht unbedingt zu mehr Sicherheit."[474] Und „großer Aufwand allein bedeutet nicht automatisch eine erhöhte Sicherheit oder eine rechtssichere Organisation"[475].

Der Arbeitgeber hat der zuständigen Behörde gemäß § 19 Abs. 3 Nr. 1 und Nr. 2 BetrSichV auf Verlangen zu übermitteln

- *„die Dokumentation der Gefährdungsbeurteilung und die ihr zugrunde liegenden Informationen"* und
- einen *„Nachweis"*, dass die *„Anforderungen nach § 3 Abs. 2 Satz 2"* erfüllt sind (zu dieser Liste Kapitel 5.4.3).

---

[473] TRBS 1111 „Gefährdungsbeurteilung", Abschnitt 5.8 Abs. 4.

[474] *v. Locquenghien/Ostermann/Klindt*, BetrSichV 2, S. 81.

[475] *Weber*, BetrSichV – Auswirkungen, S. 71.

5.7 Rechtsfolge bei Verstößen

Wenn Gefährdungsbeurteilungen nicht oder nicht „gehörig" durchgeführt worden sind,

- kann die Aufsichtsbehörde dies anordnen (dazu Kapitel 5.7.1).
- kann dies zu Bußgeldern führen (dazu Kapitel 5.7.2) und
- kann straf- oder zivilrechtliche Haftungsfolgen haben (dazu Kapitel 5.7.3).

5.7.1 Anordnung der Aufsichtsbehörde

Die Aufsichtsbehörden können gemäß § 22 Abs. 3 ArbSchG die Erstellung einer Gefährdungsbeurteilung anordnen[476] – etwa so:

„Für die Montage der ‚Strahlanlage' im Werk 2, Halle 2 ist vor dem Beginn von weiteren Arbeiten eine Gefährdungsbeurteilung nach § 5 ArbSchG und § 3 BetrSichV durchzuführen und die erforderlichen Schutzmaßnahmen festzulegen sowie umzusetzen. Hierbei ist im Besonderen auf folgende Punkte einzugehen: (…)."[477]

5.7.2 Bußgelder nach Ordnungswidrigkeit

Die BetrSichV kennt fünf Bußgeldtatbestände im Zusammenhang mit der Gefährdungsbeurteilung (siehe noch Kapitel 12). Zusammenfassend: Es ist eine Ordnungswidrigkeit und kann mit einem Bußgeld von 5 000 € geahndet werden (§ 25 ArbSchG),

- wenn entgegen § 3 Abs. 1 Satz 1 eine Gefährdung nicht, nicht richtig oder nicht rechtzeitig beurteilt wird (§ 22 Abs. 1 Nr. 1 BetrSichV),
- wenn entgegen § 3 Abs. 3 Satz 3 – also durch einen Nicht-Fachkundigen – eine Gefährdungsbeurteilung durchführt wird (§ 22 Abs. 1 Nr. 2 BetrSichV),
- wenn entgegen § 3 Abs. 7 Satz 4 eine Gefährdungsbeurteilung nicht oder nicht rechtzeitig aktualisiert wird (§ 22 Abs. 1 Nr. 5 BetrSichV),
- wenn entgegen § 3 Abs. 8 Satz 1 ein Ergebnis der Gefährdungsbeurteilung vor der erstmaligen Verwendung der Arbeitsmittel dort nicht oder nicht rechtzeitig dokumentiert (§ 22 Abs. 1 Nr. 6 BetrSichV – siehe auch 5.6),
- wenn entgegen § 4 Abs. 1 Nr. 1 ein Arbeitsmittel ohne vorherige Gefährdungsbeurteilung verwendet wird (§ 22 Abs. 1 Nr. 7 BetrSichV).

476 So ausdrücklich VG Frankfurt a. M., Urteil v. 13.05.2009 (Az. 7 K 1462/08).
477 So war es im Fall VG Regensburg 08.12.2016 (Az. RN 5 K 15.1767).

5.7.3 Haftungsfolgen nach Zivil- und Strafrecht

Wenn eine Gefährdungsbeurteilung fehlt, ist das eine Pflichtverletzung – die Nichterfüllung von und ein Verstoß gegen § 3 BetrSichV und § 5 ArbSchG. Jede Pflichtverletzung

- kann zur Bestrafung desjenigen führen, der die Gefährdungsbeurteilung hätte durchführen (lassen) müssen,
- kann zu Schadensersatzansprüchen desjenigen führen, dessen Verletzung vermieden worden wäre, wenn die Gefährdungen ordnungsgemäß beurteilt – und die entsprechenden Schutzmaßnahmen ergriffen worden – wären.

Folgende in diesem Buch besprochene Strafverfahren illustrieren das:

- Fall 8: Eine Führungskraft *„sorgte nicht"* für eine *„Gefährdungsbeurteilung hinsichtlich des Abladevorgangs"* und *„duldeten"* den Ablagevorgang trotz dieser Arbeitsschutzwidrigkeit.
- Fall 9: *„Die Verpflichtung des Angeklagten dafür zu sorgen, dass der Stapler ausschließlich von dazu geeigneten und ausgebildeten Personen betrieben wird, ergibt sich generell aus § 5 ArbSchG, wonach der Arbeitgeber die für die Beschäftigten mit ihrer Arbeit verbundene Gefährdung – insbesondere eine solche, die aus dem Einsatz von Maschinen und/oder unzureichender Qualifikation und Unterweisung der Beschäftigten resultiert – zu ermitteln und zu beurteilen hat, welche Maßnahmen zum Schutz vor diesen Gefahren erforderlich sind."*
- Fall 11: *„Bei der Erstellung einer solchen Gefährdungsbeurteilung hätten Sie erkennen können und müssen, dass eine solche wie von Ihnen am Unfalltag vorgenommene Reihenfolge der einzelnen Arbeitsschritte nicht sachgerecht war und es zudem entsprechender Schutzausrüstung bedurft hätte. Dadurch haben Sie den Tod des Zimmergesellen in strafrechtlich zuordenbarer Weise mitverursacht."*

Weitere Analysen von Strafverfahren und unrichtigen oder unzureichenden Gefährdungsbeurteilungen in *Wilrich*, **Arbeitsschutz-Strafrecht** – Haftung für fahrlässige Arbeitsunfälle: Sicherheitsverantwortung, Sorgfaltspflichten und Schuld (2020).

Das Fehlen oder die Fehlerhaftigkeit einer Gefährdungsbeurteilung bedeutet aber nicht zwangsläufig Haftung:

- Im Fall „Aufzug im Kurheim" hielt es das Landgericht Detmold für *„fernliegend"*, dass *„mit einer Gefährdungsbeurteilung die Ursache des aufgetretenen Fehlers hätte erkannt oder behoben werden können. Es gibt auch keine Hinweise darauf, dass diese Gefährdungsbeurteilung zu einer Stilllegung des Fahrstuhls geführt* *hätte.“* Das Gericht bezweifelt, *„dass aufgrund einer derartigen Gefährdungsbeurteilung ein erhöhtes oder auch nur einfaches Risiko einer Halteungenauigkeit hätte aufgedeckt werden können“*[478].

- In Fall 2 dieses Buches („Backanlage“) stellte das Gericht zwar einerseits fest, dass der Unternehmer *„in jedem Einzelfall tätigkeits- und arbeitsplatzbezogen im Rahmen einer Gefährdungsbeurteilung festzulegen hat, welche Schutzausrüstungen zur Verfügung zu stellen sind“*, begnügte sich dann aber mit der Feststellung, dass die Bäckerei bei ihrer Fachkraft für Arbeitssicherheit eine „Gefahrenanalyse“ in Auftrag gegeben hatte. Es ist dem Urteil nicht einmal zu entnehmen, ob es die Gefährdungsbeurteilung auch gibt.

Das verdeutlicht, dass es in Gerichtsverfahren nicht primär auf die Existenz der Gefährdungsbeurteilung und ihre Dokumentation der *„zu ergreifenden“* Schutzmaßnahmen (§ 3 Abs. 8 Satz 2 Nr. 2 BetrSichV) ankommt, sondern auf die tatsächlichen *„ergriffenen“* Schutzmaßnahmen. Sind sie ausreichend, ist das Fehlen einer Gefährdungsbeurteilung oder ihrer Dokumentation im Haftungsfall nach Personenschäden nicht mehr ausschlaggebend. Das Landgericht Düsseldorf hat einmal gesagt: *„Allein aus einem etwaigen Unterlassen einer gesetzlich vorgeschriebenen Sicherheitsprüfung folgt nicht, dass der tatsächliche Zustand auch in einem verkehrsunsicheren Zustand war.“*[479]

Eine nicht ausreichende Gefährdungsbeurteilung ist – unabhängig von einem Arbeitsunfall – zwar bußgeldrechtlich relevant (siehe Kapitel 5.7.2), aber diese Ordnungswidrigkeit geht häufig nach dem – „härteren“ – Haftungsverfahren unter.

[478] Fallbesprechung in *Wilrich*, Maschinen- und Anlagensicherheitsrecht im Industrieservice, 2023 (VDE-Schriftenreihe 165).

[479] LG Düsseldorf, Urteil v. 24.04.2014 (Az. 1 O 263/12) – Trampolin.

6 Anforderungen an Arbeitsmittelverwendung: Schutzmaßnahmen

Arbeitsmittel müssen

- nicht nur *„den für sie geltenden Rechtsvorschriften über Sicherheit und Gesundheitsschutz entsprechen"* (siehe Kapitel 4),
- sondern auch in *„den vorgesehenen Einsatzbedingungen bei der Verwendung sicher"* sein, was im Wege einer Gefährdungsbeurteilung zu ermitteln ist (siehe Kapitel 5).

Es ist gemäß § 4 Abs. 1 BetrSichV *„Grundpflicht des Arbeitgebers"*, die in der Gefährdungsbeurteilung ermittelten Schutzmaßnahmen nach dem Stand der Technik zu treffen und die Verwendung des Arbeitsmittels erst nach Feststellung zuzulassen, dass diese Verwendung nach dem nach dem Stand der Technik sicher ist. Dass ein rechtskonformes (siehe Kapitel 4) Arbeitsmittel auch sicher verwendbar ist, muss sichergestellt werden durch Erreichung der Schutzziele (dazu Kapitel 6.1) – konkreter: durch Erfüllung der Schutzmaßnahmen zur Erreichung dieser Ziele (dazu Kapitel 6.2 ff.).

6.1 Die Schutzziele der BetrSichV

Die BetrSichV „formuliert die materiellen Anforderungen als Schutzziele"[480], sodass „eine hohe Flexibilität für den Arbeitgeber erreicht" wird[481]. Der **Vorteil Flexibilität** bedeutet indes auch Eigenverantwortung und – unbestreitbar – weniger Rechtssicherheit.

Eigenverantwortung kann man nicht wirklich dem Vorteil der Flexibilität als Nachteil gegenüberstellen. **Rechtsunsicherheit** ist dagegen – unbestreitbar – ein Nachteil. Sie ist aber unvermeidbar (zum Sicherheitsmaßstab siehe Kapitel 3.3).

Aus der BetrSichV lässt sich folgende Liste mit allgemeinen Anforderungen an Arbeitsmittel entnehmen – sie müssen (vgl. § 5 Abs. 1 Satz 2 und Abs. 2 BetrSichV)

- *„für die Art der auszuführenden Arbeiten geeignet"* sein,
- *„den gegebenen Einsatzbedingungen und den vorhersehbaren Beanspruchungen angepasst"* sein,

---

480 BR-Drs. 400/14 v. 28.08.2014, S. 69.

481 BR-Drs. 400/14 v. 28.08.2014, S. 1.

- *„über die erforderlichen sicherheitsrelevanten Ausrüstungen verfügen“*,
- ohne *„Mängel sein, die die sichere Verwendung beeinträchtigen“* und
- es müssen *„Gefährdungen so gering wie möglich gehalten“* werden.

Das alles ist sehr allgemein formuliert. „Eignung“, „Anpassung“, „Erforderlichkeit“, „Beeinträchtigung“ und „Geringfügigkeit“ von Gefährdungen sind alles unbestimmte Rechtsbegriffe, die einer Wertung bedürfen (siehe schon Kapitel 3.3). Mit Geeignetheit ist jedenfalls nicht nur der bestimmungsgemäße Gebrauch gemeint, sondern auch die vorhersehbare Fehlanwendung (siehe Kapitel 1.3.15).

Was sind die Instrumente bzw. Mittel der BetrSichV? Um die Schutzziele zu erreichen

- muss eine Gefährdungsbeurteilung durchgeführt werden (siehe Kapitel 5),
- müssen nach dem Stand der Technik (zu ihm Kapitel 11) Schutzmaßnahmen ergriffen werden, die aufgeteilt sind in
  - *„Grundpflichten“* (§ 4 BetrSichV) und
  - „Anforderungen an die zur Verfügung gestellten Arbeitsmittel“ (§ 5 BetrSichV),
  - *„Anforderungen bei der Verwendung der Arbeitsmittel“* (§ 6 BetrSichV),
  - *„Schutzmaßnahmen bei Gefährdungen durch Energien, Ingangsetzen und Stillsetzen“* (§ 8 BetrSichV),
  - *„weitere Schutzmaßnahmen bei der Verwendung von Arbeitsmitteln“* (§ 9 BetrSichV) und
  - *„Schutzmaßnahmen in besonderen Betriebszuständen, bei Betriebsstörungen und Unfällen“* (§ 11 BetrSichV),
- wobei es für §§ 8 und 9 BetrSichV eine Vereinfachungsregelung gibt (§ 7 BetrSichV), die allerdings recht kompliziert geraten ist, nicht sehr weit reicht und nicht zu empfehlen ist (dazu Kapitel 6.4).

6.2 Die Schutzmaßnahmen: Grundpflichten (§ 4 BetrSichV)

§ 4 BetrSichV mit der Überschrift „Grundpflichten des Arbeitgebers“ enthält ein wichtiges Basisprogramm, das in den nachfolgenden Vorschriften (§§ 6 ff. BetrSichV) weiter konkretisiert wird:

- Verwendungsverbote – und daraus folgende Handlungspflichten (§ 4 Abs. 1 und 4);
- Organisationspflichten (§ 4 Abs. 6);
- Pflicht zu Schutzmaßnahmen (§ 4 Abs. 3);

- Pflicht zur Berücksichtigung von TRBS und die Vermutungswirkung (§ 4 Abs. 3);
- das TOP-Prinzip (§ 4 Abs. 2);
- Prüfungs-, Feststellungs- und Kontrollpflichten (§ 4 Abs. 1 und 5);
- Unfallerfassung und Unfall- bzw. Schadensanzeige (§ 6 Abs. 2 und § 19 Abs. 1).

6.2.1 Verwendungsvoraussetzungen

Arbeitsmittel dürfen gemäß § 4 Abs. 1 und Abs. 4 BetrSichV erst verwendet werden, wenn

- eine Gefährdungsbeurteilung durchgeführt ist,
- die dabei ermittelten Schutzmaßnahmen nach dem Stand der Technik getroffen sind,
- die erforderlichen Prüfungen durchgeführt sind und
- festgestellt ist, dass die Verwendung der Arbeitsmittel nach dem Stand der Technik sicher ist.

Das kann – und muss – man auch als Handlungspflicht formulieren. Der Arbeitgeber muss Gefährdungen beurteilen (siehe Kapitel 5), die dadurch ermittelten Schutzmaßnahmen ergreifen (siehe hier in Kapitel 6), die Arbeitsmittel prüfen (Kapitel 10) und stellt dadurch – so und nicht als separat zu dokumentierende Akte sollte man es sehen – die sichere Verwendung fest.

Zur Verwendung gehört auch die Instandhaltung und Prüfung (siehe Kapitel 1.3.8 und Kapitel 1.3.9). Aber der Arbeitgeber kann – und letztlich muss – ein Arbeitsmittel, für das nicht die nach § 14 BetrSichV vorgeschriebenen Prüfungen durchgeführt wurden, z. B. zum Instandhalten, Reinigen, Prüfen oder Demontieren zur Verfügung stellen dürfen.[482] Daher ist auch die im Entwurf enthaltene Passage gestrichen worden, nach der Arbeitsmittel nur zur Verfügung gestellt und verwendet werden lassen dürfen, wenn die erforderlichen Prüfungen „durchgeführt und dokumentiert wurden".

§ 5 Abs. 2 BetrSichV verbietet die Verwendung eines Arbeitsmittels bei Mängeln, die die sichere Verwendung beeinträchtigen. So[483] „ist eine nicht funktionsfähige Schutz- oder Sicherheitseinrichtung ein Mangel, der die sichere Benutzung oder den sicheren Betrieb eines Arbeitsmittels beeinträchtigt", aber der Arbeitgeber kann – und letztlich muss – das Arbeitsmittel „dennoch instandsetzen und gegebenenfalls auch erproben, wenn er z. B. durch Ersatzmaßnahmen die Sicherheit gewährleistet". Daher ist auch der im ursprünglichen Entwurf enthaltene Zusatz gestrichen worden, dass der Arbeit-

[482] Vgl. die Klarstellung in BR-Drs. 400/14 (Beschluss) v. 28.11.2014, S. 5.

[483] Vgl. BR-Drs. 400/14 (Beschluss) v. 28.11.2014, S. 4.

geber Arbeitsmittel nicht zur Verfügung stellen und verwenden lassen darf, „wenn Schutz- und Sicherheitseinrichtungen der Arbeitsmittel nicht funktionsfähig sind".

Fazit

- Geprüft werden dürfen – und müssen – auch ungeprüfte Arbeitsmittel und
- instandgehalten werden dürfen – und müssen – auch unsichere Arbeitsmittel,
- wobei jeweils natürlich für die Prüftätigkeit und Instandhaltungsmaßnahmen eine Gefährdungsbeurteilung besonders wichtig ist (siehe Kapitel 10.4).

Die Verwendungsvoraussetzungen

- haben die Beschäftigten schon aus ihrer allgemeinen Stellung zu beachten (dazu Kapitel 2.9), könnten aber auch
- in einer Betriebsanweisung den Beschäftigten vorgegeben werden (dazu Kapitel 7.6) und
- in der Unterweisung den Beschäftigten vermittelt werden (dazu Kapitel 8.7).

Ein spezielles Verwendungsverbot für nicht ausreichend Qualifizierte enthält § 12 Abs. 3 BetrSichV: „Ist die Verwendung von Arbeitsmitteln mit besonderen Gefährdungen verbunden, hat der Arbeitgeber dafür zu sorgen, dass diese nur von hierzu beauftragten Beschäftigten verwendet werden." Auch das ist aber eher als Handlungsaufforderung an den Arbeitgeber zu sehen, bei besonderen Arbeitsmitteln auf besonders klare Aufträge an die Beschäftigten zu achten.

6.2.2 Organisationspflichten

Der Arbeitgeber hat (§ 4 Abs. 6 Satz 1 BetrSichV)

- *„die Belange des Arbeitsschutzes in Bezug auf die Verwendung von Arbeitsmitteln angemessen in seine betriebliche Organisation einzubinden"* und
- die *„erforderlichen personellen, finanziellen und organisatorischen Voraussetzungen zu schaffen"*.

Das baut auf die Grundsatzforderung in § 3 Abs. 2 ArbSchG auf. Die Einbindung der BetrSichV in die betrieblichen Abläufe ist z. B. erforderlich im

- Beschaffungswesen (zum Einkauf von Arbeitsmitteln siehe Kapitel 4.2 und die EmpfBS 1113 „Beschaffung von Arbeitsmitteln"),
- Personalwesen (zu den Arbeitsschutzverantwortlichen siehe Kapitel 2).

6.2.2.1 Personelle Voraussetzungen

Die personellen Voraussetzungen für die gebotene Arbeitsschutzdurchführung werden durch die Einsetzung verantwortlicher Personen geschaffen. Nun haben zwar *rechtlich* die Mitarbeiter automatisch die Arbeitsschutzaufgaben und Sicherheitsverantwortung schon durch ihre Position (siehe Kapitel 2.8.2 und Kapitel 2.9), aber *tatsächlich* „ist die Integration des Arbeitsschutzes in die betrieblichen Abläufe kein Automatismus“[484].

Daher ist zwar eine schriftliche Pflichtenübertragung zur Begründung der Arbeitsschutzverantwortung nicht nötig, aber kann sinnvoll sein. Umfassend hierzu *Wilrich*, **Pflichtendelegation im Arbeitsschutz** – Betriebsorganisation und Personalmanagement durch Übertragung von Unternehmerpflichten auf Führungskräfte (2023).

Zur Erfüllung der personellen Anforderungen ist auch insbesondere Aufklärung nötig. So fordert § 81 Abs. 1 BetrVG: „Der Arbeitgeber hat den Arbeitnehmer über dessen Aufgabe und Verantwortung sowie über die Art seiner Tätigkeit und ihre Einordnung in den Betriebsablauf zu unterrichten.“ Die Pflicht zur Aufklärung über Aufgabe und Verantwortung ist selbstverständliches allgemeines Prinzip und folgt „weitgehend an sich schon“ aus Fürsorgepflicht des Arbeitgebers.[485] Die Aufklärungspflicht gilt auch, wenn es keinen Betriebsrat gibt und auch im Öffentlichen Dienst – einschlägig ist hier § 14 ArbSchG. Ausführlich siehe *Wilrich*, **Technik-Verantwortung** – Sicherheitspflichten der Ingenieure, Meister und Fachkräfte und Organisation und Aufsicht durch Management und Führungskräfte (VDE-Schriftenreihe 188).

Wie viel Personalstärke nötig und angemessen, um wirksamen Arbeitsschutz zu installieren und die BetrSichV umzusetzen, ist eine schwierige unternehmerische Wertungsentscheidung. Nur selten gibt es wie bei Fachkräften für Arbeitssicherheit mit der DGUV-Vorschrift 2 einen exakt in Stundenzahlen bezifferten Mindestaufwand. Zu diesen Beratern und Unterstützern siehe Kapitel 2.6 und umfassend *Wilrich*, **Verantwortung und Haftung der Sicherheitsingenieure**: Unterstützungs-, Beratungs-, Berichts-, Prüfungs-, Warn- und Sorgfaltspflichten der Fachkräfte für Arbeitssicherheit als Stabsstelle und Unternehmerpflichten in der Linie – mit 15 Gerichtsurteilen und Strafverfahren zu Fahrlässigkeit und Schuld nach Arbeitsunfällen (VDE-Schriftenreihe 179).

Ohne detaillierte Arbeitsschutzpflichten als sind auch noch Sicherheitsbeauftragte institutionalisiert. Zu ihnen siehe Kapitel 2.7 und umfassend *Wilrich*, **Arbeitsschutzverantwortung für Sicherheitsbeauftragte**: Bestellung, Rechtsstellung, Pflichten und Haftung als Vertrauenspersonen und Beschäftigte – Grundwissen Arbeitssicherheit, Führungspflichten und Unternehmensorganisation (VDE-Schriftenreihe 177).

---

[484] So *Hussing*, in: Lauterbach, Unfallversicherung SGB VII, 4. Aufl., 54. Lieferung Juni 2014, § 23 Rn. 5.
[485] BAG, Beschluss v. 23.04.1991 (Az. 1 ABR 49/90).

6.2.2.2 Finanzielle Voraussetzungen

Die finanziellen Anforderungen werden in der BetrSichV nicht weiter geregelt – und das wird auch nicht möglich sein. Wie viel (Geld-)Aufwand nötig und angemessen, um wirksamen Arbeitsschutz zu installieren und die BetrSichV umzusetzen, ist eine schwierige unternehmerische Wertungsentscheidung. **Wirtschaftliche Abwägungen** sind in der BetrSichV zwar nicht erwähnt, aber nicht nur nicht verboten, sondern sogar nötig (siehe Kapitel 3.2.4) – sie

- sind angelegt in der Grundaussage in § 5 Abs. 1 Satz 2 BetrSichV, dass eine „Gefährdung" durch Verwendung von Arbeitsmitteln „so gering wie möglich gehalten wird" (siehe Kapitel 6.1) und
- gehören zum Stand der Technik (siehe Kapitel 11.2).

6.2.2.3 Organisatorische Voraussetzungen

Organisatorische Pflichten sind allgemein angesprochen in § 4 Abs. 6 Satz 1 BetrSichV: Die Belange des Arbeitsschutzes in Bezug auf die Verwendung von Arbeitsmitteln sind *„angemessen in seine betriebliche Organisation einzubinden"*. Konkret wird es in § 4 Abs. 6 Satz 2 BetrSichV: Der Arbeitgeber *„hat dafür zu sorgen"*, dass *„alle mit der Sicherheit und Gesundheit der Beschäftigten zusammenhängenden Faktoren, einschließlich der psychischen, ausreichend berücksichtigt werden"* bei

- „der Gestaltung der Arbeitsorganisation",
- „der Gestaltung des Arbeitsverfahrens",
- „der Gestaltung des Arbeitsplatzes" sowie
- „der Auswahl und beim Zur-Verfügung-Stellen der Arbeitsmittel".

Zahlreiche weitere Vorschriften formulieren Organisationspflichten – etwa § 6 Abs. 1 Satz 3 BetrSichV: *„Die Verwendung der Arbeitsmittel ist so zu gestalten und zu organisieren, dass Belastungen und Fehlbeanspruchungen, die die Gesundheit und die Sicherheit der Beschäftigten gefährden können, vermieden oder, wenn dies nicht möglich ist, auf ein Mindestmaß reduziert werden."*

Weitere Organisationspflichten sind in Vorschriften enthalten, in denen es heißt, der Arbeitgeber hat *„dafür zu sorgen, dass ..."* – etwa § 4 Abs. 5 Satz 3 BetrSichV (siehe Kapitel 6.2.5.2)

Zu einer sicherheitsgerechten Organisation der Arbeitsprozesse gehört auch, dass der Arbeitsschutz im Ernstfall durchgesetzt wird (siehe dazu Kapitel 9.3).

6.2.3 Pflicht zu Schutzmaßnahmen

§ 4 BetrSichV enthält Grundaussagen zu den Schutzmaßnahmen (siehe oben Kapitel 6.1) und Grundpflichten (siehe Kapitel 6.2). Ihre Einzelheiten sind dann in den §§ 6 ff. BetrSichV geregelt (siehe ab Kapitel 6.3).

Bei der Festlegung der Schutzmaßnahmen muss der Arbeitgeber

- die Vorschriften dieser Verordnung einschließlich der Anhänge beachten,
- die bekannt gegebenen Regeln und Erkenntnisse berücksichtigen (siehe Kapitel 11.4),
- den Stand der Technik im Auge haben (siehe Kapitel 11.1),
- das TOP-Prinzip beachten: d. h. **t**echnische gehen **o**rganisatorischen und diese **p**ersonenbezogenen Schutzmaßnahmen vor:

6.2.4 TOP-Prinzip

In § 4 Abs. 2 benennt die BetrSichV drei Arten von Schutzmaßnahmen:

- technische Schutzmaßnahmen nach dem Stand der Technik,
- organisatorische Schutzmaßnahmen und
- personenbezogene Schutzmaßnahmen.

§ 4 Abs. 2 Satz 1 BetrSichV regelt auch eine bestimmte Reihenfolge der Schutzmaßnahmen: Zunächst geht es um Vermeidung der Gefährdungen durch technische Schutzmaßnahmen nach dem Stand der Technik. Erst wenn das nicht – oder nur unzureichend – möglich ist, sind geeignete organisatorische und personenbezogene Schutzmaßnahmen zu treffen. Das beinhaltet einen Vorrang der Technik – aber „nur" in der Abwägung, nicht zwingend im Ergebnis.

Wie in der GefStoffV gilt sogar ein STOP-Grundsatz. Bevor Schutzmaßnahmen ergriffen werden, muss überlegt werden, ob es nicht einen ganz anderen – gefahrloseren – Weg gibt. Das bringt für den Bereich der BetrSichV § 11 Abs. 1 zum Ausdruck. § 5 Abs. 2 BetrSichV regelt den Stopp-Grundsatz (siehe Kapitel 3.5).

Der TOP-Grundsatz ist in § 4 Abs. 2 Satz 2 BetrSichV noch einmal ausdrücklich klargestellt. **T**echnische Schutzmaßnahmen haben Vorrang vor **o**rganisatorischen, diese haben wiederum Vorrang vor **p**ersonenbezogenen Schutzmaßnahmen.

§ 4 Abs. 2 Satz 3 BetrSichV regelt eine Grenze für persönliche Schutzausrüstung: Ihre Verwendung ist für jeden Beschäftigten auf das erforderliche Minimum zu beschränken und sie „dürfen aufgrund des die Tätigkeit häufig erschwerenden Charakters in der Regel keine ständige Maßnahme sein; sie sind nur ausnahmsweise dauerhaft zulässig“[486].

Dieser „Dreisprung“ der Schutzmaßnahmen ist für Maschinen in den Grundsätzen der Integration der Sicherheit in der Maschinenrichtlinie 2006/42/EG ähnlich geregelt[487]:

„Bei der Wahl der angemessensten Lösungen muss der Hersteller folgende Grundsätze anwenden, und zwar in der angegebenen Reihenfolge:

- Beseitigung oder Minimierung der Risiken so weit wie möglich (Integration der Sicherheit in Konstruktion und Bau der Maschine);
- Ergreifen der notwendigen Schutzmaßnahmen gegen Risiken, die sich nicht beseitigen lassen;
- Unterrichtung der Benutzer über die Restrisiken aufgrund der nicht vollständigen Wirksamkeit der getroffenen Schutzmaßnahmen; Hinweis auf eine eventuell erforderliche spezielle Ausbildung oder Einarbeitung und persönliche Schutzausrüstung.“

Der Vorrang der Technik gemäß § 4 Abs. 2 BetrSichV ist kein absoluter. Auch wirtschaftliche Erwägungen spielen eine Rolle.[488] Das ist auch schon im Stand der Technik so angelegt.[489] Es geht um eine verantwortungsvolle Abwägung und wertung, welche Stufe – bei welchem Aufwand und welchen Mehrkosten – zumutbar ist. Der Ausschuss für Betriebssicherheit spricht von einer „fachgerechten Verknüpfung“ der Maßnahmen[490] und nicht von einem absoluten Vorrang der T-Maßnahmen vor den O-Maßnahmen und der O-Maßnahmen vor den P-Maßnahmen. Im Fall eines Garagentors heißt es, der Grundsatz „Konstruktion vor Instruktion“ gilt nicht strikt: „Die Produktsicherheit setzt im Streitfall nicht notwendig eine andere Gerätekonstruktion voraus. Der Gefährdung könnte grundsätzlich auch durch einen geeigneten Warnhinweis in der Gebrauchsanleitung begegnet werden.“[491]

Das TOP-Prinzip nehmen die Gerichte sehr ernst – ohne es immer beim Namen zu nennen:

---

[486] BR-Drs. 400/14 v. 28.08.2014, S. 82.

[487] Ausführlich *Wilrich*, Produktsicherheitsrecht und CE-Konformität, 2021.

[488] So auch *Aich/Damberg/Preuße*, Betriebssicherheitsverordnung, 4.3.1, S. 77.

[489] Ausführlich *Wilrich*, Die rechtliche Bedeutung technischer Normen als Sicherheitsmaßstab – mit 33 Gerichtsurteilen zu anerkannten Regeln und Stand der Technik, Produktsicherheitsrecht und Verkehrssicherungspflichten, 2017.

[490] So die alte BekBS 1114 Anpassung an den Stand der Technik bei der Verwendung von Arbeitsmitteln, Abschnitt 3.4 Abs. 3.

[491] OLG Frankfurt, Urteil v. 21.05.2015 (Az. 6 U 64/14).

- Im Fall einer Arbeitsbühne heißt es: „Soweit die Mieterin von technischen Maßnahmen abgesehen hat, hätte es ihr oblegen, entsprechende organisatorische Schutzmaßnahmen zu ergreifen."[492]
- Im Fall einer Paketierungsanlage wurden zwar „die Arbeiter standardmäßig eingewiesen und ihnen wurde gesagt, dass das Arbeiten bei geöffneter Tür gefährlich ist und sie nicht in den Bearbeitungsraum hineingreifen sollten. Dadurch wurde der Eintritt der Gefahrensituation jedoch nicht zuverlässig verhindert. Denn in diesem Zusammenhang ist die Erfahrungstatsache zu berücksichtigen, dass der Arbeitnehmer an gefährlichen Maschinen gewöhnlich gegen die Gefahr abstumpft und dadurch leichtsinnig wird. Der Unternehmer darf sich nicht darauf verlassen, dass der Arbeitnehmer die nötige Sorgfalt stets beachtet. Aufgrund dessen durfte sich der Unternehmer nicht darauf verlassen, seine Arbeiter würden sich aufgrund allgemeiner Weisungen stets so verhalten, dass jegliche Gefahr im Zusammenhang mit dem nicht intakten Schutzmechanismus ausgeschlossen."[493]
- Im Fall einer Presse sagte das Gericht „auf die Frage, ob der Geschädigte genügend mit der Maschine vertraut gemacht und auf Sicherheitsprobleme hingewiesen wurde, kommt es nicht an, weil die Maschine in der Weise ohnehin nicht hätte eingesetzt werden dürfen. Die Warnung vor Gefahrenquellen kann die Einhaltung von Unfallverhütungsvorschriften nicht ersetzen. Dies würde die Verantwortlichkeit für die eigene Absicherung in unzulässiger Weise auf die Arbeiter verlagern"[494]
- Im Fall einer Drehmaschine klingt das TOP-Prinzip nur an – und das Gericht fordert eher eine deutlichere Warnung[495]: „Zwar wies der Beklagte die Arbeiter nach den nachvollziehbaren und glaubwürdigen Aussagen der Geschädigten und einer Kollegin an, bei Problemen mit der Maschine (kein Anlaufen oder Stehenbleiben) immer sofort zu ihm zu kommen und nicht zu versuchen, das Problem allein zu beheben. Auch wurden die Arbeiter nach der glaubhaften Aussage der Geschädigten bei neuen Aufgaben durch den Beklagten standardmäßig eingewiesen und ihnen wurde gesagt, dass das Arbeiten bei geöffneter Tür gefährlich ist und sie nicht in den Bearbeitungsraum hineingreifen sollten. Dadurch wurde der Eintritt der Gefahrensituation jedoch nicht zuverlässig verhindert. Denn in diesem Zusammenhang ist die Erfahrungstatsache zu berücksichtigen, dass der Arbeitnehmer an gefährlichen Maschinen gewöhnlich gegen die Gefahr abstumpft und dadurch leichtsinnig wird. Der Unternehmer darf sich nicht darauf verlassen,

[492] LG Stendal, besprochen in *Wilrich*, Maschinen- und Anlagensicherheitsrecht im Industrieservice. VDE-Schriftenreihe 165.

[493] LG Schwerin, besprochen als Fall 26 „Paketierungsanlage: Unfall bei Reinigung des Rollengangs", in: *Wilrich*, Sicherheitstechnik und Maschinenunfälle vor Gericht, 2022.

[494] LG Karlsruhe, besprochen als Fall 17 in diesem Buch.

[495] LG Rottweil, besprochen als Fall 4 in diesem Buch.

dass der Arbeitnehmer die nötige Sorgfalt stets beachtet. Hinzu kommt, dass die üblichen Gefahren durch den nicht intakten Schutzschalter der Schiebetüre erheblich gesteigert waren. Aufgrund dessen durfte sich der Beklagte nicht darauf verlassen, seine Arbeiter würden sich aufgrund allgemeiner Weisungen stets so verhalten, dass jegliche Gefahr im Zusammenhang mit dem nicht intakten Schutzmechanismus ausgeschlossen ist. Vielmehr hätte es zumindest eines konkreten Hinweises auf die besondere Problematik des nicht intakten Schutzschalters der CNC-Drehmaschine und der hierdurch hervorgerufenen besonderen Gefährdungslage der Arbeitnehmer bedurft."

6.2.5 Prüfungs- und Kontrollpflichten

§ 4 BetrSichV enthält Grundaussagen zu Feststellungs-, Kontroll- und Prüfungspflichten mit dem Ziel, „dass die aufgrund der Gefährdungsbeurteilung getroffenen Schutzmaßnahmen auch wirksam sind und auf Dauer wirksam bleiben“[496].

6.2.5.1 Wirksamkeitsprüfung

Der Arbeitgeber *„hat die Wirksamkeit der Schutzmaßnahmen vor der erstmaligen Verwendung der Arbeitsmittel zu überprüfen“* (§ 4 Abs. 5 Satz 1 BetrSichV). Es geht um die ausreichende Eignung und die ordnungsgemäße Funktion der Schutzmaßnahmen. Das ist dann letztlich ein – der wesentliche – Teil der Feststellung der Verwendungssicherheit gemäß § 4 Abs. 1 Nr. 3 BetrSichV (siehe Kapitel 6.2.1).

Die Wirksamkeitsprüfung muss auch dokumentiert werden (§ 3 Abs. 8 Satz 2 Nr. 5 BetrSichV). Die fehlende Dokumentation ist ordnungswidrig (§ 22 Abs. 1 Nr. 6 BetrSichV) und kann mit einem Bußgeld bis zu 5 000 € geahndet werden (§ 25 ArbSchG).

§ 4 Abs. 5 Satz 2 BetrSichV nimmt gemäß §§ 14 oder 15 BetrSichV geprüfte Arbeitsmittel von den Wirksamkeitsprüfungen aus, damit „keine Mehrfach-(über-)prüfungen erforderlich sind“[497]. Denn die Prüfung durch eine befähigte Person umfasst gemäß § 14 Abs. 1 Satz 2 Nr. 3 die Feststellung, ob die getroffenen sicherheitstechnischen Maßnahmen geeignet und funktionsfähig sind.

[496] BR-Drs. 400/14 v. 28.08.2014, S. 82.
[497] BR-Drs. 400/14 v. 28.08.2014, S. 82.

6.2.5.2 Kontrolle vor der Arbeitsmittelverwendung

Der Arbeitgeber hat gemäß § 4 Abs. 5 Satz 3 BetrSichV *„dafür zu sorgen"*,

- *„dass Arbeitsmittel vor ihrer jeweiligen Verwendung auf offensichtliche Mängel, die die sichere Verwendung beeinträchtigen können, kontrolliert werden"* und
- *„dass Schutz- und Sicherheitseinrichtungen einer regelmäßigen Kontrolle ihrer Funktionsfähigkeit unterzogen werden"*.

Das ist eine Organisationspflicht, denn Adressat der Vorschrift ist der Arbeitgeber: Er hat dafür zu sorgen, dass die Kontrolle durchgeführt werden (siehe noch Kapitel 9.1.1 und Kapitel 9.1.2).

Eine Pflicht der Beschäftigten zur Kontrolle der Arbeitsmittel vor der jeweiligen Verwendung auf offensichtliche Mängel regelt das Arbeitsschutzrecht nicht ausdrücklich. Aber gemäß § 15 Abs. 2 ArbSchG haben die Beschäftigten insbesondere Maschinen, Geräte, Werkzeuge, Arbeitsstoffe, Transportmittel und sonstige Arbeitsmittel sowie Schutzvorrichtungen und die ihnen zur Verfügung gestellte persönliche Schutzausrüstung bestimmungsgemäß zu verwenden (siehe Kapitel 2.9.1).

Die erste Stufe ist die Kontrolle der Arbeitsmittel vor der jeweiligen Verwendung auf offensichtliche Mängel durch Inaugenscheinnahme. Letztlich geht es um eine „tägliche Kontrolle durch die Beschäftigten" – eine „Sichtkontrolle auf augenfällige Schäden"[498]. Die Kontrollen „erfolgen ohne oder mit einfachen Hilfsmitteln"[499] und es geht „nur um die Entdeckung von Mängeln, die beim einfachen Ansehen ohne jede Mühe erkannt werden können"[500] mit dem Ergebnis „offensichtlich in Ordnung"[501].

Die zweite Stufe der Kontrolle der Arbeitsmittel ist eine Funktionskontrolle der Schutz- und Sicherheitseinrichtungen – insbesondere die Sichtkontrolle hierfür Anlass gibt.

Der Arbeitgeber könnte den Beschäftigten die Inaugenscheinnahme bzw. Sichtkontrolle i. S. d. § 4 Abs. 5 Satz 3 BetrSichV gemäß § 106 GewO anweisen.[502] Hierzu bietet sich die Betriebsanweisung an – und die darauf aufbauende Unterweisung.

§ 4 Abs. 5 Satz 4 BetrSichV stellt klar, dass die Funktionskontrolle auch erfolgen muss, wenn es ein – gemäß §§ 14 bis 16 BetrSichV – prüfpflichtiges Arbeitsmittel ist.

In Fall 21 „Stromschlag Reinigungsarbeiten Garage" war ein „Stromkabel sichtbar an der Isolierung beschädigt" – und die Anweisung und Durchführung der Kontrolle

---

[498] BR-Drs. 400/14 v. 28.08.2014, 83.
[499] TRBS 1201, Abschnitt 2.6.
[500] *Pauli*, in: Kohte/Faber/Feldhoff, Gesamtes Arbeitsschutzrecht, 2015, BetrSichV, Rn. 29, S. 590.
[501] So *Aich/Damberg/Preuße*, Betriebssicherheitsverordnung, 1.7, S. 32.
[502] Abdruck des § 106 GewO in Teil 3 in Kapitel 3.5.

durch Inaugenscheinnahme hätte den Unfall verhindert und Geschäftsführer und Vorarbeiter wären nicht wegen fahrlässiger Körperverletzung verurteilt worden.

Die Kontrolle ist auch Wahrnehmung der Eigenverantwortung der Beschäftigten. Berichtenswert ist die Abweisung einer Klage eines Fluggastes auf Schadensersatz, nachdem sie sich an einer heißen Suppe verbrannt hatte[503] – mit der Rechtsfigur des „Verschuldens gegen sich selbst“: Sie „hätte den Unfall bei gehöriger Aufmerksamkeit vermeiden können“, denn sie „hätte zunächst die Verpflichtung gehabt, die Temperatur der Suppe sowie der Porzellanschale zu überprüfen. Es ist also besondere Vorsicht an den Tag zu legen. Dies liegt daran, dass damit zu rechnen ist, wie im Übrigen auch bei einem Verzehr, der nicht auf einem Flug geschieht, dass sich die Temperatur der erhitzten Suppe auf die Porzellanschale überträgt. Dieser physikalische Zusammenhang ist naheliegend und bedarf keiner besonderen naturwissenschaftlichen Vorkenntnisse. Dementsprechend prüft man ja auch vor dem erstmaligen Verzehr einer Suppe, insbesondere anlässlich einer Flugreise mit den spezifischen Zubereitungsgegebenheiten, ob die Suppe gefahrlos gegessen werden kann, oder, ob sie noch zu heiß ist. Entsprechende Prüfpflichten ergeben sich in Bezug auf das die Suppe umschließende Porzellan. Auch hier muss wegen des o. g. physikalischen Zusammenhangs immer geprüft werden, ob man eine Suppenschale anheben kann. Bevor man das nicht überprüft hat, ist es als äußerst fahrlässig anzusehen, eine Suppenschale anzuheben und damit aufgrund der möglichen Schreckreaktion die Gefahr eines Verschüttens der potentiell heißen Suppe zu riskieren.“

6.2.6 Unfallerfassung und Unfall- bzw. Schadensanzeige

Eine Unfallerfassungspflicht regelt § 6 Abs. 2 ArbSchG: Der Arbeitgeber hat „Unfälle in seinem Betrieb, bei denen ein Beschäftigter getötet oder so verletzt wird, dass er stirbt oder für mehr als drei Tage völlig oder teilweise arbeits- oder dienstunfähig wird, zu erfassen“.

Eine Unfall- bzw. Schadensanzeigepflicht enthält die BetrSichV in § 19 nur für

- überwachungsbedürftigen Anlagen und
- Explosionsgefährdungen.

Bei diesen Arbeitsmitteln hat der Arbeitgeber bei der zuständigen Behörde folgende Ereignisse unverzüglich anzuzeigen:

- *„jeden Unfall, bei dem ein Mensch getötet oder erheblich verletzt worden ist“*, und

503 LG Köln, Urteil v. 25.05.2021 (Az. 21 O 299/20).

- *„jeden Schadensfall, bei dem Bauteile oder sicherheitstechnische Einrichtungen versagt haben“.*

Die Anzeigepflicht bei den Personenschäden ergibt sich schon aus § 193 Abs. 1 SGB VII: „Die Unternehmer haben Unfälle von Versicherten in ihren Unternehmen dem Unfallversicherungsträger anzuzeigen, wenn Versicherte getötet oder so verletzt sind, dass sie mehr als drei Tage arbeitsunfähig werden.“

Der Verordnungsgeber mahnt: „Unfälle mit Verletzten und Schadensfälle, bei denen im Zusammenhang mit überwachungsbedürftigen Anlagen Bauteile oder sicherheitstechnische Einrichtungen versagt haben, sollten grundsätzlich immer angezeigt werden müssen und nicht nur bei Erheblichkeit.“[504]

6.3 Grundlegende Schutzmaßnahmen bei Arbeitsmittelverwendung (§ 6)

§ 6 BetrSichV enthält *„Grundlegende Schutzmaßnahmen bei der Verwendung von Arbeitsmitteln“.*

Nicht in diesem grundlegenden Praxisleitfaden sondern im Buch **Maschinen- und Anlagensicherheitsrecht im Industrieservice** (VDE Schriftenreihe 165) werden besprochen:

- § 8 BetrSichV über *„Schutzmaßnahmen bei Gefährdungen durch Energien, Ingangsetzen und Stillsetzen“.*
- § 9 BetrSichV mit „Weiteren Schutzmaßnahmen bei der Verwendung von Arbeitsmitteln“.

6.3.1 Ergonomie: Grundsätze menschengerechter Arbeitsgestaltung

§ 6 Abs. 1 BetrSichV verpflichtet den Arbeitgeber zu ergonomischen Maßnahmen. Ziel ist, „dass Arbeitsmittel an Beschäftigte angepasst werden. Dies liegt gleichermaßen im Interesse des Arbeitgebers wie des Beschäftigten. Auch können Monotonie, Über- und Unterforderung zu Gefährdungen für Sicherheit und Gesundheit führen.“[505]

- Die Grundaussage ist Satz 1: *„Der Arbeitgeber hat dafür zu sorgen, dass die Arbeitsmittel sicher verwendet und dabei die Grundsätze der Ergonomie beachtet werden.“*

[504] BR-Drs. 400/14 (Beschluss) v. 28.11.2014, S. 19.
[505] BR-Drs. 400/14 v. 28.08.2014, S. 84.

- Etwas konkreter wird Satz 3: *„Die Verwendung der Arbeitsmittel ist so zu gestalten und zu organisieren, dass Belastungen und Fehlbeanspruchungen, die die Gesundheit und die Sicherheit der Beschäftigten gefährden können, vermieden oder, wenn dies nicht möglich ist, auf ein Mindestmaß reduziert werden."*

„Insbesondere"[506] sind nach § 6 Abs. 1 Satz 5 folgende Grundsätze einer menschengerechten Gestaltung der Arbeit zu *„berücksichtigen"*[507]:

- „Die Arbeitsmittel einschließlich ihrer Schnittstelle zum Menschen müssen an die körperlichen Eigenschaften und die Kompetenz der Beschäftigten angepasst sein sowie biomechanische Belastungen vermeiden. Zu berücksichtigen sind hierbei die Arbeitsumgebung, die Lage der Zugriffstellen und des Schwerpunktes des Arbeitsmittels, die erforderliche Körperhaltung, die Körperbewegung, die Entfernung zum Körper, die benötigte persönliche Schutzausrüstung sowie die psychische Belastung der Beschäftigten",
- „die Beschäftigten müssen über einen ausreichenden Bewegungsfreiraum verfügen",
- „es sind ein Arbeitstempo und ein Arbeitsrhythmus zu vermeiden, die zu Gefährdungen der Beschäftigten führen können",
- „es sind Bedien- und Überwachungstätigkeiten zu vermeiden, die eine uneingeschränkte und dauernde Aufmerksamkeit erfordern".

6.3.2 Besondere Vorschriften für bestimmte Arbeitsmittel (Anhang 1)

Zweimal sagt die BetrSichV etwas letztlich Selbstverständliches – nämlich dass Anhang 1 zu beachten ist (§ 4 Abs. 3 Satz 1 und § 6 Abs. 1 Satz 2). Da der Anhang zum Text der Rechtsverordnung gehört, ist er ohnehin verpflichtend – auch wenn es diese Vorschriften nicht sagen würden. Wichtig wird § 6 Abs. 1 Satz 2 BetrSichV aber dadurch, dass an ihn (i. V. m. dem Anhang) nicht weniger als 13 Bußgeldtatbestände anknüpfen (§ 22 Abs. 1 Nr. 11 bis 23 BetrSichV).

Anhang 1 enthält „Besondere Vorschriften für bestimmte Arbeitsmittel" – nämlich:

- Besondere Vorschriften für die Verwendung von mobilen, selbstfahrenden oder nicht selbstfahrenden Arbeitsmitteln;
- Besondere Vorschriften für die Verwendung von Arbeitsmitteln zum Heben von Lasten;

[506] „Insbesondere" heißt, dass die Liste nicht abschließend und nicht *alles* Relevante aufzählt, sondern auch andere Gesichtspunkte einschlägig sein können.

[507] „Berücksichtigung" heißt in Erwägung ziehen, aber nicht zwingend umzusetzen – siehe Kapitel 11.4.1.

- Besondere Vorschriften für die Verwendung von Arbeitsmitteln bei zeitweiligem Arbeiten auf hoch gelegenen Arbeitsplätzen;
- Besondere Vorschriften für Aufzugsanlagen;
- Besondere Vorschriften für Druckanlagen.

6.3.3 Schutz- und Sicherheitseinrichtungen: Manipulationsverbot

In Der Arbeitgeber hat *„dafür zu sorgen, dass erforderliche Schutz- oder Sicherheitseinrichtungen nicht auf einfache Weise manipuliert oder umgangen werden“* (§ 6 Abs. 2 Satz 1 BetrSichV).

Hintergrund dieses Manipulationsverbotes ist,

- dass „ein beträchtlicher Teil der Unfälle durch unerlaubte Eingriffe in die Sicherheitseinrichtungen verursacht wird“[508],
- „dass Beschäftigte dazu neigen, im Rahmen der täglichen Routine die bestehenden Gefahren zu unterschätzen und infolgedessen die notwendigen Sicherheitsvorkehrungen zu ignorieren oder zu umgehen“[509]: Das bestätigt Fall 22 „Totmannschalter: Kündigung wegen Überbrückung“.
- Das Manipulationsverbot scheint klar formuliert zu sein – der Schein trügt. Es ist nur verboten, dass ***„auf einfache Weise***“ manipuliert oder umgangen werden darf. Wenn es (etwas) *schwieriger* ist, ist das nicht erfasst und der Arbeitgeber muss das nach dem Wortlaut nicht verhindern. Letztlich steckt dahinter, dass natürlich – mit entsprechender Willenskraft und „krimineller Energie“ – jede Schutzeinrichtung überwunden werden kann. Es ist – selbstverständlich – eine sehr schwierige **Wertungsfrage**, was der Fall ist.

Der Verordnungsgeber[510] verweist auf DIN EN 1088 über „Sicherheit von Maschinen – Verriegelungseinrichtungen in Verbindung mit trennenden Schutzeinrichtungen – Leitsätze für Gestaltung und Auswahl“. Wirklich neu ist das Manipulationsverbot selbstverständlich nicht. Manipuliert oder umgangen werden durfte noch nie. Nur bisher ergab sich das allein aus der allgemeinen – zivil- und strafrechtlichen – Verkehrssicherungspflicht, jetzt ist es auch ausdrücklich öffentlich-rechtlich klargestellt.

Ein Bußgeld ist an den möglich, der „nicht dafür sorgt, dass eine Schutzeinrichtung verwendet wird“ (§ 22 Abs. 1 Nr. 24 BetrSichV) – und das erfasst auch die Manipulation.

---

[508] BR-Drs. 400/14 v. 28.08.2014, S. 84.

[509] *Wiebauer*, Arbeitsmittelsicherheit 2, ArbRAktuell 2015, 243, 244.

[510] BR-Drs. 400/14 v. 28.08.2014, S. 84.

In Betracht kommt auch eine Strafbarkeit gemäß § 145 Abs. 2 StGB wegen „Missbrauch von Notrufen und Beeinträchtigung von Unfallverhütungs- und Nothilfemitteln“: „Wer absichtlich oder wissentlich 1. die zur Verhütung von Unglücksfällen oder gemeiner Gefahr dienenden Warn- oder Verbotszeichen beseitigt, unkenntlich macht oder in ihrem Sinn entstellt oder 2. die zur Verhütung von Unglücksfällen oder gemeiner Gefahr dienenden Schutzvorrichtungen oder die zur Hilfeleistung bei Unglücksfällen oder gemeiner Gefahr bestimmten Rettungsgeräte oder anderen Sachen beseitigt, verändert oder unbrauchbar macht, wird mit Freiheitsstrafe bis zu zwei Jahren oder mit Geldstrafe bestraft.“

- § 145 Abs. 2 Nr. 1 gilt auch für „Verbotstafeln an Maschinen“[511].
- § 145 Abs. 2 Nr. 2 auch „Schutzvorrichtungen an Maschinen“[512] – oder etwa für das Verstecken des Zündschlüssels eines Rettungsfahrzeugs im Einsatz[513], die Entfernung von Leitplanken bzw. Leitpfosten an einer Straße[514] und das auf den Boden werfen eines Feuerlöschers[515].

Führt die Nichtverwendung einer Schutzeinrichtung zu einem Unfall, kann dies zivilrechtliche Schadensersatzverfahren und strafrechtliche Sanktionen für die **Betriebsverantwortlichen** zur Folge haben – siehe

- Fall 4 „Drehmaschine“ und
- Fall 12 „Glasschleifmaschine“.

§ 6 Abs. 2 Satz 1 ist – wie alle Vorschriften der BetrSichV – an den Arbeitgeber gerichtet, nicht an die **Beschäftigten**. Für die Beschäftigten gilt ein Manipulationsverbot erst über § 15 Abs. 2 ArbSchG (siehe Kapitel 2.9.1): Beschäftigte haben „insbesondere Maschinen, Geräte, Werkzeuge, Arbeitsstoffe, Transportmittel und sonstige Arbeitsmittel sowie Schutzvorrichtungen und die ihnen zur Verfügung gestellte persönliche Schutzausrüstung bestimmungsgemäß zu verwenden“. Die Manipulierung oder Umgebung durch Beschäftigte ist nicht speziell bußgeldbewehrt. Aber wenn ein Unfall geschieht, ist das ein vorsätzlicher Verstoß gegen Rechtspflichten – und kann Haftung bzw. Mitverschulden zur Folge haben. Wenn Beschäftigte die Anlage oder Maschine manipuliert vorfinden, ist die Beurteilung in den Gerichtsurteilen teilweise recht milde:

---

511 *Fischer*, StGB, 60. Aufl. 2013, § 145 Rn. 7.

512 *Fischer*, StGB, 60. Aufl. 2013, § 145 Rn. 8.

513 AG Emmendingen, Urteil v. 26.02.2008 (Az. 5 Cs 350 Js 459 – AK 19/08).

514 LG Marburg, Urteil v. 12.09.2007 (Az. 9 Ns 4 Js 11934/06).

515 BayObLG, Beschluss v. 27.02.1987 (Az. RReg. 3 St 23/87).

- In Fall 4 „Drehmaschine“ hatte die Arbeitnehmerin „des Öfteren bei geöffneter Tür gearbeitet“, also von der fehlenden Schutzeinrichtung wusste. Das LG Rottweil ward ihr aber kein Mitverschulden vor, weil die Arbeitgeberin „trotz des Wissens um den nicht intakten Schutzmechanismus seine Arbeiter über 15 Jahre hinweg ohne konkreten Hinweis auf dessen erheblich gefahrträchtigen Umstand an der Maschine arbeiten ließ. Gegenüber diesem erhöhten Verschulden des Beklagten stellt sich das Verhalten der Geschädigten in dieser konkreten Einzelsituation als Augenblicksversagen dar.“
- Obwohl ein Auszubildender fünf Tage zuvor bei einer höchst unsicheren Reinigungsweise einer Bohrmaschine seinen Chef retten musste, sagte das OLG Naumburg nach seinem schweren Unfall durch exakt dasselbe unsichere Vorgehen: „Die Übernahme gefährlicher Arbeiten begründet kein Mitverschulden, wenn der Arbeitnehmer damit einer Anordnung des Weisungsbefugten entspricht. Der Arbeitnehmer handelt dann nicht autonom, sondern unter dem Eindruck einer tatsächlichen Zwangslage.“[516]
- Im Fall „Rollenschneidemaschine“ sagte das Gericht, die „rechtsseitig in der Nähe des Randstreifenabsaugrohrs blutverschmierten Walzen legen nahe, dass der Versicherte selbst die Gummimatten-Schutzvorrichtung aller Wahrscheinlichkeit nach absichtlich umgangen hat, um den Produktionsablauf nicht auf Kriechgeschwindigkeit herunterzufahren – dies wäre die Konsequenz gewesen, wenn er die Gummimatte betreten hätte. Unstreitig würde es sich hierbei um ein eigenmächtiges und nicht von Arbeitsanweisungen der Arbeitgeberin gedecktes Verhalten des Versicherten handeln.“[517] Ein Mitverschulden wurde indes nicht diskutiert.

6.3.4 Montage-, Prüfungs- und Instandhaltungsmaßnahmen

Der Arbeitgeber hat dafür zu sorgen, *„dass*

- *die Errichtung von Arbeitsmitteln, der Auf- und Abbau, die Erprobung* (siehe Kapitel 1.3.3),
- *die Instandhaltung* (siehe im Buch Maschinen- und Anlagensicherheitsrecht im Industrieservice, VDE-Schriftenreihe 165) und
- *Prüfung von Arbeitsmitteln* (siehe Kapitel 10)

[516] Fall 5 in *Wilrich*, Sicherheitstechnik und Maschinenunfälle vor Gericht, 2022, S. 38 ff.

[517] Fall 33 in *Wilrich*, Sicherheitstechnik und Maschinenunfälle vor Gericht, 2022, S. 203 ff.

unter Berücksichtigung der sicherheitsrelevanten Aufstellungs- und Umgebungsbedingungen nach dem Stand der Technik erfolgen und sicher durchgeführt werden" (§ 6 Abs. 3 Nr. 1 BetrSichV).

6.3.5 Sicherheits- und Schutzabstände

Der Arbeitgeber hat dafür zu sorgen, *„dass die erforderlichen Sicherheits- und Schutzabstände eingehalten werden"* (§ 6 Abs. 3 Nr. 2 BetrSichV).

6.3.6 Umgang mit Energieformen und Materialien

Der Arbeitgeber hat dafür zu sorgen, *„dass alle verwendeten oder erzeugten Energieformen und Materialien sicher zu- und abgeführt werden können"* (§ 6 Abs. 3 Nr. 3 BetrSichV).

6.3.7 Witterungsverhältnisse

§ 6 Abs. 3 Satz 2 BetrSichV gilt den „sehr unfallträchtigen Arbeiten im Freien"[518]: *„Werden Arbeitsmittel im Freien verwendet, hat der Arbeitgeber dafür zu sorgen, dass die sichere Verwendung der Arbeitsmittel ungeachtet der Witterungsverhältnisse stets gewährleistet ist."*

6.4 Vereinfachte Vorgehensweise (§ 7 BetrSichV)

§ 7 BetrSichV enthält eine „vereinfachte Vorgehensweise bei der Verwendung von Arbeitsmitteln", die „für die Wirtschaft deutliches Entlastungspotenzial entfalten" soll[519], dieses Ziel aber nicht erreicht, weil die Regelung zu kompliziert ist und weil die Grenzen strikt (dazu Kapitel 6.4.1) und die Risiken und Widersprüchlichkeiten zu groß (dazu Kapitel 6.4.2) sind.

6.4.1 Grenzen der vereinfachten Vorgehensweise gemäß § 7 BetrSichV

Die Grenzen der vereinfachten Vorgehensweise sind – überwiegend aus verständlichen Gründen – strikt:

[518] BR-Drs. 400/14 v. 28.08.2014, S. 84.
[519] BR-Drs. 400/14 v. 28.08.2014, S. 72.

- Erstens ist die vereinfachte Vorgehensweise nicht möglich bei überwachungsbedürftigen Anlagen und bei den Arbeitsmitteln mit besonderen Prüfvorschriften gemäß Anhang 3, also Krane, Flüssiggasanlagen und Maschinentechnische Arbeitsmittel der Veranstaltungstechnik.
- Zweitens muss auch bei Wahl des Vereinfachungsweges immer eine Gefährdungsbeurteilung durchgeführt werden: „Die vereinfachte Vorgehensweise entbindet den Arbeitgeber nicht davon, die auftretenden Gefährdungen vollständig zu ermitteln."[520]
- Drittens müssen immer Prüfungen durch befähigte Personen gemäß § 14 BetrSichV durchgeführt werden.
- Viertens müssen immer Instandhaltungsmaßnahmen durch fachkundige Personen gemäß § 10 BetrSichV durchgeführt werden.
- Fünftens kann nicht auf die Umsetzung der Grundpflichten gemäß §§ 4 bis 6, sondern nur auf die Umsetzung der weiteren Schutzmaßnahmen gemäß §§ 8 und 9 BetrSichV verzichtet werden.
- Sechstens hält die Verordnungsbegründung fest: § 7 BetrSichV „bedeutet keine Einschränkung der grundsätzlichen Arbeitgeberpflichten oder eine Absenkung des Sicherheitsniveaus"[521].
- Siebtens ist der Weg der Vereinfachung – sehr unbestimmt – bei *„zusätzlichen Gefährdungen"* gesperrt. „Dazu ist zu prüfen, ob sich Gefährdungen durch die spezifischen Bedingungen ergeben können, unter denen die Arbeitsmittel eingesetzt werden."[522]

Grenze 5 (kein Verzicht auf Grundpflichten der §§ 4 bis 6 BetrSichV) und Grenze 6 (kein Verzicht auf §§ 8 und 9 bei „zusätzlichen Gefährdungen) leiten über zu den Schwierigkeiten, Risiken und Widersprüchlichkeiten bei der Umsetzung der „vereinfachten Vorgehensweise".

6.4.2 Schwierigkeiten, Risiken und Widersprüchlichkeiten

Der „Ausstieg"[523] ist (auch aus zivil- und strafrechtlichen Gründen) nicht zu empfehlen – und zwar aus zehn Gründen:

[520] TRBS 1111 „Gefährdungsbeurteilung", Abschnitt 5.2.3 Abs. 1.
[521] BR-Drs. 400/14 v. 28.08.2014, S. 84.
[522] TRBS 1111 „Gefährdungsbeurteilung", Abschnitt 5.2.3 Abs. 2 Nr. 3.
[523] So nennt es die Verordnungsbegründung BR-Drs. 400/14 v. 28.08.2014, S. 85.

Erstens verwehrt der Verordnungsgeber gemäß § 7 Abs. 1 Nr. 3 BetrSichV die Vereinfachung, wenn „*zusätzliche Gefährdungen* der Beschäftigten unter Berücksichtigung der Arbeitsumgebung, der Arbeitsgegenstände, der Arbeitsabläufe sowie der Dauer und der zeitlichen Lage der Arbeitszeit auftreten". Damit kommen wieder alle Aspekte ins Spiel – und es ist (nach einem Unfall) leicht etwas „Zusätzliches" (so die Worte der BetrSichV) bzw. „Spezifisches" (so die Worte der TRBS 1111) zu finden, das hätte berücksichtigt werden müssen. Ergibt also die Gefährdungsbeurteilung (auf die ja nicht verzichtet werden kann), dass eine Schutzmaßnahme erforderlich ist, dann muss sie auch ergriffen werden – Vereinfachungswege hin oder her. § 7 BetrSichV sagt ausdrücklich: Verzicht auf §§ 8 und 9 nur, wenn sich aus der Gefährdungsbeurteilung nicht anders ergibt.

Zweitens sagen einige Schutzvorschriften in den §§ 8 und 9 BetrSichV sogar ausdrücklich, dass es (siehe erstens) letztlich nur auf die Gefährdungsbeurteilung ankommt – etwa § 9 Abs. 5: „Soweit nach der Gefährdungsbeurteilung erforderlich, müssen an Arbeitsmitteln oder in deren Gefahrenbereich ausreichende, verständliche und gut wahrnehmbare Sicherheitskennzeichnungen und Gefahrenhinweise sowie Einrichtungen zur angemessenen, unmissverständlichen und leicht wahrnehmbaren Warnung im Gefahrenfall vorhanden sein." Es gilt ganz allgemein und immer: Die in der (nicht verzichtbaren) Gefährdungsbeurteilung ermittelten Schutzmaßnahmen müssen umgesetzt werden.

Drittens können auch sonst zahlreiche Schutzmaßnahmen gemäß §§ 8 und 9 selbstverständlich nicht bei „vereinfachter" Vorgehensweise weggelassen werden – etwa der Wiederanlaufschutz gemäß § 8 Abs. 4 und § 9 Abs. 1 Nr. 11 und die Vorgaben zu Schutzeinrichtungen gemäß § 9 Abs. 3 BetrSichV.[524] Nur für Instandhaltungsmaßnahmen stellt das § 7 Abs. 1 Nr. 4 BetrSichV klar. In zivilrechtlichen Schadensersatzprozessen und bei strafrechtlichen Sanktionen wird § 7 BetrSichV keine Rolle spielen, etwa wenn bei „Beseitigung einer Störung sich die Anlage sofort wieder in Bewegung setzt":

Instandhaltungsunfall Mühldorf (Fallbesprechung Nr. 19 in Wilrich, Arbeitsschutz-Strafrecht, 2020, S. 259 ff.)

Das AG Mühldorf am Inn setzte eine Geldstrafe in Höhe von 120 Tagessätzen gegen eine Fachkraft für Arbeitssicherheit und einen Instandhaltungsleiter fest, weil „die Beseitigung einer Störung zur Folge hatte, dass sich die Anlage sofort wieder in Bewegung setzte", und daher ein Auszubildender verstarb.

[524] Zum Wiederanlaufschutz bei Winkelschleifern *Ensmann/Euler/Eber*, Anlagenbetreiber Elektrotechnik und verantwortliche Elektrofachkraft, 2. Aufl. 2016, 5.3.2, S. 295.

Viertens sind zahlreiche Schutzmaßnahmen in den §§ 8 und 9 BetrSichV nur konkretisiert und schon in den §§ 4 bis 6 BetrSichV enthalten, auf deren Umsetzung gerade nicht verzichtet werden kann: Dass Arbeitsmittel mit den erforderlichen sicherheitstechnischen Ausrüstungen versehen sein müssen (§ 9 Abs. 1 Satz 1 Nr. 2) sagt schon § 4 Abs. 1 Nr. 2: Für jedes Arbeitsmittel müssen Schutzmaßnahmen nach dem Stand der Technik getroffen werden.

Fünftens sind einige Schutzvorschriften auch schon bei der Arbeitsmittelbeschaffung relevant – und hier *„soll"* ja gemäß § 3 Abs. 3 schon mit der Gefährdungsbeurteilung begonnen werden (siehe Kapitel 5.2.1). Im Beschaffungsprozess sollte aber z. B. nicht auf das verzichtet werden, was etwa § 8 Abs. 2 BetrSichV verlangt – nämlich, dass der Arbeitgeber „dafür zu sorgen hat, dass Arbeitsmittel mit den sicherheitstechnisch erforderlichen Mess-, Steuer- und Regeleinrichtungen ausgestattet sind, damit sie sicher und zuverlässig verwendet werden können".

Sechstens ermöglicht § 7 nur Ausnahmen von den §§ 8 und 9, nicht aber von Anhang 1 der BetrSichV. Wenn im Anhang 1 etwa in den „Besondere Vorschriften für die Verwendung von Arbeitsmitteln zum Heben von Lasten" geregelt ist, dass nur solche Arbeitsmittel zum Heben von nicht geführten Lasten eingesetzt werden dürfen, die diese Lasten auch bei einem teilweisen oder vollständigen Energieausfall sicher halten (Nr. 2.7.3 d), nützt insoweit nicht ein Verzicht auf § 9 Abs. 1, nach dem der Arbeitgeber nur solche Arbeitsmittel verwenden lassen darf, die gegen Gefährdungen durch Störungen ihrer Energieversorgung ausgelegt sind.

Siebtens will die Verordnungsbegründung die Vereinfachungsregelung gesperrt wissen, „wenn vom Hersteller des Arbeitsmittels nicht vermeidbare Restrisiken angegeben werden, z. B. in der Betriebsanleitung"[525]. So pauschal ist die Aussage in der Verordnung selbst indes nicht: Vereinfachungen werden erst gesperrt, wenn das Arbeitsmittel nicht bestimmungsgemäß verwendet wird (§ 7 Abs. 1 Nr. 2). Nicht vermeidbare Restrisiken ist etwas ganz anderes als nicht bestimmungsgemäße Verwendung.

Achtens deutet die TRBS 1001 über die „Struktur und Anwendung der Technischen Regeln für Betriebssicherheit" in Abschnitt 1.2 sogar an, dass auch ein „Mehr" gefordert werden könnte als die Umsetzung der Betriebssicherheitsverordnung: „Die Erfüllung der Anforderungen der BetrSichV ist eine Grundvoraussetzung, um im Haftungsfall ein regelkonformes Handeln nachweisen zu können. Im Haftungsfall ist dies aber ggf. nicht ausreichend. Wenn trotz Einhaltung der sicherheitstechnischen Regeln Gefahren erkennbar sind, haben Arbeitgeber oder Betreiber hierauf

[525] BR-Drs. 400/14 v. 28.08.2014, S. 85.

zu reagieren und erforderlichenfalls weitere Maßnahmen zu ergreifen.“[526] Und im Zusammenhang des § 9 betont der Verordnungsbegründung selbst „vorhersehbare Gefährdungen“[527], denen die Schutzmaßnahmen begegnen sollen.

Neuntens kann die Aufsichtsbehörde gemäß § 19 Abs. 4 BetrSichV auf Antrag des Arbeitgebers Ausnahmen von den §§ 8 und 9 zulassen – aber nur „wenn die Anwendung dieser Vorschriften für den Arbeitgeber im Einzelfall zu einer *unverhältnismäßigen Härte* führen würde, die Ausnahme sicherheitstechnisch vertretbar und mit dem Schutz der Beschäftigten und, soweit überwachungsbedürftige Anlagen betroffen sind, auch mit dem Schutz anderer Personen vereinbar ist“. Muss diese hohe Hürde der Härte nicht auch im Rahmen des § 7 berücksichtigt werden?

Zehntens ist insgesamt der formelle Aufwand zur Erfüllung der Vorausetzungen des § 7 hoch. § 3 Abs. 9 BetrSichV will zwar eine Dokumentationsvereinfachung erreichen: „Sofern der Arbeitgeber von § 7 Abs. 1 Gebrauch macht und die Gefährdungsbeurteilung ergibt, dass die Voraussetzungen nach § 7 Abs. 1 vorliegen, ist eine Dokumentation dieser Voraussetzungen ausreichend.“ Es sind „alle“ in § 7 BetrSichV genannten Voraussetzungen zu dokumentieren.[528] Und zum formellen Aufwand gehören ja auch die Ermittlung der – wie geschildert nicht ganz einfach zu verstehenden – Voraussetzungen, Grenzen und Risiken des Vereinfachungsweges.

6.4.3 Fazit und Empfehlung

Der Arbeitgeber sollte seine Energie lieber in Überlegungen zur Erfüllung der Sicherheitsanforderungen der §§ 8 und 9 stecken und nicht in die Dokumentation der Nichterfüllung. § 7 BetrSichV kann sogar „gefährlich“ werden und wirken: Er kann dazu animieren und drängen, die in den *materiellen Schutz* und die *Inhalte der Betriebssicherheit* und die *Sicherheitsanforderungen* gesteckte Energie umzuleiten in die Prüfung und Umsetzung *formeller* „Vereinfachungs“-Voraussetzungen und der entsprechenden *Dokumentationsanforderungen*, was dem Schutz der Beschäftigten nicht dient – und noch dazu mit Risiken behaftet ist. Die Verordnungsbegründung hält auch fest: § 7 BetrSichV „bedeutet keine Einschränkung der grundsätzlichen Arbeitgeberpflichten oder eine Absenkung des Sicherheitsniveaus“[529].

[526] Siehe ausführlich *Wilrich*, Die rechtliche Bedeutung technischer Normen als Sicherheitsmaßstab – mit 33 Gerichtsurteilen zu anerkannten Regeln und Stand der Technik, Produktsicherheitsrecht und Verkehrssicherungspflichten, 2017.

[527] BR-Drs. 400/14 v. 28.08.2014, S. 86.

[528] TRBS 1111 „Gefährdungsbeurteilung“, Abschnitt 5.2.8 Abs. 3.

[529] BR-Drs. 400/14 v. 28.08.2014, S. 84.

6.5 Behördliche Ausnahmen

§ 19 Abs. 4 BetrSichV ermöglicht die Erteilung von Ausnahmen von bestimmten Vorschriften der BetrSichV durch die Aufsichtsbehörde. Damit „sollen mögliche Sonderfälle im Betrieb abgedeckt werden, ohne dass fortlaufend die Verordnung geändert werden muss. Dazu gehören auch evtl. notwendige Ausnahmen für technische Einrichtungen in Museen, wie z. B. Mühlenbremsfahrstühle.“[530]

„Ausnahmefähig“ sind nur die §§ 8 bis 11 BetrSichV und der Anhang – also nicht die Grundpflichten zur Gefährdungsbeurteilung, mit Anforderungen an Arbeitsmittel (§ 5) und an die Verwendung von Arbeitsmitteln (§ 6).

Die Voraussetzungen für eine solche Ausnahmebewilligung sind „sehr hoch“[531]. Die Verordnungsbegründung betont die enge Auslegung der Ausnahmevorschrift: „Ausnahmen nach Anhang 1 können nur ausnahmsweise in besonders zu begründenden Einzelfällen gewährt werden, da es sich um Vorgaben aus der Richtlinie 2009/104/EG handelt“[532] – das ist die Arbeitsmittelbenutzungsrichtlinie.

[530] BR-Drs. 400/14 v. 28.08.2014, S. 93.
[531] *Wiebauer*, BetrSichV, Rn. 50.
[532] BR-Drs. 400/14 v. 28.08.2014, S. 94.

7 Anleitung der Beschäftigten: Betriebsanweisung

Ein zentrales Ziel der BetrSichV ist die *„Qualifikation"* der Beschäftigten (§ 1 Abs. 1 Satz 3 Nr. 3). Der Qualifikation dienen auch verständliche Informationen und Anweisungen an die Beschäftigten.

7.1 Wer erstellt?

Die Pflicht zur Erstellung von Betriebsanweisungen hat der Arbeitgeber. Er erfüllt sie durch verantwortliche Personen gemäß § 13 ArbSchG und wird unterstützt durch Betriebsärzte und Fachkräfte für Arbeitssicherheit (siehe Kapitel 2).

Letztlich gibt es auch – ohne dass sie ausdrücklich so heißen – „Betriebsanweisungen" im zivilrechtlichen Schadensersatzrecht und im Strafrecht. Jede Führungskraft muss alles Mögliche und Zumutbare tun, um Schäden zu vermeiden (siehe Kapitel 2.8.2). Daher sind „Betriebsanweisungen" letztlich von jeder Führungskraft für ihren (Zuständigkeits-)Bereich und für ihre „Schützlinge" zu erstellen[533].

7.2 Für welche Arbeitsmittel?

Die Betriebsanweisung muss nach dem Wortlaut des § 12 Abs. 2 BetrSichV für jedes Arbeitsmittel erstellt werden. Die Pflicht ist ausdrücklich nicht auf bestimmte Arbeitsmittel beschränkt. Man muss also begründen können, dass man *keine* Betriebsanweisung erstellt.

Zunächst sind einige sehr einfache Arbeitsmittel, die „für sich selbst sprechen", wegen Ungefährlichkeit oder geringster Gefährdungen gar nicht weiter nach der BetrSichV zu betrachten, sodass schon die Gefährdungsbeurteilung entfallen könnte (siehe Kapitel 1.2.1.5). Außerdem kann die Betriebsanweisung

- **entfallen** *„für einfache Arbeitsmittel, für die eine Gebrauchsanleitung nicht mitgeliefert werden muss"* (§ 12 Abs. 2 Satz 2 BetrSichV) und
- **ersetzt** werden durch die *„mitgelieferte Gebrauchsanleitung, wenn diese Informationen enthält, die einer Betriebsanweisung entsprechen"* (§ 12 Abs. 2 Satz 3 BetrSichV).

---

533 Ausführlich *Wilrich*, Technik-Verantwortung – Sicherheitspflichten der Ingenieure, Meister und Fachkräfte und Organisation und Aufsicht durch Management und Führungskräfte, 2022.

7.3 Wann ist zu erstellen?

Die Betriebsanweisung

- ist zu erstellen *„bevor Beschäftigte Arbeitsmittel erstmalig verwenden"* (§ 12 Abs. 2 Satz 1 BetrSichV) und
- ist zu *„aktualisieren bei sicherheitsrelevanten Änderungen der Arbeitsbedingungen"* (§ 12 Abs. 2 Satz 5 BetrSichV).

7.4 In welcher Form und Sprache?

Die Betriebsanweisung muss

- *„schriftlich"* sein und
- *„in einer für die Beschäftigten verständlichen Form und Sprache abgefasst sein"*.

7.4.1 Schriftlichkeit

Was schriftlich bedeuten soll, sagt die BetrSichV nicht. Im BGB bedeutet „Schriftform" bzw. „schriftliche Form", dass *„die Urkunde von dem Aussteller eigenhändig durch Namensunterschrift oder mittels notariell beglaubigten Handzeichens unterzeichnet werden"* (§ 126 Abs. 1 BGB). Ob Schriftlichkeit i. S. d. BetrSichV dasselbe bedeutet, ist zweifelhaft. Mehr als gedruckte Form ist nicht erforderlich. Eine Unterschrift ist nicht entscheidend, aber natürlich zu empfehlen. Außerdem betont das Bundesverwaltungsgericht[534], dass *„Verfahrensvorschriften nicht Selbstzweck sein dürfen"* und *„das Erfordernis der Schriftlichkeit schließt die eigenständige Unterzeichnung nicht um ihrer selbst willen, sondern deshalb ein, weil in der Regel allein sie die Verlässlichkeit sicherstellt"*, aber *„selbst das vollständige Fehlen einer Unterschrift schließt selbst die Formgerechtigkeit einer Klage nicht schlechthin aus, wenn sich aus anderen Anhaltspunkten eine der Unterschrift vergleichbare Gewähr für die Urheberschaft und den Willen, das Schreiben in den Verkehr zu bringen, ergeben und dem Bedürfnis nach Rechtssicherheit genügt ist"*. Was sogar für einen gerichtlichen Schriftsatz gilt, muss auch und erst recht bei Betriebsanweisungen gelten: Wenn auf ihr der Unternehmensname steht, ist es eine formgültige Betriebsanweisung, die gemäß § 12 Abs. 2 BetrSichV der Arbeitgeber zu erstellen hat.

---

[534] BVerwG, Beschluss v. 19.12.1994 (Az. 5 B 79/94).

7.4.2 Sprache

Die Betriebsanweisung muss *„in einer für die Beschäftigten verständlichen Sprache abgefasst sein“*.

Es ist „nicht zwingend, dass eine Übersetzung in den jeweiligen Muttersprachen der Beschäftigten vorliegen muss“[535]. Aber die verständliche Sprache könnte im Einzelfall auch „Ausländisch“ sein: „Für Beschäftigte, die die deutsche Sprache nicht ausreichend verstehen, sind die Betriebsanweisungen auch in einer für sie verständlichen Sprache abzufassen.“[536] § 20 Abs. 2 Satz 2 Druckluftverordnung sagt im Zusammenhang mit dem „Merkblatt“, es „muss in der Sprache des Beschäftigten abgefasst sein“. Die „Sprache des Beschäftigten“ muss hier indes nicht zwingend seine Muttersprache sein.

Urteil zu Sprachproblemen aus *Thomas Wilrich/Cordula Wilrich*, Gefahrstoffrecht vor Gericht (2021) – ein weiteres Urteil ist in Kapitel 8.8

Bauschaumexplosion beim Bau einer Salzgrotte in St. Ingbert

Die angeklagten Geschäftsführer händigten den Arbeitern keine Betriebsanweisung aus. Einer von ihnen übersetzte „nach dem Auftreten von Beschwerden im Zusammenhang mit dem Schaum das Sicherheitsdatenblatt der Herstellerfirma mündlich auf Polnisch, notierte die wesentlichen Stichpunkte auf Polnisch und übergab es den Arbeitern. Dies genügte aber nicht den gesetzlichen Anforderungen. Die gesetzlichen Unterlagen hätten allen Arbeitern in polnischer Sprache übergeben werden müssen.“

7.4.3 Form: klare Gliederung

Die Betriebsanweisung muss *„in einer für die Beschäftigten verständlichen Form abgefasst sein“*.

In Fall 6 „Gabelstapler“ war – so das BAG – die Dienstanweisung *„für das Zurücksetzen des Gabelstaplers nicht klar“*.

In einem Fall des LAG Köln[537] kam es zu einem Unfall während eines Markierungsbandwechsels: Der Verletzte schaltete die Maschine von Automatikbetrieb in Handbetrieb um. Gleichwohl setzte sich die Maschine in Gang und die Hand geriet

[535] BR-Drs. 988/96 v. 19.12.1996, S. 16.
[536] Vgl. TRGS 555, Abschnitt 2.1 Abs. 9.
[537] LAG Köln, Urteil v. 23.02.2012 (Az. 7 Sa 719/11).

in die laufende Maschine. Es erscheint dem Gericht „zweifelhaft, ob die Betriebsanweisung für die Maschinen die zum Unfall führende Sachverhaltskonstellation eines Markierungsbandwechsels hinreichend klar und deutlich erfasst: Denn die in der Betriebsanweisung enthaltene Anordnung ‚Maschine immer abschalten oder Not-Aus betätigen' befindet sich unter der Überschrift ‚Verhalten bei Störungen'. Bei dem hier zu beurteilenden Ereignis eines Markierungsbandwechsels handelt es sich jedoch um einen im regulären Betriebsablauf in periodischen Abständen routinemäßig auftretenden Vorgang. Ob ein solcher Tatbestand von einem unbefangenen Leser der Betriebsanweisung ohne Weiteres als ‚Störungsereignis' subsumiert wird, erscheint fraglich."

7.5 Wo muss sie sein und was geschieht mit ihr?

Die Betriebsanweisung muss

- *„den Beschäftigten an geeigneter Stelle zur Verfügung stehen"*,
- *„bei den regelmäßig wiederkehrenden Unterweisungen* (siehe zu ihnen Kapitel 8.6) *in Bezug genommen werden"* und
- *„bei sicherheitsrelevanten Änderungen der Arbeitsbedingungen aktualisiert werden"*.

7.6 Mit welchen Inhalten?

Die BetrSichV regelt keine Inhalte der Betriebsanweisung. Sie ergeben sich aus der Gefährdungsbeurteilung (siehe zu ihr Kapitel 5.4) und den in Umsetzung des TOP-Prinzips (zu ihm Kapitel 6.2.4) nach Ergreifung der zumutbaren technischen und organisatorischen Schutzmaßnahmen durch personenbezogene Schutzmaßnahmen zu minimierenden Rest-Gefährdungen. Es geht um die (Rest-)Risiken bei Verwendung von Arbeitsmitteln.

Zahlreiche Inhalte folgen aus den Organisationspflichten bei der Verwendung von Arbeitsmitteln: Immer wenn der Arbeitgeber *„dafür sorgen muss"*, dass der Beschäftigte etwas tut oder nicht tut (siehe Kapitel 6.2.2.3), könnte er das entsprechend in der Betriebsanweisung vorschreiben:

- Arbeitsmittel dürfen gemäß § 4 Abs. 1 BetrSichV erst verwendet werden, wenn Sicherheit festgestellt wird (siehe Kapitel 6.2.1). Das OLG Rostock begründete nach einem Unfall an einer Paketierungsanlage die Haftung damit, dass „nicht festgelegt war, wer denn die Paketierungsanlage, nachdem sie nach Ende einer Schicht ausgeschaltet worden war, und Reinigungs- und Instandsetzungsarbeiten erfolgten, wieder anstellen durfte. Das auf dem Bedienpult liegende Schild ‚Anlage nicht einschalten' sagte hierüber nichts aus."[538]

- Arbeitsmittel dürfen gemäß § 4 Abs. 5 Satz 2 BetrSichV erst verwendet werden, wenn sie „vor ihrer jeweiligen Verwendung durch Inaugenscheinnahme kontrolliert" werden und „erforderlichenfalls durch eine Funktionskontrolle auf offensichtliche Mängel kontrolliert werden und Schutz- und Sicherheitseinrichtungen einer regelmäßigen Funktionskontrolle unterzogen werden" (siehe Kapitel 6.2.5.2). Der Arbeitgeber sorgt in diesem Sinne insbesondere dafür durch Vorgaben in der Betriebsanweisung.[539]
- Die Verwendung persönlicher Schutzausrüstung sollte den Beschäftigten in der Betriebsanweisung ausdrücklich geboten werden – auch wenn sich das letztlich von selbst versteht, weil es gesetzliche Pflicht des Beschäftigten ist (siehe Kapitel 2.9.1). Zu PSA siehe den Fall 2 „Backanlage".

Herstelleranleitungen können die Erstellung der Betriebsanweisung vereinfachen, denn es gibt eine – im Ausgangspunkt – entlastende Richtigkeitsvermutung und vereinfachende Übernahmemöglichkeit (siehe Kapitel 5.5.1).

7.7 Rechtsfolge bei Verstößen

Wenn Betriebsanweisungen nicht oder nicht „gehörig" erstellt worden sind, kann dies zu Bußgeldern führen (dazu Kapitel 7.7.1) und straf- oder zivilrechtliche Haftungsfolgen haben (dazu Kapitel 7.7.2).

7.7.1 Bußgelder nach Ordnungswidrigkeit

Wird eine Betriebsanweisung „nicht, nicht richtig, nicht vollständig oder nicht rechtzeitig zur Verfügung gestellt", ist das eine Ordnungswidrigkeit (§ 22 Abs. 1 Nr. 2 BetrSichV) und kann mit einer Geldbuße bis zu 5 000 € geahndet werden (§ 25 ArbSchG).

[538] Fall 26 in *Wilrich*, Sicherheitstechnik und Maschinenunfälle vor Gericht, 2022, S. 152 ff.
[539] Dies empfiehlt auch *Kahl*, Arbeitssicherheit, 6.4.2, S. 267.

7.7.2 Zivil- und strafrechtliche Haftungsfolgen

In etlichen Urteilen führte das Fehlen oder die Fehlerhaftigkeit einer Betriebsanweisung zur Haftung – siehe *Wilrich*, **Arbeitsschutz-Strafrecht** – Haftung für fahrlässige Arbeitsunfälle: Sicherheitsverantwortung, Sorgfaltspflichten und Schuld – mit 33 Gerichtsurteilen (2020). In diesem Buch sind folgende Fälle:

- In Fall 8 „Gabelstapler: Unfall beim Transport" verurteilte das Gericht einen Geschäftsführer und einen Abteilungsleiter wegen fahrlässiger Tötung, denn sie sorgten nicht für eine „Gefährdungsbeurteilung hinsichtlich des Abladevorgangs" und für eine „diesbezügliche Betriebsanweisung" und dafür „dass die Staplerfahrer die jährlich vorgeschriebene Sicherheitsunterweisung erhielten" (siehe Kapitel 8.6) und „duldeten" den Ablagevorgang trotz dieser Arbeitsschutzwidrigkeit.
- In Fall 9 „Gabelstapler Unfall im Wanderzirkus" sah das Gericht auch die „Pflicht zur Anweisung sicherheitsgerechten Arbeitens" verletzt: Es „hätte eine schriftliche unternehmensbezogene arbeitsschützende Anweisung für den Betrieb des Gabelstaplers erlassen, bekanntmachen und auf deren Einhaltung geachtet" werden müssen.
- In Fall 17 „Presse" hätte eine „Betriebsanweisung das Verhalten der Arbeitnehmer für den Fall, dass ein Werkstück im Stanzvorgang hängen bleibt, regeln müssen".
- Im Fall „Pappkartonstanze" kritisierte das Gericht, es „war gängige Praxis, gewellte Kartonagen mit der Hand niederzudrücken und in die Stanze einzuführen. Eine ausdrückliche Anweisung, diese Vorgehensweise zu unterlassen, existierte nicht."[540]
- Im Fall „Rollenschneidemaschine" hieß es: „Eine Betriebsanweisung war nicht an der Maschine ausgehängt."[541]
- In Fall 2 „Backanlage" ist dagegen an keiner Stelle das rechtliche Erfordernis einer Betriebsanweisung erwähnt.

---

[540] Fallbesprechung in *Wilrich*, Verantwortung und Haftung der Sicherheitsingenieure, 2022.

[541] Fallbesprechung in *Wilrich*, Sicherheitstechnik und Maschinenunfälle vor Gericht, 2022.

8 Qualifikation der Beschäftigten: Unterweisung

Ein zentrales Ziel der BetrSichV ist die *„Qualifikation“* der Beschäftigten (§ 1 Abs. 1 Satz 3 Nr. 3). Der Qualifikation dient auch ihre Unterweisung. § 12 Abs. 1 BetrSichV konkretisiert § 12 ArbSchG zur Unterweisung in Bezug auf Arbeitsmittel.

8.1 Definition: Was ist eine Unterweisung?

Das Gesetz definiert „Unterweisung“ nicht, benennt aber Elemente: Sie „umfasst Anweisungen und Erläuterungen, die eigens auf den Arbeitsplatz oder den Aufgabenbereich der Beschäftigten ausgerichtet sind“ (§ 12 Abs. 1 Satz 2 ArbSchG). Unterweisung ist die arbeitsplatzbezogene Konkretisierung der allgemeinen Pflicht zur Unterrichtung gemäß § 81 Abs. 1 BetrVG.[542]

8.2 Hintergrund: Warum muss unterwiesen werden?

Die Unterweisung hat mehrere Ziele – ausführlich erläutert das LAG Hamm viele dieser Punkte in Fall 22 „Totmannschalter: Kündigung wegen Überbrückung“:

- Weckung von „**Interesse und Verständnis**“[543];
- **Sensibilisierung und Motivation** der Beschäftigten – sie sollen für den Arbeitsschutz „gewonnen“ werden[544], „aktiviert“ und „vitalisiert“ werden[545], und es soll „bei den Beschäftigten ein Sicherheitsbewusstsein geschaffen“ werden[546];
- **Auf- und Wachrüttelung**, um „einschleichender Gleichgültigkeit und Bequemlichkeit im Hinblick auf Sicherheitsbelange“ und der „verbreiteten Neigung zur Verharmlosung von Unfallgefahren“ entgegenzuwirken[547], um also eine gefährliche „ständige Praxis“[548] bzw. „routinierten Leichtsinn“[549] zu bekämpfen;

---

542 Abdruck des § 81 BetrVG in Teil 3 in Kapitel 3.2.
543 *Koll*, in: Koll/Janning/Pinter, ArbSchG, Mai 2008, § 12 Rn. 1.
544 *Stürk*, Arbeitsschutzgesetz, S. 97.
545 *Albertz*, in: Kollmer, ArbSchG, 2005, § 12 Rn. 27.
546 So sagt es § 14 Abs. 2 BioStoffV.
547 LAG Hamm, Fall 22 „Totmannschalter: Kündigung wegen Überbrückung“.
548 AG Aachen, Fall „Einstürzende Hohlwände in Aachen“, besprochen in *Wilrich*, Bausicherheit, 2021.
549 So *Neumann*, BetrSichV, 4.2.3.3, S. 119.

- **Stärkung der Selbstverantwortung**[550], denn gemäß § 15 Abs. 1 Satz 1 ArbSchG sind die „Beschäftigten verpflichtet, nach ihren Möglichkeiten sowie gemäß der Unterweisung und Weisung des Arbeitgebers für ihre Sicherheit und Gesundheit bei der Arbeit Sorge zu tragen“ (siehe Kapitel 2.9.1);
- **Transparenz**: Die Unterweisung ist das „wichtigste Instrument, um Beschäftigte in den Stand zu versetzen, Arbeitsschutzanordnungen richtig zu erfassen und sich sicherheitsgerecht zu verhalten“[551], sie erfolgt, „damit Arbeitnehmer eine Gesundheitsgefährdung erkennen und entsprechend den vorgesehenen Maßnahmen auch handeln können“[552];
- **Prävention**: Letztlich geht es um eine „erhebliche Vorverlagerung der Prävention zugunsten der Beschäftigten und des Betriebes“[553].

8.3 Grenzen: Wann eine Unterweisung nicht reicht

Der TOP-Grundsatz gemäß § 4 Abs. 2 Satz 2 BetrSichV besagt, **t**echnische Schutzmaßnahmen haben Vorrang vor **o**rganisatorischen, diese haben wiederum Vorrang vor **p**ersonenbezogenen Schutzmaßnahmen (siehe Kapitel 6.2.4).

- Wenn es also eine mögliche und zumutbare technische oder organisatorische Schutzmaßnahme gibt, muss sie ergriffen werden – und eine Unterweisung kann sie nicht ersetzen.
- Es ist aber auch Möglichkeit, dass eine Unterweisung fehlende technische oder organisatorische Schutzmaßnahmen „heilen“ kann – wenn dieser höherwertige Schutz nach dem Verhältnismäßigkeitsgrundsatz (siehe Kapitel 3.2.3) nicht geboten ist oder eine – sehr verantwortungsvoll vorzunehmende – Abwägung ergibt, dass der Schutz durch personenbezogene Maßnahmen ausnahmsweise reicht.
- Sehr plastisch sagt das Landgericht Karlsruhe in Fall 17 „Presse“, „auf die Frage, ob der Geschädigte genügend mit der Maschine vertraut gemacht und auf Sicherheitsprobleme hingewiesen wurde, kommt es nicht an, weil die Maschine in der Weise ohnehin nicht hätte eingesetzt werden dürfen. Die Warnung vor Gefahrenquellen kann die Einhaltung von Unfallverhütungsvorschriften nicht ersetzen. Dies würde die Verantwortlichkeit für die eigene Absicherung in unzulässiger Weise auf die Arbeiter verlagern.“

Weitere Beispiele siehe in Kapitel 6.2.4.

---

[550] *Schliephacke*, Führungswissen Arbeitssicherheit, 6.2.5.2, S. 132.
[551] BT-Drs. 13/3540 v. 22.01.1996, S. 19.
[552] BAG, Urteil v. 14.12.2006 (Az. 8 AZR 628/05).
[553] *Fitting*, BetrVG, 23. Aufl. 2006, § 81 Rn. 13 zu § 81 BetrVG.

8.4 Adressaten: Wer muss unterwiesen werden?

Unterwiesen werden muss *jeder* Beschäftigte (wer das ist, steht in Kapitel 1.6).

Der Arbeitgeber kann Gruppen zusammenfassen und bei gleichartiger Betroffenheit mehrere Beschäftigte gemeinsam unterweisen.[554] Dabei könnte er differenzieren nach vorhandenen Vorkenntnissen, etwa nach Auszubildenden, Neulingen und Profis, nach deutschsprachigen Beschäftigten und solchen mit einer anderen Muttersprache.[555] So sagt § 12 Abs. 2 Satz 2 ArbSchG im Zusammenhang der Arbeitnehmerüberlassung, dass die Unterweisung „unter Berücksichtigung der Qualifikation und der Erfahrung" der Leiharbeitnehmer zu erfolgen hat.

Im Rahmen der Unterweisung gilt auch § 7 ArbSchG[556], nach dem die Arbeitsschutzmaßnahmen an der „Befähigung" des jeweiligen Beschäftigten auszurichten sind. § 4 Lastenhandhabungsverordnung konkretisiert: Bei der Unterweisung hat der Arbeitgeber insbesondere „die körperliche Eignung der Beschäftigten zu berücksichtigen". „Auch die geistige Flexibilität des Arbeitnehmers bestimmt den Umfang und die Intensität der notwendigen Unterrichtung."[557]

8.5 Zuständige: Wer muss unterweisen?

Die Pflicht zur Unterweisung hat der Arbeitgeber. Er erfüllt sie durch verantwortliche Personen gemäß § 13 ArbSchG und wird unterstützt durch Betriebsärzte und Fachkräfte für Arbeitssicherheit (siehe Kapitel 2).

Letztlich gibt es auch – ohne dass sie ausdrücklich so heißen – Unterweisungen im zivilrechtlichen Schadensersatzrecht und im Strafrecht. Jede Führungskraft muss alles Mögliche und Zumutbare tun, um Schäden zu vermeiden (siehe Kapitel 2.8.2). Daher sind Unterweisungen letztlich von jeder Führungskraft für ihren (Zuständigkeits-) Bereich und für ihre „Schützlinge" zu erstellen.[558] Denn eine „Führungskraft, die einem Mitarbeiter sagt, was er zu tun hat und wie er zu arbeiten hat, muss er ihm gleichzeitig sagen, wie er sicher arbeiten muss"[559].

---

554 *Wiese/Franzen*, in: Wiese/Kreutz/Oetker/Raab/Weber/Franzen, BetrVG Bd. II, 9. Aufl. 2010 § 81 Rn. 15 – zur Unterrichtung gemäß § 81 BetrVG.

555 *Schliephacke*, Führungswissen Arbeitssicherheit, S. 291.

556 *Pieper*, ArbSchR, § 12 ArbSchG Rn. 3.

557 *Rose*, in: Hess/Schlochaucher/Worzalla/Glock/Nicolei, BetrVG, 7. Aufl. 2008, § 81 Rn. 6 – zur Unterrichtung gemäß § 81 BetrVG.

558 Ausführlich *Wilrich*, Technik-Verantwortung – Sicherheitspflichten der Ingenieure, Meister und Fachkräfte und Organisation und Aufsicht durch Management und Führungskräfte, 2022.

559 *Schliephacke*, Führungswissen Arbeitssicherheit, 6.2.5.2, S. 131.

Der Arbeitgeber bzw. die verantwortlichen Personen können, müssen aber nicht selbst unterweisen. Die Unterweisung ist „keine höchstpersönliche Pflicht des Arbeitgebers. Möglich ist eine Unterweisung durch qualifizierte Vorgesetzte“[560]. Wenn – wie häufig – der Arbeitgeber eine juristische Person ist, ist er ohnehin „nicht selbst, sondern allein durch ihre vertretungsberechtigten Organe bzw. Personen handlungsfähig“[561]. Vorgesetzte müssen bei einer Unterweisung, die sie – zulässig – delegieren, auch nicht selbst anwesend sein (obwohl dies freilich – im Sinne einer Vorbildfunktion – ratsam sein könnte).

Die verantwortlichen Personen können einen Beauftragten bestellen, der die Unterweisung vornimmt[562], – z. B.

- „Abteilungsleiter, Meister“[563] oder andere Führungskräfte oder
- „eigens dafür bestimmten Personen“[564], auch
- Betriebsärzte und Fachkräfte für Arbeitssicherheit[565] oder
- Sicherheitsbeauftragte[566].

Betriebsärzte und Fachkräfte für Arbeitssicherheit haben nach dem Arbeitssicherheitsgesetz die Aufgabe, den Arbeitgeber bei seinen Arbeitsschutzaufgaben, also auch bei der Unterweisung zu beraten (§ 3 Nr. 1 und § 6 Nr. 1 ASiG) und müssen selbst die Beschäftigten „über die Unfall- und Gesundheitsgefahren, denen sie bei der Arbeit ausgesetzt sind, sowie über die Einrichtungen und Maßnahmen zur Abwendung dieser Gefahren belehren“ (§ 3 Nr. 4 und § 6 Nr. 4 ASiG). Nach § 29 Abs. 3 JArbSchG hat der Arbeitgeber die Betriebsärzte und die Fachkräfte für Arbeitssicherheit an der Planung, Durchführung und Überwachung der für die Sicherheit und den Gesundheitsschutz bei der Beschäftigung Jugendlicher geltenden Vorschriften zu beteiligen – auch bei der Unterweisung gemäß JArbSchG.

---

[560] So das LAG Rheinland-Pfalz im Urteil v. 24.01.2006 (Az. 5 Sa 817/05) – zur Unterrichtung gemäß § 81 BetrVG.

[561] *Stelljes*, in: Beck'scher Onlinekommentar zum SGB VII, 53. Edition Stand 01.03.2018, § 111 Rn. 1.

[562] Vgl. *Albertz*, in: Kollmer, ArbSchG, 2005, § 12 Rn. 6; *Kohte*, in: Münchener Handbuch zum Arbeitsrecht Bd. 2, 3. Aufl. 2009, § 292 Rn. 30; *Wank*, Technischer Arbeitsschutz, 1999, § 12 ArbSchG Rn. 4.

[563] *Hoyningen-Huene*, in: Münchener Handbuch Arbeitsrecht Bd. 3, 1. Aufl. § 295 Rn. 12, S. 850.

[564] *Wiese/Franzen*, in: Wiese/Kreutz/Oetker/Raab/Weber/Franzen, BetrVG Bd. II, 9. Aufl. 2010 § 81 Rn. 11.

[565] So auch *Kollmer*, in: Landmann/Rohmer, Gewerbeordnung, 55. Lieferung 2009, ArbSchG § 12 Rn. 3; *Albertz*, in: Kollmer, ArbSchG, 2005, § 12 Rn. 6; *Kollmer*, Arbeitsschutzgesetz, Rn. 144; *Wank*, Technischer Arbeitsschutz, § 12 ArbSchG Rn. 4.

[566] So *Koll*, in: Koll/Janning/Pinter, ArbSchG, 10. Lieferung Mai 2008, § 12 Rn. 35,

8.6 Zeitpunkt: Wann muss unterwiesen werden?

Die Unterweisung muss geschehen

- *„tätigkeitsbezogen vor der Verwendung von Arbeitsmitteln"* (**Erstunterweisung**)[567],
- *„danach in regelmäßigen Abständen, mindestens jedoch einmal jährlich"* (**Wiederholungsunterweisung**)[568],
- und – sinnvollerweise – in kürzeren Abständen bei hoher Fluktuation der Beschäftigten[569],
- sowie – sehr wichtig – wenn ein Anlass (z. B. nach einem (Beinahe-)Unfall oder anderen Unregelmäßigkeiten) besteht (**Anlassunterweisung**).

8.7 Unterweisungsinhalte: Was muss unterwiesen werden?

Zu unterweisen ist über *„Sicherheit und Gesundheitsschutz bei der Arbeit"* (§ 12 Abs. 1 Satz 1 ArbSchG) – und zwar auch durch *„eigens auf den Arbeitsplatz oder den Aufgabenbereich" ausgerichtete* Erläuterungen (§ 12 Abs. 1 Satz 2 ArbSchG).

Die Details sind nicht geregelt – im ArbSchG heißt es nur, dass die Unterweisung *„ausreichend"* sein muss (§ 12 Abs. 1). Die BetrSichV ist etwas konkreter – aber nicht wirklich konkret: Die Unterweisung der Beschäftigten

- muss *„ausreichende und angemessene Informationen"* enthalten über
- *„vorhandene Gefährdungen bei der Verwendung von Arbeitsmitteln einschließlich damit verbundener Gefährdungen durch die Arbeitsumgebung"*,
- *„erforderliche Schutzmaßnahmen und Verhaltensregelungen"* und
- *„Maßnahmen bei Betriebsstörungen, Unfällen und zur Ersten Hilfe bei Notfällen"*.

Als Grundsatz lässt sich sagen, dass die Unterweisung das beinhalten muss, was der Beschäftigte wissen muss, um sicher und gesund zu arbeiten.

---

567 In Fall 5 „Flickstation" kam es zum „Unfall durch fehlende Schutzeinrichtung" am ersten Arbeitstag des Verunglückten an der Maschine.

568 Jährlichkeit ist das rhythmische Leitmotiv der BetrSichV. Aristoteles sagte: „Wir sind das, was wir wiederholt tun. Vorzüglichkeit ist daher keine Handlung, sondern eine Gewohnheit."

569 Zu Hochschulen siehe den Fall „Chemie-Praktikum nur mit Gefahrstoffunterweisung", besprochen in *Thomas Wilrich/Cordula Wilrich*, Gefahrstoffrecht vor Gericht, 2021.

Die Unterweisung muss „auf die **individuelle Arbeitssituation** zugeschnitten“[570] sein und „nicht nur typische Arbeitssituationen“[571] umfassen, denn jeder „Beschäftigte muss aus der Unterweisung ein auf eine konkrete Arbeitsplatzsituation bezogenes eindeutig bestimmbares Verhalten ableiten können“[572], sodass der Hinweis des Vorgesetzten nicht ausreicht, „bei Problemen mit der Maschine immer sofort zu ihm zu kommen und nicht zu versuchen, das Problem allein zu beheben“[573].

Die Unterweisung muss **Gefahrvermeidungsmaßnahmen** aufzeigen[574], denn „wenn der Arbeitgeber bzw. dessen Führungskraft einem Mitarbeiter sagt, was er zu tun hat und wie er zu arbeiten hat, muss er ihm gleichzeitig sagen, wie er sicher arbeiten muss“[575].

Zentrale Bedeutung bei der Unterweisung hat auch das **Vorschriften- und Regelwerk.**[576] Es „wird auf die gesetzlichen Vorschriften hinzuweisen sein, wenn die Delegation sorgfaltsgemäß sein soll“[577] – jedenfalls, wenn es um Spezialvorschriften geht: „Überträgt z. B. der Unternehmer einem Kfz-Meister die Überwachung des Fuhrparks, so braucht er diesen nicht auf einzelne Vorschriften der Straßenverkehrszulassungsverordnung (StVZO) hinzuweisen. Handelt es sich jedoch um Spezialgebiete, die ein besonderes Fachwissen voraussetzen, so ist, wenn der Beauftragte nicht schon die notwendigen Vorkenntnisse hat, eine entsprechend detaillierte Unterweisung erforderlich.“[578] Auch die BetrSichV ist eine eher spezielle Rechtsvorschrift, die ausdrücklich erwähnt werden sollte. „Wo den einzelnen Verantwortlichen abverlangt wird, dass sie alle Vorschriften und das gesamte relevante Wissen selbst beschaffen und auswerten, entstehen Lücken und Überforderung, schlimmstenfalls Resignation. Insofern gehören Regelwerks- und Wissensmanagement zu den Grundanforderungen einer erfolgreichen Arbeitsschutzorganisation.“[579] Die bloße Aushändigung von Rechtsvorschriften – ohne Erläuterung – ist dagegen regelmäßig nicht ausreichend (siehe sogleich Kapitel 8.8).

§ 12 BetrSichV verlangt dem Arbeitgeber bzw. den verantwortlichen Personen nicht wenig an Paragrafenwissen, Überblick und Normenrecherche ab. Es sind immer

---

570 So die Begründung im Entwurf des ArbSchG von 1994 – BT-Drs. 12/6752 v. 03.02.1994, S. 40.

571 *Koll*, in: Koll/Janning/Pinter, ArbSchG, 10. Lieferung Mai 2008, § 12 Rn. 12.

572 LAG Hamm, Fall 22 „Totmannschalter“ in diesem Buch.

573 LG Rottweil, Fall 4 „Drehmaschine“ in diesem Buch.

574 *Kohte*, in: Münchener Handbuch zum Arbeitsrecht Bd. 2, 3. Aufl. 2009, § 292 Rn. 31; *Kollmer*, in: Landmann/Rohmer, Gewerbeordnung, 55. Lieferung 2009, ArbSchG § 12 Rn. 3.

575 *Schliephacke*, Führungswissen Arbeitssicherheit, 6.2.5.2, S. 131.

576 Vgl. *Kohte*, in: Münchener Handbuch zum Arbeitsrecht Bd. 2, 3. Aufl. 2009, § 292 Rn. 31.

577 *Schünemann*, in: StGB, Leipziger Kommentar, 1. Band, 12. Aufl. 2007, § 14 Rn. 61.

578 *Schmid*, in: Müller-Guggenberger/Bieneck, Wirtschaftsstrafrecht, 4. Aufl. 2006, § 30 Rn. 84 S. 850.

579 *Unfallkasse Hessen*, Arbeitsschutz und Gesundheitsförderung im Öffentlichen Dienst, Schriftenreihe Bd. 13, 2007, 2.3, S. 30.

„diejenigen Bestimmungen herauszuziehen, die für den jeweiligen Arbeitsplatzbereich wesentlich sind. Es kann demnach in einem Betrieb durchaus mehrere solcher Zusammenstellungen geben.“[580]

Nicht mehr unterweisen muss man über Umstände, die – wirklich (!) – jedem Beschäftigten bewusst sein müssen. Die Wertung und Abgrenzung ist schwierig – und selbstverständlich gilt derselbe Grundsatz wie bei der Belehrung von Fremdfirmenbeschäftigten: „eher eine Einweisung zu viel als zu wenig“[581]. Im Fall „Einstürzende Hohlwände in Aachen“ sagte das Gericht zwar, „selbst Laien müsste klar sein, dass diese Wände umfallen“, aber es ließ dadurch nicht die *Pflicht* zur Unterweisung entfallen, sondern erst die *Kausalität* der Pflichtverletzung für den Unfall, sodass der Vorgesetzte nicht haftete, weil der Schaden auch bei Erfüllung der Unterweisungspflicht passiert wäre.[582]

8.8 Durchführung der Unterweisung

Der Arbeitgeber muss unterweisen

- während der Arbeitszeit,
- mündlich[583],
- „eindringlich“[584] bzw. „mit einem gewissen Nachdruck“[585],
- anhand der Gefährdungsbeurteilung (§ 12 Abs. 1 BetrSichV) und
- unter Bezugnahme der Betriebsanweisung (§ 12 Abs. 2 Satz 5 BetrSichV) bzw.
- anhand der Betriebsanleitung[586],
- unter Berücksichtigung der Vorkenntnisse und „Befähigung“ der Adressaten[587],
- unter Berücksichtigung arbeitspädagogischer Grundsätze[588] und

580 *Jürgen Spinnarke*, Sicherheitstechnik, Arbeitsmedizin, Arbeitsplatzgestaltung, 1990, 3.3.1, S. 50.
581 *Vögele/Stein*, Fremdfirmen im Unternehmen, 1996, S. 27.
582 AG Aachen, Fall „Einstürzende Hohlwände in Aachen“, besprochen in *Wilrich*, Bausicherheit, 2021.
583 *Albertz*, in: Kollmer, ArbSchG, 2005, § 12 Rn. 27; *Kollmer*, in: Landmann/Rohmer, Gewerbeordnung, 55. Lieferung 2009, ArbSchG § 12 Rn. 15.
584 Vgl. *Fitting*, BetrVG, 23. Aufl. 2006, § 81 Rn. 14.
585 LAG Hamm, Fall 22 „Totmannschalter“ in diesem Buch; *Kollmer*, Arbeitsschutzgesetz, Rn. 142; *Steffek*, in: Kollmer/Klindt, ArbSchG, § 12 Rn. 6.
586 *Albertz*, in: Kollmer, ArbSchG, 2005, § 12 Rn. 6; *Kollmer*, in: Landmann/Rohmer, Gewerbeordnung, 55. Lieferung 2009, ArbSchG § 12 Rn. 4.
587 Siehe schon Kapitel 8.4.
588 *Pieper*, ArbSchR, § 12 ArbSchG Rn. 3.

- unter Erläuterung der „Hintergründe und Zusammenhänge“[589];
- letztlich wie ein „erwachsenengerechtes Teamgespräch“[590],
- mit den entsprechenden Anweisungen, denn die „Unterweisung stellt eine unmittelbare Einflussnahme auf das Handeln des einzelnen Mitarbeiters dar“[591], „enthält immer Elemente aus der direkten Arbeitsanweisung“[592];
- mit praktischer Einübung[593], also einem „Vormachen“[594], so wie es § 6 Abs. 2 Allgemeine Bundesbergverordnung (ABBergV) fordert und im englischen Begriff für Unterweisung „Training of the workers“ zum Ausdruck kommt, also durch „Learning by Doing“;
- sodass die Inhalte verstanden werden – z. B. mit „geeigneten Kommunikationsmitteln, z. B. Skizzen, Fotos, Videos“[595];
- mit einer Vergewisserung, dass die Inhalte verstanden wurden – z. B. im Wege von Verständnisfragen oder Vorführenlassen des Handlungsablaufs[596], also einem „Nachmachen lassen“[597], z. B. der Anprobe von Schutzkleidung[598].

Die fehlende Mündlichkeit hat insbesondere das KG Berlin[599] kritisiert: „Ob die Mitarbeiter dieses umfangreiche Material tatsächlich gelesen und verstanden hatten und ob sie in der Lage waren, die für sie neuen Vorschriften anzuwenden und in Situationen, die eine rasche Entscheidung verlangten, gesetzeskonform zu handeln, kontrollierte der Betroffene nicht.“ „Allein die Bekanntgabe“ von Vorschriften „im Umlaufverfahren genügt den Anforderungen ersichtlich nicht, wenn der Betroffene überhaupt nicht kontrolliert, ob seine Mitarbeiter den Inhalt gelesen und verstanden haben und ihn auf die im Rahmen ihrer täglichen Arbeit auftretenden Fälle übertragen können, zumal da die in Umlauf gegebenen Papiere auf die Besonderheiten des Arbeitsablaufs nicht zugeschnitten waren“. Auch das BAG bestätigt, „die bloße Aus-

589 *Stürk*, Arbeitsschutzgesetz, S. 98.

590 *Tenckhoff/Siegmann*, Betriebssicherheitsmanagement, S. 63.

591 *Kollmer*, in: Landmann/Rohmer, Gewerbeordnung, 55. Lieferung 2009, ArbSchG § 12 Rn. 17.

592 *Stürk*, Arbeitsschutzgesetz, S. 97.

593 *Wlotzke*, in: Ricardi/Wlotzke, Münchener Handbuch zum Arbeitsrecht, Band 2, 2. Aufl. 2000, § 211 Rn. 54 und 58; *Kohte*, in: Ricardi/Wlotzke/Wissmann/Oetker, Münchener Handbuch zum Arbeitsrecht, Band 2, 3. Aufl. 2009, § 292 Rn. 32; *Stürk*, Arbeitsschutzgesetz, S. 98; *Kollmer*, Arbeitsschutzgesetz, Rn. 142.

594 *Koll*, in: Koll/Janning/Pinter, ArbSchG, 10. Lieferung Mai 2008, § 12 Rn. 35.

595 DGUV-Regel 100-001, Abschnitt 2.3.2.

596 DGUV-Regel 100-001, Abschnitt 2.3.2.

597 *Schliephacke*, Führungswissen Arbeitssicherheit, 6.2.5.2, S. 132 und 293.

598 *Hannsjörg Hohn*, Arbeitssicherheit und Unfallschutz im Betrieb, 1987, S. 66 in Fn. 6.

599 Beschluss v. 31.10.2001 (Az. 2 Ss 223/00 – 5 Ws (B) 784/00).

händigung komplizierter technischer Regelwerke kann nicht genügen“[600]. Außerdem gilt: „Unterweisen heißt nicht vorlesen.“[601]

Allenfalls „in einfachen Fällen“ kann die Aushändigung von (neuen oder geänderten) Vorschriften ausreichen.[602] So erklärt sich die Bemerkung des Bayerischen VGH München für die Gefahren an einem Universitäts-Lehrstuhl: „Die regelmäßige Unterweisung der Beschäftigten kann in der Weise erfolgen, dass er seinen Mitarbeitern das Handbuch für Arbeitssicherheit regelmäßig zur Einsicht gibt, insbesondere den neu eingestellten Mitarbeitern.“[603]

Die Unterweisung muss notfalls – wie bei Betriebsanweisungen (siehe Kapitel 7.4.2) – in „Ausländisch“ durch Übersetzung in die Muttersprache erfolgen[604]: Nach der Rechtsprechung „erforderlichenfalls“[605] bzw. „wenn nicht garantiert ist“, dass „auch komplizierte technische Vorgänge zweifelsfrei verstanden werden können“[606]. In der Begründung zu § 5 Baustellenverordnung heißt es, es sei „nicht zwingend, dass eine Übersetzung in den jeweiligen Muttersprachen der Beschäftigten vorliegen muss. Sichergestellt sein muss allerdings, dass der Beschäftigte die Information verstehen kann.“[607]

Urteil zu Sprachproblemen aus *Thomas Wilrich/Cordula Wilrich*, Gefahrstoffrecht vor Gericht (2021) – ein weiteres Urteil ist in Kapitel 7.4.2

Explosion Senckenberg-Gelände bei Arbeit mit Flämmgerät

Nach Aufbringung eines Bitumen-Voranstrichs, „einem Gefahrstoff, bei dessen Verarbeitung die Bildung eines explosionsfähigen und leicht entzündlichen Dampf-Luftgemisches möglich ist“, betrat ein Arbeiter den Raum ohne Fenster mit einem Flämmgerät und das explosionsfähige Gemisch entzündete sich. Das Landgericht Hanau gab der Rückgriffsklage der BG gegen das Bauunternehmen statt.

---

600 Urteil v. 23.06.1994 (Az. 8 AZR 599/92 unter III.2.c) aa) – Unfall mit Gabelstapler.

601 *Tenckhoff/Siegmann*, Betriebssicherheitsmanagement, S. 65.

602 So *Löwisch/Kaiser*, BetrVG, 5. Aufl. 2002, § 81 Rn. 2.

603 Urteil v. 24.04.2015 (Az. 3 BV 13.834).

604 Vgl. *Kittner/Pieper*, Arbeitsschutzrecht, BetrSichV, § 9 Rn. 2; *Wank*, Technischer Arbeitsschutz, § 2 Rn. 2, S. 70.

605 LAG Rheinland-Pfalz, Urteil v. 24.01.2006 (Az. 5 Sa 817/05 unter II.2.a.cc.) – zur Unterrichtung gem. § 81 BetrVG.

606 LAG Baden-Württemberg, Urteil v. 01.12.1989 (Az. 5 Sa 55/89) – zur Unterrichtung gemäß § 81 BetrVG.

607 Ausführlich *Wilrich*, Praxisleitfaden Baustellenverordnung, 2023 (VDE Schriftenreihe 186).

Das Unternehmen hatte den Arbeiter „völlig unzureichend über die Gefahren bei der Verwendung des Bitumen-Anstrichs aufgeklärt. Der Verletzte ist der deutschen Sprache nur eingeschränkt mächtig, insbesondere kann er kein Deutsch lesen. Dass es beim Gebrauch – wie im technischen Merkblatt beschrieben – zu der Bildung eines explosionsfähigen/leicht entzündlichen Dampf-/Luftgemisches kommen kann, war ihm nicht in der erforderlichen Klarheit vermittelt worden. Ein solcher deutlicher Hinweis wäre aber gerade bei dem Einsatz in einem 15 m^2 großen und nur durch eine Tür lüftbaren Raum erforderlich gewesen. Ihm war die Explosionsgefahr überhaupt nicht bewusst."

8.9 Weiter Dokumentation der Unterweisung

Die Unterweisung ist zu dokumentieren. § 3 Abs. 8 BetrSichV sagt:

- *„schriftlich"*
- *„mit Datum"* und
- mit *„Namen der Unterwiesenen"*,
- – sinnvollerweise – mit Namen der Unterweisenden sowie
- – sehr wichtig – die Unterweisungsinhalte, denn sonst kann später nicht belegt werden, ob über gerade die Umstände unterwiesen worden ist, auf die es (z. B. in einem Haftungsfall) ankommt.[608]

Man kann auch die Unterlagen gegenzeichnen lassen, nach denen unterwiesen worden ist. Dann ist nicht nur das „Ob", sondern auch das „Wie" dokumentiert.[609] Wenn Unterweisung „aktenkundig gemacht wird, lässt sich leicht der Nachweis führen, dass dieses Instrument auch eingesetzt wurde"[610].

Wenn man nicht dokumentiert hat bzw. die relevanten Inhalte nicht vermerkt hat, können Gerichte sagen:

- Der Beschäftigte „hat das Erstbelehrungsprotokoll nicht unterschrieben" – und es wird daher nicht berücksichtigt.[611]

---

608 Das verdeutlicht der Fall „Einstürzende Hohlwände in Aachen", besprochen in *Wilrich*, Bausicherheit, 2021.

609 *Wolfgang Schneider*, Unfallverhütung und Arbeitssicherheit als Führungsaufgabe, 1989, S. 134.

610 So die Bundesregierung im Entwurf des ArbSchG von 1994 – BT-Drs. 12/6752 v. 03.02.1994, S. 40.

611 So im Fall „Stromunfall am Bahnhof Leipzig", in: *Wilrich*, Elektrotechnik und Stromunfälle vor Gericht, 2023 (VDE-Schriftenreihe 199).

- Die Sicherheitsbelehrung soll in „einem sog. roten Arbeitsschutzordner“ sein, der aber nicht vorgelegt wurde – und sie wird daher nicht berücksichtigt.[612]
- Der Arbeitgeber „hat eine regelmäßige und ausreichende Unterweisung über den Umgang mit dieser Maschine nicht dargetan“. Er „behauptet, er habe jährlich Rundschreiben im Sinne des überreichten Rundschreibens aus Oktober 1996 den Mitarbeitern überreicht“. Aber „dem kann eine ausreichende Unterweisung nicht entnommen werden. Denn in diesem Rundschreiben finden sich keine Hinweise für den Umgang mit der Maschine bei Störung des Produktionsablaufs.“[613]

8.10 Rechtsfolge bei Verstößen

Wenn Unterweisungen nicht oder nicht „gehörig“ durchgeführt worden sind, kann dies zu Bußgeldern führen (dazu Kapitel 8.10.1) und straf- oder zivilrechtliche Haftungsfolgen haben (dazu Kapitel 8.10.2).

8.10.1 Bußgelder nach Ordnungswidrigkeit

Wer entgegen § 12 Abs. 1 Satz 1 eine Information nicht, nicht richtig, nicht vollständig oder nicht rechtzeitig zur Verfügung stellt oder entgegen § 12 Abs. 1 Satz 2 einen Beschäftigten nicht, nicht richtig, nicht vollständig oder nicht rechtzeitig unterweist (§ 22 Abs. 1 Nr. 25 und 26 BetrSichV) und kann mit einer Geldbuße bis zu 5 000 € geahndet werden (§ 25 ArbSchG).

8.10.2 Zivil- und strafrechtliche Haftungsfolgen

Es wird gesagt: „Geschieht ein Unfall mangels Unterweisung, trägt der Vorgesetzte die Verantwortung.“[614] Das ist zutreffend – ob die Verantwortung allerdings auch zur Haftung führt, hängt von vielen weiteren Voraussetzungen ab, die alle geschildert werden im Buch **Technik-Verantwortung** – Sicherheitspflichten der Ingenieure, Meister und Fachkräfte und Organisation und Aufsicht durch Management und Führungskräfte (VDE-Schriftenreihe 188).

---

[612] Fall 26 „Paketierungsanlage“, in: *Wilrich*, Sicherheitstechnik und Maschinenunfälle vor Gericht, 2022.

[613] Fall 33 „Rollenschneidemaschine“, in: *Wilrich*, Sicherheitstechnik und Maschinenunfälle vor Gericht, 2022.

[614] *Schneider*, Unfallverhütung und Arbeitssicherheit als Führungsaufgabe, 1989, S. 131.

In etlichen Urteilen führte das Fehlen oder die Fehlerhaftigkeit einer Unterweisung zur Haftung – siehe *Wilrich*, **Arbeitsschutz-Strafrecht** – Haftung für fahrlässige Arbeitsunfälle: Sicherheitsverantwortung, Sorgfaltspflichten und Schuld – mit 33 Gerichtsurteilen (2020). In diesem Buch haben folgende Fälle Unterweisungsbezug:

- In Fall 8 „Gabelstapler: Unfall beim Transport" verurteilte das Gericht einen Geschäftsführer und einen Abteilungsleiter wegen fahrlässiger Tötung, weil sie nicht für eine „Gefährdungsbeurteilung hinsichtlich des Abladevorgangs" (siehe Kapitel 5.7.3), für eine „diesbezügliche Betriebsanweisung" (siehe Kapitel 7.7.2) und nicht dafür sorgten, „dass die Staplerfahrer die jährlich vorgeschriebene Sicherheitsunterweisung erhielten".
- In Fall 21 „Stromschlag bei Reinigungsarbeiten Garage" verurteilte das Gericht einen Geschäftsführer: „Sie haben es in Unkenntnis der bestehenden Unfallverhütungsvorschriften pflichtwidrig unterlassen, die in ihrer Firma Beschäftigten technisch einzuweisen bzw. einweisen zu lassen und diese Einweisungen regelmäßig zu wiederholen."
- In Fall 2 „Backanlage" heißt es dagegen: „Soweit es im Einzelfall zu Verbrennungen gekommen ist, so können diese nicht dem Angeklagten [Geschäftsführer] zugerechnet werden. Nach dem Ergebnis der Beweisaufnahme kann nicht ausgeschlossen werden, dass es nur deshalb zu den Verbrennungen gekommen ist, weil die Zeugen die Schutzhandschuhe nicht ordnungsgemäß verwendet haben. Da in den Backstuben naturgemäß hohe Temperaturen vorherrschen, kann nicht ausgeschlossen werden, dass die Zeugen die Stulpen der Schutzhandschuhe zurückgeschlagen oder aufgerollt haben, sodass es durchaus zu Verbrennungen im Unterarmbereich kommen konnte" – eine Unterweisung wird indes im Urteil nicht erwähnt.
- In Fall 22 „Totmannschalter: Kündigung wegen Überbrückung" gestand das Gericht einem Schlosser zu, weil er „nicht durch einen Vorgesetzten eingewiesen und insbesondere nicht auf sicherheitsrelevante Aspekte seines Arbeitsplatzes und der von ihm zu bedienenden Geräte und Einrichtungen aufmerksam gemacht wurde", ist „die Schwere seiner Pflichtverletzung deutlich gemindert".
- In Fall 6 „Gabelstapler: Schadensersatzklage nach Unfall" meinte das Bundesarbeitsgericht, ein Verstoß gegen eine Anweisung *„begründet für sich genommen keine grobe Fahrlässigkeit"* des Arbeitnehmers. Hierzu müsste der Arbeitnehmer *„konkret und hinreichend intensiv belehrt"* worden sein. *„Die bloße Aushändigung komplizierter technischer Regelwerke kann nicht genügen."*

9 Aufsicht/Kontrolle/Überwachung/Durchsetzung

Die BetrSichV regelt Kontroll- und Überwachungspflichten nur für bestimmte Situationen (dazu Kapitel 9.1). In Unternehmen besteht – über solche konkreten Ausprägungen hinausgehend – eine generelle Aufsichtspflicht (dazu Kapitel 9.2).

Auch für diese Überwachungsmaßnahmen gilt gemäß § 2 Abs. 2 ausdrücklich die BetrSichV (siehe Kapitel 1.3.14).

9.1 Konkret geregelte Aufsichtspflichten

Die BetrSichV regelt an etlichen Stellen Kontroll- bzw. Überwachungspflichten. Es wird nur zuweilen in andere Worte gekleidet und etwa gesagt, dass man „darauf achten muss" oder „dafür sorgen muss":

- Kontrolle auf offensichtliche Mängel vor der Verwendung,
- Kontrolle der Funktionsfähigkeit der Schutzeinrichtungen,
- Kontrolle der Arbeitsmittelverwendung,
- Kontrolle der Beachtung der Unterweisungen, Betriebsanweisungen und Gefahrenhinweise,
- Kontrolle der Verwendung von Schutzeinrichtungen,
- Kontrolle der Verwendung von Schutzausrüstungen,
- Kontrolle bei der Lastenhandhabung.

9.1.1 Kontrolle auf offensichtliche Mängel vor Verwendung

Der Arbeitgeber hat gemäß § 4 Abs. 5 Satz 3 BetrSichV *„dafür zu sorgen, dass Arbeitsmittel vor ihrer jeweiligen Verwendung auf offensichtliche Mängel, die die sichere Verwendung beeinträchtigen können, kontrolliert werden"*. Zu dieser Organisationspflicht siehe Kapitel 6.2.5.2.

9.1.2 Kontrolle der Funktionsfähigkeit der Schutzeinrichtungen

Der Arbeitgeber hat gemäß § 4 Abs. 5 Satz 3 BetrSichV *„dafür zu sorgen, dass Schutz- und Sicherheitseinrichtungen einer regelmäßigen Kontrolle ihrer Funktionsfähigkeit unterzogen werden"*. Zu dieser Organisationspflicht siehe Kapitel 6.2.5.2.

§ 6 Abs. 2 Satz 1 BetrSichV wiederholt, der Arbeitgeber hat dafür zu sorgen, *„dass erforderliche Schutz- oder Sicherheitseinrichtungen funktionsfähig"* sind.

Die Beschaffenheitsanforderungen an Schutzeinrichtungen sind in § 9 Abs. 3 BetrSichV. In der alten BetrSichV hieß es, „der Arbeitgeber muss durch regelmäßige Kontrollen prüfen, dass die Schutzeinrichtungen nicht unbrauchbar sind".

Ob diese Pflicht des § 6 Abs. 2 Satz 1 BetrSichV bußgeldbewehrt ist, ist nicht völlig klar: Es heißt, wer „nicht dafür sorgt, dass eine Schutzeinrichtung benutzt wird", handelt ordnungswidrig (§ 22 Abs. 1 Nr. 24 BetrSichV). Das meint eher den in Kapitel 9.1.5 behandelten Aspekt der Verwendung und nicht der Funktionsfähigkeit.

9.1.3 Arbeitsmittelverwendung

„Der Arbeitgeber hat darauf zu achten, dass die Beschäftigten in der Lage sind, die Arbeitsmittel zu verwenden, ohne sich oder andere Personen[615] *zu gefährden"* (§ 6 Abs. 1 Satz 4 BetrSichV).

Man „achtet darauf", indem man kontrolliert bzw. überwacht (zum Umfang siehe Kapitel 9.2).

9.1.4 Beachtung der Unterweisungen, Betriebsanweisungen und Gefahrenhinweise

„Der Arbeitgeber hat durch geeignete Maßnahmen dafür zu sorgen, dass Beschäftigte bei der Verwendung der Arbeitsmittel die nach § 12 erhaltenen Informationen sowie Kennzeichnungen und Gefahrenhinweise beachten" (§ 6 Abs. 2 Satz 2 BetrSichV).

„Geeignete Maßnahmen" sind auch Kontrolle und Überwachung (zum Umfang siehe Kapitel 9.2). Diese Maßnahmen sind nicht bußgeldbewehrt – in der Liste der Ordnungswidrigkeiten in § 22 BetrSichV gibt es keinen Tatbestand hierzu.

Ersichtlich fehlerhafte Anweisungen müssen – und dürfen – allerdings nicht umgesetzt werden. Das illustriert das Urteil zum „Stromunfall am Bahnhof in Leipzig" – und musste dabei auch ausführlich begründen, warum hier die Fehlerhaftigkeit für den Obermonteur offensichtlich war und er deshalb grob fahrlässig gehandelt hat.[616]

---

615 Zu ihnen Kapitel 1.6.13.

616 Fallbesprechung in *Wilrich*, Elektrotechnik und Stromunfälle vor Gericht, 2023 (VDE-Schriftenreihe 199).

9.1.5 Verwendung von Schutzeinrichtungen

Der Arbeitgeber hat § 6 Abs. 2 Satz 1 BetrSichV dafür zu sorgen, *„dass vorhandene Schutzeinrichtungen verwendet werden“*

Kontrollen können auch unter Anwendung „elektronischer Hilfsmittel (z. B. RFID-Zugangskontrollen)“ erfolgen.[617] Zu beachten sind dabei u. a.

- Datenschutzbelange[618] und
- Mitbestimmungsrechte des Betriebsrats.

Diese Pflicht des § 6 Abs. 2 Satz 1 BetrSichV ist bußgeldbewehrt: Wer „nicht dafür sorgt, dass eine Schutzeinrichtung benutzt wird“, handelt ordnungswidrig (§ 22 Abs. 1 Nr. 24 BetrSichV).

9.1.6 Verwendung von Schutzausrüstungen

„Der Arbeitgeber hat dafür zu sorgen, dass zur Verfügung gestellte persönliche Schutzausrüstungen verwendet werden“ (§ 6 Abs. 2 Satz 1 BetrSichV). Für die Instandhaltung wird das wiederholt und betont, dass dafür zu sorgen ist, dass *„eine geeignete persönliche Schutzausrüstung verwendet“* wird (§ 10 Abs. 3 Satz 2 Nr. 10 BetrSichV).

Man „sorgt dafür“, indem man kontrolliert bzw. überwacht (zum Umfang siehe Kapitel 9.2).

Diese Pflicht des § 6 Abs. 2 Satz 1 BetrSichV ist nicht bußgeldbewehrt. In § 22 Abs. 1 Nr. 24 BetrSichV erwähnt nur Schutzeinrichtungen (siehe Kapitel 9.1.5), nicht aber Schutzausrüstungen.

Es geht in § 6 Abs. 2 Satz 1 BetrSichV nur um die *Verwendung* von zur Verfügung gestellten PSA. Dass die erforderliche Schutzausrüstung *vorhanden* sein muss, gehört zu den erforderlichen Schutzmaßnahmen – auch wenn das ausdrücklich nur in § 6 Abs. 1 Satz 5 Nr. 1 BetrSichV angedeutet ist. Außerdem heißt es in § 4 Abs. 2 Satz 3 BetrSichV wegen des TOP-Prinzips (siehe Kapitel 6.2.4): „Die Verwendung persönlicher Schutzausrüstung ist für jeden Beschäftigten auf das erforderliche Minimum zu beschränken.“

[617] BR-Drs. 400/14 v. 28.08.2014, S. 84.
[618] Hierauf verweist BR-Drs. 400/14 v. 28.08.2014, S. 84.

9.1.7 Heben von Lasten

Eine weitere Überwachungsvorschrift enthält Nr. 2.7.3 der „Besonderen Vorschriften für die Verwendung von Arbeitsmitteln zum Heben von Lasten“ – dort heißt es: „Soll eine nicht geführte Last gleichzeitig durch zwei oder mehrere Arbeitsmittel angehoben werden, ist ein Verfahren festzulegen und zu überwachen, dass die Zusammenarbeit der Beschäftigten sicherstellt.“

9.2 Die allgemeine Aufsichtspflicht

Die Verkehrssicherungspflicht (siehe Kapitel 2.8) beinhaltet eine Aufsichtspflicht. Nach § 130 Abs. 1 Satz 2 OWiG zählt zu den „erforderlichen Aufsichtsmaßnahmen“ auch die „Überwachung von Aufsichtspersonen“ – und natürlich aller Beschäftigten.

Die Rechtsprechung ist uferlos – siehe etwa *Wilrich*, Arbeitsschutz-Strafrecht – Haftung für fahrlässige Arbeitsunfälle: Sicherheitsverantwortung, Sorgfaltspflichten und Schuld – mit 33 Gerichtsurteilen (2020) und *Wilrich*, Sicherheitstechnik und Maschinenunfälle vor Gericht – 40 Urteilsanalysen zu Produktsicherheit, Hersteller- und Konstruktionspflichten, Arbeitsschutz, Betreiber- und Organisationspflichten (2022).

Hier in diesem Buch haben folgende Fälle Bezug zu Kontrolle und Überwachung:

- Fall 4: „Drehmaschine: Unfall wegen fehlende Schutztür“: Den Arbeitgeber „entlastet es nicht, dass er bis zum Zeitpunkt des Unfalls selbst nicht wusste, dass die Maschine den Bearbeitungsvorgang fortsetzt, wenn er zuvor schon einmal unterbrochen wurde. Er hätte vielmehr ausschließen müssen, dass ein Arbeiter aufgrund des nicht aktivierten Schutzmechanismus zu Schaden kommt. Auf vage Vorstellung durfte er sich in Anbetracht der erheblichen Gefahren für seine Arbeiter nicht verlassen.“
- Fall 20 „Schweißgerät: Explosion am Dümmersee“: „Pflicht, die Einhaltung der Arbeitsschutzbestimmungen auf seiner Baustelle zu überwachen“.
- Fall 9 „Gabelstapler Arbeitsunfall Wanderzirkus“: Der Geschäftsführer hätte „eine schriftliche unternehmensbezogene arbeitsschützende Anweisung für den Betrieb des Gabelstaplers erlassen, bekanntmachen und auf deren Einhaltung achten müssen“.
- Im Fall „Bohrschnecken-Unfall beim Bau des Kaufhofs in Halle“ geht es um Weisungen durch Pfiffe und „Eh“-Rufe an einen Auszubildenden und sehr diffizile Überlegungen zu einem „Weggucken“ des Ausbilders.[619]

[619] Siehe Fallbesprechung Nr. 20 in *Wilrich*, Bausicherheit, 2021, S. 219 ff.

In Fall 2 „Backanlage“ spricht das Amtsgericht Bad Kreuznach – ohne es wörtlich zu sagen – den Geschäftsführer von der Verletzung seiner Aufsichtspflicht frei, schildert aber letztlich nur seiner Unkenntnis von den Verletzungen: „Die Beweisaufnahme hat nicht ergeben, dass der Angeklagte Kenntnis davon erlangt hat, dass eine Vielzahl von Arbeitnehmern regelmäßig Verbrennungen im Armbereich davon getragen hat.“ Hilfsweise sagt das Gericht: Aber „auch wenn er Kenntnis von den Blechstaus hatte, so konnte er von seinem Kenntnisstand davon ausgehen, dass die den Arbeitnehmern zur Verfügung gestellten Schutzhandschuhe mit Stulpen, die bis zu den Ellbogen reichten, bei ordnungsgemäßem Gebrauch hinreichend geeignet waren, Verbrennungen zu vermeiden“.

Das weicht ab von der der sonst recht strengen Rechtsprechung. Regelmäßige Kontrollen dienen gerade der Aufdeckung gesetzes- und sicherheitswidriger Zustände. Das AG Bad Kreuznach spricht selbst ausdrücklich von „gesteigerten“ Sorgfaltspflichten bei Missständen. Und um Missstände überhaupt zu erfahren, werden regelmäßige Stichprobenkontrollen „selbst bei einem langjährig bewährten Mitarbeiter nicht gänzlich entbehrlich“ gehalten.[620]

Die Rechtsprechung zur Verkehrssicherungspflicht fordert

- regelmäßige Kontrollen (**Stichprobenkontrollen**) und
- mehr als nur Stichproben, wenn ein Anlass besteht (**Anlasskontrollen**).

Beide Überwachungsarten erfordern verantwortungsvolle Wertungsentscheidungen:

- Was heißt Stichprobe? – also wann und wie oft muss ich auch ohne Anlass überwachen?
- Was ist ein Anlass? – also wann muss ich mehr tun als Stichproben – also statt mit einem mit beiden Augen und etwas genauer hinsehen?

Das Thema ist so komplex, dass ein umfangreiches Buch nur zur erforderlichen Kontrolle und Überwachung folgen könnte.

9.3 Durchsetzung, Sicherheitskultur und Vorbildfunktion

In Fall 20 „Schweißgerät: Explosion am Dümmersee“ kommt zum Ausdruck, dass Arbeitsschutz letztlich auch konsequent durchgesetzt werden muss: Das Gericht sah eine entscheidende Pflichtverletzung darin, dass die Führungskraft es unterlassen hat, „durch regelmäßige Kontroll- und Durchsetzungsmaßnahmen die Einhaltung der

[620] *Schünemann*, in: StGB, Leipziger Kommentar, 1. Bd., 12. Aufl. 2007, § 14 Rn. 68.

Arbeitsschutzvorschriften – insbesondere im Hinblick auf die korrekte Lagerung und Benutzung des Autogenschweißgerätes samt der zugehörigen Gasflaschen – auf seiner Baustelle sicherzustellen"; er habe „nicht darauf hinwirkte, dass die Schwimmwesten von seinen Arbeitnehmern auf dem Ponton auch angelegt wurden". Strafschärfend sei, dass er „offenbar nicht engagiert genug um die Einhaltung von Sicherheitsvorschriften bemüht war" – und das „wirft kein gutes Licht auf ihn und ist Ausdruck einer Persönlichkeit, die zu mangelnder Sorgfalt neigt".

Bei Sicherheitsverstößen – jedenfalls ab einer gewissen Relevanz – müsste eine Null-Toleranz gelten. Das mag als autoritärer Führungsstil kritisiert werden: Der Führende entscheidet ohne Einbezug der Mitarbeiter und ordnet an.[621] Man nennt das „starre Unternehmensorganisation" mit „Macht und Hierarchie" – hier gibt es einen Kapitän bzw. General.[622] Letztlich ist das aber kein *autoritärer Führungsstil* und nicht *Machtausübung*, sondern die Umsetzung des *„autoritären" Gesetzes*. Das Sicherheitsrecht ist hier der „General", der die Richtung vorgibt – und zwingt die Kapitäne (Führungskräfte) Um- und Durchsetzung.

„Standards verengen die Verantwortung zur Sorgfaltspflicht" – und es geht um die *„Engführung der Verantwortung zur fehlervermeidenden Sorgfaltspflicht"*[623]: Es *„gibt Bereiche, die keine Kompromisse zulassen"* und *„erst Konsequenz stabilisiert ein Verhalten"*.

Eine solche Sicherheitskultur kann im Haftungsfall auch entlastend wirken – oder bei ihrem Fehlen belastend wirken.[624] In einem Fall zu einer fehlenden Absturzsicherung warf das Landgericht Flensburg dem Arbeitgeber vor, er „selbst arbeitete ohne Sicherung auf dem Dach. Eine möglicherweise zuvor erteilte Anweisung verlor durch dieses widersprüchliche Verhalten jegliche Verbindlichkeit und Glaubhaftigkeit" – und: Der Arbeitgeber „musste sich bewusst sein, dass seine Arbeitnehmer seinem negativen Beispiel folgen. Es kann einem Arbeitnehmer nur vermindert vorgeworfen werden, dass er die Einhaltung der Unfallverhütungsvorschriften nicht beachtete, wenn zugleich der vornehmlich rechtlich und wirtschaftlich Verantwortliche die Sicherheitsanforderungen gröblich verletzt."[625] Der Arbeitgeber war kein Vorbild.

[621] Vgl. *Ralf Dillerup/Roman Stoi*, Unternehmensführung, 4. Aufl. 2013, 6.3.1.3.1, S. 646.

[622] *Wolfgang Habel/Michael Sonnabend*, Führung, wohin führt Du? – Wie Führungskräfte Unternehmenswerte optimieren – vergüten – bilanzieren, 2012, 3.1.1, S. 87 f.

[623] *Reinhard K. Sprenger*, Aufstand des Individuums – Warum wir Führung komplett neu denken müssen, 2005, S. 59, 236, 252 und 282.

[624] Ausführlich *Wilrich*, Sicherheitsverantwortung: Arbeitsschutzpflichten, Betriebsorganisation und Führungskräftehaftung – mit 25 erläuterten Gerichtsurteilen (2016).

[625] Fallbesprechung Nr. 1 in *Wilrich*, Sicherheitsverantwortung (2016).

10 Prüfungen von Arbeitsmitteln

Prüfungen sind „wichtige Maßnahmen bei der Sicherstellung eines nachhaltigen Arbeitsschutzes bei Arbeitsmitteln"[626]. Nur bei überwachungsbedürftigen Anlagen sind im Grundsatz unabhängige Prüfer (ZÜS) beteiligt, bei der Prüfung von Arbeitsmitteln ist es letztlich „Selbstüberwachung"[627] des Arbeitgebers.

Hier erfolgt nur ein Überblick – Konkretisierungen erfolgen in der TRBS 1201 Prüfungen und Kontrollen von Arbeitsmitteln und überwachungsbedürftigen Anlagen – und detaillierte Analyse siehe in

> *Wilrich*, **Maschinen- und Anlagensicherheit im Industrieservice** – Beschaffung, Herstellung für den Eigengebrauch, EU-Konformität und CE-Vertrauen, Inbetriebnahme, Probebetrieb, Prüfung, Instandhaltung, Rückbau, Umbau und wesentliche Änderung, fehlende CE-Kennzeichnung, Stand der Technik und Wirkung technischer Regelwerke, VDE-Schriftenreihe 165, 2023.

Abgesehen von der ständigen Sichtkontrolle (siehe Kapitel 6.2.5.2 und Kapitel 9.1.3), gibt es gemäß § 14 BetrSichV:

- erstmalige Prüfungen (dazu Kapitel 10.1),
- wiederkehrende Prüfungen (dazu Kapitel 10.2) und
- außerordentliche Prüfungen (dazu Kapitel 10.3).

10.1 Erstmalige Prüfung vor Inbetriebnahme

Zu prüfen ist gemäß § 14 Abs. 1 BetrSichV

- *„vor jeder Inbetriebnahme nach der Montage"*,
- wenn die *„Sicherheit von den Montagebedingungen abhängt"*,
- *„die Kontrolle der vorschriftsmäßigen Montage oder Installation und der sicheren Funktion der Arbeitsmittel"*,
- mit der *„Feststellung, ob die getroffenen sicherheitstechnischen Maßnahmen wirksam sind"*,
- im Prüfungsumfang wie in der Gefährdungsbeurteilung ermittelt (siehe Kapitel 5.4.5).

---

626 BR-Drs. 400/14 v. 28.08.2014, S. 90.

627 *Kohte*, Geräte- und Anlagensicherheit, § 178 Rn. 39.

Ein Prüfungs*gebot* gibt es nur in den Fällen des § 14 Abs. 1 BetrSichV – es kann sinnvoll sein, auch Arbeitsmittel zu prüfen, die nicht diese Voraussetzungen erfüllen.

„Prüfinhalte, die im Rahmen eines Konformitätsbewertungsverfahrens geprüft und dokumentiert wurden, müssen nicht erneut geprüft werden“ (§ 14 Abs. 1 Satz 3 BetrSichV). „Doppelprüfungen“ sollen vermieden werden[628], indem sich der Arbeitgeber – im Ausgangspunkt – auf die durch den Hersteller zu gewährleistende Produktsicherheit verlassen kann (siehe hierzu und zu den Grenzen Kapitel 4.3). So sagt auch § 5 Abs. 4 DGUV-Vorschrift 3: „Die Prüfung vor der ersten Inbetriebnahme ist nicht erforderlich, wenn dem Unternehmer vom Hersteller oder Errichter bestätigt wird, dass die elektrischen Anlagen und Betriebsmittel den Bestimmungen dieser Unfallverhütungsvorschrift entsprechend beschaffen sind.“

10.2 Wiederkehrende Prüfungen

Wiederkehrend sind Arbeitsmittel gemäß § 14 Abs. 2 BetrSichV zu prüfen

- innerhalb der in der Gefährdungsbeurteilung ermittelten Fristen (siehe Kapitel 5.4.5),
- wenn sie *„Schäden verursachenden Einflüssen ausgesetzt sind, die zu Gefährdungen der Beschäftigten führen können“* – und zwar auch dann, wenn nichts passiert, keine Gefährdung ersichtlich und daher keine „Reaktion“ nötig ist.[629]

Nach Abschnitt 2.4 der TRBS 1201 ist „Prüffrist“ der Zeitraum bis zur nächsten wiederkehrenden Prüfung. „Die Fristen für die wiederkehrenden Prüfungen sind so festzulegen, dass die Arbeitsmittel bis zur nächsten festgelegten Prüfung sicher verwendet werden können“ (§ 3 Abs. 6 Satz 3 BetrSichV). Es wird dem Arbeitgeber empfohlen, „im Zweifelsfall lieber eine kürzere Frist festzulegen als zu riskieren, dass an einem Arbeitsmittel ein Schaden auftritt, der bei rechtzeitiger Prüfung vermeidbar gewesen wäre“[630].

Die BetrSichV hat (nur) für Krane, Flüssiggasanlagen und maschinentechnische Arbeitsmittel der Veranstaltungstechnik (Anhang 3) konkrete Fristen festgelegt, „um sicherzugehen, dass die Anlage zumindest innerhalb dieser Frist geprüft wird“[631]. Wer abweichen will, braucht eine „belastbare Begründung“[632].

[628] BR-Drs. 400/14 v. 28.08.2014, S. 90.

[629] So *Pauli*, BetrSichV, Rn. 44 f.

[630] So *Wink*, BetrSichV, § 3 Rn. 6d.

[631] BR-Drs. 400/14 v. 28.08.2014, S. 81.

[632] *v. Locquenghien/Ostermann/Klindt*, Betriebssicherheitsverordnung 2, S. 85.

10.3 Außerordentliche Prüfungen

Außerordentlich – d. h. unabhängig von etwaigen Mindestfristen oder den in der Gefährdungsbeurteilung festgelegten Fristen – sind Arbeitsmittel gemäß § 14 Abs. 3 BetrSichV zu prüfen

- *„unverzüglich"*, d. h. ohne schuldhaftes Zögern (§ 121 BGB),
- wenn sie *„von Änderungen oder außergewöhnlichen Ereignissen betroffen sind, die schädigende Auswirkungen auf ihre Sicherheit haben können, durch die Beschäftigte gefährdet werden können"*.

§ 2 Abs. 9 Satz 2 BetrSichV stellt klar: „Auch Instandsetzungsarbeiten können prüfpflichtige Änderungen sein." Aber nicht jede Instandsetzung ist prüfpflichtig.[633]

10.4 Organisation und Durchführung der Prüfung

Es ist Aufgabe des Arbeitgebers, anhand der gesetzlichen Voraussetzungen „zu definieren, was er als prüfpflichtiges Arbeitsmittel betrachtet"[634]. Es könnten Verzeichnisse erstellt werden. Es „ist nicht jeder Kugelschreiber und jede Schaufel listenmäßig zu erfassen und dann regelmäßig zu prüfen"[635].

„Prüfung ist die Ermittlung des Istzustandes, der Vergleich des Istzustands mit dem Sollzustand sowie die Bewertung der Abweichung des Istzustands vom Sollzustand" (§ 2 Abs. 8 BetrSichV).

Sollzustand ist ein **Ziel** – „der durch die Gefährdungsbeurteilung festgelegte sichere Zustand für die weitere Benutzung"[636]. Der **Istzustand** ist eine **Tatsache** – es ist der in der Gefährdungsbeurteilung ermittelte Ausgangszustand.

Für die Prüftätigkeit ist eine Gefährdungsbeurteilung durchzuführen (siehe Kapitel 5.4.5).

Zahlreiche Vorschriften konkretisieren – etwa für Fahrzeuge die DGUV-Vorschrift 70 und 71 „Fahrzeuge" und der DGUV Grundsatz 314-003 „Prüfung von Fahrzeugen auf Betriebssicherheit".

---

633 BR-Drs. 400/14 v. 28.08.2014, S. 81.

634 So auch *Neumann*, BetrSichV, 2.2.v1, S. 35.

635 *v. Locquenghien/Ostermann/Klindt*, Betriebssicherheitsverordnung 2, S. 86.

636 TRBS 1201 Prüfungen von Arbeitsmitteln, Abschnitt 2.1.

10.5 Verantwortlichkeit und Zuständigkeit für die Prüfung

Die Verantwortung für die Ermittlung und Organisation der erforderlichen Prüfungen und für die Auswahl der Prüfer hat der Arbeitgeber.

Die BetrSichV will „qualifizierte Prüfer“[637]. Prüfen müssen daher „befähigte Personen“. Der Arbeitgeber muss in der Gefährdungsbeurteilung entscheiden (siehe Kapitel 5.4.5), *„welche Voraussetzungen die zur Prüfung befähigten Personen erfüllen müssen, die von ihm mit den Prüfungen von Arbeitsmitteln zu beauftragen sind“* (§ 3 Abs. 6 Satz 6 BetrSichV). Dabei hilft ihm die TRBS 1203 „Befähigte Personen“.

Der Arbeitgeber kann auch externe Dienstleister prüfen lassen.

10.6 Dokumentation der Prüfung und Aufbewahrungspflicht

Die Aufzeichnung des Prüfungsergebnisses umfasst gemäß § 14 Abs. 7 Satz 2 BetrSichV mindestens

- Art der Prüfung,
- Prüfumfang und
- Ergebnis der Prüfung.

„Prüfaufzeichnungen müssen nicht zwingend unmittelbar bei der jeweiligen Anlage vorgehalten werden.“[638]

Die Aufzeichnungen müssen aufbewahrt werden – *„auch in elektronischer Form“* – dieses „auch“ ist alternativ gemeint, nicht kumulativ, sodass allein die elektronische Form reicht.

Die Aufbewahrungsfrist ist nicht klar geregelt. Die Unterlagen müssen *„mindestens bis zur nächsten Prüfung aufbewahrt“* werden (§ 14 Abs. 7 Satz 1 BetrSichV). Klar ist, dass der Arbeitgeber seine Dokumentationspflicht nicht erfüllt hat, wenn er diese Mindestfrist nicht einhält. Doch was ist danach? Üblich ist die Festsetzung einer Höchstfrist. Daher wird die Mindest- auch gleichzeitig auch als Höchstfrist zur Erfüllung der BetrSichV zu gelten haben. Jedenfalls kann nur die Nichteinhaltung dieser Mindestfrist gemäß § 22 Abs. 1 Nr. 30 BetrSichV mit einem Bußgeld geahndet werden.

[637] BR-Drs. 400/14 v. 28.08.2014, S. 78.
[638] BR-Drs. 400/14 v. 28.08.2014, S. 69 f.

Ob man nach der nächsten Prüfung die vorherigen Dokumente weiter aufbewahren sollte, hängt von ihrer Güte ab. Ist alles ordentlich, kann der lückenlose Nachweis sauberer Prüfungen – z. B. im Rahmen einer Bewertung des Verschuldens bzw. der Fahrlässigkeit – durchaus nützlich sein.

10.7 Rechtsfolgen bei Verstößen

Es handelt gemäß § 22 Abs. 1 Nr. 28 bis 31 BetrSichV ordnungswidrig, wer

- entgegen § 14 Abs. 1 Satz 1 oder Abs. 4 Satz 1 ein Arbeitsmittel nicht oder nicht rechtzeitig prüfen lässt,
- entgegen § 14 Abs. 3 Satz 2 ein Arbeitsmittel einer außerordentlichen Prüfung nicht oder nicht rechtzeitig unterziehen lässt,
- entgegen § 14 Abs. 7 Satz 1 nicht dafür sorgt, dass ein Ergebnis aufgezeichnet und aufbewahrt wird,
- entgegen § 14 Abs. 7 Satz 2 nicht dafür sorgt, dass eine Aufzeichnung eine dort genannte Auskunft gibt,

und das kann mit einem Bußgeld von 5 000 € geahndet werden (§ 25 ArbSchG).

Zu einem Bußgeld wegen Nichtprüfung eines Aufzugs gemäß § 16 BetrSichV[639] siehe die Fallbesprechung in *Wilrich*, Maschinen- und Anlagensicherheitsrecht im Industrieservice (VDE-Schriftenreihe 165).

Möglich sind auch Strafen wegen fahrlässiger Körperverletzung oder Tötung, wenn die Nichtprüfung ursächlich für den Unfall war – wie in Fall 16 „Lastenaufzug" und Fall 21 „Stromschlag Reinigungsarbeiten Garage": Dort wirft das Gericht ganz allgemein dem Geschäftsführer vor, er habe es *„pflichtwidrig unterlassen für geeignete und technisch intakte Arbeitsmittel zu sorgen"*. Zu einem Strafverfahren gegen einen Pfarrer nach einem Stromschlag in einer Kirche während einer Hochzeit siehe die Fallbesprechung „Stromschlag Hochzeit Kirche" in *Wilrich*, Maschinen- und Anlagensicherheitsrecht im Industrieservice (VDE-Schriftenreihe 165) – dort auch „Waschanlagenbrand: Wann Prüfpflichtverletzungen den Verlust des Versicherungsschutzes bedeuten".

Aber allein aus einem etwaigen Unterlassen einer gesetzlich vorgeschriebenen Sicherheitsprüfung folgt nicht, dass der tatsächliche Zustand auch in einem verkehrsunsicheren Zustand war.[640]

[639] OLG Hamm, Beschluss v. 24.06.2021 (Az. 5 RBs 107/21).
[640] LG Düsseldorf, Urteil v. 24.04.2014 (Az. 1 O 263/12) – Trampolin.

11 Stand der Technik und TRBS als Hilfsmittel

Was im Folgenden kurz zusammengefasst wird, findet sich ausführlich im Buch *Wilrich*, Die rechtliche Bedeutung technischer Normen als Sicherheitsmaßstab – mit 33 Gerichtsurteilen zu anerkannten Regeln und Stand der Technik, Produktsicherheitsrecht und Verkehrssicherungspflichten (2017).

11.1 Wofür gilt der Stand der Technik?

Der Stand der Technik ist in der BetrSichV an vier Stellen in Bezug genommen. Dieser Sicherheitsmaßstab ist relevant für

- Gefährdungsbeurteilungen,
- Schutzmaßnahmen,
- Verwendung der Arbeitsmittel und
- Montage, Instandhaltung und Prüfung.

11.1.1 Gefährdungsbeurteilung

Der Stand der Technik ist relevant für die Gefährdungsbeurteilung (§ 3 Abs. 7 BetrSichV) – bei ihrer Überprüfung ist *„der Stand der Technik zu berücksichtigen"*. – also nicht zwingend immer eins-zu-eins umzusetzen (was „Berücksichtigung" rechtlich heißt, ist erläutert in Kapitel 11.4.1).

Der Ausschuss für Betriebssicherheit sagt, er „unterstützt" mit der EmpfBS 1114 über die „Anpassung an den Stand der Technik bei der Verwendung von Arbeitsmitteln" die „Anwendung des § 3 Abs. 7 BetrSichV".

11.1.2 Schutzmaßnahmen

Der Stand der Technik ist auch der entscheidende Maßstab für Schutzmaßnahmen (§ 4 Abs. 1 Nr. 2 BetrSichV) – sie müssen *„nach dem Stand der Technik getroffen"* werden. Bei den (einzelnen) Schutzmaßnahmen ist der Stand der Technik also eins-zu-eins umsetzen und damit zu beachten – denn er ist zu „treffen".

Beachten heißt zwingend umzusetzen. Aber „dabei ist nicht zwingend, dass das Arbeitsmittel selbst dem Stand der Technik entsprechen muss“[641].

11.1.3 Verwendung der Arbeitsmittel

Der Stand der Technik ist angesprochen bei der Verwendung der Arbeitsmittel (§ 4 Abs. 1 Nr. 3 BetrSichV) – sie muss *„nach dem Stand der Technik sicher“* sein. Auch wenn das schwer in der Vorschrift zu erkennen ist:

§ 4 Abs. 1 Nr. BetrSichV bedeutet nicht, dass das Arbeitsmittel selbst zwingend immer dem Stand der Technik entsprechen muss: „Insgesamt muss die Verwendung des Arbeitsmittels nach dem Stand der Technik sicher sein: Dies kann auch durch ergänzende Schutzmaßnahmen gewährleistet werden.“[642] Die Schutzmaßnahmen (siehe Kapitel 11.1.2), nicht das Arbeitsmittel selbst muss dem Stand der Technik entsprechen. „Verbindlich ist nur das Ergebnis“[643], nämlich ausreichende Sicherheit nach dem Stand der Technik – das aber unter Berücksichtigung des Alters des Arbeitsmittels.

BetrSichV und Bestandsschutz für alte Anlagen? Oder Nachrüstpflicht?

Ausdrücklich regelt die BetrSichV keinen Bestandsschutz, aber eben auch keine Nachrüstpflichten auf den aktuellen Stand der Technik. Der Arbeitgeber muss im Rahmen seiner Gefährdungsbeurteilung eigenverantwortlich entscheiden, erstens ob und – wenn ja – zweitens mit welchen Schutzmaßnahmen eine alte Anlage weiterbetreiben darf.

Ausführlich *Wilrich*, Bestandsschutz oder Nachrüstpflicht? Betreiberverantwortung und Sicherheit bei Altanlagen, 2. Aufl. 2019 – VDE-Schriftenreihe 172.

11.1.4 Montage, Instandhaltung und Prüfung

Der Stand der Technik ist schließlich relevant für die Montage, also „die Errichtung von Arbeitsmitteln, der Auf- und Abbau, die Erprobung sowie die Instandhaltung und Prüfung von Arbeitsmitteln“ – diese Maßnahmen müssen *„nach dem Stand der Technik erfolgen und sicher durchgeführt werden“* (§ 6 Abs. 3 Nr. 1 BetrSichV).

---

641 BR-Drs. 400/14 v. 28.08.2014, S. 82.

642 BR-Drs. 400/14 v. 28.08.2014, S. 82.

643 *Wiebauer*, Betriebssicherheitsverordnung, sis 2015, S. 94, 96.

11.2 Was ist der Stand der Technik?

Stand der Technik ist *„der Entwicklungsstand fortschrittlicher Verfahren, Einrichtungen oder Betriebsweisen, der die praktische Eignung einer Maßnahme oder Vorgehensweise zum Schutz der Gesundheit und zur Sicherheit der Beschäftigten oder anderer Personen*[644] *gesichert erscheinen lässt"* (§ 2 Abs. 10 BetrSichV). Der Stand der Technik ist der – ehrgeizige – mittlere Sicherheitsmaßstab:

- Eine **anerkannte Regel der Technik als Basissicherheitsstandard** „hinkt stets hinter einer weiterstrebenden technischen Entwicklung hinterher", weil sie die „herrschende Auffassung unter den technischen Praktikern"[645] ist von dem, was „in der Praxis erprobt und bewährt ist und sich bei der Mehrheit der Praktiker durchgesetzt hat"[646].
- Mit dem **fortschrittlichen Stand der Technik** wird der Maßstab „an die Front der technischen Entwicklung verlagert" – man muss „in die Meinungsstreitigkeiten der Techniker eintreten, um zu ermitteln, was technisch notwendig, geeignet, angemessen und vermeidbar ist"[647], es ist aber auch (seriös und vorsichtig) die Verhältnismäßigkeit (siehe Kapitel 3.2.3) und Wirtschaftlichkeit (siehe Kapitel 3.2.4) zu berücksichtigen.
- Der **strengste Sicherheitsmaßstab Stand von Wissenschaft und Technik** ist das nach „derzeitigen menschlichen" bzw. „neueste wissenschaftliche" Erkenntnissen „technisch gegenwärtig Machbare" und in § 4 Abs. 2 BioStoffV und in der BetrSichV bei den Aufgaben des ABS angesprochen (siehe Kapitel 11.5).

11.3 Wie ermittelt man den Stand der Technik?

Stand der Technik ist sehr „unbestimmt" und die Verordnung „sagt nichts darüber aus, welche Maßnahmen im Einzelfall geboten sein könnten, um den Stand der Technik einzuhalten"[648]. Auch die §§ 3 ff. BetrSichV, „aber auch die Vorschriften des Anhangs sind weitgehend allgemein gehalten oder beschränken sich auf die Angabe von Schutzzielen"[649].

[644] Zu diesen „anderen Personen" siehe Kapitel 1.6.13.
[645] BVerfG, Beschluss v. 08.08.1978 (Az. 2 BvL 8/77) – Kalkar-Beschluss zum Atomrecht.
[646] BVerwG, Beschluss v. 30.09.1996 (Az. 4 B 175/96).
[647] BVerfG, Beschluss v. 08.08.1978 (Az. 2 BvL 8/77).
[648] LG Bonn, Urteil v. 08.10.2004 (Az. 10 O 183/04) – zum alten § 12 BetrSichV.
[649] *Kohte*, Geräte- und Anlagensicherheit, § 178 Rn. 41.

Das Landgericht Bielefeld gesteht zu, der Stand der Technik ist eine „verallgemeinernde Formulierung“ und „beschreibt einen Zustand, der aufgrund der sich ständig wandelnden Technik aktuell vorherrscht, sich aber gleichermaßen rasch ändern kann“. Das Gericht hatte auch für den Kläger gegen Datenschutzverstöße Verständnis, dass es „unmöglich ist, den derzeitigen Stand der Technik explizit zu benennen. Je nach dem Stand der Technik sind dabei verschiedene, aufeinander aufbauende Sicherheitsmaßnahmen möglich, die nicht näher konkretisiert werden können.“[650]

11.3.1 … durch den Arbeitgeber

Es ist Aufgabe des Arbeitgebers den Stand der Technik im konkreten Fall zu ermitteln. Instrument hierfür ist die Gefährdungsbeurteilung (siehe Kapitel 11.1.1). Das ist einerseits schwierig und verantwortungsvoll, andererseits ist doch aber nicht jede Arbeitsschutzfrage mit einer komplexen Abwägung verbunden und es gibt häufig klare Ergebnisse.

Erkenntnisquellen sind „DGUV-Regelwerke und Veröffentlichungen der einzelnen Unfallversicherungsträger, der Länder sowie der Bundesanstalt für Arbeitsschutz und Arbeitsmedizin (BAuA)“ und „(Veröffentlichungen von z. B. Industrieverbänden und Branchenstandards)“[651] – und vor alle Dingen TRBS:

11.3.2 … durch TRBS

„Von großer Bedeutung“ sind die Technische Regeln für Betriebssicherheit (TRBS).[652] Im Sinne einer „Zurücknahme der Rolle der staatlichen Administration“[653] kommt der Ausschuss für Betriebssicherheit (ABS) ins Spiel:

Eine der Aufgaben des ABS ist die Ermittlung, wie die in der BetrSichV gestellten Anforderungen erfüllt werden können, und Erarbeitung von dem jeweiligen Stand der Technik und der Arbeitsmedizin entsprechenden Regeln und Erkenntnissen (§ 21 Abs. 5 Nr. 2). Und die vom ABS ermittelten Regeln und Erkenntnisse werden im Gemeinsamen Ministerialblatt „nach Prüfung“ durch das Bundesministerium für Arbeit und Soziales bekanntgemacht (§ 21 Abs. 6 Nr. 1).

Der ABS will den Stand der Technik „vorrangig auf der Basis der TRBS ermittelt“ wissen.[654] Die TRBS 1001 behauptet, die Technischen Regeln „geben dem Stand

[650] LG Bielefeld, Urteil v. 19.12.2022 (Az. 8 O 182/22).

[651] EmpfBS 1114 Anpassung an den Stand der Technik bei der Verwendung von Arbeitsmitteln, Abschnitt 3.2.2 Abs. 1 und 3.2.3 Abs. 1.

[652] BR-Drs. 400/14 v. 28.08.2014, S. 80.

[653] *Kohte*, Geräte- und Anlagensicherheit, § 178 Rn. 42.

[654] So die alte BekBS 1114 Anpassung an den Stand der Technik bei der Verwendung von Arbeitsmitteln, Abschnitt 3.2 Abs. 1.

der Technik, Arbeitsmedizin und Hygiene entsprechende Regeln und sonstige gesicherte arbeitswissenschaftliche Erkenntnisse für die Bereitstellung und Benutzung von Arbeitsmitteln sowie den Betrieb überwachungsbedürftiger Anlagen wieder“[655].

Die TRBS

- „erläutern“[656] bzw. „konkretisieren“[657] das Recht,
- „bestimmen die Verpflichtungen näher“[658] und „füllen die BetrSichV aus“[659],
- sollen „Hilfestellung geben“ bei der Ermittlung und Bewertung der jeweiligen Gefährdung[660],
- sollen „praxisorientierte Lösungsvorschläge enthalten“[661],
- sind das „Fleisch am Skelett der BetrSichV“[662].

11.4 Was ist mit dem Stand der Technik zu tun?

TRBS sind zu berücksichtigen, man kann aber von ihnen abweichen.

11.4.1 TRBS: Berücksichtigungspflicht

Der Arbeitgeber hat die TRBS zu *„berücksichtigen“* (§ 4 Abs. 3 BetrSichV), sodass TRBS „nicht mehr und nicht weniger als Empfehlungen“ sind.[663] Denn **Berücksichtigen**

- heißt „Zurkenntnisnahme von Argumenten (oder sonstigen Vorgaben), deren Einbeziehung die Entscheidung und Auseinandersetzung mit ihnen, aber keine strikte Bindung“[664],
- „lässt dem Arbeitgeber die Möglichkeit offen abzuweichen“[665],

---

655 TRBS 1001 Struktur und Anwendung der Technischen Regeln für Betriebssicherheit, Abschnitt 1.1.

656 BR-Drs. 400/14 v. 28.08.2014, S. 75.

657 So sagen es alle TRBS in der Vorbemerkung; vgl. auch *Hennig*, VDE-Prüfung nach BetrSichV, TRBS und DGUV-Vorschrift 3, 2.2, S. 61.

658 TRBS 1001 Struktur und Anwendung der Technischen Regeln für Betriebssicherheit, Abschnitt 1.2.

659 *Kohte*, Geräte- und Anlagensicherheit, § 178 Rn. 41.

660 TRBS 1001 Struktur und Anwendung der Technischen Regeln für Betriebssicherheit, Abschnitt 4.1.

661 *Schliephacke*, Führungswissen Arbeitssicherheit, 2.4.1, S. 43.

662 *Ensmann/Euler/Eber*, Anlagenbetreiber, 2.1.2.1, S. 96.

663 *Pieper*, BetrSichV, Einleitung Rn. 3.

664 *Reimer*, Juristische Methodenlehre, 2016, Rn. 3; so sagt es auch BT-Drs. 12/6000 v. 05.11.1993, S. 23.

665 BR-Drs. 400/14, Beschluss v. 28.11.2014, S. 3.

- heißt „nicht obligatorisch", sondern unter „Beachtung des Grundsatzes der Verhältnismäßigkeit" durchführen[666],
- heißt also: lesen, darüber nachdenken und bei der Umsetzung der BetrSichV zu „gebührend" erwägen.

11.4.2 TRBS: Abweichungsrecht

TRBS „sind selbst keine Rechtsnormen und haben daher keine zwingende Geltung"[667], sodass man sie nicht zwingend umsetzen muss. Es heißt immer, man könne von ihnen „abweichen". Streng genommen ist das keine „Abweichung", denn TRBS sind ja gerade nicht verpflichtend. Man könnte eher davon sprechen, dass den TRBS „ausgewichen" werden kann.

§ 3 Abs. 8 Satz 2 Nr. 3 BetrSichV fordert die Dokumentation, wie die Anforderungen der BetrSichV eingehalten werden, wenn von den TRBS „abgewichen" wird.

11.4.3 Vorteile bei der Einhaltung von TRBS

Die Einhaltung von TRBS hat drei Vorteile:

11.4.3.1 Übernahmevereinfachung und Vertrauensschutz

Der Arbeitgeber darf Informationen aus den TRBS *„übernehmen, sofern sie auf die Arbeitsmittel, Arbeitsbedingungen und Verfahren in seinem Betrieb anwendbar sind"* (§ 3 Abs. 4 BetrSichV). Mit diesen Worten ist also das Vertrauen des Arbeitgebers auf die Güte der TRBS geschützt – so wie § 3 Abs. 5 BetrSichV das Vertrauen auf die Richtigkeit von Herstellerinformationen schützt (siehe Kapitel 5.5.1).

Aber Vorsicht: Ob Inhalte der TRBS für die konkreten Gegebenheiten des konkreten Betriebes geeignet ist, steht selbstverständlich nicht in den TRBS – und der Arbeitgeber muss es in der Gefährdungsbeurteilung prüfen.

11.4.3.2 Dokumentationsvereinfachung

„Hält sich ein Arbeitgeber an die bekannt gegebenen Regeln, ist die Einhaltung der Anforderungen der BetrSichV leicht nachvollziehbar."[668] Wenn TRBS nicht eingehalten werden, muss dagegen in der Dokumentation der Gefährdungsbeurteilung konkret gesagt werden, *„wie die Anforderungen der BetrSichV eingehalten werden"* (§ 3 Abs. 8 Satz 2 Nr. 3 BetrSichV).

[666] BR-Drs. 400/14 v. 28.08.2014, S. 84.
[667] VG Freiburg, Beschluss v. 17.12.2019 (Az. 4 K 4800/19).
[668] BR-Drs. 400/14 v. 28.08.2014, S. 82.

11.4.3.3 Rechtskonformitätsvermutung

Bei Umsetzung der TRBS besteht die Vermutungswirkung, dass dann auch die BetrSichV ausreichend umgesetzt ist. Bei ihrer *„Einhaltung ist davon auszugehen"*, dass die Anforderungen der BetrSichV *„erfüllt sind"* (§ 4 Abs. 3 BetrSichV).

Die TRBS drücken es in der jeweiligen Vorbemerkung so aus: „Bei Anwendung der beispielhaft genannten Maßnahmen kann der Arbeitgeber insoweit die Vermutung der Einhaltung der Vorschriften der BetrSichV für sich geltend machen." Das Verwaltungsgericht Freiburg sagt, TRBS „entfalten durch die Vermutungswirkung eine gewisse Verbindlichkeit als Regeln der Technik"[669].

Es gibt zwei Grenzen der Vermutungswirkung:

- **Keine Vollständigkeitsvermutung**: Erstens gilt die Vermutung immer nur soweit, wie die jeweilige TRBS eingehalten ist. Das bringt der Gesetzgeber sonst durch das Wort „soweit" zum Ausdruck, indem er z. B. sagt, dass die Erfüllung des Rechts vermutet wird, *„soweit"* die nicht-zwingende Regel eingehalten ist. Das gilt – aus Gründen der Logik – aber immer. TRBS haben – was nicht immer beachtet wird – keine Vollständigkeitsvermutung.[670] Normen können lückenhaft sein. So wird auch für das Inverkehrbringen von Produkten klargestellt[671]: „Eine harmonisierte Norm muss nicht notwendigerweise alle wesentlichen Anforderungen abdecken."[672] Daher „ist bei der Anwendung von harmonisierten Normen immer sehr genau zu beachten, welche Anforderungen an das Produkt von den angewendeten Normen ganz oder teilweise abgedeckt werden und welche nicht" – und es gibt „keine Gewähr für die Vollständigkeit einer Norm"[673].
- **Widerlegbarkeit der Vermutung**: Zweitens ist jede Vermutung widerlegbar – auch wenn es nicht ausdrücklich gesagt ist. Denn Vermutung heißt nicht Fiktion. So heißt es schlicht und trocken, „allein die Einhaltung der UVV lässt eine Sorgfaltspflichtverletzung nicht entfallen"[674] und allein „die Einhaltung geltender Normen befreit den Verkehrssicherungspflichtigen nicht ohne Weiteres von der Haftung"[675]. Also gilt: „Normen können dazu dienen, die Sicherheit zu unterstützen, aber sie ersetzen das eigene Nachdenken nicht."[676]

---

[669] VG Freiburg, Beschluss v. 17.12.2019 (Az. 4 K 4800/19).
[670] Ausführlich *Wilrich*, Die rechtliche Bedeutung technischer Normen als Sicherheitsmaßstab, 2017.
[671] Ausführlich *Wilrich*, Produktsicherheitsrecht und CE-Konformität, 2021.
[672] *EU-Kommission*, Blue Guide, 4.1.2.2, S. 41.
[673] *LASI*, Leitlinien ProdSG, 3/4, S. 17.
[674] BVerfG, Fall „Brunnen Kump", in: *Wilrich*, Sicherheitsverantwortung, 2016.
[675] OLG Düsseldorf, Fall „Flüssiggasanlage", in: *Thomas Wilrich/Cordula Wilrich*, Gefahrstoffrecht vor Gericht, 2021.
[676] *Neumann*, BetrSichV, S. 45.

11.4.4 Nachteile bei der Nichteinhaltung von TRBS?

Hält der Arbeitgeber TRBS nicht ein, besteht zwar keine negative bzw. umgekehrte Vermutungswirkung (dazu Kapitel 11.4.4.1), dass ein Verstoß gegen die BetrSichV vorliegt, aber er nimmt sich zahlreiche Vorteile (dazu Kapitel 11.4.4.2).

11.4.4.1 Keine Rechtsverstoßvermutung bei Nichteinhaltung von TRBS

Zwar mag der Arbeitgeber bzw. Betreiber „gut daran tun, nur in begründeten Fällen von den beispielhaften Regelungen und Lösungen der technischen Regeln abzuweichen“[677]. Aber es gibt keine Vermutung eines Verordnungsverstoßes bei Nichteinhaltung von TRBS. Es gilt nur eine positive Vermutungswirkung bei Einhaltung der TRBS (siehe Kapitel 11.4.3.3), aber keine negative bzw. umgekehrte Vermutungswirkung bei Nichteinhaltung der TRBS. Das gleicht der Rechtslage bei harmonisierten Normen[678]: „Keinesfalls kann gesagt werden, dass ein Maschinenhersteller, der harmonisierte Normen nicht einhält, den ‚Rechtsnachweis‘ der Konformität zu erbringen habe“ – und es „kann nicht angenommen werden, dass eine nichtnormkonforme Maschine auch nichtrichtlinienkonform ist“[679].

Der Arbeitgeber muss nicht „beweisen“, dass er die BetrSichV einhält. Im Verwaltungsrecht gilt der Amtsermittlungsgrundsatz, Verwaltungsverfahren und Verwaltungsgerichtsverfahren kennen keine formelle Beweislast und die materielle Beweislast trägt nach dem **Günstigkeitsprinzip** bzw. **Normbegünstigungsprinzip** der eine bestimmte Gesetzesnorm nutzende „Angreifer“ auf Rechtspositionen – und das ist im Arbeitsschutzrecht die Aufsichtsbehörde.[680] Im Bereich der Eingriffsverwaltung muss die Behörde die Voraussetzungen für den Erlass des belastenden Verwaltungsaktes, also die Voraussetzungen der einschlägigen Ermächtigungsgrundlage beweisen und insoweit trägt die Behörde die materielle Beweislast und damit das Risiko der Unaufklärbarkeit des Sachverhalts[681], mit der „Folge, dass ein belastender Verwaltungsakt aufgehoben werden muss, wenn die Behörde die Rechtmäßigkeitsvoraussetzungen nicht nachweisen kann“[682]. Die Pflicht zur Dokumentation in der Gefährdungsbeurteilung, wie die Anforderungen der BetrSichV bei Abweichung von TRBS eingehalten werden (§ 3 Abs. 8 Satz 2 Nr. 3) ist keine Beweislastumkehr.

---

677 So *Mattes/Aich/Fähnrich*, Betriebssicherheit, S. 15.

678 Ausführlich *Wilrich*, Produktsicherheitsrecht und CE-Konformität, 2021.

679 *EG-Kommission*, Erläuterungen Maschinenrichtlinie 1998, Rn. 175 und 183.

680 Ausführlich *Wilrich*, Die rechtliche Bedeutung technischer Normen als Sicherheitsmaßstab, 2017, 3.8.6.3, S. 115 ff.

681 *Kallerhoff*, in: Stelkens/Bonk/Sachs/Kallerhoff VwVfG, 8. Aufl. 2014, § 24 Rn. 55; *Kuhla/Hüttenbrink*, Verwaltungsprozess, 3. Aufl. 2002, E. Klageverfahren in 1. Instanz Rn. 233.

682 *Maurer*, Allgemeines Verwaltungsrecht, 15. Aufl. 2004, § 10 Rn. 30, S. 261.

11.4.4.2 Faktische Wirkungen

Wenn der Arbeitgeber TRBS nicht einhält, profitiert er nicht von den positiven Wirkungen, die die BetrSichV für den Fall ihrer Umsetzung vorsieht:

- Der Arbeitgeber nimmt sich die Möglichkeit der Übernahme von Aussagen der TRBS, die auf die Arbeitsmittel, Arbeitsbedingungen und Verfahren in seinem Betrieb anwendbar sind.
- Der Arbeitgeber hat keine Dokumentationsvereinfachung und muss in der Gefährdungsbeurteilung dokumentieren, wie die Anforderungen der BetrSichV eingehalten werden.
- Der Arbeitgeber arbeitet ohne Vermutungswirkung und es zunächst nicht davon auszugehen, dass die Anforderungen der BetrSichV erfüllt sind.
- Die Aufsichtsbehörde kann – insbesondere, aber selbstverständlich nicht nur – bei Nichteinhaltung der TRBS vom Arbeitgeber die zur Durchführung ihrer Überwachungsaufgabe erforderlichen Auskünfte und die Überlassung von entsprechenden Unterlagen verlangen (§ 22 Abs. 1 ArbSchG).

11.5 Stand von Wissenschaft und Technik

Eine weitere Aufgabe des ABS ist die Ermittlung des Stands von Wissenschaft und Technik, Arbeitsmedizin und Arbeitshygiene sowie sonstiger gesicherter arbeitswissenschaftlicher Erkenntnisse bei der Verwendung von Arbeitsmitteln und Aussprache von Empfehlungen hierzu (§ 21 Abs. 5 Nr. 1 BetrSichV), die in geeigneter Weise veröffentlicht werden (§ 21 Abs. 6 Nr. 2 BetrSichV).

Der Stand von Wissenschaft und Technik ist anspruchsvoller als der in § 2 Nr. 6 definierte Stand der Technik.[683] Der Stand von Wissenschaft und Technik ist im Bereich der Sicherheit der „höchste Stand“[684]. § 4 Nr. 3 ArbSchG verpflichtet den Arbeitgeber allerdings „nur“ auf den allgemeinen Grundsatz, bei Maßnahmen des Arbeitsschutzes den *Stand von Technik*, Arbeitsmedizin und Hygiene sowie sonstige gesicherte arbeitswissenschaftliche Erkenntnisse zu berücksichtigen – und Berücksichtigung heißt Abwägungspflicht und nicht strikte Umsetzungspflicht (siehe Kapitel 11.4.1).

683 Ausführlich zu diesen verschiedenen Sicherheitsstufen *Wilrich*, Die rechtliche Bedeutung technischer Normen als Sicherheitsmaßstab – mit 33 Gerichtsurteilen zu anerkannten Regeln und Stand der Technik, Produktsicherheitsrecht und Verkehrssicherungspflichten, 2017.

684 EuGH, Urteil v. 29.05.1997 (Az. C-300/95).

12 Ordnungswidrigkeiten und Bußgelder (§ 22 BetrSichV)

§ 22 BetrSichV erklärt in zahlreichen Bußgeldtatbeständen Verstöße gegen einige – nicht alle – Pflichten der BetrSichV für ordnungswidrig (zu einem Bußgeld wegen Nichtprüfung eines Aufzugs gemäß § 16 BetrSichV[685] siehe die Urteilsbesprechung im Buch „Maschinen- und Anlagensicherheitsrecht im Industrieservice", VDE-Schriftenreihe 165).

Nach einem Arbeitsunfall wird ein Bußgeldverfahren aber häufig nicht mehr durchgeführt – es wird letztlich vom schlimmeren Schaden und dem hierzu stattfindenden strafrechtlichen Ermittlungsverfahren „geschluckt".

12.1 Bußgeldtatbestände der BetrSichV

§ 22 Abs. 1 BetrSichV ermöglicht Bußgelder i. V. m. § 25 Abs. 1 Nr. 1 ArbSchG bei Verstößen gegen bestimmte Pflichten der BetrSichV.

§ 22 Abs. 2 BetrSichV ermöglicht Bußgelder i. V. m. § 33 des Gesetzes über überwachungsbedürftige Anlagen (ÜAnlG).

Adressat der Bußgeldtatbestände ist ein „Wer". Alle in Bezug genommenen Vorschriften der BetrSichV verpflichten immer nur den „Arbeitgeber", sodass „Wer" i. S. d. § 22 auch nur dieser Arbeitgeber sein könnte, wenn nicht § 9 OWiG bestimmte Personen erfassen würde, die für ihn handeln.[686]

12.2 Aufsichtspflichtverletzung gemäß § 130 OWiG

§ 130 OWiG belegt Aufsichtspflichtverletzungen mit einem Bußgeld (siehe hierzu Fall 15 „Laborwalzwerk").

Das Landgericht Osnabrück verurteilte nach einen tödlichen Arbeitsunfall infolge Maschinenmanipulation einen für Vertrieb zuständigen Geschäftsführer zu einer Geldbuße in Höhe von 10 000 € „wegen fahrlässigen Unterlassens einer Aufsichtsmaßnahme, die erforderlich ist, um in einem Unternehmen Zuwiderhandlungen gegen Pflichten zu verhindern"[687].

---

685 OLG Hamm, Beschluss v. 24.06.2021 (Az. 5 RBs 107/21).

686 Ausführlich *Wilrich*, Arbeitsschutz-Strafrecht – Haftung für fahrlässige Arbeitsunfälle: Sicherheitsverantwortung, Sorgfaltspflichten und Schuld – mit 33 Gerichtsurteilen, 2020.

687 Zu den Strafverfahren gegen den für die Produktion zuständigen Geschäftsführer und den Produktionsleiter in diesem Fall siehe Teil 2 Fall 12 „Glasschleifmaschine".

13 Strafsanktionen (§ 23 BetrSichV)

§ 23 BetrSichV gehört zum sog. „Nebenstrafrecht“ und hat keine große Bedeutung. Viel wichtiger ist das Hauptstrafrecht gemäß StGB.

Ausführlich *Wilrich*, **Arbeitsschutz-Strafrecht** – Haftung für fahrlässige Arbeitsunfälle: Sicherheitsverantwortung, Sorgfaltspflichten und Schuld – mit 33 Gerichtsurteilen (2020).

13.1 Strafbarkeitsvoraussetzungen

In § 23 BetrSichV sieht der Gesetzgeber wegen erschwerender Umstände bestimmte Handlungen nicht nur bußgeldwürdig, sondern sogar strafwürdig. Jede Strafvorschrift im Nebenstrafrecht baut auf dem Grundtatbestand einer Ordnungswidrigkeit auf. So wird ein Bußgeldtatbestand zu einer Straftat „hochgestuft“[688].

- § 23 Abs. 1 bedroht die in § 22 Abs. 1 mit einem Bußgeld belegten Handlungen mit Strafe, wenn dadurch vorsätzliche Handlung Leben oder Gesundheit eines Beschäftigten gefährdet wird. Der Strafrahmen ist Freiheitsstrafe bis zu einem Jahr oder Geldstrafe (§ 26 Nr. 2 ArbSchG).
- § 23 Abs. 2 bedroht die in § 22 Abs. 2 mit einem Bußgeld belegten Handlungen mit Strafe, wenn sie beharrlich wiederholt oder Leben oder Gesundheit eines anderen oder fremde Sachen von bedeutendem Wert gefährdet werden. Der Strafrahmen ist Freiheitsstrafe bis zu einem Jahr oder Geldstrafe (§ 33 des Gesetzes über überwachungsbedürftige Anlagen – ÜAnlG).

§ 23 BetrSichV bedroht einen „Wer“ mit Strafe. Alle in Bezug genommenen Vorschriften der BetrSichV verpflichten immer nur den „Arbeitgeber“, sodass „Wer“ i. S. d. § 23 BetrSichV auch nur er sein könnte, wenn nicht § 14 StGB die Strafadressaten erweitern würde auf bestimmte Unternehmensmitarbeiter, die für den Arbeitgeber handeln.[689]

---

[688] *Pelz*, in: Kollmer/Klindt/Schucht, ArbSchG, 3. Aufl. 2016, § 26 Rn. 3; *Wiebauer*, in: Landmann/Rohmer, Gewerbeordnung, ArbSchG § 26 Rn. 1.

[689] Ausführlich *Wilrich*, Arbeitsschutz-Strafrecht – Haftung für fahrlässige Arbeitsunfälle: Sicherheitsverantwortung, Sorgfaltspflichten und Schuld – mit 33 Gerichtsurteilen, 2020.

13.2 Schattendasein des Nebenstrafrechts gemäß BetrSichV

Die Richtlinien für das Strafverfahren und das Bußgeldverfahren (RistBV Stand Dezember 2021) fordern, dass „Zuwiderhandlungen“ des Nebenstrafrechts „nach den gleichen Grundsätzen und mit dem gleichen Nachdruck zu verfolgen sind wie Zuwiderhandlungen gegen Vorschriften des Strafgesetzbuchs“ (Nr. 255). Trotzdem hat die Strafvorschrift in der Praxis (für die BetrSichV) keine große Bedeutung. Das bestätigt die Liste der „Strafvorschriften des Nebenstrafrechts“ in Nr. 258 Abs. 2 RistBV: Dort ist die BetrSichV (immer noch) vergessen. Die bis 2002 geltende Arbeitsmittelbenutzungsverordnung war dagegen noch jahrelang nach Ablösung durch die Betriebssicherheitsverordnung fehlerhaft in den RistBV genannt.

In den Strafverfolgungsstatistiken des Statistischen Bundesamtes sind für die letzten 5 Jahre folgenden Verurteilungszahlen vermerkt: „abgeurteilte“ Straftaten 2012 eine, 2013 zwei, 2014 eine, 2015 eine, 2016 zwei, 2017 keine, 2018 zwei, 2019 zwei, 2020 zwei, 2021 drei (jeweils Fachserie 10 Reihe 3 – Rechtspflege – Strafverfolgung; abzurufen unter https://www.destatis.de). In vielen Fällen kommt eine Einstellung gemäß §§ 153, 153a StPO in Betracht – auch wegen des geringen Strafrahmens.[690]

Kommt es durch einen Arbeitsunfall zu einer Schädigung, ist das Nebenstrafrecht nur noch Nebensache und es kommt fahrlässige Körperverletzung oder Tötung in Betracht (= Hauptstrafrecht). Hier liegen die wahren Risiken.[691]

[690] So *Schmitz*, in: Kohte/Faber/Feldhoff, Gesamtes Arbeitsschutzrecht, 2014, ArbSchG, § 26 Rn. 15.

[691] Ausführlich *Wilrich*, Arbeitsschutz-Strafrecht – Haftung für fahrlässige Arbeitsunfälle: Sicherheitsverantwortung, Sorgfaltspflichten und Schuld – mit 33 Gerichtsurteilen, 2020.

Teil 2 Gerichtsurteile aus der Rechtsprechungspraxis

Übersicht

Fall 1: Abfallförderband: Unfall des Leiharbeiters

⇨ Arbeitsunfall eines Leiharbeiters an einem unsicheren Abfallförderband

⇨ Straf- und Schadensersatzurteil gegen einen Betriebs- und Werksleiter wegen (grober) Fahrlässigkeit durch fehlende Schutzeinrichtung

Lehren aus den Urteilen und zu Rechtsfolgen nach Arbeitsunfällen an unsicheren Maschinen

1. Es gibt zahlreiche Unfälle bei fehlender trennender Schutzeinrichtung – und viele Straf- und Gerichtsverfahren hierzu.
2. Die BetrSichV wird in Gerichtsurteilen selten zur Begründung von Arbeitsschutzverstößen herangezogen – hier aber sowohl vom Straf- als auch vom Zivilgericht.
3. Bei Personenschäden kann es – wie hier – zu Strafverfahren und zivilrechtlichen Schadensersatz- bzw. Rückgriffsforderungen der Unfallversicherungsträger kommen.
4. Die Arbeitsschutzverantwortung von Führungskräften ist so klar, dass Gerichte sie – wie hier – nur beiläufig behaupten und nicht begründen; nur in der Unternehmenspraxis ist das nicht allen bekannt.
5. Vorgesetzte und Bereichsverantwortliche müssen die „die erforderlichen Maßnahmen treffen“ bzw. „die Arbeiten so lange zu unterbinden, bis für eine vorschriftsmäßige Schutzeinrichtung gesorgt“ ist (Stopp-Prinzip).
6. Das Verantwortungsprinzip wird aber nicht immer konsequent zu Ende angewendet: Im Fall wird nur der Betriebs- und Werksleiter „angegriffen“, nicht aber der Abteilungsleiter, der für die Unterweisung zuständig war und daher die Maschinen kennen muss, aber behauptete, er wisse nichts von der fehlenden Schutzeinrichtung.
7. Das Verschulden in Form der Fahrlässigkeit wird in Strafurteilen – wie hier – manchmal nur ansatzweise begründet.
8. In Strafverfahren reicht einfache Fahrlässigkeit. In Regressverfahren kann – wie hier – grobe Fahrlässigkeit Anspruchsvoraussetzung sein.
9. Gerichte nehmen bei Verstoß gegen Rechtsvorschriften des technischen Arbeitsschutzes – „elementaren Sicherheitspflichten – häufig grobe Fahrlässigkeit an.

10. Es kann schuld- und straferhöhend sein, wenn – wie hier – trotz Unsicherheit aus wirtschaftlichen Gründen weiterbetrieben wird.
11. Beim Rückgriff gemäß § 110 SGB VII ist ein Mitverschulden des geschädigten Beschäftigten zu berücksichtigen, wenn der Unfallversicherungsträger bezifferte Sozialversicherungsaufwendungen verlangt – das übersieht das LG Baden-Baden.
12. § 111 SGB VII ermöglicht einen Rückgriff gegen das Unternehmen nur bei grob fahrlässiger Pflichtverletzung eines Organs, also eines Mitglieds der Unternehmensleitung, nicht eines Betriebs- oder Werksleiters – das übersieht das LG Baden-Baden.

Sachverhalt

„Ein Unternehmen montierte das Steigförderband einer Abfallentsorgungsanlage so nah an der Wand, dass der Kettenschutz zwischen dem Motor, welcher das Förderband betrieb und das Ritzel, welches für die Kraftübertragung auf das Förderband verantwortlich war, bewusst weggelassen wurde.“ Da die Maschine *„jedoch nicht erwartungsgemäß arbeitete“* und *„immer wieder Abfälle herunterfielen oder sich stauten“*, setzte das Unternehmen Leiharbeiter ein, die *„im Drei-Schicht-Betrieb die herunterfallenden Kartonabfälle manuell auf das Steigförderband beförderten“*.

Einer der drei Leiharbeitnehmer (*L*) *„wurde vor Arbeitsbeginn vom Abteilungsleiter (A) in seine Arbeit eingewiesen. Ein Hinweis auf den fehlenden Kettenschutz sowie die damit verbundene Gefahrenquelle erteilte A nicht. Zur Erfüllung seiner Aufgabe stellte das Unternehmen dem L ein paar Arbeitshandschuhe und eine Forke (Mistgabel mit drei Zinken) zur Verfügung.*

Aufgrund der sich immer wieder verkeilenden Kartonabfälle war es arbeitstechnisch für L unumgänglich, immer wieder mit Händen, zum Teilen auch mit den beschuhten Füßen, die sich stauenden, teilweise sperrigen Stanzabfälle auf dem Steigförderband weiterzubefördern.“ Am 13. August 2007 *„griff L versehentlich in die völlig frei laufende, nicht mit dem erforderlichen Kettenschutz versehene Kette des Antriebs des Förderbandes. Hierbei wurde der Handschuh mitgerissen und anschließend von der rechten Hand alle Finger mit Ausnahme des Daumens komplett abgetrennt.“*

Entscheidungen

A. Strafurteil

Das Amtsgericht Gernsbach erließ am 29.05.2008 gegen den Betriebs- und Werksleiter (*B*) einen Strafbefehl wegen fahrlässiger Körperverletzung in Höhe von 60 Tagessätzen zu je 150 € = 9 000 €.[692] Auf seinen Einspruch sagte das Gericht, *B „hat durch Fahrlässigkeit einen anderen körperlich misshandelt und an der Gesundheit geschädigt"* und verurteilte ihn am 18.11.2008 wegen fahrlässiger Körperverletzung gemäß § 229 StGB zu einer Geldstrafe in Höhe von 70 Tagessätzen zu je 70 € = 4 900 €. Damit musste *B* zwar weniger zahlen, aber das Ausmaß der Schuld richtet sich nach den Tagessätzen; die Tagessätze bestimmen sich verschuldensunabhängig nach der Höhe des (um viele Abschläge wie Kredit- und Unterhaltsverpflichten bereinigten) Einkommens.

Eine Bestrafung wegen Fahrlässigkeit setzt voraus:

- eine Pflichtverletzung = Rechtswidrigkeit (dazu I.),
- eines Verantwortlichen (dazu II.),
- mit Verschulden = Fahrlässigkeit (dazu III.).

I. Pflichtverletzung

„Bei der vom Angeklagten getroffenen Entscheidung, trotz der an den Abfallentsorgungsbändern aufgetretenen Komplikationen die Produktion auch ohne Sicherheitsabdeckung am Kettenlauf weiterzuführen, hat der Angeklagte gegen Unfallverhütungsvorschriften verstoßen. Er wäre nach der Betriebssicherheitsverordnung verpflichtet gewesen, die erforderlichen Maßnahmen zu treffen, damit den Beschäftigten nur Arbeitsmittel bereitgestellt werden, die für die am Arbeitsplatz gegebenen Bedingungen geeignet sind und bei deren bestimmungsgemäßer Benutzung Sicherheit und Gesundheitsschutz gewährleistet ist."[693]

Es ist nicht klar, ob das Amtsgericht dem Leiter ein pflichtwidriges Tun (die Entscheidung des Maschinenbetriebs) oder ein pflichtwidriges Unterlassen vorwirft (Nichtergreifen der erforderlichen Schutzmaßnahmen). Wenn der Schwerpunkt des Vorwurfs das Unterlassen ist, hätte seine Verantwortung mit § 13 StGB begründet werden müssen – erforderlich ist dann eine sog. Garantenstellung:

II. Verantwortlichkeit

Die Verantwortung des Angeklagten stellte das LG eher beiläufig und ohne Begründung fest: *„Bei pflichtgemäßer Erfüllung hätte der Angeklagte als Werks- und Betriebsleiter den Weiterbetrieb ohne die Sicherungen am Kettenantrieb verhindern und so auch den Unfall vermeiden müssen."*

---

692 Was ein Strafbefehl ist, wird erläutert in Fall 21 „Stromschlag Reinigungsarbeiten Garage".

693 So lautete der alte § 4 BetrSichV.

Der Angeklagte indes sah *„für sich persönlich keine eigene Verantwortung"*. Dann hätte man ihm durchaus die Hintergründe erklären können: Seine Arbeitsschutzverantwortung folgt automatisch aus seiner Position – eben „***als*** Werks- und Betriebsleiter" – auch ohne schriftliche Pflichtendelegation.[694] Diese Arbeitsschutzpflichtigkeit ist öffentlich-rechtlich auch in § 13 Abs. 1 Nr. 4 ArbSchG festgelegt.

III. Verschulden

Zur Fahrlässigkeit des Betriebs- und Werksleiters sagte das Gericht ausdrücklich nichts. Es heißt nur, seine Pflichten *„hätte er erkennen können und müssen"*. Darin versteckt ist die Behauptung – nicht aber die Begründung – der beiden Voraussetzungen eines der fahrlässigen Fehlverhaltens: Erkennbarkeit und Vermeidbarkeit des Unfalls bzw. Schadens. Im Gegensatz zum Rückgriffsanspruch der Unfallversicherungsträger gemäß § 110 SGB VII (siehe unten B.) ist im Strafrecht keine grobe Fahrlässigkeit erforderlich – es reicht einfache Fahrlässigkeit.

IV. Strafzumessung

Zugunsten des Betriebs- und Werksleiters wertete das Gericht

- dass er *„die Rahmenumstände eingeräumt hat"*, auch wenn er *„für sich persönlich keine eigene Verantwortung"* sah,
- dass er nicht vorbestraft ist und bisher ein *„tadelloses Leben geführt hat"*,
- dass er *„durch die Verhandlung erkennbar beeindruckt ist"*.

Zulasten des Angeklagten sprachen

- die *„massiven Folgen"* und
- das *„Maß des Sorgfaltsverstoßes: Wenn schon unter den fragwürdigen, provisorischen Bedingungen überhaupt produziert werden sollte, hätte man die dortigen, ohne Vorbildung die Arbeit verrichtenden Zeitarbeiter zumindest über die Gefahren instruieren müssen, was, neben den sonstigen Fahrlässigkeitsverstößen, gleichfalls unterblieben war."*

Im Urteil ist noch berichtet, der Angeklagte habe gesagt, die *„Sicherheitsbeauftragten seiner Firma seien die Herren X und Y"*. Das sagt man nur, wenn man zumindest eine (wesentliche) Mitverantwortung bei ihnen sieht. Der Verweis auf Sicherheitsbeauftragte als „Schuldige" ist eine sehr häufige Verteidigung – hat aber nur in absoluten

[694] Ausführlich *Wilrich*, Technik-Verantwortung – Sicherheitspflichten der Ingenieure, Meister und Fachkräfte und Organisation und Aufsicht durch Management und Führungskräfte, 2022.

Ausnahmefällen einen realen Hintergrund.[695] Die Fachkraft für Arbeitssicherheit taucht in den hier berichteten Gerichtsverfahren nicht auf.[696]

B. Klage der Berufsgenossenschaft

Die Berufsgenossenschaft verlangte ihre unfallbedingten Aufwendungen (im Zeitpunkt der Klageerhebung 50 000 €) vom Unternehmen (*U*) und vom Betriebs- und Werkleiter (*B*). Das Landgericht Baden-Baden verurteilte beide.[697]

Rechtsgrundlage des Anspruchs der BG ist gegen den Betriebsleiter § 110 SGB VII und gegen das Unternehmen § 111 SGB VII. Der Arbeitsunfall des gemäß § 2 Nr. 1 SGB VII als Beschäftigter unfallversicherten *L* ist ein Versicherungsfall und die Haftung von *B* und *U* gegenüber *L* ist gemäß §§ 104 bzw. 105 SGB VII beschränkt. Die entscheidende Frage ist, ob *B* und *U* als Verantwortliche den Unfall grob fahrlässig herbeigeführt haben.

I. Verantwortlichkeit des Betriebs- und Werksleiters

Wie im Strafverfahren wird die Arbeitsschutzverantwortung des *B* nur angedeutet: *„In seiner Eigenschaft als Werkleiter"* – so das LG – *„hätte es dem Beklagten oblegen, die Arbeiten so lange zu unterbinden, bis für eine vorschriftsmäßige Schutzeinrichtung gesorgt worden wäre"*.

II. Grobe Fahrlässigkeit des Betriebs- und Werksleiters

Der Betriebs- und Werkleiter hat – so das LG – *„den Arbeitsunfall des geschädigten L grob fahrlässig herbeigeführt"*. Fahrlässig handelt, wer die im Verkehr erforderliche Sorgfalt außer Acht lässt (§ 276 BGB). Die Prüfung der groben Fahrlässigkeit erfolgt zweistufig. Sie *„setzt einen objektiv schweren und subjektiv nicht entschuldbaren Verstoß gegen die Anforderungen der im Verkehr erforderlichen Sorgfalt voraus"*.

1. Objektive schwere Pflichtverletzung

„Die Sorgfalt muss in ungewöhnlich hohem Maße verletzt worden und es muss dasjenige unbeachtet geblieben sein, was im gegebenen Fall jedem hätte einleuchten müssen.

---

[695] Ausführlich *Wilrich*, Arbeitsschutzverantwortung für Sicherheitsbeauftragte: Bestellung, Rechtsstellung, Pflichten und Haftung als Vertrauenspersonen und Beschäftigte – Grundwissen Arbeitssicherheit, Führungspflichten und Unternehmensorganisation, 2021.

[696] Ausführlich *Wilrich*, Verantwortung und Haftung der Sicherheitsingenieure: Unterstützungs-, Beratungs-, Berichts-, Prüfungs-, Warn- und Sorgfaltspflichten der Fachkräfte für Arbeitssicherheit als Stabsstelle und Unternehmerpflichten in der Linie – mit 15 Gerichtsurteilen und Strafverfahren zu Fahrlässigkeit und Schuld nach Arbeitsunfällen, 2022.

[697] LG Baden-Baden, Urteil v. 03.11.2009 (Az. 2 O 179/09).

Bei der Bewertung des objektiven Schweregrades der Pflichtwidrigkeit kann dem Umstand, dass gegen eine Unfallverhütungsvorschrift verstoßen worden ist, die elementare Sicherungspflichten zum Inhalt hat, ein erhebliches Gewicht beigemessen werden.“

Das LG sagte dann schlicht: „*Zu diesen Bestimmungen zählt die Betriebssicherheitsverordnung.*“ Das Gericht stellt auf § 7 der alten BetrSichV ab. Das entspricht heute § 5 Abs. 3 BetrSichV. Besser wäre die Heranziehung des konkreteren § 9 BetrSichV:

„*Diese Sicherheitsbestimmung, die den Schutz von Leib und Leben der eingesetzten Arbeiter dient und damit elementare Sicherungspflichten zum Inhalt hat, hat der Beklagte missachtet. Denn weder das Förderband noch das Steigband waren mit einer Sicherheitseinrichtung versehen. Dies, obwohl eine derartige Sicherheitseinrichtung unbedingt erforderlich gewesen wäre, und somit die Gefahr bestand, dass ein Arbeiter, wie dann tatsächlich geschehen, bei Entfernung von Kartonabfällen versehentlich von der Antriebskette erfasst und hierbei schwer, wenn nicht gar tödlich verletzt wird. Der Verstoß des B ist vorliegend auch deshalb besonders schwerwiegend, da nicht nur die vorgegebene Schutzeinrichtung, sondern auch anderweitige Schutzeinrichtungen, z. B. ein Notfallstopp nicht vorhanden waren.*“

2. Subjektive Unentschuldbarkeit

Zunächst behauptete das LG, die Sicherheitsbestimmungen „*sind dem Beklagten bekannt*“ und setzte hinzu: „*Diese objektiven Pflichtverstöße haben ein derart großes Gewicht, dass sie bereits deshalb den Schluss auf ein beträchtliches Verschulden des Beklagten nahelegen.*“

Zwei Gesichtspunkte hob das Gericht besonders hervor:

- Erstens „*kommt hinzu, dass der Beklagte auch nicht durch konkrete Anweisungen sichergestellt hat, dass der L auf den Gefahrenbereich hingewiesen wurde. Belegt wird dies durch die Aussage des Abteilungsleiters. Dieser Zeuge, der für die Einweisung zuständig war, hat nicht nur ausgesagt, dass er dem L nicht gesagt habe, dass er die Grube nicht betreten darf, sondern dass er selbst nicht wusste, dass die Antriebskette nicht mit dem erforderlichen Kettenschutz ausgestattet war. Dies belegt, dass der Abteilungsleiter selbst nicht ordnungsgemäß eingewiesen worden war, obwohl der beklagte Betriebsleiter von dem fehlenden Kettenschutz und der damit verbundenen erheblichen Gefahr für die Arbeiter, die im dortigen Bereich eingesetzt wurden, wusste.*“
- Zweitens „*kommt Schuld erhöhend hinzu, dass der Beklagte die Produktion mittels des noch nicht abgenommenen und freigegebenen Bandes nur hat laufen lassen, damit die Produktions- und Lieferpläne des Unternehmens eingehalten werden können. Dies zeigt, dass der Beklagte den wirtschaftlichen Interessen unter Hintanstellung des Sicherungsinteresses ‚seiner‘ Arbeiter Vorrang eingeräumt hat.*“

Der Betriebs- und Werksleiter hatte zwei Verteidigungsargumente:

- Er verteidigte sich, dass er *„nicht habe damit gerechnet werden können, dass L in die Grube steigt"*. Aber das LG konterte, ein Zeuge habe gesagt, dass *L „dahin gehend in seine Tätigkeit eingewiesen, dass er überall die Kartonreste habe wegmachen sollen. Da bekannt war, dass auch in diesem Bereich Kartonabfälle anfielen, hätte der Beklagte somit dafür Sorge tragen müssen, dass L unmissverständlich über die mit dem Betreten der ‚Grube' bestehenden Gefahrenlage aufgeklärt wird. Insbesondere der Hinweis, dass er bei Problemen in die Kleberei kommen solle, stellt keinen ausreichenden Hinweis auf die bestehende Gefahrenlage dar."*
- Er argumentierte auch, er sei *„davon ausgegangen, dass der Abteilungsleiter den L auch dahin gehend eingewiesen habe, dass es dieser zu unterlassen habe, unter bzw. hinter das Steigband zu gehen"*. Aber *„dieser Vortrag könnte den Beklagten allenfalls dann entlasten, wenn der Abteilungsleiter zuvor entsprechend instruiert worden wäre"* – und dieser sagte, *„er habe nicht gewusst, dass der Kettenschutz fehlt"*.

Das LG fasste zusammen: *„Eine Gesamtwürdigung der vorgenannten Umstände führt dazu, dass dem Beklagten ein grob fahrlässiges Verhalten anzulasten ist."*

III. Anspruch gegen das Unternehmen gemäß § 111 SGB VII

Die – nicht begründete – Annahme des LG, das Unternehmen hafte gemäß § 111 SGB VII, ist unzutreffend bzw. jedenfalls unvollständig begründet, denn „die Haftung der juristischen Personen bzw. Personengesellschaften des Handelsrechts setzt voraus, dass deren Organmitglieder den Versicherungsfall grob fahrlässig oder vorsätzlich in Ausführung ihnen zustehender Verrichtungen herbeigeführt haben"[698]. Ein Betriebs- und Werkleiter ist zwar gemäß § 13 Abs. 1 Nr. 4 ArbSchG arbeitsschutzpflichtig, aber nicht Teil der Unternehmensleitung und kein Organ des Unternehmens. „Nach dem Wortlaut der Bestimmung muss der Unternehmer für ein Handeln seines Vertreters lediglich dann einstehen, wenn es sich um den gesetzlichen Vertreter handelt; eine Haftung für Handlungen eines rechtsgeschäftlich bestellten Vertreters kommt nach § 111 § SGB VII demnach nicht in Betracht."[699]

---

698 *Von Koppenfels-Spies*, in: Knickrehm/Kreikebohm/Waltermann, Kommentar zum Sozialrecht, 6. Aufl. 2019, § 111 SGB VII Rn. 2.

699 *Stelljes*, in: Rolfs/Giesen/Kreikebohm/Udsching, Beck'scher Online-Kommentar Sozialrecht, 60. Edition 01.03.2021, § 111 Rn. 5.

IV. Mitverschulden des *L*

Das LG will den *„Anspruch nicht wegen Mitverschuldens des geschädigten L nach § 254 BGB ermäßigen. Denn da es sich bei § 110 SGB VII um einen originären Anspruch handelt, ist grundsätzlich der Mitverschuldenseinwand des Geschädigten ausgeschlossen, es sei denn, dass dieses mitwirkende Verschulden so groß wäre, dass dadurch der ursächliche Zusammenhang zwischen dem Unfall und dem Verschulden der Beklagten unterbrochen würde. Dem ist vorliegend jedoch nicht so. Denn bei der Anbringung der erforderlichen Sicherheitsvorrichtungen und/oder bei richtiger Aufklärung vor den Gefahren wäre es zu dem Unfall mit Sicherheit nicht gekommen."*

Das Ausmaß des Mitverschuldens des *L* ist eine Wertungsfrage – und wird hier nachvollziehbar jedenfalls nicht bei 100 % angesetzt.

Die Rechtsaussage zur Nichtberücksichtigung des Mitverschuldens ist unzutreffend: „Bei der Ermittlung der Höhe des fiktiven Schadensersatzanspruchs ist auch ein Mitverschulden des Geschädigten (§ 254 BGB) zu berücksichtigen."[700] Der BGH fasst zusammen[701]: „Ein Mitverschulden des Versicherten wirkt sich – als einer unter mehreren Gesichtspunkten – unmittelbar nur auf den fiktiven Schadensersatzanspruch aus und hat für den Aufwendungsersatzanspruch wie andere, den fiktiven Schadensersatzanspruch betreffende Umstände allein mittelbare, auf die Höhe des Anspruchs beschränkte Bedeutung." Daher ist „die auf den fiktiven Schadensersatzanspruch bezogene Mitverschuldensquote nicht in den Tenor des Urteils aufzunehmen ist, mit dem die Verpflichtung des Schädigers festgestellt wird, dem Unfallversicherungsträger nach § 110 Abs. 1 Satz 1 SGB VII weitere Aufwendungen zu ersetzen". Aber vorliegend ist auch ein konkreter Geldbetrag eingeklagt worden. Bei ihm ist ein etwaiges Mitverschulden im Urteil selbst zu berücksichtigen.

[700] *Stelljes*, in: Rolfs/Giesen/Kreikebohm/Udsching, Beck'scher Online-Kommentar Sozialrecht, 60. Edition 01.03.2021, § 110 Rn. 21 und 30.

[701] BGH, Beschluss v. 24.01.2017 (Az. VI ZR 578/15).

Fall 2: Backanlage: Brandwunden des Undercoverjournalisten

⇨ *„‚Unser täglich Brötchen' gib uns heute – und verschone uns vor Brandblasen, gib uns Schutzhandschuhe und unterweise uns"*

⇨ Strafverfahren gegen Geschäftsführer wegen fahrlässiger Körperverletzung, aber Freispruch trotz zahlreicher Arbeitsschutzverstöße

Sachverhalt

Der Angeklagte war Geschäftsführer einer Großbäckerei. Der Journalist *Günther Wallraff* arbeitete dort im Februar und März 2008 unter falschen Namen. Im Zeit-Magazin Nr. 19 vom 30. April 2008 beschrieb er die betrieblichen Arbeitsbedingungen in der Reportage *„Unser täglich Brötchen"*, die 2009 für den Henri-Nannen-Preis nominiert war. Das Magazin wurde der Staatsanwaltschaft Bad Kreuznach zugespielt, die gegen den Geschäftsführer im September 2009 einen Strafbefehl wegen fahrlässiger Körperverletzung erließ. Auf https://www.youtube.com gibt es den Film *„Wo Arbeit wehtut – Günther Wallraff undercover"*. Die Bäckerei wurde im September 2010 geschlossen und den verbliebenen 23 Mitarbeitern wurde betriebsbedingt gekündigt.

Im Urteil sind die Aussagen des *„Undercoverjournalisten"* Wallraff so zusammengefasst: Die Bleche hätten sich immer mal wieder gestaut, nachdem sie aus dem Ofen kamen. Er habe *„hier aushelfen müssen"* durch Stapelung der Bleche in eisernen Gestellen – und *„beim Stapeln der Bleche über Kopf habe er sich dann Verbrennungen am Arm zugezogen. Auf die Existenz von Handschuhen sei er erst durch Kollegen hingewiesen worden. Da die Schutzhandschuhe zu kurz gewesen seien, habe er sich in der Folgezeit mehrfach verbrannt."* Die Handschuhe seien auch *„löcherig"* gewesen. Lichtbilder bestätigten die Brandnarben. Er sei zu Unfall-, insbesondere Verbrennungsgefahren nicht belehrt worden.

Das Gericht vernahm zahlreiche weitere Zeugen:

- Ein Zeuge erklärte, er habe *„sich ca. vier bis fünf Mal in der Anfangszeit an heißen Blechen verbrannt, da er nicht gewusst habe, wie die Bleche zu halten seien"*. Das sei aber *„nicht so schlimm gewesen"* und später sei es dann nicht mehr passiert. Schutzhandschuhe lagen immer seitlich neben dem Ofen. Zu Beginn der Tätigkeit sei er eingewiesen worden. Auch bei diesem Zeugen bestätigten Lichtbilder die Brandnarben.

- Ein Zeuge konnte sich konkret an nur eine Verbrennung erinnern und sagte: „*Wo gehobelt wird, fallen Späne.*" Er habe an „*Schulungen*" teilgenommen, deren Inhalt er nicht mehr erinnern könne. Über den „*konkreten Einsatz der Schutzhandschuhe*" sei er nicht unterwiesen worden.
- Ein – bis 2007 als Betriebsratsvorsitzender tätiger – Zeuge sagte, dass er und andere Mitarbeiter sich wegen „*unzureichender Schutzhandschuhe*" Verbrennungen zugezogen hätten.
- Ein Zeuge sagte, dass er die ihm 2008 angebotene Position als Betriebsleiter nur übernehmen wollte, bis eine Vielzahl von Mängeln beseitigt werde, die er in einer „*4 Seiten reichenden detaillierten Mängelliste*" aufzählte. Auf Verbrennungsgefahren hatte er in dieser Liste indes nicht hingewiesen.
- Der für die Bäckerei zuständige Gewerbeaufsichtsbeamte sagte, es seien ausreichend Schutzhandschuhe „*in gebrauchtem, aber unbeschädigten Zustand*" vorhanden gewesen. „*Verbrennungen von Mitarbeitern seien nie Thema gewesen. Ebenfalls seien auch Nachweise über Sicherheitsunterweisungen vorhanden gewesen, deren Vollständigkeit seiner Erinnerung nach jedoch nicht überprüft worden sei.*"
- Die externe Fachkraft für Arbeitssicherheits sagte, sie habe im Betrieb eine „*Vielzahl von Mängeln*" gerügt, „*insbesondere an der Elektrik und an den Maschinen*". Die Fachkraft bestätigte, dass Handschuhe in ausreichender Anzahl vorhanden waren. Er sei nie auf Verbrennungen angesprochen worden. Die Mitarbeiter seien „*mehr oder minder eingewiesen*".

Urteil

Auf den Einspruch des Geschäftsführers gegen den Strafbefehl sprach ihn das Amtsgericht Bad Kreuznach vom Vorwurf der fahrlässigen Körperverletzung (§ 229 StGB) frei. Das Gericht ging zwar von „*sicherheitstechnischen Mängeln in nicht unerheblichem Ausmaß*" aus. Der Geschäftsführer sei zwar grundsätzlich auch Verantwortlicher (dazu I.), es sei auch zu Brandverletzungen gekommen (dazu II.), aber dem Geschäftsführer seien konkret im Hinblick auf die – hier allein maßgeblichen – Brandverletzungen keine „*zurechenbaren*" Sorgfaltspflichtverletzungen vorzuwerfen (dazu III.): Dies begründet das Gericht vollständig ohne Erwähnung der – damals in der Fassung 2002 anwendbaren – BetrSichV.

I. Verantwortlichkeit des Geschäftsführers

Das Amtsgericht Bad Kreuznach sagte kurz, knapp und zutreffend: „*Als Geschäftsführer war der Angeklagte für die Einhaltung der einschlägigen Arbeitsschutzvorschriften verantwortlich*" (siehe Kapitel 2.8.1).

II. Brandverletzungen

Es stand auch *„zur Überzeugung des Gerichts fest, dass sich die Zeugen bei der Behebung von sog. Blechstaus Verbrennungen im Unterarmbereich zugezogen haben"*. Das AG stellte klar, dass es insbesondere die Aussagen des *„Enthüllungsjournalisten"* Wallraff *„einer besonders kritischen Überprüfung unterzogen"* hat, weil er *„ein nicht unerhebliches Interesse am Ausgang des Verfahrens hat"* und einem der anderen Zeugen seinen Anwalt als Zeugenbeistand vermittelt hat. So habe Wallraff im Zeit-Magazin noch geschrieben, als an seinem ersten Tag der erste Blechstau zu beheben war: *„Ein Kollege wirft mir ein paar zerfetzte Handschuhe zu und ich verbrenne mir als erstes die rechte Hand."* Der ermittelnden Staatsanwältin sagte er dann einige Wochen später: *„Beim ersten Zupacken verbrannte ich mir die Finger, wurde dann allerdings von einem Kollegen darauf hingewiesen, dass ich mir die Schutzhandschuhe nehmen solle, die auf dem Boden herumlagen."*

Das Gericht meinte, *„diese unterschiedlichen Darstellungen können sicherlich nicht damit erklärt werden, dass sich ein feuilletonistisch gestalteter Zeitungsbericht von einer polizeilichen bzw. staatsanwaltschaftlichen Aussage unterscheidet. Da es sich bei dem Zeugen um einen lebenserfahrenen Journalisten handelt, dem sicherlich auch bekannt ist, dass man sich an einem aus dem Backofen kommenden Backblech verbrennen kann, ist es wenig nachvollziehbar, dass er mit bloßen Händen die Backbleche angefasst haben will."* Trotzdem ging das Gericht davon aus, *„dass er sich zumindest in einem Fall im Bereich des Unterarms eine Verbrennung zugezogen hat"* – auch wenn der *„genaue Schadensverlauf unklar"* sei.

III. Pflichtverletzungen

Verstöße gegen Arbeitsschutzvorschriften im Hinblick auf die Brandverletzungen konnte das Gericht beim Geschäftsführer *„nicht mit der für eine Verurteilung ausreichenden Sicherheit"* feststellen, sodass nach dem Grundsatz „Im Zweifel für den Angeklagten" („in dubio pro reo") freizusprechen war.

- Für eine strafrechtliche Verurteilung muss nach ständiger Rechtsprechung das Gericht – erstens – mit an Sicherheit grenzender Wahrscheinlichkeit von der Pflichtverletzung des Angeklagten überzeugt sein. Wenn dieser Überzeugungsgrad nicht erreicht ist, wird „aus Mangel an Beweisen" freigesprochen werden. Manche nennen dies einen „Freispruch zweiter Klasse", den es rechtlich aber nicht gibt – denn der Staat muss das Verschulden nachweisen, nicht der Angeklagte sein fehlendes Verschulden.
- Zu einer strafrechtlichen Verurteilung wegen fahrlässiger Körperverletzung können – zweitens – nur solche Pflichtverletzungen führen, die die festgestellten (Brand-)Verletzungen verursacht haben. Andere Pflichtverletzungen sind insoweit nicht relevant – sie hatten ja keine Körperverletzung zur Folge.

Der *Zustand der Maschinen und Bleche* war – anscheinend – nicht Ursache der Brandverletzungen. Daher stellt das Urteil insoweit nur Mängel fest, ohne sie weiter zu bezeichnen. Sie sind in diesem Strafverfahren nicht relevant – und insoweit nicht „strafwürdig".

Das Amtsgericht spricht letztlich von den folgenden Arbeitsschutzpflichten nur den Aspekt der *persönlichen Schutzausrüstungen* genauer an (dazu 1.), die Pflicht zur *Gefährdungsbeurteilung*, *Betriebsanweisung*, *Unterweisung*, *Aufsicht* und *Organisation* dagegen nur am Rande oder gar nicht (dazu 2. bis 6.).

1. Pflicht zur Ausrüstung mit PSA

Die Schutzhandschuhe erfüllten – so das Gericht nach ausführlicher Beweiswürdigung – die gesetzlichen Anforderungen. Es standen *„den Arbeitnehmern ausreichend Schutzhandschuhe zur Verfügung, deren Stulpen bis zu den Ellbogen reichten"* – die also auch geeignet waren. Das ergebe sich auch aus dem Film „Arbeit tut weh". Die PSA-Benutzungsverordnung und die einschlägigen Unfallverhütungsvorschriften zieht das Gericht in der Argumentation nicht heran. Das Gericht hätte auch Abschnitt 3.6.17.1 BGR 112 „Arbeiten in Backbetriebe"[702] erwähnen können – und Anhang 1 Beispielsammlung für Maschinen, Geräte und Anlagen Nr. 1.6.

2. Pflicht zur Gefährdungsbeurteilung

Das Gericht stellt zwar einerseits fest, dass der Unternehmer *„in jedem Einzelfall tätigkeits- und arbeitsplatzbezogen im Rahmen einer Gefährdungsbeurteilung festzulegen hat, welche Schutzausrüstungen zur Verfügung zu stellen sind"*, begnügt sich dann aber mit der Feststellung, dass die Bäckerei bei ihrer Fachkraft für Arbeitssicherheit eine *„Gefahrenanalyse"* in Auftrag gegeben hat. Es ist dem Urteil nicht einmal zu entnehmen, ob es die Gefährdungsbeurteilung auch gibt. Das wurde auch die Fachkraft für Arbeitssicherheit, die ja als Zeuge auftrat, anscheinend nicht gefragt.

Das verdeutlicht, dass es in Gerichtsverfahren weniger auf die Existenz der Gefährdungsbeurteilung ankommt als auf die getroffenen Schutzmaßnahmen. Sind die Schutzmaßnahmen – wie hier das Gericht meint – ausreichend, ist das Fehlen einer Gefährdungsbeurteilung im Haftungsfall nicht mehr ausschlaggebend. In diesem Sinne sagte das LG Düsseldorf nach fehlenden Prüfungen einmal: „Allein aus einem etwaigen Unterlassen einer gesetzlich vorgeschriebenen Sicherheitsprüfung folgt nicht, dass der tatsächliche Zustand auch in einem verkehrsunsicheren Zustand war."[703]

[702] Heute DGUV-Regel 110-004 Branche Backbetriebe.
[703] LG Düsseldorf, Urteil v. 24.04.2014 (Az. 1 O 263/12) – Trampolin.

Da allerdings hier die Zeugenaussagen zu den Schutzhandschuhen durchaus unterschiedlich waren, hätten die Gefährdungsbeurteilung und die daraus abgeleiteten Schutzmaßnahmen gegen Brandverletzungen genauer betrachtet werden können. Daher verwundert es, dass noch nicht einmal gesagt wird, ob die entsprechenden Unterlagen angefordert wurden. Warum die Staatsanwaltschaft nicht entsprechend ermittelt hat, ist nicht einzuschätzen.

3. Pflicht zur Betriebsanweisung

Zu einer Betriebsanweisung gemäß § 12 Abs. 2 BetrSichV ist im ganzen Urteil nichts gesagt. § 3 Abs. 2 PSA-Benutzungsverordnung fordert für jede bereitgestellte persönliche Schutzausrüstung die Bereithaltung der erforderlichen Informationen für die Benutzung.

Die BGR 195 „Benutzung von Schutzhandschuhen" [heute DGUV-Regel 112-195] sagt in Abschnitt 6.1: „Für den Einsatz von Schutzhandschuhen hat der Unternehmer eine Betriebsanweisung zu erstellen, die alle für den sicheren Einsatz erforderlichen Angaben, insbesondere die Gefahren entsprechend der Gefährdungsbeurteilung, das Verhalten beim Einsatz der Schutzhandschuhe und bei festgestellten Mängeln, enthält. Die Betriebsanweisung muss insbesondere enthalten [Auszug]:

- Angaben über Einsatzmöglichkeit gegenüber spezifischer Gefährdung, z. B. Chemikalien, Flammen,
- Tragedauer,
- Hinweise für das An- und Ablegen der Handschuhe,
- Prüfungen, die der Träger vor dem Gebrauch durchzuführen hat,
- Verwendung,
- erforderliche Warnung vor falschem Gebrauch,
- Gebrauchseinschränkungen,
- Warnung vor möglichen Problemen."

4. Unterweisungspflicht

Auch Unterweisungen werden im Urteil nicht ausdrücklich angesprochen. Das Gericht sagte nur: *„Soweit es im Einzelfall zu Verbrennungen gekommen ist, so können diese nicht dem Angeklagten* [Geschäftsführer] *zugerechnet werden. Nach dem Ergebnis der Beweisaufnahme kann nicht ausgeschlossen werden, dass es nur deshalb zu den Verbrennungen gekommen ist, weil die Zeugen die Schutzhandschuhe nicht ordnungsgemäß verwendet haben. Da in den Backstuben naturgemäß hohe Temperaturen vorherrschen, kann nicht ausgeschlossen werden, dass die Zeugen die Stulpen der*

Schutzhandschuhe zurückgeschlagen oder aufgerollt haben, sodass es durchaus zu Verbrennungen im Unterarmbereich kommen konnte.“

Diese gerichtlichen Aussagen weichen ab von der sonst sehr zurückhaltenden Annahme einer eigenverantwortlichen Selbstgefährdung der Beschäftigten bei Verstoß gegen Arbeitsschutzpflichten durch den Arbeitgeber – nach dem Motto „Selbst schuld!“ Die ordnungsgemäße Verwendung von Schutzhandschuhen soll ja gerade durch die Unterweisung vorbereitet und herbeigeführt werden.

Der Strafbefehl stützte sich insbesondere auf Abschnitt 3.6.4.1 der BGR 112 „Arbeiten in Backbetrieben“ [heute DGUV-Regel 110-004] – dort heißt es: „Über die beim Betreiben von Maschinen und Geräten bestehenden Restgefährdungen, die trotz getroffener Schutzmaßnahmen noch vorhanden sein können, sind die Bedienpersonen besonders zu unterweisen.“ Die BGR 195 „Benutzung von Schutzhandschuhen“ [heute DGUV-Regel 112-195] sagt in Abschnitt 6.2: „Der Unternehmer hat die Versicherten unter Zugrundelegung der Herstellerinformation und anhand der Betriebsanweisung nach Bedarf, mindestens jedoch einmal jährlich, zu unterweisen.“ Wenn die Fachkraft für Arbeitssicherheit sagt, es sei *„mehr oder minder eingewiesen“* worden, erscheint das nicht als genügend.

5. Aufsichtspflicht

Ohne es wörtlich zu sagen, sprach das Amtsgericht den Geschäftsführer von der Verletzung seiner Aufsichtspflicht frei – schildert aber letztlich nur seiner Unkenntnis von den Verletzungen: *„Die Beweisaufnahme hat nicht ergeben, dass der Angeklagte Kenntnis davon erlangt hat, dass eine Vielzahl von Arbeitnehmern regelmäßig Verbrennungen im Armbereich davon getragen hat.“* Hilfsweise sagt das Gericht: Aber *„auch wenn er Kenntnis von den Blechstaus hatte, so konnte er von seinem Kenntnisstand davon ausgehen, dass die den Arbeitnehmern zur Verfügung gestellten Schutzhandschuhe mit Stulpen, die bis zu den Ellbogen reichten, bei ordnungsgemäßem Gebrauch hinreichend geeignet waren, Verbrennungen zu vermeiden“*.

Das weicht ab von der der sonst häufig recht strengen Rechtsprechung. Regelmäßige Kontrollen dienen gerade der Aufdeckung gesetzes- und sicherheitswidriger Zustände. Das AG Bad Kreuznach spricht selbst ausdrücklich von *„gesteigerten“* Sorgfaltspflichten bei Missständen. Und um Missstände überhaupt zu erfahren, werden regelmäßige **Stichprobenkontrollen** „selbst bei einem langjährig bewährten Mitarbeiter nicht gänzlich entbehrlich“ gehalten[704] – und jedenfalls **Anlasskontrollen**, also wenn es Unfälle, Beinahe-Unfälle, Sicherheitsverstöße, andere Hinweise auf Unregelmäßigkeiten oder andere „Auffälligkeiten“ gab.

[704] *Schünemann*, in: StGB, Leipziger Kommentar, Bd. 1, 12. Aufl. 2007, § 14 Rn. 68.

Die DGUV-Regel 112-195 „Benutzung von Schutzhandschuhen" fordert in Abschnitt 7.1.2: „Der Unternehmer oder sein Beauftragter haben die Schutzhandschuhe entsprechend den Einsatzbedingungen und den betrieblichen Verhältnissen in regelmäßigen Zeitabständen auf ihre Gebrauchstauglichkeit prüfen zu lassen."

6. Organisationspflicht

Das Amtsgericht sprach den Geschäftsführer schließlich von der Verletzung seiner Organisationspflicht frei: *„Zusammengefasst kann festgestellt werden, dass der Angeklagte organisatorische Maßnahmen ergriffen hat, um die gesetzlichen Vorschriften einhalten zu können."* Das Gericht schilderte aber dann keine einzige durch den Geschäftsführer getroffene Organisationsmaßnahme und bestätigte das auch noch: *„Feststellungen zur Organisationsstruktur des Unternehmens wurden im Rahmen des Ermittlungsverfahrens nicht getroffen."* Wegen der Betriebsaufgabe habe das Gericht keine Durchsuchung der Geschäftsräume angeordnet, da keine Unterlagen zu erwarten seien *„die die Erstellung eines Organigramms ermöglicht hätten. Da der Angeklagte, was die Arbeitssicherheit angelangt"*, eine externe Firma *„im Jahr 2006 mit einer Gefahrenanalyse beauftragt hat, kann im Nachhinein nicht festgestellt werden, dass der Angeklagte insoweit seine Pflichten verletzt hat"* – zumal der Gewerbeaufsichtsbeamte die beauftragte Fachkraft für Arbeitssicherheit *„für kompetent gehalten hat"*.

Aber erstens ist eine Auftragserteilung noch keine Pflichterfüllung. Zweitens sind Sicherheitsfachkräfte nicht dazu da, um ihnen die Arbeitsschutzpflichten zu übertragen, sondern sie haben Beratungs- und Unterstützungspflichten.[705] Und drittens ist nicht klar, was das Gericht mit einem „Organigramm" Entscheidungsrelevantes ermitteln will: Denn wenn der Geschäftsführer nicht organisiert und delegiert hat bzw. hierzu nichts vorträgt, ist davon auszugehen, dass die Zuständigkeit für die Umsetzung des Arbeitsschutzes bei ihm ist bzw. verblieb. Der Bundesgerichtshof betont immer wieder: „Die Geschäftsführer einer GmbH sind kraft ihrer Amtsstellung grundsätzlich für alle Angelegenheiten der Gesellschaft zuständig"; der „vom Gesetz vorgesehenen Allzuständigkeit des Geschäftsführers steht eine entsprechend umfassende Verantwortung für die Belange der Gesellschaft gegenüber"[706]. Auch das AG Bad Kreuznach hat ja ausdrücklich festgestellt: „Als Geschäftsführer war der Angeklagte für die Einhaltung der einschlägigen Arbeitsschutzvorschriften verantwortlich" (siehe oben I.).

[705] Siehe *Wilrich*, Verantwortung und Haftung der Sicherheitsingenieure: Unterstützungs-, Beratungs-, Berichts-, Prüfungs-, Warn- und Sorgfaltspflichten der Fachkräfte für Arbeitssicherheit als Stabsstelle und Unternehmerpflichten in der Linie – mit 15 Gerichtsurteilen und Strafverfahren zu Fahrlässigkeit und Schuld nach Arbeitsunfällen (2022).

[706] BGH, Urteil v. 15.10.1996 (Az. VI ZR 319/95).

Auf der letzten Seite des Urteils findet sich dann die Aussage, der Produktionsleiter habe als Zeuge gesagt, „*dass alle neu eingestellten Arbeitnehmer durch ihn oder den Schichtführer eingewiesen worden seien*“. Das Gericht schlussfolgert, „*hiernach steht fest, dass Einweisung und Belehrung auf den Produktionsleiter übertragen waren*“.

Fall 3: Baumfällung mit Kettenzug

⇨ Fallbeispiel zu Organisations- und Aufsichtspflichten der Führungskräfte

⇨ Übernahmeverschulden, Auswahlverschulden, Prüfungsversäumnis, Einweisungsversäumnis, Kontrollpflichtverletzung eines Baustellenleiters

⇨ Strafverfahren gegen Führungskraft und Regress der Berufsgenossenschaft gegen sie und das Unternehmen

⇨ Grobe Fahrlässigkeit der Führungskraft, aber keine Haftung des Unternehmens wegen fehlender Fahrlässigkeit des Geschäftsführers

<u>Sachverhalt</u>

Ein Baustellen- und Projektleiter (*B*) wollte bei Grundstücks-Aufräumarbeiten 8 bis 10 m hohe Nadelbäume mit der sog. Seiltechnik fällen, bei der durch Ausgraben der Wurzeln und anschließender Seilspannung die Bäume „flachgelegt" werden. Er schaltete zuvor nicht die Fachkraft für Arbeitssicherheit ein. Er gab zwei Beschäftigten die Anweisung zur Spannung des Seils zwischen einem Baum und einem Schornstein, dessen Standfestigkeit er nicht überprüfte. Nach der Einweisung verließ er das Grundstück.

Als die beiden beauftragten Arbeiter das Seil mit dem Kettenzug spannten, stürzte der Schornstein ein und verletzte sie schwer.

A. Strafbefehl des Amtsgerichts Nordenham

Gegen den im Strafbefehl des AG Nordenham als *„Vorarbeiter"* bezeichneten *B* wurde wegen fahrlässiger Körperverletzung eine Geldstrafe in Höhe von 60 Tagessätzen (also 2 Netto-Monatsgehälter) festgesetzt. Die Begründung des Strafbefehls aus Juni 2007 ist – wie häufig – sehr knapp; es werden nur kurz die fehlende Überprüfung der Standsicherheit des Schornsteins, der Auswahlfehler und der Überwachungsfehler erwähnt: *„Bei Ihren Anweisungen gegenüber den Verletzten beachteten Sie nicht, dass das Mauerwerk des Schornsteins grundsätzlich ungeeignet ist für eine Beanspruchung auf Schub. Auch wurden Arbeiten nicht unter Leitung eines Fachkundigen durchgeführt. Schließlich beschäftigten Sie beide Arbeiter mit Tätigkeiten, die für Sie erkennbar über deren Leistungsfähigkeit hinausgingen."*[707]

[707] Was ein Strafbefehl ist, wird erläutert in Fall 21 „Stromschlag Reinigungsarbeiten Garage".

B. Urteile aus Oldenburg zur Regressklage der Berufsgenossenschaft

Die Heilbehandlungskosten betrugen – im Zeitpunkt der Klageerhebung – 890 000 €. Der zuständige Unfallversicherungsträger war die Verwaltung-Berufsgenossenschaft (VBG) – und sie verlangte diese Summe nun erstens von *B* und zweitens von seiner Arbeitgeberin, einer gemeinnützigen Zeitarbeitsfirma. Der Geschäftsführer war in die Auftragsannahme und -abwicklung nicht involviert.

Der Baustellen- und Projektleiter *B* wurde in beiden Instanzen zur vollen Erstattung der Unfallfolgekosten verurteilt – und es wurde festgestellt, dass er auch die weiteren entstehenden Kosten ersetzen muss, weil die Schadensentwicklung noch nicht abgeschlossen war. Der Rückgriff der BG gegen das Unternehmen scheiterte dagegen. Ein Rückgriff gemäß § 110 SGB VII setzt grob fahrlässige Herbeiführung des Unfalls voraus.

I. Haftungsvoraussetzung: Grobe Fahrlässigkeit

Die Gerichte definieren zunächst grobe Fahrlässigkeit: Sie *„setzt einen objektiv schweren und subjektiv nicht entschuldbaren Verstoß gegen die Anforderungen der im Verkehr erforderlichen Sorgfalt voraus. Diese Sorgfalt muss in ungewöhnlich hohem Maße verletzt worden sein. Demnach müssten einfachste, ganz naheliegende Überlegungen nicht angestellt worden sein und es müsste das nicht beachtet worden sein, was im gegebenen Fall jedem einleuchtet."* Die Gerichte sagten, *B* hätte den Unfall wegen seiner großen Erfahrung vorhersehen müssen: Er *„verfügt über eine nicht unerhebliche Lebens- und Berufserfahrung. Er war zum Zeitpunkt des Vorfalls 45 Jahre alt und hatte bereits seit sechseinhalb Jahren als Baustellen- und Projektleiter gearbeitet."* Die Gefahr war *„offensichtlich"* und hätte sich dem *B „regelrecht aufdrängen müssen"*. Fünf Fehler werden dem *B* vorgeworfen (dazu II. bis VI.).

II. Übernahmeverschulden

B hat zwar einen Meistertitel als Gas- und Wasserinstallateur sowie als Heizungsbauer und er hat einen Lehrgang für Arbeitsschutz auf Baustellen besucht. Aber er hätte *„den ihm erteilten Auftrag bereits nicht annehmen dürfen, weil er selbst nicht über die erforderliche Qualifikation und Berufserfahrung verfügt, um andere in Baumfällarbeiten zu unterweisen. Beim Fällen eines Baumes handelt es sich nicht um eine offensichtlich leichte Arbeit, die auch von Ungelernten ohne besondere Kenntnisse ohne Weiteres ausgeführt werden kann. Vielmehr können durch einen umstürzenden Baum Personen erheblich verletzt und zudem Sachwerte erheblich beschädigt werden. B hat unstreitig an keiner Fortbildung oder Schulung teilgenommen, bei der er in der Arbeit des Baumfällens unterwiesen worden wäre. Er verfügt auch nicht über ausreichende praktische Erfahrungen, aufgrund derer er qualifiziert erschiene, an-*

dere anzuweisen, wie derartige Tätigkeiten zu verrichten sind.“ Das Gericht glaubte dem *B* zwar, dass *„er in den Jahren 1992 bis 1994 in den Semesterferien bei einem Garten- und Landschaftsbauunternehmen gearbeitet und dort auch Bäume mit der hier eingesetzten Technik des ‚Flachlegens‘ gefällt hat“.* Aber dort hat er erstens *„nur nach Anweisung Hilfsarbeiten verrichtet“* und zweitens liegt das *„bereits mehr als elf Jahre zurück“*. Soweit in den Tagen vor dem Unfall ohne Zwischenfälle Bäume gefällt wurden, ist es *„nur dem Zufall zu verdanken, dass es nicht bereits an jenem Tag zu einem Arbeitsunfall gekommen ist“*.

B hätte sich wegen seiner mangelnden Kenntnisse und Erfahrungen *„veranlasst sehen müssen“*, einen Experten hinzuziehen, *„da er erstmalig einen derartigen Auftrag angenommen hat“*: *„In dem Fall ist die Fachkraft für Arbeitssicherheit zu informieren, damit diese überprüfen kann, ob die einschlägigen Unfallverhütungsvorschriften eingehalten werden können und ob die Durchführung des Auftrags durch den Betrieb gefahrlos möglich ist.“*

III. Fehlende Prüfung des Schornsteins und der Gefahrenfreiheit der Handlungsweise

Außerdem warf das Gericht dem *B* vor, die Gefahrenfreiheit der Aufgabenerledigung nicht ordnungsgemäß überprüft zu haben:

- *„Der Schornstein war bereits objektiv ungeeignet, um als Widerlager zu dienen. Es handelte sich um einen frei stehenden Schornstein. Der Rest des Hauses war bereits abgerissen. Der Schornstein ruhte nur auf einer kleinen Fundamentplatte, die objektiv ersichtlich nicht geeignet war, in horizontaler Ebene wirkende Kräfte aufzunehmen. Zwar hatte der Schornstein ein erhebliches Eigengewicht, es bestand jedoch keine hinreichende Verankerung im Erdreich.“*
- *B „überprüfte zudem nicht, ob der Schornstein, der bereits in den Tagen davor zum Fällen der Bäume benutzt worden war, noch tragfähig ist“.*

IV. Auswahlverschulden

Schließlich hat *B* für die Durchführung des Auftrags Personen eingeteilt, die hierfür *„ersichtlich nicht geeignet waren“*. Einer der beauftragten Arbeiter ist ausgebildeter Tischler, der andere ausgebildeter Holzbearbeiter mit praktischem Abschluss. Beide Arbeiter waren *„nicht darin ausgebildet worden, Bäume zu fällen. Auch wenn beide Geschädigte bereits im Hafen gearbeitet und hierbei Lasten angeschlagen haben, qualifiziert sie dies nicht dazu, unter Zuhilfenahme eines Kettenzuges auch Bäume fällen zu können. Dies gilt insbesondere, weil beide Geschädigten zuvor noch nicht mit einem Kettenzug gearbeitet haben.“* Beide waren zwar bereits in Holz verarbeitenden

Berufen tätig, jedoch kann hierdurch *„nicht auf eine hinreichende Qualifikation für das Fällen von Bäumen mittels der Seiltechnik mit ganz anderen Gefahrenquellen geschlossen werden. Die Tätigkeiten sind in keiner Weise miteinander verwandt.“* Das war für *B* auch erkennbar: *„Ihm war hinlänglich bekannt, dass er es bei den Geschädigten nicht mit erfahrenen Arbeitnehmern zu tun hat, sondern mit Personen, die durch berufspraktische Erfahrungen für den ‚ersten Arbeitsmarkt‘ qualifiziert werden sollen. Gleichwohl überforderte er sie.“*

V. Einweisungsverschulden

Auch die Art und Weise der Einweisung der Geschädigten durch *B* war grob fahrlässig. Er unterließ folgende drei Dinge:

- Er erklärte den Geschädigten, was zu tun ist, *„ohne das Material vor Auge zu haben“*.
- Er *„erkundigte sich nicht, ob beide bereits mit dem Kettenzug gearbeitet hätten“*.
- Er *„vergewisserte sich nicht, ob die Geschädigten überhaupt verstanden haben, wann ‚Zug‘ auf dem Seil ist“*.

B hätte aber besonders *„sorgsam“* einweisen müssen, denn er hat selbst gesagt, einer der Arbeiter handele nach der Devise *„Lass uns schnell machen, ich will nach Hause“*; der Geschäftsführer bezeichnete diesen Arbeiter als *„Hau-Ruck-Typen“*. Der andere sei zwar ein *„ruhiger Denker“*, aber *B* habe *„auch ihn nicht ohne fachkundige Aufsicht anweisen dürfen, die Bäume ‚flachzulegen‘, weil auch er keinerlei Erfahrung in einer derartigen Tätigkeit hatte“*.

VI. Fehlende Überwachung der Mitarbeiter

Schließlich warf das Gericht dem *B* vor, die beauftragten Arbeiter nicht ordnungsgemäß überwacht zu haben: Er *„blieb nicht vor Ort, um sich selbst davon zu überzeugen, dass die Geschädigten seine Anweisung verstanden haben und dementsprechend vorgehen“*.

VII. Kein Mitverschulden der Arbeiter

Den beauftragten Arbeitnehmern warfen die Gerichte kein Übernahmeverschulden vor; sie treffe kein Mitverschulden, weil sie *„eine derart gefährliche Arbeit ausführten, obwohl sie selbst mit der ihnen gestellten Aufgabe offensichtlich überfordert waren. Denn dem Arbeitnehmer, der auf Weisung hin gefährliche Arbeiten durchführt, kann kein Mitverschuldensanteil angelastet werden, da er nicht autonom handelt, sondern sich in einer tatsächlichen Zwangslage befindet, weil er seinen Arbeitsplatz* *nicht verlieren möchte.“* Die Gerichte ergänzten: *„Bei beiden handelt es sich um relativ junge Arbeitnehmer. Sie waren zum Zeitpunkt des Unfalls 28 bzw. 24 Jahre alt. Aufgrund ihres Alters und der Dauer ihrer Beschäftigung ist es ihnen daher nicht zuzumuten, sich einer konkreten Arbeitsanweisung des deutlich älteren, erfahreneren und ihnen gegenüber weisungsberechtigten B zu widersetzen.“*

B behauptete zwar, die Arbeiter hätten weisungswidrig *„das Seil nicht hoch genug am Baum angebracht und – ohne zunächst die Wurzeln frei zu graben – versucht, den Baum durch die bloße Seilspannung umzuwerfen“*. Das ist aus Sicht der Gerichte *„unerheblich“*, denn der Anspruch wäre auch nicht zu kürzen, *„wenn die Geschädigten entgegen der Weisung des B gehandelt und hierdurch den Unfall zumindest mit verursacht hätten. Denn B setzte unerfahrene Arbeiter ein und vergewisserte sich nicht ansatzweise, ob sie seine Anweisungen verstanden haben und in der Praxis umsetzen können. Wenn die Geschädigten dann aufgrund ihrer Unerfahrenheit und mangelhaften Einweisung Fehler begehen, überwiegt das Instruktionsverschulden des B derart, dass ein eventuelles Mitverschulden der Geschädigten demgegenüber zurücktreten würde.“*

VIII. Kein Auswahl- oder Organisationsverschulden des Geschäftsführers

Das Unternehmen (der „Vertretene“ i. S. d. § 111 SGB VII) wurde nicht zur Erstattung verurteilt; dem Geschäftsführer (das „Organ“ i. S. d. § 111 SGB VII) war *„weder der Vorwurf eines Auswahl-, noch eines Organisationsverschuldens zu machen“* und er hat *„nicht grob fahrlässig gehandelt, weil er mit B und den Geschädigten ungeeignete Personen mit der Durchführung der Baumfällarbeiten betraut hat“*. Er habe *„glaubhaft bekundet, dass er vor dem Unfall persönlich keinen Auftrag zur Durchführung von Fällarbeiten auf einem Grundstück in Stadtland erhalten habe und auch keine Kenntnis gehabt habe, dass seine Mitarbeiter einen derartigen Auftrag angenommen hätten“*. *B* bestätigte dies und erklärte, *„dass er den Auftrag angenommen und die Arbeitgeberin hierüber nicht informiert habe. Er allein habe auch die Geschädigten ausgewählt.“* Die Gerichte sahen auch keine Anhaltspunkte, *„dass die gesamte Organisationsstruktur des Unternehmens mangelhaft wäre“*. *B „war berechtigt, eigenständig Aufträge anzunehmen und abzuwickeln. Insoweit käme ein Organisationsverschulden des Unternehmens nur in Betracht, wenn B bereits mehrfach eigenständig Aufträge angenommen hätte, zu deren Ausführung er nicht qualifiziert ist.“*

Anmerkungen

1. Der Rückgriff durch die BG ist hier in der Höhe erschreckend. § 110 SGB VII erfasst eben alle Leistungen an den Geschädigten nach Eintritt des Versicherungsfalls gemäß §§ 26 ff. SGB VII. Aber erstens gibt es § 110 Abs. 3 SGB VII:

Die Unfallversicherungsträger *„können nach billigem Ermessen, insbesondere unter Berücksichtigung der wirtschaftlichen Verhältnisse des Schuldners, auf den Ersatzanspruch ganz oder teilweise verzichten"* – und die BG sind nach der Rechtsprechung sogar verpflichtet, ihr Ermessen auszuüben. Und zweitens gibt es – freiwillige – Betriebshaftpflichtversicherungen, die auch die Rückgriffsansprüche der BG abdecken, denn es geht nach Nr. 1 der Muster-AHB 2008 um Ansprüche *„aufgrund gesetzlicher Haftungsbestimmungen"*, bei denen die Arbeitnehmer gemäß § 102 Versicherungsvertragsgesetz (VVG) mitversichert sind. Nach Nr. 7.1 der AHB ist die Versicherungsleistung erst bei Vorsatz ausgeschlossen. In Nr. 7.9 der AHB heißt es sogar für Haftpflichtansprüche aus im Ausland vorkommenden Schadensereignissen: *„Ansprüche aus § 110 SGB VII sind mitversichert."* Selbst bei grober Fahrlässigkeit muss die Betriebshaftpflichtversicherung also zahlen – und da beginnt ja auch erst die Haftung, denn bei einfacher/normaler Fahrlässigkeit ist der Rückgriffsanspruch nicht begründet (zum Ausgang des Verfahrens siehe Anmerkung Nr. 12).

2. Eine Kernaussage des Urteils ist: *„Schuster, bleib bei Deinen Leisten."* Das Übernahmeverschulden wird in der Praxis unterschätzt. Es ist aber klar, dass „niemand etwas übernehmen darf, was, wie er weiß oder wissen muss, wegen seiner fehlenden Stärke für andere gefährlich ist". So prägnant hatte es schon der im 2. Jahrhundert wirkende Jurist *Gaius* gesagt.[708] Auch der vorliegende Fall zeigt eindrucksvoll: Wer etwas tut, was er nicht gefahrenfrei erledigen kann, handelt (grob) fahrlässig: „Wer sich als Kraftfahrer, Dachdecker usw. betätigt, obgleich er nicht die hierfür erforderlichen Fähigkeiten besitzt, muss für den Mangel seines eigenen Könnens zivilrechtlich einstehen."[709]

   Das Übernahmeverschulden hat nicht nur einen **personenbezogenen Aspekt**, sondern auch eine **aufgabenbezogene Seite**. Grob fahrlässig kann auch handeln, wer – wie *B* – mit einer Tätigkeit beginnt, die so nicht gefahrenfrei zu erledigen ist. Man muss also nicht nur sich selbst und seine eigenen Fähigkeiten überprüfen, sondern auch die Aufgabe und die Möglichkeit zur gefahrenfreien Erledigung.

3. Ob Übernahmeverschulden oder (in den folgenden Anmerkungen kommentierte) Delegations- oder Aufsichtsfehler vorliegen, ist immer für die jeweilige Person in der konkreten Situation unter Berücksichtigung aller Umstände zu prüfen. Eine bestimmte – abstrakte – Ausbildung ist häufig erforderlich, aber nicht immer allein ausreichend. Der Besuch eines (Arbeitsschutz-)Lehrgangs – wie hier durch *B* – ist natürlich gut. Aber das Wissen muss auch verinnerlicht und gelebt sein.

[708] Zitiert nach *Jan Dirk Harke*, Das Prinzip der Selbstverantwortung im römischen Recht, in: Karl Riesenhuber (Hrsg.), Selbstverantwortung, 2011, S. 23, 25.

[709] *Karl Larenz*, Allgemeiner Teil des Bürgerlichen Rechts, 1. Aufl. 1967, § 6 II 2, S. 75.

Die Gerichte erwähnen hier die Arbeitsschutzausbildung nur im Sachverhalt, nicht mehr in der Urteilsbegründung – sie messen ihr also keinerlei Bedeutung zu.

Übernahmeverschulden könnte durch – eventuell auch externe – fachliche Beratung vermieden werden. Man kann sagen, dass in extremen Situationen zur Vermeidung des Übernahmeverschuldens eine **Pflicht zur Einholung von – eventuell auch externem – Rat** besteht. Vorliegend unterstreicht das Gericht die wichtige Bedeutung der Fachkraft für Arbeitssicherheit. § 16 Abs. 2 ArbSchG lautet: *„Die Beschäftigten haben gemeinsam mit dem Betriebsarzt und der Fachkraft für Arbeitssicherheit den Arbeitgeber darin zu unterstützen, die Sicherheit und den Gesundheitsschutz der Beschäftigten bei der Arbeit zu gewährleisten."*

4. In den Urteilen werden dem *B* drei der fünf möglichen Aufsichtspflichtverletzungen und damit Delegationsfehler vorgeworfen. § 130 Ordnungswidrigkeitengesetz (OWiG) zählt zu den erforderlichen Aufsichtsmaßnahmen *„die Bestellung, sorgfältige* ***Auswahl*** *und* ***Überwachung*** *von Aufsichtspersonen"*. Das ist keine abschließende Liste. Nicht genannt – aber genauso wichtig – ist die Pflicht zur **Anleitung**, also die Ein- und Unterweisungspflicht. Schließlich gibt es noch eine Pflicht zur ausreichenden und ordnungsgemäßen **Ausrüstung** bzw. Ausstattung (mit sächlichen und zeitlichen Mitteln und bei Führungsaufgaben eventuell auch personellen und finanziellen Ressourcen) und eine Pflicht zur **Durchsetzung** bzw. Eingriff (bei erkennbar unzureichender Pflichterfüllung durch den Mitarbeiter).
5. Mit der Auswahlpflicht beginnt eine ordnungsgemäße Delegation. Wie beim Übernahmeverschulden gilt auch hier, dass die Ausbildung nicht allein entscheidend ist. Die Gerichte fassen zusammen: *„Allein der Umstand, dass unerfahrene Arbeiter mit einer derart gefährlichen Arbeit und dem Umgang mit einem unbekannten gefährlichen Werkzeug betraut wurden, ist für den Vorwurf des Auswahlverschuldens maßgeblich."* Eine ordentliche Auswahl bezieht sich immer auf die (eher sach- und aufgabenbezogene) **Fachkunde** und die (eher personen- und charakterbezogene) **Zuverlässigkeit**.
6. Die Anleitungspflicht hat generelle und auftragsbezogene Aspekte. Die **Unterweisung** ist zwar auf den konkreten Arbeitsplatz bezogen, aber allgemeiner Art. Die **Einweisung** bezieht sich auf die konkrete Aufgabe. Auf diese konkrete Einweisung vor Ort – so hier das Gericht – *„könnte allenfalls verzichtet werden, wenn die einzuweisenden Arbeiter mit den Arbeitsmitteln vertraut sind, also bereits grundsätzlich wissen, wie diese funktionieren, und ihnen insbesondere bekannt ist, worin besondere Gefahren liegen können"*. Damit ist indes eher die Unterweisung gemeint, die im Urteil an keiner Stelle erwähnt ist.

Das Gericht verdeutlicht fünf wichtige Aspekte der Mitarbeiter-Instruktion:

- sie muss das „Material" einbeziehen, also praktisch-fachorientiert sein,
- sie muss den Kenntnisstand der Arbeitnehmer berücksichtigen, also individuell-personenbezogen sein und
- es muss eine Verständniskontrolle erfolgen.
- Außerdem muss sie Gefahren durch unsachgemäße Arbeitsausführung einbeziehen: *B „hat jedoch gerade nicht darauf hingewiesen, welche Gefahren bei einer naheliegenden Fehlbedienung, also bei einer zu niedrigen Befestigung des Seils oder bei zu hohem Zug entstehen".*
- Schließlich hängt das Ausmaß der Anleitung auch vom jeweiligen Arbeitnehmer ab. Zwei Personengruppen sind besonders in Sachen Sicherheit anzuleiten: Undisziplinierte und Unerfahrene.

7. Die Aussagen des Gerichts zur Überwachungspflicht sind – was die personenbezogene Kontrolle angeht – recht knapp.[710] Wegen der anderen Delegationsfehler kam es hierauf nicht mehr an. Hier war folgender Aspekt entscheidend: „Gerade wenn eine besonders gefährliche Arbeit aus dem üblichen Rahmen herausfällt, sodass es nicht genügt, vorhandene Unfallverhütungsvorschriften zu befolgen, besteht eine erhöhte Pflicht des Unternehmers, sich um die Ausführung der betreffenden Arbeiten und um die Sicherung seiner Arbeiter im Einzelnen zu kümmern."[711]

8. Der Rückgriff der BG ist im vorliegenden Fall nur erfolgreich, wenn ein erhöhter Grad des Verschuldens beim Unternehmen bzw. Unternehmensmitarbeiter vorliegt – nämlich grobe Fahrlässigkeit. Es kommt weniger darauf an, sie abstrakt zu definieren, was das Gericht zunächst ausführlich tut. Etwas salopp kann man die grobe Fahrlässigkeit als *„krasse Pflichtwidrigkeit"* bezeichnen (*„Wie konnte er nur"*!). Grob fahrlässig setzt – objektiv – eine schwere Pflichtverletzung voraus, die – subjektiv – unentschuldbar ist. Es kommt mehr darauf an, konkret im jeweiligen Fall zu argumentieren, warum in der tatsächlichen Situation so gehandelt wurde. Wenn es um einen Rückgriff gemäß § 110 SGB VII geht, ist man nicht nur durch die erhöhten Anforderungen an das Verschulden geschützt, sondern auch dadurch, dass die (grobe) Fahrlässigkeit nicht nur objektiv unter Bezugnahme auf Wissen und Fähigkeiten des jeweiligen Berufstands zu prüfen ist, sondern – so ausdrücklich das Gericht – subjektiv auch *„auf die Erkenntnis- und Handlungsfähigkeit des Schuldners abzustellen"* ist. Daher würdigten die Gerichte auch ausdrücklich Alter und Erfahrung des Baustellenleiters.

---

[710] Ausführlich *Wilrich*, Bausicherheit: Arbeitsschutz, Baustellenverordnung, Koordination, Bauüberwachung, Verkehrssicherungspflichten und Haftung der Baubeteiligten, 2020.

[711] OLG Hamburg, Urteil v. 19.06.2009 (Az. 1 U 108/08) – unter II.1.b.dd.aaa.

9. Immer wieder wird gefragt, warum Gerichte das Mitverschulden der (doch mitdenkenden) Arbeitnehmer nur zurückhaltend annehmen. Das Mitverschulden wird häufig verneint, wenn ein Arbeitnehmer Weisungen Folge leistet, da er sich – so ausdrücklich das LG – *„in einer tatsächlichen Zwangslage befindet, weil er seinen Arbeitsplatz nicht verlieren möchte"*. Das OLG ergänzte hier: *„Es ist grundsätzlich die Aufgabe des Vorgesetzten auf die Einhaltung von Unfallverhütungsvorschriften zu achten und für die Sicherheit der Arbeitnehmer zu sorgen. Von den Beschäftigten kann nicht verlangt werden, stets die Arbeit einzustellen, sobald sie ihre Tätigkeit für zu gefährlich halten."* Die Haftpflichtversicherung sah dies freilich anders – sie hat die Zahlung verweigert, weil sie das Verschulden der verletzten Mitarbeiter so hoch bewertete, dass *B* letztlich grobe Fahrlässigkeit nicht mehr vorzuwerfen sei (zum Ausgang des Verfahrens siehe Anmerkung 12).
10. Das Gericht kann beim Geschäftsführer keine Auswahl- oder Organisationsfehler erkennen. Das liegt an den unterschiedlich gelagerten Pflichten auf den jeweiligen Ebenen in der Unternehmenshierarchie. Die jeweiligen Pflichten reichen von „*unmittelbaren Handlungspflichten* auf der untersten Stufe über *Leitungs- und Kontrollpflichten* auf der mittleren Stufe bis hin zu *Organisationspflichten* auf der obersten Stufe"[712]. Dass im Urteil nichts zur (ordnungsgemäßen) Auswahl des Baustellen- und Projektleiters durch den Geschäftsführer gesagt ist, kann daran liegen, dass die Richter keine Zweifel an seiner *grundsätzlichen* Eignung hatten – trotz der in ihren Augen krassen Pflichtwidrigkeit bei der *konkreten* Auftragsausführung.
11. Im vorliegenden Fall verneint das Gericht die Mitverantwortung des Geschäftsführers und damit (gemäß § 111 SGB VII) des Unternehmens mit dem interessanten Satz, es *„käme ein Organisationsverschulden des Unternehmens nur in Betracht, wenn der Mitarbeiter bereits mehrfach eigenständig Aufträge angenommen hätte, zu deren Ausführung er nicht qualifiziert ist"*. Als sehr vorsichtige – sicher nicht immer, aber manchmal zutreffende – Regel kann man sagen, dass die erste Unternehmensleitungsebene vor allen Dingen verantwortlich ist, wenn sich ein Fehler wiederholt, und jedenfalls nicht automatisch verantwortlich ist, wenn ein Fehler erstmals passiert.[713] Wenn man bei einem Fehler für die Zukunft nicht gegensteuert, kann das Organisationsverschulden sein.

[712] *Rolf Schünemann*, Unternehmenskriminalität und Strafrecht, 1979; ihm folgend *Dennis Bock*, Criminal Compliance, 2011.

[713] Zu diesem Aspekt des „Einmal ist keinmal" für Unfälle mit alter Technik siehe auch *Wilrich*, Bestandsschutz oder Nachrüstpflicht? Betreiberverantwortung und Sicherheit bei Altanlagen – mit 30 Gerichtsurteilen, 2. Aufl. 2019.

12. Nach dem zweitinstanzlichen Urteil des OLG Oldenburg im Februar 2011 gab es eine überraschende Wendung. Es stellte sich heraus, dass *B* schon vor der Klage der BG insolvent war. Dann gilt § 80 Abs. 1 Insolvenzordnung (InsO): „Durch die Eröffnung des Insolvenzverfahrens geht das Recht des Schuldners [hier *B*], das zur Insolvenzmasse gehörende Vermögen zu verwalten und über es zu verfügen, auf den Insolvenzverwalter über.“ Der Insolvente ist dann auch nicht mehr prozessführungsbefugt in Bezug auf das insolvenzbefangene Vermögen.[714] Damit waren das Urteil und der gesamte Prozess gegen *B* wertlos. Denn eine „Zustellung der gegen den Schuldner gerichteten Klage an diesen selbst nach Eröffnung des Insolvenzverfahrens führt zwar zur Rechtshängigkeit der Klage, die Klage ist jedoch regelmäßig als unzulässig abzuweisen“[715]. Es wurde daraufhin erneut vor dem LG Oldenburg verhandelt – und die Verletzten mussten erneut vernommen werden. Auch die Haftpflichtversicherung war beteiligt. Schließlich einigte man sich auf einen Vergleich: Die Haftpflichtversicherung zahlte 1,2 Millionen Euro an die BG und es wurde vereinbart, dass keine weiteren Ansprüche bestehen – auch nicht gegen *B* persönlich.

[714] Vgl. z. B. BAG, Urteil v. 24.06.2009 (Az. 10 AZR 707/08).

[715] *Ott/Vuia*, in: Münchener Kommentar zur Insolvenzordnung, 2. Aufl. 2007, § 87 Rn. 77.

Fall 4: Drehmaschine

⇨ Nach einem Arbeitsunfall an einer alten Maschine ging es um die Strafbarkeit des Unternehmensinhabers wegen fahrlässiger Körperverletzung (Strafbefehl des AG Tuttlingen aus Juni 2009) und den Regress der Berufsgenossenschaft wegen grober Fahrlässigkeit (Urteil des LG Rottweil aus September 2012)

Sachverhalt

Seit 1987 wurde in einem Betrieb eine CNC-Drehmaschine eingesetzt. *„Der Kontaktschalter der Schutztürverriegelung der CNC-Drehmaschine war nicht intakt, sodass der Bearbeitungsmechanismus trotz nicht eingeschalteter Schutztüre ausgelöst werden konnte.“* 1993 übernimmt der – spätere – Angeklagte und Beklagte den Betrieb. 2008 kommt es zu einem Arbeitsunfall:

„Da die Maschine am 25. August 2008 nach Einlegung eines Werkstücks nicht wie gewohnt anlief, griff eine Arbeitnehmerin erneut in den Innenraum der Maschine, um das Rohr nachzuschieben und richtig einzuspannen. Tatsächlich hatte die Maschine ihren Arbeitszyklus jedoch bereits begonnen.“ Sie quetschte sich die Hand, wurde vom Rohr durchbohrt und der Mittelfinger musste amputiert werden.

Der Unternehmensinhaber wird in einem Strafverfahren *an*geklagt (dazu Teil 1) und die zuständige Berufsgenossenschaft (BG) verlangt (als Klägerin) von ihm (als *Be*klagtem) die Erstattung von 40 000 € Unfallfolgekosten (dazu Teil 2).

Teil 1: Strafbefehl gegen Unternehmensinhaber

Das Amtsgericht Tuttlingen erlässt einen Strafbefehl und verurteilt den Unternehmensinhaber wegen fahrlässiger Körperverletzung (§ 229 StGB) zu einer Geldstrafe in Höhe von 40 Tagessätzen.[716] Die Begründung ist knapp: Der Bearbeitungsmechanismus könne ausgelöst werden, *„weil entweder am Kontaktschalter der Schutztürverriegelung manipuliert worden war oder aber dieser einen* technischen Defekt *aufwies. Diese gegen Arbeitsschutzbestimmungen*[717] *grob verstoßende Vorgehensweise war ständige Übung im Betrieb. Als Firmeninhaber und ausgebildeter Maschinenbautechniker hatten Sie, obwohl Sie von dem Mangel wussten, infolge*

[716] Hier war der Tagessatz 100 €, die Gesamtstrafe betrug also 4 000 €.

[717] Welche Arbeitsschutzbestimmungen die Pflichtverletzung begründen sollen, wird nicht gesagt.

pflichtwidriger Sorglosigkeit[718] *die gefahrenträchtige Bedienung der CNC-Drehmaschine angeordnet und somit den für sie vorhersehbaren und vermeidbaren*[719] *Unfall mit zu verantworten."*[720]

Teil 2: Regressklage der BG

Die BG stützt ihre Forderung auf Rückzahlung der Unfallfolgekosten auf § 110 SGB VII.

- Der beklagte Unternehmensinhaber ist haftungsprivilegiert gemäß § 104 SGB VII.
- Die Geschädigte ist als Arbeitnehmerin Versicherte und hat durch einen Arbeitsunfall einen Personenschaden erlitten.
- Der Beklagte hat diesen Unfall durch eine Pflichtverletzung (dazu I.) grob fahrlässig herbeigeführt, was voraussetzt, dass die Pflichtverletzung objektiv schwerwiegend (dazu II.) und subjektiv unentschuldbar (dazu III.) ist
- Die Pflichtverletzung war auch ursächlich für den Unfall (dazu IV.).
- Der Geschädigten ist kein Mitverschulden vorzuwerfen (dazu V.).

Grobe Fahrlässigkeit *„kann beispielweise darin liegen, dass ein besonders gewichtiger objektiver Pflichtverstoß vorliegt, z. B. ein Verstoß gegen eine Unfallverhütungsvorschrift, die mit eindeutigen Sicherungsanweisungen vor tödlichen Gefahren schützen soll"*[721]. Hinzu kommen muss aber auch noch die subjektive Unentschuldbarkeit der Pflichtverletzung.

I. Die Pflichtverletzung

Der Unternehmensinhaber hat seine Pflichten verletzt durch einen Verstoß gegen die Beschaffenheitsanforderungen in der Betriebssicherheitsverordnung an Maschinen als Arbeitsmittel. Einschlägig war zur Zeit des Unfalls und Gerichtsurteils § 7 Abs. 2 BetrSichV a. F., weil die Drehmaschine vor dem 3. Oktober 2002 – dem Inkraft-

[718] Jede fahrlässige Körperverletzung setzt Rechtswidrigkeit = Pflichtwidrigkeit und Verschulden = Fahrlässigkeit voraus. Fahrlässigkeit ist – so sagt es § 276 BGB für das Zivilrecht – die „Außerachtlassung der im Verkehr erforderlichen Sorgfalt". Das erklärt die Kurzfassung des Gerichts, das von „pflichtwidriger Sorglosigkeit" spricht.

[719] Fahrlässigkeit kann genauer als Vorhersehbarkeit und Vermeidbarkeit der Schadensfolge bezeichnet werden. Das Gericht bleibt hier indes eine nähere Begründung schuldig, weil es „nur" um einen knapp begründeten Strafbefehl geht.

[720] Wegen fahrlässiger Körperverletzung kann nur bestraft werden, wer den Unfall – durch eine fahrlässige Pflichtverletzung – „verursacht" hat. Dieses Wort – bzw. den Begriff „Kausalität" – verwendet das Gericht zwar nicht ausdrücklich, meint es aber mit dem Begriff „Verantwortung".

[721] Das LG Rottweil verweist hier auf das grundlegende Urteil des BGH v. 30.01.2001 (Az. VI ZR 49/00).

treten der BetrSichV – zur Verfügung gestellt wurde. Danach muss die Maschine mindestens dem Rechtsstand des Jahrs 1987 entsprechen. Heute wäre das nach § 5 Abs. 3 BetrSichV ebenso.

Das Gericht stellt als Rechtsverstoß fest, es fehlten Schutzeinrichtungen gemäß

- § 4 Abs. 2 VBG 5 „Kraftbetriebene Arbeitsmittel" und
- Anhang I Nr. 2.8 BetrSichV 2002.

Heute einschlägig wären:

- § 9 Abs. 1 Satz 2: „Der Arbeitgeber hat dafür zu sorgen, dass Arbeitsmittel unter Berücksichtigung der zu erwartenden Betriebsbedingungen so verwendet werden, dass Beschäftigte gegen vorhersehbare Gefährdungen ausreichend geschützt sind. Insbesondere müssen ... 8. Schutzmaßnahmen gegen Gefährdungen durch bewegliche Teile von Arbeitsmitteln und gegen Blockaden solcher Teile getroffen werden; hierzu gehören auch Maßnahmen, die den unbeabsichtigten Zugang zum Gefahrenbereich von beweglichen Teilen von Arbeitsmitteln verhindern oder die beweglichen Teile vor dem Erreichen des Gefahrenbereichs stillsetzen."
- § 9 Abs. 3 Nr. 1: „Der Arbeitgeber hat dafür zu sorgen, dass Schutzeinrichtungen einen ausreichenden Schutz gegen Gefährdungen bieten."

Die schwierige Abwägungsfrage, ob im Einzelfall Bestandsschutz besteht oder ob nachgerüstet werden muss, diskutierte das Gericht – zutreffend – nicht.[722] Bestandsschutz „besteht darin, dass eine rechtmäßig errichtete Anlage rechtmäßig bleibt, auch wenn das maßgebliche Recht sich später ändert und die Anlage dem geänderten Recht nicht mehr entspricht"[723]. Alter Bestand ist nicht schützenswert, wenn er schon im Errichtungs- bzw. Inbetriebnahmezeitraum nicht den gesetzlichen Anforderungen entsprach. Hier wurde die Drehmaschine von Anfang an – seit 1987 – ohne Schutzeinrichtungen betrieben. Was schon rechtswidrig in Betrieb genommen worden ist, kann niemals Bestandsschutz genießen.

II. Objektive Schwere der Pflichtverletzung

Bei der BetrSichV *„handelt es sich um eine UVV*[724]*, die elementare Sicherheitspflichten zum Inhalt hat"*. Daher gilt: *„Diese Verstöße gegen die UVV sind ausreichend,*

---

722 Ausführlich *Wilrich*, Bestandsschutz oder Nachrüstpflicht? Betreiberverantwortung und Sicherheit bei Altanlagen, 2. Aufl. 2019.

723 BGH, Urteil v. 07.03.1985 (Az. III ZR 126/83).

724 Das ist nicht zutreffend: Die BetrSichV ist eine staatliche Arbeitsschutzvorschrift und keine berufsgenossenschaftliche UVV. Entscheidend ist aber nicht die Herkunft der Vorschrift, sondern dass § 7 BetrSichV [heute § 5 Abs. 3 BetrSichV] elementare Sicherheitspflichten regelt.

um objektiv den Vorwurf der groben Fahrlässigkeit zu begegnen, da sie dem Schutz von Leib und Leben der eingesetzten Arbeiter dienen. Dies gilt im vorliegenden Fall umso mehr, als die CNC-Drehmaschine in diesem Zustand unter der Betriebsleitung des Beklagten über 15 Jahre hinweg betrieben wurde."

In den folgenden Urteilspassagen klingt das TOP-Prinzip nur an: *„Zwar wies der Beklagte die Arbeiter nach den nachvollziehbaren und glaubwürdigen Aussagen der Geschädigten und einer Kollegin an, bei Problemen mit der Maschine (kein Anlaufen oder Stehenbleiben) immer sofort zu ihm zu kommen und nicht zu versuchen, das Problem allein zu beheben. Auch wurden die Arbeiter nach der glaubhaften Aussage der Geschädigten bei neuen Aufgaben durch den Beklagten standardmäßig eingewiesen und ihnen wurde gesagt, dass das Arbeiten bei geöffneter Tür gefährlich ist und sie nicht in den Bearbeitungsraum hineingreifen sollten. Dadurch wurde der Eintritt der Gefahrensituation jedoch nicht zuverlässig verhindert. Denn in diesem Zusammenhang ist die Erfahrungstatsache zu berücksichtigen, dass der Arbeitnehmer an gefährlichen Maschinen gewöhnlich gegen die Gefahr abstumpft und dadurch leichtsinnig wird. Der Unternehmer darf sich nicht darauf verlassen, dass der Arbeitnehmer die nötige Sorgfalt stets beachtet. Hinzu kommt, dass die üblichen Gefahren durch den nicht intakten Schutzschalter der Schiebetüre erheblich gesteigert waren. Aufgrund dessen durfte sich der Beklagte nicht darauf verlassen, seine Arbeiter würden sich aufgrund allgemeiner Weisungen stets so verhalten, dass jegliche Gefahr im Zusammenhang mit dem nicht intakten Schutzmechanismus ausgeschlossen ist. Vielmehr hätte es zumindest eines konkreten Hinweises auf die besondere Problematik des nicht intakten Schutzschalters der CNC-Drehmaschine und der hierdurch hervorgerufenen besonderen Gefährdungslage der Arbeitnehmer bedurft."* Der fehlte indes. Hinzu kommt, dass die Geschädigte *„nach ihren glaubhaften und nachvollziehbaren Angaben des Öfteren bei geöffneter Tür arbeite und der Beklagte dies auch selbst sah und duldete. Auch zum Zeitpunkt des Unfalls befand sich der Beklagte nach den glaubhaften Angaben der Geschädigten und seiner eigenen Einlassung in unmittelbarer Nähe zu deren Arbeitsort."*

Womöglich weil die BG tatsächlich einige Male im Betrieb war und sich vielleicht auch die konkrete Maschine angesehen hat – vielleicht aber auch nur sicherheitshalber – setzte das Gericht hinzu: *„Schließlich wird die objektive Fahrlässigkeit bei einem Verstoß gegen UVV nicht dadurch ausgeschlossen, dass die BG als Aufsichtsbehörde den Betrieb regelmäßig überprüft und das unfallursächliche Fehlen von Schutzvorrichtungen einer Maschine nicht gerügt hat."*

III. Subjektive Unentschuldbarkeit der Pflichtverletzung

„Der Beklagte hat auch in subjektiver Hinsicht die UVV in grob fahrlässiger Weise missachtet. Der Beklagte hat über 15 Jahre hinweg nicht dafür gesorgt, dass der

Sicherheitsmechanismus in Gang gesetzt wurde, obwohl er nach seiner eigenen Einlassung von diesem Sicherheitsdefizit die ganze Zeit über wusste. Dem Beklagten musste es auch bewusst sein, dass hiermit besondere Gefahren einhergehen, insbesondere wenn die Arbeiter bei geöffneter Schutztüre arbeiteten. Was von ihm geduldet wurde. In diesem Zusammenhang entlastet es den Beklagten nicht, dass er nach seinem – streitigen – Sachvortrag bis zum Zeitpunkt des Unfalls selbst nicht wusste, dass die Maschine den Bearbeitungsvorgang fortsetzt, wenn er zuvor schon einmal unterbrochen wurde. Der Beklagte hätte vielmehr ausschließen müssen, dass ein Arbeiter aufgrund des nicht aktivierten Schutzmechanismus zu Schaden kommt. Auf vage Vorstellung durfte er sich in Anbetracht der erheblichen Gefahren für seine Arbeiter nicht verlassen. Auch der Umstand, dass die Aktivierung des Schutzmechanismus geraume Zeit in Anspruch genommen hätte, ändert nichts an dem gesteigerten Verschulden[725] *des Beklagten. Der Beklagte hätte entweder die Maschine stilllegen oder diesen Aufwand – gegebenenfalls durch eine Fachfirma – in Kauf nehmen müssen. Dass sich der Aufwand in Anbetracht der erheblichen Gefahren in durchaus verhältnismäßigen Umfang hielt, zeigt nicht zuletzt der Umstand, dass der Schutzmechanismus der Drehmaschine nicht einmal zwei Monate nach dem Unfall instand gesetzt war."*

IV. Verursachung des Unfalls durch die Pflichtverletzung (Kausalität)

„Das grob fahrlässige Fehlverhalten des Beklagten ist für den Arbeitsunfall auch ursächlich geworden. Wäre der Schutzschalter aktiviert gewesen, hätte sich die Maschine nicht weiterbewegt, sobald die Türe geöffnet wird. Im übrigen spricht auch der Beweis des ersten Anscheins für einen Kausalzusammenhang." Zwar hat die Arbeitnehmerin selbst die letzte Ursache setzt, aber: *„An einem adäquaten Kausalzusammenhang fehlt es lediglich dann, wenn sich der verunglückte Arbeiter in erheblichem Maße widersinnig und somit außerhalb jeglicher Wahrscheinlichkeit verhält. Ein solches Verhalten der Geschädigten liegt jedoch nicht vor."* Sie *„griff zwar willentlich in den Bearbeitungsraum der Maschine. Damit ist aber kein beabsichtigter Zugang zum Gefahrenbereich verbunden. Denn die Arbeitnehmerin ging ersichtlich nicht davon aus, dass mit diesem Eingriff eine erhebliche Gefahr verbunden ist. Vielmehr wollte sie nach ihrer nachvollziehbaren und glaubhaften Aussage lediglich das Werkstück richtig einlegen, wobei sie von dem nicht funktionierenden Schutzmechanismus nichts wusste."*

[725] Mit „gesteigertem" Verschulden ist gemeint, dass der Rückgriff eben nicht nur einfache, sondern grobe Fahrlässigkeit voraussetzt.

V. Kein Mitverschulden der geschädigten Arbeitnehmerin

Der geschädigten Arbeitnehmerin ist auch kein Mitverschulden vorzuwerfen, weil die Arbeitgeberin „*trotz des Wissens um den nicht intakten Schutzmechanismus seine Arbeiter über 15 Jahre hinweg ohne konkreten Hinweis auf dessen erheblich gefahrträchtigen Umstand an der Maschine arbeiten ließ. Gegenüber diesem erhöhten Verschulden des Beklagten stellt sich das Verhalten der Geschädigten in dieser konkreten Einzelsituation als Augenblicksversagen dar.*“

Fall 5: Flickstation

⇨ Arbeitsunfall eines Leiharbeiters an einer Maschine ohne trennende Schutzeinrichtung

⇨ Strafbefehle gegen den Geschäftsführer und Abteilungsleiter wegen fahrlässiger Körperverletzung

Sachverhalt

Am 9. Juni 2011 arbeiteten mehrere Leiharbeitnehmer an der *„Maschinenanlage Flickstation mit Trommelwender“*, zwei von ihnen hatten erst an diesem Tag begonnen. Diese beiden *„führten mit ihren Heißklebepistolen die Flickarbeiten auf der Holzplatte durch“*. Einer *„war schließlich auf seiner Plattenseite mit der Arbeit fertig und übergab die Heißklebepistole an den anderen, der auf der gegenüberliegenden Seite stand und dessen Heißklebepistole kurz zuvor funktionsuntüchtig wurde“*. Dieser andere (*V*) *„lief um das Eck am Ende der Platte zwischen den Vorschubstempel und die Platten, um von hier aus ein weiteres Loch zu flicken“*. Ein Arbeiter, *„der mit dem Rücken zur Maschine an dem Schaltschrank stand, drückte in diesem Moment den Knopf zur Auslösung des Transportierers. Dadurch wurde der Vorschubstempel nach vorne in Richtung der Platten geschoben und klemmte V mit dem Bauch in Richtung der Platten ein.“* *V* wurde erheblich verletzt.

Strafbefehle gegen Geschäftsführer und Abteilungsleiter

Die Staatsanwaltschaft Tübingen hielt *„wegen des besonderen öffentlichen Interesses an der Strafverfolgung ein Einschreiten von Amts wegen für geboten“* – und zwar gegen den Geschäftsführer und gegen den Abteilungsleiter.

Das Amtsgericht Münsingen erließ wegen fahrlässiger Körperverletzung (§ 229 StGB) zwei Strafbefehle gegen den Geschäftsführer und gegen den Abteilungsleiter.[726]

Eine Strafbarkeit wegen fahrlässiger Körperverletzung setzt voraus

- eine verantwortliche Person (zur **Verantwortung** I.),
- die ihre Pflichten verletzt (zur **Pflichtverletzung** II.),
- was erkennbar und vermeidbar, also fahrlässig war (zum **Verschulden** III.).

[726] Die Angaben zum Strafmaß hat die Staatsanwaltschaft in der mir zur Verfügung gestellten Version geschwärzt.

I. Verantwortung

Die Verantwortung leitete das Gericht – wie so häufig und zutreffend[727] – aus der Leitungsposition der Unternehmensmitarbeiter ab:

- *„Als Geschäftsführer sind Sie dafür verantwortlich, dass die Benutzung der Flickstation mit Trommelwender mit den geltenden öffentlich-rechtlichen Vorschriften in Einklang steht.“*
- *„Als Abteilungsleiter des Abteilungszweiges Produktion ‚Trockenkammer‘ sind sie dafür verantwortlich, dass die Sicherheits- und Maschinenunterweisung vollständig und umfassend durchgeführt wird.“*

II. Pflichtverletzung

1. Geschäftsführer

Bei der Pflichtverletzung des Geschäftsführers begründete das AG Münsingen die Unsicherheit der Maschine – allerdings ohne auf die einschlägige BetrSichV abzustellen, sondern unter Heranziehung der EG-Maschinenrichtlinie:

„Entgegen von Anhang 1 der Richtlinie 2006/62/EG[728] *wurden jedoch die beweglichen Teile des Trommelwenders nicht so konstruiert und gebaut, dass Unfallrisiken durch Berührung der Teile verhindert wurden. Es wurden keine feststehende trennende Schutzeinrichtung mit Verriegelung, eine nicht trennende Schutzeinrichtung oder eine Kombination dieser Lösungen an der Maschine installiert. Sie veranlassten nicht, dass die zuständige Behörde eine geeignete Risikobeurteilung vornimmt, um zu ermitteln, welche Maßnahmen des Arbeitsschutzes zum Betrieb der Maschine erforderlich sind. Hätten Sie eine vorschriftsmäßige Schutzvorrichtung am Trommelwender eingebaut und die zuständige Behörde veranlasst, eine geeignete Risikobeurteilung durchzuführen, hätten Sie die Gefahr der möglichen Einquetschung von Personen zwischen den Pressspanplatten und dem Transportierer mit geeigneten Schutzeinrichtungen sichern und so die Verletzung des Geschädigten verhindern können. Der Unfall war für sie daher vorhersehbar und vermeidbar.“*

Das Gericht behauptet tatsächlich, dass die Aufsichtsbehörde eine Risikobeurteilung „vornehmen“ müsse und dass der Geschäftsführer sie dazu hätte „veranlassen“ müssen. Das ist ersichtlich unzutreffend: Erstens geht es um eine **Gefährdungsbeurteilung** gemäß Arbeitsschutzrecht, konkretisiert durch die BetrSichV, zweitens ist der **Arbeitgeber zuständig und verantwortlich**.

---

[727] Siehe *Wilrich*, Technik-Verantwortung – Sicherheitspflichten der Ingenieure und Organisations- und Aufsichtspflichten der Führungskräfte, 2022; in diesem Buch Kapitel 2.8.2.

[728] Gemeint ist natürlich die Richtlinie 42 (nicht 62) aus 2006.

2. Abteilungsleiter

Beim Abteilungsleiter stellte das Gericht auf ein Unterweisungsversäumnis ab: *„Die Arbeiter wiesen Sie vor deren Arbeitsbeginn jedoch nicht umfassend auf Gefahrenstellen der Maschinenanlage hin.“*

3. Garantenstellung

Da es nicht um positives Tun, sondern um Nichtstun bzw. Unterlassen von Sicherheitsmaßnahmen geht, hätte das Gericht noch § 13 StGB heranziehen müssen. Man spricht von Garantenstellung – und entsprechend von der **Garantenpflicht** zur Gewährleistung von Sicherheit. Eine Garantenposition haben automatisch alle Führungskräfte für ihren Zuständigkeitsbereich – also auch der Geschäftsführer (für das Unternehmen und alle unternehmerischen Tätigkeiten) und der Abteilungsleiter (für seine Abteilung und alle dort zu erfüllenden Aufgaben). Beide unterließen es als Garanten i. S. d. § 13 StGB, den (Miss-)Erfolg des Unfalles und der Körperverletzung des *V* abzuwenden – und müssen aufgrund ihrer Leitungsfunktion „einstehen“.

III. Verschulden = Fahrlässigkeit

Jede Strafe setzt Schuld voraus. Schuld ist persönliche Vorwerfbarkeit. Sie kann erfolgen, wenn der Unfall vorhersehbar und vermeidbar war – das ist dann die von § 229 StGB geforderte Fahrlässigkeit.

Bei beiden Verurteilten behauptet das Gericht eher nur und begründet nicht: *„Der Unfall war für sie daher vorhersehbar und vermeidbar.“*

- Zum Geschäftsführer konkreter: *„Hätten Sie eine vorschriftsmäßige Schutzvorrichtung am Trommelwender eingebaut, hätten Sie die Verletzung des Geschädigten verhindern können.“*
- Zum Abteilungsleiter konkreter: *„Hätten Sie in Ihrer Funktion als Abteilungsleiter die Sicherheits- und Maschinenunterweisungen vollständig und umfassend durchgeführt, hätten Sie den Unfall verhindern können.“*

Einstellung des Verfahrens

In Zeitungsartikeln heißt es, dass auf Einspruch der beiden Verurteilten beide Strafverfahren schließlich eingestellt wurden,

- gegen den Abteilungsleiter *„gegen Zahlung einer Geldbuße in Höhe von 1 800 €“*,
- gegen den Geschäftsführer ohne Auflagen mit der bemerkenswerten Begründung, *„er sei mit der Sicherheitsüberwachung im konkreten Fall nicht betraut gewesen“*[729].

In einem Zeitungsbericht heißt es, *„eine wichtige Rolle spielte in der Verhandlung ein Beurteilungsprotokoll der fraglichen Maschine aus dem Jahr 2008. Damals war eine ‚Quetschungsgefahr‘ erkannt und ‚Handlungsbedarf‘ attestiert worden. Doch in die Risikobewertung flossen weitere Faktoren ein, wie beispielsweise die Tatsache, dass an der Maschine schon sehr lange unfallfrei gearbeitet wurde und daraus resultierte wiederum die Empfehlung, die weitere Entwicklung zu beobachten, zumal der Gefahrenbereich einsehbar war. Darüber herrschte Einvernehmen zwischen der Sicherheitsfachkraft und dem Abteilungsleiter. Einer der Parameter für die Beurteilung lag allerdings auch in der Bedienung durch Fachpersonal. ‚Bei unerfahrenen Mitarbeitern hätte es eine andere Einschätzung gegeben‘, räumte der Sicherheitsbeauftragte ein.“*

Für die Staatsanwaltschaft *„stelle sich die Frage nach dem Verschuldungsgrad. ‚Man hätte nach der ersten Bewertung der Maschine entsprechende Schutzgitter anbringen können‘. Das sei nicht gemacht worden, weil die Gefahr als nicht riskant genug eingestuft wurde. Das wiederum sei nicht zwingend mit einer Strafe zu ahnden. Das Gericht schloss sich dieser Auffassung an.“*

In einem anderen Zeitungsbericht heißt es[730]: *„Eine wichtige Rolle im Verfahren spielte ein firmeninternes Dokument, das 2008 ausgestellt und 2011 kurz vor dem tragischen Unfall erneut bestätigt worden war: Bei einer Gefährdungsbeurteilung war auch die Maschine begutachtet und auf einer Risiko-Skala von 20 (niedrig) bis 70 mit 42 Punkten eingestuft worden. Die Möglichkeit, dass jemand eingequetscht werden könnte, wurde erkannt, die Wahrscheinlichkeit aber als gering bewertet. Sicherheitsbeauftragter und Abteilungsleiter beschlossen, die Maschine unter Beobachtung zu stellen, konkrete Maßnahmen wurden aber nicht ergriffen. Allerdings, bestätigte der Sicherheitsbeauftragte, war man damals auch davon ausgegangen, dass die Maschine von ‚erfahrenem Personal‘ bedient werde.“*

[729] *Marion Schrade*, Risiko falsch eingeschätzt, in: Reutlinger General-Anzeiger v. 18.02.2014, https://www.genios.de/presse-archiv/artikel/GEA/20140218/risiko-falsch-eingeschaetzt/srv0000002275243.html (abgerufen am 12.02.2020).

[730] *Ralf Ott*, Führungskräfte unschuldig an schwerem Arbeitsunfall, in: Südwest-Presse v. 18.02.2014.

Fall 6: Gabelstapler: Schadensersatzklage nach Unfall

⇨ Sachschaden nach Unfall

⇨ Schadensersatzklage des Arbeitgebers gegen Arbeitnehmer

⇨ Haftungsbeschränkung im Arbeitsverhältnis

Sachverhalt

Arbeitnehmer *A* stapelte 1 m hohe Papierrollen 6-fach mit einem Gabelstapler des Fabrikats „Steinbock" aufeinander. Nachdem er eine Rolle in der obersten Lage gestapelt hatte, setzte er mit vollständig auf 5,20 m ausgefahrenem Hubgerüst zurück und der Stapler stürzte um. Der Gabelstapler erleidet otalschaden, *A* blieb unverletzt. In seinem Ausweis ist unter Bezug auf die „Unfallverhütungsvorschriften Flurförderzeuge" [heute DGUV-Vorschrift 68] die „Dienstanweisung für Fahrer von motorisch angetriebenen Flurförderzeugen" abgedruckt. Darin heißt es:

- *„Während der Fahrt sollte das Lastaufnahmemittel (Gabelzinken oder Anbaugerät) in möglichst niedriger Stellung sein. Der Mast ist zum Fahrer hin zu neigen."*
- *„Das Ausfahren des Masts zum Absetzen von Lasten (Einstapeln) oder umgekehrt darf nur bei stehendem Fahrzeug erfolgen."*

Der Arbeitgeber klagte auf Ersatz eines Teils der Kosten als Schadensersatz – 20 000 DM. Bestandteil des Arbeitsvertrages ist ein Tarifvertrag, in dem geregelt ist: „Der Arbeitnehmer haftet nur, wenn er rechtswidrig handelt und ihn ein Verschulden i. S. v. Vorsatz oder grober Fahrlässigkeit trifft. Ob der Arbeitnehmer den Schaden vorsätzlich oder grob fahrlässig herbeigeführt hat, muss der Arbeitgeber beweisen. In welchem Umfange der angerichtete Schaden zu ersetzen ist, richtet sich nach den Umständen des einzelnen Falls."

Urteile

Das Bundesarbeitsgericht[731] stellte zunächst fest, der beklagte Arbeitnehmer *„hat die arbeitsvertragliche (Neben-)Pflicht, das ihm als Arbeitsmittel anvertraute Eigentum des Arbeitgebers nicht zu beschädigen, verletzt"*. Die Haftung des Arbeitnehmers setzt aber nach dem Tarifvertrag Verschulden in Form der groben Fahrlässigkeit voraus.

Grobe Fahrlässigkeit ist gegeben, *„wenn gegen die im Verkehr erforderliche Sorgfalt in einem ungewöhnlich hohen Grade verstoßen wird. Erforderlich ist eine besonders grobe und auch subjektiv unentschuldbare Pflichtverletzung, die das gewöhnliche Maß der Fahrlässigkeit im Sinne des § 276 Abs. 1 Satz 2 BGB erheblich übersteigt.*

---

[731] Urteil v. 23.06.1994 (Az. 8 AZR 599/92).

Der Schädiger muss das außer acht gelassen haben, was in der gegebenen Situation einem jeden einleuchtet."

Nach dem BAG ist die Dienstanweisung *„für das Zurücksetzen des Gabelstaplers nicht klar"*. Es *„konnte vom Beklagten nicht erwartet werden, dass er die Bedeutung der Anweisung ohne Weiteres erkannte. Zudem handelt es sich um eine abgeschwächte Sollvorschrift (‚sollte'). Ein etwaiger Verstoß gegen die Dienstanweisung begründet daher für sich genommen keine grobe Fahrlässigkeit."* Hierzu müsste der Arbeitnehmer *„konkret und hinreichend intensiv belehrt"* worden sein. *„Die bloße Aushändigung komplizierter technischer Regelwerke kann nicht genügen."*

Es war dem BAG aber auch nicht klar, ob der Arbeitnehmer belehrt wurde. Deshalb verwies es zurück an das LAG Hamm, um die *„Kenntnisse des Beklagten zur Handhabung des Gabelstaplers"* zu ermitteln: *„Fehlt es an einer entsprechenden Belehrung, kann eine grobe Fahrlässigkeit nicht angenommen werden. Ist dagegen eine Schulung und ständige Anweisung erfolgt, das Hubgerüst nach Abschluss des Stapelvorgangs abzusetzen, kommt eine grobe Fahrlässigkeit durchaus in Betracht."*

Nach dem abschließenden Urteil des LAG Hamm vom 06.05.1996 ist dem Arbeitgeber *„der Beweis nicht gelungen, dass der Beklagte über die einzuhaltende Sicherheitsvorschrift genügend belehrt worden ist"* – es *„kann von einer regelrechten Ausbildung des Beklagten in praktischer und theoretischer Hinsicht keine Rede sein"*. Ein Kollege sagte als Zeuge, er habe dem Beklagten *„zunächst gezeigt, wie man mit dem kleineren Stapler ‚Mücke' umgeht, d. h. wie man ihn bedient, wie man Papierrollen aufnimmt und wo die Rollen abgesetzt werden"*. Aber: *„Über Unfall- und Sicherheitsbestimmungen informierte er den Beklagten nicht. Ob ein ausdrücklicher und wiederholter Hinweis auf das Verbot, mit hochfahrendem Mast zu fahren, erfolgte, lässt sich seine Aussage nicht entnehmen. Der Zeuge hat dies als selbstverständlich vorausgesetzt."* Das Gericht fast zusammen, eine *„Unterweisung und die Erläuterung der Dienstanweisung und der UVV hat nicht stattgefunden"*.

Ein anderer Kollege sagte, dass es keine besonderen Richtlinien für die Einweisung und keinen Ausbildungsplan gab. Er *„hat sich darauf beschränkt, zu prüfen, ob der Beklagte mit dem Stapler umgehen kann"* und *„sich angesehen, wie der Beklagte mit dem Stapler fährt"*. Dabei habe er zwar *„das Problem der möglichst niedrig zu haltenden Last und auch die mögliche Beschädigung von Rollen angesprochen"*. Aber ihm war *„nicht bewusst, jemanden – auch nicht den Beklagten – wegen des Fahrens mit ausgefahrenem Mast angesprochen zu haben"*.

Dem Staplerfahrer kann also – so das LAG Hamm – keine grobe Fahrlässigkeit nachgewiesen werden: Also, *„dass er das außer acht gelassen hätte, was ihm im Rahmen seiner Ausbildung als besonders gefährlich vor Augen geführt worden ist"*, denn das wurde ja gerade versäumt.

Daher wies das Gericht die Klage ab. Der Arbeitgeber erhielt keinen Schadensersatz.

Fall 7: Gabelstapler: Unfall bei Kletterturm-Aufbau

⇨ Das Amtsgericht Düsseldorf verurteilte einen Unternehmer wegen fahrlässiger Tötung zu einer Freiheitsstrafe von einem Jahr auf Bewährung

Sachverhalt

Am Morgen des 13. September 2011 wollte der Angeklagtem, ein *„selbstständiger Unternehmer"*[732], *„gemeinsam mit seinem Angestellten"* und zwei weiteren Helfern auf einem Spielplatz einen Kletterturm aus Massivholz aufzustellen[733]. In einem Zeitungsartikel heißt es, der Turm war 4,20 m hoch und 550 kg schwer.[734]

„Um den Turm von einem Lkw auf einen von ihm geführten Radlader zu heben, wurden lose zwei Holzbanken auf die Gabel des Radladers gelegt, um diese zu verlängern. Sodann hob der Angeklagte den Turm vom Lkw und verbrachte ihn auf einen Garagenhof. Der Angeklagte wollte den Spielturm nicht noch 1 bis 2 Stunden bis zum Eintreffen des bestellten Krans auf dem Garagenhof liegen lassen, da er dort ein Hindernis dargestellt hätte. Aus diesem Grund beabsichtigte er, den Spielturm mithilfe des Gabelstaplers und den von ihm eingesetzten Arbeitskräften neben einer Garage aufzurichten. Bei der Umsetzung dieses Plans zeigte sich jedoch, dass das Spielgerät gegen Verrutschen nicht gesichert war und beim Aufrichten von der Gabelzinke des Radladers rutschte und hierbei einen Helfer unter sich begrub", der noch am Unfallort verstarb.

Urteil

Das Amtsgericht Düsseldorf[735] verurteilte den Unternehmer wegen fahrlässiger Tötung. Viele Worte verlor es dabei nicht – einen Satz für die Pflichtverletzung und einen Satz für das Verschulden.

---

[732] Die Art des Unternehmens nennt das Gericht nicht – die Bezeichnung „selbstständig" deutet darauf hin, dass es einen Einzelunternehmer war.

[733] Ein Bild des Kletterturms bei *Barbara Kirchner*, Tragischer Arbeitsunfall: Aus Versehen den besten Freund getötet. Express, Ausgabe Düsseldorf vom 7.12.2012.

[734] *Hanna Ziegler* 06.12.2012, https://www.wz.de/nrw/kreis-mettmann/ratingen/fahrlaessige-toetung-gericht-verurteilt-unternehmer_aid-30184875 (abgerufen am 15.08.2020).

[735] AG Düsseldorf, Urteil v. 06.12.2012 (Az. 106 Ls-90 Js 7375/11-12/12).

I. Pflichtverletzung

„Der Angeklagte als Unternehmensführer hatte es pflichtwidrig unterlassen, ein für das Aufstellen des Spielgerätes geeignetes Arbeitsmittel einzusetzen und dieses Gerät ausreichend zu sichern, um ein Verrutschen oder Umkippen der Last zu verhindern."

Anmerkung

Verurteilt wird ein Bauunternehmer wegen „pflichtwidrigen Unterlassens", obwohl der Schwerpunkt auf einem Tun liegt – nämlich dem sicherheitswidrigen Einsatz des Gabelstaplers. Wenn es wirklich um Unterlassen ging, ist auch § 13 StGB heranzuziehen – und es wäre die Garantenposition des Unternehmers zumindest zu erwähnen.[736] Letztlich ist es egal, dass der Angeklagte selbst der Unternehmer ist – er ist verurteilt als Gabelstaplerfahrer und jeder ist jederzeit und jederorts für sein Tun verantwortlich.[737]

Der Angeklagte ist Arbeitgeber, da er (mindestens) einen Arbeitnehmer hat, der auch vor Ort war: Daher wäre für Nutzung des Arbeitsmittels die BetrSichV einschlägig und als Beurteilungsmaßstab heranzuziehen.

II. Verschulden = Fahrlässigkeit

„Bei Anwendung der im Verkehr erforderlichen Sorgfalt hätte der Angeklagte die mit dem Pflichtverstoß einhergehende Gefährdung erkennen und den dadurch verursachten Eintritt des Todes des Geschädigten vermeiden können."

Anmerkung

Das ist mehr eine Behauptung, aber keine Begründung der Fahrlässigkeit. Das erklärt sich aber daraus, dass diese Wertung sehr nachvollziehbar ist und – so das Gericht – der *„Sachverhalt feststeht aufgrund des glaubhaften Geständnisses des Angeklagten"*.

III. Strafzumessung

„Der Angeklagte hat sich der fahrlässigen Tötung gemäß § 222 StGB schuldig gemacht. Nach dieser Vorschrift kommt Geldstrafe oder Freiheitsstrafe bis zu fünf Jahren in Betracht."

Zulasten des Angeklagten benannte das Gericht bei der Herleitung der konkreten Strafe keinen Umstand. Zu seinen Gunsten wertete das Gericht

[736] Ausführlich *Wilrich*, Arbeitsschutz-Strafrecht, 2020.
[737] Ausführlich *Wilrich*, Technik-Verantwortung, 2022.

- sein „*vollumfängliches, von Reue und Einsicht getragenes Geständnis*“,
- dass „*er auch heute unter der Tat leidet, bei der sein Freund gestorben ist*“,
- dass er sich „*dennoch nicht als Opfer sieht, sondern bereit ist, als Täter vollumfänglich die Verantwortung zu übernehmen*“.

Dann folgt der Schlusssatz: „*Unter Berücksichtigung aller für und gegen den Angeklagten sprechenden Umstände hielt das Gericht daher eine Freiheitsstrafe von einem Jahr für notwendig, aber auch ausreichend.*“

„*Die Vollstreckung der Strafe konnte bei dem nicht vorbestraften Angeklagten zur Bewährung ausgesetzt werden, da das Gericht nicht davon ausgeht, dass der Angeklagte in Zukunft noch einmal straffällig werden wird.*“

Anmerkung

In Zeitungsartikeln heißt es noch, dass der Angeklagte „die Helfer noch habe warnen wollen. Daraufhin sei das Opfer nicht weg, sondern in die Gefahrenzone gelaufen und wurde unter dem Gestell begraben.“

Der Angeklagte sagte in der Gerichtsverhandlung: „Das ist die traurige Wirklichkeit. Dass ich verantwortlich bin, steht außer Frage. Nichts bringt meinen Freund zurück, damit muss ich leben lernen.“

Der Richter sagte, der Angeklagte „ist selbst sein härtester Richter. Er traf die falsche Entscheidung, weil er so wenig stören wollte wie möglich.“

Fall 8: Gabelstapler: Unfall beim Transport

⇨ Das Amtsgericht Heilbronn erließ im September 2008 einen Strafbefehl gegen vier Unternehmensmitarbeiter – es wurde jeweils eine Geldstrafe in Höhe von 90 Tagessätzen festgesetzt.[738] Es geht um die Verantwortung des Geschäftsführers, Abteilungsleiters, Lager- und Versandleiters und Gabelstaplerfahrers für einen Arbeitsunfall bei fehlender Gefährdungsbeurteilung, Betriebsanweisung und Unterweisung

Sachverhalt

Einem Zulieferer des Elektromaschinenbaus wurden ca. zwei Mal die Woche per Lastwagen aus Spanien ca. 3,2 t schwere Notstromaggregate geliefert. Am 18. Mai 2007 kam es zu einem tödlichen Arbeitsunfall. Ein Aggregat rutschte vom Gabelstapler, erfasste einen Lkw-Fahrer und verletzte ihn tödlich, weil der Gabelstaplerfahrer

- *„das Aggregat wegen zu breiter Zinken am Gabelstapler neben den zum Abladen vorgesehenen Haltelaschen anhob und sodann rückwärts fuhr“*,
- *„rückwärts eine leichte Steigung von 2 bis 6 % hinauffahren musste“* und
- *„sein Hubgerüst nur waagerecht und nicht mit der Oberseite zum Stapler geneigt eingestellt hatte“*.

Strafbefehl

Eine Strafbarkeit wegen fahrlässiger Tötung setzt voraus

- eine verantwortliche Person (dazu I.),
- die ihre Pflichten verletzt (dazu II.),
- was erkennbar und vermeidbar zu einem Unfall führt, also fahrlässig war (dazu III.).

[738] Die Höhe des Tagessatzes wurde einkommensabhängig auf 200 €, 100 €, 40 € und 25 € festgesetzt.

I. Verantwortung der Unternehmensmitarbeiter

Das Amtsgericht begründete die Verantwortung der vier Unternehmensmitarbeiter

- beim Geschäftsführer mit dem schlichten Wort, er sei *„verantwortlich"*,
- beim *„Abteilungsleiter der Stromerzeugerfertigung"*, er sei *„für die Einhaltung der Arbeitssicherheit in seiner Abteilung zuständig"*,
- beim *„Lager- und Versandleiter"* – ohne es allerdings ausdrücklich zu sagen – aus der „**Anordnung**" des sicherheitswidrigen Abladevorgangs und
- beim Gabelstapler – ohne es allerdings ausdrücklich mit diesen Worten festzustellen – aus der **sicherheitswidrigen Verhaltensweise**, also der Nutzung eines nicht geeigneten Gabelstaplers.

Das sind drei Arten der Verantwortung:

1. Verantwortung für Fehler der Arbeitsschutzorganisation bzw. des Arbeitsschutzsystems bei Unternehmens- bzw. Abteilungszuständigkeit und damit als **Leiter (Betreiberverantwortung)**,
2. Verantwortung für fehlerhafte Anweisungen als **Vorgesetzter (Personalverantwortung)** und
3. Verantwortung für fehlerhafte Ausführung als Beschäftigte bzw. **Mitarbeiter (Fachverantwortung)**.

Auf die Frage des Richters, warum er keinen Spanngurt benutzt habe, antwortete der Fahrer: *„Ich mache das, was man mir sagt."*[739] Aber § 15 Abs. 1 DGUV-Vorschrift 1 Grundsätze der Prävention sagt zunächst, „Versicherte haben die entsprechenden Anweisungen des Unternehmers zu befolgen", stellt dann aber klar: „Die Versicherten dürfen erkennbar gegen Sicherheit und Gesundheit gerichtete Weisungen nicht befolgen."

Das Gericht erwähnt keine Pflichtenübertragungen (vom Geschäftsführer) auf die (weiteren) Unternehmensmitarbeiter. Es ist aber ständige Rechtsprechung, dass Verantwortung auch aus der gelebten und nicht nur der formell niedergelegten Organisation folgen kann – also aus der Übernahme der Leitungsfunktion bzw. der konkreten Arbeiten.[740]

[739] So *Helmut Buchholz* im Bericht „Tödlicher Unfall: Wer ist schuld?" Kraichgau Stimme vom 06.09.2008 (https://www.stimme.de/regional/kraichgau/nachrichten/toedlicher-unfall-wer-ist-schuld-art-1340112 (abgerufen am 01.03.2023).

[740] Ausführlich *Wilrich*, Technik-Verantwortung, 2022 – in diesem Buch Kapitel 2.8.2 und Kapitel 2.9.4.

II. Pflichtverletzung

Voraussetzung einer Verurteilung wegen fahrlässiger Tötung ist eine Pflichtverletzung.

Das Amtsgericht stellte – ohne die einschlägige BetrSichV oder überhaupt eine konkrete Rechtsvorschrift zu erwähnen – fest, dass alle drei grundlegenden Instrumente zur Gewährleistung ausreichend sicherer Arbeit fehlten: Geschäftsführer und Abteilungsleiter „***sorgten nicht***"

- für eine „**Gefährdungsbeurteilung** hinsichtlich des Abladevorgangs",
- für eine „diesbezügliche **Betriebsanweisung**" und
- dafür „dass die im Betrieb eingesetzten Staplerfahrer die jährlich vorgeschriebene **Sicherheitsunterweisung** erhielten, obwohl dies bereits am 31.01.2007 vom Sicherheitsbeauftragten angemahnt worden war, da die letzte Unterweisung 2005 durchgeführt worden war",

und „***duldeten***" den Ablagevorgang trotz dieser Arbeitsschutzwidrigkeit.

Das Gericht setzte dann weiter voraus, hätte aber durchaus noch ausdrücklich feststellen können:

- Der Lagerleiter darf ohne diese drei Arbeitsschutzinstrumente keine entsprechenden Anordnungen erteilen.
- Der Gabelstaplerfahrer darf ohne Betriebsanweisung und Unterweisung nicht tätig werden.

III. Verschulden = Fahrlässigkeit

Jede Strafe setzt Schuld voraus. Schuld ist persönliche Vorwerfbarkeit. Sie kann erfolgen, wenn der Unfall vorhersehbar und vermeidbar war – das ist dann die von § 222 StGB geforderte Fahrlässigkeit.

Das Amtsgericht stellte beim Fahrer tödliche Verletzungen fest, *„die bei Aufnahme des Aggregats mit einem geeigneten Gabelstapler in den dafür vorgesehenen Haltelaschen nicht eingetreten wäre"* – und dies hätten der Geschäftsführer und die beiden Leiter *„vorhersehen und vermeiden können"*.

„Auch für den angeklagten Gabelstaplerfahrer wäre der Unfall bei Einhaltung seiner Sorgfaltspflichten vorhersehbar und vermeidbar gewesen, nämlich wenn er die Last nach dem Abladen vom Lastwagen und vor der weiteren Rückwärtsfahrt bis kurz über den Boden abgelassen und den Hofraum bergseitig mit zurückgeneigtem Hubmast befahren hätte."

Gerichtsverfahren

Der Geschäftsführer und der Gabelstaplerfahrer akzeptierten den Strafbefehl. Die beiden Leiter legten Einspruch ein. Das Amtsgericht Heilbronn stellte mit Beschlüssen vom 16. und 19. September 2008 die Strafverfahren ein – beim Abteilungsleiter der Stromerzeugerfertigung ohne Auflage, beim Lager- und Versandleiter gegen Zahlung von 1 000 € an die „Nebenklägerin“ – wahrscheinlich die Witwe des Verunglückten. Eine Begründung enthalten diese Einstellungen nicht.

In einem Zeitungsartikel heißt es: *„Mittlerweile hat das Unternehmen für die Gabeln des Staplers einen Anti-Rutsch-Belag angeschafft. Zudem soll eine zweite Person beim Abladen kontrollieren, dass sich niemand im Gefahrenbereich aufhält.“*

Fall 9: Gabelstapler: Unfall im Wanderzirkus

⇨ Das Landgericht Ansbach verurteilte am 3. August 2012 einen geschäftsführenden Direktor wegen fahrlässiger Tötung durch Gefahrermittlungs-, Auswahl-, Anweisungs- und Organisationsverschulden[741]

Sachverhalt

Ein Arbeiter eines Wanderzirkus fuhr am 13. Januar 2011 beim Aufbau der Ställe für das Winterlager in Budenheim bei Mainz mit einem Gabelstapler ein mit 20 bis je 80 kg schweren – Absperrgittern beladenes Lagergerüst vor ein Zelt. Er hatte keinerlei Ausbildung und Befähigungsnachweis im Umgang mit Gabelstaplern (Staplerführerschein). Das stellte das Gericht aber nicht ausdrücklich fest, sondern fasste zusammen: *„Mangels entsprechender Ausbildung unterschätzte er die objektiv erkennbare Gefahr des Umfallens der Absperrgitter nach vorne, als er den Gabelstapler so abstellte, dass das Lagergerüst auf den leicht nach vorne abgesenkten Gabelzinken knapp über dem Boden gehalten wurde."*

Nachdem 8 Gitter abgeladen waren, glitt ihm das nächste Gitter beim Abheben versehentlich aus der Hand. Dadurch kippten sämtliche weitere Gitter vom Gestell nach vorne auf einen helfenden Kollegen. Dieser erlag seinen schweren Verletzungen noch am Unfallort. Die Staatsanwaltschaft Ansbach klagte den Zirkusdirektor wegen fahrlässiger Tötung an.

Urteil

Das Landgericht Ansbach arbeitete – im juristischen Sinne schulbuchmäßig – die vier Voraussetzungen für eine Strafe heraus:

1. die Stellung des Angeklagten als **Verantwortlicher**,
2. seine **Pflichtverletzung**,
3. sein **Verschulden** und
4. die **Verursachung** des Unfalls durch die Pflichtverletzung (Kausalität).

[741] Fallanalyse in Gemeinschaftsarbeit mit Prof. Dr. *Arno Weber*, Hochschule Furtwangen (Fakultät Gesundheit, Sicherheit, Gesellschaft), Vorsitzender des Verbandes für Sicherheit, Gesundheit und Umweltschutz bei der Arbeit (VDSI).

I. Verantwortlichkeit des Zirkusdirektors

Der Zirkus war als Gesellschaft bürgerlichen Rechts (GbR) organisiert und der Angeklagte war der tatsächliche Leiter – also der Geschäftsführer. Damit war er – so das Gericht – *„auch für den Arbeitsschutz verantwortlich"*. Er hatte auch keine seiner Pflichten an Mitarbeiter delegiert – also war er selbst voll verantwortlich.[742]

II. Pflichtverletzung

Da der Zirkusdirektor nicht aktiv gehandelt, nämlich schlicht nichts organisiert hatte, kann er (nur) wegen Unterlassung verurteilt werden. Hierzu sagt § 13 StGB: *„Wer es unterläßt, einen Erfolg abzuwenden, der zum Tatbestand eines Strafgesetzes gehört, ist nach diesem Gesetz nur dann strafbar, wenn er rechtlich dafür einzustehen hat, dass der Erfolg nicht eintritt."* Gemeint ist der „strafrechtliche Erfolg", die Folge, das Ergebnis, also hier letztlich der Misserfolg, der Tod des Arbeiters. Verurteilt wird, wem nachgewiesen werden kann, dass er eine Rechtspflicht außer Acht gelassen – und daher „rechtlich einzustehen" hat.[743]

Das LG Ansbach stellte beim Zirkusdirektor die Verletzung der Pflicht zur Gefährdungsbeurteilung, der Pflicht zur Auswahl geeigneten Personals und der Pflicht zur Anweisung sicherheitsgerechten Arbeitens fest. All das kann zusammengefasst werden als Organisationsverschulden: *„Die Verpflichtung des Angeklagten dafür zu sorgen, dass der Stapler ausschließlich von dazu geeigneten und ausgebildeten Personen betrieben wird, ergibt sich generell aus § 5 ArbSchG, wonach der Arbeitgeber die für die Beschäftigten mit ihrer Arbeit verbundene Gefährdung – insbesondere eine solche, die aus dem Einsatz von Maschinen und/oder unzureichender Qualifikation und Unterweisung der Beschäftigten resultiert – zu ermitteln und zu beurteilen hat, welche Maßnahmen zum Schutz vor diesen Gefahren erforderlich sind. Diese generelle Verpflichtung haben die Unfallversicherungsträger beim Einsatz eines Gabelstaplers als Arbeitsmittel wegen dessen typischer Gefährlichkeit konkretisiert und auf Grundlage des § 15 SGB VII die UVV ‚Flurförderzeuge' BGV D27 erlassen.*[744] *Nach diesen Unfallverhütungsvorschriften hätte der Angeklagte mit dem Führen des Gabelstaplers bestimmte Personen beauftragen (lassen) müssen, die dafür ausgebildet sind und ihre Befähigung nachgewiesen haben; zudem hätte er eine schriftliche unternehmensbezogene arbeitsschützende Anweisung für den Betrieb des Gabelstaplers erlassen, bekanntmachen und auf deren Einhaltung achten müssen."*

Das Gericht hätte – konkreter – noch auf § 5 Abs. 3 ArbSchG abstellen können: Eine Gefährdung kann sich insbesondere ergeben durch „die Gestaltung, die Auswahl und

---

742 Ausführlich *Wilrich*, Technik-Verantwortung, 2022.

743 Ausführlich *Wilrich*, Arbeitsschutz-Strafrecht, 2020.

744 Heute DGUV-Vorschrift 68 Flurförderzeuge.

den Einsatz von Arbeitsmitteln, insbesondere von Maschinen, Geräten und Anlagen sowie den Umgang damit" (Nr. 3) und „unzureichende Qualifikation und Unterweisung der Beschäftigten" (Nr. 5). Noch konkreter hätte natürlich mit der BetrSichV gearbeitet werden können.

III. Verschulden

Wegen Unterlassung verurteilt werden kann nur, wer die Rechtspflicht schuldhaft nicht erfüllt hat. Schuld bedeutet Vorsatz oder Fahrlässigkeit – und Fahrlässigkeit ist die *„Außerachtlassung der im Verkehr erforderlichen Sorgfalt"*. Das wiederum erfordert vor allem Erkennbarkeit der Rechtspflicht und der Verletzungsfolgen. Das war hier nicht problematisch:

„Der Angeklagte, der sich seiner ihn als Leiter des Unternehmens treffenden Informationspflicht über arbeitsschutzrechtliche Maßnahmen durchaus bewusst war, hätte bei Anwendung der im Verkehr erforderlichen Sorgfalt erkennen können und müssen, dass er dafür Sorge zu tragen hat, den im Zirkus eingesetzten Gabelstapler ausschließlich durch dafür geeignetes und ausgebildetes Personal betreiben zu lassen. Dass die Verletzung dieser Pflicht zu schweren bis hin zu tödlichen Arbeitsunfällen – wie hier – führen kann, war für ihn vorhersehbar."

IV. Verursachung/Kausalität

Verurteilt werden kann man nur, wenn gerade die Erfüllung der verletzten Pflicht den Unfall vermieden hätte. Die Pflichtverletzung muss also die Folge verursacht haben, kausal für den Tod des Arbeiters gewesen sein. Das Gericht sagte zum Zirkusdirektor:

„Hätte er für eine Festlegung der zum Führen des Gabelstaplers berechtigten Personen, für deren Auswahl aus dem Kreis dazu ausgebildeter Personen und für den Erlass einer Betriebsanweisung, in der anderen Unternehmensmitarbeitern das Führen des Staplers untersagt gewesen wäre, Sorge getragen, wäre es nicht zu dem tödlichen Unfall gekommen." Denn der verunglückte Arbeiter *„hätte den Stapler mit an Sicherheit grenzender Wahrscheinlichkeit nicht geführt, weil es ihm vom Arbeitgeber aus verboten gewesen wäre"*.

V. Strafmaß

Das LG Ansbach verurteilte den Zirkusdirektor zu 2,5 Jahren Freiheitsstrafe – aber nur weil zahlreiche weitere Straftaten wegen Vorenthaltens und Veruntreuens von Arbeitsentgelt zur Sozialversicherung und Betrugsfälle hinzukamen. Für den Arbeitsunfall veranschlagt das Gericht eine Geldstrafe in Höhe von 90 Tagessätzen, die einkommensabhängig auf 15 € festgesetzt wurde.

Das Gericht betonte, dass von der nach § 13 Abs. 2 StGB *„zugelassenen Strafmilderung bei der Bestimmung des Strafrahmens und der Findung der Einzelstrafe kein Gebrauch gemacht worden, da die zur Tatbestandsverwirklichung führende fahrlässige pflichtwidrige Unterlassung von Maßnahmen zur Arbeitssicherheit vorliegend nicht weniger schwer wiegt, als ein fahrlässig begangener aktiver Verstoß gegen Unfallverhütungsvorschriften"*.

VI. Fazit und Empfehlung

Was hätte die Verurteilung wegen fahrlässiger Tötung und – noch viel wichtiger – den Unfall vermieden? Das Gericht fasst klar und deutlich zusammen: Gleich zu Beginn des Urteils wirft es dem Zirkusdirektor vor, er habe *„zum Unfallzeitpunkt weder die zum Betrieb des Gabelstaplers berechtigten Mitarbeiter festgelegt noch eine Anweisung zu dessen Betrieb erlassen"*. Beides setzt eine Beurteilung (der Geeignetheit der Person und der Sicherheit der Tätigkeit) voraus. Auf diese **Basis Gefährdungsbeurteilung** baut alles Weitere auf. Diese Grundpflicht des Arbeitsschutzes hat der Zirkusdirektor missachtet.

VII. Übernahmeverschulden des Gabelstapler-Fahrers

Im Strafurteil zum Zirkusdirektor ergänzte das LG Ansbach, der Gabelstaplerfahrer *„beging den zum Tode seines Arbeitskollegen führenden Fehler, den Stapler mit nach vorne unten abgesenkten Gabelzinken zum Entladen abgestellt zu haben, weil er mangels Ausbildung im Umgang mit Gabelstaplern die davon für seine Arbeitskollegen aber auch sich selbst ausgehende Gefahr unterschätzt hat"*.

Wer ohne Staplerführerschein und ausreichende Fähigkeiten Gabelstapler fährt, handelt schuldhaft und kann nach den Fahrlässigkeitstaten bestraft werden. Man nennt das **Übernahmeverschulden**. Das Gericht berücksichtigt – eher unkonkret – bei der Strafzumessung zugunsten des Direktors auch, dass *„neben dem pflichtwidrigen Unterlassen des Angeklagten – allerdings für ihn vorhersehbar – weitere Bedingungen zum tatbestandlichen Erfolg beigetragen haben"*.

Die Staatsanwaltschaft Ansbach teilte auf Anfrage mit, dass sie den Fahrer nicht verfolgt habe, denn die Staatsanwaltschaft am Unfallort sei zuständig. Die Staatsanwaltschaft Mainz hat nicht gegen den Fahrer ermittelt.

Fall 10: Gerüststurz Dillingen Baustelle

⇨ Das Amtsgericht Dillingen a. d. Donau verurteilte Anfang März 2015 einen seit 45 Jahren in einem Bauunternehmen angestellten Maurer wegen fahrlässiger Tötung zu einer Geldstrafe von 60 Tagessätzen[745]

Sachverhalt

Der Maurer war eigentlich auf einer anderen Baustelle eingesetzt, führte auf der Unglücksbaustelle *„jedoch Kontrollvisiten"* durch.[746] Er wurde von einem Mitarbeiter gebeten, mit einem Kran Paletten mit schwerem Baumaterial auf ein Gerüst zu transportieren. Der andere Mitarbeiter entfernte hierzu zwei Gerüststangen, um nicht durch das Treppenhaus hinauftragen zu müssen – denn es war mit 36 °C sehr heiß.[747] Die erste Palette setzte der Maurer ordnungsgemäß ab. Beim Transport der zweiten Palette stürzte ein Arbeiter vom Gerüst und verstarb.

Urteil

Eine Verurteilung wegen fahrlässiger Tötung setzt voraus

- eine verantwortliche Person,
- die ihre Pflichten verletzt,
- was einen Unfall verursacht,
- was erkennbar und vermeidbar, also fahrlässig war.

I. Verantwortung des Maurers

Das Amtsgericht sagte, *„nach der Betriebssicherheitsverordnung tragen alle Arbeiter auf der Baustelle eine Mitwirkungspflicht für die Sicherheit und den Gesundheitsschutz am Arbeitsplatz"*. Das steht indes so weder in der damals einschlägigen BetrSichV 2002, noch in der heute gültigen BetrSichV 2015. Auch § 4 Abs. 5 Satz 2 BetrSichV richtet sich an den Arbeitgeber, der die Durchführung von Kontrollen durch Mitarbeiter sicherstellen soll (siehe Kapitel 6.2.5.2 und Kapitel 9.1.3). Das Amtsgericht meinte eher die Beschäftigtenpflichten gemäß § 15 ArbSchG.

---

[745] Die Höhe des Tagessatzes wurde einkommensabhängig auf 60 € festgesetzt, sodass der Verurteilte 3 000 € zahlen musste.

[746] Weitere Bauunfälle sind besprochen in *Wilrich*, Bausicherheit – Arbeitsschutz, Baustellenverordnung, Koordination, Bauüberwachung, Verkehrssicherungspflichten und Haftung der Baubeteiligten, 2021.

[747] So ein Zeitungsbericht: https://www.augsburger-allgemeine.de/dillingen/Toedlicher-Sturz-eines-Bauarbeiters-vor-Gericht-id33251292.html (abgerufen am 23.02.2023).

Entscheidend stellte das Gericht allerdings darauf ab, dass der Maurer *„eine sog. faktische Kapo-Stellung innehatte. Aufgrund seiner langjährigen Tätigkeit und seiner Erfahrung im Bau, gab er den anderen Bauarbeitern Anweisungen und kontrollierte deren Arbeit wie auch am Tattag“*:

- *„Kontrollfunktionen hinsichtlich der Bauarbeiten räumte er ein“* – und *„dies war der eigentliche Grund, warum er sich zur Tatzeit auf der Baustelle aufgehalten hat“*.
- Anweisungen bestätigten Zeugen – einer sagte: *„Hätte er gesagt, das können wir so nicht machen, das sei zu gefährlich, hätten sie das Zeug raufschleppen müssen.“*

Damit war der Angeklagte *„als Vorarbeiter in besonderer Weise für die Sicherheit am Gerüst verantwortlich“* – zwar *„nicht aufgrund eines arbeitsvertraglichen Vertrages“*, aber er hatte eine *„faktische Vorarbeiterstellung“* – und er war daher *„in einer besonderen Art und Weise verpflichtet, darauf zu achten, dass die Sicherheitsvorschriften am Bau eingehalten werden“*.

Dass Verantwortung auch aus der gelebten und nicht nur der formell niedergelegten Organisation folgen kann, ist ständige Rechtsprechung.[748]

II. Pflichtverletzung

Voraussetzung einer (strafrechtlichen) Verurteilung wegen fahrlässiger Tötung ist eine Pflichtverletzung. Das Amtsgericht fasste zum Maurer/Vorarbeiter zusammen:

- *„In Missachtung“* seiner Sicherheitspflichten *„transportierte er unter Ausnutzung gerade des Umstands, dass die Gerüststangen entfernt wurden, mit seinem Kran die Palette auf die Gerüstebene“*.
- *„Grundsätzlich darf nur der Gerüsthersteller Veränderungen am Gerüst vornehmen.“*

III. Kausalität

Zur „Verursachung“ i. S. d. § 222 StGB sagte das Amtsgericht knapp:

- *„Die mangelnde Absicherung war kausal für den Tötungsverlauf.“*
- *„Die Entfernung der beiden Gerüststangen war zumindest mitursächlich für das Hinabfallen des getöteten Bauarbeiters.“*

[748] Ausführlich *Wilrich*, Technik-Verantwortung, 2022 – in diesem Buch Kapitel 2.9.4.

IV. Verschulden = Fahrlässigkeit

Jede Strafe setzt Schuld voraus. Schuld ist persönliche Vorwerfbarkeit. Sie kann erfolgen, wenn der Unfall vorhersehbar und vermeidbar war – das ist dann die von § 222 StGB geforderte Fahrlässigkeit.

- Zur Vermeidbarkeit sagte das Gericht knapp: *„Bei ordnungsgemäßer Montierung der Geländerstangen wäre der Unfall vermeidbar gewesen."*
- Zur Erkennbarkeit gesteht das Gericht dem Angeklagten – systematisch nicht ganz richtig erst bei den Strafzumessungserwägungen – zwar zu, *„die Gefährdung im Augenblick des Absturzes war ihm nicht bewusst"*, stellte aber fest, *„er hätte die Gefährlichkeit der Situation generell erkennen können"*.

V. Mitverschulden des verunglückten Bauarbeiters

Da der tödlich verunglückte Bauarbeiter 0,88 Promille Alkohol im Blut hatte, ging das Gericht von seinem Mitverschulden aus. Aber *„dafür, dass der Getötete bewusst und vorsätzlich vom Gerüst hinabgesprungen ist, gibt es keinen Anhaltspunkt"*.

In einem Zeitungsbericht zum Urteil[749] heißt es, „dass der tödlich verunglückte Kollege eigentlich gar nicht da hätte sein sollen, wo er letztlich in die Tiefe stürzte", aber das Gericht hielt das für unerheblich: „Keiner weiß genau, was er da gemacht hat. Aber diese Unfälle passieren immer so. Dafür sind solche Sicherheitsvorschriften da, um solche Dinge auszuschließen."

[749] Siehe https://www.augsburger-allgemeine.de/dillingen/Toedlicher-Sturz-eines-Bauarbeiters-vor-Gericht-id33251292.html (abgerufen am 23.02.2023).

Fall 11: Gerüststurz Freudenstadt Sägewerk

⇨ Das Amtsgericht Freudenstadt verurteilte einen Unternehmer wegen fahrlässiger Tötung zu einer Geldstrafe von 60 Tagessätzen

Sachverhalt

Am 11. Juli 2011 demontierte der Unternehmer *U* mit seinen Zimmergesellen und einem Lehrling auf dem Betriebsgelände eines Sägewerks ein Gerüst, das zur *„Überbrückung der Imprägnieranlage"* diente. Dieses Gerüst war *„eine von U entworfene Sonderkonstruktion aus Holz"* – bestehend aus *„zwei fast 15 m langen und 205 kg schweren Kanthölzern, die untereinander horizontal mit Belagteilen aus dem Systemgerüst verbunden und mit einer Absturzsicherung versehen waren"*.

Es wurden zunächst *„an der Gerüstkonstruktion das Geländer, der Laufboden und die Diagonalstreben demontiert sowie die Verschraubung der Kanthölzer miteinander entfernt"*. *U* erteilte die Anweisung, *„langsam zu machen und das Zugrohr zur Sicherheit montiert zu lassen"* und wollte mit seinem *„Gabelstapler die Tragebalken von unten unterstützen"*.

Trotzdem entfernte der – *„ungesichert und ohne Helm"* arbeitende – Zimmergeselle *„die Verankerung des Gerüsts mit der Hallenkonstruktion und die Traverse, auf der die Tragebalken zum Systemgerüst auflagen"* – und schließlich *„auch noch das Geländer zur Außenseite des Gerüsts"*.

„Das hatte zur Folge, dass der Stützpfosten nach hinten zum Gebäude wegkippte und das Kantholz nach unten rutschte und den Zimmergesellen am Kopf traf, sodass dieser aus 4 m Höhe auf den Boden stürzte und tödliche Kopfverletzungen erlitt."

Strafbefehl

Das Amtsgericht erließ gegen den Unternehmer *U* einen Strafbefehl wegen fahrlässiger Tötung gemäß § 222 StGB.[750]

I. Die Begründung

Die Begründung ist bemerkenswert kurz und prägnant – sie wird hier vollständig wiedergegeben:

„Der Unfall ist darauf zurückzuführen, dass Sie es als verantwortlicher Unternehmer pflichtwidrig versäumt haben, vor der Demontage des Gerüsts die von Ihnen nach

[750] Was ein Strafbefehl ist, wird erläutert in Fall 21 „Stromschlag Reinigungsarbeiten Garage".

§ ArbSchG i. V. m. § 3 Abs. 1 BetrSichV und § 3 Abs. 1 Unfallverhütungsvorschrift ‚Grundsätze der Prävention' (BGV A1) verlangte sog. Gefährdungsbeurteilung zu erstellen, d. h. eine Beurteilung, die die für die Beschäftigten mit ihrer Arbeit verbundenen Gefährdungen und die zu ihrer Vermeidung erforderlichen Maßnahmen ermittelt. Bei der Erstellung einer solchen Gefährdungsbeurteilung hätten Sie erkennen können und müssen, dass eine solche wie von Ihnen am Unfalltag vorgenommene Reihenfolge der einzelnen Arbeitsschritte nicht sachgerecht war und es zudem entsprechender Schutzausrüstung bedurft hätte. Dadurch haben Sie den Tod des Zimmergesellen in strafrechtlich zuordenbarer Weise mitverursacht."

Danach heißt es: *„Sie werden daher beschuldigt, durch Fahrlässigkeit den Tod eines Menschen verursacht zu haben."*

Bei der strafrechtlichen Verantwortung geht es im Wesentlichen um drei Prüfungspunkte:

- **die Pflichtverletzung** (hier die Nichtdurchführung einer Gefährdungsbeurteilung)
- **eines Verantwortlichen** (dazu sogleich II.),
- der **schuldhaft = fahrlässig gehandelt** hat (dazu sogleich III.).

II. Die Verantwortlichkeit des Unternehmers

Zur strafrechtlichen Verantwortung des Unternehmers *U* sagt das Amtsgericht nur sehr versteckt, er habe den tödlichen Unfall *„in strafrechtlich zuordenbarer Weise mitverursacht"*.

Da *U* ja leider die Gefährdungsbeurteilung unterlassen hat, kann er nur „als Garant" bestraft werden. Wenn man nichts tut, kann man trotzdem, aber auch nur unter den Voraussetzungen des § 13 StGB verurteilt werden: *„Wer es unterlässt, einen Erfolg abzuwenden, der zum Tatbestand eines Strafgesetzes gehört, ist nach diesem Gesetz nur dann strafbar, wenn er rechtlich dafür einzustehen hat, dass der Erfolg nicht eintritt."* Gemeint ist der „strafrechtliche Erfolg", also – so schlimm es klingt – der Tod des Opfers, letztlich also der Misserfolg, also die Folge bzw. das Ergebnis. Wer in diesem Sinne „einstehen" muss, wird Garant genannt – er hat eine Garantenstellung. Es kommt darauf an, ob er *„rechtlich"* einstehen muss. Es muss daher eine Rechtspflicht des Angeklagten benannt werden, die er nicht erfüllt hat:

§ 5 ArbSchG i. V. m. § 3 BetrSichV regelt, dass die Beurteilung der Arbeitsbedingungen durch den Arbeitgeber = Unternehmer erfolgen muss. Die Verantwortung des *U* folgt also aus diesen Grundpflichten des Arbeitsschutzrechts. Und das Unterlassen dieser Aufgabe hat – eben über § 13 StGB – auch Bedeutung für die Strafhaftung: Das meint das Gericht, wenn es von der strafrechtlichen „Zuordnung" spricht.

III. Die Bedeutung der Gefährdungsbeurteilung für Verschulden = Fahrlässigkeit

Das Bürgerliche Gesetzbuch (BGB) definiert fahrlässig als „**Außerachtlassung der im Verkehr erforderlichen Sorgfalt**" (§ 276). Damit werden indes keine wirklich aussagekräftigen Kriterien für eine Prüfung auf Fahrlässigkeit gegeben. Im Strafrecht spricht man von „**persönlicher Vorwerfbarkeit**" – und es gilt nicht (wie im Zivilrecht gemäß BGB) ein objektiver Maßstab, sondern es kommt auch auf die subjektiven Möglichkeiten des Angeklagten an. Entscheidend ist die **Erkennbarkeit und Vermeidbarkeit**: Bestraft wird nur, wer den Schaden (Juristen sagen: den „Kausalverlauf") voraussehen und wer zumutbare Abwehrmaßnahmen ergreifen konnte.

Man muss verstehen, dass diese – recht abstrakten – Aussagen nur der rechtliche Rahmen sind, um die entscheidende Wertungsfrage zu beantworten: Hätte der der Angeklagte den Unfall vorausehen und verhindern können?

Der simple Schluss des Amtsgerichts Freudenstadt ist,

- dass eine Beurteilung der Arbeitsbedingungen *Rechtspflicht* ist,
- dass mit der *Gefährdungsbeurteilung* die Gefahr **erkannt** worden wäre und
- dass dann der Unfall auch **verhindert** worden wäre, weil auf der Grundlage der Gefährdungsbeurteilung eine *Umsetzung* der erforderlichen Schutzmaßnahmen erfolgt wäre.

IV. Das Strafmaß

Gegen *U* wurde eine Geldstrafe in Höhe von 60 Tagessätzen verhängt.

Das Schuldausmaß bestimmt sich nach den Tagessätzen und nicht nach der Gesamtsumme. Die Höhe des einzelnen Tagessatzes richtet sich dann nach dem Netto-Einkommen unter Berücksichtigung auch von Kredit- und Unterhaltungszahlungen – d. h. „bereinigtes" Einkommen. 60 Tagessätze entspricht 2 Monatsgehältern.

Der Strafbefehl enthält noch folgenden *„Vermerk der Staatsanwaltschaft"*: *„Bei der Bemessung der Strafe wurde das erhebliche Mitverschulden des Verunfallten am Unfallereignis berücksichtigt."*

Fall 12: Glasschleifmaschine

⇨ Tödlicher Arbeitsunfall eines Auszubildenden nach Maschinenmanipulation

⇨ Strafrechtliche Verurteilung von sechs Personen durch das LG Osnabrück[751]

Sachverhalt

Am 22. Juli 2010 starb ein 19-jähriger Auszubildender zum Flachglasmechaniker (im Urteil[752] Björn S. genannt), als er sich bei der Arbeit in eine Glaskantenschleifmaschine beugte und tödlich eingeklemmt wurde. In einer Presseerklärung sagte das Landgericht Osnabrück, *„die Lichtschranke der Maschine war ausgebaut, um die Produktivität zu erhöhen. Die ausgebaute Sicherheitsvorkehrung, die den Schleifvorgang unterbricht, sobald eine Person in den Arbeitsbereich gelangt, hätte den tödlichen Arbeitsunfall verhindert."*

In einer „Vorbemerkung" des Urteils heißt es: *„Verantwortlich dafür, dass die Maschine – jahrelang – ohne diese Sicherheitseinrichtung betrieben und dies dem Auszubildenden Björn S. am Unfalltage zum Verhängnis wurde, sind fünf Angeklagte."*

- die Brüder *„Heinrich und Hermann R. als Geschäftsführer bzw. Inhaber aufgrund der von ihnen gemeinsam getroffenen Entscheidung, die Maschine ohne die Sicherheitseinrichtung zu betreiben"*,
- der Instandhaltungsleiter, *„der die Maschine entsprechend dieser Entscheidung aufgebaut hat"*,
- ein *„Mitgeschäftsführer"* als Ausbilder und der *„Produktionsleiter"*, die *„den Betrieb der ungesicherten Maschine mitzuverantworten haben"*.

Die Fachkraft für Arbeitssicherheit ist nicht verurteilt worden, gegen sie ist noch nicht einmal ermittelt worden: Sie hat sich nämlich vorbildlich verhalten.[753] Ein Ermittlungsverfahren gegen einen Sicherheitsbeauftragten ist eingestellt worden.[754]

---

751 Zum Instandhaltungsleiter siehe *Wilrich*, Maschinen- und Anlagensicherheitsrecht im Industrieservice, 2023 (VDE-Schriftenreihe 165).

752 LG Osnabrück, Urteil v. 20.09.2013 (Az. 10 KLs 16/13).

753 Vgl. Fall 4 in *Wilrich*, Verantwortung und Haftung der Sicherheitsingenieure – Unterstützungs-, Beratungs-, Berichts-, Prüfungs-, Warn- und Sorgfaltspflichten der Fachkräfte für Arbeitssicherheit als Stabsstelle und Unternehmerpflichten in der Linie, 2022, S. 299 ff.

754 Vgl. Fall 10 in *Wilrich*, Arbeitsschutzverantwortung für Sicherheitsbeauftragte: Bestellung, Rechtsstellung, Pflichten und Haftung als Vertrauenspersonen und Beschäftigte – Grundwissen Arbeitssicherheit, Führungspflichten und Unternehmensorganisation, 2021, S. 211 ff.

Mit der unfallverursachenden, vollautomatisch computergesteuerten und 1998 hergestellten[755] Glaskantenschleifmaschine werden Kanten des geschnittenen Flachglases geschliffen und geglättet. 8 Jahre wurde die Maschine betrieben mit der vom Hersteller installierten Lichtschranke, deren Durchbrechung zum sofortigen Stillstand führte. Im Jahr 2006 begann das Unternehmen mit der Produktion von besonders wertvollen Yacht- und Schiffsverglasungen. Die Maschine wurde seitdem in einer anderen Halle ohne Lichtschranke betrieben, weil dies *„Produktionsvorteile"* habe, die das Gericht ausführlich schildert.

§ 6 Abs. 2 Satz 1 BetrSichV regelt heute ausdrücklich, der Arbeitgeber hat *„dafür zu sorgen, dass erforderliche Schutz- oder Sicherheitseinrichtungen funktionsfähig sind und nicht auf einfache Weise manipuliert oder umgangen werden"* (siehe Kapitel 6.3.3). Hintergrund dieses Manipulationsverbotes ist, dass „ein beträchtlicher Teil der Unfälle durch unerlaubte Eingriffe in die Sicherheitseinrichtungen verursacht wird"[756].

Es ist unfassbar: Zur Vorbereitung eines geplanten Verkaufs der Unfallmaschine sind die sicherheitswidrigen Arbeitsprozesse noch einen Tag vor dem Unfall – also am 21. Juli – unter Beteiligung des Auszubildenden Björn S. in einem *„Maschinendokumentationsvideo"* zu beobachten – nämlich wie er *„mehrfach in den Maschinenarbeitsbereich – teilweise auch unmittelbar in den sich in Betrieb befindlichen Maschinenkopf – hineingreift und mehrfach mit seinem Körper unmittelbar den Rand des Maschinenarbeitstisches berührt"*.

Nicht diskutiert, noch nicht einmal erwähnt im Urteil sind die vier Schlüsseldokumente für eine Maschine nach einem Unfall (und natürlich auch vorher, um zu verhindern, dass es überhaupt zu einem Unfall kommt):

- Gefährdungsbeurteilung,
- Betriebsanweisung,
- Unterweisung und
- Prüfung durch befähigte Person.

Nur der Produktionsleiter sagte, *„bei der Maschine habe sich ein Ordner befunden, der eine Gefährdungsbeurteilung für die Maschine enthielt"*. Was dort wer und wie mit welchem Ergebnis und welcher Handlungsempfehlung beurteilt hat, berichtet das Gericht nicht.

[755] Zu alten Maschinen siehe *Wilrich*, Bestandsschutz oder Nachrüstpflicht? Betreiberverantwortung und Sicherheit bei Altanlagen, 2. Aufl. 2019.

[756] BR-Drs. 400/14 v. 28.08.2014, S. 84.

Sicherheitswidrigkeit der Unfallmaschine

Die *„Sorgfaltspflichtverletzung"* der Verantwortlichen leitete das Gericht aus unzutreffenden Vorschriften ab – es heißt: *„Ein Arbeitgeber hat die Pflicht, die in seinen Betriebsräumlichkeiten beschäftigten Mitarbeiter so weit wie möglich vor gesundheitlichen Risiken zu schützen. Nach § 3a Abs. 1 der Arbeitsstättenverordnung (ArbStättV) hat der Arbeitgeber dafür zu sorgen, dass Arbeitsstätten so eingerichtet und betrieben werden, dass von ihnen keine Gefährdung für die Sicherheit und die Gesundheit der Beschäftigten ausgehen. Dabei hat er unter anderem den Stand der Technik zu berücksichtigen. Gemäß § 4 Abs. 1 der ArbStättV hat der Arbeitgeber die Arbeitsstätte instand zu halten und dafür zu sorgen, dass festgestellte Mängel unverzüglich beseitigt werden. Können Mängel, mit denen eine unmittelbare erhebliche Gefahr verbunden ist, nicht sofort beseitigt werden, ist die Arbeit insoweit einzustellen."*

Einschlägig ist nicht die ArbStättV, sondern – da es um eine Maschine und damit Arbeitsmittel geht – die BetrSichV. Dieser Fehler passiert Gerichten nicht selten – so wendete das OLG Nürnberg auf eine Pappkartonstanze die ArbStättV statt der BetrSichV an.[757] Das macht ein Urteil nicht anfechtbar, denn entscheidend ist die Nachvollziehbarkeit und Richtigkeit der Sicherheitsbeurteilung der Maschine und nicht des rechtlichen Begründungsweges. Auch technische Normen[758] zieht das LG Osnabrück nicht heran.

Urteile

A. Strafverfahren gegen den Geschäftsführer

Zum angeklagten 66-jährigen Geschäftsführer *Hermann R.* heißt es, er *„ist gelernter Maler und Lackierer"* und *„Begründer der von ihm und seinem Bruder Heinrich R. beherrschten Unternehmensgruppe und Geschäftsführer der Glas-Veredelungs-GmbH"*. Er unterschrieb den Berufsausbildungsvertrag und *„setzte sich in diesem persönlich als Ausbilder des damals noch minderjährigen Björn S. ein"*.

Die Unfallmaschine wurde betrieben bei einer anderen GmbH des Konzerns, in der Hermann R. nicht Geschäftsführer war.

I. Verteidigungsargumente von Hermann R.

Hermann R. *„bestritt vehement, vor dem Unfall von der fehlenden Lichtschranke gewusst oder ihre Umgehung gar veranlasst zu haben"*.

---

757 Besprochen in *Wilrich*, Verantwortung und Haftung der Sicherheitsingenieure (2022).

758 Ausführlich *Wilrich*, Die rechtliche Bedeutung technischer Normen als Sicherheitsmaßstab (2017).

- *„Der Vorwurf des bewussten Abbauens von Maschinensicherheitseinrichtungen aus Produktivitätsgründen sei für ihn eine verachtenswerte Unterstellung."*
- Er sei *„von niemandem darauf aufmerksam gemacht worden"*.
- *„Wenn ihm dieser Mangel bekannt gewesen wäre, hätte er als Unternehmensgruppengründer und Unternehmensgruppeninhaber den unverzüglichen Anbau der Lichtschranke angeordnet."*
- Der *„Arbeitsschutz in der Glasproduktion habe für ihn immer an erster Stelle gestanden"*.
- Er habe *„sich nie vorstellen können, dass bei einer solchen Maschine ein so schrecklicher Unfall passieren könne"*.
- Er sei *„regelmäßig in allen Produktionshallen der Unternehmensgruppe inklusive der Y-Glas-Fabrikationshalle gewesen, habe mit den Mitarbeitern gesprochen und auch die Maschinen betrachtet"*.
- *„Heute habe er sich aus dem operativen Bereich aus gesundheitlichen Gründen etwas zurückgezogen und seinem Bruder Heinrich R. mehr Verantwortung übertragen."*
- *„Für die Maschinenbetriebssicherheit sei sein Bruder, der Angeklagte Heinrich R., zuständig gewesen."*

II. Beweiswürdigung des Gerichts

Das Gericht hält die *„Einlassungen des Angeklagten durch die Beweisaufnahme widerlegt"*, glaubt dem Geschäftsführer also nicht, sondern ist überzeugt, dass *„Hermann R. und Heinrich R. den Betrieb der Maschine ohne Lichtschranke mittels manipulativen Überbrückens zur Steigerung der Produktivität der Yacht- und Schiffsgläserfabrikation gemeinsam entschieden haben und einer der beiden angeklagten Brüder mit Wissen und Zustimmung des anderen Bruders dem Instandhaltungsleiter die Anordnung zur Umsetzung dieser Entscheidung erteilt hat."* Dass die beiden Geschäftsführer die Entscheidung über die Maschinenmanipulation *„gemeinsam getroffen"* haben, folgert das Gericht aus einer *„Gesamtschau von Indizien"* – nämlich:

- die Machtposition der Gebrüder R. in der Unternehmensgruppe,
- wirtschaftliche und produktionstechnische Beweggründe der Entscheidung,
- die Missachtung arbeitsschutzrechtlicher Hinweise (durch die Fachkraft für Arbeitssicherheit) und
- Vertuschungsverhalten nach dem Unfall (zusammen mit einem Gewerbeaufsichtsbeamten, der wegen Strafvereitelung verurteilt worden).

III. Rechtliche Würdigung

Aus dem Ergebnis der Beweiswürdigung leitete das Landgericht Osnabrück ab: *„Der Angeklagte Hermann R. hat sich der fahrlässigen Tötung gemäß § 222 StGB in Form der bewussten Fahrlässigkeit schuldig gemacht.“* Mit folgender Begründung verurteilt das Gericht ihn zu einer Freiheitsstrafe von sechs Monaten, deren Vollstreckung zur Bewährung ausgesetzt wird:

1. Pflichtverletzung

Hermann R. behauptete zwar, im Zeitpunkt des Unfalls war nicht mehr er, sondern nur sein Bruder für operative Prozesse und für Maschinensicherheit zuständig – und er war ja noch nicht einmal formal Geschäftsführer des Unternehmens, in dem die Unfallmaschine betrieben wurde. Aber – so das Landgericht Osnabrück – erstens hatte Hermann R. als faktischer Geschäftsführer den arbeitsschutzwidrigen Zustand mit beschlossen und zweitens war er Ausbilder des verunglückten Björn S.

a. Geschäftsführerpflicht: faktische Verantwortung

Für Hermann R. *„gilt aufgrund des gemeinsam gefassten Entschlusses zum Ausbau der Lichtschranke und der zumindest gebilligten Ausführung dieser Manipulation das zur Verantwortlichkeit des angeklagten Heinrich R. Ausgeführte“*. Die Verantwortung des formal im Betreiberunternehmen nicht zum Geschäftsführer berufenen und nach (behaupteter) interner Geschäftsverteilung unzuständigen Hermann R. wird aus seinem im Konzern – in der *„Unternehmensgruppe“* – beherrschenden Einfluss und die Mitentscheidung der Maschinenmanipulation abgeleitet:

Für das Gericht *„ergibt sich das unmittelbare Interesse und der unmittelbare Einfluss des Angeklagten Hermann R. am und auf das operative Geschäft bereits daraus, dass er als Unternehmensgruppengründer und Unternehmensgruppeninhaber regelmäßig auch in der Fabrikationshalle war, dort mit den Mitarbeitern gesprochen und auch die dortigen Maschinen in Augenschein genommen habe. Bezeichnend ist in diesem Zusammenhang auch die Aussage des angeklagten Mitgeschäftsführers Ro., wonach es Hermann R. gewesen sei, der den Aufbau der Yachtglas-Geschäftssparte finanziert habe. Dem entnimmt das Gericht, dass Hermann R. nicht nur ein wirtschaftliches Interesse an der Yachtglas-Produktion hatte, sondern auch aktiv in die Entscheidungsprozesse eingebunden war.“*

<u>Anmerkung</u>: Im Wirtschaftsstrafrecht kann strafbar sein „nicht allein der förmlich zum Geschäftsführer Bestellte, sondern auch derjenige, der die Geschäftsführung tatsächlich übernommen hat“[759]. Man stützt sich bei dieser Argumentation auf § 14

[759] BGH, Urteil v. 22.09.1982 (Az. 3 StR 287/82).

Abs. 3 StGB: Es kommt nicht auf die formale Wirksamkeit (hier der Geschäftsführerbestellung), sondern darauf an, „wie es wirklich läuft“ (also die „gelebte“ bzw. „informelle“ Organisation).[760] „Nach gefestigter Rechtsprechung“[761] ist „als Geschäftsführer nicht nur der formell zum Geschäftsführer Berufene anzusehen, sondern auch derjenige, der die Geschäftsführung mit Einverständnis der Gesellschafter ohne förmliche Bestellung faktisch übernommen und ausgeübt hat. Dieser Begriff des faktischen Geschäftsführers ist erfüllt, wenn sowohl betriebsintern als auch nach außen alle Dispositionen weitgehend von dem faktischen Geschäftsführer ausgehen und er im Übrigen auf sämtliche Geschäftsvorgänge bestimmenden Einfluss nimmt.“ So hat – allerdings ohne Diskussion der Einzelheiten – auch das Landgericht Saarbrücken nach einem Explosionsunfall beim Bau einer Wellness-Salzgrotte in St. Ingbert einen auf 400-€-Basis Angestellten als Mitgeschäftsführer, Mitentscheider und für das Unternehmen Mitverantwortlichen verurteilt.[762]

b. Fürsorge- und Schutzpflicht: Verantwortung als Ausbilder

Das Gericht ergänzte, *„dass der Angeklagte Hermann R. den Ausbildungsvertrag mit den Eltern des Auszubildenden Björn S. unterschrieben hat und daher für die Sicherheit des ihm anvertrauten Auszubildenden verantwortlich war. Gemäß § 22 Abs. 1 Nr. 3 JArbSchG dürfen Jugendliche nicht beschäftigt werden mit Arbeiten, die mit Unfallgefahren verbunden sind, von denen anzunehmen ist, dass Jugendliche sie wegen mangelnden Sicherheitsbewusstseins oder mangelnder Erfahrung nicht erkennen oder nicht abwenden können. Und nach § 14 Abs. 1 Nr. 5 BBiG, das auch für volljährige Auszubildende gilt, haben Ausbildende dafür zu sorgen, dass Auszubildende charakterlich gefördert sowie sittlich und körperlich nicht gefährdet werden.“* Aber *„Björn S. ist mit Wissen und Wollen seines Ausbilders in der Produktion eingesetzt worden, wobei und obwohl Hermann R. bewusst war, dass bei der Glaskantenschleifmaschine die Lichtschranke außer Betrieb gesetzt war. Damit hat der Angeklagte Hermann R. gegen die Pflicht zum Schutz seines Auszubildenden eklatant verstoßen.“*

Anmerkung: Das Bundesarbeitsgericht hat schon 1964 eine „sorgfältige Überwachung“ der Ausbildung von den Ausbildungsbetrieben gefordert.[763]

---

760 Ausführlich *Wilrich*, Technik-Verantwortung, 2022 – in diesem Buch Kapitel 2.9.4.

761 So z. B. BGH, Urteil v. 10.05.2000 (Az. 3 StR 101/00).

762 Siehe die Fallbesprechung Nr. 10 „Bauschaumexplosion beim Bau einer Salzgrotte“ von Cordula und Thomas *Wilrich*, Gefahrstoffrecht vor Gericht, 2021, S. 67 ff.

763 BAG, Urteil v. 11.12.1964 (Az. 1 AZR 39/64).

2. Fahrlässigkeit = Verschulden

Eine Verurteilung wegen fahrlässiger Tötung (§ 222 StGB) setzt Fahrlässigkeit voraus. Fahrlässiges Handeln im Sinne des Bürgerlichen Gesetzbuches (BGB) bedeutet unsorgfältiges Handeln – genauer gesagt „Außerachtlassung der im Verkehr erforderlichen Sorgfalt" (§ 276). Entscheidend für die strafrechtliche „persönlicher Vorwerfbarkeit" ist insbesondere die Erkennbarkeit des Unfalls bzw. Schadens. Das Landgericht Osnabrück sagt zum Angeklagten Hermann R.:

- Es war ***„objektiv vorhersehbar"***, dass *„die Billigung des Einsatzes eines Auszubildenden in einer Firmenproduktion, von der der Ausbilder weiß, dass dort eine Glaskantenschleifmaschine ohne Lichtschranke betrieben wird, zu einem schweren und sogar tödlichen Arbeitsunfall des Auszubildenden führen kann"*.
- ***„Subjektiv vorwerfbar"*** hat der Angeklagte auch gehandelt: Er *„ist Unternehmensgründer und besitzt als langjähriger Experte und Fachmann in der Glasfabrikationsbranche ohne Weiteres die persönlichen Fähigkeiten und die individuelle Kenntnis, dass die Bedienung einer Glaskantenschleifmaschine, an der die erforderliche arbeitsschutztechnische Lichtschranke fehlen, für den Auszubildenden lebensgefährlich ist"*.

Anmerkung: Hermann R. ist wegen **bewusster Fahrlässigkeit** verurteilt worden. Dabei hat der Täter den Schaden beziehungsweise Unfall „zwar für möglich gehalten, aber im ernsthaften, nicht nur vagen Vertrauen auf sein Ausbleiben gehandelt" (sonst wäre es sogar Vorsatz). Die unbewusste Fahrlässigkeit ist dagegen eine Art „Verstandesschuld"[764]: Hier „bezieht der Täter die Tatbestandsverwirklichung überhaupt nicht in seine Betrachtung ein". In der Literatur heißt es – einerseits – nicht selten, „bewusste Fahrlässigkeit wiegt nicht generell schwerer als unbewusste"[765], und – andererseits – „unbewusste Fahrlässigkeit kann milder beurteilt werden als die bewusste"[766].

[764] *Duttge*, in: Münchener Kommentar zum StGB, 3. Aufl. 2017, § 15 Rn. 86.
[765] *Lackner/Kühl*, StGB, 28. Aufl. 2014, § 15 Rn. 53.
[766] *Sternberg-Lieben/Schuster*, in: Schönke/Schröder, StGB, 29. Aufl. 2014, § 15 Rn. 205.

IV. Strafzumessung

Das Gericht hält *„folgende Strafzumessungsgesichtspunkte für maßgebend"*: Strafmildernd für den Geschäftsführer Heinrich R. sei, dass

- er bisher strafrechtlich nicht in Erscheinung getreten ist und
- *„seit dem Unfall bereits mehr als drei Jahre vergangen sind, wobei aufgrund des Umfangs der Ermittlungen eine wesentliche Verfahrensverzögerung jedoch nicht festzustellen ist"*.

Straferschwerend sei,

- *„das besondere Maß an subjektiver Pflichtwidrigkeit, da er die für den tödlichen Arbeitsunfall ursächliche Manipulation bewusst, also vorsätzlich herbeigeführt hat"* und
- dass er *„aus rein betriebswirtschaftlichen Gründen und damit zur Profitsteigerung"* gehandelt hat.

„Aus diesen Gründen kam als angemessener Schuldausgleich die Verhängung einer Geldstrafe nicht mehr in Betracht." Dem Gericht *„erschien die Verhängung einer Freiheitsstrafe geboten und in Höhe von sechs Monaten als tat- und schuldangemessen. Die Vollstreckung der erkannten Freiheitsstrafe konnte zur Bewährung ausgesetzt werden, da zu erwarten ist, dass der bislang unbestrafte Angeklagte sich die bloße Verurteilung zur hinreichenden Warnung dienen lassen wird und künftig auch ohne Einwirkung des Strafvollzuges keine Straftaten mehr begehen wird."*

V. Bewährungsbeschluss

In einem *„Bewährungsbeschluss"* des Landgerichts Osnabrück heißt es noch,

- dass die Bewährungszeit auf 3 Jahre festgesetzt wird und
- dass *„binnen eines Monats nach Rechtskraft des Urteils ein Geldbetrag von 10 000 €"* zu zahlen ist.

B. Strafverfahren gegen den Produktionsleiter

Ein weiterer wegen fahrlässigen Tötung verurteilten Unternehmensmitarbeiter ist der Produktionsleiter (*P*). Zu ihm heißt es im Urteil: *„Der derzeit 34-jährige Angeklagte P ist gelernter Glasermeister und Betriebswirt des Handwerks. Im November 2006 wurde er eingestellt"* und *„eineinhalb Jahre nach seiner Einstellung wurde er Produktionsleiter". P „erstellte die Schichtpläne für den Betrieb"* und die *„Ausbildungspläne für die eingesetzten Flachglasmechaniker-Auszubildenden.*

So teilte er die Auszubildenden bei der Arbeit den einzelnen Maschinen zu, wozu auch die manipulierte Maschine gehörte. Auch für den Unfalltag teilte der Angeklagte P den Auszubildenden Björn S. ein.“

I. Die Verteidigungsargumente des Produktionsleiters

Der angeklagte Produktionsleiter

- betonte, dass er erst nach dem manipulativen Maschinenumbau ins Unternehmen kam;
- bestritt, *„das Fehlen der eigentlich vorgesehenen Lichtschranke an der Unfallmaschine gekannt zu haben“*;
- behauptete, *„er habe die Unfallmaschine nur so gekannt und nicht gewusst, dass normalerweise eine Lichtschranke hätte vorhanden sein müssen“*;
- beteuerte, *„er sei davon ausgegangen, dass die Glaskantenschleifmaschine vorschriftsmäßig betrieben werde“*;
- bekräftigte, *„die Maschine sei regelmäßig gewartet worden“*;
- beschrieb, *„bei der Maschine war ein Ordner, der eine Gefährdungsbeurteilung für die Glaskantenschleifmaschine enthalten habe“*.

Diese Gefährdungsbeurteilung spielte dann aber an keiner Stelle des Urteils eine Rolle.

II. Beweiswürdigung des Gerichts

Das Gericht glaubte dem Produktionsleiter *P* nicht. Er ist zwar nicht für den manipulativen Maschinenumbau verantwortlich, wusste aber davon und hat an der Ausbildung des verstorbenen Björn S. mitgewirkt.

1. Zwar keine eigenverantwortliche Anweisung bzw. Entscheidung des Umbaus

Das Gericht ging nicht davon aus, dass *P* die Maschinenmanipulation angeordnet hat:

- Zum einen war er *„erst nach der Umsetzung und Betriebsaufnahme der Maschine eingestellt worden und scheidet und schon dadurch als Veranlasser der Manipulation der bereits von Anfang an ohne Lichtschranke betriebenen Maschine aus“*.
- Zum anderen war er *„faktisch ein nur leicht höher gestellter Angestellter und Anweisungsempfänger“*.

2. Aber Kenntnis der Manipulation und Mitwirkung bei der Ausbildung

Aber das Gericht geht davon aus, dass *P „Kenntnis vom Fehlen der eigentlich dazugehörigen Lichtschranke an der Maschine bei der Ausarbeitung der auch Björn S. betreffenden Ausbildungspläne für die Flachglasmechaniker-Auszubildenden"* hatte. Das schlussfolgert das Gericht aus *„folgenden Umständen"*:

- Durch seine Unternehmensstellung als Produktionsleiter *„wurde er gegenüber den Schichtleitern sowie den weiteren Mitarbeitern einschließlich der Auszubildenden weisungsbefugt und war mit der Planung und Umsetzung der Produktionsabläufe betraut"*.
- *P „hatte aufgrund seiner beruflichen Laufbahn als Glasermeister Kenntnis von der Funktion und Arbeitsweise von Glasbearbeitungsmaschinen. Als Produktionsleiter ist er zur Überzeugung des Gerichts auch über den Zustand der in seinem Betrieb eingesetzten Maschinen informiert gewesen, anderenfalls wäre er für diese Tätigkeit völlig ungeeignet."*
- Das Gericht geht auch von der Kenntnis des *P* von der Manipulation aus, weil *„auf der rechten Seite des Glaskantenschleifbereichs noch der Lichtschrankenträger angebracht gewesen ist, auf der linken Seite jedoch gefehlt und an dessen Stelle der Maschinenschrank gestanden hat"*.
- Ein Zeuge hat *„glaubhaft bekundet, dass er seinerzeit selbst mit dem Angeklagten P über die Problematik der fehlenden Lichtschranke gesprochen habe"* – und der Zeuge hat dabei *„spontan glaubhaft ausgestoßen: ‚Natürlich hat Herr P davon gewusst. Der ist doch genauso Meister wie ich.' "*
- *„Zur Überzeugung des Gerichts"* handelt es sich *„daher bei der Einlassung des P, ihm sei das Erfordernis der Lichtschranke an der Maschine nicht bewusst gewesen, um eine widerlegte Schutzbehauptung"*.

„Die ursächliche Mitwirkung des P am Arbeitsunfall ist bewiesen durch das Eingeständnis dieses Angeklagten, dass er selbst in den Ausbildungsplänen niedergelegt habe, mit welchen Produktionsmaschinen die Auszubildenden vertraut gemacht werden sollten, wozu auch der Einsatz des Björn S. an der Unfallmaschine gehörte."

III. Das Urteil

„Der Angeklagte hat sich der fahrlässigen Tötung gemäß § 222 StGB in Form der bewussten Fahrlässigkeit schuldig gemacht."

1. Pflichtverletzung durch Mitwirkung an der Ausbildung

Der Produktionsleiter *„hat in Kenntnis des Fehlens der erforderlichen Lichtschranke an der Ausbildung des Björn S. mitgewirkt, indem er den Ausbildungsplan erstellt hat, der explizit auch Einsätze der Flachglasmechaniker-Auszubildenden an der manipulierten Glaskantenschleifmaschine vorgesehen hat, und als Produktionsleiter den Einsatz des Auszubildenden Björn S. mit veranlasst hat"*.

Das Landgericht Osnabrück verurteilte *P* also wegen **pflichtwidrigen Tuns** – wegen des Einsatzes des Auszubildenden an der manipulierten Maschine. In vielen vergleichbaren Fällen wird wegen **Unterlassens der Umsetzung erforderlicher Arbeitsschutzmaßnahmen** verurteilt – also wegen Nichtinstallation der ordnungsgemäß funktionierenden Sicherheitseinrichtung und Duldung des arbeitsschutzwidrigen Maschinenbetriebs. Dann hätte sich das Gericht mit einer Garantenstellung des *P* gemäß § 13 StGB beschäftigen müssen.[767]

2. Fahrlässigkeit = Verschulden

Eine Verurteilung wegen fahrlässiger Tötung gemäß § 222 StGB setzt Fahrlässigkeit voraus. Das Bürgerliche Gesetzbuch (BGB) definiert fahrlässig als unsorgfältig, genauer: Als „Außerachtlassung der im Verkehr erforderlichen Sorgfalt" (§ 276). Im Strafrecht spricht man von „persönlicher Vorwerfbarkeit". Es kommt auch auf die subjektiven – persönlichen – Möglichkeiten des Angeklagten an:

Dass es durch den Einsatz eines Auszubildenden zu einem tödlichen Unfall an einer manipulierten Maschine ohne Lichtschranke kommen kann,

- war „für den Angeklagten **objektiv vorhersehbar**" und
- er *„hatte aufgrund seiner beruflichen Vorbildung als gelernter Glasermeister auch die* ***persönlichen Fähigkeiten und individuellen Kenntnisse****, das zu erkennen"*.

„Dem Angeklagten wäre eine Nichtberücksichtigung der Glaskantenschleifmaschine in den Ausbildungsplänen auch ***zumutbar*** *gewesen. Die Zumutbarkeit entfällt nicht dadurch, dass er bei Hinweis auf eine Gefährdung der Auszubildenden den Verlust seines Arbeitsplatzes zu befürchten gehabt hätte. Im Konfliktfall mit den Gebrüdern R.* [den beiden Geschäftsführern] *hätte er auch dann die Mitwirkung an der Ausbildung der Flachglasmechaniker- Auszubildenden unter Berufung auf den Arbeits- und Auszubildendenschutz ablehnen müssen."*

[767] Vgl. hierzu ausführlich *Wilrich*, Technik-Verantwortung (2022); Arbeitsschutz-Strafrecht (2020); in diesem Buch Kapitel 2.8.2.

IV. Strafzumessung

Der Strafrahmen für eine fahrlässige Tötung beträgt „Freiheitsstrafe bis zu fünf Jahren oder Geldstrafe" (§ 222 StGB).

Strafmildernd zugunsten des Produktionsleiters berücksichtigt das Gericht,

- dass er *„noch nicht vorbestraft ist"*;
- dass *„seit dem Unfall bereits mehr als drei Jahre vergangen sind, wobei aufgrund des Umfangs der Ermittlungen jedoch keine wesentliche Verfahrensverzögerung festzustellen ist"*;
- dass *„das Maß der von ihm an den Tag gelegten Pflichtwidrigkeit sowohl im Verhältnis zu den beiden angeklagten Geschäftsführern Heinrich R. und Hermann R., aber auch im Vergleich zum Instandhaltungsleiter*[768] *deutlich niedriger liegt. Zum einen hat P bei seinem Unternehmenseintritt die Maschine bereits in ihrem manipulierten Zustand vorgefunden. Zum anderen hat er weder die Entscheidung zur Manipulation der Maschine getroffen noch die Manipulation selbst umgesetzt"*;
- das Verhalten des *P* an den ersten drei Hauptverhandlungstagen: Er *„hat während der Verhandlung bewusst das Gespräch mit den Eltern des verstorbenen Björn S. gesucht und glaubhaft aufrichtig sein tiefstes Bedauern über den tragischen Tod des Björn S. zum Ausdruck gebracht"*.

„Unter Berücksichtigung der vorgenannten Strafzumessungsgesichtspunkte hielt das Gericht die Verhängung einer Geldstrafe von 60 Tagessätzen für tat- und schuldangemessen." Die Tagessatzhöhe betrug 30 €. *„Das Gericht ist jedoch der Auffassung, dass es ausreicht, den Angeklagten P neben dem Schuldspruch zu verwarnen, die Geldstrafe zu bestimmen und die Verurteilung zu dieser Geldstrafe vorzubehalten. Es ist zu erwarten, dass der bislang unbestrafte und bereits durch das Verfahren sichtlich beeindruckte Angeklagte P künftig auch ohne Verurteilung zu einer Strafe keine Straftaten mehr begehen wird. Das geringe Maß der von ihm an den Tag gelegten Pflichtwidrigkeit und sein aufrichtiges Bedauern der Geschehnisse sowie sein Verhalten gegenüber den beiden Eltern des verstorbenen Björn S. begründen besondere Umstände, die es rechtfertigen, ihn von der Verurteilung zur Strafe zu verschonen. Das Maß seiner Verantwortlichkeit weicht bei zusammenfassender Würdigung aller Umstände von vergleichbaren, gewöhnlich vorkommenden Durchschnittsfällen deutlich ab. Die Verteidigung der Rechtsordnung gebietet eine Verurteilung zur Strafe nicht. Die informierte Öffentlichkeit würde angesichts der zugunsten des Angeklagten P sprechenden Umstände eine Verwarnung und den Vorbehalt der Geldstrafe als ausreichend erachten."*

[768] Zu ihm siehe *Wilrich*, Maschinen- und Anlagensicherheitsrecht im Industrieservice, 2023 (VDE-Schriftenreihe 165).

Fall 13: Hebebühne

⇨ Eingeklemmt zwischen Hebebühne und Deckenstahlträger

⇨ Strafverantwortung eines Abteilungsleiters wegen Organisations- und Auswahlverschulden und Unterweisungsversäumnis

Sachverhalt

Der Abteilungsleiter eines Stadtwerkes beauftragte den *„Hausmeister"* und Leiter der Gruppe Technik einer Eishalle (*H*), ein Stromkabel an der Hallendecke zu verlegen. Der Beauftragte mietete eine Gelenk-Teleskop-Hebebühne. Mit seinem Kollegen fuhr *H* mit Arbeitskorb nach oben. *H* steuerte in die Nähe eines hinter ihm befindlichen *„Deckenstahlträgers, der nur wenig über der Oberkante des Arbeitskorbes verlief"*. Der Kollege machte *H* *„noch auf die Gefahr aufmerksam und konnte sich in den Arbeitskorb ducken"*. *H* dagegen wurde eingeklemmt – und *„hierbei wurde von seinem Körper der Not-Aus-Knopf betätigt, sodass die Hebebühne sofort stoppte und sich nicht mehr bewegen ließ"*. Eine am Boden verbliebener Kollege *„versuchte erfolglos den Notablass am Fahrwerk der Teleskopbühne zu bedienen"*. *H* verletzte sich lebensgefährlich an der Brust, konnte erst durch die Feuerwehr befreit werden und verstarb 9 Tage später.

Strafbefehl

Das Amtsgericht Besigheim erließ am 6. November 2018 auf Antrag der Staatsanwaltschaft Heilbronn einen Strafbefehl gegen den Abteilungsleiter *A* wegen fahrlässiger Tötung und setzte gegen ihn eine Geldstrafe in Höhe von 80 Tagessätzen fest – ein Tagessatz betrug einkommensabhängig 60 €, sodass er 3 200 € zahlen musste.

Was ist erforderlich für eine solche strafrechtliche Verurteilung? Eine

- verantwortliche Person muss
- pflichtwidrig den Tod herbeigeführt haben – und zwar
- schuldhaft.

I. Verantwortlichkeit

Im Strafbefehl hieß es, die *„Stadtwerke als Mieter und der dort für die Sicherstellung des Arbeitsschutzes zuständige Angeklagte (A) trugen die Verantwortung"*. Konkret zur Verantwortung des Abteilungsleiters fasste das Gericht zusammen, dass zu seiner

„Zuständigkeit auch die ‚Sicherstellung der Einhaltung der Arbeitssicherheit/UVV/ Dienstpläne/Regelwerke in der Abteilung' gehört". Das könnte eine schriftliche Pflichtenübertragung gemäß § 13 Abs. 2 ArbSchG in Bezug nehmen – wir wissen es aber nicht. Schriftform bei Pflichtendelegation wirkt aber ohnehin nur deklaratorisch, wenn es um einen Bereich geht, der vom Adressaten des Papiers geleitet wird – sie deklariert also nur nach außen, was rechtlich ohnehin schon gilt:

Der Abteilungsleiter wäre auch Beauftragung in Schriftform verantwortlich – automatisch kraft seines Postens und der damit verbundenen (Verkehrs-)Sicherungspflichten.[769] In einem anderen Fall sagte das Amtsgericht Heilbronn – ohne Begründung, weil es so klar ist – der *„Abteilungsleiter der Stromerzeugerfertigung ist für die Einhaltung der Arbeitssicherheit in seiner Abteilung zuständig"*[770].

Da der Abteilungsleiter die Nichterledigung von Arbeitsschutzmaßnahmen vorgeworfen wird (siehe sogleich II.), kann er nur „als Garant" verurteilt werden. Wenn man nichts tut, kann man trotzdem, aber auch nur unter den Voraussetzungen des § 13 StGB verurteilt werden: „Wer es unterlässt, einen Erfolg abzuwenden, der zum Tatbestand eines Strafgesetzes gehört, ist nach diesem Gesetz nur dann strafbar, wenn er rechtlich dafür einzustehen hat, dass der Erfolg nicht eintritt." Gemeint ist der „strafrechtliche Erfolg", also – so schlimm es klingt – der Tod des Opfers, letztlich also der Misserfolg, also die Folge bzw. das Ergebnis. Wer in diesem Sinne „einstehen" muss, wird Garant genannt – er hat eine Garantenstellung. Hier folgt sie aus der Pflichtenübertragung bzw. der Postenübernahme und damit der Leitungsverantwortung. Das hätte das Gericht noch feststellen können und müssen.

Fazit: Jede Person mit Leitungsverantwortung hat die Pflicht zur Erfüllung der in diesem Zuständigkeitsbereich erforderlichen Arbeitsschutzmaßnahmen. Eine schriftliche Pflichtendelegation bestätigt das nur.

II. Pflichtverletzung

Der Strafbefehl zählte drei Pflichtverletzung des Abteilungsleiters auf:

- **Auswahlverschulden**: *A* hat *„nicht dafür Sorge getragen, dass Arbeiten mit der fahrbaren Hebebühne nur von Personen vorgenommen würden, die eine Ausbildung zur Betätigung dieses Geräts haben, die als Nachweis zur Feststellung der fachlichen Eignung verwendet werden"*.

[769] Ausführlich *Wilrich*, Technik-Verantwortung – Sicherheitspflichten der Ingenieure und Organisations- und Aufsichtspflichten der Führungskräfte, 2022.

[770] Fall 22 in *Wilrich*, Bausicherheit – Arbeitsschutz, Baustellenverordnung, Koordination, Bauüberwachung, Verkehrssicherungspflichten und Haftung der Baubeteiligten, 2021, S. 234 ff.

- **Organisationsverschulden**: *„Auch eine schriftliche Beauftragung nach den arbeitsschutzrechtlichen Vorschriften lag nicht vor.“*
- **Unterweisungsversäumnis**: *A* hat *„nicht dafür gesorgt, dass alle mit der Arbeitsbühne Beschäftigten ausreichend in der Bedienung der Arbeitsbühne, insbesondere deren Notablass, unterwiesen waren“.*

Das Gericht zitiert nicht die – am Ende dieser Fallbesprechung abgedruckten – Regeln zum Erfordernis der schriftlichen Organisation, der ordnungsgemäßen Ausbildung und Auswahl und zur Unterweisung beim Betreiben von Hebebühnen. Die DGUV-Regel 100-500 fordert zwar einen schriftlichen Auftrag zum Bedienen von Hubarbeitsbühnen. Aber erstens ist das keine zwingende Rechtsvorschrift[771] und zweitens ist allein fehlende Schriftform nicht strafwürdig[772].

Das Gericht stellt nur noch fest: *„Daher kam es zur Fehlbedienung der Hebebühne und zu dem Unfall. Zudem war es dem Zeugen J* [der unten stand]*, der nicht in die Funktion des Notablasses unterwiesen war, nicht möglich, H durch Betätigung des Notablasses aus seiner Situation zu befreien.“*

Fazit: Organisations-, Auswahl- und Unterweisungspflichten sind zentrale Arbeitsschutzpflichten, die der Prävention von Arbeitsunfällen – neben der Gefährdungsbeurteilung, die hier nicht erwähnt (und nicht durchgeführt worden sein) wird, und die die Basis für die Sicherheitsmaßnahmen ist.

III. Verschulden

Das Amtsgericht verurteilte wegen fahrlässiger Tötung. Fahrlässig handelt, wer den Schaden bzw. Unfall voraussehen und vermeiden kann. Nur das, aber immerhin das stellt das Gericht auch fest in einem nicht ganz vollständigen Halbsatz: *H „zog sich die schließlich tödlichen Verletzungen zu. Folgen, die für den Angeklagten vorhersehbar und vermeidbar waren.“* Insbesondere zur Erkennbarkeit hätte man durchaus mehr sagen können – das geschieht in kurzen Prozessen ohne mündliche Verhandlung und mit einem Strafbefehl aber häufig nicht.

[771] Ausführlich zu ihrer Wirkung *Wilrich*, Die rechtliche Bedeutung technischer Normen als Sicherheitsmaßstab – mit 33 Gerichtsurteilen zu anerkannten Regeln und Stand der Technik, Produktsicherheitsrecht und Verkehrssicherungspflichten, 2017.

[772] Ausführlich *Wilrich*, Pflichtendelegation im Arbeitsschutz – Betriebsorganisation und Personalmanagement durch Übertragung von Unternehmerpflichten auf Führungskräfte, 2023.

DGUV-Regel 100-500 Betreiben von Arbeitsmitteln

Kapitel 2.9 Betreiben von Hebebühnen

2 Maßnahmen zur Verhütung von Gefahren für Leben und Gesundheit bei der Arbeit

2.1 Beschäftigungsbeschränkung

Mit der selbstständigen Bedienung von Hebebühnen dürfen nur Personen beschäftigt werden, die das 18. Lebensjahr vollendet haben, in der Bedienung der Hebebühne unterwiesen sind und ihre Befähigung hierzu gegenüber dem Unternehmer nachgewiesen haben. Sie müssen vom Unternehmer ausdrücklich mit dem Bedienen der Hebebühne beauftragt sein. Der Auftrag zum Bedienen von Hubarbeitsbühnen muss schriftlich erteilt werden.

Fall 14: Kipper in der Fleischfabrik

Die Süddeutsche Zeitung berichtete am 1. Oktober 2015[773]: „Bei einem Arbeitsunfall in einem Fleisch verarbeitenden Betrieb in Buchloe im Ostallgäu ist ein Mann getötet worden. Der 21-Jährige war nach Angaben der Polizei am Mittwochabend mit dem Kopf zwischen einen Container und die Wanne eines Wasserbeckens geraten. Durch die schweren Kopfquetschungen starb er noch an der Unfallstelle. Wie es genau zu dem Unfall kam, ist unklar. Einen technischen Defekt gab es der Polizei zufolge nicht."

Sachverhalt laut Staatsanwaltschaft

Die Staatsanwaltschaft Kempten schilderte den Unfall aus September 2015 etwas ausführlicher: *„Der Verstorbene verunglückte an einer Maschine, die im Folgenden als ‚Kipper' bezeichnet wird. Dieser Kipper befand sich in einem Nebenraum der Schlachthalle. Er diente zur Abkühlung gebrühter Ochsenmäuler. Der Kipper besteht aus einer mit Wasser gefüllten Wanne und einem Korb, der pneumatisch in die Wanne abgesenkt und herausgehoben wird. Die Ochsenmäuler werden in den Korb gelegt. Dann wird der Korb durch Betätigen eines Hebels abgesenkt. Der Verstorbene geriet mit dem Kopf zwischen den Korb und die Wanne. Der Kopf/Hals des Verstorbenen wurde durch den herabfahrenden Korb eingequetscht, wodurch der Tod verursacht wurde."*

Die Maschine stand im Eigentum eines Unternehmens, das *„den Schlacht- und Zerlegebetrieb vertraglich abgegeben"* hatte an eine Betreiberin.

Unsicherheit gemäß Betriebssicherheitsverordnung

Der Kipper – so die Staatsanwaltschaft – *„entspricht in mehrfacher Hinsicht nicht der BetrSichV*[774]*:*

- *Er verfügt über keine technischen Einrichtungen, die eine Gefahr durch Quetsch- und Scherstellen ausschließen (§ 9 Abs. 1).*
- *Es ist kein Schutz gegen unbeabsichtigtes Bedienen des Steuerungshebels vorhanden (§ 8 Abs. 4).*
- *Ein gut gekennzeichneter und schnell erreichbarer Notausknopf ist nicht vorhanden (§ 8 Abs. 6)."*

[773] Siehe https://www.sueddeutsche.de/bayern/buchloe-toedlicher-arbeitsunfall-1.2673892 (abgerufen am 15.08.2020).

[774] Zu ihr ausführlich *Wilrich*, Praxisleitfaden Betriebssicherheitsverordnung – mit 33 Gerichtsurteilen, 2. Aufl. 2020.

Einstellung eines Ermittlungsverfahrens gegen einen Sicherheitsbeauftragten

Die Staatsanwaltschaft Kempten stellte ein Ermittlungsverfahren gegen den Sicherheitsbeauftragten im Mai 2018 gemäß § 170 Abs. 2 StPO – also ohne Auflagen – ein:

„*Der Beschuldigte ist Sicherheitsbeauftragter gemäß § 22 Abs. 1 SGB VII*" bei der Eigentümerin der Maschine. „*Eine strafrechtliche Haftung trifft ihn aus folgenden Gründen jedoch nicht:*"

1. Die Maschineneigentümerin war „*nicht Arbeitgeber des Verstorbenen und sie hat die Arbeitsschutzpflichten zulässig vertraglich weitergegeben. Da die Auftraggeberin des Sicherheitsbeauftragten keine Arbeitsschutzverpflichtung gegenüber dem Geschädigten traf, kann auch der Sicherheitsbeauftragte nicht durch eine übertragene Verpflichtung belastet werden.*
2. *Der Sicherheitsbeauftragte gemäß § 22 Abs. 1 SGB VII ist seiner Funktion nach schon kein Garant. Er hat weder Weisungs- noch Leitungsbefugnis. Seine Stellung ist eine rein beratende ohne besondere Befugnisse. Die rechtliche Verantwortung für die Arbeitssicherheit und den Gesundheitsschutz liegt weiter beim Unternehmer. So ist es im Arbeitsschutzgesetz (ArbSchG) und im Sozialgesetzbuch (SGB) VII festgelegt.*
3. *Ansonsten hatte der Beschuldigte keinen Bezug zu der Maschine, sodass auch nicht von einem überlegenen Wissen auszugehen ist, das ihn hätte veranlassen müssen einzuschreiten.*"

Fall 15: Laborwalzwerk

- ⇨ Ein Arbeitnehmer verletzte sich an einer 66 Jahre alten *„desolaten"* Maschine
- ⇨ Der Geschäftsführer beschwerte sich, *„Förmeleien des Arbeitsschutzrechts"* machten die *„Hauptaufgabe Gewinnerwirtschaftung"* leider *„nebensächlich"*. Bei Urteilsverkündung heißt es dann, er sei ein *„guter und anständiger Unternehmer"*
- ⇨ Die Sicherheitsfachkraft sagte, sie sei zum Arbeitsschutz gekommen *„wie die Jungfrau zum Kinde"*. Die Staatsanwaltschaft hielt sie für *„strukturell überfordert"* und ihre Beauftragung mit Unternehmerpflichten gemäß § 13 ArbSchG bestehe nur *„auf dem Papier"*
- ⇨ Die Justizbehörden bieten dem Geschäftsführer im Wege des *„Deals"* eine Geldstrafe von 90 Tagessätzen, bevor sie das Ausmaß der Pflichtverletzungen und der Schuld vollständig ermittelt hatten. Nachdem das alles festgestellt wurde, verurteilte das Amtsgericht den Geschäftsführer (eher symbolisch) zu einer Geldstrafe von 90 Tagessätzen – die häufigste Strafe bei fahrlässiger Körperverletzung[775]
- ⇨ Das Unfallunternehmen wird zu einer Geldbuße in Höhe von 100 000 € verurteilt – auch eher symbolisch

Der Unfall, der Geschädigte und der Sicherheitszustand der Maschine

Am 17. September 2015 geriet ein seit dem 1. Juni 2015 im Unternehmen tätiger Arbeitnehmer – so heißt es im Urteil – *„aufgrund einer kleinen Unaufmerksamkeit"* mit der rechten Hand zwischen die Walzen eines Laborwalzwerkes und ihm mussten Finger amputiert werden. *„Ursächlich für den Unfall war der desolate Sicherheitszustand der Maschine, die bereits seit mindestens zehn Jahren nicht mehr den Sicherheitsvorschriften entsprochen hatte. Insbesondere fehlte am Walzeneinzug die vorgeschriebene Schutzvorrichtung. Die Folgen des Unfalls wurden noch verschärft durch einen unzulässig langen ‚Nachlaufweg' der Walzen, nachdem der Verletzte die ‚Not-Aus-Reißleine' gezogen hatte."*

In der Anklageschrift der Staatsanwaltschaft Stuttgart war die Rede von einem *„bereits 1948 gebauten Laborwalzwerk, das selbst den abgesenkten Sicherheitsanforderungen an ältere Maschinen nicht mehr genügte"*. Der *„Walzenspalt war*

---

775 Siehe in diesem Buch Fall 8, Fall 9 und Fall 18 sowie die Verweise aus dem Stichwortverzeichnis („90 Tagessätze") in *Wilrich*, Sicherheitstechnik und Maschinenunfälle vor Gericht – 40 Urteilsanalysen zu Produktsicherheit, Hersteller- und Konstruktionspflichten, Arbeitsschutz, Betreiber- und Organisationspflichten, 2022.

entgegen dem Stand der Technik frei zugänglich"[776]. Nach dem Unfall wurde das alte durch „*ein sicheres Walzwerk ersetzen, das 49 000 € kostete*".

Zum Verletzten berichtete die Anklage, er sei als „*Chemiker*" tätig und „*er war in die Bedienung des Walzwerks von den Zeugen X und Y eingewiesen worden, wobei ihm gesagt worden war, die Maschine entspräche dem Standard. Nach etwa zwei Monaten durfte er die Maschine allein bedienen.*"

Die Arbeitsschutzverantwortlichen

Das Urteil des Amtsgerichts benennt zwei „*Verantwortliche für diesen Zustand und den Unfall*":

- den „*alleinigen Geschäftsführer des Unternehmens*", der „*als solcher für den Arbeitsschutz seiner Mitarbeiter verantwortlich*" ist (siehe Teil 1 in diesem Fall) und
- die „*GmbH als Arbeitgeberin*" (siehe Teil 2 in diesem Fall).

Das Verfahren gegen einen anderen Angeschuldigten, die Sicherheitsfachkraft, stellte die Staatsanwaltschaft vor der mündlichen Verhandlung ein.[777]

In der Anklageschrift hieß es, der Geschäftsführer „*sieht keine strafbaren Versäumnisse bei sich*": Er „*habe die Verantwortung für den Arbeitsschutz auf die Fachkraft für Arbeitssicherheit delegiert und dieser habe aus unerfindlichen Gründen die Nachrüstung vergessen*". Es wird auch betont, das sei eine „*Einlassung beider Angeschuldigten*". Das bedeutet, dass das auch die Sicherheitsfachkraft bestätigt hat, dass ihr die Verantwortung für die Sicherheitsverantwortung übertragen wurde.

Teil 1: Verurteilung des Geschäftsführers

Der Geschäftsführer hat sich – so das Amtsgericht – wegen „*fahrlässiger Körperverletzung durch Unterlassen gemäß §§ 229, 13 StGB schuldig gemacht*".

---

[776] Zu ihm siehe Kapitel 11 und *Wilrich*, Die rechtliche Bedeutung technischer Normen als Sicherheitsmaßstab – mit 33 Gerichtsurteilen zu anerkannten Regeln und Stand der Technik, Produktsicherheitsrecht und Verkehrssicherungspflichten, 2017.

[777] Analyse dieser Einstellung in *Wilrich*, Verantwortung und Haftung der Sicherheitsingenieure: Unterstützungs-, Beratungs-, Berichts-, Prüfungs-, Warn- und Sorgfaltspflichten der Fachkräfte für Arbeitssicherheit als Stabsstelle und Unternehmerpflichten in der Linie – mit 15 Gerichtsurteilen und Strafverfahren zu Fahrlässigkeit und Schuld nach Arbeitsunfällen, 2022.

I. Garantenstellung

Der zitierte § 13 StGB ist die entscheidende Rechtsgrundlage für die strafrechtliche Verurteilung, wenn es um das Unterlassen von Arbeitsschutz- bzw. Sicherheitsmaßnahmen geht. Wer in diesem Sinne „einstehen" muss, wird Garant genannt – er hat eine Garantenstellung. Es kommt darauf an, ob er *„rechtlich"* einstehen muss. Das muss ein Geschäftsführer: Er ist – so das Gericht – *„als solcher für den Arbeitsschutz seiner Mitarbeiter verantwortlich"*.

Anmerkung

Bei Unterlassung von Arbeitsschutzmaßnahmen kann strafrechtliche Verantwortung nur mit § 13 StGB verteilt werden – die Garantenstellung entscheidet darüber, wer sich strafbar gemacht haben könnte.[778] Geschäftsführer kommen wegen ihrer Allzuständigkeit in Betracht.[779] Eine Strafbarkeit setzt aber weiter voraus, dass der Geschäftsführer schuldhaft eine Pflicht verletzt hat:

II. Pflichtverletzung durch unterlassene Nachrüstung

Im Urteil wird dem Geschäftsführer der Vorwurf gemacht, dass er es *„unterließ, für die Nachrüstung oder den Austausch des Laborwalzwerkes zu sorgen"*[780].

Das Urteil bereitet die auf das Walzwerk anwendbaren Rechtsvorschriften nicht weiter auf. Die Anklageschrift ist aber ausführlich – und nimmt auch die BetrSichV in Bezug und verweist sogar auf ein Papier der BG RCI mit Stand 20.03.2005 *„Schutzeinrichtungen für den Walzenspalt an alten Walzwerken der gummi- und Kunststoff verarbeitenden Industrie"* – und diese Urkunde ist auch in der Liste der Beweismittel erwähnt. Im Abschnitt *„Rechtliche Würdigung"* fasst die Staatsanwaltschaft unter der Überschrift *„Verstoß gegen das Arbeitsschutzgesetz"* zusammen:

„Nach § 4 Nr. 1 ArbSchG sowie § 5 Abs. 1 BetrSichV müssen Arbeitsmittel bei der Verwendung sicher sein und insbesondere den einschlägigen Rechtsvorschriften entsprechen. Das erforderliche Maß an Sicherheit richtet sich nach den einschlägigen Unfallverhütungsvorschriften der Berufsgenossenschaften sowie nach staatlichem Recht (etwa die ‚Technischen Regeln für Betriebssicherheit'). Fehlen spezielle Vorschriften, ist auf den Stand der Technik abzustellen. Dieser wird in dem Dokument der Berufsgenossenschaft RCI zusammengefasst."

---

[778] Ausführlich *Thomas Wilrich*, *Cordula Wilrich*, Arbeitsschutz-Strafrecht – Haftung für fahrlässige Arbeitsunfälle: Sicherheitsverantwortung, Sorgfaltspflichten und Schuld – mit 33 Gerichtsurteilen, 2020.

[779] Ausführlich *Wilrich*, Technik-Verantwortung – Sicherheitspflichten der Ingenieure, Meister und Fachkräfte und Organisation und Aufsicht durch Management und Führungskräfte, 2022.

[780] Siehe auch *Wilrich*, Bestandsschutz oder Nachrüstpflicht? Betreiberverantwortung und Sicherheit bei Altanlagen, 2. Aufl. 2019.

Anmerkung: Die für eine Verurteilung wegen Fahrlässigkeit erforderliche Pflichtverletzung wird nicht selten mit technischen Normen und nicht gesetzlich zwingenden Konkretisierungen durch Unfallversicherungsträger begründet.[781]

Wenn die Staatsanwaltschaft den fehlenden Austausch vorwirft, bedeutet das Ersetzung der alten Anlage durch eine neue und damit natürlich Stilllegung der alten Anlage – im Sinne des Stopp-Prinzips gemäß § 5 Abs. 2 BetrSichV (siehe Kapitel 3.5).

1. Keine Pflichtendelegation

Im Urteil ist nur zusammengefasst, dass der Geschäftsführer *„als solcher für den Arbeitsschutz seiner Mitarbeiter verantwortlich"* ist. Die Anklageschrift begründet ausführlicher, der Geschäftsführer *„war persönlich für die Nachrüstung des unfallgegenständlichen Laborwalzwerks zuständig"*, denn es gab *„keine Delegation im Sinne des § 13 Abs. 2 ArbSchG. Er hat seine Verantwortung nicht nach § 13 Abs. 2 ArbSchG*[782] *auf die Fachkraft für Arbeitssicherheit delegiert. Dabei kann dahinstehen, ob es überhaupt möglich ist, die Unternehmerverantwortung auf die Fachkraft für Arbeitssicherheit zu übertragen, da dessen Rolle gerade darin bestehen soll, die Entscheidungsträger unabhängig und allein dem Arbeitsschutz verpflichtet zu beraten.*[783] *In jedem Fall setzt eine Delegation voraus, dass der Verpflichtete sowohl die Ressourcen als auch die Kompetenz hat, eigenverantwortliche Entscheidungen zu treffen. Diese Voraussetzungen waren nur auf dem Papier gegeben."*[784]

Anmerkung: Die Staatsanwaltschaft hat missverstanden, dass § 13 ArbSchG nur für die Arbeitsschutzverantwortung gegenüber den staatlichen Gewerbeaufsichtsämtern relevant ist.[785] „Die Schriftform ist Voraussetzung für die öffentlich-rechtliche Wirksamkeit der Beauftragung"[786] – man muss ergänzen: Die Schriftform ist *nur* hierfür relevant. „Primär bezweckt die Übertragung nach § 13 Abs. 2 ArbSchG eine Erweiterung des Adressatenkreises zur Erleichterung behördlicher Überwachungsmaßnahmen

[781] Ausführlich *Wilrich*, Die rechtliche Bedeutung technischer Normen als Sicherheitsmaßstab – mit 33 Gerichtsurteilen zu anerkannten Regeln und Stand der Technik, Produktsicherheitsrecht und Verkehrssicherungspflichten, 2017.

[782] Das ArbSchG ist 1996 in Kraft getreten und insofern gibt es keine Vorgängervorschriften. Aber der heutige § 13 DGUV-Vorschrift 1 hatte 1990 Vorgängernormen.

[783] Hier verweist die Anklageschrift auf das Urteil des OLG Nürnberg v. 17.06.2014 (Az. 4 U 1706/12) – besprochen als Fall 27 „Pappkartonstanze", in: *Wilrich*, Sicherheitstechnik und Maschinenunfälle vor Gericht, 2022, S. 159 ff.

[784] Zur Begründung der Staatsanwaltschaft siehe Fall 7 „Laborwalzwerk", in: *Wilrich*, Verantwortung und Haftung der Sicherheitsingenieure, 2022, S. 316 ff.

[785] Ausführlich *Wilrich*, Pflichtendelegation im Arbeitsschutz – Betriebsorganisation und Personalmanagement durch Übertragung von Unternehmerpflichten auf Führungskräfte, 2023.

[786] VG Regensburg, Urteil v. 31.03.2011 (Az. RN 5 K 09.2518) – besprochen als Fall 11 „Füllziegelanlage", in: *Wilrich*, Sicherheitstechnik und Maschinenunfälle vor Gericht, 2022, S. 74 ff.

und Vollzugsanordnungen."[787] Pflichtenübertragungen mit strafrechtlicher Wirkung folgen anderen Kriterien und es ist keine Schriftlichkeit erforderlich.[788] Das übersieht die Staatsanwaltschaft, wenn sie (siehe sogleich) meint, es sei der *„Arbeitsschutz lediglich faktisch überlassen"* worden, *„jedoch eine wirksame Delegation jedoch gerade nicht erfolgt"*, denn sie meint damit unzutreffend, eine Pflichtendelegation im Arbeitsschutz sei nur wirksam, wenn sie schriftlich erfolge.

Besser wäre es gewesen, nicht „dahinstehen" zu lassen, sondern klar auszusprechen, dass es nicht möglich ist, die Unternehmerverantwortung auf die Fachkraft für Arbeitssicherheit zu übertragen, da dessen Rolle gerade darin besteht, die Entscheidungsträger zu unterstützen und zu beraten – einer Fachkraft für Arbeitssicherheit können nicht grundsätzlich Arbeitsschutzpflichten gemäß § 13 ArbSchG für einen bestimmten Bereich bzw. eine bestimmte Anlage übertragen werden können.[789]

2. Überwachungspflichtverletzung

In der Anklageschrift war auch noch eine *„nicht ausreichende Überwachung"* geschildert, die das Urteil aber nicht mehr aufgreift:

Der Geschäftsführer *„hätte auch seinen Mitarbeiter besser überwachen müssen. Selbst bei einer wirksamen Delegation hätten den Angeschuldigten Unternehmer weiterhin Aufsichts- und Überwachungspflichten getroffen.*[790] *Danach lebt die ursprüngliche Handlungspflicht wieder auf, wenn Hinweise dafür vorliegen, dass derjenige, auf den die Pflicht delegiert wurde, dieser nicht (ausreichend) nachkommt. Schon allein die zahlreichen Unfälle in dem Unternehmen zeigten dem Geschäftsführer deutlich, dass seine derzeitige Organisation der Arbeitssicherheit nicht funktionierte. Erst recht konnte er nicht mehr auf die Erledigung der Nachrüstung durch den angeschuldigten Mitarbeiter vertrauen, nachdem er ihm den Arbeitsschutz lediglich faktisch überlassen hatte, eine wirksame Delegation jedoch gerade nicht erfolgt war."*

Anmerkung: Die Pflicht des Arbeitgebers zur Kontrolle der Sicherheitsfachkräfte steckt in § 5 Abs. 2 Satz 1 ASiG: „Der Arbeitgeber hat dafür zu sorgen, dass die von ihm bestellten Fachkräfte für Arbeitssicherheit ihre Aufgaben erfüllen."

---

[787] VG Augsburg, Urteil v. 20.12.2012 (Az. Au 2 K 11.632) – Fall 17 „Professor", in: *Wilrich*, Sicherheitsverantwortung, 2016, S. 188 ff.

[788] Ausführlich *Wilrich*, Arbeitsschutz-Strafrecht, 2020.

[789] Ausführlich *Wilrich*, Verantwortung und Haftung der Sicherheitsingenieure, 2022.

[790] Die Staatsanwaltschaft spricht von „sekundären Verkehrssicherungspflichten" und beruft sich auf ein Urteil des BGH v. 18.11.2014 – zu diesem Urteil *Wilrich*, Bausicherheit – Arbeitsschutz, Baustellenverordnung, Koordination, Bauüberwachung, Verkehrssicherungspflichten und Haftung der Baubeteiligten, 2021, Kap. 2.4.3.

III. Fahrlässigkeit = Verschulden

Jede Strafe setzt Schuld voraus. Schuld ist persönliche Vorwerfbarkeit. Sie kann erfolgen, wenn objektiv sorgfaltswidrig gehandelt wird und der Unfall vorhersehbar und vermeidbar war – das ist dann die in § 229 StGB geforderte Fahrlässigkeit.

Dass der Unfall – für den Geschäftsführer – vermeidbar war, ist so klar, dass es das Gericht gar nicht feststellt. Der Unfall und damit die Verletzung des Arbeitnehmers waren auch vorhersehbar. In der Anklageschrift heißt es, dass der Geschäftsführer *„auch konkret um den Nachrüstungsbedarf am Laborwalzwerk wusste, ergibt sich aus dem Mailverkehr aus dem Oktober 2008, bei dem der angeschuldigte Unternehmer*[791] *teilweise ‚in cc' gesetzt wurde"*. Das Gericht begründet:

„Der Angeklagte wusste auch seit fast sieben Jahren, nämlich spätestens seit Oktober 2008, vom gefährlichen Zustand der Maschine. Denn die zuständige Berufsgenossenschaft hatte ihn darauf hingewiesen und umfangreiche Nachrüstungen verlangt. Der Angeklagte wusste in dieser Zeit auch, dass die Maßnahmen zur Gewährleistung von Arbeitssicherheit in seinem Unternehmen ungenügend waren. In den Jahren vor diesem Unfall, von 2008 bis 2014, hatten sich jährlich bereits 15–30 Arbeitsunfälle ereignet. Weil es damit, verglichen mit anderen Unternehmen seiner Branche zu weit überdurchschnittlich vielen Arbeitsunfällen in seinem Unternehmen gekommen war, musste der Angeklagte in diesen Jahren vor dem Unfall zusätzlich etwa 300 000 € als Gefahrenaufschläge an die gesetzliche Unfallversicherung, die Berufsgenossenschaft zahlen."

IV. Strafrahmen und Strafhöhe

Das Gericht stellte zunächst fest, *„es war auszugehen von dem Strafrahmen des § 229 StGB, welcher Freiheitsstrafe bis zu drei Jahren oder Geldstrafe vorsieht"*. Das Ergebnis der konkreten Strafzumessung wird mit einer Floskel zusammengefasst wie sie in abertausenden Urteilen steht: *„Unter Abwägung aller für und gegen den Angeklagten sprechenden Gesichtspunkte hielt das Gericht eine Geldstrafe von 90 Tagessätzen für tat- und schuldangemessen"* – und die Höhe eines Tagessatzes wurde einkommensabhängig festgesetzt auf 500 € = 45 000 €.

Anmerkung: Der Strafrahmen ist unzutreffend ermittelt worden. Da es um Unterlassen (von Arbeitsschutzmaßnahmen) geht, ist über § 13 Abs. 2 StGB die Milderungsvorschrift des § 49 Abs. 1 StGB anwendbar, sodass der Strafrahmen Freiheitsstrafe bis zu zwei Jahren und drei Monaten (oder Geldstrafe) beträgt.

[791] Es hätte hier heißen müssen: der „angeschuldigte Geschäftsführer".

1. Strafzumessungserwägungen

„Zugunsten" des Angeklagten *„war zu sehen"*,

- dass er sich *„geständig einließ und die Verantwortung für die Geschehnisse in seinem Unternehmen übernahm"*,
- dass er *„den Arbeitsschutz in seinem Unternehmen mittlerweile deutlich aufgewertet und insbesondere eine externe Fachkraft beauftragt hat"*,
- dass sich *„das Unternehmen, insbesondere auch der Angeklagte, darum bemüht hat, dem Geschädigten nach dem schweren Unfall zur Seite zu stehen"*.

„Strafschärfend musste sich auswirken",

- dass der *„Geschädigte schwere Verletzungen erlitten hat, die zu einer dauerhaften Behinderung und Erwerbsfähigkeitsminderung geführt haben"*,
- dass der *„Angeklagte über einen langen Zeitraum hinweg den Erfordernissen des Arbeitsschutzes in seinem Unternehmen nur ungenügend nachkam. Obgleich sich in seinem Unternehmen seit Jahren eine Vielzahl von Arbeitsunfällen unterschiedlicher Art ereignete, nahm der Angeklagte dies zunächst nicht zum Anlass, den Arbeitsschutz in seinem Unternehmen personell, zeitlich und finanziell besser auszustatten."*

Anmerkung: Alle drei zugunsten des Angeklagten gewerteten Gesichtspunkte sind zweifelhaft:

- Der Geschäftsführer war nicht uneingeschränkt geständig – jedenfalls nach der Anklageschrift. Er hat die Verantwortung mit dem sehr zweifelhaften Argument von sich gewiesen, die Sicherheitsfachkraft mit der Durchführung des Arbeitsschutzes beauftragt zu haben. In einem anderen Fall rügte das Amtsgericht Donaueschingen eine Sicherheitsfachkraft, die die Tatsachen zwar zugab, aber die Verantwortung von sich wies: „Außerdem war ein bemerkenswert hohes Maß an Verantwortungslosigkeit des Angeklagten im Hinblick auf die offenkundige Gefahrträchtigkeit der Maschine zu berücksichtigen."[792]
- Die Erfüllung einer gesetzlichen Pflicht, nämlich hier die Bestellung einer Sicherheitsfachkraft, dürfte und sollte nicht strafmildernd gewürdigt werden. Eher müsste strafschärfend berücksichtigt werden, dass zum Zeitpunkt des Unfalls eine Fachkraft für Arbeitssicherheit nur „auf dem Papier" beauftragt war.

[792] Fall 12 „Schlagschere", in: *Wilrich*, Verantwortung und Haftung der Sicherheitsingenieure, 2022, S. 253 ff.

- An keiner Stelle der Anklageschrift oder des Urteils ist berichtet, dass und wie der Geschäftsführer dem Verletzten zur Seite stand. Über die 30 Jahre vor dem Unfall ist jedenfalls nur von *„Ignoranz“* die Rede:

2. 30 Jahre „Minimum an Arbeitsschutz“ und „Sicherheits-Ignoranz“

Im Urteil wird nichts mehr zum folgenden früheren Vortrag des Geschäftsführers zu Auflagen der Berufsgenossenschaft gesagt: *„Dabei ist unsere Hauptaufgabe, Gewinne zu erwirtschaften, fast nebensächlich geworden.“* Die Staatsanwaltschaft

- sprach von *„Ignoranz gegenüber der Sicherheit seiner Mitarbeiter“*, die *„so weit ging“*, dass er *„es vorzog, in wenigen Jahren lieber 300 000 € Versicherungsaufschläge zu zahlen als in den Arbeitsschutz zu investieren“* und
- fasste zusammen, *„der Angeschuldigte Unternehmer ist seit mindestens Mitte der 1980er-Jahre bemüht, den Arbeitsschutz in seinem Unternehmen auf das Minimum zu beschränken“*, und
- warf ihm vor, er *„signalisierte, Förmeleien des Arbeitsschutzrechts“* machten die *„Hauptaufgabe Gewinnerwirtschaftung“* leider *„nebensächlich“*.

In einem Zeitungsbericht heißt es dann aber: Die *„Richterin und Staatsanwältin rechneten ihm hoch an, dass er sich als ‚guter und anständiger Unternehmer‘ erwiesen habe, weil er sich vor seinen Mitarbeiter stellte“*[793].

3. Der Versuch eines Deals

Die Staatsanwaltschaft hatte dem Geschäftsführer übrigens zunächst angeboten, *„das Verfahren könne im Falle eines Geständnisses durch Strafbefehl (90 Tagessätze) beendet werden“*, aber *„die Geldstrafe war dem Geschäftsführer zu teuer“*.

> <u>Strafprozessordnung (StPO)</u>
>
> **§ 160b Erörterung des Verfahrensstands mit den Verfahrensbeteiligten**
>
> Die Staatsanwaltschaft kann den Stand des Verfahrens mit den Verfahrensbeteiligten erörtern, soweit dies geeignet erscheint, das Verfahren zu fördern.

[793] *Andreas Volz*, Sicherheitshinweis wurde sieben Jahre lang ignoriert, Der Teckbote vom 06.06.2018, siehe https://www.teckbote.de/startseite_artikel,-sicherheitshinweis-wurde-sieben-jahre-lang-ignoriert-_arid,216581.html (abgerufen am 31.12.2020).

§ 257c Verständigung zwischen Gericht und Verfahrensbeteiligten

(1) Das Gericht kann sich in geeigneten Fällen mit den Verfahrensbeteiligten nach Maßgabe der folgenden Absätze über den weiteren Fortgang und das Ergebnis des Verfahrens verständigen. …

(2) Gegenstand dieser Verständigung dürfen nur die Rechtsfolgen sein, die Inhalt des Urteils und der dazugehörigen Beschlüsse sein können, sonstige verfahrensbezogene Maßnahmen im zugrunde liegenden Erkenntnisverfahren sowie das Prozessverhalten der Verfahrensbeteiligten. Bestandteil jeder Verständigung soll ein Geständnis sein.

Anmerkung: Eine Verständigung gemäß § 160b i. V. m. § 257c StPO ist nur möglich in „geeigneten" Fällen. In einem Kommentar zur Strafprozessordnung heißt es: „Welches die ‚geeigneten Fälle' für eine Verständigung sind, ist unklar. Die Gesetzesmaterialien erschöpfen sich in der Aussage, alles hänge von den ‚konkreten Umständen' ab und das Gericht dürfe nicht vorschnell und ohne Prüfung der Aktenlage einer Verständigung zustimmen. Das Gericht muss sich stets selbst noch einmal vergewissern, ob nicht wichtige Gründe einer Verständigung im Einzelfall entgegenstehen."[794]

Ist ein Deal zulässig bei 30 Jahren „Minimum an Arbeitsschutz" und „Ignoranz gegenüber Sicherheit der Mitarbeiter"? Die Staatsanwaltschaft verteidigt sich in ihrer Anklageschrift: Als sie die Verständigung anbot *„war noch nicht klar, dass die Versäumnisse ab 2008, die zu dem Unfall führten, Folge der konsequenten Vernachlässigung des Arbeitsschutzes seit den 1980er-Jahren sind. Eine Geldstrafe ist nicht mehr ausreichend, um beim Geschäftsführer Einsicht in sein Fehlverhalten zu erreichen und die Erwartung zu begründen, dass er in Zukunft die Arbeitsschutzvorschriften in seinem Unternehmen einhalten wird, zumal angesichts der fehlenden Unrechtseinsicht."* Wenn aber bislang nichts zum Unternehmen aufgeklärt war, wie konnte dann die Staatsanwaltschaft einen Deal anbieten? Und wenn der Unfall Folge einer konsequenten Vernachlässigung des Arbeitsschutzes seit Jahrzehnten ist, sind dann 90 Tagessätze eine angemessene Strafe?

Teil 2: Geldbuße gegen Unternehmen

Das Gericht verhängte gegen die GmbH eine Geldbuße gemäß § 30 Abs. 1 Nr. 1, Abs. 2 Nr. 1 OWiG, *„da der Angeklagte zum Leitungsbereich einer juristischen Person gehört"*.

[794] *Jahn/Kudlich*, in: Münchener Kommentar zur StPO, 2016, § 257c StPO Rn. 81.

„Die Geldbuße hat auch den Zweck, dass die (anderen) Eigentümer des Unternehmens darauf achten, dass ihr Geschäftsführer künftig seine Pflichten erfüllt. In Anbetracht der Größe des Unternehmens und der positiven Ertragslage erschien eine Geldbuße in Höhe von 100 000 € im Hinblick auf die Schwere des Unfalls und die lange Zeit der Pflichtverletzung durch den Angeklagten angemessen, aber auch ausreichend."

Anmerkung: Das Zitat des § 30 Abs. 2 Nr. 1 OWiG ist falsch. Es geht nicht um eine vorsätzliche Straftat des Angeklagten, sondern eine fahrlässige Körperverletzung, sodass § 30 Abs. 2 Nr. 2 OWiG anwendbar ist.

Gesetz über Ordnungswidrigkeiten (OWiG)

§ 30 Geldbuße gegen juristische Personen und Personenvereinigungen

(1) Hat jemand

1. als vertretungsberechtigtes Organ einer juristischen Person oder als Mitglied eines solchen Organs, …

   eine Straftat oder Ordnungswidrigkeit begangen, durch die Pflichten, welche die juristische Person oder die Personenvereinigung treffen, verletzt worden sind oder die juristische Person oder die Personenvereinigung bereichert worden ist oder werden sollte, so kann gegen diese eine Geldbuße festgesetzt werden.

(2) Die Geldbuße beträgt

1. im Falle einer vorsätzlichen Straftat bis zu zehn Millionen Euro,
2. im Falle einer fahrlässigen Straftat bis zu fünf Millionen Euro.

Fall 16: Lastenaufzug

⇨ Arbeitsunfall mit Bauaufzug

⇨ Regressklage der Berufsgenossenschaft

⇨ Drei schwere Pflichtverletzungen: Nichtprüfung des Aufzugs, bewusste Duldung seiner sicherheitswidrigen Nutzung und Nichtdurchsetzung des Arbeitsschutzrechts

⇨ Grobe Fahrlässigkeit des Geschäftsführers

Sachverhalt

B war seit 10 Jahren Bauhelfer beim Bauunternehmen *U*, das bei einem Bauvorhaben an einem 14 m hohen Gebäude Verblendarbeiten durchführte. *U* hatte zum Materialtransport einen Bauaufzug mit Nutzlast von 200 kg aufgestellt. Dieser *„reine Lastenaufzug"* war *„nicht zum Transport von Menschen bestimmt"* und bestand aus einem 9 m hohen Mast und einem daran befestigten Korb, der mittels Seil nach oben gezogen werden konnte, und er *„verfügte über mobiles Bedienteil, welches über ein etwa 9 m langes Kabel mit dem Aufzug verbunden war"*.

Nach einer *„Beanstandung und Aufforderung"* der Bezirksregierung, *„eine Sachkundigenprüfung gemäß §§ 10, 11 Betriebssicherheitsverordnung an dem Bauaufzug vornehmen zu lassen"*, fand die letzte *„dokumentierte Prüfung nach den berufsgenossenschaftlichen Regelungen (BGR 500) vor dem Unfallgeschehen am 22.06.2011 statt"*.

Der Geschäftsführer *G* des Bauunternehmens *U* hatte den Aufzug selbst aufgebaut und war am 30. Juli 2013 selbst vor Ort und Vorgesetzter von *B*, der mit einer Schubkarre Klinkersteinen auf der Plattform stehend nach oben fuhr. In etwa 10 m Höhe riss das Seil, der Aufzug stürzte nach unten und *K* verletzte sich schwer.

Der Unfallversicherungsträger klagte auf Erstattung der erbrachten Unfallversicherungsleitungen gegen das Bauunternehmen *U* und dessen Geschäftsführer *G*. Dieser entgegnete zur Verteidigung, dass *„er lediglich ab und zu mitbekommen habe, dass der Bauaufzug zur Personenbeförderung benutzt worden sei und er dies dann beanstandet habe"*.

Urteil

Das Landgericht Paderborn gab der Klage statt und verurteilte das Bauunternehmen und seinen Geschäftsführer.[795]

795 LG Paderborn, Urteil v. 31.05.2016 (Az. 2 O 216/15).

I. Rechtsgrundlage Rückgriffsanspruch: § 110 Abs. 1 SGB VII

Der Geschäftsführer *G „hat den streitgegenständlichen Arbeitsunfall des B am 30.07.2013 grob fahrlässig herbeigeführt, was dem Bauunternehmen U nach § 111 SGB VII zuzurechnen ist“.*

Das Gesetz definiert Fahrlässigkeit als „Außerachtlassung der im Verkehr erforderlichen Sorgfalt“ (§ 276 BGB). Das Gericht definiert grobe Fahrlässigkeit zunächst wie üblich zweistufig:

II. Definition der groben Fahrlässigkeit

Das Landgericht fasst die erforderliche zweistufige Prüfung bei grober Fahrlässigkeit im Sinne des § 110 SGB VII so zusammen: *„Grobe Fahrlässigkeit setzt einen objektiv schweren und subjektiv nicht entschuldbaren Verstoß gegen die Anforderungen der im Verkehr erforderlichen Sorgfalt voraus. Diese Sorgfalt muss in ungewöhnlich hohem Maß verletzt und es muss dasjenige unbeachtet geblieben sein, was im gegebenen Fall jedem hätte einleuchten müssen. Dabei gilt, dass ein Verstoß gegen eine UVV zwar eine Vermutung dafür begründet, dass ein ursächlicher Zusammenhang zwischen dem Verstoß und dem Schaden besteht. Die Annahme einer groben Fahrlässigkeit ist aber auch in diesem Fall nicht ohne Weiteres, sondern erst dann gerechtfertigt, wenn die UVV mit eindeutigen Sicherungsanweisungen vor tödlichen Gefahren schützen soll, also elementare Sicherungspflichten zum Inhalt hat. Dabei spielt insbesondere eine Rolle, ob der Schädiger nur unzureichende Sicherungsmaßnahmen getroffen oder von den vorgeschriebenen Schutzvorkehrungen völlig abgesehen hat, obwohl die Sicherungsanweisungen eindeutig waren. Im letzteren Fall kann der objektive Verstoß gegen elementare Sicherungspflichten ein solches Gewicht haben, dass der Schluss auf ein auch subjektiv gesteigertes Verschulden gerechtfertigt ist.“*

III. Objektiv schwere Pflichtverletzung

Das Gericht sieht drei schwere Pflichtverletzungen:

- die Nichtprüfung des Bauaufzugs,
- die bewusste Duldung der sicherheitswidrigen Nutzung des Aufzugs und
- die Nichtdurchsetzung des Arbeitsschutzrechts trotz Kenntnis der Sicherheitswidrigkeit.

1. Erste Pflichtverletzung: Nichtprüfung des Bauaufzugs

„Im Bereich der Arbeitssicherheit ergibt sich aus den diesbezüglich von den Berufsgenossenschaften erlassenen UVV das Maß der einzuhaltenden Sorgfalt.“

a. Pflicht gemäß BGR 500

Der *„Bauaufzug wurde unter Verstoß gegen die berufsgenossenschaftlichen Regelungen zur jährlichen Durchführung einer Sachkundigenprüfung verwendet“*. Das Gericht zitierte genau:

„Kapitel 2.30, Ziffer 3.20.2 der BGR 500 bestimmt, dass der Unternehmer dafür zu sorgen hat, dass Bauaufzüge entsprechend den Einsatzbedingungen nach Bedarf, jedoch einmal jährlich, durch einen Sachkundigen geprüft werden. Hiergegen hat der G verstoßen, da die letzte dokumentierte Sachkundigenprüfung mehr als 2 Jahre vor dem Unfallgeschehen am 30.07.2013 stattfand.“

Heute steht die **„wiederkehrende Prüfung“**

- in Nr. 3.20.2 Kapitel 2.30 DGUV-Regel 100-500 „Betreiben von Bauaufzügen zur Beförderung von Gütern“ und
- in § 14 Abs. 2 Satz 1 BetrSichV: „Arbeitsmittel, die Schäden verursachenden Einflüssen ausgesetzt sind, die zu Gefährdungen der Beschäftigten führen können, hat der Arbeitgeber wiederkehrend von einer zur Prüfung befähigten Person prüfen zu lassen.“

b. Kein Nachweis der Prüfung

An dem Aufzug war zwar eine Prüfplakette mit Gültigkeit bis April 2013 angebracht, aber G hat *„bis zuletzt nicht dargelegt, durch welches Unternehmen aufgrund welcher Überprüfung diese Plakette an dem Bauaufzug angebracht worden ist und auch keine diesbezügliche Dokumentation vorgelegt. Entschuldbare oder sonstige plausible Gründe für die Versäumung der Überprüfungsfrist sind nicht vorgetragen.“* Es *„muss von den Beklagten erwartet werden, Maßnahmen zu ergreifen, um die nach den UVV vorgesehenen Überprüfungen einhalten zu können“*.

c. Verursachung des Unfalls durch Nichtprüfung (Kausalität)

Dass gerade diese Nichtprüfung auch den Arbeitsunfall verursacht hat, begründet das Gericht mithilfe eines Anscheinsbeweises:

„Es wird bei einem Verstoß gegen UVV prima facie vermutet, dass es bei Beachtung der Schutzvorschrift nicht zu der Verletzung gekommen wäre, wenn sich – wie hier – in dem Unfall gerade die Gefahr verwirklicht hat, deren Eintritt die Vorschrift verhindern wollte.

Diese Vermutung greift auch vorliegend ein. Sinn und Zweck der jährlichen Sicherheitsüberprüfung ist es, die Funktionstüchtigkeit der sicherheitsrelevanten Einrichtungen zu gewährleisten um deren Ausfall und damit einhergehende Unfälle zu verhindern. In diesem Zusammenhang werden jedenfalls im Rahmen einer Sichtprüfung die sicherheitsrelevanten Einrichtungen auf Beschädigungen, Verschleißerscheinungen, Korrosion und sonstige Veränderungen überprüft. Die Überprüfung hätte sich somit bei dem Bauaufzug auf das zentrale sicherheitsrelevante Zugseil, welches vorliegend riss, bezogen."

Aber wäre bei der Prüfung auch das Seil überprüft worden? Ein Zeuge sagte, dass *„alle sicherheitsrelevanten Bauteile und damit auch das Tragseil überprüft werden würden. Ihm sei damals nach dem Unfall sogar aufgefallen, dass das gerissene Seil nach seinem Eindruck vorgeschädigt und teilweise stark rostig gewesen sei."* Ein anderer Zeuge sagte, bei der Prüfung werde ein *„Prüfbogen des Herstellers abgearbeitet"*. Daher – so das Gericht – *„steht fest, dass im Rahmen der erforderlichen Sachkundigenprüfung in jedem Falle das Seil näher überprüft worden und entsprechende Vorschäden entdeckt worden wären"*.

2. Zweite Pflichtverletzung: Bewusste Duldung der Sicherheitswidrigkeit

„Das Gericht geht nach Durchführung der Beweisaufnahme auch davon aus, dass G die Nutzung des Lastenaufzugs zur nicht vorgesehenen Personenbeförderung bewusst geduldet, jedenfalls bewusst aus Zweckmäßigkeitsgesichtspunkten keine organisatorischen Vorkehrungen zur Vermeidung dieser von seinen Angestellten praktizierten Nutzung getroffen und den Unfall damit grob fahrlässig verursacht hat" – und das *„ergibt sich aus der Aussage eines Zeugen"*:

a. Erste Aussage – und Beweiswürdigung

Der Zeuge sagte, *„dass G ihm gegenüber entsprechend seines Aktenvermerks vom 02.08.2013 vor Ort am 01.08.2013 erklärt habe, dass die Länge des Kabels des Bedienelements so gewählt worden sei, damit man im Korb fahrend mit dem Bedienteil bis ganz nach oben fahren könne. Er könne diese Erklärung zwar nicht mehr wortwörtlich wiedergeben, aber sinngemäß habe der G ihm diese Erklärung für die Länge des Kabels gegeben.*

Das Gericht folgt den glaubhaften Angaben des Zeugen. Der Zeuge hat seine Wahrnehmungen über die damaligen Vorkommnisse betreffend den Arbeitsunfall detailreich und frei von Widersprüchen wiedergeben können, insbesondere hatte er auch noch konkrete Erinnerungen an die Unterhaltung mit G an der Unfallstelle am 02.08.2013. Das Gericht hat keinen Zweifel daran, dass der Zeuge den Inhalt der Unterhaltung in dem Aktenvermerk richtig wiedergegeben hat."

b. Zweite Aussage – und Beweiswürdigung

Auch ein *„neutraler Zeuge"* hat ebenfalls *„eine entsprechende Angabe zum Hintergrund der Kabellänge getätigt wurde, wenngleich er nicht mehr zu erinnern vermochte, von wem genau er diese Mitteilung erhalten hatte. Der Zeuge war auch glaubwürdig. Er hat kein relevantes Eigeninteresse am Ausgang des Rechtsstreits und steht, im Gegensatz zu den bei den Beklagten aktuell oder ehemals beschäftigten Zeugen* [darunter der verletzte *K*] *in keinem Lager einer der Parteien. Er hat keine einseitigen Aussagetendenzen erkennen lassen. Insbesondere hat er offen eingeräumt, wenn und soweit er sich an bestimmte Einzelheiten nicht mehr zu erinnern vermochte."*

c. Widersprechende Aussagen Anderer, auch des Verletzten *K* zugunsten des *G*

Der verletzte *K* und ein weiterer Beschäftigter *„haben entsprechend der eigenen Angaben des G bestätigt, dass es durchaus mal vorgekommen sei, dass sie selbst oder Kollegen den Bauaufzug zur Personenbeförderung benutzt hätten, während die übrigen Zeugen dieses nicht mitbekommen haben wollen. G – so K und der andere Beschäftigte – hätte dies dann beanstandet.*

Unabhängig davon, dass den Zeugen allesamt deutlich anzumerken war, dass ihnen an einer für die Beklagten günstigen Aussage gelegen war, misst das Gericht der Aussage des neutralen Zeugen sowie dem Umstand, dass er den Inhalt der damaligen Unterredung mit G zeitnah schriftlich fixiert hat und den Inhalt in der mündlichen Verhandlung nochmals glaubhaft bestätigen konnte, ausschlaggebendes Gewicht bei und legt seine Aussage zugrunde."

3. Dritte Pflichtverletzung: Fehlende Durchsetzung des Arbeitsschutzrechts

Aber selbst wenn es stimmte, dass der Geschäftsführer *„lediglich ab und zu mitbekommen habe, dass der Bauaufzug zur Personenbeförderung benutzt worden sei und er dies dann beanstandet habe, ließe dies den Vorwurf eines grob fahrlässigen Verhaltens nach Auffassung des Gerichts nicht entfallen. Aus seinen eigenen Angaben ergibt sich, dass effektive Maßnahmen zur Verhinderung der Nutzung des Bauaufzugs als Personenaufzug – die in einer bloßen Ermahnung nicht gesehen werden können – von ihm ganz offenbar nicht erwogen, geschweige denn ergriffen worden sind. Hierzu wäre vor dem Hintergrund der enormen Gefahr, die von dieser Nutzung ausgeht, jedenfalls die Androhung ernsthafter arbeitsrechtlicher Konsequenzen in Form einer Abmahnung bei Vornahme unregelmäßiger Bedienkontrollen erforderlich gewesen oder gar unter Zurückstellung der Zweckmäßigkeitserwägungen die Kürzung des Bedienkabels, um eine zweckwidrige Verwendung von vornherein zu begegnen, was G aber trotz Kenntnis des anordnungswidrigen Verhaltens seiner Mitarbeiter unterlassen hat."*

IV. Subjektive Unentschuldbarkeit

„Die Verstöße waren auch in subjektiver Hinsicht grob fahrlässig und unentschuldbar. Dies gilt für die vorbenannten Verstöße isoliert gesehen gleichermaßen und erst recht in ihrer Gesamtheit.“ Zur Begründung betont das Gericht:

- Die Bezirksregierung hatte ***„schon einmal beanstandet“***.
- Die *„Sachkundigenprüfung war seit* ***mehr als 1 Jahr überfällig****“*.
- *G* hat die *„Nutzung des Bauaufzugs zur Personenbeförderung* ***bewusst geduldet****“*.
- *G* hat *„die Nutzung des Bauaufzugs zur Personenbeförderung durch Vorhaltung eines entsprechend langen Bedienkabels* ***aktiv gefördert****“*.
- Auch nach den eigenen Angaben des *G „läge ein subjektiv unentschuldbarer Verstoß darin, dass er in Kenntnis der ihm bekannten Verstöße gegen seine angeblich erteilte Anweisung, den Bauaufzug nicht zur Personenbeförderung zu benutzen, keinerlei ernsthafte Maßnahmen ergriffen hätte, um die Beachtung dieser Anweisung sicherzustellen“*.

V. Mitverschulden des Verletzten *K*

Das Gericht berücksichtigt ein Mitverschuldensanteil des verletzten *K* von 30 % (§ 254 BGB). Er *„hat trotz Kenntnis des Umstandes, dass der Bauaufzug nicht zum Personenverkehr zugelassen war, diesen zu seiner Beförderung benutzt. Im Ergebnis überwiegt gleichwohl das Verschulden der Beklagten wesentlich. Denn die UVV richteten sich gerade an diese als Arbeitgeber.“*

Fall 17: Presse: Unfall bei fehlender Schutzeinrichtung

- ⇨ Arbeitsunfall an Maschine ohne technische Schutzeinrichtung
- ⇨ Regressklage der Berufsgenossenschaft gegen Unternehmen und Führungskräfte
- ⇨ Verantwortung und grobe Fahrlässigkeit des Geschäftsführers und Produktionsleiters
- ⇨ Nichtdurchführung einer Gefährdungsbeurteilung nach einem ähnlichen Unfall drei Jahre zuvor
- ⇨ Verstoß gegen TOP-Grundsatz: „Einweisung und Warnung ersetzt nicht Technik"

<u>Sachverhalt</u>

Ein Beschäftigter hatte die Aufgabe, mittels einer pneumatischen Presse Gewindebolzen in flache Bleche einzupressen. Am 20.09.2011 *„löste er aus Versehen einen Pressvorgang aus, obwohl sich sein linker Daumen noch im Bereich des Presswerkzeuges befand"*.

Am 11.11.2008 hatte sich beim Betreiber ein Unfall an einer nicht gesicherten Exzenterpresse ereignet. Die Berufsgenossenschaft hatte *„im Beisein des Produktionsleiters"* den Unfall untersucht und folgendes Schreiben an das betreibende Unternehmen gerichtet:

„Am 11.11.2008 ereignete sich an der Exzenterpresse ein Arbeitsunfall. Es bestand die Möglichkeit, einen Pressenhub mittels Fußschalter auszulösen, obwohl keine weitere geeignete Handschutzmaßnahme getroffen war. Es wird darauf hingewiesen, dass Pressen nur betrieben werden dürfen, wenn sichergestellt ist, dass Handverletzungen durch das Pressenwerkzeug vermieden werden. Im Falle der Unfallmaschine wäre der ausschließliche Einsatz sicherer Werkzeuge die geeignetste Maßnahme. Die Nutzung einer Zweihandschaltung ist nur unter bestimmten Bedingungen zulässig (siehe Unfallverhütungsvorschrift VBG 7n5.1 ‚Exzenter- und verwandte Pressen' § 12[796]). Die Nutzung eines Fußschalters ohne weitere Handschutzmaßnahme ist nicht zulässig.

Hinweis: An mindestens einer weiteren Presse bestand die Möglichkeit des Eingreifens in den Gefahrenbereich infolge einer fehlenden Verdeckung. Bitte überprüfen Sie die Pressen auf Übereinstimmung mit den geltenden Vorschriften."

[796] Heute DGUV-Information 209-008 Einrichten von Pressen – in Abschnitt 13 Zweihandschaltungen (ZHS).

Die zuständige Berufsgenossenschaft verlangt ihre bisherigen Sozialversicherungsaufwendungen von 100 000 € und Feststellung der Ersatzpflicht für weitere Aufwendungen vom

- Unternehmen
- Geschäftsführer und
- Produktionsleiter.

A. Landgericht Karlsruhe

Das Landgericht Karlsruhe gab der Klage statt.[797] Die BG *„hat gegen die Beklagten einen Anspruch aus § 110 Abs. 1 SGB VII auf Ersatz der von ihr getätigten Aufwendungen, weil die Beklagten den Unfall grob fahrlässig herbeigeführt haben"*.

- Das Haftungsprivileg gemäß §§ 104 ff. SGB VII schützt die Arbeitsschutzverantwortlichen im Unfallunternehmen gegen Klagen des Geschädigten – dieser hat Schmerzensgeldansprüche nur bei Vorsatz (der bei Maschinenunfällen noch nie angenommen worden ist[798]).
- Das Haftungsprivileg schützt ein Stück weit auch im Falle des Regresses durch die Unfallversicherungsträger – diese können gemäß § 110 SGB VII nur bei grober Fahrlässigkeit Rückgriff nehmen (während bei Nicht-Haftungsprivilegierten einfache Fahrlässigkeit reicht – etwa externen Fachkräften für Arbeitssicherheit[799]). Das Gericht stellt klar, *„die Regresshaftung ist die Kehrseite des Haftungsausschlusses durch §§ 104 bis 107 SGB VII"*.

I. Grobe Fahrlässigkeit

Fahrlässigkeit ist die Außerachtlassung der im Verkehr erforderlichen Sorgfalt (§ 276 Abs. 2 BGB). Das Landgericht fasst die erforderliche zweistufige Prüfung bei grober Fahrlässigkeit im Sinne des § 110 SGB VII so zusammen: Sie *„setzt einen objektiv schweren und subjektiv nicht entschuldbaren Verstoß gegen die Anforderungen der im Verkehr erforderlichen Sorgfalt voraus"*.

---

797 LG Karlsruhe, Urteil v. 15.10.2018 (Az. 8 O 329/14).

798 Vgl. *Wilrich*, Sicherheitstechnik und Maschinenunfälle vor Gericht – 40 Urteilsanalysen zu Produktsicherheit, Hersteller- und Konstruktionspflichten, Arbeitsschutz, Betreiber- und Organisationspflichten, 2022.

799 Vgl. *Wilrich*, Verantwortung und Haftung der Sicherheitsingenieure: Unterstützungs-, Beratungs-, Berichts-, Prüfungs-, Warn- und Sorgfaltspflichten der Fachkräfte für Arbeitssicherheit als Stabsstelle und Unternehmerpflichten in der Linie – mit 15 Gerichtsurteilen und Strafverfahren zu Fahrlässigkeit und Schuld nach Arbeitsunfällen, 2022.

- Erstens: *„Die Sorgfalt muss in ungewöhnlich hohem Maß verletzt worden sein, d. h. schon einfachste, ganz naheliegende Überlegungen wurden nicht angestellt und nicht einmal das beachtet, was im gegebenen Fall jedem hätte einleuchten müssen."*
- Zweitens: *„Ein objektiv grober Pflichtenverstoß rechtfertigt für sich allein noch nicht den Schluss auf ein entsprechend gesteigertes personales Verschulden, nur weil ein solches häufig damit einherzugehen pflegt. Vielmehr erscheint eine Inanspruchnahme des haftungsprivilegierten Schädigers im Wege des Rückgriffs nur dann gerechtfertigt, wenn eine auch subjektiv schlechthin unentschuldbare Pflichtverletzung vorliegt, die das in § 276 Abs. 2 BGB bestimmte Maß erheblich überschreitet."*

Das Gericht begründet zunächst die Unsicherheit der Gewindebolzenpresse und damit die Pflichtverletzung – im Anschluss an *„Feststellungen des Sachverständigen"*, also ein Gutachten:

„Die Maschine war zum Unfallzeitpunkt nicht ausreichend sicher. Sie erfüllte nicht die in der Betriebssicherheitsverordnung aufgestellten Anforderungen. Danach müssen Arbeitsmittel mit Schutzeinrichtungen ausgestattet sein, die den unbeabsichtigten Zugang zum Gefahrenbereich von beweglichen Teilen verhindern oder welche die beweglichen Teile vor dem Erreichen des Gefahrenbereichs stillsetzen.[800] *Unstreitig waren Schutzeinrichtungen, die verhindern, dass Finger in den Gefahrenbereich der Maschine gelangen, nicht vorhanden. Dass verschiedene Schutzeinrichtungen möglich gewesen wären und beim Hersteller hätten erfragt werden können, lässt sich auch auf der Homepage des Herstellers nachlesen. So beschrieb der Sachverständige als mögliche Schutzeinrichtung eine Hülse, die sich auf die Gefahrenstelle senkt, sodass die Finger nicht mehr in die Gefahrenstelle hineingeraten können."*

Das Gericht ergänzte, *„auf die Frage, ob der Geschädigte genügend mit der Maschine vertraut gemacht und auf Sicherheitsprobleme hingewiesen wurde, kommt es nicht an, weil die Maschine in der Weise ohnehin nicht hätte eingesetzt werden dürfen. Die Warnung vor Gefahrenquellen kann die Einhaltung von Unfallverhütungsvorschriften nicht ersetzen. Dies würde die Verantwortlichkeit für die eigene Absicherung in unzulässiger Weise auf die Arbeiter verlagern."*

⇨ Das ist eine sehr plastische Umschreibung des TOP-Grundsatzes, der heute in § 4 Abs. 2 Satz 2 BetrSichV geregelt ist.[801]

---

[800] Heute § 9 Abs. 1 Nr. 8 BetrSichV.

[801] „Technische Schutzmaßnahmen haben Vorrang vor organisatorischen, diese haben wiederum Vorrang vor personenbezogenen Schutzmaßnahmen."

Die Beklagten argumentierten noch, „*dass an der Maschine lange Bleche bearbeitet worden seien, was mit einer Schutzeinrichtung nicht möglich gewesen wäre*". Aber das Gericht entgegnete: „*Bei der Verwendung einer Hülse, die sich auf die Gefahrenquelle senkt, sei auch die Bearbeitung langer Teile möglich gewesen. Selbst wenn dies nicht möglich gewesen sein sollte, wird die Verantwortlichkeit der Beklagten dadurch nicht geschmälert. Gegebenenfalls hätte eine für lange Teile vorgesehene Maschine organisiert und in Betrieb genommen werden müssen. Die Verwendung einer Maschine ohne Schutzvorkehrungen zum Zwecke der Bearbeitung für die Maschine nicht vorgesehener Teile zulasten des Arbeitsschutzes und zulasten der Gesundheit der Arbeiter ist jedoch unvertretbar.*"

⇨ Das Gericht deutet damit das STOP- bzw. Stopp-Prinzip an: Zu gefährliche Arbeiten sind einzustellen bzw. zu substituieren durch ausreichend sichere Lösungswege.[802]

Das LG meint auch, „*die Beklagten haben den Versicherungsfall grob fahrlässig herbeigeführt*" – und begründet das zunächst für den Produktionsleiter, der der Gefahrenquelle am nächsten steht.[803]

II. Verantwortung des Produktionsleiters

Der Produktionsleiter „*hat grob fahrlässig gehandelt als er den ihm untergebenen Beschäftigten trotz Kenntnis der unzureichenden bzw. nicht vorhandenen Sicherungsmaßnahmen mit den Arbeiten an der Maschine beginnen ließ*". Ihm hätten seine Sicherheitspflichten „*bereits nach Inkrafttreten des Arbeitsschutzgesetzes 1996 bekannt sein müssen und können*".

Das Gericht ergänzte: „*Für ein grobes Verschulden spricht insbesondere, dass der Produktionsleiter für die Sicherung der Arbeiter an der Tox-Maschine keinerlei Vorkehrungen getroffen hatte. Es musste sich für ihn jedoch aufdrängen, dass Sicherungsmaßnahmen für die Arbeit an der Maschine unverzichtbar waren, zumal er u. a. durch die Berufsgenossenschaft im Zusammenhang mit der Überprüfung eines Unfalls aus dem Jahr 2008 an einer Exzenterpresse mündlich und nachfolgend auch nochmals schriftlich im Schreiben vom 18.02.2009 darauf hingewiesen wurde, dass die Nutzung eines Fußschalters ohne weitere Handschutzmaßnahme nicht zulässig sei und an mindestens einer weiteren Presse die Möglichkeit des Eingreifens in den*

[802] Zahlreiche weitere Fälle zum STOP-Grundsatz in *Thomas Wilrich/Cordula Wilrich*, Gefahrstoffrecht vor Gericht – 40 Urteilsanalysen zum Arbeitsschutz und zur Haftung nach Chemikalien- und Explosionsunfällen, 2021.

[803] Dazu *Wilrich*, Technik-Verantwortung – Sicherheitspflichten der Ingenieure, Meister und Fachkräfte und Organisation und Aufsicht durch Management und Führungskräfte, 2022.

Gefahrenbereich infolge einer fehlenden Verdeckung bestünde. Gleichzeitig wurde er neben dem Geschäftsführer gebeten, die vorhandenen Pressen auf Übereinstimmung mit den geltenden Vorschriften zu überprüfen. Es musste sich ihm daher aufdrängen, dass eine Schutzeinrichtung an der Tox-Maschine für ein weiteres Arbeiten unverzichtbar war.“

Hoffnungslos war die Argumentation, das BG-Schreiben habe *„nur eine Überprüfung der Exzentermaschinen vorgegeben“*. Aber die BG machte *„in ihrem Schreiben unmissverständlich deutlich, dass Pressen im Allgemeinen nur betrieben werden dürfen, wenn sichergestellt ist, dass Handverletzungen durch das Pressewerkzeug vermieden werden. Dies bedeutet im Umkehrschluss, dass diejenigen Pressen, an denen diese Voraussetzungen nicht gewährleistet waren, entweder umgerüstet oder außer Betrieb genommen werden müssen. Das Schreiben kann daher nach dem Empfängerhorizont nur dahin ausgelegt werden, dass in die Überprüfungspflicht alle Maschinen einbezogen wurden, an denen ein Schließvorgang ausgeführt wird, der dazu führen kann, dass Hände bzw. Finger gefährdet werden. Wenn aber ein Verantwortlicher einer Anlage trotz für ihn offensichtlicher Risiken, die von dieser ausgehen, und trotz vorheriger Vorfälle es unterlässt, Sicherungsmaßnahmen zu ergreifen, deren Notwendigkeit ihm bekannt ist, handelt dieser grob fahrlässig.“*

Erst jetzt erwähnte das Gericht auch, dass *„für die Tox-Maschine weder eine ausreichende Betriebsanweisung noch eine Gefährdungsbeurteilung für die Maschine erstellt wurde, was jedoch zwingend notwendig ist. Die Maschine wurde daher dem geschädigten Beschäftigten bereitgestellt, ohne den mit der Maschine verbundenen Gefahren Rechnung zu tragen in der Hoffnung, dass alles gut gehen werde.“*

Das Gericht ergänzte, *„der Unfall war auch vorhersehbar. Das Hineingeraten mit den Fingern in den Gefahrenbereich kann jederzeit aus Versehen erfolgen und ist daher ohne Weiteres vorhersehbar. Zur Vermeidung solcher Gefahren dient gerade eine Schutzvorkehrung. Insbesondere konnte der Produktionsleiter nicht darauf vertrauen, dass allen Arbeitern jederzeit und trotz Konzentration auf die durchzuführenden Arbeiten die von der Maschine ausgehende Gefahr präsent war und dass sie sich jederzeit exakt an Warnungen halten würden. Für den Geschädigten gilt die Besonderheit, dass er erst ein oder zweimal an der Maschine gearbeitet hatte und daher mit dem Ablauf der Maschine noch nicht vertraut war. Mit der Unachtsamkeit und nachlassenden Konzentration hat der Verantwortliche zu rechnen, da eine gleichbleibende Konzentration des Arbeiters über 8 Stunden hinweg nicht möglich ist.“*

III. Verantwortung des Geschäftsführers

Der Geschäftsführer *„hat ebenfalls grob fahrlässig zur Herbeiführung des Unfalls beigetragen, indem er nicht für ausreichende Schutzmaßnahmen trotz Hinweis durch* *die BG und das Schreiben vom 18.02.2009 gesorgt hat. Hat er diese Aufgaben dem Produktionsleiter übertragen, trifft ihn jedenfalls ein gravierendes Organisationsverschulden. Der Geschäftsführer ist unzweifelhaft dafür zuständig, dass die zum Schutz der Arbeitnehmer einzuhaltenden Unfallverhütungsvorschriften beachtet werden und entsprechende Schutzmaßnahmen vor Beginn der Arbeiten an den Maschinen vorhanden sind. Seine Verantwortung wird sich bei einer rechtsgeschäftlichen Übertragung der Absicherungsmaßnahmen auf den Produktionsleiter auf eine Überwachung und Kontrolle beschränken. Dass er jedoch eindeutige Anweisungen und Direktiven hinsichtlich der Absicherung aller Maschinen getroffen hat, ist weder vorgetragen noch erkennbar. Selbst nach dem Vorfall aus 2008 und den Hinweisen der BG wurde keine Gefährdungsbeurteilung der Maschinen vorgenommen bzw. veranlasst. Vielmehr hat man sehenden Auges Arbeiter ohne ausreichende Schutzmaßnahmen an Maschinen arbeiten lassen, die ein großes Gefährdungspotenzial besitzen. Die Direktive hätte bedeutet, entweder die Maschine mit entsprechenden Schutzmaßnahmen ausstatten zu lassen oder sie abzustellen. Beides ist nicht erfolgt. Auch bei Übertragung von Verkehrssicherungspflichten auf einen Dritten müssen die wesentlichen Entscheidungen beim Geschäftsführer verbleiben, andernfalls haftet er wegen Organisationsmangels.“*

IV. Verantwortung des Unternehmens

Das Unternehmen haftet gemäß § 111 SGB VII: Haben Geschäftsführer „in Ausführung ihm zustehender Verrichtungen den Versicherungsfall vorsätzlich oder grob fahrlässig verursacht, haften nach Maßgabe des § 110 auch die Vertretenen“ – und die Vertretene ist hier das Unternehmen. § 111 SGB VII stellt auch klar: „Eine nach § 110 bestehende Haftung derjenigen, die den Versicherungsfall verursacht haben, bleibt unberührt“ – die Unternehmenshaftung ersetzt also nicht die Haftung der Führungskräfte, sondern tritt neben sie.

B. Oberlandesgericht Karlsruhe

Das Oberlandesgericht bestätigt das Urteil[804] und ergänzte einige Aspekte zur Begründung der Verurteilung:

I. Keine Relevanz der jahrelangen Unfallfreiheit

Zwar wurde *„die Maschine jahrelang unfallfrei betrieben“*. Aber *„maßgeblich ist, ob sich den Beklagten aufdrängen musste, dass insbesondere im Falle von Unachtsamkeit ein Unfall der vorliegenden Art passieren kann. Dies ist vorliegend unproblematisch zu bejahen, da keinerlei Vorrichtung vorhanden war, die verhindern konnte, dass*

---

[804] OLG Karlsruhe, Urteil v. 09.10.2019 (Az. 7 U 213/18).

eine Hand oder ein Finger in den unmittelbaren Pressbereich gelangt" – und zwar *„obwohl die Mitarbeiter jedenfalls bei der Auflage der Metallstücke in der Nähe dieses Bereichs tätig sein mussten"*.

II. Pflichten nicht erst bei tödlichen Gefahren

Arbeitsschutzpflichten bestehen *„nicht erst, wenn mit tödlichen Gefahren zu rechnen ist"*. Und *„die notwendigen Schutzmaßnahmen gegen Handverletzungen sollen jeden Unfall dieser Art von vornherein verhindern"*. Es *„genügt für eine objektiv schwere Pflichtwidrigkeit, dass die Gefahr in einer möglichen Unbrauchbarkeit eines Fingers oder einer gesamten Hand als einem wesentlichen Körperteil besteht"*.

III. Keine Entlastung durch Mitverschulden der BG

Trotz des BG-Schreibens entgegnen die Beklagten, die BG *„habe durch ihre Aufsichtsbeamten die Maschine mehrfach kontrolliert und keine konkreten Beanstandungen erhoben"*. Das Gericht konterte mit der primären Arbeitsschutzverantwortung des Arbeitgebers und der Führungskräfte: *„Die Pflicht zum Arbeitsschutz oblag zuvörderst den Beklagten als ihre eigene Aufgabe (§§ 3 ff. BetrSichV). Wenn die Beklagten alle diese Hinweise nicht zum Anlass genommen haben, dann lässt dies nur den Schluss zu, dass sie aus wirtschaftlichen Erwägungen heraus in besonders grober Weise ihre Pflichten zum Arbeitsschutz ignoriert haben."*

IV. Keine Entlastung durch Überprüfung durch externen Dienstleister

Die Beklagten verteidigten sich noch, sie *„hätten die Firma regelmäßig durch externe Dienstleister überprüfen lassen, insbesondere ob die Exzenter-Pressen den UVV entsprechen"*. Aber dieser Vortrag *„entlastet die Beklagten nicht von den ihnen persönlich obliegenden Pflichten"*.

- Erstens *„legen sie nicht dar, wann die Überprüfungen stattfanden und mit welchem konkreten Ergebnis; die Überprüfung alleine genügt nicht"* – Juristen sagen dazu: Der Vortrag ist nicht detailliert bzw. substantiiert genug.
- Zweitens *„erklären sie selber, dass die Überprüfungen die Exzenter-Maschinen betroffen haben, zu denen sie die Tox-Maschine gerade nicht zählen"*.
- Drittens *„musste sich den Beklagten als Unternehmer bzw. Mitarbeiter des Metall verarbeitenden Gewerbes auch aus eigener Kenntnis geradezu aufdrängen, dass die Gefahr von Handverletzungen an der Maschine hoch war"*.

V. Keine Entlastung durch Einweisung

Das OLG schließt mit der erneuten Betonung des TOP-Prinzips: „*Die Einweisung des Mitarbeiters ist nach § 4 Abs. 2 Satz 2 BetrSichV*[805] *erst eine der technischen Sicherheitsvorrichtung nachgeordnete Maßnahme. Auch die beste Einweisung kann menschlichen Unzulänglichkeiten in Form von Aufmerksamkeitsdefiziten, mit denen stets zu rechnen ist, nicht so effektiv vorbeugen wie ein technischer Verletzungsschutz.*"

805 Das Gericht sagt hier, das sei insoweit die alte Fassung der BetrSichV („a. F."); es ist aber die aktuelle BetrSichV.

Fall 18: Schrauben und abstürzender Stahlträger

Wenn es nach Arbeitsunfällen zu einer Strafanklage kommt, geht es meistens um fahrlässige Körperverletzung oder fahrlässige Tötung. Wenn es um die strafrechtliche Verantwortlichkeit von Unternehmensmitarbeitern geht, sind zwei Schlüsselbegriffe

- die **Verursachung bzw. Zurechnung** der Schadensfolge und
- die **Schuldhaftigkeit bzw. Fahrlässigkeit** des Verhaltens.

Doch was ist dem Angeklagten zurechenbar und was ist fahrlässig? Das versuchte das Amtsgericht Kaufbeuren – unzureichend – in einem Strafurteil gegen einen jungen Monteur zu klären.

I. Strafbefehl und Urteil des Amtsgerichts Kaufbeuren

Das AG Kaufbeuren hatte im November 2011 einen Strafbefehl wegen fahrlässiger Körperverletzung gegen einen jungen Metallbauer erlassen – und gegen ihn eine Geldstrafe von 90 Tagessätzen (einkommensabhängig 45 €) festgesetzt, sodass die Gesamtstrafe insgesamt 4 050 € war. Am 4. November 2009 war dieser Monteur – so der Sachverhalt – zwei Tage vor seinem 21. Geburtstag *„damit beschäftigt, auf der Baustelle eines Wasserwerkes einen ca. 8 m langen und etwa 800 kg schweren Stahlträger, der später als Kranführung dienen sollte, mit einem Flaschenzug vom Boden auf bereits vorbereitete Ablagevorrichtungen zu heben"*. Und dann kommt in diesem Strafbefehl schon der Satz, der das Fahrlässigkeitsverdikt enthält: *„Infolge Außerachtlassung der erforderlichen Sorgfalt verwendeten Sie lediglich zwei Holzschrauben mit einer Länge von 80 mm und einem Durchmesser von 12 mm, um bei dem Flaschenzug die speziellen Eisenhaltevorrichtungen an der Unterseite eines verleimten Holzdachträgers zu verschrauben."* Eine weitere Begründung der Fahrlässigkeit fehlt – es heißt im nächsten Satz nur: *„Dies hatte für Sie vorhersehbar und vermeidbar zur Folge, dass sich der am Flaschenzug hängende Stahlträger aufgrund der Ungeeignetheit der zwei Holzschrauben nach dem Anheben mittels des Flaschenzuges aus einer Höhe von ca. 4 m löste, auf eine Aluleiter herunterfiel, dort nach links wegkippte und Ihren Arbeitskollegen am rechten Arm und an der rechte Gesichtshälfte erfasste"* – und so schwer verletzte.

Nach dem Einspruch des jungen Monteurs gegen den Strafbefehl wurde mündlich verhandelt: Die Verurteilung wurde – mit exakt denselben Worten wie im Strafbefehl – bestätigt. Nur zwei Korrekturen im Vergleich zum Strafbefehl gab es: Der Unfall fand jetzt am 2. November 2009 statt und aus den zwei Schrauben wurden vier Schrauben. Das Gericht reduzierte auch die Strafe auf 60 Tagessätze. Der Angeklagte hatte im Termin seinen Einspruch auf das Strafmaß beschränkt, sodass es nicht mehr um die Verurteilung an sich – den Schuldspruch – ging, sondern nur noch um die Strafzumessung.

II. Hat der junge Monteur den Unfall verursacht? – Die übersehenen Alternativursachen

Strafbefehl und Urteil enthalten keine ausreichende Begründung der Strafbarkeit des Monteurs. Warum sollen die Schrauben ungeeignet gewesen sein? Waren sie überhaupt die (Mit-)Ursache des Unfalls?

Ein Unfall ist einem Angeklagten dann objektiv zurechenbar, wenn er eine rechtlich relevante Gefahr geschaffen hat, die sich im tatbestandsmäßigen Ergebnis (eben der Körperverletzung) realisiert hat. In der mündlichen Verhandlung sagte die zuständige Richterin einen „verräterischen" Satz: *„Aber Sie sehen doch, dass die Schrauben nicht gehalten haben!"* Dies verdeutlicht das Versäumnis des Gerichts, nach alternativen Unfallursachen zu schauen. Das hätte es aber tun müssen, denn strafrechtlich verurteilt werden kann nur, wem die Verursachung mit *„an Sicherheit grenzender Wahrscheinlichkeit"* nachgewiesen und die Gefahrschaffung zugerechnet werden kann.

Der Unfall kann indes zahlreiche (technische) Ursachen haben, die nichts mit der Geeignetheit der Schrauben zu tun haben und die das Gericht hätte erwägen müssen – z. B.:

- <u>Fehlerhafter Anbringungsort der Schrauben bzw. fehlerhafte Konstruktion</u>: Da die Schrauben unterhalb des Balkens befestigt waren, wurden sie auf Zug belastet. Im Prozess wurde klar, dass der Vorgesetzte des angeklagten Monteurs davon ausgegangen war, dass die Schrauben seitlich am Träger zu befestigen seien, was zu einer Belastung der Schrauben auf Scherung geführt hätte. So hätten die Schrauben (vielleicht) gehalten. Wer ist für die gewählte Art der Montage verantwortlich? Was ist der Kran, der errichtet werden sollte, überhaupt – eine Maschine i. S. d. EG-Maschinenrichtlinie? Wer war Hersteller – der Arbeitgeber des Angeklagten oder ein externer Dienstleister bzw. Verkäufer? Gab es ausreichende Montageanleitungen und Sicherheitshinweise? Nichts davon hat das Gericht berücksichtigt.
- <u>Fehlerhafte Anbringung der Schrauben bzw. fehlerhafte Montage</u>: Die Schrauben könnten mit einem zu hohen Drehmoment befestigt worden sein. Zu starkes Befestigen der Schraube kann dazu führen, dass das Holz, das die Schraube halten soll, abgerissen wird. Das wäre dann womöglich eine schuldhafte Pflichtverletzung des angeklagten Monteurs – aber es wäre eine andere Ursache als die im Urteil geschilderte. Jedenfalls wäre auch zu prüfen gewesen, ob dieses mögliche Fehlverhalten für den jungen Monteur erkennbar und vermeidbar – und damit

fahrlässig (siehe unten IV.) – war. Es gibt auch – nicht immer strafwürdiges – „Augenblicksversagen". Das Gericht befragte den Angeklagten indes nicht zum eigentlichen Montageakt.

- Menschliche Einwirkungen nach der Montage: Der Stahlträger ist erst eine halbe Stunde nach der Montage abgestürzt. Daher müsste auch gefragt werden: Wurden die Schrauben nach der Befestigung durch den jungen Monteur von einer dritten Person nachgezogen oder wurde der Stahlträger sonst (weiter-)bearbeitet? Hat womöglich späteres unfachmännisches Hantieren mit dem schwebenden Stahlträger dynamische Belastungen verursacht, die zum Ausreißen der Schrauben geführt haben? Niemand wurden dazu befragt.
- Umgebungseinflüsse: Unabhängig vom Zeitpunkt des Absturzes könnten unvorhersehbare Schwingungen zum Unfall geführt oder zu ihm beigetragen haben? Können andere Umgebungseinflüsse ausgeschlossen werden? Im Urteil steht nichts hierzu.

III. Was ist ein Rückschaufehler?

Es spricht viel dafür, dass dem Amtsgericht Kaufbeuren ein „Rückschaufehler" (*„hindsight bias"*) bzw. „Ergebnisfehler" (*„outcome bias"*) unterlaufen ist. *Daniel Kahnemann* beschreibt dies in seinem Besteller „Schnelles Denken, langsames Denken" so: *„Der Rückschaufehler übt einen schädlichen Einfluss auf die Beurteilung von Entscheidungsträgern aus. Er veranlasst Beobachter dazu, die Güte einer Entscheidung nicht danach zu beurteilen, ob der Prozess der Entscheidungsfindung fehlerfrei war, sondern danach, ob das Ergebnis positiv oder negativ war."* *Daniel Ariely* spricht in seinem Buch „Denken hilft zwar, nützt aber nichts" von *„Alternativenblindheit"*. Dabei ist ein eiserner Grundsatz sowohl am Anfang als auch – zur Kontrolle – am Ende jeder Tatsachenfeststellung: *„In Alternativen denken!"*[806]

Hein Kötz und *Gerhard Wagner*[807] *„gehen davon aus, dass auch Gerichte dem hindsight bias unterliegen, die Wahrscheinlichkeit des Schadenseintritts rückblickend zu überschätzen und damit den Sorgfaltsstandard zu hoch anzusetzen. Gegen diese Form der Selbsttäuschung gibt es kein dogmatisches Hilfsmittel, sondern es hilft wohl nur Aufklärung: Richterinnen und Richter müssen sich bewusst sein, dass sich Schadensereignisse dem Beobachter ex post häufig als nachgerade unausweichlich darstellen, obwohl mit ihrem Eintritt aus der Sicht ex ante kaum zu rechnen war."* Das Amtsgericht Kaufbeuren hatte dieses Bewusstsein im geschilderten Fall leider nicht. *Rolf Dobelli* sagt in seinem Bestseller-Bändchen „Die Kunst des klaren Denkens – 52 Denkfehler, die sie besser anderen überlassen" übrigens: *„Den Rückschaufehler*

[806] *Bender/Nack/Treuer*, Tatsachenfeststellung vor Gericht, 3. Aufl. 2007, Rn. 282 ff. und 536 ff.
[807] *Kötz/Wagner*, Deliktsrecht, 10. Aufl. 2006.

zu bekämpfen ist nicht einfach. Studien haben gezeigt, dass Leute, die ihn kennen, genauso häufig in die Falle tappen wie andere."

Dass hier ein Rückschaufehler nahe liegt, wird durch die Aussage des Chefs des angeklagten Monteurs erhärtet, der die Festigkeit der Schrauben von einem Statiker mit dem Ergebnis habe nachrechnen lassen, dass die Schrauben hätten halten müssen. Anstatt die Frage zu stellen und zu überlegen, was dann der Auslöser des Unfalls sein könnte, entgegnet die Richterin sinngemäß – wörtlich einen Rückschaufehler vollziehend: *„Diesen Statiker würde ich nicht mein Haus berechnen lassen wollen. Sie sehen doch, dass die Schrauben nicht gehalten haben."* Immer wieder stellt also das Gericht – teilweise wörtlich – aus der Rückschauperspektive („ex post") fehlerhaft auf das ab, was passiert ist (das Ergebnis) und versetzt sich nicht in die damals vorgefundene und zu beurteilende Situation („Ex-ante-Perspektive").

IV. Was ist Fahrlässigkeit?

Entscheidend für die Strafbarkeit ist immer auch die Fahrlässigkeit. Das Bürgerliche Gesetzbuch (BGB) definiert fahrlässig als „**Außerachtlassung der im Verkehr erforderlichen Sorgfalt**" (§ 276). Damit ist noch kein aussagekräftiges Prüfungsprogramm gewonnen. Im Strafrecht spricht man von „**persönlicher Vorwerfbarkeit**" – und es gilt nicht (wie im Zivilrecht gemäß BGB) ein objektiver Maßstab, sondern es kommt auch auf die subjektiven Kenntnisse und Fähigkeiten des Angeklagten an. Der Vorsitzende der 1. Strafkammer des LG Lüneburg sagte treffend am 52. Verhandlungstag zur Begründung der Einstellung des Verfahrens nach dem Unfall des ICE bei Eschede: Die individuelle Zurechnung einer Pflichtverletzung kann *„allein auf der Basis von Fakten, nicht von Emotionen getroffen werden, so verständlich diese auch sein mögen. Dies bedingt im besonderen Maße eine Beschäftigung mit technischen Fragestellungen"* – und: *„Die bisherigen Ausführungen aller Sachverständigen haben eindrucksvoll gezeigt, dass die Bewertung der ausreichenden Sicherheit des Radreifens keinen einfachen Lösungen zugänglich ist. Je nach Ansatz sind eine Vielzahl von Einflussgrößen zu berücksichtigen, die oftmals in komplizierten Wechselwirkungen zueinander stehen."*

Konkret wird in der Rechtsprechung auf die **Zumutbarkeit** abgestellt: Jeder Unternehmensmitarbeiter muss – wie überhaupt jeder Mensch – alles in der konkreten Situation Mögliche und Zumutbare tun, um Schäden zu verhindern. Auch das ist indes eine sehr wertungsbedürftige Definition – und man kann sich zumal in komplexen Situationen trefflich hierüber streiten. Es kommt auf die **Erkennbarkeit und Vermeidbarkeit** an: Bestraft wird nur, wer den Schaden (Juristen sagen: den „Kausalverlauf") voraussehen und wer zumutbare Abwehrmaßnahmen ergreifen konnte. Sehr wichtig ist bei der Erkennbarkeit und bei möglichen Vermeidungsmaßnahmen, dass es auch hier auf die Sicht des Handelnden in der damaligen Situation ankommt („ex ante"), nicht auf die Sicht – etwa des Richters – im Nachhinein („ex post"). Denn nachher ist man immer klüger. Allein das darf aber nicht zu einer strafrechtlichen Verurteilung führen – sonst wäre das wieder ein sog. Ergebnis- bzw. Rückschaufehler.

V. War der Unfall erkennbar? – Wann müssen sich Arbeitnehmer erkundigen und überprüfen?

Ein wichtiges Element der Fahrlässigkeit ist die Erkennbarkeit des Unfalls. Wichtig ist, dass es nicht darauf ankommt, ob man die Unfallmöglichkeit tatsächlich „erkannt" hat, sondern dass sie „erkennbar" war. Wegen dieser Relevanz des „Erkennenmüssens" kann es bei Nichtkenntnis eine Pflicht zur Überprüfung (der Sicherheitsgerechtheit) geben – das aber auch wieder nur, wenn man einen Anlass zur Überprüfung erkennen konnte. Aber das Gericht sagte auch hier einfach nur: *„Sie hätten fragen müssen!"*

So einfach ist es indes nicht. Nicht jeder Arbeitnehmer kann in jeder Situation zur Hinterfragung der erteilten Anweisungen gezwungen werden – sonst würden Unternehmen zusammenbrechen. Wieder also schließt die Richterin aus dem Ergebnis (dem Unfall) auf eine Pflicht des Angeklagten (Prüfung oder Nachfrage). Wieder ist es aber zwingend, aus der damaligen Situation mit den damaligen Rahmenbedingungen den Vorwurf anzuleiten, nicht sorgfältig genug gehandelt zu haben – durch Unterlassen der Prüfung oder Nachfrage. Ausgangspunkt ist bei Weisungen der Vorgesetzten die Folgepflicht des Arbeitnehmers. Das Arbeitgeberdirektionsrecht (mit der „Gehorsamspflicht" des Arbeitnehmers) steht in § 106 Gewerbeordnung (GewO[808]) – und § 15 Abs. 1 Satz 3 DGUV-Vorschrift 1 (Grundsätze der Prävention) bringt das so zum Ausdruck: *„Versicherte haben die entsprechenden Anweisungen des Unternehmers zu befolgen."* Die Gehorsamspflicht ist – im Grundsatz – also stärker als das Haftungsrecht. Aber es gibt natürlich eine Grenze – § 15 Abs. 1 Satz 4 DGUV-Vorschrift 1 lautet: *„Die Versicherten dürfen erkennbar gegen Sicherheit und Gesundheit gerichtete Weisungen nicht befolgen."* Und damit sind wir wieder beim selben Thema. Eine Erkundigungspflicht gibt es nur, wenn Zweifel „erkennbar" sind.

Hatte nun in unserem Fall der Angeklagte Anlass zu Zweifeln? Das hat das Gericht nicht geprüft. Es schrieb – ohne Bezugnahme auf irgendein technisches Detail – einem 20-jährigen Arbeitnehmer nur in das Urteil, er hätte sich erkundigen müssen. Das Gericht begründet nur die Nichtanwendung des Jugendstrafrechts: *„Reiferückstände, die die Anwendung von Jugendstrafrecht begründen könnten, liegen beim Angeklagten nicht vor. Eine jugendtümliche Tat liegt ebenfalls nicht vor. Es war daher Erwachsenenstrafrecht anzuwenden."* Gerichte kommen manchmal – wie das Landgericht Oldenburg in Fall 3 – selbst bei ersichtlich gefährlichen Tätigkeiten zu folgendem Schluss: Die Arbeitnehmer treffe nicht deshalb ein Mitverschulden,

[808] Abdruck des § 106 GewO in Teil 3 in Kapitel 3.6.

weil sie *„eine derart gefährliche Arbeit ausführten, obwohl sie selbst mit der ihnen gestellten Aufgabe offensichtlich überfordert waren. Denn dem Arbeitnehmer, der auf Weisung hin gefährliche Arbeiten durchführt, kann kein Mitverschuldensanteil angelastet werden, da er nicht autonom handelt, sondern sich in einer tatsächlichen Zwangslage befindet, weil er seinen Arbeitsplatz nicht verlieren möchte."* Das Gericht ergänzt: *„Bei beiden handelt es sich um relativ junge Arbeitnehmer. Sie waren zum Zeitpunkt des Unfalls 28 bzw. 24 Jahre alt. Aufgrund ihres Alters und der Dauer ihrer Beschäftigung ist es ihnen daher nicht zuzumuten, sich einer konkreten Arbeitsanweisung des deutlich älteren, erfahreneren und ihnen gegenüber weisungsberechtigten Bauleiters zu widersetzen."* Der BGH hat einmal gesagt: „Der einfache Hauer muss felsenfest darauf bauen können, dass die verantwortlichen Aufsichtspersonen alles tun, um seine Sicherheit in der Grube so gut wie irgend möglich zu gewährleisten." Auch ein Schichtsteiger „muss sich darauf verlassen können, dass die Bergwerksleitung bei ihrem größeren Überblick und ihrer umfassenden Erfahrung die Gefahren richtig eingeschätzt hat"[809]. Das ist (selbstverständlich) kein „Freibrief" für junge Mitarbeiter in komplexen Situationen – aber ein Gericht muss jedenfalls diese Umstände erwägen. Gerade in Fällen der Fahrlässigkeit „hat der BGH schon wiederholt beobachtet, dass die Verantwortlichen zu weit unten gesucht werden"[810].

Im Urteil berücksichtigt das Amtsgericht Kaufbeuren immerhin zugunsten des jungen Monteurs, *„dass er durch keinen Vorgesetzten in die konkrete Ausführung seiner Handlung eingewiesen worden war. Hier haben sich zwei Meister, die dazu jeweils in der Lage gewesen wären, jeweils auf den anderen Meister verlassen."* Dann heißt es aber sogleich wieder: *„Andererseits ist jedoch auch zu sehen, dass der Angeklagte durchaus wusste, dass es sich um keine alltägliche Arbeit handelt und er auch zuvor auch noch nie einen derartigen Flaschenzug so angebracht hatte. Dennoch hat er es verabsäumt, auch nur einen seiner Chefs danach zu fragen, wie er die Tätigkeit konkret ausführen solle."* Warum gerade diese Montage von Schrauben in dieser Situation nicht „alltäglich" gewesen sein sollen, bleibt offen. Aus dem normalen Alltag wurde die Montage nur durch den – späteren – Unfall gerissen. Im Zeitpunkt der Montage gab keinen Umstand, der den jungen Monteur hätte stutzig machen müssen – jedenfalls benennt das Gericht keinen. In diesen Aussagen des Gerichts taucht also wieder der Rückschaufehler auf.

Der Angeklagte betonte auch wiederholt, dass es auch ihn hätte treffen können, da er selbst unmittelbar vor dem Unfall noch auf der Leiter gearbeitet hatte. So begründete etwa das Amtsgericht Nordenham auch den Freispruch eines Elektromonteurs, der bei einer Sichtprüfung den Absturz einer Hubtraverse verursachte, die einen Kollegen tötete: *„Dass der Angeklagte nicht vorhersehen konnte, dass es zu dem Absturz*

809 BGH, Urteil v. 29.02.1972 (Az. 5 StR 691/71).
810 BGH, Urteil v. 29.02.1972 (Az. 5 StR 691/71).

kommt, zeigt sich auch darin, dass er sich selbst die ganze Zeit im Gefahrenbereich unter dem Wagen bewegt hat.“[811] Die Richterin am Amtsgericht Kaufbeuren sagte aber nur – wieder erkennbar dem Rückschaufehler unterliegend: *„Es ist aber nicht Ihnen passiert, sondern dem Geschädigten.“* Der Einwand des Angeklagten, dass er auch in eigenem Interesse alles „Erkennbare“ und „Vermeidbare“ unternommen habe, um einen Unfall zu vermeiden, wurden von der Richterin nicht honoriert. Im Gegenteil: Es war ihr völlig unverständlich, dass der Angeklagte nicht einfach seine Schuld eingesteht und sich beim Geschädigten entschuldigt. Im Urteil schreibt die Richterin nur: *„Der Angeklagte vermittelte jedoch bis zuletzt den Eindruck, dass ihn sein eigener Tatbeitrag und dessen Folgen nicht wirklich bewusst sind.“* Das mag aber eben gerade nicht an seiner Uneinsichtigkeit liegen, die dann strafverschärfend wirkt, sondern an der Nichterkennbarkeit der Gefahr – und außerdem: „Wer mit mehreren Arbeitshypothesen in die Beweisaufnahme geht, kommt der Wahrheit stets ein Stück näher, als der einseitig vorprogrammierte Vernehmer.“[812] Das Programm des Gerichts war – das zeigt die letzte Äußerung sehr deutlich – klar gepolt auf eine Schuld des jungen Monteurs. Das AG Nordenham berücksichtigt zugunsten des dortigen Angeklagten, dass man die konkrete Situation erst einmal *„gedanklich verarbeiten“* müsse. Beim AG Kaufbeuren spielte der komplexe Gesamtkontext dagegen keine Rolle. Selbst der als Zeuge vernommene Geschädigte wertete indes den Sachverhalt so wie der angeklagte Monteur. Ihm war es völlig klar, dass dem Angeklagten keine Fahrlässigkeit vorzuwerfen war, da dieser selbst das Opfer gewesen wäre, wenn die Stahlträger wenige Minuten vorher heruntergestürzt wären.

VI. War der Unfall vermeidbar? – Wann müssen Arbeitnehmer sich verweigern?

Der Angeklagte verwies beim AG Kaufbeuren auch auf die am Bau herrschende „Gesprächskultur“. Es ist – gerade für einen jungen Monteur – nicht immer einfach, alle Sicherheitsrisiken gebührend zu berücksichtigen. Wenn eine Arbeit nicht termingerecht abgeschlossen wird, sodass Folgetätigkeiten nicht fristgerecht begonnen werden können, wird mit den Verursachern der Verzögerung nicht zimperlich umgegangen. Das kann (selbstverständlich) nicht vollständig entlasten, aber diese Umstände sind nach der Rechtsprechung wichtige Aspekte der Zumutbarkeit. Immer wieder attestieren Gerichte – wie das OLG Naumburg[813] – Arbeitnehmern *„ein besonderes Interesse daran, sich gegenüber seinem Arbeitgeber pflichtgemäß zu ver-*

[811] Besprochen als Fall 22 „Kraninstandsetzung mit herabstürzender Hubtraverse“, in: *Wilrich*, Arbeitsschutz-Strafrecht, 2020, S. 274 ff.

[812] *Bender/Nack/Treuer*, Tatsachenfeststellung vor Gericht, 3. Aufl. 2007, Rn. 291.

[813] Besprochen als Fall 20 „Bohrschnecken-Unfall beim Bau des Kaufhofs in Halle“, in: *Wilrich*, Bausicherheit, 2021, S. 219 ff.

halten". Daraus kann – nicht muss – folgen: Die *„Übernahme gefährlicher Arbeiten begründet kein Mitverschulden, wenn der Arbeitnehmer damit einer Anordnung des Weisungsbefugten entspricht. Der Arbeitnehmer handelt dann nicht autonom, sondern unter dem Eindruck einer tatsächlichen Zwangslage."* Im dortigen Fall ging es um einen Auszubildenden: Von ihm *„konnte nicht erwartet werden, dass er sich den Anweisungen des Ausbilders als erfahrener Mitarbeiter widersetzt"*. Das OLG Bamberg sagt in einem Beschluss aus März 2008: Der Arbeitgeber ist in einer *„überlegeneren Position"*, dem Arbeitnehmer bleibt *„nicht viel anderes übrig"* als die Anweisungen zu befolgen, weil ein *„Arbeitnehmer erfahrungsgemäß trotz besserer Einsicht eher ein Risiko eingeht, als dass er den Verlust seines Arbeitsplatzes riskiert"*.

Diese Aspekte führen – dies sei noch einmal betont – nicht automatisch zur Haftungsfreiheit („Verantwortungslosigkeit") des jungen Monteurs. Aber das Gericht muss diese Situation der weisungsabhängigen Arbeitnehmer würdigen. Aufgrund des Alters des Angeklagten gibt es – so sagte es das AG Kaufbeuren – keine Entschuldigung. Die Volljährigkeit allein ist indes kein „Beweis", dass es dem Angeklagten trotz klarer Vorgaben und eines rauen Umgangstons zumutbar war, sich zu verweigern.

VII. Schlussfolgerungen für die – technische und juristische – Praxis

- Jeder Facharbeiter muss sich seiner (Fach-)Verantwortung bewusst sein. Auch wenn man nach Anweisungen eines Vorgesetzten handelt, kann man strafrechtlich selbst zur Verantwortung gezogen werden. Denn mit jedem Arbeitsauftrag wird automatisch die Handlungsverantwortung delegiert.[814]
- Von Mitarbeitern in Industriebetrieben kann und muss technisches Wissen erwartet werden. Mangelndes Know-how aufgrund des Alters ist kein gutes Argument, wenn man selbst angeklagt ist. Es muss vielmehr argumentiert werden,
  - dass **alternative Ursachen** für den Unfall möglich sind und
  - dass der Unfall technisch **nicht voraussehbar** war und daher keine Erkundigungs- und Überprüfungspflicht bestand und
  - dass der Unfall wegen des Drucks, dem ein – junger – Arbeitnehmer ausgesetzt ist, **nicht vermeidbar** war, weil eine Verweigerung unzumutbar war.
- Richter sind dagegen keine Techniker – dies brachte die Richterin am Amtsgericht Kaufbeuren deutlich zum Ausdruck, als sie am Beginn des Prozesses den Angeklagten fragte: *„Ich bin technisch nicht so versiert. Klären Sie mich auf: Gibt es diese Schrauben in verschiedenen Längen?"* Das ist kein Vorwurf, sondern eine unvermeidbare Feststellung. Es müssen nur die richtigen Konsequenzen daraus gezogen werden. Die Beteiligten vor Gericht müssen manchmal **technisch mehr**

[814] Ausführlich *Wilrich*, Technik-Verantwortung, 2022.

erklären als ihnen bewusst ist. Richter müssen auch **technisch mehr fragen** als ihnen bewusst ist – und sie dürfen nicht vorschnell aus dem tatsächlich Geschehenen Rückschlüsse auf vermeintliche Ursachen ziehen, sondern sie müssen die Komplexität berücksichtigen und strikt die Ex-ante-Sicht einnehmen. Rückschaufehler können zu Fehlurteilen führen. Auch Richter müssen die Gesamtsituation aus der damaligen Sicht *„gedanklich verarbeiten"*. Diese Feststellung des AG Nordenham (siehe oben unter V.) gilt auch – und gerade – für eine spätere Beurteilung und erst recht vor einer späteren Verurteilung.

- Für die Montage technischer Produkte sind Informationen aus der in der Konstruktion durchgeführten Risikobeurteilung erforderlich, wo und wie bestimmte Teile einer Anlage zu montieren sind. Liegen diese Informationen nicht vor und muss ein Monteur die Montage ohne geeignete Montageanleitung vornehmen, ist erhöhte Aufmerksamkeit geboten. Er selbst sollte – und muss – eine Risikobeurteilung für die Montage vornehmen. Es kann auch nötig werden, die Ergebnisse mit dem Vorgesetzten abstimmen. Wenn der Monteur mit seiner beruflichen Fachkunde die Sicherheit nicht gewährleisten kann, muss er dies dem Vorgesetzten melden und darf (vorläufig) nicht tätig werden – das ergibt sich für den Arbeitsschutz bei sicherheitswidrigen Weisungen aus § 15 Abs. 1 Satz 4 DGUV-Vorschrift 1 (siehe oben V.), es ist aber selbstverständliche (zivil- und strafrechtliche) Pflicht eines jeden Mitarbeiters.
- Ich habe der zuständigen Richterin des Amtsgerichts Kaufbeuren diese Fallbesprechung zur Kommentierung zugeschickt. Sie antwortete: *„In Anbetracht der hohen Belastung der Amtsrichter am Amtsgericht Kaufbeuren in Höhe von 119 % fehlt mir leider jegliche Zeit zu Ihrem Beitrag Stellung zu nehmen, zumal das Verfahren auch schon länger zurückliegt. Ich möchte aber darauf hinweisen, dass es sich um ein rechtskräftiges und damit abgekürztes Urteil handelte."* Damit nimmt die Richterin Bezug auf § 267 Abs. 4 StPO: *„Verzichten alle zur Anfechtung Berechtigten auf Rechtsmittel oder wird innerhalb der Frist kein Rechtsmittel eingelegt, so müssen die erwiesenen Tatsachen, in denen die gesetzlichen Merkmale der Straftat gefunden werden, und das angewendete Strafgesetz angegeben werden; .... Den weiteren Inhalt der Urteilsgründe bestimmt das Gericht unter Berücksichtigung der Umstände des Einzelfalls nach seinem Ermessen."* Auch wenn – wegen Rechtskraft des Urteils – kein höherinstanzliches Urteil mehr möglich ist, müssen also mindestens *„die erwiesenen Tatsachen, in denen die gesetzlichen Merkmale der Straftat gefunden werden"*, angegeben werden. Zu den gesetzlichen Merkmalen der fahrlässigen Körperverletzung gehört indes die Verursachung bzw. Zurechnung der Schadensfolge und die Schuldhaftigkeit bzw. Fahrlässigkeit des Verhaltens.

Fall 19: Schrauber und Explosion bei Bäckerei in Lehrberg

⇨ Wann sind Arbeitnehmer für Fehler in der Auftragsausführung verantwortlich?

⇨ Verkehrssicherungspflichtverletzung eines Monteurs durch Fehler bei der Arbeitsvorbereitung und falsche Verwendung des falschen Werkzeugs

⇨ Anschauliche Verdeutlichung der drei Voraussetzungen strafrechtlicher Verantwortung:

⇨ Pflichtverletzung = Rechtswidrigkeit

⇨ Verschulden – hier Fahrlässigkeit

⇨ Kausalität = Verursachung des Unfalls bzw. Schadens durch die schuldhafte Pflichtverletzung

Sachverhalt

Ende Juli 2006 stellte ein Sachverständiger fest, dass das Füllventil eines Flüssiggastanks im Nachbargebäude einer Bäckerei in Lehrberg *„geringfügig undicht"* war. Etwa einen Monat später wurde der Tank mit etwas mehr als 3 000 l Gas befüllt. Am 22. September 2006 schickte das mit der Befüllung und Wartung des Tanks beauftragte Unternehmen seinen Tankwagenfahrer und Monteur *M* zur Beseitigung der Undichtigkeit am Füllventil. *M* war seit dem 21. September 2005 *„berechtigt, unter Druck stehende Behälter zu prüfen"*[815].

Weil *M* mit dem Tanklastzug nicht nahe genug an den Gastank herankommen konnte und die Länge seiner Schläuche daher nicht ausreichte, konnte *M* das Gas nicht vom Tank in den Lastzug umpumpen. Er entschloss sich daher, die Undichtigkeit am befüllten Tank zu beheben. Da *M* wegen eines Aufsatzes um den Domschacht meinte, die vorgeschriebene, per Hand zu drehende und um 40 cm zu verlängernde Knarre nicht benutzen zu können, verwendete er einen *„mit Druckluft betriebenen Schrauber"*. Er schloss den Schrauber an seinen ebenfalls mitgebrachten Kompressor an und versuchte mehrere Male vergeblich, die Undichtigkeit zu beseitigen. Gegen 7:40 Uhr änderte er – unbemerkt – durch Betätigen des entsprechenden Umschaltknopfes die Drehrichtung des Schraubers. Das Füllventil wurde schließlich von dem im Tank herrschenden Druck herausgeschleudert und das Gas strömte in die benachbarte Bäckerei.

[815] Eine Rechtsgrundlage für diese Berechtigung ist im Urteil nicht angegeben. Es kann aber vermutet werden, dass M befähigte Person gemäß BetrSichV bzw. genauer gemäß TRBS 1203 Teil 2 „Befähigte Personen – Besondere Anforderungen – Druckgefährdungen" war (Anmerkung: Inzwischen BetrSichV Anhang 2 Abschnitt 4 Nr. 3 und Beispiel in TRBS 1203 „Zur Prüfung befähigte Personen").

Auf Anweisung des *M* alarmierte der Eigentümer des Tanks die Polizei. Die freiwillige Feuerwehr kam um 7:53 Uhr und die Polizei um 7:54 Uhr. Sie sperrte die Bundesstraße 13 und warnte die Bevölkerung. Auf Anweisung des *M* warnte der Tank-Eigentümer auch die Chefin der Bäckerei und angetroffene Nachbarn. Um 7:59 Uhr warnte die Feuerwehr nochmals die Chefin der Bäckerei. Die Feuerwehr regte auch an, die am Gebäude der Bäckerei befindliche Werbetafel auszuschalten.

Um 8:00 Uhr kam es zur Explosion des Gas-Luft-Gemischs. Die Chefin der Bäckerei, ihr Sohn und drei Angestellte verstarben, elf Menschen wurden teilweise schwer verletzt. Die Bäckerei wurde vollständig zerstört, die angrenzende Metzgerei und das Gasthaus „Goldener Löwe" wurden schwer beschädigt und 50 weitere Häuser und zahlreiche Autos wurden ebenfalls beschädigt. Der Sachschaden betrug 4 Millionen Euro.

Urteil

Die Staatsanwaltschaft Ansbach klagte *M* wegen fahrlässiger Tötung und Körperverletzung und fahrlässiger Herbeiführung einer Explosion an – und das Amtsgericht Ansbach verurteilte ihn zu 9 Monaten Freiheitsstrafe, die zur Bewährung ausgesetzt wurden.

Das Urteil konnte gemäß § 267 Abs. 4 StPO[816] abgekürzt werden, weil *M* das Urteil akzeptierte und von seinen Rechtsbehelfen keinen Gebrauch machte. *M* hatte eine Explosion i. S. d. § 308 StGB herbeigeführt[817] und es waren i. S. d. §§ 222, 229 StGB mehrere Menschen verstorben und verletzt worden. Damit war das in diesen Vorschriften geschilderte Ergebnis eingetroffen.[818]

Eine Bestrafung wegen Fahrlässigkeit setzt voraus:

- Pflichtverletzung = Rechtswidrigkeit (dazu I.),
- Verschulden = Fahrlässigkeit (dazu II.) und die
- Kausalität = Verursachung des Unfalls bzw. Schadens durch genau diese schuldhafte Pflichtwidrigkeit (dazu III.).

---

816 Die Vorschrift lautet: „Verzichten alle zur Anfechtung Berechtigten auf Rechtsmittel oder wird innerhalb der Frist kein Rechtsmittel eingelegt, so müssen die erwiesenen Tatsachen, in denen die gesetzlichen Merkmale der Straftat gefunden werden, und das angewendete Strafgesetz angegeben werden."

817 In der Überschrift spricht § 308 StGB zwar von „Sprengstoffexplosion", aber im Text geht es nur „namentlich", das heißt „beispielsweise" um sie. Erfasst sind alle Explosionen „durch beliebige andere Mittel" – etwa auch „Gasgemische" (vgl. Fischer, StGB, 60. Aufl. 2013, § 308 Rn. 3).

818 Juristen sprechen häufig vom strafrechtlichen Erfolg. Der Begriff „Erfolg" ist für Nichtjuristen missverständlich. Es geht eben nur um den Erfolg i. S. d. Strafrechts – gemeint ist die Folge bzw. das Ergebnis. „Erfolg" im Strafrecht ist letztlich Misserfolg im Leben.

Liegen alle drei Voraussetzungen vor, dann muss die Höhe der Strafe festgelegt werden (dazu IV.).

I. Pflichtverletzung

Dem *M* könnten zwei Pflichtverletzungen vorgeworfen werden – die Nicht-Entleerung des Tanks vor Beginn der Reparaturarbeiten (dazu 1.) und Fehler bei der Reparatur selbst (dazu 2.).

1. Fehler bei der Arbeitsvorbereitung – Arbeit am befüllten Tank

Nach dem AG war es *„allgemein üblich und ohne Verstoß gegen Vorschriften oder technische Regeln zulässig“*, die Undichtigkeit durch Nachziehen des Füllventils am befüllten Tank zu beheben. Das Gericht gab indes keinen Hinweis, auf welche Vorschriften oder technische Regeln es sich bezieht.

Nach dem heutigen Stand der technischen Regeln wird eine Reduzierung der im Instandhaltungsbereich freigesetzten Mengen brennbarer Stoffe durch geeignete Maßnahmen, z. B. durch Entleerung und Reinigung von Apparaten, Rohrleitungen und Geräten gefordert.

> TRBS 1112 Teil 1 Explosionsgefährdungen bei und durch Instandhaltungsarbeiten – Beurteilung und Schutzmaßnahmen
>
> **4.2 Vermeidung gefährlicher explosionsfähiger Atmosphäre**
>
> (2) Die in dem Instandhaltungsbereich freigesetzten Mengen brennbarer Stoffe sind durch geeignete Maßnahmen so weit wie möglich zu reduzieren …
>
> - Apparate, Rohrleitungen oder Geräte sind vor Aufnahme der Arbeiten bei Anwesenheit von brennbaren Stoffen so weit wie möglich zu entleeren und zu reinigen.

2. Fehler bei der Ausführung – falsche Verwendung des falschen Werkzeugs

Nach Ansicht des Gerichts hatte *M* seine Rechtspflichten *„durch falsche Verwendung (versehentlich verstellte Drehrichtung) eines unzulässigen Werkzeugs (mit Druckluft betriebener Schrauber statt händisch eingesetzter Knarre)“* verletzt:

- Dass *M* einen mit Druckluft betriebenen Schrauber benutzte, verstieß – so das Gericht – gegen die *„Regeln der Technik“* und *„Anweisungen des Unternehmens“* zur Verwendung einer handbetriebenen Knarre. Das Gericht benannte indes keine einschlägige Regel der Technik und schildert auch nicht Art und Inhalt der „Anweisungen" von *M*'s Arbeitgeber.

- Dass *M* den Schrauber falsch verwendet hatte, ergibt sich nicht aus Rechtsvorschriften oder technischen Regeln. Es ist klar: Wenn man Zudrehen muss und will, ist Aufdrehen eine Pflichtverletzung. Die (strafrechtliche) Haftung nach Feststellung dieser Pflichtverletzung steht nach einem solchen Fehlverhalten indes noch nicht fest – sie setzt weiterhin voraus, dass es schuldhaft geschah (siehe dazu unten II.).

Das Gericht sagte nicht konkret, welche Pflicht *M* verletzt haben soll, sondern nur, wodurch er sie verletzt hat. Es geht letztlich – wie so häufig – um die allgemeine Verkehrssicherungspflicht: Jeder Unternehmensmitarbeiter hat – wie überhaupt jeder Mensch – die auch strafrechtlich relevante Pflicht, alles ihm im konkreten Fall Mögliche und Zumutbare tun, um Schaden zu verhindern[819] (siehe noch die Schlussbemerkungen unten in V.).

Das Gericht erwähnte zwar im Sachverhalt kurz, dass *M* eine Berechtigung zur Prüfung von Druckbehältern habe, griff diesen Aspekt aber in der Begründung des Urteils nicht mehr auf. Einerseits: Wer etwas tut (z. B. an Druckbehältern arbeiten), ohne die erforderliche Qualifikation hierfür zu haben, kann schon allein deshalb fahrlässig handeln – man nennt das Übernahmeverschulden. Das Gericht scheint aber eben wegen des Hinweises auf seine Prüfungsberechtigung in diesem Fall nicht von einem Übernahmeverschulden des *M* auszugehen. Andererseits: Auch wer grundsätzlich geeignet ist, an Druckbehältern zu arbeiten, kann Fehler machen und dabei seine Pflichten verletzen.

II. Verschulden des Monteurs = Fahrlässigkeit

Der Monteur *M* hat auch fahrlässig gehandelt. Das Bürgerliche Gesetzbuch (BGB) definiert fahrlässig als „Außerachtlassung der im Verkehr erforderlichen Sorgfalt" (§ 276). Damit werden indes noch keine aussagekräftigen Kriterien für eine Prüfung auf Fahrlässigkeit gegeben. Im Strafrecht spricht man von „persönlicher Vorwerfbarkeit" – und es gilt nicht (wie im Zivilrecht gemäß BGB) ein objektiver Maßstab, sondern es kommt auch auf die subjektiven Möglichkeiten des Angeklagten an. Entscheidend ist die Erkennbarkeit und Vermeidbarkeit: Bestraft wird nur, wer den Schaden (Juristen sagen: den „Kausalverlauf") voraussehen und zumutbare Abwehrmaßnahmen ergreifen konnte. Sehr wichtig ist bei der Erkennbarkeit und bei möglichen Vermeidungsmaßnahmen, dass es auf die Sicht des Handelnden in der

[819] Ausführlich *Wilrich*, Arbeitsschutz-Strafrecht: Haftung für fahrlässige Arbeitsunfälle: Sicherheitsverantwortung, Sorgfaltspflichten und Schuld – mit 33 Gerichtsurteilen, 2020.

damaligen Situation ankommt („ex ante"), nicht auf die Sicht – etwa des Richters – im Nachhinein („ex post"). Denn nachher ist man immer klüger. Allein das darf aber nicht zu einer strafrechtlichen Verurteilung führen – sonst wäre das ein sog. Ergebnis- bzw. Rückschaufehler.[820]

Das Gericht meinte, *M* hätte sowohl die Verwendung des falschen Werkzeuges erkennen als auch die falsche Verwendung durch Änderung der Drehrichtung vermeiden können:

- Zur Erkennbarkeit sagte das Gericht: *„Mit erhöhtem Kraftaufwand wäre dem Angeklagten das Nachziehen des Füllventils mit der Knarre möglich gewesen. Das hätte der Angeklagte aufgrund der von ihm als erfahrenem Monteur zu fordernden Sorgfalt erkennen können und müssen."*
- Zur Vermeidbarkeit sagte das Gericht: Das *„Eindrücken des Stiftes und die darauf beruhende Änderung der Drehrichtung des Schraubers hätte der Angeklagte durch gebotenes Prüfen vermeiden können und müssen"*.

III. Kausalität = Verursachung der Explosion

Eine strafrechtliche Verurteilung setzt weiter voraus, dass die Pflichtverletzung des *M* den Unfall bzw. Schaden – also die Explosion bzw. die Verletzung und den Tod von Menschen – verursacht hat (Kausalität). Das Gericht benennt zwei weitere Umstände, die möglicherweise ebenfalls ursächlich waren:

- Dass die nicht erfolgte Evakuierung der Bäckerei durch die Feuerwehr überhaupt ein Fehler war, ist *„wegen der nur geringen zeitlichen Spanne zwischen Eintreffen der Feuerwehr und der Explosion nicht sicher bewiesen"*.
- Dass die Anregung der Feuerwehr, die Werbetafel an der Bäckerei auszuschalten, die Explosion verursacht hat, sei *„eher unwahrscheinlich"*.

Trotzdem unterstellte das Gericht diese Fehler und ihre Ursächlichkeit zugunsten des *M*. Denn in einem Verfahren gegen *M* geht es nicht um die – mögliche – Bestrafung von Feuerwehrmitarbeitern, sondern um die mögliche Entlastung des *M*. Letztlich erfolgen die entsprechenden Unterstellungen daher aus dem Grundsatz: „Im Zweifel für den Angeklagten" („in dubio pro reo"). Eine Verurteilung kann nur erfolgen, wenn – so die Formel in der Rechtsprechung – „mit an Sicherheit grenzender Wahrscheinlichkeit" angenommen werden kann, dass die Pflichtverletzung des Angeklagten den Unfall bzw. Schaden verursacht hat.

[820] Siehe hierzu *Wilrich*, Sicherheitsverantwortung – Arbeitsschutzpflichten, Betriebsorganisation und Führungskräftehaftung – mit 25 erläuterten Gerichtsurteilen, 2016, Kap. 11, S. 67 ff.; in diesem Buch siehe Fall 18.

Das Gericht stellte dann aber fest, dass selbst bei der Unterstellung von Fehlern der Feuerwehr die Ursächlichkeit der Pflichtverletzung des *M* nicht unterbrochen worden ist. Ohne dass es das Gericht sagte, brachte es damit folgenden Grundsatz zum Ausdruck: Nur dass vor oder nach der Pflichtverletzung eines Beteiligten (hier des *M*) andere Personen (hier eventuell die Feuerwehr) ihre Pflichten ebenfalls verletzt haben, lässt die Haftung nicht entfallen. „Kausal ist eine Handlung auch, wenn der Erfolg bei voneinander unabhängigem Handeln mehrerer Personen (erst) durch die Gesamtheit der Handlungswirkungen herbeigeführt wird" („kumulative Kausalität").[821] Die Verursachung („Kausalkette") wurde hier also nicht unterbrochen, aber die beiden erwähnten Umstände können im Rahmen der Strafzumessung doch noch zugunsten des *M* berücksichtigt werden.

IV. Strafzumessung

Im Rahmen der Strafzumessung berücksichtigte das Gericht zunächst strafverschärfend die erheblichen Folgen der fahrlässigen Pflichtverletzung. Strafmildernd wirkte aber

- dass *„der bisher nicht bestrafte Angeklagte durch das Geschehen und dessen sowohl allgemein als auch in seiner näheren Umgebung erwecktes Aufsehen stark belastet worden ist"*,
- *„die sich über zwei Jahre erstreckende Dauer des Verfahrens"*,
- dass *„der Aufsatz um den Domschacht zum Einsatz des unzulässigen Schraubers veranlasst"* hat,
- dass *„das Füllventil sich wegen seines nur geringen Halts sofort gelöst"* hat und
- dass *„zugunsten des Angeklagten Umstände (Anregung der Feuerwehr zum Ausschalten der Werbetafel sowie unterbliebene Evakuierung der getöteten und verletzten Personen) zu den Folgen der Tat beigetragen haben können"*.

V. Schlussbemerkungen

Das Urteil verdeutlicht, dass jeder – auch „einfache" – Arbeitnehmer strafrechtliche Verantwortung trägt für die „Art und Weise der Aufgabendurchführung"[822]. Denn „mit jedem Arbeitsauftrag wird automatisch die Handlungsverantwortung delegiert"[823].

---

[821] Fischer, StGB, 60. Aufl. 2013, vor § 13 Rn. 32; der BGH sagte im Urteil v. 10.01.2008 (Az. 3 StR 463/07), „dass eine Ursache im Rechtssinne ihre Bedeutung nicht verliert, wenn außer ihr noch andere Ursachen zur Herbeiführung des Erfolges beitragen".

[822] *Schulte-Zurhausen*, Organisation, 5. Aufl. 2010, 3. Teil, 2.1, S. 166.

[823] *Hartmut Laufer*, Grundlagen erfolgreicher Mitarbeiterführung, 11. Aufl. 2011, S. 105.

Jeder ist jederzeit jederorts für jede Handlung verantwortlich. „Grundsätzlich muss jeder Handwerker ohne Rücksicht auf etwaige Anweisungen des Auftraggebers seine Aufgaben so erfüllen, dass weder aus der Ausführungstätigkeit noch aus dem hergestellten Werk Gefahren für Dritte entstehen.“[824] Denn „Unfälle und Verletzungen von Mitarbeitern zu vermeiden“, ist eine „Selbstverständlichkeit“[825].

Ob gehaftet wird – wie also die Antwort bei Übernahme der Verantwortung aussieht – ist eine andere Frage: Es hängt etwa auch vom Verschulden ab, ob also sorgfältig genug gehandelt worden ist (keine Haftung) oder ob fahrlässig gehandelt worden ist (dann Haftung bei Verursachung des Schadens bzw. Unfalls durch die Pflichtverletzung).

Wie meistens ist die eigentliche Schwierigkeit in diesem Fall nicht die Herausarbeitung dieser klaren juristischen Grundsätze, sondern die fachlich-technische Wertung, ob denn nun der Monteur *M* seiner Verantwortung gerecht geworden ist:

- Der Vorwurf der Außerachtlassung der erforderlichen Sorgfalt bei der Arbeit am Füllventil ist nachvollziehbar und das Amtsgericht begründete seine Verurteilung einzig hiermit.
- Die kurze Feststellung, technische Regeln geböten nicht das Leerpumpen des Gastanks vor Beginn der Instandsetzung, ist ohne Benennung der entsprechenden Regeln dagegen kaum nachvollziehbar. Die oben erwähnte TRBS 1112 Teil 1 zur Instandhaltung ist erst 2010 in Kraft getreten.
- Wie immer geht es aber auch hier um die allgemeine Verkehrssicherungspflicht, alles Zumutbare zu tun, um Schaden und Unfälle zu vermeiden. Der Gedanke, dass mit einer Instandsetzungsarbeit erst begonnen werden soll, wenn hierdurch Gefährdungen gar nicht erst möglich sind, findet sich schon in der seit Oktober 2002 geltenden BetrSichV. Nach Anhang 2 Nr. 2.4 sollen „Änderungs-, Instandsetzungs- und Wartungsarbeiten nur bei Stillstand des Arbeitsmittels vorgenommen werden. Das Arbeitsmittel und seine beweglichen Teile sind während dieser Arbeiten gegen Einschalten und unbeabsichtigte Bewegung zu sichern.“ Nachdem der Verordnungsgeber die Instandhaltung als „besonderen Unfallschwerpunkt“ erkannt hat[826], steht das heute in § 10 Abs. 3 Nr. 6 BetrSichV. Ausschaltung bzw. Entleerung der Gefährdungsquelle vor Beginn der Arbeit geht also vor Aufpassen bzw. Wachsamsein während der Arbeit, dass nichts Gefährliches passiert. Sorgfalt durch Unterlassung gefährlicher Handlungen geht vor (fehleranfälliger) Sorgfalt durch vorsichtiges Handeln in Gefahrensituationen.

[824] OLG Zweibrücken, Urteil v. 16.09.1976 (Az. 6 U 31/76); ausführlich zu Bauunfällen *Wilrich*, Bausicherheit – Arbeitsschutz, Baustellenverordnung, Koordination, Bauüberwachung, Verkehrssicherungspflichten und Haftung der Baubeteiligten, 2021.

[825] ArbG Wuppertal, Beschluss v. 15.06.2005 (Az. 5 BV 20/05).

[826] BR-Drs. 400/14 v. 28.08.2014, S. 1.

M hatte zunächst offenbar auch vorgehabt, das Gas abzupumpen, dann aber von der Entleerung des Gastanks abgesehen, da seine Schläuche für die Entfernung zum Tanklastzug zu kurz waren. Eine Entleerung des Tanks vor den Instandsetzungsarbeiten hätte aber den Unfall verhindert, da die Öffnung des entleerten Tanks durch das herausgeschleuderte Füllventil keine Freisetzung von Gas zur Folge gehabt und damit nicht zur Entstehung gefährlicher explosionsfähiger Atmosphäre geführt hätte.

Das vom Gericht beschriebene Geschehen lässt allerdings auch Fragen offen:

- Zwischen Feststellung der Undichtigkeit am Füllventil durch den Sachverständigen Ende Juli 2006 und dem Versuch der Beseitigung der Undichtigkeit (also der Instandsetzung) durch *M* am 22. September 2006 waren fast zwei Monate vergangen. Das Gericht stellte im Urteil zwar fest, dass die *„Sicherheit des Tanks und dessen Betrieb nicht beeinträchtigt"* waren, es ist aber unklar, worauf diese Einschätzung beruht und ob sie vom Sachverständigen stammte, der auch die Undichtigkeit festgestellt hat.
- Das Gericht ging in seinem Urteil auch nicht auf den Umstand ein, dass der Tank einen Monat nach der Feststellung der Undichtigkeit mit mehr als 3 000 l Gas befüllt wurde, obwohl die Undichtigkeit noch nicht beseitigt worden war. Zu diesem Zeitpunkt hätte eine Instandsetzung am Füllventil am nicht (voll) befüllten Tank stattfinden und damit ohne (bzw. unter geringerer) Gefährdung durch die Freisetzung gefahrdrohender Mengen entzündbaren Gases durchgeführt werden können.

Wegen dieser Unklarheiten kann nicht beurteilt werden, ob auch anderen Beteiligten (etwa dem Eigentümer und Betreiber) Vorwürfe hätten gemacht werden können.

Fall 20: Schweißgerät: Explosion am Dümmersee

- ⇨ Sicherheitswidrige Lagerung eines Arbeitsmittels[827]
- ⇨ Pflicht zu „regelmäßigen Kontroll- und Durchsetzungsmaßnahmen zur Einhaltung der Arbeitsschutzvorschriften“
- ⇨ Fehlende Kontrollen der Nutzung von Schutzausrüstungen, der sicherheitskonformen Arbeitsweise und der Tätigkeit eines Mitarbeiters nach Pflichtendelegation
- ⇨ Entfallen des Vertrauensschutzes auf ordnungsgemäße Pflichterfüllung durch Beauftragte, wenn Zweifel an ihrer Zuverlässigkeit bestehen („Anlass“)
- ⇨ Garantenverantwortung für das Unterlassen von Schutzmaßnahmen
- ⇨ Wertungsfrage zur eigenverantwortlichen Selbstgefährdung von Beschäftigten vs. (Mit-)Verantwortung von Vorgesetzten

Sachverhalt

Der angeklagte Arbeitgeber *A* richtete im Zusammenhang mit Arbeiten am Flugplatz Trollenhagen auf dem Dümmersee eine Baustelle ein. Zur Errichtung einer Brückenkonstruktion wurde ein Autogenschweißgerät verwendet, an das je eine 80 kg schwere Sauerstoff- und Acetylenflasche angeschlossen waren. Dieses Gerät lagerten die Arbeitnehmer des *A* in einer nicht belüfteten Pontonkammer, deren Innenhöhe nicht ausreichte, die Gasflaschen zu stellen, weshalb sie schräg liegend gelagert werden mussten. Die Arbeitnehmer nutzten das Schweißgerät so, dass die Gasflaschen in der Pontonkammer verblieben und legten nur die dazugehörigen Schläuche durch die scharfkantige Einstiegsluke der Kammer hinaus und schlossen die Schläuche sodann auf dem Ponton an das Schweißgerät an. Schließlich schlossen sie den Lukendeckel wieder und unterlegten ihn zum Schutz der Schläuche mit einem Stück Holz.

A mahnte seinen Vorarbeiter wegen dieser Vorgehensweise am 30.09.1999 schriftlich ab, indem er an Ort und Stelle die Vorstöße protokollierte und gegenzeichnen ließ.

Schwimmwesten standen zwar in ausreichender Anzahl zur Verfügung, die Arbeitnehmer nutzten sie indes nicht. Am 14.10.1999 war das zuständige Amt für Arbeitsschutz auf der Baustelle und monierte dies.

Am 25.10.1999 nutzte ein Mitarbeiter das Schweißgerät und schloss nach Erledigung seiner Arbeit nicht die Flaschenventile, sondern drehte die Gaszufuhr am Schweißgerät selbst ab. Aufgrund eines Lecks im Bereich zwischen der Acetylenflasche und

[827] Die damals anwendbare Arbeitsmittelbenutzungsverordnung (AMBV), die Vorgänger-Rechtsverordnung zur BetrSichV, wird allerdings nicht herangezogen.

dem innerhalb der Pontonkammer befindlichen Teil des dazugehörigen Schlauches füllte sich die Kammer mit einem explosionsfähigen Acetylen-Luft-Gemisch, das sich dann durch die einen Spalt offen stehende Luke auch auf dem Pontondeck ausbreitete. Zu dieser Zeit nutzte der Vorarbeiter ein Elektroschweißgerät. Das Acetylen-Luft-Gemisch entzündete sich wahrscheinlich infolge eines Kurzschlusses im Kondensator.

Der schwer verletzte Vorarbeiter starb durch Ertrinken. Zwei Arbeitnehmer erlitten geringfügige Verletzungen, die jeweils folgenlos ausgeheilt sind. Einer dieser Arbeitnehmer war – nach einem Urlaub – zum ersten Mal mit solchen Schweißarbeiten beschäftigt. Einen Monat nach dem Unfall war das Amt für Arbeitsschutz wieder vor Ort – und wieder trugen die Arbeitnehmer keine Schwimmwesten.

Urteile

Das Amtsgericht (AG) Neubrandenburg verurteilte *A* am 16. Januar 2001 zu einer Geldstrafe von 50 Tagessätzen (zu je 80 DM) wegen fahrlässiger Körperverletzung, nicht aber wegen fahrlässiger Tötung. Das Landgericht (LG) Neubrandenburg verringerte am 16. Juni 2003 die Strafe auf 30 Tagessätze (zu je 30 €).[828] Das Oberlandesgericht (OLG) Rostock verwarf die Revisionen der Staatsanwaltschaft und des Angeklagten *A* und bestätigte das Urteil des LG.[829]

Das OLG begründete

- die Verantwortlichkeit des *A* (dazu I.) und
- die Pflichtverletzungen des *A* (dazu II.).
- *A* hatte zwar die Sicherheitspflicht auf den Vorarbeiter übertragen, aber die Einhaltung nicht überwacht (dazu III.).
- Der Vorarbeiter und ein Arbeitnehmer gefährdeten sich indes eigenverantwortlich selbst, sodass dem Angeklagten insoweit kein strafrelevanter Vorwurf gemacht werden konnte (dazu IV.).
- In der Begründung wich das OLG etwas von einem Urteil des OLG Naumburg zur fehlenden Nutzung einer Atemschutzmaske ab (dazu V.).

I. Verantwortlichkeit des Arbeitgebers

Dem *A* wurde ein Unterlassen vorgeworfen – nämlich bestimmte Schutzmaßnahmen nicht ergriffen und dadurch den Unfall nicht „abgewendet“ zu haben. Für die Strafwidrigkeit von Unterlassen setzt § 13 StGB voraus, dass man für die Schadensfolge bzw. den Unfall „einstehen“ muss bzw. dass man eine rechtliche Handlungspflicht

[828] LG Neubrandenburg, Urteil v. 16.06.2003 (Az. 9 Ns 53/01).
[829] OLG Rostock, Urteil v. 10.09.2004 (Az. 1 Ss 80/04 I 72/04).

(Garantenstellung) hat. Das OLG begründete: Die Garantenstellung des *A „ergibt sich aus § 618 Abs. 1 BGB, der Schutzpflichten des Dienstberechtigten gegenüber dem Dienstverpflichteten statuiert, die durch spezielle Arbeitsschutz- und Unfallverhütungsvorschriften konkretisiert werden“*. Man könnte in den Worten der DGUV-Information 211-006 (dort Abschnitt 3) ergänzen: „Vorgesetzte ohne Verantwortung gibt es nicht. Wer es ablehnt, Verantwortung zu tragen, kann nicht Vorgesetzter sein.“[830]

II. Pflichtverletzung

Das Gericht warf *A* zwei Pflichtverletzungen vor, wobei nicht die fehlende Überwachung der Schwimmwesten-Nutzung (dazu 1.), sondern nur die fehlende Überwachung und Durchsetzung der sicherheitsgerechten Nutzung des Schweißgeräts strafrechtlich relevant ist (dazu 2.).

1. Fehlende Überwachung der Schwimmwesten-Nutzung

A hatte zwar seine Sicherheitspflichten verletzt, weil er *„nicht darauf hinwirkte, dass die Schwimmwesten von seinen Arbeitnehmern auf dem Ponton auch angelegt wurden“*. Das ist auch ein *„vorwerfbarer Verstoß gegen die Pflicht, die Einhaltung der Arbeitsschutzbestimmungen auf seiner Baustelle zu überwachen“*.

Aber diese Pflichtverletzung hatte sich nicht ausgewirkt, es fehlte am sog. *„Pflichtwidrigkeitszusammenhang, da der Tod seines Vorarbeiters und die Verletzung seines Mitarbeiters nicht ausschließbar auch dann eingetreten wären, wenn beide im Zeitpunkt der Explosion eine Schwimmweste getragen hätten“*. Das war zumindest das Ergebnis der richterlichen Beweiswürdigung des Landgerichts. Es sei möglich, dass der Vorarbeiter zwar mit der Rettungsweste nach oben getrieben, dann aber unterhalb des Pontons hängen geblieben wäre. In der Revision wurde diese Deutung durch das OLG nur auf Rechtsfehler überprüft: *„Das Revisionsgericht darf die Beweiswürdigung des Tatrichters nur auf rechtliche Fehler prüfen, nicht aber durch seine eigene ersetzen. Bei erschöpfender Beweiswürdigung müssen die vom Tatrichter gezogenen Schlüsse nur möglich, brauchen aber keineswegs zwingend sein. Rechtsfehlerhaft ist die Beweiswürdigung nur, wenn sie in sich widersprüchlich, lückenhaft oder unklar ist oder gegen Denkgesetze oder Erfahrungssätze verstößt.“* Im LG-Urteil waren aber keine solchen Rechtsfehler erkennbar – auch nicht *„hinsichtlich der Tatsache, dass der Vorarbeiter möglicherweise auch dann ertrunken wäre, wenn er zum Unfallzeitpunkt eine Schwimmweste getragen hätte“*.

[830] Ausführlich hierzu und zur Garantenstellung *Wilrich*, Arbeitsschutz-Strafrecht – Haftung für fahrlässige Arbeitsunfälle: Sicherheitsverantwortung, Sorgfaltspflichten und Schuld – mit 33 Gerichtsurteilen, 2020.

Anmerkung

Das OLG Rostock hat zum Pflichtwidrigkeitszusammenhang einmal gesagt, dass er „dann fehlt, wenn der festgestellte Nachteil bei einem pflichtgemäßen Alternativverhalten aller Voraussicht nach ebenfalls eingetreten wäre“[831]. Dieser Aspekt ist im vorliegenden Zusammenhang indes nicht gemeint. Hier geht es um die Kausalität: Hat die fehlende Schwimmweste wirklich die Rechtsgutsverletzung (den Tod bzw. die Verletzung) verursacht? Wenn das nicht der Fall war – was die Gerichte für möglich halten – dann war auch die entsprechende Verletzung der Pflicht zur Durchsetzung ihrer Nutzung nicht kausal – und kann nicht bestraft werden.

2. Fehlende Kontrolle bei der Nutzung des Schweißgeräts

Eine zweite – und entscheidende – Pflichtverletzung sah das OLG darin, dass *A* es unterlassen hatte, *„durch regelmäßige Kontroll- und Durchsetzungsmaßnahmen die Einhaltung der Arbeitsschutzvorschriften – insbesondere im Hinblick auf die korrekte Lagerung und Benutzung des Autogenschweißgerätes samt der zugehörigen Gasflaschen – auf seiner Baustelle sicherzustellen“*.

Anmerkungen

Was „regelmäßig“ ist, beantwortete das OLG nicht generell, denn es musste ja nur diesen konkreten Fall lösen. Hier waren nach der Abmahnung etwa 4 Wochen vergangen. Ohne es ausdrücklich zu sagen, ging das Gericht also davon aus, dass innerhalb dieses Zeitraums eine Kontrolle zumutbar war. Das lag erstens daran, dass ein schwerwiegender Pflichtverstoß aufgedeckt worden war und zweitens daran, dass die Sichtkontrolle hier so einfach möglich war. Das AG hatte betont, dass *A* selbst zugab, am Unfallmorgen anwesend gewesen zu sein: Zur Feststellung, ob die Arbeitnehmer die signalroten Westen tragen, *„hätte ein einziger Blick auf die Arbeitnehmer genügt; der Angeklagte hätte nicht mal an Bord des Pontons gehen müssen“*.

Eine Abmahnung der fehlerhaft arbeitenden Arbeitnehmer ist zwar ein geeignetes (und eventuell sogar ein notwendiges) Aufsichtsmittel, es ist aber gerade auch ein Anlass, um dann später noch einmal die angemahnte Änderung zu überprüfen. Jedenfalls ist die Verletzung der Überwachungspflicht schwerwiegender, wenn trotz Kenntnisnahme von sicherheitswidriger Arbeitsmittellagerung oder Arbeitsmittelnutzung danach nicht noch einmal kontrolliert wird. Dringend zu empfehlen sind dokumentierte Anlasskontrollen nach Pflichtverletzungen. In diesem Fall warf das OLG dem *A* vor, er hätte sich nicht mehr *„uneingeschränkt“* auf seinen Vorarbeiter verlassen dürfen (siehe sogleich III.): Obwohl *„seine Arbeitnehmer das Schweiß-*

[831] OLG Rostock, Beschluss v. 27.09.2012 (Az. I Ws 133/12).

gerät weisungswidrig in der Pontonkammer lagerten, kontrollierte er in der Folge nicht mehr dessen ordnungsgemäße Lagerung, sondern verließ sich insoweit auf seinen Vorarbeiter, der die ihm vom Angeklagten übertragenen Kontrollaufgaben jedoch nicht erfüllte".

III. Pflichtendelegation und Überwachungsverschulden

A hatte zwar seine Kontrollpflichten auf den – so das Gericht – ursprünglich zuverlässigen Vorarbeiter übertragen. Das allein reicht indes nicht: Nachfolgend besteht die Pflicht zur Überwachung dieser Aufsichtsperson („Kontrolle des Kontrolleurs"):

„Zwar darf der Arbeitgeber seine Überwachungspflichten grundsätzlich auf eine zuverlässige Person delegieren, er muss diese jedoch kontrollieren und darf nicht untätig bleiben, wenn konkrete Anhaltspunkte für ein sorgfaltswidriges Verhalten des Beauftragten vorliegen. Jedenfalls seit dem Vorfall am 30.09.1999 konnte sich der Angeklagte nicht mehr uneingeschränkt auf seinen Vorarbeiter verlassen, denn von diesem Zeitpunkt an wusste er, dass dieser es an der notwendigen Zuverlässigkeit im Hinblick auf die Überwachung der Einhaltung von Arbeitsschutzvorschriften auf der Baustelle fehlen ließ. Dass der Angeklagte dies nicht zum Anlass eigener weiterer Kontrollen nahm, begründet seine eigene Sorgfaltspflichtverletzung."

AG und LG hatten von einem *„deutlichen Signal"* gesprochen, das LG setzte noch hinzu, *A* hätte *„erhebliche Zweifel"* an der Verlässlichkeit des Vorarbeiters haben müssen.

Anmerkung

Sehr häufig begründen Gerichte Pflichtverletzung damit, dass – wegen bestimmter Vorfälle – ein Anlass zur Wachsamkeit bestanden hätte (siehe Kapitel 5.5.6). In Buch **Gefahrstoffrecht vor Gericht** gibt es zwei weitere Beispiele[832]:

- Das LG Wuppertal betonte in, dass Schüler „mindestens fünfmal trotz Verbotes ‚Knallerbsen' haben platzen lassen" – und schlussfolgerte daraus einen Anlass zu Zweifeln: „Bei dieser Sachlage hätte sich dem Lehrer ohne Weiteres aufdrängen müssen, dass die Schüler auf ‚dumme Gedanken' kommen konnten" – und das war eines der Argumente für die grobe Fahrlässigkeit und die Haftung des Lehrers für den Unfallschaden gegenüber dem Unfallversicherungsträger.
- Das LG Saarbrücken sagte, die angeklagten Geschäftsführer hätten die Explosion einer Bauschaumdose in Leipzig 2007, bei der niemand verletzt wurde, „zum Anlass nehmen müssen, sich mit den Gefahren des Bauschaumes auseinanderzu-

[832] Zahlreiche weitere Beispiele in *Wilrich*, Bestandsschutz oder Nachrüstpflicht? Betreiberverantwortung und Sicherheit bei Altanlagen – mit 33 Gerichtsurteilen, 2. Aufl. 2019.

setzen und entsprechende Maßnahmen zu ergreifen. Dies haben sie unterlassen." In der Strafzumessung hieß es dann etwas milder, dass sie „von dem Ereignis absolut überrascht waren", aber es „lag keinesfalls außerhalb jeder Wahrscheinlichkeit und außerhalb der Lebenserfahrung. Die Gefährlichkeit ihres Vorgehens musste sich den Angeklagten geradezu aufdrängen."

IV. Eigenverantwortliche Selbstgefährdung der Arbeitnehmer

Soweit es den Tod seines Vorarbeiters und die Verletzung eines der Arbeitnehmer betrifft, lag jedoch gemäß OLG *„eine eigenverantwortliche Selbstgefährdung vor, für die A trotz seines pflichtwidrigen Verhaltens strafrechtlich nicht zu belangen ist, denn die eigenverantwortlich gewollte – zumindest in Kauf genommene – und vollzogene Selbstgefährdung unterfällt nicht dem Tatbestand eines Körperverletzungs- oder Tötungsdeliktes"*. Daraus folgt: *„Wer lediglich den Akt der bewussten Selbstgefährdung vorsätzlich oder fahrlässig veranlasst, ermöglicht oder fördert, nimmt deshalb an einem Geschehen teil, das kein tatbestandsmäßiger und damit kein strafbarer Vorgang ist"* (zu diesem komplizierten Satz siehe unten VI.). Aber das gilt nicht grenzenlos: *„Die Strafbarkeit des die Selbstgefährdung veranlassenden Dritten* [hier des Arbeitgebers] *beginnt jedoch dort, wo er kraft überlegenen Sachwissens das Risiko besser erfasst als der sich selbst Gefährdende."*

Das verneinte das OLG für den verstorbenen Vorarbeiter und den zuvor nicht urlaubsbedingt abwesenden Arbeitnehmer, denn ihnen war *„die Gefährlichkeit ihres Tuns bekannt. Beide hatten langjährige Berufserfahrung"*, der Vorarbeiter war ausgebildeter Schweißer. Außerdem war der Vorarbeiter *„am 30.09.1999 von dem Angeklagten ausdrücklich darauf hingewiesen worden, dass die Pontonkammer zum Betrieb des Autogenschweißgerätes nicht geeignet war und es unter der Ramme auf dem Ponton gelagert werden sollte". „Beide wussten zudem, dass die Gasschläuche durch das Verlegen über die scharfkantige Lukenöffnung sehr leicht beschädigt werden konnten. Damit waren sich beide der großen Gefährlichkeit der auf der Baustelle herrschenden Praxis in vollem Umfang bewusst, sodass sie sich dadurch, dass sie diese Praxis pflegten, während sie auf dem Ponton arbeiteten, bewusst in erheblichem Maße selbst gefährdeten." A „kannte zwar alle gefahrbegründenden Tatsachen, er hatte seinen beiden erfahrenen Mitarbeitern gegenüber jedoch kein überlegenes Sachwissen".*

Eine eigenverantwortliche bewusste Selbstgefährdung des anderen Arbeitnehmers lag dagegen nicht vor. Diesem Arbeitnehmer war *„nämlich aufgrund seines Urlaubs – vor Urlaubsantritt waren keine Schweißarbeiten durchgeführt worden – die Praxis seiner Kollegen, die Gasflaschen während des Schweißens in der vorderen linken Pontonkammer zu lagern, nicht bekannt und er hatte auch nicht mitbekommen, dass am 25.10.1999 wiederum so verfahren wurde. Der durch das Verhalten seiner Kollegen und die Unterlassung des A begründeten großen Gefahr für seine Gesundheit* *und sein Leben während seiner Arbeit auf dem Ponton war er sich dementsprechend überhaupt nicht bewusst.“* Das LG sprach vom *„gutgläubigen Geschädigten“.*

V. Auseinandersetzung mit einem Urteil des OLG Naumburg

Das OLG Naumburg[833] hatte bei der Verletzung von Schutzpflichten durch den Arbeitgeber eine grundsätzliche „Überlagerung“ der Eigenverantwortlichkeit des Arbeitnehmers durch die Fremdverantwortung des Arbeitgebers angenommen. Diese Lösung lehnte das OLG Rostock in diesem Fall erstens ab, zweitens begründete es ausführlich, dass sich beide Sachverhalte erheblich unterscheiden.

Es fehlte – so das OLG Rostock – im Fall des OLG Naumburg *„an einem vollständig eigenverantwortlichen Verhalten der zu Tode gekommenen Arbeitnehmer“*, denn dort *„hatte der Arbeitgeber durch sein Unterlassen, seinen Arbeitnehmern, die fast täglich Arbeiten an Gasleitungen auszuführen hatten, Atemschutzmasken in ausreichender Anzahl zur Verfügung zu stellen, überhaupt erst den Entschluss zu deren selbstschädigendem Verhalten, bei diesen Arbeiten keine Atemschutzmaske zu verwenden, hervorgerufen, indem er ihre Möglichkeiten zu sorgfaltsgemäßem Verhalten eingeschränkt und damit maßgeblich ihre Willensbildung beeinflusst hatte. So aber waren sie gezwungen, sich vor Fortsetzung ihrer Arbeit erst im Betrieb eine Schutzmaske zu beschaffen. Dies indes war umständlich und hätte zu Zeitverzögerungen bei den Arbeiten geführt, weshalb sie sich letztlich in Kenntnis des Risikos der erheblichen Gefahr aussetzten, um ihre Stellung als Arbeitnehmer nicht zu gefährden.“* Das OLG Rostock sprach von einer *„Beeinflussung der Willensbildung, die die Eigenverantwortlichkeit der Selbstgefährdung entfallen lässt“*.

Anders im hier zu entscheidenden Fall: Der Vorarbeiter und einer der Arbeitnehmer *„gingen das mit dem Belassen der Gasflaschen in der Pontonkammer während der Schweißarbeiten verbundene Risiko einer Entzündung ausströmenden Gases in voller Kenntnis der gefahrbegründenden Umstände allein aus Bequemlichkeit ein, obwohl ihnen ein unfallvermeidendes, die erforderliche Sorgfalt beachtendes Verhalten – das Herausheben der jeweils 80 kg schweren Gasflaschen aus der Pontonkammer vor Inbetriebnahme des Autogenschweißgerätes – ohne Weiteres möglich war. Zwar hat A das sorgfaltswidrige Verhalten seiner Arbeitnehmer durch seine mangelnden Kontrollen ermöglicht, deren Entschluss hierzu beruhte jedoch auf autonomen Motiven und nicht auf seiner Einflussnahme. Sie unterlagen im Hinblick auf ihr Tun keinen den Erhalt ihres Arbeitsplatzes betreffenden Zwängen. Im Gegenteil: A hatte seinen Vorarbeiter am 30.09.1999 gerade wegen der praktizierten Verfahrensweise abgemahnt und so deutlich zum Ausdruck gebracht, dass er damit nicht einverstanden war.“*

[833] Fall 17 „Kohlenmonoxidvergiftung wegen fehlender Atemschutzmaske“, in: *Thomas Wilrich/Cordula Wilrich*, Gefahrstoffrecht vor Gericht, 2021, S. 151 ff.

A hatte daher keine *„Tatherrschaft"*: *„Sein pflichtwidriges Unterlassen weiterer Kontrollen"* hatte daher keinen *„steuernden Einfluss"* auf das *„selbstschädigende Verhalten seiner Mitarbeiter"* und ist *„ohne Einfluss auf die Eigenverantwortlichkeit der bewussten Selbstgefährdung geblieben, sodass hier eine strafrechtliche Haftung des Angeklagten nicht in Betracht kommt"*.

VI. Fazit zur eigenverantwortlichen Selbstgefährdung

Eigenverantwortliche – und damit für den Vorgesetzten trotz eigener Versäumnisse strafbefreiend wirkende – Selbstgefährdung ist im Arbeitsverhältnis denkbar, wird bei Arbeitsschutzverstößen des Arbeitgebers aber nur zurückhaltend anzunehmen sein. Die komplizierten Aussagen des OLG zur Straffreiheit bei eigenverantwortlicher Selbstgefährdung (siehe oben IV.) kann man mit einem Bibelzitat so zusammenfassen: „Wer sich in Gefahr begibt, der kommt darin um"[834] – und andere (auch nicht der grundsätzlich fürsorgepflichtige Arbeitgeber) sind nicht mitverantwortlich.

- Die Selbstgefährdung muss aber erstens tatsächlich vollständig „eigenverantwortlich" und darf nicht vom pflichtwidrig handelnden Arbeitgeber bzw. Vorgesetzten mitverantwortet sein. Voraussetzung der Straffreiheit ist erstens, dass alle Schutzeinrichtungen vorhanden und ordnungsgemäß nutzbar sind, was hier der Fall war, aber nicht im Urteil des OLG Naumburg (siehe oben V.).
- Erforderlich für die Straffreiheit des Vorgesetzten ist zweitens, dass der Arbeitgeber/Vorgesetzte kein „überlegenes Sachwissen" hat, was insbesondere voraussetzt, dass die Arbeitnehmer ordnungsgemäß unterwiesen und in die konkrete Aufgabe eingewiesen worden sind. Nur wenn dem Arbeitnehmer die Gefahr voll bewusst ist und er trotz Möglichkeit sicherheitsgerechter Tätigkeit vorschriftswidrig handelt, ist der Vorgesetzte frei von (rechtlicher) Verantwortung. Dann gilt die Fortsetzung des Bibelzitats: „… und ein starrköpfiger Mensch nimmt zuletzt ein schlimmes Ende".

VII. Zur Strafzumessung

Für die Strafzumessung gibt es keine festen Regeln – und sie darf es wegen der „freien Beweiswürdigung" auch nicht geben. Jedenfalls kann auch Verhalten nach dem Unfall zu berücksichtigen sein. Für das LG war es strafschärfend, dass auch einen Monat nach dem Unfall die Arbeitnehmer wieder keine Schwimmwesten nutzten. Dass *A „offenbar nicht engagiert genug um die Einhaltung von Sicherheitsvorschriften bemüht war, wirft kein gutes Licht auf ihn und ist Ausdruck einer Persönlichkeit, die zu mangelnder Sorgfalt neigt"*.

[834] Apokryphen, Das Buch *Jesus Sirach* Kapitel 3, Vers 27 in der Übersetzung *Martin Luther*.

Fall 21: Stromschlag bei Reinigungsarbeiten Garage

⇨ In zwei Strafbefehlen des AG Tettnang[835] ging es um die Organisations- und Aufsichtsverantwortung der Geschäftsführung und die automatische Sicherheits- und Führungsverantwortung der Vorarbeiter – und die Nichtumsetzung vierer wesentlicher Grundpfeiler der BetrSichV: die Gefährdungsbeurteilung, die Prüfung der Arbeitsmittel, die Betriebsanweisung und die Unterweisung.

Sachverhalt

Eine Reinigungsfirma hatte den Auftrag, Moos und Flechten mit einem elektrischen Hochdruckreiniger von den Vordächern einer Garageneinfahrt zu entfernen. Ein Mitarbeiter erhielt beim Umstecken des Reinigers einen Stromschlag.

Unfallursächlich war nach dem Amtsgericht

- *„zum einen ein bereits vor dem Vorfall bestehender Defekt am Stromkabel des Hochdruckreinigers, der unfachmännisch mit einem Isolierband repariert worden war"*,
- *„zum anderen wurde mit einer Kabeltrommel gearbeitet, die nur für den Innenbereich zugelassen war"*,
- *„schließlich war der Stecker der Kabeltrommel im Keller des Gebäudes an einer Steckdose angeschlossen, die nicht mit einem vorgeschalteten FI-Schalter der Personenschutzklasse abgesichert war"* und
- *„durch den Dauerregen waren sämtliche stromführende Kabel und Stecker sowie die Arbeitshandschuhe nass geworden und es kam zum Stromschlag"*.

Wegen fahrlässiger Körperverletzunggemäß § 229 StGB werden gegen den Geschäftsführer und den Vorarbeiter Strafbefehle erlassen.

Strafbefehl gegen den Geschäftsführer

Der Geschäftsführer erhält 40 Tagessätze: *„Sie sind verantwortlich sowohl für die Sicherheit und Geeignetheit der benutzten Gerätschaften dieser Firma als auch für die Bekanntmachung der Unfallverhütungsvorschriften an die Angestellten bzw. Arbeiter Ihrer Firma und ferner für die Überprüfung der Einhaltung dieser Vorschriften."*

Dem Geschäftsführer warf das Gericht letztlich ein **Organisationsverschulden** vor:

[835] AG Tettnang, Strafbefehle vom 03.02.2005 (Az. 6 Cs 35 Js 3054/04).

„Sie haben es in Unkenntnis der bestehenden Unfallverhütungsvorschriften pflichtwidrig unterlassen“,

- *„die in ihrer Firma Beschäftigten technisch einzuweisen bzw. einweisen zu lassen und diese Einweisungen regelmäßig zu wiederholen“* und
- *„für geeignete und technisch intakte Arbeitsmittel zu sorgen“*,

„weshalb der vorhersehbare Arbeitsunfall und die gesundheitlichen Folgen für sie vermeidbar waren“.

Strafbefehl gegen den Vorarbeiter

Der Vorarbeiter erhält 25 Tagessätze: *„Sie waren mitverantwortlich für die Sicherheit und Geeignetheit der benutzten Gerätschaften sowie für die Einhaltung der Unfallverhütungsvorschriften.“*

Das Amtsgericht wirft dem Vorarbeiter die Verletzung seiner **Vorgesetzten- bzw. Führungspflichten** vor:

„Vermutlich in Unkenntnis der bestehenden Unfallverhütungsvorschriften haben Sie es pflichtwidrig unterlassen, dafür zu sorgen“,

- *„dass der Ihnen unterstellten Arbeiter auf die Gefahren beim Arbeiten mit dem elektrischen Hochdruckreiniger hinzuweisen“* und
- *„dass im Freien nur mit einer hierzu zulässigen Kabeltrommel gearbeitet wird“* und
- *„dass der Stromanschluss für den Hochdruckreiniger nur an einer mit einem FI-Schalter abgesicherten Steckdose erfolgen darf“* und
- *„dass der sichtbare Defekt an der Isolierung des Stromkabels des Hochdruckreinigers fachmännisch beseitigt wird“*,

„weshalb der vorhersehbare Arbeitsunfall und die gesundheitlichen Folgen für sie vermeidbar waren“.

Anmerkungen

1. Was ist ein Strafbefehl?

   Ein Strafbefehl beendet die strafrechtlichen Ermittlungen, wenn die Staatsanwaltschaft – so § 407 Strafprozessordnung (StPO) – „nach dem Ergebnis der Ermittlungen eine Hauptverhandlung nicht für erforderlich erachtet“. Ein Strafbefehl ist „einseitige Straffestsetzung ohne Hauptverhandlung und Urteil“, wobei „die Schuld des Täters nicht zur Überzeugung des Gerichts feststehen muss;

es genügt hinreichender Tatverdacht“: „Die beschleunigte Verfahrenserledigung wird also durch eine Herabsetzung der Prüfungsvoraussetzungen erkauft.“[836]

Strafbefehle sind meistens nur sehr knapp begründet – und der Sachverhalt ist nicht vollständig wiedergegeben. So sind auch die BetrSichV und die gebotenen Prüfungen des ortsveränderlichen Arbeitsmittels gemäß DGUV-Vorschrift 3 nicht erwähnt. Der Adressat kann die Strafe akzeptieren – oder er kann Einspruch einlegen und dann beginnt ein gerichtliches Strafverfahren mit mündlicher Verhandlung.

2. Warum ist der Geschäftsführer verantwortlich?

   Der Geschäftsführer ist verurteilt worden, weil er als Unternehmensleiter gesamtverantwortlich für alle Angelegenheiten der Gesellschaft ist – also auch für die Bereitstellung sicherer Arbeitsmittel. Sehr klar sagt dies der Bundesgerichtshof[837]: „Die Geschäftsführer einer GmbH sind kraft ihrer Amtsstellung grundsätzlich für alle Angelegenheiten der Gesellschaft zuständig.“ Der „vom Gesetz vorgesehenen Allzuständigkeit des Geschäftsführers steht eine entsprechend umfassende Verantwortung für die Belange der Gesellschaft gegenüber“. Für die BetrSichV ist das öffentlich-rechtlich in § 13 ArbSchG geregelt (siehe Kapitel 2.1) – und es gilt auch strafrechtlich (siehe Kapitel 2.8.1).

   Die Unternehmensleitung hat die Organisationspflicht[838] und kann Unternehmensaufgaben und damit auch Verantwortung zwar delegieren, sodass „nur noch“ Aufsichtspflichten besehen. Das ist aber hier anscheinend nicht geschehen oder es nichts Substantiiertes hierzu vorgetragen, weshalb die umfassende Verantwortung für die Einhaltung der Arbeitsschutzvorschriften (BetrSichV) und Unfallverhütungsvorschriften bei ihr verblieb. Wenn die Unternehmensleitung zur Organisation der Pflichtenwahrnehmung im Unternehmen nichts nachweisen kann oder zum Schutz von Unternehmensmitarbeitern hierzu nichts sagen will, haftet sie bei Vorhersehbarkeit des Unfalls. Auch wenn die Unternehmensleitung – wie hier – ihre Verantwortung nicht wahrgenommen hat, können noch andere Unternehmensmitarbeiter haften – wenn sie ihre eigenen Pflichten nicht erfüllt haben.

3. Warum ist der Vorarbeiter verantwortlich?

   Die Pflicht zur Bereitstellung sicherer Arbeitsmittel gilt auch für Vorarbeiter im Verhältnis zu ihren Mitarbeitern. Der Vorarbeiter ist – wie jede Führungskraft – auch ohne ausdrückliche Pflichtenübertragung – etwa gemäß § 13 Abs. 2 ArbSchG (siehe Kapitel 2.1) – für die Sicherheit seines Verantwortungsbereichs

[836] *Meyer-Goßner*, StPO, 50. Aufl. 2007, Vorbemerkungen § 407 Rn. 1.
[837] BGH, Urteil v. 15.10.1996 (Az. VI ZR 319/95).
[838] Zur Arbeitsschutzorganisation siehe *Wilrich*, Technik-Verantwortung, 2022.

verantwortlich, denn dort hat er Befugnisse und aus Befugnissen resultieren unabdingbar Sicherheitspflichten (siehe Kapitel 2.8.2). Auch ein *Vor*arbeiter ist eine Führungskraft, denn er hat „*Nach*arbeiter".

Daher stellten die früheren Durchführungshinweise zu § 12 VBG klar: *„Vorgesetzte und Aufsichtführende sind aufgrund ihres Arbeitsvertrages verpflichtet, im Rahmen ihrer Befugnis die zur Verhütung von Arbeitsunfällen, Berufskrankheiten und arbeitsbedingten Gesundheitsgefahren erforderlichen Anordnungen und Maßnahmen zu treffen und dafür zu sorgen, dass sie befolgt werden. Insoweit trifft sie eine zivilrechtliche und strafrechtliche Verantwortlichkeit; diese besteht unabhängig von einer Verantwortung"* nach Spezialvorschriften. Noch deutlicher formuliert die DGUV-Information 211-006 (früher BGI 528) zur „Übertragung von Unternehmerpflichten": *„Vorgesetzte ohne Verantwortung gibt es nicht. Wer es ablehnt, Verantwortung zu tragen, kann nicht Vorgesetzter sein."*

Der ***Vor***arbeiter hätte die Kabeltrommel prüfen oder überprüfen lassen müssen bzw. die Nutzung des defekten Stromkabels durch seine Mitarbeiter („***Nach-***arbeiter") beenden müssen.

4. Ist der verletzte Arbeitnehmer mitverantwortlich?

   Dass der verletzte Arbeitnehmer nicht ebenfalls einen Strafbefehl erhalten hat, liegt daran, dass niemand wegen fahrlässiger Körperverletzung an sich selbst bestraft werden kann.

   Zivilrechtlich kann dagegen die eigene Pflichtverletzung eines Geschädigten als Mitverschulden gemäß § 254 BGB berücksichtigt werden, sodass sich ein Schadensersatzanspruch gegen Schädiger reduziert.

Fall 22: Totmannschalter: Kündigung wegen Überbrückung

⇨ Kündigung eines Arbeitnehmers nach Überbrückung/Manipulation eines Totmannschalters

Sachverhalt

Ein Maschinenschlosser überbrückte bei Schweißarbeiten einen Totmannschalter der Drehvorrichtung mittels eines Drahtes und ging zur Pause. Ein Arbeitskollege hatte ihm das gezeigt. Eine Unterweisung erfolgte nicht. Durch Verwicklung eines am Drehstück angeklemmten Massekabels kam es zu einem Kurzschluss und einem Sachschaden von 1 000 DM. Der Arbeitgeber kündigte den Arbeitsvertrag. Der Schlosser ist der Kläger und verlangte die Fortsetzung des Arbeitsverhältnisses.

Urteil

Die Kündigung ist nicht rechtmäßig.[839]

Eine verhaltensbedingte Kündigung setzt grundsätzlich eine Abmahnung voraus. Aber es sind „*keine Anhaltspunkte dafür ersichtlich, dass der Arbeitgeber im Fall des Klägers davon absehen durfte, zunächst eine Abmahnung auszusprechen, vielmehr sofort eine Kündigung erklären durfte. Es liegt weder eine besonders schwerwiegende Vertragsverletzung vor, bei der dem Kläger von vornherein bewusst sein musste, dass er seinen Arbeitsplatz aufs Spiel setzt, noch ist ersichtlich, dass der Kläger eine Abmahnung nicht zum Anlass für eine Befolgung der Sicherheitsanweisungen des Arbeitgebers genommen hätte.*“

Der Schlosser

- „*hat zwar seine arbeitsvertragliche Nebenpflicht verletzt, Sicherheitsvorschriften zu beachten*“
- und dass er „*von einem Arbeitskollegen in die Schalterüberbrückung eingewiesen wurde, hindert seine eigene Verantwortlichkeit nicht*“.

Weil er aber an seinem Arbeitsplatz „*nicht durch einen Vorgesetzten eingewiesen und insbesondere nicht auf sicherheitsrelevante Aspekte seines Arbeitsplatzes und der von ihm zu bedienenden Geräte und Einrichtungen aufmerksam gemacht wurde*“, ist „*die Schwere der Pflichtverletzung des Klägers deutlich gemindert*“.

---

[839] LAG Hamm, Urteil v. 11.09.1997 (Az. 12 Sa 964/97).

„Die in Unfallverhütungsvorschriften wie auch im Arbeitsschutzgesetz (§ 12 Abs. 1 ArbSchG) verankerte Pflicht des Arbeitgebers zur konkret arbeitsplatzbezogenen Unterweisung der Beschäftigten über Sicherheit und Gesundheitsschutz bei der Arbeit wird gerade nicht dadurch entbehrlich, dass den Arbeitnehmern Sicherheitsvorkehrungen in ihren Arbeitsbereichen – hier der Totmannschalter für die Drehvorrichtung – offenkundig sind. Die dennoch vorgeschriebene Unterweisung trägt der Tatsache Rechnung, dass erst dadurch Hintergrund und Bedeutung von Sicherheitssystemen erläutert und damit gedanklich nachvollzogen werden können und jeder Mitarbeiter für die möglichen Folgen eines Fehlverhaltens sensibilisiert werden muss. Erst dadurch wird sich einschleichender Gleichgültigkeit und Bequemlichkeit im Hinblick auf Sicherheitsbelange ebenso entgegengewirkt wie der verbreiteten Neigung zur Verharmlosung von Unfallgefahren. Die mündliche und mit einem gewissen Nachdruck zu erteilende Unterweisung ist deshalb ein tragender Grundsatz des Arbeitsschutzrechtes."

„Der Beschäftigte muss aus der Unterweisung ein auf eine konkrete Arbeitsplatzsituation bezogenes eindeutig bestimmbares Verhalten ableiten können. Bei dem Arbeitsplatz des Klägers wäre es darauf angekommen, dem Kläger zu verdeutlichen, dass er trotz der zu bewältigenden Arbeitsbelastung und trotz seines Interesses an der Erzielung eines guten Prämienlohnes – und damit zweier Umstände, die erfahrungsgemäß schon für sich genommen einen Anreiz darstellen, Sicherheitsbelange in den Hintergrund treten zu lassen – den Schweißvorgang konstruktionsgemäß unbedingt zu unterbrechen hatte, wenn er den Arbeitsplatz auch nur für einen Moment unbeobachtet lassen musste. Diese Unterweisung war auch deswegen wichtig, weil die Versuchung nahelag, den drei- bis vierminütigen Drehvorgang nicht am Schalter zu verbringen, sondern z. B. für diverse Vorbereitungsarbeiten oder zum Holen eines Getränkes zu nutzen."

Dem Schlosser *„hätte außerdem der Sinn dieser Anweisung, die mit der Arbeitsweise der Drehvorrichtung im Einklang stand, im Hinblick auf mögliche Folgen eines Verstoßes vor Augen geführt werden müssen, die auch einem erfahrenen Maschinenschlosser und Schweißer wie dem Kläger leicht aus dem Bewusstsein geraten, zumal gerade Routine bestehende Gefährdungen unterschätzen lässt. Auch dem Kläger musste deshalb das Gefährdungspotenzial klargemacht werden, das mit der sachgerechten Steuerung der Drehvorrichtung über den Sicherheitsschalter minimiert werden sollte."*

Anmerkung

Weil „ein beträchtlicher Teil der Unfälle durch unerlaubte Eingriffe in die Sicherheitseinrichtungen verursacht wird"[840], regelt § 6 Abs. 2 BetrSichV ein Manipulations- und Umgehungsverbot (siehe Kapitel 6.3.3).

[840] BR-Drs. 400/14 v. 28.08.2014, S. 84.

Teil 3 Gesetzestexte

1 Arbeitsschutzgesetz

Gesetz über die Durchführung von Maßnahmen des Arbeitsschutzes zur Verbesserung der Sicherheit und des Gesundheitsschutzes der Beschäftigten bei der Arbeit (Arbeitsschutzgesetz – ArbSchG)

Stand: zuletzt geändert durch Artikel 6k des Gesetzes vom 16. September 2022 (BGBl. I S. 1 454)

Erster Abschnitt
Allgemeine Vorschriften

§ 1
Zielsetzung und Anwendungsbereich

(1) Dieses Gesetz dient dazu, Sicherheit und Gesundheitsschutz der Beschäftigten bei der Arbeit durch Maßnahmen des Arbeitsschutzes zu sichern und zu verbessern. Es gilt in allen Tätigkeitsbereichen und findet im Rahmen der Vorgaben des Seerechtsübereinkommens der Vereinten Nationen vom 10. Dezember 1982 (BGBl. 1994 II S. 1 799) auch in der ausschließlichen Wirtschaftszone Anwendung.

(2) Dieses Gesetz gilt nicht für den Arbeitsschutz von Hausangestellten in privaten Haushalten. Es gilt nicht für den Arbeitsschutz von Beschäftigten auf Seeschiffen und in Betrieben, die dem Bundesberggesetz unterliegen, soweit dafür entsprechende Rechtsvorschriften bestehen.

(3) Pflichten, die die Arbeitgeber zur Gewährleistung von Sicherheit und Gesundheitsschutz der Beschäftigten bei der Arbeit nach sonstigen Rechtsvorschriften haben, bleiben unberührt. Satz 1 gilt entsprechend für Pflichten und Rechte der Beschäftigten. Unberührt bleiben Gesetze, die andere Personen als Arbeitgeber zu Maßnahmen des Arbeitsschutzes verpflichten.

(4) Bei öffentlich-rechtlichen Religionsgemeinschaften treten an die Stelle der Betriebs- oder Personalräte die Mitarbeitervertretungen entsprechend dem kirchlichen Recht.

§ 2
Begriffsbestimmungen

(1) Maßnahmen des Arbeitsschutzes im Sinne dieses Gesetzes sind Maßnahmen zur Verhütung von Unfällen bei der Arbeit und arbeitsbedingten Gesundheitsgefahren einschließlich Maßnahmen der menschengerechten Gestaltung der Arbeit.

(2) Beschäftigte im Sinne dieses Gesetzes sind:

1. Arbeitnehmerinnen und Arbeitnehmer,
2. die zu ihrer Berufsbildung Beschäftigten,
3. arbeitnehmerähnliche Personen im Sinne des § 5 Abs. 1 des Arbeitsgerichtsgesetzes, ausgenommen die in Heimarbeit Beschäftigten und die ihnen Gleichgestellten,
4. Beamtinnen und Beamte,
5. Richterinnen und Richter,
6. Soldatinnen und Soldaten,
7. die in Werkstätten für Behinderte Beschäftigten.

(3) Arbeitgeber im Sinne dieses Gesetzes sind natürliche und juristische Personen und rechtsfähige Personengesellschaften, die Personen nach Abs. 2 beschäftigen.

(4) Sonstige Rechtsvorschriften im Sinne dieses Gesetzes sind Regelungen über Maßnahmen des Arbeitsschutzes in anderen Gesetzen, in Rechtsverordnungen und Unfallverhütungsvorschriften.

(5) Als Betriebe im Sinne dieses Gesetzes gelten für den Bereich des öffentlichen Dienstes die Dienststellen. Dienststellen sind die einzelnen Behörden, Verwaltungsstellen und Betriebe der Verwaltungen des Bundes, der Länder, der Gemeinden und der sonstigen Körperschaften, Anstalten und Stiftungen des öffentlichen Rechts, die Gerichte des Bundes und der Länder sowie die entsprechenden Einrichtungen der Streitkräfte.

Zweiter Abschnitt
Pflichten des Arbeitgebers

§ 3
Grundpflichten des Arbeitgebers

(1) Der Arbeitgeber ist verpflichtet, die erforderlichen Maßnahmen des Arbeitsschutzes unter Berücksichtigung der Umstände zu treffen, die Sicherheit und Gesundheit der Beschäftigten bei der Arbeit beeinflussen. Er hat die Maßnahmen auf ihre Wirksamkeit zu überprüfen und erforderlichenfalls sich ändernden Gegebenheiten anzupassen. Dabei hat er eine Verbesserung von Sicherheit und Gesundheitsschutz der Beschäftigten anzustreben.

(2) Zur Planung und Durchführung der Maßnahmen nach Abs. 1 hat der Arbeitgeber unter Berücksichtigung der Art der Tätigkeiten und der Zahl der Beschäftigten

1. für eine geeignete Organisation zu sorgen und die erforderlichen Mittel bereitzustellen sowie
2. Vorkehrungen zu treffen, dass die Maßnahmen erforderlichenfalls bei allen Tätigkeiten und eingebunden in die betrieblichen Führungsstrukturen beachtet werden und die Beschäftigten ihren Mitwirkungspflichten nachkommen können.

(3) Kosten für Maßnahmen nach diesem Gesetz darf der Arbeitgeber nicht den Beschäftigten auferlegen.

§ 4
Allgemeine Grundsätze

Der Arbeitgeber hat bei Maßnahmen des Arbeitsschutzes von folgenden allgemeinen Grundsätzen auszugehen:

1. Die Arbeit ist so zu gestalten, dass eine Gefährdung für das Leben sowie die physische und die psychische Gesundheit möglichst vermieden und die verbleibende Gefährdung möglichst gering gehalten wird;
2. Gefahren sind an ihrer Quelle zu bekämpfen;
3. bei den Maßnahmen sind der Stand von Technik, Arbeitsmedizin und Hygiene sowie sonstige gesicherte arbeitswissenschaftliche Erkenntnisse zu berücksichtigen;
4. Maßnahmen sind mit dem Ziel zu planen, Technik, Arbeitsorganisation, sonstige Arbeitsbedingungen, soziale Beziehungen und Einfluss der Umwelt auf den Arbeitsplatz sachgerecht zu verknüpfen;
5. individuelle Schutzmaßnahmen sind nachrangig zu anderen Maßnahmen;
6. spezielle Gefahren für besonders schutzbedürftige Beschäftigtengruppen sind zu berücksichtigen;
7. den Beschäftigten sind geeignete Anweisungen zu erteilen;
8. mittelbar oder unmittelbar geschlechtsspezifisch wirkende Regelungen sind nur zulässig, wenn dies aus biologischen Gründen zwingend geboten ist.

§ 5
Beurteilung der Arbeitsbedingungen

(1) Der Arbeitgeber hat durch eine Beurteilung der für die Beschäftigten mit ihrer Arbeit verbundenen Gefährdung zu ermitteln, welche Maßnahmen des Arbeitsschutzes erforderlich sind.

(2) Der Arbeitgeber hat die Beurteilung je nach Art der Tätigkeiten vorzunehmen. Bei gleichartigen Arbeitsbedingungen ist die Beurteilung eines Arbeitsplatzes oder einer Tätigkeit ausreichend.

(3) Eine Gefährdung kann sich insbesondere ergeben durch

1. die Gestaltung und die Einrichtung der Arbeitsstätte und des Arbeitsplatzes,
2. physikalische, chemische und biologische Einwirkungen,
3. die Gestaltung, die Auswahl und den Einsatz von Arbeitsmitteln, insbesondere von Arbeitsstoffen, Maschinen, Geräten und Anlagen sowie den Umgang damit,
4. die Gestaltung von Arbeits- und Fertigungsverfahren, Arbeitsabläufen und Arbeitszeit und deren Zusammenwirken,
5. unzureichende Qualifikation und Unterweisung der Beschäftigten,
6. psychische Belastungen bei der Arbeit.

§ 6
Dokumentation

(1) Der Arbeitgeber muss über die je nach Art der Tätigkeiten und der Zahl der Beschäftigten erforderlichen Unterlagen verfügen, aus denen das Ergebnis der Gefährdungsbeurteilung, die von ihm festgelegten Maßnahmen des Arbeitsschutzes und das Ergebnis ihrer Überprüfung ersichtlich sind. Bei gleichartiger Gefährdungssituation ist es ausreichend, wenn die Unterlagen zusammengefasste Angaben enthalten.

(2) Unfälle in seinem Betrieb, bei denen ein Beschäftigter getötet oder so verletzt wird, dass er stirbt oder für mehr als drei Tage völlig oder teilweise arbeits- oder dienstunfähig wird, hat der Arbeitgeber zu erfassen.

§ 7
Übertragung von Aufgaben

Bei der Übertragung von Aufgaben auf Beschäftigte hat der Arbeitgeber je nach Art der Tätigkeiten zu berücksichtigen, ob die Beschäftigten befähigt sind, die für die Sicherheit und den Gesundheitsschutz bei der Aufgabenerfüllung zu beachtenden Bestimmungen und Maßnahmen einzuhalten.

§ 8
Zusammenarbeit mehrerer Arbeitgeber

(1) Werden Beschäftigte mehrerer Arbeitgeber an einem Arbeitsplatz tätig, sind die Arbeitgeber verpflichtet, bei der Durchführung der Sicherheits- und Gesundheitsschutzbestimmungen zusammenzuarbeiten. Soweit dies für die Sicherheit und

den Gesundheitsschutz der Beschäftigten bei der Arbeit erforderlich ist, haben die Arbeitgeber je nach Art der Tätigkeiten insbesondere sich gegenseitig und ihre Beschäftigten über die mit den Arbeiten verbundenen Gefahren für Sicherheit und Gesundheit der Beschäftigten zu unterrichten und Maßnahmen zur Verhütung dieser Gefahren abzustimmen.

(2) Der Arbeitgeber muss sich je nach Art der Tätigkeit vergewissern, dass die Beschäftigten anderer Arbeitgeber, die in seinem Betrieb tätig werden, hinsichtlich der Gefahren für ihre Sicherheit und Gesundheit während ihrer Tätigkeit in seinem Betrieb angemessene Anweisungen erhalten haben.

§ 9
Besondere Gefahren

(1) Der Arbeitgeber hat Maßnahmen zu treffen, damit nur Beschäftigte Zugang zu besonders gefährlichen Arbeitsbereichen haben, die zuvor geeignete Anweisungen erhalten haben.

(2) Der Arbeitgeber hat Vorkehrungen zu treffen, dass alle Beschäftigten, die einer unmittelbaren erheblichen Gefahr ausgesetzt sind oder sein können, möglichst frühzeitig über diese Gefahr und die getroffenen oder zu treffenden Schutzmaßnahmen unterrichtet sind. Bei unmittelbarer erheblicher Gefahr für die eigene Sicherheit oder die Sicherheit anderer Personen müssen die Beschäftigten die geeigneten Maßnahmen zur Gefahrenabwehr und Schadensbegrenzung selbst treffen können, wenn der zuständige Vorgesetzte nicht erreichbar ist; dabei sind die Kenntnisse der Beschäftigten und die vorhandenen technischen Mittel zu berücksichtigen. Den Beschäftigten dürfen aus ihrem Handeln keine Nachteile entstehen, es sei denn, sie haben vorsätzlich oder grob fahrlässig ungeeignete Maßnahmen getroffen.

(3) Der Arbeitgeber hat Maßnahmen zu treffen, die es den Beschäftigten bei unmittelbarer erheblicher Gefahr ermöglichen, sich durch sofortiges Verlassen der Arbeitsplätze in Sicherheit zu bringen. Den Beschäftigten dürfen hierdurch keine Nachteile entstehen. Hält die unmittelbare erhebliche Gefahr an, darf der Arbeitgeber die Beschäftigten nur in besonders begründeten Ausnahmefällen auffordern, ihre Tätigkeit wieder aufzunehmen. Gesetzliche Pflichten der Beschäftigten zur Abwehr von Gefahren für die öffentliche Sicherheit sowie die §§ 7 und 11 des Soldatengesetzes bleiben unberührt.

§ 10
Erste Hilfe und sonstige Notfallmaßnahmen

(1) Der Arbeitgeber hat entsprechend der Art der Arbeitsstätte und der Tätigkeiten sowie der Zahl der Beschäftigten die Maßnahmen zu treffen, die zur Ersten Hilfe,

Brandbekämpfung und Evakuierung der Beschäftigten erforderlich sind. Dabei hat er der Anwesenheit anderer Personen Rechnung zu tragen. Er hat auch dafür zu sorgen, dass im Notfall die erforderlichen Verbindungen zu außerbetrieblichen Stellen, insbesondere in den Bereichen der Ersten Hilfe, der medizinischen Notversorgung, der Bergung und der Brandbekämpfung eingerichtet sind.

(2) Der Arbeitgeber hat diejenigen Beschäftigten zu benennen, die Aufgaben der Ersten Hilfe, Brandbekämpfung und Evakuierung der Beschäftigten übernehmen. Anzahl, Ausbildung und Ausrüstung der nach Satz 1 benannten Beschäftigten müssen in einem angemessenen Verhältnis zur Zahl der Beschäftigten und zu den bestehenden besonderen Gefahren stehen. Vor der Benennung hat der Arbeitgeber den Betriebs- oder Personalrat zu hören. Weitergehende Beteiligungsrechte bleiben unberührt. Der Arbeitgeber kann die in Satz 1 genannten Aufgaben auch selbst wahrnehmen, wenn er über die nach Satz 2 erforderliche Ausbildung und Ausrüstung verfügt.

§ 11
Arbeitsmedizinische Vorsorge

Der Arbeitgeber hat den Beschäftigten auf ihren Wunsch unbeschadet der Pflichten aus anderen Rechtsvorschriften zu ermöglichen, sich je nach den Gefahren für ihre Sicherheit und Gesundheit bei der Arbeit regelmäßig arbeitsmedizinisch untersuchen zu lassen, es sei denn, aufgrund der Beurteilung der Arbeitsbedingungen und der getroffenen Schutzmaßnahmen ist nicht mit einem Gesundheitsschaden zu rechnen.

§ 12
Unterweisung

(1) Der Arbeitgeber hat die Beschäftigten über Sicherheit und Gesundheitsschutz bei der Arbeit während ihrer Arbeitszeit ausreichend und angemessen zu unterweisen. Die Unterweisung umfasst Anweisungen und Erläuterungen, die eigens auf den Arbeitsplatz oder den Aufgabenbereich der Beschäftigten ausgerichtet sind. Die Unterweisung muss bei der Einstellung, bei Veränderungen im Aufgabenbereich, der Einführung neuer Arbeitsmittel oder einer neuen Technologie vor Aufnahme der Tätigkeit der Beschäftigten erfolgen. Die Unterweisung muss an die Gefährdungsentwicklung angepasst sein und erforderlichenfalls regelmäßig wiederholt werden.

(2) Bei einer Arbeitnehmerüberlassung trifft die Pflicht zur Unterweisung nach Abs. 1 den Entleiher. Er hat die Unterweisung unter Berücksichtigung der Qualifikation und der Erfahrung der Personen, die ihm zur Arbeitsleistung überlassen werden, vorzunehmen. Die sonstigen Arbeitsschutzpflichten des Verleihers bleiben unberührt.

§ 13
Verantwortliche Personen

(1) Verantwortlich für die Erfüllung der sich aus diesem Abschnitt ergebenden Pflichten sind neben dem Arbeitgeber

1. sein gesetzlicher Vertreter,
2. das vertretungsberechtigte Organ einer juristischen Person,
3. der vertretungsberechtigte Gesellschafter einer Personenhandelsgesellschaft,
4. Personen, die mit der Leitung eines Unternehmens oder eines Betriebes beauftragt sind, im Rahmen der ihnen übertragenen Aufgaben und Befugnisse,
5. sonstige nach Abs. 2 oder nach einer aufgrund dieses Gesetzes erlassenen Rechtsverordnung oder nach einer Unfallverhütungsvorschrift verpflichtete Personen im Rahmen ihrer Aufgaben und Befugnisse.

(2) Der Arbeitgeber kann zuverlässige und fachkundige Personen schriftlich damit beauftragen, ihm obliegende Aufgaben nach diesem Gesetz in eigener Verantwortung wahrzunehmen.

§ 14
Unterrichtung und Anhörung der Beschäftigten des öffentlichen Dienstes

(1) Die Beschäftigten des öffentlichen Dienstes sind vor Beginn der Beschäftigung und bei Veränderungen in ihren Arbeitsbereichen über Gefahren für Sicherheit und Gesundheit, denen sie bei der Arbeit ausgesetzt sein können, sowie über die Maßnahmen und Einrichtungen zur Verhütung dieser Gefahren und die nach § 10 Abs. 2 getroffenen Maßnahmen zu unterrichten.

(2) Soweit in Betrieben des öffentlichen Dienstes keine Vertretung der Beschäftigten besteht, hat der Arbeitgeber die Beschäftigten zu allen Maßnahmen zu hören, die Auswirkungen auf Sicherheit und Gesundheit der Beschäftigten haben können.

Dritter Abschnitt
Pflichten und Rechte der Beschäftigten

§ 15
Pflichten der Beschäftigten

(1) Die Beschäftigten sind verpflichtet, nach ihren Möglichkeiten sowie gemäß der Unterweisung und Weisung des Arbeitgebers für ihre Sicherheit und Gesundheit bei der Arbeit Sorge zu tragen. Entsprechend Satz 1 haben die Beschäftigten auch für die Sicherheit und Gesundheit der Personen zu sorgen, die von ihren Handlungen oder Unterlassungen bei der Arbeit betroffen sind.

(2) Im Rahmen des Absatzes 1 haben die Beschäftigten insbesondere Maschinen, Geräte, Werkzeuge, Arbeitsstoffe, Transportmittel und sonstige Arbeitsmittel sowie Schutzvorrichtungen und die ihnen zur Verfügung gestellte persönliche Schutzausrüstung bestimmungsgemäß zu verwenden.

§ 16
Besondere Unterstützungspflichten

(1) Die Beschäftigten haben dem Arbeitgeber oder dem zuständigen Vorgesetzten jede von ihnen festgestellte unmittelbare erhebliche Gefahr für die Sicherheit und Gesundheit sowie jeden an den Schutzsystemen festgestellten Defekt unverzüglich zu melden.

(2) Die Beschäftigten haben gemeinsam mit dem Betriebsarzt und der Fachkraft für Arbeitssicherheit den Arbeitgeber darin zu unterstützen, die Sicherheit und den Gesundheitsschutz der Beschäftigten bei der Arbeit zu gewährleisten und seine Pflichten entsprechend den behördlichen Auflagen zu erfüllen. Unbeschadet ihrer Pflicht nach Abs. 1 sollen die Beschäftigten von ihnen festgestellte Gefahren für Sicherheit und Gesundheit und Mängel an den Schutzsystemen auch der Fachkraft für Arbeitssicherheit, dem Betriebsarzt oder dem Sicherheitsbeauftragten nach § 22 des Siebten Buches Sozialgesetzbuch mitteilen.

§ 17
Rechte der Beschäftigten

(1) Die Beschäftigten sind berechtigt, dem Arbeitgeber Vorschläge zu allen Fragen der Sicherheit und des Gesundheitsschutzes bei der Arbeit zu machen. Für Beamtinnen und Beamte des Bundes ist § 125 des Bundesbeamtengesetzes anzuwenden. Entsprechendes Landesrecht bleibt unberührt.

(2) Sind Beschäftigte aufgrund konkreter Anhaltspunkte der Auffassung, dass die vom Arbeitgeber getroffenen Maßnahmen und bereitgestellten Mittel nicht ausreichen, um die Sicherheit und den Gesundheitsschutz bei der Arbeit zu gewährleisten, und hilft der Arbeitgeber darauf gerichteten Beschwerden von Beschäftigten nicht ab, können sich diese an die zuständige Behörde wenden. Hierdurch dürfen den Beschäftigten keine Nachteile entstehen. Die in Abs. 1 Satz 2 und 3 genannten Vorschriften sowie die Vorschriften der Wehrbeschwerdeordnung und des Gesetzes über den Wehrbeauftragten des Deutschen Bundestages bleiben unberührt.

Vierter Abschnitt
Verordnungsermächtigungen

§ 18
Verordnungsermächtigungen

(1) Die Bundesregierung wird ermächtigt, durch Rechtsverordnung mit Zustimmung des Bundesrates vorzuschreiben, welche Maßnahmen der Arbeitgeber und die sonstigen verantwortlichen Personen zu treffen haben und wie sich die Beschäftigten zu verhalten haben, um ihre jeweiligen Pflichten, die sich aus diesem Gesetz ergeben, zu erfüllen. In diesen Rechtsverordnungen kann auch bestimmt werden, dass bestimmte Vorschriften des Gesetzes zum Schutz anderer als in § 2 Abs. 2 genannter Personen anzuwenden sind.

(2) Durch Rechtsverordnungen nach Abs. 1 kann insbesondere bestimmt werden,

1. dass und wie zur Abwehr bestimmter Gefahren Dauer oder Lage der Beschäftigung oder die Zahl der Beschäftigten begrenzt werden muss,
2. dass der Einsatz bestimmter Arbeitsmittel oder -verfahren mit besonderen Gefahren für die Beschäftigten verboten ist oder der zuständigen Behörde angezeigt oder von ihr erlaubt sein muss oder besonders gefährdete Personen dabei nicht beschäftigt werden dürfen,
3. dass bestimmte, besonders gefährliche Betriebsanlagen einschließlich der Arbeits- und Fertigungsverfahren vor Inbetriebnahme, in regelmäßigen Abständen oder auf behördliche Anordnung fachkundig geprüft werden müssen,

3a. dass für bestimmte Beschäftigte angemessene Unterkünfte bereitzustellen sind, wenn dies aus Gründen der Sicherheit, zum Schutz der Gesundheit oder aus Gründen der menschengerechten Gestaltung der Arbeit erforderlich ist und welche Anforderungen dabei zu erfüllen sind,

4. dass Beschäftigte, bevor sie eine bestimmte gefährdende Tätigkeit aufnehmen oder fortsetzen oder nachdem sie sie beendet haben, arbeitsmedizinisch zu untersuchen sind und welche besonderen Pflichten der Arzt dabei zu beachten hat,
5. dass Ausschüsse zu bilden sind, denen die Aufgabe übertragen wird, die Bundesregierung oder das zuständige Bundesministerium zur Anwendung der Rechtsverordnungen zu beraten, dem Stand der Technik, Arbeitsmedizin und Hygiene entsprechende Regeln und sonstige gesicherte arbeitswissenschaftliche Erkenntnisse zu ermitteln sowie Regeln zu ermitteln, wie die in den Rechtsverordnungen gestellten Anforderungen erfüllt werden können. Das Bundesministerium für Arbeit und Soziales kann die Regeln und Erkenntnisse amtlich bekannt machen.

(3) In epidemischen Lagen von nationaler Tragweite nach § 5 Abs. 1 des Infektionsschutzgesetzes kann das Bundesministerium für Arbeit und Soziales ohne

Zustimmung des Bundesrates spezielle Rechtsverordnungen nach Abs. 1 für einen befristeten Zeitraum erlassen. Das Bundesministerium für Arbeit und Soziales kann ohne Zustimmung des Bundesrates durch Rechtsverordnung für einen befristeten Zeitraum, der spätestens mit Ablauf des 7. April 2023 endet,

1. bestimmen, dass spezielle Rechtsverordnungen nach Satz 1 nach Aufhebung der Feststellung der epidemischen Lage von nationaler Tragweite nach § 5 Abs. 1 des Infektionsschutzgesetzes fortgelten, und diese ändern sowie

2. spezielle Rechtsverordnungen nach Abs. 1 erlassen.

§ 19
Rechtsakte der Europäischen Gemeinschaften und zwischenstaatliche Vereinbarungen

Rechtsverordnungen nach § 18 können auch erlassen werden, soweit dies zur Durchführung von Rechtsakten des Rates oder der Kommission der Europäischen Gemeinschaften oder von Beschlüssen internationaler Organisationen oder von zwischenstaatlichen Vereinbarungen, die Sachbereiche dieses Gesetzes betreffen, erforderlich ist, insbesondere um Arbeitsschutzpflichten für andere als in § 2 Abs. 3 genannte Personen zu regeln.

§ 20
Regelungen für den öffentlichen Dienst

(1) Für die Beamten der Länder, Gemeinden und sonstigen Körperschaften, Anstalten und Stiftungen des öffentlichen Rechts regelt das Landesrecht, ob und inwieweit die nach § 18 erlassenen Rechtsverordnungen gelten.

(2) Für bestimmte Tätigkeiten im öffentlichen Dienst des Bundes, insbesondere bei der Bundeswehr, der Polizei, den Zivil- und Katastrophenschutzdiensten, dem Zoll oder den Nachrichtendiensten, können das Bundeskanzleramt, das Bundesministerium des Innern, für Bau und Heimat, das Bundesministerium für Verkehr und digitale Infrastruktur, das Bundesministerium der Verteidigung oder das Bundesministerium der Finanzen, soweit sie hierfür jeweils zuständig sind, durch Rechtsverordnung ohne Zustimmung des Bundesrates bestimmen, dass Vorschriften dieses Gesetzes ganz oder zum Teil nicht anzuwenden sind, soweit öffentliche Belange dies zwingend erfordern, insbesondere zur Aufrechterhaltung oder Wiederherstellung der öffentlichen Sicherheit. Rechtsverordnungen nach Satz 1 werden im Einvernehmen mit dem Bundesministerium für Arbeit und Soziales und, soweit nicht das Bundesministerium des Innern, für Bau und Heimat selbst ermächtigt ist, im Einvernehmen mit diesem Ministerium erlassen. In den Rechtsverordnungen ist gleichzeitig festzulegen, wie die Sicherheit und der Gesundheitsschutz bei der Arbeit unter Berücksichtigung

der Ziele dieses Gesetzes auf andere Weise gewährleistet werden. Für Tätigkeiten im öffentlichen Dienst der Länder, Gemeinden und sonstigen landesunmittelbaren Körperschaften, Anstalten und Stiftungen des öffentlichen Rechts können den Sätzen 1 und 3 entsprechende Regelungen durch Landesrecht getroffen werden.

Fünfter Abschnitt
Gemeinsame deutsche Arbeitsschutzstrategie

§ 20a
Gemeinsame deutsche Arbeitsschutzstrategie

(1) Nach den Bestimmungen dieses Abschnitts entwickeln Bund, Länder und Unfallversicherungsträger im Interesse eines wirksamen Arbeitsschutzes eine gemeinsame deutsche Arbeitsschutzstrategie und gewährleisten ihre Umsetzung und Fortschreibung. Mit der Wahrnehmung der ihnen gesetzlich zugewiesenen Aufgaben zur Verhütung von Arbeitsunfällen, Berufskrankheiten und arbeitsbedingten Gesundheitsgefahren sowie zur menschengerechten Gestaltung der Arbeit tragen Bund, Länder und Unfallversicherungsträger dazu bei, die Ziele der gemeinsamen deutschen Arbeitsschutzstrategie zu erreichen.

(2) Die gemeinsame deutsche Arbeitsschutzstrategie umfasst

1. die Entwicklung gemeinsamer Arbeitsschutzziele,
2. die Festlegung vorrangiger Handlungsfelder und von Eckpunkten für Arbeitsprogramme sowie deren Ausführung nach einheitlichen Grundsätzen,
3. die Evaluierung der Arbeitsschutzziele, Handlungsfelder und Arbeitsprogramme mit geeigneten Kennziffern,
4. die Festlegung eines abgestimmten Vorgehens der für den Arbeitsschutz zuständigen Landesbehörden und der Unfallversicherungsträger bei der Beratung und Überwachung der Betriebe,
5. die Herstellung eines verständlichen, überschaubaren und abgestimmten Vorschriften- und Regelwerks.

§ 20b
Nationale Arbeitsschutzkonferenz

(1) Die Aufgabe der Entwicklung, Steuerung und Fortschreibung der gemeinsamen deutschen Arbeitsschutzstrategie nach § 20a Abs. 1 Satz 1 wird von der Nationalen Arbeitsschutzkonferenz wahrgenommen. Sie setzt sich aus jeweils drei stimmberechtigten Vertretern von Bund, Ländern und den Unfallversicherungsträgern zusammen und bestimmt für jede Gruppe drei Stellvertreter. Außerdem entsenden die

Spitzenorganisationen der Arbeitgeber und Arbeitnehmer für die Behandlung von Angelegenheiten nach § 20a Abs. 2 Nr. 1 bis 3 und 5 jeweils bis zu drei Vertreter in die Nationale Arbeitsschutzkonferenz; sie nehmen mit beratender Stimme an den Sitzungen teil. Die Nationale Arbeitsschutzkonferenz gibt sich eine Geschäftsordnung; darin werden insbesondere die Arbeitsweise und das Beschlussverfahren festgelegt. Die Geschäftsordnung muss einstimmig angenommen werden.

(2) Alle Einrichtungen, die mit Sicherheit und Gesundheit bei der Arbeit befasst sind, können der Nationalen Arbeitsschutzkonferenz Vorschläge für Arbeitsschutzziele, Handlungsfelder und Arbeitsprogramme unterbreiten.

(3) Die Nationale Arbeitsschutzkonferenz wird durch ein Arbeitsschutzforum unterstützt, das in der Regel einmal jährlich stattfindet. Am Arbeitsschutzforum sollen sachverständige Vertreter der Spitzenorganisationen der Arbeitgeber und Arbeitnehmer, der Berufs- und Wirtschaftsverbände, der Wissenschaft, der Kranken- und Rentenversicherungsträger, von Einrichtungen im Bereich Sicherheit und Gesundheit bei der Arbeit sowie von Einrichtungen, die der Förderung der Beschäftigungsfähigkeit dienen, teilnehmen. Das Arbeitsschutzforum hat die Aufgabe, eine frühzeitige und aktive Teilhabe der sachverständigen Fachöffentlichkeit an der Entwicklung und Fortschreibung der gemeinsamen deutschen Arbeitsschutzstrategie sicherzustellen und die Nationale Arbeitsschutzkonferenz entsprechend zu beraten.

(4) Einzelheiten zum Verfahren der Einreichung von Vorschlägen nach Abs. 2 und zur Durchführung des Arbeitsschutzforums nach Abs. 3 werden in der Geschäftsordnung der Nationalen Arbeitsschutzkonferenz geregelt.

(5) Die Geschäfte der Nationalen Arbeitsschutzkonferenz und des Arbeitsschutzforums führt die Bundesanstalt für Arbeitsschutz und Arbeitsmedizin. Einzelheiten zu Arbeitsweise und Verfahren werden in der Geschäftsordnung der Nationalen Arbeitsschutzkonferenz festgelegt.

Sechster Abschnitt
Schlussvorschriften

§ 21
Zuständige Behörden, Zusammenwirken mit den Trägern der gesetzlichen Unfallversicherung

(1) Die Überwachung des Arbeitsschutzes nach diesem Gesetz ist staatliche Aufgabe. Die zuständigen Behörden haben die Einhaltung dieses Gesetzes und der aufgrund dieses Gesetzes erlassenen Rechtsverordnungen zu überwachen und die Arbeitgeber bei der Erfüllung ihrer Pflichten zu beraten. Bei der Überwachung haben die zuständigen Behörden bei der Auswahl von Betrieben Art und Umfang des betrieblichen Gefährdungspotenzials zu berücksichtigen.

(1a) Die zuständigen Landesbehörden haben bei der Überwachung nach Abs. 1 sicherzustellen, dass im Laufe eines Kalenderjahres eine Mindestanzahl an Betrieben besichtigt wird. Beginnend mit dem Kalenderjahr 2026 sind im Laufe eines Kalenderjahres mindestens 5 % der im Land vorhandenen Betriebe zu besichtigen (Mindestbesichtigungsquote). Von der Mindestbesichtigungsquote kann durch Landesrecht nicht abgewichen werden. Erreicht eine Landesbehörde die Mindestbesichtigungsquote nicht, so hat sie die Zahl der besichtigten Betriebe bis zum Kalenderjahr 2026 schrittweise mindestens so weit zu erhöhen, dass sie die Mindestbesichtigungsquote erreicht. Maßgeblich für die Anzahl der im Land vorhandenen Betriebe ist die amtliche Statistik der Bundesagentur für Arbeit des Vorjahres.

(2) Die Aufgaben und Befugnisse der Träger der gesetzlichen Unfallversicherung richten sich, soweit nichts anderes bestimmt ist, nach den Vorschriften des Sozialgesetzbuchs. Soweit die Träger der gesetzlichen Unfallversicherung nach dem Sozialgesetzbuch im Rahmen ihres Präventionsauftrags auch Aufgaben zur Gewährleistung von Sicherheit und Gesundheitsschutz der Beschäftigten wahrnehmen, werden sie ausschließlich im Rahmen ihrer autonomen Befugnisse tätig.

(3) Die zuständigen Landesbehörden und die Unfallversicherungsträger wirken auf der Grundlage einer gemeinsamen Beratungs- und Überwachungsstrategie nach § 20a Abs. 2 Nr. 4 eng zusammen und stellen den Erfahrungsaustausch sicher. Diese Strategie umfasst die Abstimmung allgemeiner Grundsätze zur methodischen Vorgehensweise bei

1. der Beratung und Überwachung der Betriebe,
2. der Festlegung inhaltlicher Beratungs- und Überwachungsschwerpunkte, aufeinander abgestimmter oder gemeinsamer Schwerpunktaktionen und Arbeitsprogramme und
3. der Förderung eines Daten- und sonstigen Informationsaustausches, insbesondere über Betriebsbesichtigungen und deren wesentliche Ergebnisse.

Die zuständigen Landesbehörden vereinbaren mit den Unfallversicherungsträgern nach § 20 Abs. 2 Satz 3 des Siebten Buches Sozialgesetzbuch die Maßnahmen, die zur Umsetzung der gemeinsamen Arbeitsprogramme nach § 20a Abs. 2 Nr. 2 und der gemeinsamen Beratungs- und Überwachungsstrategie notwendig sind; sie evaluieren deren Zielerreichung mit den von der Nationalen Arbeitsschutzkonferenz nach § 20a Abs. 2 Nr. 3 bestimmten Kennziffern.

(4) Die für den Arbeitsschutz zuständige oberste Landesbehörde kann mit Trägern der gesetzlichen Unfallversicherung vereinbaren, dass diese in näher zu bestimmenden Tätigkeitsbereichen die Einhaltung dieses Gesetzes, bestimmter Vorschriften dieses Gesetzes oder der aufgrund dieses Gesetzes erlassenen Rechtsverordnungen überwachen. In der Vereinbarung sind Art und Umfang der Überwachung sowie die Zusammenarbeit mit den staatlichen Arbeitsschutzbehörden festzulegen.

(5) Soweit nachfolgend nichts anderes bestimmt ist, ist zuständige Behörde für die Durchführung dieses Gesetzes und der auf dieses Gesetz gestützten Rechtsverordnungen in den Betrieben und Verwaltungen des Bundes die Zentralstelle für Arbeitsschutz beim Bundesministerium des Innern, für Bau und Heimat. Im Auftrag der Zentralstelle handelt, soweit nichts anderes bestimmt ist, die Unfallversicherung Bund und Bahn, die insoweit der Aufsicht des Bundesministeriums des Innern, für Bau und Heimat unterliegt; Aufwendungen werden nicht erstattet. Im öffentlichen Dienst im Geschäftsbereich des Bundesministeriums für Verkehr und digitale Infrastruktur führt die Unfallversicherung Bund und Bahn, soweit die Eisenbahn-Unfallkasse bis zum 31. Dezember 2014 Träger der Unfallversicherung war, dieses Gesetz durch. Für Betriebe und Verwaltungen in den Geschäftsbereichen des Bundesministeriums der Verteidigung und des Auswärtigen Amtes hinsichtlich seiner Auslandsvertretungen führt das jeweilige Bundesministerium, soweit es jeweils zuständig ist, oder die von ihm jeweils bestimmte Stelle dieses Gesetz durch. Im Geschäftsbereich des Bundesministeriums der Finanzen führt die Berufsgenossenschaft Verkehrswirtschaft Post-Logistik Telekommunikation dieses Gesetz durch, soweit der Geschäftsbereich des ehemaligen Bundesministeriums für Post und Telekommunikation betroffen ist. Die Sätze 1 bis 4 gelten auch für Betriebe und Verwaltungen, die zur Bundesverwaltung gehören, für die aber eine Berufsgenossenschaft Träger der Unfallversicherung ist. Die zuständigen Bundesministerien können mit den Berufsgenossenschaften für diese Betriebe und Verwaltungen vereinbaren, dass das Gesetz von den Berufsgenossenschaften durchgeführt wird; Aufwendungen werden nicht erstattet.

§ 22
Befugnisse der zuständigen Behörden

(1) Die zuständige Behörde kann vom Arbeitgeber oder von den verantwortlichen Personen die zur Durchführung ihrer Überwachungsaufgabe erforderlichen Auskünfte und die Überlassung von entsprechenden Unterlagen verlangen. Werden Beschäftigte mehrerer Arbeitgeber an einem Arbeitsplatz tätig, kann die zuständige Behörde von den Arbeitgebern oder von den verantwortlichen Personen verlangen, dass das Ergebnis der Abstimmung über die zu treffenden Maßnahmen nach § 8 Abs. 1 schriftlich vorgelegt wird. Die auskunftspflichtige Person kann die Auskunft auf solche Fragen oder die Vorlage derjenigen Unterlagen verweigern, deren Beantwortung oder Vorlage sie selbst oder einen ihrer in § 383 Abs. 1 Nr. 1 bis 3 der Zivilprozessordnung bezeichneten Angehörigen der Gefahr der Verfolgung wegen einer Straftat oder Ordnungswidrigkeit aussetzen würde. Die auskunftspflichtige Person ist darauf hinzuweisen.

(2) Die mit der Überwachung beauftragten Personen sind befugt, zu den Betriebs- und Arbeitszeiten Betriebsstätten, Geschäfts- und Betriebsräume zu betreten, zu besich-

tigen und zu prüfen sowie in die geschäftlichen Unterlagen der auskunftspflichtigen Person Einsicht zu nehmen, soweit dies zur Erfüllung ihrer Aufgaben erforderlich ist. Außerdem sind sie befugt, Betriebsanlagen, Arbeitsmittel und persönliche Schutzausrüstungen zu prüfen, Arbeitsverfahren und Arbeitsabläufe zu untersuchen, Messungen vorzunehmen und insbesondere arbeitsbedingte Gesundheitsgefahren festzustellen und zu untersuchen, auf welche Ursachen ein Arbeitsunfall, eine arbeitsbedingte Erkrankung oder ein Schadensfall zurückzuführen ist. Sie sind berechtigt, die Begleitung durch den Arbeitgeber oder eine von ihm beauftragte Person zu verlangen. Der Arbeitgeber oder die verantwortlichen Personen haben die mit der Überwachung beauftragten Personen bei der Wahrnehmung ihrer Befugnisse nach den Sätzen 1 und 2 zu unterstützen. Außerhalb der in Satz 1 genannten Zeiten dürfen die mit der Überwachung beauftragten Personen ohne Einverständnis des Arbeitgebers die Maßnahmen nach den Sätzen 1 und 2 nur treffen, soweit sie zur Verhütung dringender Gefahren für die öffentliche Sicherheit und Ordnung erforderlich sind. Wenn sich die Arbeitsstätte in einer Wohnung befindet, dürfen die mit der Überwachung beauftragten Personen die Maßnahmen nach den Sätzen 1 und 2 ohne Einverständnis der Bewohner oder Nutzungsberechtigten nur treffen, soweit sie zur Verhütung dringender Gefahren für die öffentliche Sicherheit und Ordnung erforderlich sind. Die auskunftspflichtige Person hat die Maßnahmen nach den Sätzen 1, 2, 5 und 6 zu dulden. Die Sätze 1 und 5 gelten entsprechend, wenn nicht feststeht, ob in der Arbeitsstätte Personen beschäftigt werden, jedoch Tatsachen gegeben sind, die diese Annahme rechtfertigen. Das Grundrecht der Unverletzlichkeit der Wohnung (Artikel 13 des Grundgesetzes) wird insoweit eingeschränkt.

(3) Die zuständige Behörde kann im Einzelfall anordnen,

1. welche Maßnahmen der Arbeitgeber und die verantwortlichen Personen oder die Beschäftigten zur Erfüllung der Pflichten zu treffen haben, die sich aus diesem Gesetz und den aufgrund dieses Gesetzes erlassenen Rechtsverordnungen ergeben,
2. welche Maßnahmen der Arbeitgeber und die verantwortlichen Personen zur Abwendung einer besonderen Gefahr für Leben und Gesundheit der Beschäftigten zu treffen haben.

Die zuständige Behörde hat, wenn nicht Gefahr im Verzug ist, zur Ausführung der Anordnung eine angemessene Frist zu setzen. Wird eine Anordnung nach Satz 1 nicht innerhalb einer gesetzten Frist oder eine für sofort vollziehbar erklärte Anordnung nicht sofort ausgeführt, kann die zuständige Behörde die von der Anordnung betroffene Arbeit oder die Verwendung oder den Betrieb der von der Anordnung betroffenen Arbeitsmittel untersagen. Maßnahmen der zuständigen Behörde im Bereich des öffentlichen Dienstes, die den Dienstbetrieb wesentlich beeinträchtigen, sollen im Einvernehmen mit der obersten Bundes- oder Landesbehörde oder dem Hauptverwaltungsbeamten der Gemeinde getroffen werden.

§ 23
Betriebliche Daten, Zusammenarbeit mit anderen Behörden, Jahresbericht, Bundesfachstelle

(1) Der Arbeitgeber hat der zuständigen Behörde zu einem von ihr bestimmten Zeitpunkt Mitteilungen über

1. die Zahl der Beschäftigten und derer, an die er Heimarbeit vergibt, aufgegliedert nach Geschlecht, Alter und Staatsangehörigkeit,
2. den Namen oder die Bezeichnung und Anschrift des Betriebs, in dem er sie beschäftigt,
3. seinen Namen, seine Firma und seine Anschrift sowie
4. den Wirtschaftszweig, dem sein Betrieb angehört,

zu machen. Das Bundesministerium für Arbeit und Soziales wird ermächtigt, durch Rechtsverordnung mit Zustimmung des Bundesrates zu bestimmen, dass die Stellen der Bundesverwaltung, denen der Arbeitgeber die in Satz 1 genannten Mitteilungen bereits aufgrund einer Rechtsvorschrift mitgeteilt hat, diese Angaben an die für die Behörden nach Satz 1 zuständigen obersten Landesbehörden als Schreiben oder auf maschinell verwertbaren Datenträgern oder durch Datenübertragung weiterzuleiten haben. In der Rechtsverordnung können das Nähere über die Form der weiterzuleitenden Angaben sowie die Frist für die Weiterleitung bestimmt werden. Die weitergeleiteten Angaben dürfen nur zur Erfüllung der in der Zuständigkeit der Behörden nach § 21 Abs. 1 liegenden Arbeitsschutzaufgaben verarbeitet werden.

(2) Die mit der Überwachung beauftragten Personen dürfen die ihnen bei ihrer Überwachungstätigkeit zur Kenntnis gelangenden Geschäfts- und Betriebsgeheimnisse nur in den gesetzlich geregelten Fällen oder zur Verfolgung von Gesetzwidrigkeiten oder zur Erfüllung von gesetzlich geregelten Aufgaben zum Schutz der Versicherten dem Träger der gesetzlichen Unfallversicherung oder zum Schutz der Umwelt den dafür zuständigen Behörden offenbaren. Soweit es sich bei Geschäfts- und Betriebsgeheimnissen um Informationen über die Umwelt im Sinne des Umweltinformationsgesetzes handelt, richtet sich die Befugnis zu ihrer Offenbarung nach dem Umweltinformationsgesetz.

(3) Ergeben sich im Einzelfall für die zuständigen Behörden konkrete Anhaltspunkte für

1. eine Beschäftigung oder Tätigkeit von Ausländern ohne den erforderlichen Aufenthaltstitel nach § 4 Abs. 3 des Aufenthaltsgesetzes, eine Aufenthaltsgestattung oder eine Duldung, die zur Ausübung der Beschäftigung berechtigen, oder eine Genehmigung nach § 284 Abs. 1 des Dritten Buches Sozialgesetzbuch,

2. Verstöße gegen die Mitwirkungspflicht nach § 60 Abs. 1 Satz 1 Nr. 2 des Ersten Buches Sozialgesetzbuch gegenüber einer Dienststelle der Bundesagentur für Arbeit, einem Träger der gesetzlichen Kranken-, Pflege-, Unfall- oder Rentenversicherung oder einem Träger der Sozialhilfe oder gegen die Meldepflicht nach § 8a des Asylbewerberleistungsgesetzes,
3. Verstöße gegen das Gesetz zur Bekämpfung der Schwarzarbeit,
4. Verstöße gegen das Arbeitnehmerüberlassungsgesetz,
5. Verstöße gegen die Vorschriften des Vierten und Siebten Buches Sozialgesetzbuch über die Verpflichtung zur Zahlung von Sozialversicherungsbeiträgen,
6. Verstöße gegen das Aufenthaltsgesetz,
7. Verstöße gegen die Steuergesetze,
8. Verstöße gegen das Gesetz zur Sicherung von Arbeitnehmerrechten in der Fleischwirtschaft,

unterrichten sie die für die Verfolgung und Ahndung der Verstöße nach den Nummern 1 bis 8 zuständigen Behörden, die Träger der Sozialhilfe sowie die Behörden nach § 71 des Aufenthaltsgesetzes. In den Fällen des Satzes 1 arbeiten die zuständigen Behörden insbesondere mit den Agenturen für Arbeit, den Hauptzollämtern, den Rentenversicherungsträgern, den Krankenkassen als Einzugsstellen für die Sozialversicherungsbeiträge, den Trägern der gesetzlichen Unfallversicherung, den nach Landesrecht für die Verfolgung und Ahndung von Verstößen gegen das Gesetz zur Bekämpfung der Schwarzarbeit zuständigen Behörden, den Trägern der Sozialhilfe, den in § 71 des Aufenthaltsgesetzes genannten Behörden und den Finanzbehörden zusammen.

(4) Die zuständigen obersten Landesbehörden haben über die Überwachungstätigkeit der ihnen unterstellten Behörden einen Jahresbericht zu veröffentlichen. Der Jahresbericht umfasst auch Angaben zur Erfüllung von Unterrichtungspflichten aus internationalen Übereinkommen oder Rechtsakten der Europäischen Gemeinschaften, soweit sie den Arbeitsschutz betreffen.

(5) Bei der Bundesanstalt für Arbeitsschutz und Arbeitsmedizin wird eine Bundesfachstelle für Sicherheit und Gesundheit bei der Arbeit eingerichtet. Sie hat die Aufgabe, die Jahresberichte der Länder einschließlich der Besichtigungsquote nach § 21 Abs. 1a auszuwerten und die Ergebnisse für den statistischen Bericht über den Stand von Sicherheit und Gesundheit bei der Arbeit und über das Unfall- und Berufskrankheitengeschehen in der Bundesrepublik Deutschland nach § 25 Abs. 1 des Siebten Buches Sozialgesetzbuch zusammenzufassen. Das Bundesministerium für Arbeit und Soziales kann die Arbeitsweise und das Verfahren der Bundesfachstelle für Sicherheit und Gesundheit bei der Arbeit im Errichtungserlass der Bundesanstalt für Arbeitsschutz und Arbeitsmedizin festlegen.

§ 24
Ermächtigung zum Erlass von allgemeinen Verwaltungsvorschriften

Die Bundesregierung kann mit Zustimmung des Bundesrates allgemeine Verwaltungsvorschriften erlassen insbesondere

1. zur Durchführung dieses Gesetzes und der aufgrund dieses Gesetzes erlassenen Rechtsverordnungen, insbesondere dazu, welche Kriterien zur Auswahl von Betrieben bei der Überwachung anzuwenden, welche Sachverhalte im Rahmen einer Betriebsbesichtigung mindestens zu prüfen und welche Ergebnisse aus der Überwachung für die Berichterstattung zu erfassen sind,
2. über die Gestaltung der Jahresberichte nach § 23 Abs. 4 und
3. über die Angaben, die die zuständigen obersten Landesbehörden dem Bundesministerium für Arbeit und Soziales für den Unfallverhütungsbericht nach § 25 Abs. 2 des Siebten Buches Sozialgesetzbuch bis zu einem bestimmten Zeitpunkt mitzuteilen haben.

§ 24a
Ausschuss für Sicherheit und Gesundheit bei der Arbeit

(1) Beim Bundesministerium für Arbeit und Soziales wird ein Ausschuss für Sicherheit und Gesundheit bei der Arbeit gebildet, in dem geeignete Personen vonseiten der öffentlichen und privaten Arbeitgeber, der Gewerkschaften, der Landesbehörden, der gesetzlichen Unfallversicherung und weitere geeignete Personen, insbesondere aus der Wissenschaft, vertreten sein sollen. Dem Ausschuss sollen nicht mehr als 15 Mitglieder angehören. Für jedes Mitglied ist ein stellvertretendes Mitglied zu benennen. Die Mitgliedschaft im Ausschuss ist ehrenamtlich. Ein Mitglied oder ein stellvertretendes Mitglied aus den anderen Ausschüssen beim Bundesministerium für Arbeit und Soziales nach § 18 Abs. 2 Nr. 5 soll dauerhaft als Gast im Ausschuss für Sicherheit und Gesundheit bei der Arbeit vertreten sein.

(2) Das Bundesministerium für Arbeit und Soziales beruft die Mitglieder des Ausschusses für Sicherheit und Gesundheit bei der Arbeit und die stellvertretenden Mitglieder. Der Ausschuss gibt sich eine Geschäftsordnung und wählt die Vorsitzende oder den Vorsitzenden aus seiner Mitte. Die Geschäftsordnung und die Wahl der oder des Vorsitzenden bedürfen der Zustimmung des Bundesministeriums für Arbeit und Soziales.

(3) Zu den Aufgaben des Ausschusses für Sicherheit und Gesundheit bei der Arbeit gehört es, soweit hierfür kein anderer Ausschuss beim Bundesministerium für Arbeit und Soziales nach § 18 Abs. 2 Nr. 5 zuständig ist,

1. den Stand von Technik, Arbeitsmedizin und Hygiene sowie sonstige gesicherte arbeitswissenschaftliche Erkenntnisse für die Sicherheit und Gesundheit der Beschäftigten zu ermitteln,

2. Regeln und Erkenntnisse zu ermitteln, wie die in diesem Gesetz gestellten Anforderungen erfüllt werden können,
3. Empfehlungen zu Sicherheit und Gesundheit bei der Arbeit aufzustellen,
4. das Bundesministerium für Arbeit und Soziales in allen Fragen des Arbeitsschutzes zu beraten.

Das Arbeitsprogramm des Ausschusses für Sicherheit und Gesundheit bei der Arbeit wird mit dem Bundesministerium für Arbeit und Soziales abgestimmt. Der Ausschuss arbeitet eng mit den anderen Ausschüssen beim Bundesministerium für Arbeit und Soziales nach § 18 Abs. 2 Nr. 5 zusammen.

(4) Das Bundesministerium für Arbeit und Soziales kann die vom Ausschuss für Sicherheit und Gesundheit bei der Arbeit ermittelten Regeln und Erkenntnisse im Gemeinsamen Ministerialblatt bekannt geben und die Empfehlungen veröffentlichen. Der Arbeitgeber hat die bekannt gegebenen Regeln und Erkenntnisse zu berücksichtigen. Bei Einhaltung dieser Regeln und bei Beachtung dieser Erkenntnisse ist davon auszugehen, dass die in diesem Gesetz gestellten Anforderungen erfüllt sind, soweit diese von der betreffenden Regel abgedeckt sind. Die Anforderungen aus Rechtsverordnungen nach § 18 und dazu bekannt gegebene Regeln und Erkenntnisse bleiben unberührt.

(5) Die Bundesministerien sowie die obersten Landesbehörden können zu den Sitzungen des Ausschusses für Sicherheit und Gesundheit bei der Arbeit Vertreterinnen oder Vertreter entsenden. Auf Verlangen ist ihnen in der Sitzung das Wort zu erteilen.

(6) Die Geschäfte des Ausschusses für Sicherheit und Gesundheit bei der Arbeit führt die Bundesanstalt für Arbeitsschutz und Arbeitsmedizin.

§ 25
Bußgeldvorschriften

(1) Ordnungswidrig handelt, wer vorsätzlich oder fahrlässig

1. einer Rechtsverordnung nach § 18 Abs. 1 oder § 19 zuwiderhandelt, soweit sie für einen bestimmten Tatbestand auf diese Bußgeldvorschrift verweist, oder
2. a) als Arbeitgeber oder als verantwortliche Person einer vollziehbaren Anordnung nach § 22 Abs. 3 oder

   b) als Beschäftigter einer vollziehbaren Anordnung nach § 22 Abs. 3 Satz 1 Nr. 1

   zuwiderhandelt.

(2) Die Ordnungswidrigkeit kann in den Fällen des Absatzes 1 Nr. 1 und 2 Buchstabe b mit einer Geldbuße bis zu fünftausend Euro, in den Fällen des Absatzes 1 Nr. 2 Buchstabe a mit einer Geldbuße bis zu dreißigtausend Euro geahndet werden.

§ 26
Strafvorschriften

Mit Freiheitsstrafe bis zu einem Jahr oder mit Geldstrafe wird bestraft, wer

1. eine in § 25 Abs. 1 Nr. 2 Buchstabe a bezeichnete Handlung beharrlich wiederholt oder
2. durch eine in § 25 Abs. 1 Nr. 1 oder Nr. 2 Buchstabe a bezeichnete vorsätzliche Handlung Leben oder Gesundheit eines Beschäftigten gefährdet.

2 Betriebssicherheitsverordnung

Verordnung über Sicherheit und Gesundheitsschutz bei der Verwendung von Arbeitsmitteln (Betriebssicherheitsverordnung – BetrSichV)

zuletzt geändert durch Art. 1 der Verordnung vom 27. Juli 2021 (BGBl. I S. 3 146)

Abschnitt 1
Anwendungsbereich und Begriffsbestimmungen

§ 1
Anwendungsbereich und Zielsetzung

(1) Diese Verordnung gilt für die Verwendung von Arbeitsmitteln. Ziel dieser Verordnung ist es, die Sicherheit und den Schutz der Gesundheit von Beschäftigten bei der Verwendung von Arbeitsmitteln zu gewährleisten. Dies soll insbesondere erreicht werden durch

1. die Auswahl geeigneter Arbeitsmittel und deren sichere Verwendung,
2. die für den vorgesehenen Verwendungszweck geeignete Gestaltung von Arbeits- und Fertigungsverfahren sowie
3. die Qualifikation und Unterweisung der Beschäftigten.

Diese Verordnung regelt hinsichtlich der in § 18 und in Anhang 2 genannten überwachungsbedürftigen Anlagen zugleich Maßnahmen zum Schutz anderer Personen im Gefahrenbereich, soweit diese aufgrund der Verwendung dieser Anlagen durch Arbeitgeber im Sinne des § 2 Abs. 3 gefährdet werden können.

(2) Diese Verordnung gilt nicht in Betrieben, die dem Bundesberggesetz unterliegen, soweit dafür entsprechende Rechtsvorschriften bestehen. Abweichend von Satz 1 gilt sie jedoch für überwachungsbedürftige Anlagen in Tagesanlagen, mit Ausnahme von Rohrleitungen nach Anhang 2 Abschnitt 4 Nr. 2.1 Satz 1 Buchstabe d.

(3) Diese Verordnung gilt nicht auf Seeschiffen unter fremder Flagge und auf Seeschiffen, für die das Bundesministerium für Verkehr und digitale Infrastruktur nach § 10 des Flaggenrechtsgesetzes die Befugnis zur Führung der Bundesflagge lediglich für die erste Überführungsreise in einen anderen Hafen verliehen hat.

(4) Abschnitt 3 gilt nicht für Energieanlagen im Sinne des § 3 Nr. 15 des Energiewirtschaftsgesetzes, soweit sie Druckanlagen im Sinne des Anhangs 2 Abschnitt 4 Nr. 2.1

Buchstabe b, c oder d dieser Verordnung sind. Satz 1 gilt nicht für Gasfüllanlagen, die Energieanlagen im Sinne des § 3 Nr. 15 des Energiewirtschaftsgesetzes sind und nicht auf dem Betriebsgelände von Unternehmen der öffentlichen Gasversorgung von diesen errichtet und betrieben werden.

(5) Das Bundesministerium der Verteidigung kann Ausnahmen von den Vorschriften dieser Verordnung zulassen, wenn zwingende Gründe der Verteidigung oder die Erfüllung zwischenstaatlicher Verpflichtungen der Bundesrepublik Deutschland dies erfordern und die Sicherheit auf andere Weise gewährleistet ist.

§ 2
Begriffsbestimmungen

(1) Arbeitsmittel sind Werkzeuge, Geräte, Maschinen oder Anlagen, die für die Arbeit verwendet werden, sowie überwachungsbedürftige Anlagen.

(2) Die Verwendung von Arbeitsmitteln umfasst jegliche Tätigkeit mit diesen. Hierzu gehören insbesondere das Montieren und Installieren, Bedienen, An- oder Abschalten oder Einstellen, Gebrauchen, Betreiben, Instandhalten, Reinigen, Prüfen, Umbauen, Erproben, Demontieren, Transportieren und Überwachen.

(3) Arbeitgeber ist, wer nach § 2 Abs. 3 des Arbeitsschutzgesetzes als solcher bestimmt ist. Dem Arbeitgeber steht gleich,

1. wer, ohne Arbeitgeber zu sein, zu gewerblichen oder wirtschaftlichen Zwecken eine überwachungsbedürftige Anlage verwendet, sowie
2. der Auftraggeber und der Zwischenmeister im Sinne des Heimarbeitsgesetzes.

(4) Beschäftigte sind Personen, die nach § 2 Abs. 2 des Arbeitsschutzgesetzes als solche bestimmt sind. Den Beschäftigten stehen folgende Personen gleich, sofern sie Arbeitsmittel verwenden:

1. Schülerinnen und Schüler sowie Studierende,
2. in Heimarbeit Beschäftigte nach § 1 Abs. 1 des Heimarbeitsgesetzes sowie
3. sonstige Personen, insbesondere Personen, die in wissenschaftlichen Einrichtungen tätig sind.

(5) Fachkundig ist, wer zur Ausübung einer in dieser Verordnung bestimmten Aufgabe über die erforderlichen Fachkenntnisse verfügt. Die Anforderungen an die Fachkunde sind abhängig von der jeweiligen Art der Aufgabe. Zu den Anforderungen zählen eine entsprechende Berufsausbildung, Berufserfahrung oder eine zeitnah ausgeübte entsprechende berufliche Tätigkeit. Die Fachkenntnisse sind durch Teilnahme an Schulungen auf aktuellem Stand zu halten.

(6) Zur Prüfung befähigte Person ist eine Person, die durch ihre Berufsausbildung, ihre Berufserfahrung und ihre zeitnahe berufliche Tätigkeit über die erforderlichen

Kenntnisse zur Prüfung von Arbeitsmitteln verfügt; soweit hinsichtlich der Prüfung von Arbeitsmitteln in den Anhängen 2 und 3 weitergehende Anforderungen festgelegt sind, sind diese zu erfüllen.

(7) Instandhaltung ist die Gesamtheit aller Maßnahmen zur Erhaltung des sicheren Zustands oder der Rückführung in diesen. Instandhaltung umfasst insbesondere Inspektion, Wartung und Instandsetzung.

(8) Prüfung ist die Ermittlung des Istzustands, der Vergleich des Istzustands mit dem Sollzustand sowie die Bewertung der Abweichung des Istzustands vom Sollzustand.

(9) Prüfpflichtige Änderung ist jede Maßnahme, durch welche die Sicherheit eines Arbeitsmittels beeinflusst wird. Auch Instandsetzungsarbeiten können solche Maßnahmen sein.

(10) Stand der Technik ist der Entwicklungsstand fortschrittlicher Verfahren, Einrichtungen oder Betriebsweisen, der die praktische Eignung einer Maßnahme oder Vorgehensweise zum Schutz der Gesundheit und zur Sicherheit der Beschäftigten oder anderer Personen gesichert erscheinen lässt. Bei der Bestimmung des Stands der Technik sind insbesondere vergleichbare Verfahren, Einrichtungen oder Betriebsweisen heranzuziehen, die mit Erfolg in der Praxis erprobt worden sind.

(11) Gefahrenbereich ist der Bereich innerhalb oder im Umkreis eines Arbeitsmittels, in dem die Sicherheit oder die Gesundheit von Beschäftigten und anderen Personen durch die Verwendung des Arbeitsmittels gefährdet ist.

(12) Errichtung umfasst die Montage und Installation am Verwendungsort.

(13) Überwachungsbedürftige Anlagen sind die Anlagen, die in Anhang 2 genannt oder nach § 18 Abs. 1 erlaubnispflichtig sind. Zu den überwachungsbedürftigen Anlagen gehören auch Mess-, Steuer- und Regeleinrichtungen, die dem sicheren Betrieb dieser überwachungsbedürftigen Anlagen dienen.

(14) Zugelassene Überwachungsstellen sind die in Anhang 2 Abschnitt 1 genannten Stellen.

(15) Andere Personen sind Personen, die nicht Beschäftigte oder Gleichgestellte nach Abs. 4 sind und sich im Gefahrenbereich einer überwachungsbedürftigen Anlage innerhalb oder außerhalb eines Betriebsgeländes befinden.

Abschnitt 2
Gefährdungsbeurteilung und Schutzmaßnahmen

§ 3
Gefährdungsbeurteilung

(1) Der Arbeitgeber hat vor der Verwendung von Arbeitsmitteln die auftretenden Gefährdungen zu beurteilen (Gefährdungsbeurteilung) und daraus notwendige und

geeignete Schutzmaßnahmen abzuleiten. Das Vorhandensein einer CE-Kennzeichnung am Arbeitsmittel entbindet nicht von der Pflicht zur Durchführung einer Gefährdungsbeurteilung. Für Aufzugsanlagen gilt Satz 1 nur, wenn sie von einem Arbeitgeber im Sinne des § 2 Abs. 3 Satz 1 verwendet werden.

(2) In die Beurteilung sind alle Gefährdungen einzubeziehen, die bei der Verwendung von Arbeitsmitteln ausgehen, und zwar von

1. den Arbeitsmitteln selbst,
2. der Arbeitsumgebung und
3. den Arbeitsgegenständen, an denen Tätigkeiten mit Arbeitsmitteln durchgeführt werden.

Bei der Gefährdungsbeurteilung ist insbesondere Folgendes zu berücksichtigen:

1. die Gebrauchstauglichkeit von Arbeitsmitteln einschließlich der ergonomischen, alters- und alternsgerechten Gestaltung,
2. die sicherheitsrelevanten einschließlich der ergonomischen Zusammenhänge zwischen Arbeitsplatz, Arbeitsmittel, Arbeitsverfahren, Arbeitsorganisation, Arbeitsablauf, Arbeitszeit und Arbeitsaufgabe,
3. die physischen und psychischen Belastungen der Beschäftigten, die bei der Verwendung von Arbeitsmitteln auftreten,
4. vorhersehbare Betriebsstörungen und die Gefährdung bei Maßnahmen zu deren Beseitigung.

(3) Die Gefährdungsbeurteilung soll bereits vor der Auswahl und der Beschaffung der Arbeitsmittel begonnen werden. Dabei sind insbesondere die Eignung des Arbeitsmittels für die geplante Verwendung, die Arbeitsabläufe und die Arbeitsorganisation zu berücksichtigen. Die Gefährdungsbeurteilung darf nur von fachkundigen Personen durchgeführt werden. Verfügt der Arbeitgeber nicht selbst über die entsprechenden Kenntnisse, so hat er sich fachkundig beraten zu lassen.

(4) Der Arbeitgeber hat sich die Informationen zu beschaffen, die für die Gefährdungsbeurteilung notwendig sind. Dies sind insbesondere die nach § 21 Abs. 6 Nr. 1 bekannt gegebenen Regeln und Erkenntnisse, Gebrauchs- und Betriebsanleitungen sowie die ihm zugänglichen Erkenntnisse aus der arbeitsmedizinischen Vorsorge. Der Arbeitgeber darf diese Informationen übernehmen, sofern sie auf die Arbeitsmittel, Arbeitsbedingungen und Verfahren in seinem Betrieb anwendbar sind. Bei der Informationsbeschaffung kann der Arbeitgeber davon ausgehen, dass die vom Hersteller des Arbeitsmittels mitgelieferten Informationen zutreffend sind, es sei denn, dass er über andere Erkenntnisse verfügt.

(5) Der Arbeitgeber kann bei der Festlegung der Schutzmaßnahmen bereits vorhandene Gefährdungsbeurteilungen, hierzu gehören auch gleichwertige Unterlagen, die

ihm der Hersteller oder Inverkehrbringer mitgeliefert hat, übernehmen, sofern die Angaben und Festlegungen in dieser Gefährdungsbeurteilung den Arbeitsmitteln einschließlich der Arbeitsbedingungen und -verfahren, im eigenen Betrieb entsprechen.

(6) Der Arbeitgeber hat Art und Umfang erforderlicher Prüfungen von Arbeitsmitteln sowie die Fristen von wiederkehrenden Prüfungen nach den §§ 14 und 16 zu ermitteln und festzulegen, soweit diese Verordnung nicht bereits entsprechende Vorgaben enthält. Satz 1 gilt auch für Aufzugsanlagen. Die Fristen für die wiederkehrenden Prüfungen sind so festzulegen, dass die Arbeitsmittel bis zur nächsten festgelegten Prüfung sicher verwendet werden können. Bei der Festlegung der Fristen für die wiederkehrenden Prüfungen nach § 14 Abs. 2 Satz 1 für die in Anhang 3 genannten Arbeitsmittel dürfen die dort genannten Prüffristen nicht überschritten werden. Bei der Festlegung der Fristen für die wiederkehrenden Prüfungen nach § 16 dürfen die in Anhang 2 Abschnitt 2 Nr. 4.1 und 4.3, Abschnitt 3 Nr. 5.1 bis 5.3 und Abschnitt 4 Nr. 5.8 in Verbindung mit Tabelle 1 genannten Höchstfristen nicht überschritten werden, es sei denn, dass in den genannten Anhängen etwas anderes bestimmt ist. Ferner hat der Arbeitgeber zu ermitteln und festzulegen, welche Voraussetzungen die zur Prüfung befähigten Personen erfüllen müssen, die von ihm mit den Prüfungen von Arbeitsmitteln nach den §§ 14, 15 und 16 zu beauftragen sind.

(7) Die Gefährdungsbeurteilung ist regelmäßig zu überprüfen. Dabei ist der Stand der Technik zu berücksichtigen. Soweit erforderlich, sind die Schutzmaßnahmen bei der Verwendung von Arbeitsmitteln entsprechend anzupassen. Der Arbeitgeber hat die Gefährdungsbeurteilung unverzüglich zu aktualisieren, wenn

1. sicherheitsrelevante Veränderungen der Arbeitsbedingungen einschließlich der Änderung von Arbeitsmitteln dies erfordern,
2. neue Informationen, insbesondere Erkenntnisse aus dem Unfallgeschehen oder aus der arbeitsmedizinischen Vorsorge, vorliegen oder
3. die Überprüfung der Wirksamkeit der Schutzmaßnahmen nach § 4 Abs. 5 ergeben hat, dass die festgelegten Schutzmaßnahmen nicht wirksam oder nicht ausreichend sind.

Ergibt die Überprüfung der Gefährdungsbeurteilung, dass keine Aktualisierung erforderlich ist, so hat der Arbeitgeber dies unter Angabe des Datums der Überprüfung in der Dokumentation nach Abs. 8 zu vermerken.

(8) Der Arbeitgeber hat das Ergebnis seiner Gefährdungsbeurteilung vor der erstmaligen Verwendung der Arbeitsmittel zu dokumentieren. Dabei sind mindestens anzugeben

1. die Gefährdungen, die bei der Verwendung der Arbeitsmittel auftreten,
2. die zu ergreifenden Schutzmaßnahmen,

3. wie die Anforderungen dieser Verordnung eingehalten werden, wenn von den nach § 21 Abs. 6 Nr. 1 bekannt gegebenen Regeln und Erkenntnissen abgewichen wird,
4. Art und Umfang der erforderlichen Prüfungen sowie die Fristen der wiederkehrenden Prüfungen (Abs. 6 Satz 1) und
5. das Ergebnis der Überprüfung der Wirksamkeit der Schutzmaßnahmen nach § 4 Abs. 5.

Die Dokumentation kann auch in elektronischer Form vorgenommen werden.

(9) Sofern der Arbeitgeber von § 7 Abs. 1 Gebrauch macht und die Gefährdungsbeurteilung ergibt, dass die Voraussetzungen nach § 7 Abs. 1 vorliegen, ist eine Dokumentation dieser Voraussetzungen ausreichend.

§ 4
Grundpflichten des Arbeitgebers

(1) Arbeitsmittel dürfen erst verwendet werden, nachdem der Arbeitgeber

1. eine Gefährdungsbeurteilung durchgeführt hat,
2. die dabei ermittelten Schutzmaßnahmen nach dem Stand der Technik getroffen hat und
3. festgestellt hat, dass die Verwendung der Arbeitsmittel nach dem Stand der Technik sicher ist.

(2) Ergibt sich aus der Gefährdungsbeurteilung, dass Gefährdungen durch technische Schutzmaßnahmen nach dem Stand der Technik nicht oder nur unzureichend vermieden werden können, hat der Arbeitgeber geeignete organisatorische und personenbezogene Schutzmaßnahmen zu treffen. Technische Schutzmaßnahmen haben Vorrang vor organisatorischen, diese haben wiederum Vorrang vor personenbezogenen Schutzmaßnahmen. Die Verwendung persönlicher Schutzausrüstung ist für jeden Beschäftigten auf das erforderliche Minimum zu beschränken.

(3) Bei der Festlegung der Schutzmaßnahmen hat der Arbeitgeber die Vorschriften dieser Verordnung einschließlich der Anhänge zu beachten und die nach § 21 Abs. 6 Nr. 1 bekannt gegebenen Regeln und Erkenntnisse zu berücksichtigen. Bei Einhaltung dieser Regeln und Erkenntnisse ist davon auszugehen, dass die in dieser Verordnung gestellten Anforderungen erfüllt sind. Von den Regeln und Erkenntnissen kann abgewichen werden, wenn Sicherheit und Gesundheit durch andere Maßnahmen zumindest in vergleichbarer Weise gewährleistet werden.

(4) Der Arbeitgeber hat dafür zu sorgen, dass Arbeitsmittel, für die in § 14 und im Abschnitt 3 dieser Verordnung Prüfungen vorgeschrieben sind, nur verwendet werden, wenn diese Prüfungen durchgeführt und dokumentiert wurden.

(5) Der Arbeitgeber hat die Wirksamkeit der Schutzmaßnahmen vor der erstmaligen Verwendung der Arbeitsmittel zu überprüfen. Satz 1 gilt nicht, soweit entsprechende Prüfungen nach § 14 oder § 15 durchgeführt wurden. Der Arbeitgeber hat weiterhin dafür zu sorgen, dass Arbeitsmittel vor ihrer jeweiligen Verwendung auf offensichtliche Mängel, die die sichere Verwendung beeinträchtigen können, kontrolliert werden und dass Schutz- und Sicherheitseinrichtungen einer regelmäßigen Kontrolle ihrer Funktionsfähigkeit unterzogen werden. Satz 3 gilt auch bei Arbeitsmitteln, für die wiederkehrende Prüfungen nach § 14 oder § 16 vorgeschrieben sind.

(6) Der Arbeitgeber hat die Belange des Arbeitsschutzes in Bezug auf die Verwendung von Arbeitsmitteln angemessen in seine betriebliche Organisation einzubinden und hierfür die erforderlichen personellen, finanziellen und organisatorischen Voraussetzungen zu schaffen. Insbesondere hat er dafür zu sorgen, dass bei der Gestaltung der Arbeitsorganisation, des Arbeitsverfahrens und des Arbeitsplatzes sowie bei der Auswahl und beim Zur-Verfügung-Stellen der Arbeitsmittel alle mit der Sicherheit und Gesundheit der Beschäftigten zusammenhängenden Faktoren, einschließlich der psychischen, ausreichend berücksichtigt werden.

§ 5
Anforderungen an die zur Verfügung gestellten Arbeitsmittel

(1) Der Arbeitgeber darf nur solche Arbeitsmittel zur Verfügung stellen und verwenden lassen, die unter Berücksichtigung der vorgesehenen Einsatzbedingungen bei der Verwendung sicher sind. Die Arbeitsmittel müssen

1. für die Art der auszuführenden Arbeiten geeignet sein,
2. den gegebenen Einsatzbedingungen und den vorhersehbaren Beanspruchungen angepasst sein und
3. über die erforderlichen sicherheitsrelevanten Ausrüstungen verfügen,

sodass eine Gefährdung durch ihre Verwendung so gering wie möglich gehalten wird. Kann durch Maßnahmen nach den Sätzen 1 und 2 die Sicherheit und Gesundheit nicht gewährleistet werden, so hat der Arbeitgeber andere geeignete Schutzmaßnahmen zu treffen, um die Gefährdung so weit wie möglich zu reduzieren.

(2) Der Arbeitgeber darf Arbeitsmittel nicht zur Verfügung stellen und verwenden lassen, wenn sie Mängel aufweisen, welche die sichere Verwendung beeinträchtigen.

(3) Der Arbeitgeber darf nur solche Arbeitsmittel zur Verfügung stellen und verwenden lassen, die den für sie geltenden Rechtsvorschriften über Sicherheit und Gesundheitsschutz entsprechen. Zu diesen Rechtsvorschriften gehören neben den Vorschriften dieser Verordnung insbesondere Rechtsvorschriften, mit denen Gemeinschaftsrichtlinien in deutsches Recht umgesetzt wurden und die für die Arbeitsmittel

zum Zeitpunkt des Bereitstellens auf dem Markt gelten. Arbeitsmittel, die der Arbeitgeber für eigene Zwecke selbst hergestellt hat, müssen den grundlegenden Sicherheitsanforderungen der anzuwendenden Gemeinschaftsrichtlinien entsprechen. Den formalen Anforderungen dieser Richtlinien brauchen sie nicht zu entsprechen, es sei denn, es ist in der jeweiligen Richtlinie ausdrücklich anders bestimmt.

(4) Der Arbeitgeber hat dafür zu sorgen, dass Beschäftigte nur die Arbeitsmittel verwenden, die er ihnen zur Verfügung gestellt hat oder deren Verwendung er ihnen ausdrücklich gestattet hat.

§ 6
Grundlegende Schutzmaßnahmen bei der Verwendung von Arbeitsmitteln

(1) Der Arbeitgeber hat dafür zu sorgen, dass die Arbeitsmittel sicher verwendet und dabei die Grundsätze der Ergonomie beachtet werden. Dabei ist Anhang 1 zu beachten. Die Verwendung der Arbeitsmittel ist so zu gestalten und zu organisieren, dass Belastungen und Fehlbeanspruchungen, die die Gesundheit und die Sicherheit der Beschäftigten gefährden können, vermieden oder, wenn dies nicht möglich ist, auf ein Mindestmaß reduziert werden. Der Arbeitgeber hat darauf zu achten, dass die Beschäftigten in der Lage sind, die Arbeitsmittel zu verwenden, ohne sich oder andere Personen zu gefährden. Insbesondere sind folgende Grundsätze einer menschengerechten Gestaltung der Arbeit zu berücksichtigen:

1. die Arbeitsmittel einschließlich ihrer Schnittstelle zum Menschen müssen an die körperlichen Eigenschaften und die Kompetenz der Beschäftigten angepasst sein sowie biomechanische Belastungen bei der Verwendung vermieden sein. Zu berücksichtigen sind hierbei die Arbeitsumgebung, die Lage der Zugriffstellen und des Schwerpunktes des Arbeitsmittels, die erforderliche Körperhaltung, die Körperbewegung, die Entfernung zum Körper, die benötigte persönliche Schutzausrüstung sowie die psychische Belastung der Beschäftigten,
2. die Beschäftigten müssen über einen ausreichenden Bewegungsfreiraum verfügen,
3. es sind ein Arbeitstempo und ein Arbeitsrhythmus zu vermeiden, die zu Gefährdungen der Beschäftigten führen können,
4. es sind Bedien- und Überwachungstätigkeiten zu vermeiden, die eine uneingeschränkte und dauernde Aufmerksamkeit erfordern.

(2) Der Arbeitgeber hat dafür zu sorgen, dass vorhandene Schutzeinrichtungen und zur Verfügung gestellte persönliche Schutzausrüstungen verwendet werden, dass erforderliche Schutz- oder Sicherheitseinrichtungen funktionsfähig sind und nicht auf einfache Weise manipuliert oder umgangen werden. Der Arbeitgeber hat ferner durch geeignete Maßnahmen dafür zu sorgen, dass Beschäftigte bei der Verwendung

der Arbeitsmittel die nach § 12 erhaltenen Informationen sowie Kennzeichnungen und Gefahrenhinweise beachten.

(3) Der Arbeitgeber hat dafür zu sorgen, dass

1. die Errichtung von Arbeitsmitteln, der Auf- und Abbau, die Erprobung sowie die Instandhaltung und Prüfung von Arbeitsmitteln unter Berücksichtigung der sicherheitsrelevanten Aufstellungs- und Umgebungsbedingungen nach dem Stand der Technik erfolgen und sicher durchgeführt werden,
2. erforderliche Sicherheits- und Schutzabstände eingehalten werden und
3. alle verwendeten oder erzeugten Energieformen und Materialien sicher zu- und abgeführt werden können.

Werden Arbeitsmittel im Freien verwendet, hat der Arbeitgeber dafür zu sorgen, dass die sichere Verwendung der Arbeitsmittel ungeachtet der Witterungsverhältnisse stets gewährleistet ist.

§ 7
Vereinfachte Vorgehensweise bei der Verwendung von Arbeitsmitteln

(1) Der Arbeitgeber kann auf weitere Maßnahmen nach den §§ 8 und 9 verzichten, wenn sich aus der Gefährdungsbeurteilung ergibt, dass

1. die Arbeitsmittel mindestens den sicherheitstechnischen Anforderungen der für sie zum Zeitpunkt der Verwendung geltenden Rechtsvorschriften zum Bereitstellen von Arbeitsmitteln auf dem Markt entsprechen,
2. die Arbeitsmittel ausschließlich bestimmungsgemäß entsprechend den Vorgaben des Herstellers verwendet werden,
3. keine zusätzlichen Gefährdungen der Beschäftigten unter Berücksichtigung der Arbeitsumgebung, der Arbeitsgegenstände, der Arbeitsabläufe sowie der Dauer und der zeitlichen Lage der Arbeitszeit auftreten und
4. Instandhaltungsmaßnahmen nach § 10 getroffen und Prüfungen nach § 14 durchgeführt werden.

(2) Abs. 1 gilt nicht für überwachungsbedürftige Anlagen und die in Anhang 3 genannten Arbeitsmittel.

§ 8
Schutzmaßnahmen bei Gefährdungen durch Energien, Ingangsetzen und Stillsetzen

(1) Der Arbeitgeber darf nur solche Arbeitsmittel verwenden lassen, die gegen Gefährdungen ausgelegt sind durch

1. die von ihnen ausgehenden oder verwendeten Energien,
2. direktes oder indirektes Berühren von Teilen, die unter elektrischer Spannung stehen, oder
3. Störungen ihrer Energieversorgung.

Die Arbeitsmittel müssen ferner so gestaltet sein, dass eine gefährliche elektrostatische Aufladung vermieden oder begrenzt wird. Ist dies nicht möglich, müssen sie mit Einrichtungen zum Ableiten solcher Aufladungen ausgestattet sein.

(2) Der Arbeitgeber hat dafür zu sorgen, dass Arbeitsmittel mit den sicherheitstechnisch erforderlichen Mess-, Steuer- und Regeleinrichtungen ausgestattet sind, damit sie sicher und zuverlässig verwendet werden können.

(3) Befehlseinrichtungen, die Einfluss auf die sichere Verwendung der Arbeitsmittel haben, müssen insbesondere

1. als solche deutlich erkennbar, außerhalb des Gefahrenbereichs angeordnet und leicht und ohne Gefährdung erreichbar sein; ihre Betätigung darf zu keiner zusätzlichen Gefährdung führen,
2. sicher beschaffen und auf vorhersehbare Störungen, Beanspruchungen und Zwänge ausgelegt sein,
3. gegen unbeabsichtigtes oder unbefugtes Betätigen gesichert sein.

(4) Arbeitsmittel dürfen nur absichtlich in Gang gesetzt werden können. Soweit erforderlich, muss das Ingangsetzen sicher verhindert werden können oder müssen sich die Beschäftigten Gefährdungen durch das in Gang gesetzte Arbeitsmittel rechtzeitig entziehen können. Hierbei und bei Änderungen des Betriebszustands muss auch die Sicherheit im Gefahrenbereich durch geeignete Maßnahmen gewährleistet werden.

(5) Vom Standort der Bedienung des Arbeitsmittels aus muss dieses als Ganzes oder in Teilen so stillgesetzt und von jeder einzelnen Energiequelle dauerhaft sicher getrennt werden können, dass ein sicherer Zustand gewährleistet ist. Die hierfür vorgesehenen Befehlseinrichtungen müssen leicht und ungehindert erreichbar und deutlich erkennbar gekennzeichnet sein. Der Befehl zum Stillsetzen eines Arbeitsmittels muss gegenüber dem Befehl zum Ingangsetzen Vorrang haben. Können bei Arbeitsmitteln, die über Systeme mit Speicherwirkung verfügen, nach dem Trennen von jeder Energiequelle nach Satz 1 noch Energien gespeichert sein, so müssen Einrichtungen vorhanden sein, mit denen diese Systeme energiefrei gemacht werden können. Diese Einrichtungen müssen gekennzeichnet sein. Ist ein vollständiges Energiefreimachen nicht möglich, müssen an den Arbeitsmitteln entsprechende Gefahrenhinweise vorhanden sein.

(6) Kraftbetriebene Arbeitsmittel müssen mit einer schnell erreichbaren und auffällig gekennzeichneten Notbefehlseinrichtung zum sicheren Stillsetzen des gesamten

Arbeitsmittels ausgerüstet sein, mit der Gefahr bringende Bewegungen oder Prozesse ohne zusätzliche Gefährdungen unverzüglich stillgesetzt werden können. Auf eine Notbefehlseinrichtung kann verzichtet werden, wenn sie die Gefährdung nicht mindern würde; in diesem Fall ist die Sicherheit auf andere Weise zu gewährleisten. Vom jeweiligen Bedienungsort des Arbeitsmittels aus muss feststellbar sein, ob sich Personen oder Hindernisse im Gefahrenbereich befinden, oder dem Ingangsetzen muss ein automatisch ansprechendes Sicherheitssystem vorgeschaltet sein, das das Ingangsetzen verhindert, solange sich Beschäftigte im Gefahrenbereich aufhalten. Ist dies nicht möglich, müssen ausreichende Möglichkeiten zur Verständigung und Warnung vor dem Ingangsetzen vorhanden sein. Soweit erforderlich, muss das Ingangsetzen sicher verhindert werden können, oder die Beschäftigten müssen sich Gefährdungen durch das in Gang gesetzte Arbeitsmittel rechtzeitig entziehen können.

§ 9
Weitere Schutzmaßnahmen bei der Verwendung von Arbeitsmitteln

(1) Der Arbeitgeber hat dafür zu sorgen, dass Arbeitsmittel unter Berücksichtigung der zu erwartenden Betriebsbedingungen so verwendet werden, dass Beschäftigte gegen vorhersehbare Gefährdungen ausreichend geschützt sind. Insbesondere müssen

1. Arbeitsmittel ausreichend standsicher sein und, falls erforderlich, gegen unbeabsichtigte Positions- und Lageänderungen stabilisiert werden,
2. Arbeitsmittel mit den erforderlichen sicherheitstechnischen Ausrüstungen versehen sein,
3. Arbeitsmittel, ihre Teile und die Verbindungen untereinander den Belastungen aus inneren und äußeren Kräften standhalten,
4. Schutzeinrichtungen bei Splitter- oder Bruchgefahr sowie gegen herabfallende oder herausschleudernde Gegenstände vorhanden sein,
5. sichere Zugänge zu Arbeitsplätzen an und in Arbeitsmitteln gewährleistet und ein gefahrloser Aufenthalt dort möglich sein,
6. Schutzmaßnahmen getroffen werden, die sowohl einen Absturz von Beschäftigten als auch von Arbeitsmitteln sicher verhindern,
7. Maßnahmen getroffen werden, damit Personen nicht unbeabsichtigt in Arbeitsmitteln eingeschlossen werden; im Notfall müssen eingeschlossene Personen aus Arbeitsmitteln in angemessener Zeit befreit werden können,
8. Schutzmaßnahmen gegen Gefährdungen durch bewegliche Teile von Arbeitsmitteln und gegen Blockaden solcher Teile getroffen werden; hierzu gehören auch Maßnahmen, die den unbeabsichtigten Zugang zum Gefahrenbereich von beweglichen Teilen von Arbeitsmitteln verhindern oder die beweglichen Teile vor dem Erreichen des Gefahrenbereichs stillsetzen,

9. Maßnahmen getroffen werden, die verhindern, dass die sichere Verwendung der Arbeitsmittel durch äußere Einwirkungen beeinträchtigt wird,
10. Leitungen so verlegt sein, dass Gefährdungen vermieden werden, und
11. Maßnahmen getroffen werden, die verhindern, dass außer Betrieb gesetzte Arbeitsmittel zu Gefährdungen führen.

(2) Der Arbeitgeber hat Schutzmaßnahmen gegen Gefährdungen durch heiße oder kalte Teile, scharfe Ecken und Kanten und raue Oberflächen von Arbeitsmitteln zu treffen.

(3) Der Arbeitgeber hat weiterhin dafür zu sorgen, dass Schutzeinrichtungen

1. einen ausreichenden Schutz gegen Gefährdungen bieten,
2. stabil gebaut sind,
3. sicher in Position gehalten werden,
4. die Eingriffe, die für den Einbau oder den Austausch von Teilen sowie für Instandhaltungsarbeiten erforderlich sind, möglichst ohne Demontage der Schutzeinrichtungen zulassen,
5. keine zusätzlichen Gefährdungen verursachen,
6. nicht auf einfache Weise umgangen oder unwirksam gemacht werden können und
7. die Beobachtung und Durchführung des Arbeitszyklus nicht mehr als notwendig einschränken.

(4) Werden Arbeitsmittel in Bereichen mit gefährlicher explosionsfähiger Atmosphäre verwendet oder kommt es durch deren Verwendung zur Bildung gefährlicher explosionsfähiger Atmosphäre, müssen unter Beachtung der Gefahrstoffverordnung die erforderlichen Schutzmaßnahmen getroffen werden, insbesondere sind die für die jeweilige Zone geeigneten Geräte und Schutzsysteme im Sinne der Richtlinie 2014/34/EU des Europäischen Parlaments und des Rates vom 26. Februar 2014 zur Harmonisierung der Rechtsvorschriften der Mitgliedstaaten für Geräte und Schutzsysteme zur bestimmungsgemäßen Verwendung in explosionsgefährdeten Bereichen (ABl. L 96 vom 29.03.2014, S. 309) einzusetzen. Diese Schutzmaßnahmen sind vor der erstmaligen Verwendung der Arbeitsmittel im Explosionsschutzdokument nach § 6 Abs. 9 der Gefahrstoffverordnung zu dokumentieren.

(5) Soweit nach der Gefährdungsbeurteilung erforderlich, müssen an Arbeitsmitteln oder in deren Gefahrenbereich ausreichende, verständliche und gut wahrnehmbare Sicherheitskennzeichnungen und Gefahrenhinweise sowie Einrichtungen zur angemessenen, unmissverständlichen und leicht wahrnehmbaren Warnung im Gefahrenfall vorhanden sein.

§ 10
Instandhaltung und Änderung von Arbeitsmitteln

(1) Der Arbeitgeber hat Instandhaltungsmaßnahmen zu treffen, damit die Arbeitsmittel während der gesamten Verwendungsdauer den für sie geltenden Sicherheits- und Gesundheitsschutzanforderungen entsprechen und in einem sicheren Zustand erhalten werden. Dabei sind die Angaben des Herstellers zu berücksichtigen. Notwendige Instandhaltungsmaßnahmen nach Satz 1 sind unverzüglich durchzuführen und die dabei erforderlichen Schutzmaßnahmen zu treffen.

(2) Der Arbeitgeber hat Instandhaltungsmaßnahmen auf der Grundlage einer Gefährdungsbeurteilung sicher durchführen zu lassen und dabei die Betriebsanleitung des Herstellers zu berücksichtigen. Instandhaltungsmaßnahmen dürfen nur von fachkundigen, beauftragten und unterwiesenen Beschäftigten oder von sonstigen für die Durchführung der Instandhaltungsarbeiten geeigneten Auftragnehmern mit vergleichbarer Qualifikation durchgeführt werden.

(3) Der Arbeitgeber hat alle erforderlichen Maßnahmen zu treffen, damit Instandhaltungsarbeiten sicher durchgeführt werden können. Dabei hat er insbesondere

1. die Verantwortlichkeiten für die Durchführung der erforderlichen Sicherungsmaßnahmen festzulegen,
2. eine ausreichende Kommunikation zwischen Bedien- und Instandhaltungspersonal sicherzustellen,
3. den Arbeitsbereich während der Instandhaltungsarbeiten abzusichern,
4. das Betreten des Arbeitsbereichs durch Unbefugte zu verhindern, soweit das nach der Gefährdungsbeurteilung erforderlich ist,
5. sichere Zugänge für das Instandhaltungspersonal vorzusehen,
6. Gefährdungen durch bewegte oder angehobene Arbeitsmittel oder deren Teile sowie durch gefährliche Energien oder Stoffe zu vermeiden,
7. dafür zu sorgen, dass Einrichtungen vorhanden sind, mit denen Energien beseitigt werden können, die nach einer Trennung des instand zu haltenden Arbeitsmittels von Energiequellen noch gespeichert sind; diese Einrichtungen sind entsprechend zu kennzeichnen,
8. sichere Arbeitsverfahren für solche Arbeitsbedingungen festzulegen, die vom Normalzustand abweichen,
9. erforderliche Warn- und Gefahrenhinweise bezogen auf Instandhaltungsarbeiten an den Arbeitsmitteln zur Verfügung zu stellen,
10. dafür zu sorgen, dass nur geeignete Geräte und Werkzeuge und eine geeignete persönliche Schutzausrüstung verwendet werden,

11. bei Auftreten oder Bildung gefährlicher explosionsfähiger Atmosphäre Schutzmaßnahmen entsprechend § 9 Abs. 4 Satz 1 zu treffen,

12. Systeme für die Freigabe bestimmter Arbeiten anzuwenden.

(4) Werden bei Instandhaltungsmaßnahmen an Arbeitsmitteln die für den Normalbetrieb getroffenen technischen Schutzmaßnahmen ganz oder teilweise außer Betrieb gesetzt oder müssen solche Arbeiten unter Gefährdung durch Energie durchgeführt werden, so ist die Sicherheit der Beschäftigten während der Dauer dieser Arbeiten durch andere geeignete Maßnahmen zu gewährleisten.

(5) Werden Änderungen an Arbeitsmitteln durchgeführt, gelten die Absätze 1 bis 3 entsprechend. Der Arbeitgeber hat sicherzustellen, dass die geänderten Arbeitsmittel die Sicherheits- und Gesundheitsschutzanforderungen nach § 5 Abs. 1 und 2 erfüllen. Bei Änderungen von Arbeitsmitteln hat der Arbeitgeber zu beurteilen, ob es sich um prüfpflichtige Änderungen handelt. Er hat auch zu beurteilen, ob er bei den Änderungen von Arbeitsmitteln Herstellerpflichten zu beachten hat, die sich aus anderen Rechtsvorschriften, insbesondere dem Produktsicherheitsgesetz oder einer Verordnung nach § 8 Abs. 1 des Produktsicherheitsgesetzes ergeben.

§ 11
Besondere Betriebszustände, Betriebsstörungen und Unfälle

(1) Der Arbeitgeber hat Maßnahmen zu ergreifen, durch die unzulässige oder instabile Betriebszustände von Arbeitsmitteln verhindert werden. Können instabile Zustände nicht sicher verhindert werden, hat der Arbeitgeber Maßnahmen zu ihrer Beherrschung zu treffen. Die Sätze 1 und 2 gelten insbesondere für An- und Abfahrsowie Erprobungsvorgänge.

(2) Der Arbeitgeber hat dafür zu sorgen, dass Beschäftigte und andere Personen bei einem Unfall oder bei einem Notfall unverzüglich gerettet und ärztlich versorgt werden können. Dies schließt die Bereitstellung geeigneter Zugänge zu den Arbeitsmitteln und in diese sowie die Bereitstellung erforderlicher Befestigungsmöglichkeiten für Rettungseinrichtungen an und in den Arbeitsmitteln ein. Im Notfall müssen Zugangssperren gefahrlos selbsttätig in einen sicheren Bereich öffnen. Ist dies nicht möglich, müssen Zugangssperren über eine Notentriegelung leicht zu öffnen sein, wobei an der Notentriegelung und an der Zugangssperre auf die noch bestehenden Gefahren besonders hingewiesen werden muss. Besteht die Möglichkeit, in ein Arbeitsmittel eingezogen zu werden, muss die Rettung eingezogener Personen möglich sein.

(3) Der Arbeitgeber hat dafür zu sorgen, dass die notwendigen Informationen über Maßnahmen bei Notfällen zur Verfügung stehen. Die Informationen müssen auch Rettungsdiensten zur Verfügung stehen, soweit sie für Rettungseinsätze benötigt werden. Zu den Informationen zählen:

1. eine Vorabmitteilung über einschlägige Gefährdungen bei der Arbeit, über Maßnahmen zur Feststellung von Gefährdungen sowie über Vorsichtsmaßregeln und Verfahren, damit die Rettungsdienste ihre eigenen Abhilfe- und Sicherheitsmaßnahmen vorbereiten können,
2. Informationen über einschlägige und spezifische Gefährdungen, die bei einem Unfall oder Notfall auftreten können, einschließlich der Informationen über die Maßnahmen nach den Absätzen 1 und 2.

Treten durch besondere Betriebszustände oder Betriebsstörungen Gefährdungen auf, hat der Arbeitgeber dafür zu sorgen, dass dies durch Warneinrichtungen angezeigt wird.

(4) Werden bei Rüst-, Einrichtungs- und Erprobungsarbeiten oder vergleichbaren Arbeiten an Arbeitsmitteln die für den Normalbetrieb getroffenen technischen Schutzmaßnahmen ganz oder teilweise außer Betrieb gesetzt oder müssen solche Arbeiten unter Gefährdung durch Energie durchgeführt werden, so ist die Sicherheit der Beschäftigten während der Dauer dieser Arbeiten durch andere geeignete Maßnahmen zu gewährleisten. Die Arbeiten nach Satz 1 dürfen nur von fachkundigen Personen durchgeführt werden.

(5) Insbesondere bei Rüst- und Einrichtungsarbeiten, der Erprobung und der Prüfung von Arbeitsmitteln sowie bei der Fehlersuche sind Gefahrenbereiche festzulegen. Ist ein Aufenthalt im Gefahrenbereich von Arbeitsmitteln erforderlich, sind auf der Grundlage der Gefährdungsbeurteilung weitere Maßnahmen zu treffen, welche die Sicherheit der Beschäftigten gewährleisten.

§ 12
Unterweisung und besondere Beauftragung von Beschäftigten

(1) Bevor Beschäftigte Arbeitsmittel erstmalig verwenden, hat der Arbeitgeber ihnen ausreichende und angemessene Informationen anhand der Gefährdungsbeurteilung in einer für die Beschäftigten verständlichen Form und Sprache zur Verfügung zu stellen über

1. vorhandene Gefährdungen bei der Verwendung von Arbeitsmitteln einschließlich damit verbundener Gefährdungen durch die Arbeitsumgebung,
2. erforderliche Schutzmaßnahmen und Verhaltensregelungen und
3. Maßnahmen bei Betriebsstörungen, Unfällen und zur Ersten Hilfe bei Notfällen.

Der Arbeitgeber hat die Beschäftigten vor Aufnahme der Verwendung von Arbeitsmitteln tätigkeitsbezogen anhand der Informationen nach Satz 1 zu unterweisen. Danach hat er in regelmäßigen Abständen, mindestens jedoch einmal jährlich, weitere Unterweisungen durchzuführen. Das Datum einer jeden Unterweisung und die Namen der Unterwiesenen hat er schriftlich festzuhalten.

(2) Bevor Beschäftigte Arbeitsmittel erstmalig verwenden, hat der Arbeitgeber ihnen eine schriftliche Betriebsanweisung für die Verwendung des Arbeitsmittels in einer für die Beschäftigten verständlichen Form und Sprache an geeigneter Stelle zur Verfügung zu stellen. Satz 1 gilt nicht für Arbeitsmittel, für die keine Gebrauchsanleitung nach § 3 Abs. 4 des Produktsicherheitsgesetzes mitgeliefert werden muss. Anstelle einer Betriebsanweisung kann der Arbeitgeber auch eine bei der Bereitstellung des Arbeitsmittels auf dem Markt mitgelieferte Gebrauchsanleitung oder Betriebsanleitung zur Verfügung stellen, wenn diese Informationen enthalten, die einer Betriebsanweisung entsprechen. Die Betriebsanweisung ist bei sicherheitsrelevanten Änderungen der Arbeitsbedingungen zu aktualisieren und bei der regelmäßig wiederkehrenden Unterweisung nach § 12 des Arbeitsschutzgesetzes in Bezug zu nehmen.

(3) Ist die Verwendung von Arbeitsmitteln mit besonderen Gefährdungen verbunden, hat der Arbeitgeber dafür zu sorgen, dass diese nur von hierzu beauftragten Beschäftigten verwendet werden.

§ 13
Zusammenarbeit verschiedener Arbeitgeber

(1) Beabsichtigt der Arbeitgeber, in seinem Betrieb Arbeiten durch eine betriebsfremde Person (Auftragnehmer) durchführen zu lassen, so darf er dafür nur solche Auftragnehmer heranziehen, die über die für die geplanten Arbeiten erforderliche Fachkunde verfügen. Der Arbeitgeber als Auftraggeber hat die Auftragnehmer, die ihrerseits Arbeitgeber sind, über die von seinen Arbeitsmitteln ausgehenden Gefährdungen und über spezifische Verhaltensregeln zu informieren. Der Auftragnehmer hat den Auftraggeber und andere Arbeitgeber über Gefährdungen durch seine Arbeiten für Beschäftigte des Auftraggebers und anderer Arbeitgeber zu informieren.

(2) Kann eine Gefährdung von Beschäftigten anderer Arbeitgeber nicht ausgeschlossen werden, so haben alle betroffenen Arbeitgeber bei ihren Gefährdungsbeurteilungen zusammenzuwirken und die Schutzmaßnahmen so abzustimmen und durchzuführen, dass diese wirksam sind. Jeder Arbeitgeber ist dafür verantwortlich, dass seine Beschäftigten die gemeinsam festgelegten Schutzmaßnahmen anwenden.

(3) Besteht bei der Verwendung von Arbeitsmitteln eine erhöhte Gefährdung von Beschäftigten anderer Arbeitgeber, ist für die Abstimmung der jeweils erforderlichen Schutzmaßnahmen durch die beteiligten Arbeitgeber ein Koordinator/eine Koordinatorin schriftlich zu bestellen. Sofern aufgrund anderer Arbeitsschutzvorschriften bereits ein Koordinator/eine Koordinatorin bestellt ist, kann dieser/diese auch die Koordinationsaufgaben nach dieser Verordnung übernehmen. Dem Koordinator/der Koordinatorin sind von den beteiligten Arbeitgebern alle erforderlichen sicherheitsrelevanten Informationen sowie Informationen zu den festgelegten Schutzmaßnahmen

zur Verfügung zu stellen. Die Bestellung eines Koordinators/einer Koordinatorin entbindet die Arbeitgeber nicht von ihrer Verantwortung nach dieser Verordnung.

§ 14
Prüfung von Arbeitsmitteln

(1) Der Arbeitgeber hat Arbeitsmittel, deren Sicherheit von den Montagebedingungen abhängt, vor der erstmaligen Verwendung von einer zur Prüfung befähigten Person prüfen zu lassen. Die Prüfung umfasst Folgendes:

1. die Kontrolle der vorschriftsmäßigen Montage oder Installation und der sicheren Funktion dieser Arbeitsmittel,
2. die rechtzeitige Feststellung von Schäden,
3. die Feststellung, ob die getroffenen sicherheitstechnischen Maßnahmen geeignet und funktionsfähig sind.

Prüfinhalte, die im Rahmen eines Konformitätsbewertungsverfahrens geprüft und dokumentiert wurden, müssen nicht erneut geprüft werden. Die Prüfung muss vor jeder Inbetriebnahme nach einer Montage stattfinden.

(2) Arbeitsmittel, die Schäden verursachenden Einflüssen ausgesetzt sind, die zu Gefährdungen der Beschäftigten führen können, hat der Arbeitgeber wiederkehrend von einer zur Prüfung befähigten Person prüfen zu lassen. Die Prüfung muss entsprechend den nach § 3 Abs. 6 ermittelten Fristen stattfinden. Ergibt die Prüfung, dass ein Arbeitsmittel nicht bis zu der nach § 3 Abs. 6 ermittelten nächsten wiederkehrenden Prüfung sicher betrieben werden kann, ist die Prüffrist neu festzulegen.

(3) Arbeitsmittel sind nach prüfpflichtigen Änderungen vor ihrer nächsten Verwendung durch eine zur Prüfung befähigte Person prüfen zu lassen. Arbeitsmittel, die von außergewöhnlichen Ereignissen betroffen sind, die schädigende Auswirkungen auf ihre Sicherheit haben können, durch die Beschäftigte gefährdet werden können, sind vor ihrer weiteren Verwendung einer außerordentlichen Prüfung durch eine zur Prüfung befähigte Person unterziehen zu lassen. Außergewöhnliche Ereignisse können insbesondere Unfälle, längere Zeiträume der Nichtverwendung der Arbeitsmittel oder Naturereignisse sein.

(4) Bei der Prüfung der in Anhang 3 genannten Arbeitsmittel gelten die dort genannten Vorgaben zusätzlich zu den Vorgaben der Absätze 1 bis 3.

(5) Der Fälligkeitstermin von wiederkehrenden Prüfungen wird jeweils mit dem Monat und dem Jahr angegeben. Die Frist für die nächste wiederkehrende Prüfung beginnt mit dem Fälligkeitstermin der letzten Prüfung. Wird eine Prüfung vor dem Fälligkeitstermin durchgeführt, beginnt die Frist für die nächste Prüfung mit dem Monat und Jahr der Durchführung. Für Arbeitsmittel mit einer Prüffrist von mehr

als zwei Jahren gilt Satz 3 nur, wenn die Prüfung mehr als zwei Monate vor dem Fälligkeitstermin durchgeführt wird. Ist ein Arbeitsmittel zum Fälligkeitstermin der wiederkehrenden Prüfung außer Betrieb gesetzt, so darf es erst wieder in Betrieb genommen werden, nachdem diese Prüfung durchgeführt worden ist; in diesem Fall beginnt die Frist für die nächste wiederkehrende Prüfung mit dem Termin der Prüfung. Eine wiederkehrende Prüfung gilt als fristgerecht durchgeführt, wenn sie spätestens zwei Monate nach dem Fälligkeitstermin durchgeführt wurde. Dieser Absatz ist nur anzuwenden, soweit es sich um Arbeitsmittel nach Anhang 2 Abschnitt 2 bis 4 und Anhang 3 handelt.

(6) Zur Prüfung befähigte Personen nach § 2 Abs. 6 unterliegen bei der Durchführung der nach dieser Verordnung vorgeschriebenen Prüfungen keinen fachlichen Weisungen durch den Arbeitgeber. Zur Prüfung befähigte Personen dürfen vom Arbeitgeber wegen ihrer Prüftätigkeit nicht benachteiligt werden.

(7) Der Arbeitgeber hat dafür zu sorgen, dass das Ergebnis der Prüfung nach den Absätzen 1 bis 4 aufgezeichnet und mindestens bis zur nächsten Prüfung aufbewahrt wird. Dabei hat er dafür zu sorgen, dass die Aufzeichnungen nach Satz 1 mindestens Auskunft geben über:

1. Art der Prüfung,
2. Prüfumfang,
3. Ergebnis der Prüfung und
4. Name und Unterschrift der zur Prüfung befähigten Person; bei ausschließlich elektronisch übermittelten Dokumenten elektronische Signatur.

Aufzeichnungen können auch in elektronischer Form aufbewahrt werden. Werden Arbeitsmittel nach den Absätzen 1 und 2 sowie Anhang 3 an unterschiedlichen Betriebsorten verwendet, ist am Einsatzort ein Nachweis über die Durchführung der letzten Prüfung vorzuhalten.

(8) Die Absätze 1 bis 3 gelten nicht für überwachungsbedürftige Anlagen, soweit entsprechende Prüfungen in den §§ 15 und 16 vorgeschrieben sind. Abs. 7 gilt nicht für überwachungsbedürftige Anlagen, soweit entsprechende Aufzeichnungen in § 17 vorgeschrieben sind.

Abschnitt 3
Zusätzliche Vorschriften für überwachungsbedürftige Anlagen

§ 15
Prüfung vor Inbetriebnahme und vor Wiederinbetriebnahme nach prüfpflichtigen Änderungen

(1) Der Arbeitgeber hat sicherzustellen, dass überwachungsbedürftige Anlagen vor erstmaliger Inbetriebnahme und vor Wiederinbetriebnahme nach prüfpflichtigen Änderungen geprüft werden. Bei der Prüfung ist festzustellen,

1. ob die für die Prüfung benötigten technischen Unterlagen, wie beispielsweise eine EG-Konformitätserklärung, vorhanden sind und ihr Inhalt plausibel ist und
2. ob die Anlage einschließlich der Anlagenteile entsprechend dieser Verordnung errichtet oder geändert worden ist und sich auch unter Berücksichtigung der Aufstellbedingungen in einem sicheren Zustand befindet.

Die Prüfung ist nach Maßgabe der in Anhang 2 genannten Vorgaben durchzuführen. Prüfinhalte, die im Rahmen von Konformitätsbewertungsverfahren geprüft und dokumentiert wurden, müssen nicht erneut geprüft werden.

(2) Bei den Prüfungen nach Abs. 1 ist auch festzustellen, ob die getroffenen sicherheitstechnischen Maßnahmen geeignet und funktionsfähig sind und ob die Fristen für die nächsten wiederkehrenden Prüfungen nach § 3 Abs. 6 zutreffend festgelegt wurden. Abweichend von Satz 1 ist die Feststellung der zutreffenden Prüffrist für Druckanlagen, deren Prüffrist nach Anhang 2 Abschnitt 4 Nr. 5.4 ermittelt wird, unmittelbar nach deren Ermittlung durchzuführen. Über die in den Sätzen 1 und 2 festgelegten Prüffristen entscheidet im Streitfall die zuständige Behörde. Satz 1 gilt ferner nicht für die Eignung der sicherheitstechnischen Maßnahmen, die Gegenstand einer Erlaubnis nach § 18 oder einer Genehmigung nach anderen Rechtsvorschriften sind.

(3) Die Prüfungen nach Abs. 1 sind von einer zugelassenen Überwachungsstelle nach Anhang 2 Abschnitt 1 durchzuführen. Sofern dies in Anhang 2 Abschnitt 2, 3 oder 4 vorgesehen ist, können die Prüfungen nach Satz 1 auch von einer zur Prüfung befähigten Person durchgeführt werden. Darüber hinaus können alle Prüfungen nach prüfpflichtigen Änderungen, die nicht die Bauart oder die Betriebsweise einer überwachungsbedürftigen Anlage beeinflussen, von einer zur Prüfung befähigten Person durchgeführt werden. Bei überwachungsbedürftigen Anlagen, die für einen ortsveränderlichen Einsatz vorgesehen sind und nach der ersten Inbetriebnahme an einem neuen Standort aufgestellt werden, können die Prüfungen nach Abs. 1 durch eine zur Prüfung befähigte Person durchgeführt werden. Satz 4 gilt nicht für Dampfkesselanlagen nach § 18 Abs. 1 Satz 1 Nr. 1.

§ 16
Wiederkehrende Prüfung

(1) Der Arbeitgeber hat sicherzustellen, dass überwachungsbedürftige Anlagen nach Maßgabe der in Anhang 2 genannten Vorgaben wiederkehrend auf ihren sicheren Zustand hinsichtlich des Betriebs geprüft werden.

(2) Bei der wiederkehrenden Prüfung ist auch festzustellen, ob die Fristen für die nächsten wiederkehrenden Prüfungen nach § 3 Abs. 6 zutreffend festgelegt wurden. Im Streitfall entscheidet die zuständige Behörde.

(3) § 14 Abs. 5 gilt entsprechend. Ist eine behördlich angeordnete Prüfung durchgeführt worden, so beginnt die Frist für eine wiederkehrende Prüfung mit Monat und Jahr der Durchführung dieser Prüfung, wenn diese der wiederkehrenden Prüfung entspricht.

(4) § 15 Abs. 3 gilt entsprechend.

§ 17
Prüfaufzeichnungen und -bescheinigungen

(1) Der Arbeitgeber hat dafür zu sorgen, dass das Ergebnis der Prüfung nach den §§ 15 und 16 aufgezeichnet wird. Sofern die Prüfung von einer zugelassenen Überwachungsstelle durchzuführen ist, ist von dieser eine Prüfbescheinigung über das Ergebnis der Prüfung zu fordern. Aufzeichnungen und Prüfbescheinigungen müssen mindestens Auskunft geben über

1. Anlagenidentifikation,
2. Prüfdatum,
3. Art der Prüfung,
4. Prüfungsgrundlagen,
5. Prüfumfang,
6. Eignung und Funktionsfähigkeit der technischen Maßnahmen sowie Eignung der organisatorischen Maßnahmen,
7. Ergebnis der Prüfung,
8. die Fristen für die nächsten wiederkehrenden Prüfungen nach § 15 Abs. 2 und § 16 Abs. 2 sowie
9. Name und Unterschrift des Prüfers, bei Prüfung durch zugelassene Überwachungsstellen zusätzlich Name der zugelassenen Überwachungsstelle; bei ausschließlich elektronisch übermittelten Dokumenten die elektronische Signatur.

Aufzeichnungen und Prüfbescheinigungen sind während der gesamten Verwendungsdauer am Betriebsort der überwachungsbedürftigen Anlage aufzubewahren und der zuständigen Behörde auf Verlangen vorzulegen. Sie können auch in elektronischer Form aufbewahrt werden.

(2) Unbeschadet der Aufzeichnungen und Prüfbescheinigungen nach Abs. 1 muss in der Kabine von Aufzugsanlagen eine Kennzeichnung, z. B. in Form einer Prüfplakette, deutlich sichtbar und dauerhaft angebracht sein, aus der sich Monat und Jahr der nächsten wiederkehrenden Prüfung sowie der prüfenden Stelle ergibt.

§ 18
Erlaubnispflicht

(1) Die Errichtung und der Betrieb sowie die Änderungen der Bauart oder Betriebsweise, welche die Sicherheit der Anlage beeinflussen, folgender Anlagen bedürfen der Erlaubnis der zuständigen Behörde:

1. Dampfkesselanlagen nach Anhang 2 Abschnitt 4 Nr. 2.1 Satz 1 Buchstabe a, die nach Artikel 13 in Verbindung mit Anhang II Diagramm 5 der Richtlinie 2014/68/EU des Europäischen Parlaments und des Rates vom 15. Mai 2014 zur Harmonisierung der Rechtsvorschriften der Mitgliedstaaten über die Bereitstellung von Druckgeräten auf dem Markt (ABl. L 189 vom 27.06.2014, S. 164) in die Kategorie IV einzustufen sind,
2. Anlagen mit Druckgeräten nach Anhang 2 Abschnitt 4 Nr. 2.1 Satz 1 Buchstabe c, in denen mit einer Füllkapazität von mehr als 10 Kilogramm je Stunde ortsbewegliche Druckgeräte im Sinne von Anhang 2 Abschnitt 4 Nr. 2.1 Satz 2 Buchstabe b mit Druckgasen zur Abgabe an andere befüllt werden,
3. Anlagen einschließlich der Lager- und Vorratsbehälter zum Befüllen von Land-, Wasser- und Luftfahrzeugen mit entzündbaren Gasen im Sinne von Anhang 1 Nr. 2.2 der Verordnung (EG) Nr. 1272/2008 des Europäischen Parlaments und des Rates vom 16. Dezember 2008 über die Einstufung, Kennzeichnung und Verpackung von Stoffen und Gemischen, zur Änderung und Aufhebung der Richtlinien 67/548/EWG und 1999/45/EG und zur Änderung der Verordnung (EG) Nr. 1907/2006 (ABl. L 353 vom 31.12.2008, S. 1) zur Verwendung als Treib- oder Brennstoff (Gasfüllanlagen),
4. Räume oder Bereiche einschließlich der in ihnen vorgesehenen ortsfesten Behälter und sonstiger Lagereinrichtungen, die dazu bestimmt sind, dass in ihnen entzündbare Flüssigkeiten mit einem Gesamtrauminhalt von mehr als 10 000 l gelagert werden (Lageranlagen), soweit Räume oder Bereiche nicht zu Anlagen nach den Nummern 5 bis 7 gehören,

5. ortsfest errichtete oder dauerhaft am gleichen Ort verwendete Anlagen mit einer Umschlagkapazität von mehr als 1 000 l je Stunde, die dazu bestimmt sind, dass in ihnen Transportbehälter mit entzündbaren Flüssigkeiten befüllt werden (Füllstellen),
6. ortsfeste Anlagen für die Betankung von Land-, Wasser- und Luftfahrzeugen mit entzündbaren Flüssigkeiten (Tankstellen),
7. ortsfeste Anlagen oder Bereiche auf Flugfeldern, in denen Kraftstoffbehälter von Luftfahrzeugen aus Hydrantenanlagen mit entzündbaren Flüssigkeiten befüllt werden (Flugfeldbetankungsanlagen),
8. (weggefallen)

Entzündbare Flüssigkeiten nach Satz 1 Nr. 4 bis 6 sind solche mit Stoffeigenschaften nach Anhang 1 Nr. 2.6 der Verordnung (EG) Nr. 1272/2008, sofern sie einen Flammpunkt von weniger als 23 °C haben. Zu einer Anlage im Sinne des Satzes 1 gehören auch Mess-, Steuer- und Regeleinrichtungen, die dem sicheren Betrieb dieser Anlage dienen.

(2) Abs. 1 findet keine Anwendung auf

1. Anlagen, in denen Wasserdampf oder Heißwasser in einem Herstellungsverfahren durch Wärmerückgewinnung entsteht, es sei denn, Rauchgase werden gekühlt und der entstehende Wasserdampf oder das entstehende Heißwasser werden nicht überwiegend der Verfahrensanlage zugeführt, und
2. Anlagen zum Entsorgen von Kältemitteln, die einem Wärmetauscher entnommen und in ein ortsbewegliches Druckgerät gefüllt werden.

(3) Die Erlaubnis ist schriftlich oder elektronisch zu beantragen. Ein Antrag auf eine Teilerlaubnis ist möglich. Dem Antrag sind alle Unterlagen beizufügen, die für die Beurteilung des Antrages notwendig sind. Erfolgt die Antragstellung elektronisch, kann die zuständige Behörde Mehrfertigungen sowie die Übermittlung der dem Antrag beizufügenden Unterlagen auch in schriftlicher Form verlangen. Aus den Unterlagen muss hervorgehen, dass Aufstellung, Bauart und Betriebsweise den Anforderungen dieser Verordnung und hinsichtlich des Brand- und Explosionsschutzes auch der Gefahrstoffverordnung entsprechen und dass die vorgesehenen sicherheitstechnischen Maßnahmen geeignet sind. Aus den Unterlagen muss weiterhin hervorgehen, dass

1. auch die möglichen Gefährdungen, die sich aus der Arbeitsumgebung und durch Wechselwirkungen mit anderen Arbeitsmitteln, insbesondere anderen überwachungsbedürftigen Anlagen, die in einem räumlichen oder betriebstechnischen Zusammenhang mit der beantragten Anlage verwendet werden, betrachtet wurden und die Anforderungen und die vorgesehenen Schutzmaßnahmen geeignet sind, und

2. die sich aus der Zusammenarbeit verschiedener Arbeitgeber ergebenden Maßnahmen nach § 13 berücksichtigt wurden.

Den Unterlagen ist ein Prüfbericht einer zugelassenen Überwachungsstelle beizufügen, in dem bestätigt wird, dass die Anlage bei Einhaltung der in den Unterlagen genannten Maßnahmen einschließlich der Prüfungen nach Anhang 2 Abschnitt 3 und 4 sicher betrieben werden kann.

(4) Die zuständige Behörde hat die Erlaubnis zu erteilen, wenn die vorgesehene Aufstellung, Bauart und Betriebsweise den sicherheitstechnischen Anforderungen dieser Verordnung und hinsichtlich des Brand- und Explosionsschutzes auch der Gefahrstoffverordnung entsprechen. Die Erlaubnis kann beschränkt, befristet, unter Bedingungen erteilt sowie mit Auflagen verbunden werden. Die nachträgliche Aufnahme, Änderung oder Ergänzung von Auflagen ist zulässig.

(5) Die zuständige Behörde hat über den Antrag innerhalb von drei Monaten, nachdem er bei ihr eingegangen ist, zu entscheiden. Die Frist kann in begründeten Fällen verlängert werden. Die verlängerte Frist ist zusammen mit den Gründen für die Verlängerung dem Antragsteller mitzuteilen.

(6) Die Erlaubnis erlischt, wenn

1. der Inhaber innerhalb von zwei Jahren nach ihrer Erteilung nicht mit der Errichtung der Anlage begonnen hat,
2. die Errichtung der Anlage zwei Jahre oder länger unterbrochen wurde oder
3. die Anlage während eines Zeitraumes von drei Jahren nicht betrieben wurde.

Die Erlaubnisbehörde kann die Fristen aus wichtigem Grund auf Antrag verlängern.

Abschnitt 4
Vollzugsregelungen und Ausschuss für Betriebssicherheit

§ 19
Mitteilungspflichten, behördliche Ausnahmen

(1) Der Arbeitgeber hat bei Arbeitsmitteln nach den Anhängen 2 und 3 der zuständigen Behörde folgende Ereignisse unverzüglich anzuzeigen:

1. jeden Unfall, bei dem ein Mensch getötet oder erheblich verletzt worden ist, und
2. jeden Schadensfall, bei dem Bauteile oder sicherheitstechnische Einrichtungen versagt haben.

(2) Die zuständige Behörde kann bei überwachungsbedürftigen Anlagen vom Arbeitgeber verlangen, dass dieser das nach Abs. 1 anzuzeigende Ereignis auf seine Kosten durch eine möglichst im gegenseitigen Einvernehmen bestimmte zugelassene

Überwachungsstelle sicherheitstechnisch beurteilen lässt und ihr die Beurteilung schriftlich vorlegt. Die sicherheitstechnische Beurteilung hat sich insbesondere auf die Feststellung zu erstrecken,

1. worauf das Ereignis zurückzuführen ist,
2. ob sich die überwachungsbedürftige Anlage in einem nicht sicheren Zustand befand und ob nach Behebung des Mangels eine Gefährdung nicht mehr besteht und
3. ob neue Erkenntnisse gewonnen worden sind, die andere oder zusätzliche Schutzvorkehrungen erfordern.

(3) Unbeschadet des § 22 des Arbeitsschutzgesetzes hat der Arbeitgeber der zuständigen Behörde auf Verlangen Folgendes zu übermitteln:

1. die Dokumentation der Gefährdungsbeurteilung nach § 3 Abs. 8 und die ihr zugrunde liegenden Informationen,
2. einen Nachweis, dass die Gefährdungsbeurteilung entsprechend den Anforderungen nach § 3 Abs. 2 Satz 2 erstellt wurde,
3. Angaben zu den nach § 13 des Arbeitsschutzgesetzes verantwortlichen Personen,
4. Angaben zu den getroffenen Schutzmaßnahmen einschließlich der Betriebsanweisung.

(4) Die zuständige Behörde kann auf schriftlichen Antrag des Arbeitgebers Ausnahmen von den §§ 8 bis 11 und Anhang 1 zulassen, wenn die Anwendung dieser Vorschriften für den Arbeitgeber im Einzelfall zu einer unverhältnismäßigen Härte führen würde, die Ausnahme sicherheitstechnisch vertretbar und mit dem Schutz der Beschäftigten und, soweit überwachungsbedürftige Anlagen betroffen sind, auch mit dem Schutz anderer Personen vereinbar ist. Der Arbeitgeber hat der zuständigen Behörde im Antrag Folgendes darzulegen:

1. den Grund für die Beantragung der Ausnahme,
2. die betroffenen Tätigkeiten und Verfahren,
3. die Zahl der voraussichtlich betroffenen Beschäftigten,
4. die technischen und organisatorischen Maßnahmen, die zur Gewährleistung der Sicherheit und zur Vermeidung von Gefährdungen getroffen werden sollen.

Für ihre Entscheidung kann die Behörde ein Sachverständigengutachten verlangen, dessen Kosten der Arbeitgeber zu tragen hat.

(5) Die zuständige Behörde kann bei überwachungsbedürftigen Anlagen im Einzelfall eine außerordentliche Prüfung anordnen, wenn hierfür ein besonderer Anlass besteht. Ein solcher Anlass besteht insbesondere dann, wenn ein Schadensfall eingetreten ist. Der Arbeitgeber hat eine angeordnete Prüfung unverzüglich zu veranlassen.

(6) Die zuständige Behörde kann die in Anhang 2 Abschnitt 2 bis 4 und Anhang 3 genannten Fristen im Einzelfall verkürzen, soweit es zur Gewährleistung der Sicherheit der Anlagen erforderlich ist. Die zuständige Behörde kann die in Anhang 2 Abschnitt 2 bis 4 und Anhang 3 genannten Fristen im Einzelfall verlängern, soweit die Sicherheit auf andere Weise gewährleistet ist.

§ 20
Sonderbestimmungen für überwachungsbedürftige Anlagen des Bundes

(1) Aufsichtsbehörde für die in Anhang 2 Abschnitt 2 bis 4 genannten überwachungsbedürftigen Anlagen der Wasserstraßen- und Schifffahrtsverwaltung des Bundes, der Bundeswehr und der Bundespolizei ist das zuständige Bundesministerium oder die von ihm bestimmte Behörde. Dies gilt auch für alle in Anhang 2 Abschnitt 2 bis 4 genannten überwachungsbedürftigen Anlagen auf den von der Wasserstraßen- und Schifffahrtsverwaltung des Bundes, der Bundeswehr und der Bundespolizei genutzten Dienstliegenschaften. Für andere der Aufsicht der Bundesverwaltung unterliegende überwachungsbedürftige Anlagen nach Anhang 2 Abschnitt 2 bis 4 bestimmt sich die zuständige Aufsichtsbehörde nach § 26 Abs. 1 des Gesetzes über überwachungsbedürftige Anlagen.

(2) § 18 findet keine Anwendung auf die in Anhang 2 Abschnitt 2 bis 4 genannten überwachungsbedürftigen Anlagen der Wasserstraßen- und Schifffahrtsverwaltung des Bundes, der Bundeswehr und der Bundespolizei.

§ 21
Ausschuss für Betriebssicherheit

(1) Beim Bundesministerium für Arbeit und Soziales wird ein Ausschuss für Betriebssicherheit gebildet. Dieser Ausschuss soll aus fachkundigen Vertretern der Arbeitgeber, der Gewerkschaften, der Länderbehörden, der gesetzlichen Unfallversicherung und der zugelassenen Überwachungsstellen bestehen sowie aus weiteren fachkundigen Personen, insbesondere aus der Wissenschaft. Die Gesamtzahl der Mitglieder soll 21 Personen nicht überschreiten. Für jedes Mitglied ist ein stellvertretendes Mitglied zu benennen. Die Mitgliedschaft im Ausschuss für Betriebssicherheit ist ehrenamtlich.

(2) Das Bundesministerium für Arbeit und Soziales beruft die Mitglieder des Ausschusses und die stellvertretenden Mitglieder. Der Ausschuss gibt sich eine Geschäftsordnung und wählt die Vorsitzende oder den Vorsitzenden aus seiner Mitte. Die Geschäftsordnung und die Wahl der oder des Vorsitzenden bedürfen der Zustimmung des Bundesministeriums für Arbeit und Soziales.

(3) Das Arbeitsprogramm des Ausschusses für Betriebssicherheit wird mit dem Bundesministerium für Arbeit und Soziales abgestimmt. Der Ausschuss arbeitet eng mit den anderen Ausschüssen beim Bundesministerium für Arbeit und Soziales zusammen.

(4) Die Sitzungen des Ausschusses sind nicht öffentlich. Beratungs- und Abstimmungsergebnisse des Ausschusses sowie Niederschriften der Untergremien sind vertraulich zu behandeln, soweit die Erfüllung der Aufgaben, die den Untergremien oder den Mitgliedern des Ausschusses obliegen, dem nicht entgegenstehen.

(5) Zu den Aufgaben des Ausschusses gehört es,

1. den Stand von Wissenschaft und Technik, Arbeitsmedizin und Arbeitshygiene sowie sonstiger gesicherter arbeitswissenschaftlicher Erkenntnisse bei der Verwendung von Arbeitsmitteln zu ermitteln und dazu Empfehlungen auszusprechen,
2. zu ermitteln, wie die in dieser Verordnung gestellten Anforderungen erfüllt werden können, und dazu die dem jeweiligen Stand der Technik und der Arbeitsmedizin entsprechenden Regeln und Erkenntnisse zu erarbeiten,
3. das Bundesministerium für Arbeit und Soziales in Fragen von Sicherheit und Gesundheitsschutz bei der Verwendung von Arbeitsmitteln zu beraten und
4. die von den zugelassenen Überwachungsstellen nach § 13 Nr. 2 des Gesetzes über überwachungsbedürftige Anlagen gewonnenen Erkenntnisse auszuwerten und bei den Aufgaben nach den Nummern 1 bis 3 zu berücksichtigen.

(6) Nach Prüfung kann das Bundesministerium für Arbeit und Soziales

1. die vom Ausschuss für Betriebssicherheit ermittelten Regeln und Erkenntnisse nach Abs. 5 Nr. 2 im Gemeinsamen Ministerialblatt bekannt geben und
2. die Empfehlungen nach Abs. 5 Nr. 1 sowie die Beratungsergebnisse nach Abs. 5 Nr. 3 in geeigneter Weise veröffentlichen.

(7) Die Bundesministerien sowie die zuständigen obersten Landesbehörden können zu den Sitzungen des Ausschusses Vertreter entsenden. Diesen ist auf Verlangen in der Sitzung das Wort zu erteilen.

(8) Die Geschäfte des Ausschusses führt die Bundesanstalt für Arbeitsschutz und Arbeitsmedizin.

Abschnitt 5
Ordnungswidrigkeiten und Straftaten, Schlussvorschriften

§ 22
Ordnungswidrigkeiten

(1) Ordnungswidrig im Sinne des § 25 Abs. 1 Nr. 1 des Arbeitsschutzgesetzes handelt, wer vorsätzlich oder fahrlässig

1. entgegen § 3 Abs. 1 Satz 1 eine Gefährdung nicht, nicht richtig oder nicht rechtzeitig beurteilt,
2. entgegen § 3 Abs. 3 Satz 3 eine Gefährdungsbeurteilung durchführt,
3. (weggefallen)
4. (weggefallen)
5. entgegen § 3 Abs. 7 Satz 4 eine Gefährdungsbeurteilung nicht oder nicht rechtzeitig aktualisiert,
6. entgegen § 3 Abs. 8 Satz 1 ein dort genanntes Ergebnis nicht oder nicht rechtzeitig dokumentiert,
7. entgegen § 4 Abs. 1 ein Arbeitsmittel verwendet,
8. entgegen § 4 Abs. 4 nicht dafür sorgt, dass Arbeitsmittel, für die in § 14 oder in Abschnitt 3 dieser Verordnung Prüfungen vorgeschrieben sind, nur verwendet werden, wenn diese Prüfungen durchgeführt und dokumentiert wurden,
9. entgegen § 5 Abs. 2 ein Arbeitsmittel verwenden lässt,
10. entgegen § 5 Abs. 4 nicht dafür sorgt, dass ein Beschäftigter nur ein dort genanntes Arbeitsmittel verwendet,
11. entgegen § 6 Abs. 1 Satz 2 in Verbindung mit Anhang 1 Nr. 1.3 Satz 1 nicht dafür sorgt, dass ein Beschäftigter nur auf einem dort genannten Platz mitfährt,
12. entgegen § 6 Abs. 1 Satz 2 in Verbindung mit Anhang 1 Nr. 1.4 Satz 1 nicht dafür sorgt, dass eine dort genannte Einrichtung vorhanden ist,
13. entgegen § 6 Abs. 1 Satz 2 in Verbindung mit Anhang 1 Nr. 1.5 eine dort genannte Maßnahme nicht oder nicht rechtzeitig trifft,
14. entgegen § 6 Abs. 1 Satz 2 in Verbindung mit Anhang 1 Nr. 1.7 Satz 1 nicht dafür sorgt, dass die dort genannte Geschwindigkeit angepasst werden kann,
15. entgegen § 6 Abs. 1 Satz 2 in Verbindung mit Anhang 1 Nr. 1.8 Satz 1 Buchstabe a nicht dafür sorgt, dass eine Verbindungseinrichtung gesichert ist,
16. entgegen § 6 Abs. 1 Satz 2 in Verbindung mit Anhang 1 Nr. 2.1 Satz 1 nicht dafür sorgt, dass die Standsicherheit oder die Festigkeit eines dort genannten Arbeitsmittels sichergestellt ist,

17. entgegen § 6 Abs. 1 Satz 2 in Verbindung mit Anhang 1 Nr. 2.1 Satz 5 ein dort genanntes Arbeitsmittel nicht richtig aufstellt oder nicht richtig verwendet,
18. entgegen § 6 Abs. 1 Satz 2 in Verbindung mit Anhang 1 Nr. 2.2 Satz 1 nicht dafür sorgt, dass ein Arbeitsmittel mit einem dort genannten Hinweis versehen ist,
19. entgegen § 6 Abs. 1 Satz 2 in Verbindung mit Anhang 1 Nr. 2.3.2 nicht dafür sorgt, dass ein dort genanntes Arbeitsmittel abgebremst und eine ungewollte Bewegung verhindert werden kann,
20. entgegen § 6 Abs. 1 Satz 2 in Verbindung mit Anhang 1 Nr. 2.4 Satz 2 nicht dafür sorgt, dass das Heben eines Beschäftigten nur mit einem dort genannten Arbeitsmittel erfolgt,
21. entgegen § 6 Abs. 1 Satz 2 in Verbindung mit Anhang 1 Nr. 2.5 Buchstabe b oder Buchstabe c nicht dafür sorgt, dass Lasten sicher angeschlagen werden oder Lasten oder Lastaufnahme- oder Anschlagmittel sich nicht unbeabsichtigt lösen oder verschieben können,
22. entgegen § 6 Abs. 1 Satz 2 in Verbindung mit Anhang 1 Nr. 3.2.3 Satz 2 nicht dafür sorgt, dass ein dort genanntes Gerüst verankert wird,
23. entgegen § 6 Abs. 1 Satz 2 in Verbindung mit Anhang 1 Nr. 3.2.6 Satz 1 nicht dafür sorgt, dass ein Gerüst nur in der dort genannten Weise auf-, ab- oder umgebaut wird,
24. entgegen § 6 Abs. 2 Satz 1 nicht dafür sorgt, dass eine Schutzeinrichtung verwendet wird,
25. entgegen § 12 Abs. 1 Satz 1 eine Information nicht, nicht richtig, nicht vollständig oder nicht rechtzeitig zur Verfügung stellt,
26. entgegen § 12 Abs. 1 Satz 2 einen Beschäftigten nicht, nicht richtig, nicht vollständig oder nicht rechtzeitig unterweist,
27. entgegen § 12 Abs. 2 Satz 1 eine Betriebsanweisung nicht, nicht richtig, nicht vollständig oder nicht rechtzeitig zur Verfügung stellt,
28. entgegen § 14 Abs. 1 Satz 1 oder Abs. 4 Satz 1 ein Arbeitsmittel nicht oder nicht rechtzeitig prüfen lässt,
29. entgegen § 14 Abs. 3 Satz 2 ein Arbeitsmittel einer außerordentlichen Prüfung nicht oder nicht rechtzeitig unterziehen lässt,
30. entgegen § 14 Abs. 7 Satz 1 nicht dafür sorgt, dass ein Ergebnis aufgezeichnet und aufbewahrt wird,
31. entgegen § 14 Abs. 7 Satz 2 nicht dafür sorgt, dass eine Aufzeichnung eine dort genannte Auskunft gibt,
32. entgegen § 19 Abs. 1 bei einem Arbeitsmittel nach Anhang 3 Abschnitt 1 Nr. 1.1, Abschnitt 2 Nr. 1.1 Satz 1 oder Abschnitt 3 Nr. 1.1 Satz 1 eine Anzeige nicht, nicht richtig, nicht vollständig oder nicht rechtzeitig erstattet oder

33. entgegen § 19 Abs. 3 eine Dokumentation, eine Information, einen Nachweis oder eine Angabe nicht, nicht richtig, nicht vollständig oder nicht rechtzeitig übermittelt.

(2) Ordnungswidrig im Sinne des § 32 Abs. 1 Nr. 14 Buchstabe a des Gesetzes über überwachungsbedürftige Anlagen handelt, wer vorsätzlich oder fahrlässig

1. entgegen § 6 Abs. 1 Satz 2 in Verbindung mit Anhang 1 Nr. 4.1 Satz 1 nicht dafür sorgt, dass ein Kommunikationssystem wirksam ist,
2. entgegen § 6 Abs. 1 Satz 2 in Verbindung mit Anhang 1 Nr. 4.1 Satz 2 einen Notfallplan nicht oder nicht rechtzeitig zur Verfügung stellt,
3. entgegen § 6 Abs. 1 Satz 2 in Verbindung mit Anhang 1 Nr. 4.1 Satz 5 eine dort genannte Einrichtung nicht oder nicht rechtzeitig bereitstellt,
4. entgegen § 6 Abs. 1 Satz 2 in Verbindung mit Anhang 1 Nr. 4.1 Satz 6 nicht dafür sorgt, dass eine Person Hilfe herbeirufen kann,
5. entgegen § 6 Abs. 1 Satz 2 in Verbindung mit Anhang 1 Nr. 4.4 Satz 1 nicht dafür sorgt, dass ein Personenumlaufaufzug nur von Beschäftigten verwendet wird,

5a. entgegen § 6 Abs. 1 Satz 2 in Verbindung mit Anhang 1 Nr. 4.4 Satz 2 einen Personenumlaufaufzug durch eine andere Person verwenden lässt,

6. entgegen § 15 Abs. 1 Satz 1 nicht sicherstellt, dass eine überwachungsbedürftige Anlage geprüft wird,
7. entgegen § 16 Abs. 1 in Verbindung mit Anhang 2 Abschnitt 2 Nr. 4.1 oder 4.3, Abschnitt 3 Nr. 5.1 Satz 1 bis 3 oder 4, Nr. 5.2 Satz 1 oder Nr. 5.3 Satz 1 oder Abschnitt 4 Nr. 5.1 Satz 1, 2 oder 3, Nr. 5.2 bis 5.4 oder 5.5, Nr. 5.7 Satz 3, Nr. 5.8 oder Nr. 5.9 Satz 1 nicht sicherstellt, dass eine überwachungsbedürftige Anlage geprüft wird,
8. ohne Erlaubnis nach § 18 Abs. 1 Satz 1 eine dort genannte Anlage errichtet, betreibt oder ändert,
9. einer vollziehbaren Anordnung nach § 19 Abs. 5 Satz 1 zuwiderhandelt oder
10. eine in Abs. 1 Nr. 9 oder Nr. 24 bezeichnete Handlung in Bezug auf eine überwachungsbedürftige Anlage nach § 2 Nr. 30 des Produktsicherheitsgesetzes begeht.

(3) Ordnungswidrig im Sinne des § 32 Abs. 1 Nr. 14 Buchstabe b des Gesetzes über überwachungsbedürftige Anlagen handelt, wer vorsätzlich oder fahrlässig entgegen § 19 Abs. 1 bei einem Arbeitsmittel nach Anhang 2 Abschnitt 2 Nr. 2 Buchstabe a, Buchstabe b Satz 1 oder Buchstabe c, Abschnitt 3 Nr. 2 oder Abschnitt 4 Nr. 2.1, 2.2 oder 2.3 eine Anzeige nicht, nicht richtig, nicht vollständig oder nicht rechtzeitig erstattet.

§ 23
Straftaten

(1) Wer durch eine in § 22 Abs. 1 bezeichnete vorsätzliche Handlung Leben oder Gesundheit eines Beschäftigten gefährdet, ist nach § 26 Nr. 2 des Arbeitsschutzgesetzes strafbar.

(2) Wer eine in § 22 Abs. 2 bezeichnete vorsätzliche Handlung beharrlich wiederholt oder durch eine solche vorsätzliche Handlung Leben oder Gesundheit eines anderen oder fremde Sachen von bedeutendem Wert gefährdet, ist nach § 33 des Gesetzes über überwachungsbedürftige Anlagen strafbar.

§ 24
Übergangsvorschriften

(1) Der Weiterbetrieb einer erlaubnisbedürftigen Anlage, die vor dem 1. Juni 2015 befugt errichtet und verwendet wurde, ist zulässig. Eine Erlaubnis, die nach dem bis dahin geltenden Recht erteilt wurde, gilt als Erlaubnis im Sinne dieser Verordnung. § 18 Abs. 4 Satz 3 ist auf Anlagen nach den Sätzen 1 und 2 anwendbar.

(2) Aufzugsanlagen nach Anhang 2 Abschnitt 2 Nr. 2 Buchstabe a, die vor dem 30. Juni 1999 erstmals zur Verfügung gestellt wurden, sowie Aufzugsanlagen nach Anhang 2 Abschnitt 2 Nr. 2 Buchstabe b, die vor dem 31. Dezember 1996 erstmals zur Verfügung gestellt wurden, müssen den Anforderungen des Anhangs 1 Nr. 4.1 spätestens am 31. Dezember 2020 entsprechen. Satz 1 gilt nicht für den Notfallplan gemäß Anhang 1 Nr. 4.1 Satz 2.

(3) Bei Aufzugsanlagen nach Anhang 2 Abschnitt 2 Nr. 2 Buchstabe b, die vor dem Inkrafttreten dieser Verordnung nach den Vorschriften der bis zum 31. Mai 2015 geltenden Betriebssicherheitsverordnung erstmalig oder wiederkehrend geprüft worden sind, ist die wiederkehrende Prüfung nach Anhang 2 Abschnitt 2 Nr. 4.1 und Nr. 4.3 dieser Verordnung erstmalig nach Ablauf der nach der Prüffrist nach der bis zum 31. Mai 2015 geltenden Betriebssicherheitsverordnung durchzuführen.

(4) Die Prüfung nach Anhang 2 Abschnitt 3 Nr. 5.1 Satz 1 ist erstmals 6 Jahre nach der Prüfung vor der erstmaligen Inbetriebnahme durchzuführen. Bei Anlagen, die vor dem 1. Juni 2012 erstmals in Betrieb genommen wurden, ist die Prüfung nach Satz 1 spätestens bis zum 1. Juni 2018 durchzuführen. Die Prüfung nach Anhang 2 Abschnitt 3 Nr. 5.2 Satz 1 ist erstmals drei Jahre nach der Prüfung vor der Inbetriebnahme oder nach der Prüfung nach § 15 Abs. 15 der bis zum 31. Mai 2015 geltenden Betriebssicherheitsverordnung durchzuführen.

(5) Abweichend von Anhang 2 Abschnitt 3 Nr. 3.1 Buchstabe b und Abschnitt 4 Nr. 3 Buchstabe b dürfen zur Prüfung befähigte Personen auch ohne die dort vor-

geschriebene Erfahrung Prüfungen durchführen, wenn sie nach der bis zum 31. Mai 2015 geltenden Betriebssicherheitsverordnung entsprechende Prüfungen befugt durchgeführt haben.

(6) Die Prüfung nach Anhang 2 Abschnitt 4 Nr. 5.3 ist spätestens zehn Jahre nach der letzten Prüfung der Anlage durchzuführen. Bei Anlagen nach Satz 1, die nur aus einem Anlagenteil gemäß Anhang 2 Abschnitt 4 Nr. 2.2 und zugehörigen Sicherheitseinrichtungen bestehen, kann für die Festlegung der Prüffrist nach Satz 1 die letzte Prüfung des Anlagenteils zugrunde gelegt werden, sofern die Prüfinhalte der Prüfung des Anlagenteils den Prüfinhalten der Anlagenprüfung gleichwertig sind. Bei Anlagen, die zuletzt vor dem 1. Juni 2008 geprüft wurden, ist die Prüfung nach Satz 1 spätestens bis zum 1. Juni 2018 durchzuführen.

(7) Die Prüfung nach Anhang 2 Abschnitt 4 Nr. 7 Tabelle 12 Ziffer 7.2 ist erstmals fünf Jahre nach der letzten Prüfung der Anlage durchzuführen. Bei Anlagen, die zuletzt vor dem 1. Juni 2012 geprüft wurden, ist die Prüfung nach Satz 1 spätestens bis zum 1. Juni 2017 durchzuführen.

(8) Die Prüfung der in Anhang 2 Abschnitt 4 Nr. 7 Tabelle 12 Ziffer 7.8 genannten Zwischenbehälter ist spätestens durchzuführen

1. innerhalb von 15 Jahren nach der letzten Prüfung, wenn diese vor dem 1. Januar 2009 durchgeführt wurde, oder
2. bis zum 31. Dezember 2023, wenn die letzte Prüfung vor dem 1. Januar 2014 durchgeführt wurde.

Anhang 1 (zu § 6 Abs. 1 Satz 2)
Besondere Vorschriften für bestimmte Arbeitsmittel

Inhaltsübersicht

1. Besondere Vorschriften für die Verwendung von mobilen, selbstfahrenden oder nicht selbstfahrenden, Arbeitsmitteln

1.1 Mobile Arbeitsmittel müssen so ausgerüstet sein, dass die Gefährdung für mitfahrende Beschäftigte so gering wie möglich gehalten wird. Dies gilt auch für die Gefährdungen der Beschäftigten durch Kontakt mit Rädern und Ketten.

1.2 Gefährdungen durch plötzliches Blockieren von Energieübertragungsvorrichtungen zwischen mobilen Arbeitsmitteln und ihren technischen Zusatzausrüstungen oder Anhängern sind durch technische Maßnahmen zu vermeiden. Sofern dies nicht möglich ist, sind andere Maßnahmen zu ergreifen, die eine Gefährdung der Beschäftigten verhindern. Es sind Maßnahmen zu treffen, die die Beschädigung der Energieübertragungsvorrichtungen verhindern.

1.3 Der Arbeitgeber hat dafür zu sorgen, dass bei mobilen Arbeitsmitteln mitfahrende Beschäftigte nur auf sicheren und für diesen Zweck ausgerüsteten Plätzen mitfahren.

Besteht die Möglichkeit des Kippens oder Überschlagens des Arbeitsmittels, hat der Arbeitgeber durch folgende Einrichtungen sicherzustellen, dass mitfahrende Beschäftigte nicht durch Überschlagen oder Kippen des Arbeitsmittels gefährdet werden:

a) eine Einrichtung, die verhindert, dass das Arbeitsmittel um mehr als eine Vierteldrehung kippt,

b) eine Einrichtung, die gewährleistet, dass ein ausreichender Freiraum um mitfahrende Beschäftigte erhalten bleibt, sofern die Kippbewegung mehr als eine Vierteldrehung ausmachen kann, oder

c) eine andere Einrichtung mit gleicher Schutzwirkung.

Falls beim Überschlagen oder Kippen des Arbeitsmittels ein mitfahrender Beschäftigter zwischen Teilen des Arbeitsmittels und dem Boden eingequetscht werden kann, muss ein Rückhaltesystem für den mitfahrenden Beschäftigten vorhanden sein.

1.4 Der Arbeitgeber hat dafür zu sorgen, dass bei Flurförderzeugen Einrichtungen vorhanden sind, die Gefährdungen aufsitzender Beschäftigter infolge Kippens oder Überschlagens der Flurförderzeuge verhindern. Solche Einrichtungen sind z. B.

a) eine Fahrerkabine,

b) Einrichtungen, die das Kippen oder Überschlagen verhindern,

c) Einrichtungen, die gewährleisten, dass bei kippenden oder sich überschlagenden Flurförderzeugen für die aufsitzenden Beschäftigten zwischen Flur und Teilen der Flurförderzeuge ein ausreichender Freiraum verbleibt, oder

d) Einrichtungen, durch die die Beschäftigten auf dem Fahrersitz gehalten werden, sodass sie von Teilen umstürzender Flurförderzeuge nicht erfasst werden können.

1.5 Der Arbeitgeber hat vor der ersten Verwendung von mobilen selbstfahrenden Arbeitsmitteln Maßnahmen zu treffen, damit sie

a) gegen unerlaubtes Ingangsetzen gesichert werden können,
b) so ausgerüstet sind, dass das Ein- und Aussteigen sowie Auf- und Absteigen Beschäftigter gefahrlos möglich ist,
c) mit Vorrichtungen versehen sind, die den Schaden durch einen möglichen Zusammenstoß mehrerer schienengebundener Arbeitsmittel so weit wie möglich verringern,
d) mit einer Bremseinrichtung versehen sind; sofern erforderlich, muss zusätzlich eine Feststelleinrichtung vorhanden sein und eine über leicht zugängliche Befehlseinrichtungen oder eine Automatik ausgelöste Notbremsvorrichtung das Abbremsen und Anhalten im Fall des Versagens der Hauptbremsvorrichtung ermöglichen,
e) über geeignete Hilfsvorrichtungen, wie z. B. Kamera-Monitor-Systeme verfügen, die eine Überwachung des Fahrwegs gewährleisten, falls die direkte Sicht des Fahrers nicht ausreicht, um die Sicherheit anderer Beschäftigter zu gewährleisten,
f) beim Einsatz bei Dunkelheit mit einer Beleuchtungsvorrichtung versehen sind, die für die durchzuführenden Arbeiten geeignet ist und ausreichend Sicherheit für die Beschäftigten bietet,
g) sofern durch sie selbst oder ihre Anhänger oder Ladungen eine Gefährdung durch Brand besteht, ausreichende Brandbekämpfungseinrichtungen besitzen, es sei denn, am Einsatzort sind solche Brandbekämpfungseinrichtungen in ausreichend kurzer Entfernung vorhanden,
h) sofern sie ferngesteuert sind, automatisch anhalten, wenn sie aus dem Kontrollbereich der Steuerung herausfahren,
i) sofern sie automatisch gesteuert sind und unter normalen Einsatzbedingungen mit Beschäftigten zusammenstoßen oder diese einklemmen können, mit entsprechenden Schutzvorrichtungen ausgerüstet sind, es sei denn, dass andere geeignete Vorrichtungen die Möglichkeiten eines Zusammenstoßes vermeiden, und
j) so ausgerüstet sind, dass mitzuführende Lasten und Einrichtungen gegen unkontrollierte Bewegungen gesichert werden können.

1.6 Der Arbeitgeber hat dafür zu sorgen, dass sich Beschäftigte nicht im Gefahrenbereich selbstfahrender Arbeitsmittel aufhalten. Ist die Anwesenheit aus betrieblichen Gründen unvermeidlich, hat der Arbeitgeber Maßnahmen zu treffen, um Gefährdungen der Beschäftigten so gering wie möglich zu halten.

1.7 Der Arbeitgeber hat dafür zu sorgen, dass die Geschwindigkeit von mobilen Arbeitsmitteln, die durch Mitgänger geführt werden, durch den Mitgänger angepasst werden kann. Sie müssen beim Loslassen der Befehlseinrichtungen selbsttätig unverzüglich zum Stillstand kommen.

1.8 Der Arbeitgeber hat dafür zu sorgen, dass Verbindungseinrichtungen mobiler Arbeitsmittel, die miteinander verbunden sind,

a) gegen unbeabsichtigtes Lösen gesichert sind und

b) sich gefahrlos und leicht betätigen lassen.

Der Arbeitgeber hat Vorkehrungen zu treffen, damit mobile Arbeitsmittel oder Zusatzausrüstungen miteinander verbunden oder voneinander getrennt werden können, ohne die Beschäftigten zu gefährden. Solche Verbindungen dürfen sich nicht unbeabsichtigt lösen können.

1.9 Der Arbeitgeber hat dafür zu sorgen, dass

a) selbstfahrende Arbeitsmittel nur von Beschäftigten geführt werden, die hierfür geeignet sind und eine angemessene Unterweisung erhalten haben,

b) für die Verwendung mobiler Arbeitsmittel in einem Arbeitsbereich geeignete Verkehrsregeln festgelegt und eingehalten werden,

c) bei der Verwendung von mobilen Arbeitsmitteln mit Verbrennungsmotor eine gesundheitlich unbedenkliche Atemluft vorhanden ist,

d) mobile Arbeitsmittel so abgestellt und beim Transport sowie bei der Be- und Entladung so gesichert werden, dass unbeabsichtigte Bewegungen der Arbeitsmittel, die zu Gefährdungen der Beschäftigten führen können, vermieden werden.

2. Besondere Vorschriften für die Verwendung von Arbeitsmitteln zum Heben von Lasten

2.1 Der Arbeitgeber hat dafür zu sorgen, dass die Standsicherheit und Festigkeit von Arbeitsmitteln zum Heben von Lasten, ihrer Lastaufnahmeeinrichtungen und gegebenenfalls abnehmbarer Teile jederzeit sichergestellt sind. Hierbei hat er auch besondere Bedingungen wie Witterung, Transport, Auf- und Abbau, mögliche Ausfälle und vorgesehene Prüfungen, auch mit Prüflast, zu berücksichtigen.

Sofern nach der Gefährdungsbeurteilung erforderlich, hat der Arbeitgeber Arbeitsmittel mit einer Einrichtung zu versehen, die ein Überschreiten der zulässigen Tragfähigkeit verhindert. Auch sind Belastungen der Aufhängepunkte oder der Verankerungspunkte an den tragenden Teilen zu berücksichtigen.

Demontierbare und mobile Arbeitsmittel zum Heben von Lasten müssen so aufgestellt und verwendet werden, dass die Standsicherheit des Arbeitsmittels gewährleistet ist und dessen Kippen, Verschieben oder Abrutschen verhindert wird. Der Arbeitgeber hat dafür zu sorgen, dass die korrekte Durchführung der Maßnahmen von einem hierzu besonders eingewiesenen Beschäftigten kontrolliert wird.

2.2 Der Arbeitgeber hat dafür zu sorgen, dass Arbeitsmittel zum Heben von Lasten mit einem deutlich sichtbaren Hinweis auf die zulässige Tragfähigkeit versehen sind.

Sofern unterschiedliche Betriebszustände möglich sind, ist die zulässige Tragfähigkeit für die einzelnen Betriebszustände anzugeben. Lastaufnahmeeinrichtungen sind so zu kennzeichnen, dass ihre für eine sichere Verwendung grundlegenden Eigenschaften zu erkennen sind. Arbeitsmittel zum Heben von Beschäftigten müssen hierfür geeignet sein sowie deutlich sichtbar mit Hinweisen auf diesen Verwendungszweck gekennzeichnet werden.

2.3 Der Arbeitgeber hat Maßnahmen zu treffen, die verhindern, dass Lasten

a) sich ungewollt gefährlich verlagern, herabstürzen oder

b) unbeabsichtigt ausgehakt werden können.

Wenn der Aufenthalt von Beschäftigten im Gefahrenbereich nicht verhindert werden kann, muss gewährleistet sein, dass Befehlseinrichtungen zur Steuerung von Bewegungen nach ihrer Betätigung von selbst in die Nullstellung zurückgehen und die eingeleitete Bewegung unverzüglich unterbrochen wird.

2.3.1 Das flurgesteuerte Arbeitsmittel zum Heben von Lasten muss für den steuernden Beschäftigten bei maximaler Fahrgeschwindigkeit jederzeit beherrschbar sein.

2.3.2 Der Arbeitgeber hat dafür zu sorgen, dass Arbeitsmittel zum Heben von Lasten bei Hub-, Fahr- und Drehbewegungen abgebremst und ungewollte Bewegungen des Arbeitsmittels verhindert werden können.

2.3.3 Kraftbetriebene Hubbewegungen des Arbeitsmittels zum Heben von Lasten müssen begrenzt sein. Schienenfahrbahnen müssen mit Fahrbahnbegrenzungen ausgerüstet sein.

2.3.4 Können beim Verwenden von Arbeitsmitteln zum Heben von Lasten Beschäftigte gefährdet werden und befindet sich die Befehlseinrichtung nicht in der Nähe der Last, müssen die Arbeitsmittel mit Warneinrichtungen ausgerüstet sein.

2.3.5 Der Rückschlag von Betätigungseinrichtungen handbetriebener Arbeitsmittel zum Heben von Lasten muss begrenzt sein.

2.4 Beim Heben oder Fortbewegen von Beschäftigten sind insbesondere die folgenden besonderen Maßnahmen zu treffen:

a) Gefährdungen durch Absturz eines Lastaufnahmemittels sind mit geeigneten Vorrichtungen zu verhindern; Lastaufnahmemittel sind an jedem Arbeitstag auf einwandfreien Zustand zu kontrollieren,

b) das Herausfallen von Beschäftigten aus dem Personenaufnahmemittel des Arbeitsmittels zum Heben von Lasten ist zu verhindern,

c) Gefährdungen durch Quetschen oder Einklemmen der Beschäftigten oder Zusammenstoß von Beschäftigten mit Gegenständen sind zu vermeiden,

d) bei Störungen im Personenaufnahmemittel sind festsitzende Beschäftigte vor Gefährdungen zu schützen und müssen gefahrlos befreit werden können.

Der Arbeitgeber hat dafür zu sorgen, dass das Heben von Beschäftigten nur mit hierfür vorgesehenen Arbeitsmitteln einschließlich der notwendigen Zusatzausrüstungen erfolgt. Abweichend davon ist das Heben von Beschäftigten mit hierfür nicht vorgesehenen Arbeitsmitteln ausnahmsweise zulässig, wenn

a) die Sicherheit der Beschäftigten auf andere Weise gewährleistet ist,
b) bei der Tätigkeit eine angemessene Aufsicht durch einen anwesenden besonders eingewiesenen Beschäftigten sichergestellt ist,
c) der Steuerstand des Arbeitsmittels ständig besetzt ist,
d) der mit der Steuerung des Arbeitsmittels beauftragte Beschäftigte hierfür besonders eingewiesen ist,
e) sichere Mittel zur Verständigung zur Verfügung stehen und
f) ein Bergungsplan für den Gefahrenfall vorliegt.

2.5 Der Arbeitgeber hat dafür zu sorgen, dass

a) Beschäftigte nicht durch hängende Lasten gefährdet werden, insbesondere hängende Lasten nicht über ungeschützte Bereiche, an denen sich für gewöhnlich Beschäftigte aufhalten, bewegt werden,
b) Lasten sicher angeschlagen werden,
c) Lasten, Lastaufnahme- sowie Anschlagmittel sich nicht unbeabsichtigt lösen oder verschieben können,
d) den Beschäftigten bei der Verwendung von Lastaufnahme- und Anschlagmitteln angemessene Informationen über deren Eigenschaften und zulässigen Einsatzgebiete zur Verfügung stehen,
e) Verbindungen von Anschlagmitteln deutlich gekennzeichnet sind, sofern sie nach der Verwendung nicht getrennt werden,
f) Lastaufnahme- und Anschlagmittel entsprechend den zu handhabenden Lasten, den Greifpunkten, den Einhakvorrichtungen, den Witterungsbedingungen sowie der Art und Weise des Anschlagens ausgewählt werden und
g) Lasten nicht mit kraftschlüssig wirkenden Lastaufnahmemitteln über ungeschützte Beschäftigte geführt werden.

2.6 Lastaufnahme- und Anschlagmittel sind so aufzubewahren, dass sie nicht beschädigt werden können und ihre Funktionsfähigkeit nicht beeinträchtigt werden kann.

2.7 Besondere Vorschriften für die Verwendung von Arbeitsmitteln zum Heben von nicht geführten Lasten

2.7.1 Überschneiden sich die Aktionsbereiche von Arbeitsmitteln zum Heben von nicht geführten Lasten, sind geeignete Maßnahmen zu treffen, um Gefährdungen durch Zusammenstöße der Arbeitsmittel zu verhindern. Ebenso sind geeignete Maßnahmen zu treffen, um Gefährdungen von Beschäftigten durch Zusammenstöße von diesen mit nicht geführten Lasten zu verhindern.

2.7.2 Es sind geeignete Maßnahmen gegen Gefährdungen von Beschäftigten durch Abstürzen von nicht geführten Lasten zu treffen. Kann der Beschäftigte, der ein Arbeitsmittel zum Heben von nicht geführten Lasten steuert, die Last weder direkt noch durch Zusatzgeräte über den gesamten Weg beobachten, ist er von einem anderen Beschäftigten einzuweisen.

2.7.3 Der Arbeitgeber hat dafür zu sorgen, dass

a) nicht geführte Lasten sicher von Hand ein- und ausgehängt werden können,
b) die Beschäftigten den Hebe- und Transportvorgang direkt oder indirekt steuern können,
c) alle Hebevorgänge mit nicht geführten Lasten so geplant und durchgeführt werden, dass die Sicherheit der Beschäftigten gewährleistet ist. Soll eine nicht geführte Last gleichzeitig durch zwei oder mehrere Arbeitsmittel angehoben werden, ist ein Verfahren festzulegen und zu überwachen, das die Zusammenarbeit der Beschäftigten sicherstellt,
d) nur solche Arbeitsmittel zum Heben von nicht geführten Lasten eingesetzt werden, die diese Lasten auch bei einem teilweisen oder vollständigen Energieausfall sicher halten; ist dies nicht möglich, sind geeignete Maßnahmen zu treffen, damit die Sicherheit der Beschäftigten gewährleistet ist. Hängende, nicht geführte Lasten müssen ständig beobachtet werden, es sei denn, der Zugang zum Gefahrenbereich wird verhindert, die Last wurde sicher eingehängt und wird im hängenden Zustand sicher gehalten,
e) die Verwendung von Arbeitsmitteln zum Heben von nicht geführten Lasten im Freien eingestellt wird, wenn die Witterungsbedingungen die sichere Verwendung des Arbeitsmittels beeinträchtigen, und
f) die vom Hersteller des Arbeitsmittels zum Heben nicht geführter Lasten vorgegebenen Maßnahmen getroffen werden; dies gilt insbesondere für Maßnahmen gegen das Umkippen des Arbeitsmittels.

3. Besondere Vorschriften für die Verwendung von Arbeitsmitteln bei zeitweiligem Arbeiten auf hoch gelegenen Arbeitsplätzen

3.1 Allgemeine Mindestanforderungen

3.1.1 Diese Anforderungen gelten bei zeitweiligen Arbeiten an hoch gelegenen Arbeitsplätzen unter Verwendung von

a) Gerüsten einschließlich deren Auf-, Um- und Abbau,
b) Leitern sowie
c) von Zugangs- und Positionierungsverfahren unter der Zuhilfenahme von Seilen.

3.1.2 Können zeitweilige Arbeiten an hoch gelegenen Arbeitsplätzen nicht auf sichere Weise und unter angemessenen ergonomischen Bedingungen von einer geeigneten Standfläche aus durchgeführt werden, sind Maßnahmen zu treffen, mit denen die Gefährdung der Beschäftigten so gering wie möglich gehalten wird.

Bei der Auswahl der Zugangsmittel zu hoch gelegenen Arbeitsplätzen, an denen zeitweilige Arbeiten ausgeführt werden, sind der zu überwindende Höhenunterschied sowie Art, Dauer und Häufigkeit der Verwendung zu berücksichtigen. Arbeitsstelzen sind grundsätzlich nicht als geeignete Arbeitsmittel anzusehen. Die ausgewählten Zugangsmittel müssen auch die Flucht bei drohender Gefahr ermöglichen. Beim Zugang zum hoch gelegenen Arbeitsplatz sowie beim Abgang von diesem dürfen keine zusätzlichen Absturzgefährdungen entstehen.

3.1.3 Alle Einrichtungen, die als zeitweilige hoch gelegene Arbeitsplätze oder als Zugänge hierzu dienen, müssen insbesondere so beschaffen, bemessen, aufgestellt, unterstützt, ausgesteift und verankert sein, dass sie die bei der vorgesehenen Verwendung anfallenden Lasten aufnehmen und ableiten können. Die Einrichtungen dürfen nicht überlastet werden und müssen auch während der einzelnen Bauzustände und der gesamten Nutzungszeit standsicher sein.

3.1.4 Die Verwendung von Leitern als hoch gelegene Arbeitsplätze und von Zugangs- und Positionierungsverfahren unter Zuhilfenahme von Seilen ist nur in solchen Fällen zulässig, in denen

a) wegen der geringen Gefährdung und wegen der geringen Dauer der Verwendung die Verwendung anderer, sichererer Arbeitsmittel nicht verhältnismäßig ist und
b) die Gefährdungsbeurteilung ergibt, dass die Arbeiten sicher durchgeführt werden können.

3.1.5 An Arbeitsmitteln mit Absturzgefährdung sind Absturzsicherungen vorzusehen. Diese Vorrichtungen müssen so gestaltet und so beschaffen sein, dass Abstürze verhindert und Verletzungen der Beschäftigten so weit wie möglich vermieden werden. Feste Absturzsicherungen dürfen nur an Zugängen zu Leitern oder Treppen unterbrochen werden. Lassen sich im Einzelfall feste Absturzsicherungen nicht verwenden, müssen stattdessen andere Einrichtungen zum Auffangen abstürzender Beschäftigter vorhanden sein (z. B. Auffangnetze). Individuelle Absturzsicherungen für die Beschäftigten sind nur ausnahmsweise im begründeten Einzelfall zulässig.

3.1.6 Kann eine Tätigkeit nur ausgeführt werden, wenn eine feste Absturzsicherung vorübergehend entfernt wird, so müssen wirksame Ersatzmaßnahmen für die Sicherheit der Beschäftigten getroffen werden. Die Tätigkeit darf erst ausgeführt werden, wenn diese Maßnahmen umgesetzt worden sind. Ist die Tätigkeit vorübergehend oder endgültig abgeschlossen, müssen die festen Absturzsicherungen unverzüglich wieder angebracht werden.

3.1.7 Beim Auf- und Abbau von Gerüsten sind auf der Grundlage der Gefährdungsbeurteilung geeignete Schutzmaßnahmen zu treffen, durch welche die Sicherheit der Beschäftigten stets gewährleistet ist.

3.1.8 Zeitweilige Arbeiten an hoch gelegenen Arbeitsplätzen dürfen im Freien unter Verwendung von Gerüsten einschließlich deren Auf-, Um- und Abbau sowie von Leitern und von Zugangs- und Positionierungsverfahren unter der Zuhilfenahme von Seilen nur dann ausgeführt werden, wenn die Witterungsverhältnisse die Sicherheit und die Gesundheit der Beschäftigten nicht beeinträchtigen. Insbesondere dürfen die Arbeiten nicht begonnen oder fortgesetzt werden, wenn witterungsbedingt, insbesondere durch starken oder böigen Wind, Vereisung oder Schneeglätte, die Möglichkeit besteht, dass Beschäftigte abstürzen oder durch herabfallende oder umfallende Teile verletzt werden.

3.2 Besondere Vorschriften für die Verwendung von Gerüsten

3.2.1 Kann das gewählte Gerüst nicht nach einer allgemein anerkannten Regelausführung errichtet werden, ist für das Gerüst oder einzelne Bereiche davon eine gesonderte Festigkeits- und Standfestigkeitsberechnung vorzunehmen.

3.2.2 Der für die Gerüstbauarbeiten verantwortliche Arbeitgeber oder eine von ihm bestimmte fachkundige Person hat je nach Komplexität des gewählten Gerüsts einen Plan für Aufbau, Verwendung und Abbau zu erstellen. Dabei kann es sich um eine allgemeine Aufbau- und Verwendungsanleitung handeln, die durch Detailangaben für das jeweilige Gerüst ergänzt wird.

3.2.3 Die Standsicherheit des Gerüsts muss sichergestellt sein. Der Arbeitgeber hat dafür zu sorgen, dass Gerüste, die frei stehend nicht standsicher sind, vor der Verwendung verankert werden. Die Ständer eines Gerüsts sind vor der Möglichkeit des Verrutschens zu schützen, indem sie an der Auflagefläche durch eine Gleitschutzvorrichtung oder durch ein anderes, gleich geeignetes Mittel fixiert werden. Die belastete Fläche muss eine ausreichende Tragfähigkeit haben. Ein unbeabsichtigtes Fortbewegen von fahrbaren Gerüsten während der Arbeiten an hoch gelegenen Arbeitsplätzen muss durch geeignete Vorrichtungen verhindert werden. Während des Aufenthalts von Beschäftigten auf einem fahrbaren Gerüst darf dieses nicht vom Standort fortbewegt werden.

3.2.4 Die Abmessungen, die Form und die Anordnung der Lauf- und Arbeitsflächen auf Gerüsten müssen für die auszuführende Tätigkeit geeignet sein. Sie müssen an die zu erwartende Beanspruchung angepasst sein und ein gefahrloses Begehen erlauben. Sie sind dicht aneinander und so zu verlegen, dass sie bei normaler Verwendung nicht wippen und nicht verrutschen können. Zwischen den einzelnen Gerüstflächen und dem Seitenschutz darf kein Zwischenraum vorhanden sein, der zu Gefährdungen von Beschäftigten führen kann.

3.2.5 Sind bestimmte Teile eines Gerüsts nicht verwendbar, insbesondere während des Auf-, Ab- oder Umbaus, sind diese Teile mit dem Verbotszeichen „Zutritt verboten“ zu kennzeichnen und durch Absperrungen, die den Zugang zu diesen Teilen verhindern, angemessen abzugrenzen.

3.2.6 Der Arbeitgeber hat dafür zu sorgen, dass Gerüste nur unter der Aufsicht einer fachkundigen Person und nach Unterweisung nach § 12 von fachlich hierfür geeigneten Beschäftigten auf-, ab- oder umgebaut werden. Die Unterweisung hat sich insbesondere zu erstrecken auf Informationen über

a) den Plan für den Auf-, Ab- oder Umbau des betreffenden Gerüsts,
b) den sicheren Auf-, Ab- oder Umbau des betreffenden Gerüsts,
c) vorbeugende Maßnahmen gegen Gefährdungen von Beschäftigten durch Absturz oder des Herabfallens von Gegenständen,
d) Sicherheitsvorkehrungen für den Fall, dass sich die Witterungsverhältnisse so verändern, dass die Sicherheit und Gesundheit der betroffenen Beschäftigten beeinträchtigt werden können,
e) zulässige Belastungen,
f) alle anderen, möglicherweise mit dem Auf-, Ab- oder Umbau verbundenen Gefährdungen.

Der fachkundigen Person, die die Gerüstarbeiten beaufsichtigt, und den betroffenen Beschäftigten muss der in Nr. 3.2.2 vorgesehene Plan mit allen darin enthaltenen Anweisungen vor Beginn der Tätigkeit vorliegen.

3.3 Besondere Vorschriften für die Verwendung von Leitern

3.3.1 Der Arbeitgeber darf Beschäftigten nur solche Leitern zur Verfügung stellen, die nach ihrer Bauart für die jeweils auszuführende Tätigkeit geeignet sind.

3.3.2 Leitern müssen während der Verwendung standsicher und sicher begehbar aufgestellt sein. Leitern müssen zusätzlich gegen Umstürzen gesichert werden, wenn die Art der auszuführenden Tätigkeit dies erfordert. Tragbare Leitern müssen so auf einem tragfähigen, unbeweglichen und ausreichend dimensionierten Untergrund stehen, dass die Stufen in horizontaler Stellung bleiben. Hängeleitern sind gegen unbeabsichtigtes Aushängen zu sichern. Sie müssen sicher und mit Ausnahme von Strickleitern so befestigt sein, dass sie nicht verrutschen oder in eine Pendelbewegung geraten können.

3.3.3 Das Verrutschen der Leiterfüße von tragbaren Leitern ist während der Verwendung dieser Leitern entweder durch Fixierung des oberen oder unteren Teils der Holme, durch eine Gleitschutzvorrichtung oder durch eine andere, gleich geeignete Maßnahme zu verhindern. Leitern, die als Aufstieg verwendet werden, müssen so beschaffen sein, dass sie weit genug über die Austrittsstelle hinausragen, sofern nicht andere Vorrichtungen ein sicheres Festhalten erlauben. Aus mehreren Teilen bestehende Steckleitern oder Schiebeleitern sind so zu verwenden, dass die Leiterteile unbeweglich miteinander verbunden bleiben. Fahrbare Leitern sind vor ihrer Verwendung so zu arretieren, dass sie nicht wegrollen können.

3.3.4 Leitern sind so zu verwenden, dass die Beschäftigten jederzeit sicher stehen und sich sicher festhalten können. Muss auf einer Leiter eine Last getragen werden, darf dies ein sicheres Festhalten nicht verhindern.

3.4 Besondere Vorschriften für Zugangs- und Positionierungsverfahren unter Zuhilfenahme von Seilen

3.4.1 Bei der Verwendung eines Zugangs- und Positionierungsverfahrens unter Zuhilfenahme von Seilen müssen folgende Bedingungen erfüllt sein:

a) Das System muss aus mindestens zwei getrennt voneinander befestigten Seilen bestehen, wobei eines als Zugangs-, Absenk- und Haltemittel (Arbeitsseil) und das andere als Sicherungsmittel (Sicherungsseil) dient.

b) Der Arbeitgeber hat dafür zu sorgen, dass die Beschäftigten geeignete Auffanggurte verwenden, über die sie mit dem Sicherungsseil verbunden sind.

c) In dem System ist ein Sitz mit angemessenem Zubehör vorzusehen, der mit dem Arbeitsseil verbunden ist.

d) Das Arbeitsseil muss mit sicheren Mitteln für das Auf- und Abseilen ausgerüstet werden. Hierzu gehört ein selbstsicherndes System, das einen Absturz verhindert, wenn Beschäftigte die Kontrolle über ihre Bewegungen verlieren. Das Sicherungsseil ist mit einer bewegungssynchron mitlaufenden, beweglichen Absturzsicherung auszurüsten.

e) Werkzeug und anderes Zubehör, das von den Beschäftigten verwendet werden soll, ist an deren Auffanggurt oder Sitz oder unter Rückgriff auf andere, gleich geeignete Mittel so zu befestigen, dass es nicht abfällt und leicht erreichbar ist.

f) Die Arbeiten sind sorgfältig zu planen und zu beaufsichtigen. Der Arbeitgeber hat dafür zu sorgen, dass den Beschäftigten bei Bedarf unmittelbar Hilfe geleistet werden kann.

g) Die Beschäftigten, die Zugangs- und Positionierungsverfahren unter Zuhilfenahme von Seilen verwenden, müssen in den vorgesehenen Arbeitsverfahren, insbesondere in Bezug auf die Rettungsverfahren, besonders eingewiesen sein.

3.4.2 Abweichend von Nr. 3.4.1 ist die Verwendung eines einzigen Seils zulässig, wenn die Gefährdungsbeurteilung ergibt, dass die Verwendung eines zweiten Seils eine größere Gefährdung bei den Arbeiten darstellen würde, und geeignete Maßnahmen getroffen werden, um die Sicherheit der Beschäftigten auf andere Weise zu gewährleisten. Dies ist in der Dokumentation der Gefährdungsbeurteilung darzulegen.

4. Besondere Vorschriften für Aufzugsanlagen

4.1 Wer eine Aufzugsanlage nach Anhang 2 Abschnitt 2 Nr. 2 Buchstabe a betreibt, hat dafür zu sorgen, dass im Fahrkorb der Aufzugsanlage ein Zweiwege-Kommunikationssystem wirksam ist, über das ein Notdienst ständig erreicht werden kann. Bei Aufzugsanlagen nach Satz 1 ist ein Notfallplan anzufertigen und einem Notdienst vor der Inbetriebnahme zur Verfügung zu stellen, damit dieser auf Notrufe unverzüglich angemessen reagieren und umgehend sachgerechte Hilfemaßnahmen einleiten kann. Sofern kein Notdienst vorhanden sein muss, ist der Notfallplan nach Satz 2 in der Nähe der Aufzugsanlage anzubringen. Der Notfallplan nach Satz 2 muss mindestens enthalten:

a) Standort der Aufzugsanlage,

b) Angaben zum verantwortlichen Arbeitgeber,

c) Angaben zu den Personen, die Zugang zu allen Einrichtungen der Anlage haben,

d) Angaben zu den Personen, die eine Befreiung Eingeschlossener vornehmen können,

e) Kontaktdaten der Personen, die Erste Hilfe leisten können (z. B. Notarzt oder Feuerwehr),

f) Angaben zum voraussichtlichen Beginn einer Befreiung und

g) die Notbefreiungsanleitung für die Aufzugsanlage.

Die Notbefreiungsanleitung und die zur Befreiung Eingeschlossener erforderlichen Einrichtungen sind vor der Inbetriebnahme in unmittelbarer Nähe der Anlage bereitzustellen. Wer eine Aufzugsanlage nach Anhang 2 Abschnitt 2 Nr. 2 Buchstabe b betreibt, in der eine Person eingeschlossen werden kann, hat dafür zu sorgen, dass diese Hilfe herbeirufen kann. Bei diesen Aufzugsanlagen gelten die Sätze 2 bis 5 entsprechend.

4.2 Wer eine Aufzugsanlage nach Anhang 2 Abschnitt 2 Nr. 2 betreibt, hat Instandhaltungsmaßnahmen nach § 10 unter Berücksichtigung von Art und Intensität der Nutzung der Anlage zu treffen.

4.3 Im unmittelbaren Bereich einer Aufzugsanlage nach Anhang 2 Abschnitt 2 Nr. 2 dürfen keine Einrichtungen vorhanden sein, die den sicheren Betrieb gefährden können.

4.4 Der Arbeitgeber hat dafür zu sorgen, dass Personen-Umlaufaufzüge nur von durch ihn eingewiesenen Beschäftigten verwendet werden. Der Arbeitgeber darf Personenumlaufaufzüge von anderen Personen als Beschäftigten nur verwenden lassen, wenn er geeignete Maßnahmen zum Schutz anderer Personen vor Gefährdungen durch Personenumlaufaufzüge trifft. Soweit technische Schutzmaßnahmen nicht möglich sind oder nicht ausreichen, hat der Arbeitgeber den erforderlichen Schutz dieser

Personen durch andere Maßnahmen sicherzustellen; insbesondere hat er den anderen Personen mögliche Gefährdungen bei der Verwendung von Personenumlaufaufzügen bekannt zu machen, die notwendigen Verhaltensregeln für die Benutzung festzulegen und die erforderlichen Vorkehrungen dafür zu treffen, dass diese Verhaltensregeln von den anderen Personen beachtet werden.

4.5 Der Triebwerksraum einer Aufzugsanlage nach Anhang 2 Abschnitt 2 Nr. 2 darf nur zugangsberechtigten Personen zugänglich sein.

4.6 Wer eine Aufzugsanlage nach Anhang 2 Abschnitt 2 Nr. 2 betreibt, hat sie regelmäßig auf offensichtliche Mängel, die die sichere Verwendung beeinträchtigen können, zu kontrollieren.

5. Besondere Vorschriften für Druckanlagen

5.1 Für die Erprobung von Druckanlagen ist ein schriftliches Arbeitsprogramm aufzustellen. Darin sind die einzelnen Schritte und die hierfür aufgrund der Gefährdungsbeurteilung festzulegenden Maßnahmen aufzunehmen, damit die mit der Erprobung verbundenen Risiken so gering wie möglich bleiben.

5.2 Druckanlagen dürfen nur so aufgestellt und betrieben werden, dass Beschäftigte oder andere Personen nicht gefährdet werden.

5.3 Dampfkesseln muss die zum sicheren Betrieb erforderliche Speisewassermenge zugeführt werden, solange sie beheizt werden.

5.4 Druckgase dürfen nur in geeignete Behälter abgefüllt werden.

3 Weitere Vorschriften

3.1 ASiG

Arbeitssicherheitsgesetz

Siehe auch *Wilrich*, Verantwortung und Haftung der Sicherheitsingenieure: Unterstützungs-, Beratungs-, Berichts-, Prüfungs-, Warn- und Sorgfaltspflichten der Fachkräfte für Arbeitssicherheit als Stabsstelle und Unternehmerpflichten in der Linie – mit 15 Gerichtsurteilen und Strafverfahren zu Fahrlässigkeit und Schuld nach Arbeitsunfällen, 2022 (VDE-Schriftenreihe 179).

§ 6
Aufgaben der Fachkräfte für Arbeitssicherheit

Die Fachkräfte für Arbeitssicherheit haben die Aufgabe, den Arbeitgeber beim Arbeitsschutz und bei der Unfallverhütung in allen Fragen der Arbeitssicherheit einschließlich der menschengerechten Gestaltung der Arbeit zu unterstützen. Sie haben insbesondere

1. den Arbeitgeber und die sonst für den Arbeitsschutz und die Unfallverhütung verantwortlichen Personen zu beraten, insbesondere bei
   a) der Planung, Ausführung und Unterhaltung von Betriebsanlagen und von sozialen und sanitären Einrichtungen,
   b) der Beschaffung von technischen Arbeitsmitteln und der Einführung von Arbeitsverfahren und Arbeitsstoffen,
   c) der Auswahl und Erprobung von Körperschutzmitteln,
   d) der Gestaltung der Arbeitsplätze, des Arbeitsablaufs, der Arbeitsumgebung und in sonstigen Fragen der Ergonomie,
   e) der Beurteilung der Arbeitsbedingungen,
2. die Betriebsanlagen und die technischen Arbeitsmittel insbesondere vor der Inbetriebnahme und Arbeitsverfahren insbesondere vor ihrer Einführung sicherheitstechnisch zu überprüfen,
3. die Durchführung des Arbeitsschutzes und der Unfallverhütung zu beobachten und im Zusammenhang damit
   a) die Arbeitsstätten in regelmäßigen Abständen zu begehen und festgestellte Mängel dem Arbeitgeber oder der sonst für den Arbeitsschutz und die Unfallverhütung verantwortlichen Person mitzuteilen, Maßnahmen zur Beseitigung dieser Mängel vorzuschlagen und auf deren Durchführung hinzuwirken,

   b) auf die Benutzung der Körperschutzmittel zu achten,
   c) Ursachen von Arbeitsunfällen zu untersuchen, die Untersuchungsergebnisse zu erfassen und auszuwerten und dem Arbeitgeber Maßnahmen zur Verhütung dieser Arbeitsunfälle vorzuschlagen,

4. darauf hinzuwirken, dass sich alle im Betrieb Beschäftigten den Anforderungen des Arbeitsschutzes und der Unfallverhütung entsprechend verhalten, insbesondere sie über die Unfall- und Gesundheitsgefahren, denen sie bei der Arbeit ausgesetzt sind, sowie über die Einrichtungen und Maßnahmen zur Abwendung dieser Gefahren zu belehren und bei der Schulung der Sicherheitsbeauftragten mitzuwirken.

3.2 AÜG

Arbeitnehmerüberlassungsgesetz

§ 3
Versagung

(1) Die Erlaubnis oder ihre Verlängerung ist zu versagen, wenn Tatsachen die Annahme rechtfertigen, dass der Antragsteller

1. die für die Ausübung der Tätigkeit nach § 1 erforderliche Zuverlässigkeit nicht besitzt, insbesondere weil er die Vorschriften des Sozialversicherungsrechts, über die Einbehaltung und Abführung der Lohnsteuer, über die Arbeitsvermittlung, über die Anwerbung im Ausland oder über die Ausländerbeschäftigung, über die Überlassungshöchstdauer nach § 1 Abs. 1b, die Vorschriften des Arbeitsschutzrechts oder die arbeitsrechtlichen Pflichten nicht einhält;
2. nach der Gestaltung seiner Betriebsorganisation nicht in der Lage ist, die üblichen Arbeitgeberpflichten ordnungsgemäß zu erfüllen;
3. dem Leiharbeitnehmer die ihm nach § 8 zustehenden Arbeitsbedingungen einschließlich des Arbeitsentgelts nicht gewährt.

§ 11
Sonstige Vorschriften über das Leiharbeitsverhältnis

(6) Die Tätigkeit des Leiharbeitnehmers bei dem Entleiher unterliegt den für den Betrieb des Entleihers geltenden öffentlich-rechtlichen Vorschriften des Arbeitsschutzrechts; die hieraus sich ergebenden Pflichten für den Arbeitgeber obliegen dem Entleiher unbeschadet der Pflichten des Verleihers. Insbesondere hat der Entleiher den Leiharbeitnehmer vor Beginn der Beschäftigung und bei Veränderungen in seinem Arbeitsbereich über Gefahren für Sicherheit und Gesundheit, denen er bei der Arbeit ausgesetzt sein kann, sowie über die Maßnahmen und Einrichtungen zur Abwendung dieser Gefahren zu unterrichten. Der Entleiher hat den Leiharbeitnehmer zusätzlich über die Notwendigkeit besonderer Qualifikationen oder beruflicher Fähigkeiten oder einer besonderen ärztlichen Überwachung sowie über erhöhte besondere Gefahren des Arbeitsplatzes zu unterrichten.

3.3 BetrVG

Betriebsverfassungsgesetz

§ 81
Unterrichtungs- und Erörterungspflicht des Arbeitgebers

(1) Der Arbeitgeber hat den Arbeitnehmer über dessen Aufgabe und Verantwortung sowie über die Art seiner Tätigkeit und ihre Einordnung in den Arbeitsablauf des Betriebs zu unterrichten. Er hat den Arbeitnehmer vor Beginn der Beschäftigung über die Unfall- und Gesundheitsgefahren, denen dieser bei der Beschäftigung ausgesetzt ist, sowie über die Maßnahmen und Einrichtungen zur Abwendung dieser Gefahren und die nach § 10 Abs. 2 des Arbeitsschutzgesetzes getroffenen Maßnahmen zu belehren.

(2) Über Veränderungen in seinem Arbeitsbereich ist der Arbeitnehmer rechtzeitig zu unterrichten. Abs. 1 gilt entsprechend.

(3) In Betrieben, in denen kein Betriebsrat besteht, hat der Arbeitgeber die Arbeitnehmer zu allen Maßnahmen zu hören, die Auswirkungen auf Sicherheit und Gesundheit der Arbeitnehmer haben können.

(4) Der Arbeitgeber hat den Arbeitnehmer über die aufgrund einer Planung von technischen Anlagen, von Arbeitsverfahren und Arbeitsabläufen oder der Arbeitsplätze vorgesehenen Maßnahmen und ihre Auswirkungen auf seinen Arbeitsplatz, die Arbeitsumgebung sowie auf Inhalt und Art seiner Tätigkeit zu unterrichten. Sobald feststeht, dass sich die Tätigkeit des Arbeitnehmers ändern wird und seine beruflichen Kenntnisse und Fähigkeiten zur Erfüllung seiner Aufgaben nicht ausreichen, hat der Arbeitgeber mit dem Arbeitnehmer zu erörtern, wie dessen berufliche Kenntnisse und Fähigkeiten im Rahmen der betrieblichen Möglichkeiten den künftigen Anforderungen angepasst werden können. Der Arbeitnehmer kann bei der Erörterung ein Mitglied des Betriebsrats hinzuziehen.

3.4 BGB

Bürgerliches Gesetzbuch

§ 254
Mitverschulden

(1) Hat bei der Entstehung des Schadens ein Verschulden des Beschädigten mitgewirkt, so hängt die Verpflichtung zum Ersatz sowie der Umfang des zu leistenden Ersatzes von den Umständen, insbesondere davon ab, inwieweit der Schaden vorwiegend von dem einen oder dem anderen Teil verursacht worden ist.

§ 276
Verantwortlichkeit des Schuldners

(2) Fahrlässig handelt, wer die im Verkehr erforderliche Sorgfalt außer Acht lässt.

§ 434
Sachmangel

(1) Die Sache ist frei von Sachmängeln, wenn sie bei Gefahrübergang den subjektiven Anforderungen, den objektiven Anforderungen und den Montageanforderungen dieser Vorschrift entspricht.

(2) Die Sache entspricht den subjektiven Anforderungen, wenn sie

1. die vereinbarte Beschaffenheit hat,
2. sich für die nach dem Vertrag vorausgesetzte Verwendung eignet und
3. mit dem vereinbarten Zubehör und den vereinbarten Anleitungen, einschließlich Montage- und Installationsanleitungen, übergeben wird.

Zu der Beschaffenheit nach Satz 1 Nr. 1 gehören Art, Menge, Qualität, Funktionalität, Kompatibilität, Interoperabilität und sonstige Merkmale der Sache, für die die Parteien Anforderungen vereinbart haben.

(3) Soweit nicht wirksam etwas anderes vereinbart wurde, entspricht die Sache den objektiven Anforderungen, wenn sie

1. sich für die gewöhnliche Verwendung eignet,
2. eine Beschaffenheit aufweist, die bei Sachen derselben Art üblich ist und die der Käufer erwarten kann unter Berücksichtigung
   a) der Art der Sache und
   b) der öffentlichen Äußerungen, die von dem Verkäufer oder einem anderen Glied der Vertragskette oder in deren Auftrag, insbesondere in der Werbung oder auf dem Etikett, abgegeben wurden,

3. der Beschaffenheit einer Probe oder eines Musters entspricht, die oder das der Verkäufer dem Käufer vor Vertragsschluss zur Verfügung gestellt hat, und
4. mit dem Zubehör einschließlich der Verpackung, der Montage- oder Installationsanleitung sowie anderen Anleitungen übergeben wird, deren Erhalt der Käufer erwarten kann.

Zu der üblichen Beschaffenheit nach Satz 1 Nr. 2 gehören Menge, Qualität und sonstige Merkmale der Sache, einschließlich ihrer Haltbarkeit, Funktionalität, Kompatibilität und Sicherheit. Der Verkäufer ist durch die in Satz 1 Nr. 2 Buchstabe b genannten öffentlichen Äußerungen nicht gebunden, wenn er sie nicht kannte und auch nicht kennen konnte, wenn die Äußerung im Zeitpunkt des Vertragsschlusses in derselben oder in gleichwertiger Weise berichtigt war oder wenn die Äußerung die Kaufentscheidung nicht beeinflussen konnte.

(4) Soweit eine Montage durchzuführen ist, entspricht die Sache den Montageanforderungen, wenn die Montage

1. sachgemäß durchgeführt worden ist oder
2. zwar unsachgemäß durchgeführt worden ist, dies jedoch weder auf einer unsachgemäßen Montage durch den Verkäufer noch auf einem Mangel in der vom Verkäufer übergebenen Anleitung beruht.

(5) Einem Sachmangel steht es gleich, wenn der Verkäufer eine andere Sache als die vertraglich geschuldete Sache liefert.

§ 611a Arbeitsvertrag

(1) Durch den Arbeitsvertrag wird der Arbeitnehmer im Dienste eines anderen zur Leistung weisungsgebundener, fremdbestimmter Arbeit in persönlicher Abhängigkeit verpflichtet. Das Weisungsrecht kann Inhalt, Durchführung, Zeit und Ort der Tätigkeit betreffen. Weisungsgebunden ist, wer nicht im Wesentlichen frei seine Tätigkeit gestalten und seine Arbeitszeit bestimmen kann. Der Grad der persönlichen Abhängigkeit hängt dabei auch von der Eigenart der jeweiligen Tätigkeit ab. Für die Feststellung, ob ein Arbeitsvertrag vorliegt, ist eine Gesamtbetrachtung aller Umstände vorzunehmen. Zeigt die tatsächliche Durchführung des Vertragsverhältnisses, dass es sich um ein Arbeitsverhältnis handelt, kommt es auf die Bezeichnung im Vertrag nicht an.

(2) Der Arbeitgeber ist zur Zahlung der vereinbarten Vergütung verpflichtet.

§ 618
Pflicht zu Schutzmaßnahmen

(1) Der Dienstberechtigte hat Räume, Vorrichtungen oder Gerätschaften, die er zur Verrichtung der Dienste zu beschaffen hat, so einzurichten und zu unterhalten und Dienstleistungen, die unter seiner Anordnung oder seiner Leitung vorzunehmen sind, so zu regeln, dass der Verpflichtete gegen Gefahr für Leben und Gesundheit so weit geschützt ist, als die Natur der Dienstleistung es gestattet.

§ 831
Haftung für den Verrichtungsgehilfen

(1) Wer einen anderen zu einer Verrichtung bestellt, ist zum Ersatz des Schadens verpflichtet, den der andere in Ausführung der Verrichtung einem Dritten widerrechtlich zufügt. Die Ersatzpflicht tritt nicht ein, wenn der Geschäftsherr bei der Auswahl der bestellten Person und, sofern er Vorrichtungen oder Gerätschaften zu beschaffen oder die Ausführung der Verrichtung zu leiten hat, bei der Beschaffung oder der Leitung die im Verkehr erforderliche Sorgfalt beobachtet oder wenn der Schaden auch bei Anwendung dieser Sorgfalt entstanden sein würde.

(2) Die gleiche Verantwortlichkeit trifft denjenigen, welcher für den Geschäftsherrn die Besorgung eines der im Abs. 1 Satz 2 bezeichneten Geschäfte durch Vertrag übernimmt.

3.5 EnWG

Gesetz über die Elektrizitäts- und Gasversorgung (Energiewirtschaftsgesetz)

§ 3
Begriffsbestimmungen

Im Sinne dieses Gesetzes bedeutet

15. Energieanlagen

Anlagen zur Erzeugung, Speicherung, Fortleitung oder Abgabe von Energie, soweit sie nicht lediglich der Übertragung von Signalen dienen, dies schließt die Verteileranlagen der Letztverbraucher sowie bei der Gasversorgung auch die letzte Absperreinrichtung vor der Verbrauchsanlage ein, …

§ 49
Anforderungen an Energieanlagen; Verordnungsermächtigung

(1) Energieanlagen sind so zu errichten und zu betreiben, dass die technische Sicherheit gewährleistet ist. Dabei sind vorbehaltlich sonstiger Rechtsvorschriften die allgemein anerkannten Regeln der Technik zu beachten.

(2) Die Einhaltung der allgemein anerkannten Regeln der Technik wird vermutet, wenn bei Anlagen zur Erzeugung, Fortleitung und Abgabe von

1. Elektrizität die technischen Regeln des Verbandes der Elektrotechnik Elektronik Informationstechnik e. V.,
2. Gas und Wasserstoff die technischen Regeln des Deutschen Vereins des Gas- und Wasserfaches e. V.

eingehalten worden sind. Die Bundesnetzagentur kann zu Grundsätzen und Verfahren der Einführung technischer Sicherheitsregeln, insbesondere zum zeitlichen Ablauf, im Verfahren nach § 29 Abs. 1 nähere Bestimmungen treffen, soweit die technischen Sicherheitsregeln den Betrieb von Energieversorgungsnetzen betreffen. Dabei hat die Bundesnetzagentur die Grundsätze des DIN Deutsches Institut für Normung e. V. zu berücksichtigen.

(2a) Unbeschadet sonstiger Anforderungen nach Abs. 1 müssen bei der Errichtung oder Erneuerung von Anlagen zur landseitigen Stromversorgung für den Seeverkehr die technischen Spezifikationen der Norm IEC/ISO/IEEE 80005-1, Edition 1.0, Juli 2012 eingehalten werden, soweit sie auf die landseitige Stromversorgung anwendbar sind.

(2b) Witterungsbedingte Anlagengeräusche von Höchstspannungsnetzen gelten unabhängig von der Häufigkeit und Zeitdauer der sie verursachenden Wetter- und insbesondere Niederschlagsgeschehen bei der Beurteilung des Vorliegens schädlicher Umwelteinwirkungen im Sinne von § 3 Abs. 1 und § 22 des Bundes-Immissionsschutzgesetzes als seltene Ereignisse im Sinne der Sechsten Allgemeinen Verwaltungsvorschrift zum Bundes-Immissionsschutzgesetz (Technische Anleitung zum Schutz gegen Lärm). Bei diesen seltenen Ereignissen kann der Nachbarschaft eine höhere als die nach Nr. 6.1 der Technischen Anleitung zum Schutz gegen Lärm zulässige Belastung zugemutet werden. Die in Nr. 6.3 der Technischen Anleitung zum Schutz gegen Lärm genannten Werte dürfen nicht überschritten werden. Nr. 7.2 Abs. 2 Satz 3 der Technischen Anleitung zum Schutz gegen Lärm ist nicht anzuwenden.

(3) Bei Anlagen oder Bestandteilen von Anlagen, die nach den in einem anderen Mitgliedstaat der Europäischen Union oder in einem anderen Vertragsstaat des Abkommens über den Europäischen Wirtschaftsraum geltenden Regelungen oder Anforderungen rechtmäßig hergestellt und in den Verkehr gebracht wurden und die gleiche Sicherheit gewährleisten, ist davon auszugehen, dass die Anforderungen nach Abs. 1 an die Beschaffenheit der Anlagen erfüllt sind. In begründeten Einzelfällen ist auf Verlangen der nach Landesrecht zuständigen Behörde nachzuweisen, dass die Anforderungen nach Satz 1 erfüllt sind.

(4) Das Bundesministerium für Wirtschaft und Energie wird ermächtigt, zur Gewährleistung der technischen Sicherheit, der technischen und betrieblichen Flexibilität von Energieanlagen sowie der Interoperabilität von Ladepunkten für Elektromobile durch Rechtsverordnung mit Zustimmung des Bundesrates

1. Anforderungen an die technische Sicherheit dieser Anlagen, ihre Errichtung und ihren Betrieb festzulegen;
2. das Verwaltungsverfahren zur Sicherstellung der Anforderungen nach Nr. 1 zu regeln, insbesondere zu bestimmen,
   a) dass und wo die Errichtung solcher Anlagen, ihre Inbetriebnahme, die Vornahme von Änderungen oder Erweiterungen und sonstige die Anlagen betreffenden Umstände angezeigt werden müssen,
   b) dass der Anzeige nach Buchstabe a bestimmte Nachweise beigefügt werden müssen und
   c) dass mit der Errichtung und dem Betrieb der Anlagen erst nach Ablauf bestimmter Prüffristen begonnen werden darf;
3. Prüfungen vor Errichtung und Inbetriebnahme und Überprüfungen der Anlagen vorzusehen und festzulegen, dass diese Prüfungen und Überprüfungen durch behördlich anerkannte Sachverständige zu erfolgen haben;

4. behördliche Anordnungsbefugnisse festzulegen, insbesondere die Befugnis, den Bau und den Betrieb von Energieanlagen zu untersagen, wenn das Vorhaben nicht den in der Rechtsverordnung geregelten Anforderungen entspricht;
5. zu bestimmen, welche Auskünfte die zuständige Behörde vom Betreiber der Energieanlage gemäß Abs. 6 Satz 1 verlangen kann;
6. die Einzelheiten des Verfahrens zur Anerkennung von Sachverständigen, die bei der Prüfung der Energieanlagen tätig werden, sowie der Anzeige der vorübergehenden Tätigkeit von Sachverständigen aus anderen Mitgliedstaaten der Europäischen Union oder eines Vertragsstaates des Abkommens über den Europäischen Wirtschaftsraum zu bestimmen;
7. Anforderungen sowie Meldepflichten festzulegen, die Sachverständige nach Nr. 6 und die Stellen, denen sie angehören, erfüllen müssen, insbesondere zur Gewährleistung ihrer fachlichen Qualifikation, Unabhängigkeit und Zuverlässigkeit;
8. Anforderungen an die technische und betriebliche Flexibilität neuer Anlagen zur Erzeugung von Energie zu treffen;
9. Rechte und Pflichten der Betreiber von Elektrizitätsversorgungsnetzen und der Betreiber von Energieanlagen für den Fall festzulegen, dass an das jeweilige Elektrizitätsversorgungsnetz angeschlossene Energieanlagen nicht den Anforderungen einer nach Nr. 3 erlassenen Rechtsverordnung entsprechen, und dabei insbesondere vorzusehen, dass diese Energieanlagen vom Elektrizitätsversorgungsnetz zu trennen sind, und festzulegen, unter welchen Bedingungen sie wieder in Betrieb genommen werden können, sowie Regelungen zur Erstattung der dem Betreiber von Elektrizitätsversorgungsnetzen durch die Netztrennung und die etwaige Wiederherstellung des Anschlusses entstandenen Kosten durch den Betreiber der Energieanlage zu treffen.

Die Regelungen des Erneuerbare-Energien-Gesetzes und des Kraft-Wärme-Kopplungsgesetzes bleiben davon unberührt. In einer nach Satz 1 Nr. 3 und 9 bis einschließlich 30. Juni 2023 erlassenen Rechtsverordnung kann vorgesehen werden, dass die Regelungen bereits frühestens mit Wirkung vom 29. Juli 2022 in Kraft treten.

(4a) Das Bundesministerium für Wirtschaft und Energie wird ermächtigt, durch Rechtsverordnung mit Zustimmung des Bundesrates einen Ausschuss zur Beratung in Fragen der technischen Sicherheit von Gasversorgungsnetzen und Gas-Direktleitungen einschließlich der dem Leitungsbetrieb dienenden Anlagen einzusetzen. Diesem Ausschuss kann insbesondere die Aufgabe übertragen werden, vorzuschlagen, welches Anforderungsprofil Sachverständige, die die technische Sicherheit dieser Energieanlagen prüfen, erfüllen müssen, um den in einer Verordnung nach Abs. 4 festgelegten Anforderungen zu genügen. Das Bundesministerium für Wirtschaft und

Energie kann das Anforderungsprofil im Bundesanzeiger veröffentlichen. In den Ausschuss sind sachverständige Personen zu berufen, insbesondere aus dem Kreis

1. der Sachverständigen, die bei der Prüfung der Energieanlagen tätig werden,
2. der Stellen, denen Sachverständige nach Nr. 1 angehören,
3. der zuständigen Behörden und
4. der Betreiber von Energieanlagen.

(5) Die nach Landesrecht zuständige Behörde kann im Einzelfall die zur Sicherstellung der Anforderungen an die technische Sicherheit von Energieanlagen erforderlichen Maßnahmen treffen.

(6) Die Betreiber von Energieanlagen haben auf Verlangen der nach Landesrecht zuständigen Behörde Auskünfte über technische und wirtschaftliche Verhältnisse zu geben, die zur Wahrnehmung der Aufgaben nach Abs. 5 erforderlich sind. Der Auskunftspflichtige kann die Auskunft auf solche Fragen verweigern, deren Beantwortung ihn selbst oder einen der in § 383 Abs. 1 Nr. 1 bis 3 der Zivilprozessordnung bezeichneten Angehörigen der Gefahr strafrechtlicher Verfolgung oder eines Verfahrens nach dem Gesetz über Ordnungswidrigkeiten aussetzen würde.

(7) Die von der nach Landesrecht zuständigen Behörde mit der Aufsicht beauftragten Personen sind berechtigt, Betriebsgrundstücke, Geschäftsräume und Einrichtungen der Betreiber von Energieanlagen zu betreten, dort Prüfungen vorzunehmen sowie die geschäftlichen und betrieblichen Unterlagen der Betreiber von Energieanlagen einzusehen, soweit dies zur Wahrnehmung der Aufgaben nach Abs. 5 erforderlich ist.

3.6 GewO

Gewerbeordnung

Siehe auch *Wilrich*, Pflichtendelegation im Arbeitsschutz – Betriebsorganisation und Personalmanagement durch Übertragung von Unternehmerpflichten auf Führungskräfte, 2023.

§ 106
Weisungsrecht des Arbeitgebers

Der Arbeitgeber kann Inhalt, Ort und Zeit der Arbeitsleistung nach billigem Ermessen näher bestimmen, soweit diese Arbeitsbedingungen nicht durch den Arbeitsvertrag, Bestimmungen einer Betriebsvereinbarung, eines anwendbaren Tarifvertrages oder gesetzliche Vorschriften festgelegt sind. Dies gilt auch hinsichtlich der Ordnung und des Verhaltens der Arbeitnehmer im Betrieb. Bei der Ausübung des Ermessens hat der Arbeitgeber auch auf Behinderungen des Arbeitnehmers Rücksicht zu nehmen.

3.7 SGB IV

Viertes Sozialgesetzbuch – Gemeinsame Vorschriften für die Sozialversicherung (SGB IV)

Erster Abschnitt
Grundsätze und Begriffsbestimmungen

Erster Titel
Geltungsbereich und Umfang der Versicherung

§ 3
Persönlicher und räumlicher Geltungsbereich

Die Vorschriften über die Versicherungspflicht und die Versicherungsberechtigung gelten,

1. soweit sie eine Beschäftigung oder eine selbstständige Tätigkeit voraussetzen, für alle Personen, die im Geltungsbereich dieses Gesetzbuchs beschäftigt oder selbstständig tätig sind,
2. soweit sie eine Beschäftigung oder eine selbstständige Tätigkeit nicht voraussetzen, für alle Personen, die ihren Wohnsitz oder gewöhnlichen Aufenthalt im Geltungsbereich dieses Gesetzbuchs haben.

§ 4
Ausstrahlung

(1) Soweit die Vorschriften über die Versicherungspflicht und die Versicherungsberechtigung eine Beschäftigung voraussetzen, gelten sie auch für Personen, die im Rahmen eines im Geltungsbereich dieses Gesetzbuchs bestehenden Beschäftigungsverhältnisses in ein Gebiet außerhalb dieses Geltungsbereichs entsandt werden, wenn die Entsendung infolge der Eigenart der Beschäftigung oder vertraglich im Voraus zeitlich begrenzt ist.

(2) Für Personen, die eine selbstständige Tätigkeit ausüben, gilt Abs. 1 entsprechend.

§ 5
Einstrahlung

(1) Soweit die Vorschriften über die Versicherungspflicht und die Versicherungsberechtigung eine Beschäftigung voraussetzen, gelten sie nicht für Personen, die im Rahmen eines außerhalb des Geltungsbereichs dieses Gesetzbuchs bestehenden Beschäftigungsverhältnisses in diesen Geltungsbereich entsandt werden, wenn die Entsendung infolge der Eigenart der Beschäftigung oder vertraglich im Voraus zeitlich begrenzt ist.

(2) Für Personen, die eine selbstständige Tätigkeit ausüben, gilt Abs. 1 entsprechend.

3.8 SGB VII

Siebtes Buch Sozialgesetzbuch – Gesetzliche Unfallversicherung (SGB VII)

Siehe auch *Wilrich*, Arbeitsschutzverantwortung für Sicherheitsbeauftragte: Bestellung, Rechtsstellung, Pflichten und Haftung als Vertrauenspersonen und Beschäftigte – Grundwissen Arbeitssicherheit, Führungspflichten und Unternehmensorganisation, 2021 (VDE Schriftenreihe 177).

§ 22
Sicherheitsbeauftragte

(1) In Unternehmen mit regelmäßig mehr als 20 Beschäftigten hat der Unternehmer unter Beteiligung des Betriebsrates oder Personalrates Sicherheitsbeauftragte unter Berücksichtigung der im Unternehmen für die Beschäftigten bestehenden Unfall- und Gesundheitsgefahren und der Zahl der Beschäftigten zu bestellen. …

(2) Die Sicherheitsbeauftragten haben den Unternehmer bei der Durchführung der Maßnahmen zur Verhütung von Arbeitsunfällen und Berufskrankheiten zu unterstützen, insbesondere sich von dem Vorhandensein und der ordnungsgemäßen Benutzung der vorgeschriebenen Schutzeinrichtungen und persönlichen Schutzausrüstungen zu überzeugen und auf Unfall- und Gesundheitsgefahren für die Versicherten aufmerksam zu machen.

(3) Die Sicherheitsbeauftragten dürfen wegen der Erfüllung der ihnen übertragenen Aufgaben nicht benachteiligt werden.

§ 104
Beschränkung der Haftung der Unternehmer
[regelt die Haftungsfreistellung der Unternehmen nach Versicherungsfällen]

(1) Unternehmer sind den Versicherten, die für ihre Unternehmen tätig sind … nach anderen gesetzlichen Vorschriften zum Ersatz des Personenschadens, den ein Versicherungsfall [Arbeitsunfall oder Berufskrankheit] verursacht hat, nur verpflichtet, wenn sie den Versicherungsfall vorsätzlich … herbeigeführt haben.

§ 105
Beschränkung der Haftung anderer im Betrieb tätiger Personen
[regelt die Haftungsprivilegierung der Versicherten nach Versicherungsfällen]

(1) Personen, die durch eine betriebliche Tätigkeit einen Versicherungsfall von Versicherten desselben Betriebs verursachen, sind diesen sowie deren Angehörigen und

Hinterbliebenen nach anderen gesetzlichen Vorschriften zum Ersatz des Personenschadens nur verpflichtet, wenn sie den Versicherungsfall vorsätzlich herbeigeführt haben.

§ 110
Haftung gegenüber den Sozialversicherungsträgern

[regelt den Rückgriff der Berufsgenossenschaften bei den Verantwortlichen]

(1) Haben Personen, deren Haftung nach den §§ 104 bis 107 beschränkt ist, den Versicherungsfall vorsätzlich oder grob fahrlässig herbeigeführt, haften sie den Sozialversicherungsträgern für die infolge des Versicherungsfalls entstandenen Aufwendungen, jedoch nur bis zur Höhe des zivilrechtlichen Schadenersatzanspruchs.

§ 111
Haftung des Unternehmens

Haben ein Mitglied eines vertretungsberechtigten Organs, Abwickler oder Liquidatoren juristischer Personen, vertretungsberechtigte Gesellschafter oder Liquidatoren einer Personengesellschaft des Handelsrechts oder gesetzliche Vertreter der Unternehmer in Ausführung ihnen zustehender Verrichtungen den Versicherungsfall vorsätzlich oder grob fahrlässig verursacht, haften nach Maßgabe des § 110 auch die Vertretenen. Eine nach § 110 bestehende Haftung derjenigen, die den Versicherungsfall verursacht haben, bleibt unberührt.

3.9 StGB

Strafgesetzbuch

Siehe auch *Wilrich*, Arbeitsschutz-Strafrecht – Haftung für fahrlässige Arbeitsunfälle: Sicherheitsverantwortung, Sorgfaltspflichten und Schuld – mit 33 Gerichtsurteilen (2020).

§ 13
Begehen durch Unterlassen

(1) Wer es unterlässt, einen Erfolg abzuwenden, der zum Tatbestand eines Strafgesetzes gehört, ist nach diesem Gesetz nur dann strafbar, wenn er rechtlich dafür einzustehen hat, dass der Erfolg nicht eintritt, und wenn das Unterlassen der Verwirklichung des gesetzlichen Tatbestands durch ein Tun entspricht.

§ 49
Besondere gesetzliche Milderungsgründe

(1) Ist eine Milderung nach dieser Vorschrift vorgeschrieben oder zugelassen, so gilt für die Milderung folgendes: …

2. Bei zeitiger Freiheitsstrafe darf höchstens auf drei Viertel des angedrohten Höchstmaßes erkannt werden. …

§ 222
Fahrlässige Tötung

Wer durch Fahrlässigkeit den Tod eines Menschen verursacht, wird mit Freiheitsstrafe bis zu fünf Jahren oder mit Geldstrafe bestraft.

§ 229
Fahrlässige Körperverletzung

Wer durch Fahrlässigkeit die Körperverletzung einer anderen Person verursacht, wird mit Freiheitsstrafe bis zu drei Jahren oder mit Geldstrafe bestraft.

§ 308
Herbeiführen einer Sprengstoffexplosion

(1) Wer anders als durch Freisetzen von Kernenergie, namentlich durch Sprengstoff, eine Explosion herbeiführt und dadurch Leib oder Leben eines anderen Menschen oder fremde Sachen von bedeutendem Wert gefährdet, wird mit Freiheitsstrafe nicht unter einem Jahr bestraft.

(6) Wer in den Fällen des Absatzes 1 fahrlässig handelt und die Gefahr fahrlässig verursacht, wird mit Freiheitsstrafe bis zu drei Jahren oder mit Geldstrafe bestraft.

§ 319
Baugefährdung

(1) Wer bei der Planung, Leitung oder Ausführung eines Baues oder des Abbruchs eines Bauwerks gegen die allgemein anerkannten Regeln der Technik verstößt und dadurch Leib oder Leben eines anderen Menschen gefährdet, wird mit Freiheitsstrafe bis zu fünf Jahren oder mit Geldstrafe bestraft.

(3) Wer die Gefahr fahrlässig verursacht, wird mit Freiheitsstrafe bis zu drei Jahren oder mit Geldstrafe bestraft.

(4) Wer in den Fällen der Absätze 1 und 2 fahrlässig handelt und die Gefahr fahrlässig verursacht, wird mit Freiheitsstrafe bis zu zwei Jahren oder mit Geldstrafe bestraft.

Stichwortverzeichnis

F

T

U

Z